Anton Tschechow

Ariadna

Erzählungen 1892–1895

Aus dem Russischen neu übersetzt
von Vera Bischitzky, Kay Borowsky,
Barbara Conrad, Ulrike Lange,
Barbara Schaefer
und Marianne Wiebe

Mit einem Nachwort
von Gerhard Bauer,
Glossar und Zeittafel

Artemis & Winkler

Band III der Gesammelten Erzählungen in vier Bänden.

Die deutsche Bibliothek verzeichnet diese Publikation
in der Deutschen Nationalbibliothek; detaillierte
bibliographische Daten sind im Internet unter
http://dnb.ddb.de abrufbar.

© 2004 Patmos Verlag GmbH & Co. KG
Artemis & Winkler Verlag, Düsseldorf und Zürich
Alle Rechte vorbehalten.
Umschlaggestaltung: Groothuis, Lohfert, Consorten (Hamburg)
Druck und Bindung: Friedrich Pustet, Regensburg
ISBN 3-538-06978-6
www.patmos.de

I

Auf Olga Iwanownas Hochzeit waren all ihre Freunde und guten Bekannten.

»Schauen Sie ihn an: Er hat so etwas an sich, nicht wahr?« sagte sie zu ihren Freunden und wies mit einer Kopfbewegung auf ihren Mann, als wollte sie dadurch gleichsam erklären, warum sie ausgerechnet diesen unauffälligen, ganz gewöhnlichen und durch nichts bemerkenswerten Menschen geheiratet hatte.

Ihr Mann, Ossip Stepanytsch Dymow, war Arzt und hatte den Rang eines Titularrats. Er arbeitete in zwei Krankenhäusern: in dem einen als außerplanmäßiger Stationsarzt und in dem anderen als Prosektor*. Täglich von neun Uhr morgens bis zum Mittag hatte er Sprechstunde und betreute seine Station, nachmittags fuhr er mit der Pferdebahn in das andere Krankenhaus, wo er die verstorbenen Patienten sezierte. Seine Privatpraxis war sehr klein, sie brachte ihm etwa fünfhundert Rubel im Jahr ein. Das war auch schon alles. Was ließe sich wohl noch über ihn sagen? Indessen waren Olga Iwanowna und ihre Freunde und guten Bekannten alles andere als gewöhnliche Menschen. Jeder von ihnen stach durch irgend etwas hervor und war ein wenig bekannt, hatte bereits einen Namen und galt als Berühmtheit oder aber, auch wenn er noch nicht berühmt war, gab doch zu glänzenden Hoffnungen Anlaß. So zum Beispiel ein Schauspieler vom Theater, ein bedeutendes, seit langem anerkanntes Talent, ein aparter, kluger und be-

---

* Früher: Assistent eines pathologischen Instituts, der die Sektionen durchführte.

scheidener Mensch und ein ausgezeichneter Rezitator, der Olga Iwanowna das Rezitieren beigebracht hatte; ein gutmütiger dicker Opernsänger, der seufzend Olga Iwanowna versicherte, sie werde sich noch zugrunde richten. Falls sie ein bißchen ehrgeiziger wäre, könnte aus ihr eine hervorragende Sängerin werden; dann einige Künstler, angeführt von dem Genre-, Tier- und Landschaftsmaler Rjabowski, einem sehr hübschen blonden jungen Mann von fünfundzwanzig Jahren, der auf Ausstellungen bereits recht erfolgreich war und sein letztes Bild für fünfhundert Rubel verkauft hatte; er korrigierte Olga Iwanownas Skizzen und sagte, daß aus ihr vielleicht noch etwas Vernünftiges werden könne; dann ein Cellist, bei dem das Instrument zu schluchzen pflegte und der offen gestand, daß von allen ihm bekannten Frauen nur Olga Iwanowna zu begleiten verstehe; dann ein junger, aber bereits bekannter Literat, der Romane, Theaterstücke und Erzählungen schrieb. Wer noch? Nun, Wassili Wassiljitsch noch, ein Adliger, ein Gutsbesitzer, dilettierender Illustrator und Vignettenzeichner, der sich stark dem altrussischen Stil, den Bylinen* und dem Epos verbunden fühlte; auf Papier, Porzellan und auf rußgeschwärzten Tellern vollbrachte er buchstäblich Wunder. Inmitten dieser freien, vom Schicksal verwöhnten Künstlergesellschaft, die zwar feinfühlig und bescheiden war, aber sich an die Existenz irgendwelcher Ärzte nur im Krankheitsfall erinnerte und für die der Name Dymow genauso nichtssagend klang wie Sidorow oder Tarassow – inmitten dieser Gesellschaft wirkte Dymow fremd, überflüssig und klein, obwohl er hochgewachsen und breitschultrig war. Er schien einen fremden Frack und ein Beamtenbärtchen zu tragen. Und wenn er Schriftsteller oder Künstler gewesen wäre, dann hätte es geheißen, er erinnere mit seinem Bärtchen an Zola.

---

* Epische Heldenlieder der russ. Volksdichtung.

Der Schauspieler sagte zu Olga Iwanowna, daß sie mit ihrem flachsblonden Haar und in dem Brautkleid sehr einem schlanken Kirschbäumchen gleiche, wenn es im Frühling in voller zarter weißer Blüte stehe.

»Nein, hören Sie zu!« sagte Olga Iwanowna zu ihm und ergriff dabei seine Hand. »Wie kam es so plötzlich dazu? Hören Sie zu, hören Sie zu ... Sie müssen wissen, daß mein Vater zusammen mit Dymow im selben Krankenhaus gearbeitet hat. Nachdem mein armer Vater erkrankt war, wachte Dymow Tag und Nacht an seinem Bett. So viel Selbstaufopferung! Hören Sie zu, Rjabowski ... Auch Sie, Herr Schriftsteller, hören Sie zu, das ist sehr interessant. Kommen Sie näher. Wie viel Selbstaufopferung, wie viel aufrichtige Anteilnahme! Ich habe auch nächtelang nicht geschlafen und bei Vater gesessen, und plötzlich – war's passiert, hatte ich den guten Kerl erobert! Mein Dymow hatte sich bis über beide Ohren in mich verliebt. Wirklich, das Schicksal ist mitunter so sonderbar. Nun, nach Vaters Tod kam er manchmal zu mir, begegnete mir auf der Straße, und plötzlich, eines schönen Abends – zack! machte er mir einen Heiratsantrag ... wie ein Blitz aus heiterem Himmel ... Die ganze Nacht habe ich dann geweint und mich selbst auch höllisch verliebt. Und nun, wie Sie sehen, bin ich seine Frau geworden. Er hat so etwas Starkes, Kraftvolles, Bärenhaftes an sich, nicht wahr? Jetzt ist sein Gesicht uns nur zu drei Vierteln zugewandt und unvorteilhaft beleuchtet, aber wenn er sich umdreht, dann schauen Sie sich mal seine Stirn an. Rjabowski, was sagen Sie zu dieser Stirn? Dymow, wir sprechen von dir!« rief sie ihrem Mann zu. »Komm her. Reiche Rjabowski deine ehrliche Hand ... Ja so. Seid Freunde.«

Dymow lächelte gutmütig und naiv, streckte Rjabowski die Hand entgegen und sagte:

»Sehr erfreut. Mit mir hat auch ein gewisser Rjabowski das Studium abgeschlossen. Das ist nicht etwa ein Verwandter von Ihnen?«

II

Olga Iwanowna war zweiundzwanzig, Dymow einund-
dreißig. Nach ihrer Hochzeit begann für die beiden ein
vortreffliches Leben. Olga Iwanowna hängte im Salon alle
Wände voll mit ihren eigenen und fremden gerahmten
und ungerahmten Malskizzen, und um den Flügel und die
Möbel herum gruppierte sie eine wunderschöne Ansamm-
lung von chinesischen Schirmen, Staffeleien, bunten Läpp-
chen, Dolchen, kleinen Büsten und Photographien ... Im
Eßzimmer beklebte sie die Wände mit einfachen Holz-
schnitten, hängte Bastschuhe und Sicheln auf, stellte in eine
Ecke eine Sense und einen Rechen, und das Ergebnis war
ein Eßzimmer im russischen Stil. Im Schlafzimmer dra-
pierte sie – damit es einer Höhle glich – Decke und Wände
mit dunklem Tuch, hängte über die Betten eine venezianische Laterne, und an die Tür stellte sie eine Figur mit einer
Hellebarde. Und alle fanden, daß die jungen Eheleute ein
gemütliches Nest hätten.

Jeden Tag, nachdem Olga Iwanowna gegen elf Uhr aufgestanden war, spielte sie auf dem Flügel, oder sie malte,
wenn die Sonne schien, irgend etwas mit Ölfarben. Dann,
kurz nach zwölf, fuhr sie zu ihrer Schneiderin. Da sie und
Dymow mit Geld sehr knapp waren, mußten ihre Schneiderin und sie sich ständig etwas einfallen lassen, damit sie
immer wieder in neuen Kleidern erscheinen und dadurch
Aufsehen erregen konnte. Sehr oft entstanden aus einem
alten umgefärbten Kleid, aus Tüll-, Spitzen-, Plüsch- und
Seidenresten, die nichts kosteten, wahre Wunderwerke, ent-
stand etwas Bezauberndes, nicht einfach nur ein Kleid, sondern ein Traum von einem Kleid. Von der Schneiderin
fuhr Olga Iwanowna gewöhnlich zu irgendeiner der ihr
bekannten Schauspielerinnen, um Neuigkeiten aus dem
Theater zu erfahren und bei dieser Gelegenheit eine Karte
für die Premiere eines neuen Stücks oder für eine Benefiz-
vorstellung zu ergattern. Von der Schauspielerin fuhr sie ins

Atelier eines Künstlers oder zu einer Gemäldeausstellung, dann zu irgendeiner Berühmtheit – um diese zu sich einzuladen oder einen Gegenbesuch abzustatten oder einfach um zu plaudern. Und überall empfing man sie gern und freundschaftlich und versicherte ihr, daß sie schön, lieb und einzigartig sei ... Diejenigen, die sie berühmt und groß nannte, nahmen sie wie ihresgleichen auf und prophezeiten ihr einstimmig, daß bei ihren Talenten, ihrem Geschmack und ihrer Intelligenz etwas sehr Vernünftiges herauskommen werde, wenn sie sich nicht verzettele. Sie sang, spielte Klavier, malte, modellierte, wirkte in Laientheatergruppen mit, doch all das nicht irgendwie, sondern mit Talent; ganz gleich, ob sie Lampions für eine Beleuchtung anfertigte, ob sie sich festlich kleidete oder ob sie jemandem die Krawatte band – alles gelang ihr außergewöhnlich kunstvoll, graziös und anmutig. Aber nirgendwo zeigte sich ihre Begabung so deutlich wie in ihrer Fähigkeit, jederzeit berühmte Leute kennenzulernen und sich bald darauf mit ihnen anzufreunden. Es mußte nur irgend jemand ein wenig berühmt werden und von sich reden machen, schon war sie mit ihm bekannt, schloß noch am selben Tag Freundschaft und lud ihn zu sich ein. Jede neue Bekanntschaft war für sie ein wahres Fest. Sie vergötterte berühmte Leute, war stolz auf sie, und jede Nacht erschienen sie ihr sogar im Traum. Sie war süchtig nach ihnen und konnte diese Sucht überhaupt nicht befriedigen. Alte Bekannte verschwanden und gerieten in Vergessenheit, an ihre Stelle traten neue, aber auch diese wurden bald zur Gewohnheit, oder Olga war von ihnen enttäuscht und begann begierig neue und immer wieder neue große Leute zu suchen, fand sie und suchte wieder. Wozu?

Nach vier Uhr aß sie zu Hause mit ihrem Mann zu Mittag. Seine zurückhaltende Art, sein gesunder Menschenverstand und seine Gutmütigkeit rührten und begeisterten sie. Ständig sprang sie auf, umfaßte stürmisch seinen Kopf und bedeckte ihn mit Küssen.

»Dymow, du bist ein kluger, edler Mensch«, sagte sie, »aber du hast einen ganz entscheidenden Fehler: Du interessierst dich überhaupt nicht für die Kunst. Du lehnst sowohl die Musik als auch die Malerei ab.«

»Ich verstehe nichts davon«, sagte er sanft. »Ich habe mich mein ganzes Leben lang mit Naturwissenschaften und Medizin beschäftigt und hatte nie Zeit, mich für die Künste zu interessieren.«

»Aber das ist doch schrecklich, Dymow!«

»Warum denn? Deine Bekannten verstehen nichts von Naturwissenschaften und Medizin, du machst es ihnen jedoch nicht zum Vorwurf. Jedem das Seine. Ich verstehe nichts von Landschaftsmalerei und von Opern, aber ich sehe das folgendermaßen: Wenn kluge Leute den schönen Künsten ihr ganzes Leben widmen und andere kluge Leute dafür riesige Summen ausgeben, dann sind sie wohl notwendig. Ich verstehe nichts davon, aber nichts davon zu verstehen heißt nicht, es abzulehnen.«

»Laß mich deine ehrliche Hand drücken!«

Nach dem Mittagessen pflegte Olga Iwanowna zu Bekannten zu fahren, dann ins Theater oder ins Konzert und kam gewöhnlich erst nach Mitternacht nach Hause. Und das täglich.

Mittwochs fanden bei ihr gesellige Abende statt. An diesen Abenden wurde nicht etwa Karten gespielt oder getanzt, sondern die Hausherrin und ihre Gäste fanden Zerstreuung durch verschiedene künstlerische Darbietungen. Der Schauspieler vom Theater rezitierte, der Sänger sang, die Maler zeichneten etwas in die Alben, von denen Olga Iwanowna eine Menge besaß, der Cellist musizierte, und die Dame des Hauses zeichnete und modellierte selbst auch, sang und begleitete auf dem Flügel. In den Pausen zwischen den Rezitationen, der Musik und dem Gesang wurden Streitgespräche über Literatur, Theater und Malerei geführt. Damen waren keine dabei, weil Olga Iwanowna alle Damen, außer Schauspielerinnen und ihrer Schneiderin, für langweilig und geistlos hielt. Keiner dieser Abende verging, ohne daß die Hausherrin bei jedem Läuten zusammenzuckte und triumphierend sagte: »Das ist er!« – wobei sie mit »er« stets eine neu eingeladene Berühmtheit meinte. Dymow war nie im Salon dabei, und niemand dachte daran, daß es ihn überhaupt gab. Pünktlich um halb zwölf aber ging die Tür zum Eßzimmer auf, Dymow erschien mit seinem gutmütigen, sanften Lächeln und sagte, sich die Hände reibend:

»Bitte, meine Herren, ein kleiner Imbiß.«

Alle begaben sich ins Eßzimmer, und jedesmal sahen sie auf dem Tisch das gleiche: eine Schüssel mit Austern, ein Stück Schinken oder Kalbfleisch, Sardinen, Käse, Kaviar, Pilze, Wodka und zwei Karaffen Wein.

»Mein lieber maître d'hôtel!« sagte Olga Iwanowna und schlug vor Begeisterung die Hände zusammen. »Du bist einfach bezaubernd! Meine Herren, schauen Sie sich seine Stirn an! Dymow, zeig dich mal im Profil. Meine Herren, schauen Sie: das Gesicht eines bengalischen Tigers, aber ein gütiger und lieber Ausdruck wie bei einem Hirsch. Uh, Liebling!«

Die Gäste aßen, und während sie Dymow ansahen, dachten sie: Wirklich, ein feiner Kerl, vergaßen ihn aber bald und setzten die Gespräche über Theater, Musik und Malerei fort.

Die jungen Eheleute waren glücklich, und ihr Leben lief glatt. Die dritte Flitterwoche verbrachten sie jedoch alles andere als glücklich. Dymow hatte sich im Krankenhaus mit Gürtelrose infiziert, mußte sechs Tage im Bett liegen und sein schönes schwarzes Haar radikal abschneiden lassen. Olga Iwanowna saß bei ihm und weinte bitterlich; aber als es ihm besser ging, band sie ein weißes Tuch um seinen kahlgeschorenen Kopf und zeichnete ihn als Beduinen. Und beide waren guter Dinge. Etwa drei Tage nachdem er genesen war und wieder ins Krankenhaus ging, passierte ihm erneut ein Mißgeschick.

11

»Ich habe kein Glück, Mama!« sagte er einmal beim Mittagessen. »Heute hatte ich vier Obduktionen und habe mich gleich zweimal in den Finger geschnitten. Und erst zu Hause habe ich es bemerkt.«

Olga Iwanowna erschrak. Er lächelte und meinte, das sei eine Lappalie und es passiere ihm des öfteren, daß er sich bei einer Obduktion an den Händen verletze.

»Ich bin so in meinem Element, Mama, da achte ich gar nicht darauf.«

Olga Iwanowna befürchtete eine Leichenvergiftung, und nachts betete sie, aber alles verlief glimpflich. Und wieder floß das friedliche und glückliche Leben ohne Kummer und Sorgen dahin. Die Gegenwart war wunderschön, und ihr folgte der nahende Frühling, der ihnen schon von weitem zulächelte und tausend Freuden versprach. Das Glück würde kein Ende nehmen! Im April, Mai und Juni eine Datscha weit außerhalb der Stadt, Spaziergänge, Malskizzen, Angeln, Nachtigallen, und dann von Juli bis in den Herbst hinein eine Fahrt der Künstler an die Wolga, und auch Olga Iwanowna als ständiges Mitglied dieser erlesenen Gesellschaft würde mit von der Partie sein. Sie hatte sich bereits zwei Reisekostüme aus leichtem Baumwollstoff schneidern lassen und für unterwegs Farben, Pinsel, Leinwand und eine neue Palette gekauft. Fast jeden Tag kam Rjabowski zu ihr, um zu sehen, welche Fortschritte sie beim Malen machte. Wenn sie ihm ihr Gemälde zeigte, vergrub er die Hände in den Hosentaschen, preßte die Lippen fest zusammen, holte tief Luft und sagte:

»Tja … Ihre Wolke schreit: Sie wird nicht vom Abend angestrahlt. Der Vordergrund ist irgendwie gedrängt, und, verstehen Sie, nicht so … Und Ihre kleine Hütte hat sich an etwas verschluckt und quietscht jämmerlich … diese Ecke da müßte man dunkler nehmen. Aber ansonsten durchaus nicht übel … Mein Lob.«

Und je geschraubter er sich ausdrückte, desto besser verstand ihn Olga Iwanowna.

III

Am zweiten Pfingstfeiertag kaufte Dymow nach dem
Mittagessen Verschiedenes für den Imbiß, dazu Pralinen
und fuhr zu seiner Frau auf die Datscha. Er hatte sie schon
zwei Wochen nicht mehr gesehen und sehnte sich sehr
nach ihr. Während der Zugfahrt und als er dann in dem
großen Waldstück seine Datscha suchte, verspürte er Hunger und Müdigkeit und träumte davon, wie er zusammen
mit seiner Frau in der freien Natur zu Abend essen und
sich dann schlafen legen würde. Vergnügt blickte er auf
sein Päckchen, in dem Kaviar, Käse und Weißlachs einge-
wickelt waren.

Als er seine Datscha endlich gefunden und wiederer-
kannt hatte, ging die Sonne bereits unter. Die Alte, die hier
nach dem Rechten sah, sagte, daß die gnädige Frau nicht
zu Hause sei, aber wohl bald zurückkommen werde. In der
Datscha, die mit ihren niedrigen, mit Schreibpapier be-
klebten Decken und den ungleichmäßigen, rissigen Fußböden einen unansehnlichen Eindruck machte, gab es nur
drei Zimmer. In dem einen stand ein Bett, in dem zweiten
lagen auf Stühlen und Fensterbrettern Leinwände, Pinsel,
fettiges Papier, Herrenmäntel und Hüte herum, und im
dritten fand Dymow drei ihm unbekannte Männer vor –
zwei bärtige Dunkelhaarige und einen glattrasierten
Dicken, offensichtlich ein Schauspieler. Auf dem Tisch
dampfte der Samowar.

»Was wünschen Sie?« fragte der Schauspieler mit tiefer
Stimme und betrachtete Dymow griesgrämig. »Sie wollen
zu Olga Iwanowna? Gedulden Sie sich einen Moment, sie
kommt sofort.«

Dymow setzte sich und wartete. Einer der beiden
Dunkelhaarigen, der ihm hin und wieder einen schläfrigen
und trägen Blick zuwarf, goß sich Tee ein und fragte:

»Wollen Sie vielleicht einen Tee?«

Dymow hätte gerne etwas getrunken und gegessen, aber

um sich nicht den Appetit zu verderben, lehnte er ab. Bald waren Schritte und ein bekanntes Lachen zu hören; eine Tür schlug zu, und in einem breitkrempigen Hut und mit dem Malkasten in der Hand kam Olga Iwanowna ins Zimmer gelaufen; nach ihr trat mit einem großen Sonnenschirm und einem Klappstuhl der fröhliche, rotwangige Rjabowski ein.

»Dymow!« rief Olga Iwanowna freudestrahlend. »Dymow!« wiederholte sie und legte ihm den Kopf und beide Hände an die Brust. »Du bist es! Weshalb bist du so lange nicht gekommen? Weshalb? Weshalb?«

»Wann sollte ich denn, Mama? Ich bin immerzu beschäftigt, und wenn ich mal frei habe, dann paßt es vom Zugfahrplan her nicht.«

»Wie ich mich aber freue, dich zu sehen! Ich habe wirklich die ganze Nacht von dir geträumt und Angst gehabt, du könntest krank geworden sein. Ach, wenn du wüßtest, wie lieb du bist, wie du genau im richtigen Moment kommst! Du bist meine Rettung. Nur du allein kannst mich retten! Morgen wird hier eine überaus originelle Hochzeit stattfinden«, fuhr sie lachend fort und band ihrem Mann die Krawatte. »Der junge Telegrafist von der Bahnstation – ein gewisser Tschikeldejew – heiratet. Ein hübscher junger Mann, na und auch nicht dumm, und im Gesicht, weißt du, hat er so was Starkes, Bärenhaftes … Man kann einen jungen Waräger* nach ihm malen. Wir Sommerfrischler sind ihm sehr zugetan und haben ihm hoch und heilig versprochen, bei seiner Hochzeit dabei zu sein … Ein einsamer und schüchterner Mensch, nicht wohlhabend, und es wäre natürlich eine Sünde, unsere Teilnahme abzusagen. Stell dir vor, nach der Messe findet die Trauung statt, dann gehen alle zu Fuß zur Wohnung der Braut … verstehst du, Wald, Vogelgesang, Sonnenflecken

---

* Im 9. Jahrhundert nach Rußland vorgedrungene Wikinger, die dort die erste Reichsgründung vornahmen.

auf dem Gras – und wir alle als bunte Flecken auf dem leuchtendgrünen Hintergrund – überaus originell, im Stil der französischen Expressionisten. Aber, Dymow, was ziehe ich bloß zur Kirche an?« sagte Olga Iwanowna und setzte ein weinerliches Gesicht auf. »Ich habe hier nichts, buchstäblich nichts! Kein Kleid, keine Blumen, keine Handschuhe ... Du mußt mich retten. Da du gekommen bist, hat dir also das Schicksal selbst befohlen, mich zu retten. Nimm die Schlüssel, Liebling, fahr nach Hause und hol dort mein rosafarbenes Kleid aus dem Schrank. Du erinnerst dich daran, es hängt da als erstes ... Dann in der Abstellkammer auf der rechten Seite auf dem Boden siehst du zwei kleine Kartons. Wenn du den oberen aufmachst, dann ist da alles voller Tüll, Tüll, Tüll und verschiedener Stoffrestchen, und darunter Papierblumen. Nimm die Blumen alle vorsichtig heraus, paß auf, Schatz, daß du sie nicht zerdrückst, ich suche mir dann welche aus ... Und kauf mir Handschuhe.«

»Gut«, sagte Dymow. »Ich werde morgen fahren und es dir schicken.«

»Wann denn morgen?« fragte Olga Iwanowna und sah ihn erstaunt an. »Wie willst du das denn morgen schaffen? Morgen geht der erste Zug um neun, und die Trauung ist um elf. Nein, Liebling, das muß heute sein, unbedingt heute! Wenn du morgen nicht kommen kannst, dann schick es mit einem Kurier. Nun geh schon ... Gleich muß der Personenzug kommen. Verspäte dich nicht, Schatz.«

»Gut.«

»Ach, wie leid es mir tut, dich fortgehen zu lassen«, sagte Olga Iwanowna, und Tränen traten ihr in die Augen. »Warum nur hab ich dummes Ding dem Telegrafisten mein Wort gegeben?«

Dymow trank rasch ein Glas Tee, nahm einen Butterkringel und ging mit einem sanften Lächeln zur Bahnstation. Den Kaviar, den Käse und den Weißlachs aber aßen die beiden Dunkelhaarigen und der dicke Schauspieler.

15

IV

In einer stillen Mondnacht im Juli stand Olga Iwanowna auf dem Deck eines Wolgadampfers und blickte bald aufs Wasser, bald auf die schönen Ufer. Neben ihr stand Rjabowski und sagte, daß die schwarzen Schatten auf dem Wasser keine Schatten, sondern ein Traum seien, daß angesichts dieses bezaubernden Wassers mit dem phantastischen Glanz, angesichts des unergründlichen Himmels und der traurigen, verträumten Ufer, die von der Nichtigkeit unseres Lebens und der Existenz von etwas Höherem, Ewigem, Glückseligem sprächen, es gut wäre, sich zu vergessen, zu sterben, Erinnerung zu werden. Die Vergangenheit sei läppisch und uninteressant, die Zukunft bedeutungslos, und diese wundervolle, im Leben einzigartige Nacht werde bald zu Ende gehen, mit der Ewigkeit verschmelzen – weshalb also leben?

Und Olga Iwanowna lauschte bald der Stimme Rjabowskis, bald der nächtlichen Stille und dachte, daß sie unsterblich sei, niemals sterben werde. Das Türkisblau des Wassers – eine solche Farbe hatte sie zuvor noch nie gesehen –, der Himmel, die Ufer, die schwarzen Schatten und eine unerklärliche Freude, die ihre Seele erfüllte, sagten ihr, daß aus ihr eine große Künstlerin werden würde und daß irgendwo dort in der Ferne, jenseits der Mondnacht – im unendlichen Raum – Erfolg, Ruhm, die Liebe des Volkes sie erwarteten … Während sie lange und unverwandt in die Ferne schaute, tauchten vor ihrem geistigen Auge eine große Menschenmenge und Lichter auf, sie schien festliche Klänge und Begeisterungsrufe zu hören, sie sah sich selbst im weißen Kleid, sah Blumen, die von allen Seiten auf sie herabrieselten. Sie dachte auch daran, daß neben ihr, die Ellbogen auf die Reling gestützt, ein wahrhaft großer Mensch stand, ein Genie, ein von Gott Auserwählter … Alles, was er bis jetzt geschaffen hatte, war wunderschön, neu und außergewöhnlich, und alles, was er mit der Zeit noch schaffen würde, wenn sich mit zunehmender Reife sein seltenes Talent erst festigte, wäre verblüffend, unermeßlich erhaben, und das sah man an seinem Gesicht, an seiner Art sich auszudrücken und an seiner Einstellung zur Natur. Von den Schatten, den abendlichen Klängen, dem Glanz des Mondes sprach er irgendwie besonders, in einer ihm eigenen Sprache, so daß man unwillkürlich den Zauber seiner Macht über die Natur spürte. Er selbst sah sehr gut aus, war originell, und sein unabhängiges, freies Leben, bar alles Alltäglichen, glich dem Leben der Vögel.

»Es wird kühl«, sagte Olga Iwanowna und zuckte zusammen.

Rjabowski hüllte sie in seinen Mantel und sagte traurig:

»Ich fühle mich in Ihrer Gewalt. Ich bin ein Sklave. Weshalb sind Sie heute so bezaubernd?«

Er schaute sie immerzu an, ohne den Blick abzuwenden, und darin lag etwas Furchterregendes, und sie hatte Angst, ihn anzusehen.

»Ich liebe Sie wahnsinnig …« flüsterte er, und sein Atem berührte ihre Wange. »Sagen Sie mir nur ein einziges Wort, und ich werde nicht mehr leben, werde die Kunst aufgeben …« murmelte er in starker Erregung. »Lieben Sie mich, lieben Sie …«

»Sprechen Sie nicht so«, erwiderte Olga Iwanowna und schloß die Augen. »Das ist schrecklich. Und Dymow?«

»Dymow, ja und? Warum Dymow? Was geht mich Dymow an? Die Wolga, der Mond, die Schönheit, meine Liebe, meine Begeisterung, es gibt überhaupt keinen Dymow … Ach, ich weiß gar nichts … Ich brauche die Vergangenheit nicht, schenken Sie mir einen Augenblick … einen Moment!«

Olga Iwanowna bekam Herzklopfen. Sie wollte an ihren Mann denken, aber ihre ganze Vergangenheit samt Hochzeit, Dymow und den geselligen Abenden erschien ihr auf einmal unbedeutend, trübe, nutzlos und weit, weit weg … Wirklich: Dymow, ja und? Warum Dymow? Was ging sie

Dymow an? Existierte er denn in der Realität, war er nicht einfach nur ein Traum?

Für ihn, einen unauffälligen und gewöhnlichen Menschen, reicht eigentlich die Portion Glück, die er bereits bekommen hat, dachte sie und bedeckte das Gesicht mit den Händen. Mag man mich *dort* verurteilen, verdammen, ich aber werde, allen zum Trotz, ohne lange zu fackeln, zugrunde gehen, ja, ohne lange zu fackeln, geh ich zugrunde … Man muß alles im Leben ausprobieren. Gott, wie unheimlich und wie schön!

»Na, was is? Was?« murmelte der Künstler, umarmte sie und küßte gierig ihre Hände, mit denen sie den schwachen Versuch unternahm, ihn von sich zu schieben. »Du liebst mich? Ja? Ja? Oh, was für eine Nacht! Eine wundervolle Nacht!«

»Ja, was für eine Nacht!« flüsterte sie und blickte ihm dabei in die tränenglänzenden Augen, dann sah sie sich rasch um, preßte ihn an sich und küßte ihn fest auf den Mund.

»Wir erreichen Kineschma!« sagte jemand auf der anderen Seite des Decks.

Man vernahm schwere Schritte. Ein Kellner vom Buffet ging vorbei.

»Hören Sie«, sagte Olga Iwanowna zu ihm, lachend und weinend vor Glück, »bringen Sie uns Wein.«

Der vor Erregung ganz blasse Künstler setzte sich auf eine Bank und sah Olga Iwanowna mit schwärmerischen, dankbaren Blicken an, dann schloß er die Augen und sagte mit einem matten Lächeln:

»Ich bin müde.«

Und lehnte den Kopf an die Reling.

V

Der zweite September war ein warmer und ruhiger, aber trüber Tag. Am frühen Morgen zog ein leichter Nebel über die Wolga, und nach neun Uhr begann es zu regnen. Und es bestand keinerlei Hoffnung, daß sich der Himmel aufhellen würde. Beim Tee sagte Rjabowski zu Olga Iwanowna, die Malerei sei die undankbarste und langweiligste Kunst, und er sei kein Künstler, nur Dummköpfe glaubten, er habe Talent; und plötzlich, mir nichts, dir nichts, ergriff er ein Messer und zerkratzte damit seine beste Skizze. Nach dem Tee saß er mit finsterer Miene am Fenster und blickte auf die Wolga. Diese hatte ihren Glanz bereits verloren und ein trübes, mattes, kaltes Aussehen angenommen. Alles, alles erinnerte an das Herannahen des melancholischen, düsteren Herbstes. Und die Natur schien die üppigen grünen Matten an den Ufern, die diamantenen Spiegelungen der Sonnenstrahlen, die transparente blaue Weite und alles Imposante und Festliche der Wolga genommen und bis zum nächsten Frühjahr in Truhen gelegt zu haben, und die Krähen flogen neben der Wolga her und neckten sie: »Nackedei! Nackedei!« Rjabowski lauschte ihrem Krächzen und dachte daran, daß er sich bereits verausgabt und sein Talent verloren habe, daß alles auf dieser Welt Konventionen unterworfen, relativ und dumm sei und er sich nicht mit dieser Frau hätte einlassen sollen … Mit anderen Worten, er hatte schlechte Laune und war trübsinnig.

Olga Iwanowna saß auf dem Bett hinter einer Trennwand, und während sie die Finger durch ihr wunderschönes flachsblondes Haar gleiten ließ, sah sie sich in ihrer Phantasie bald im Salon, bald im Schlafzimmer, bald im Arbeitszimmer ihres Mannes; ihre Phantasie trug sie ins Theater, zu ihrer Schneiderin und zu berühmten Freunden. Was diese wohl jetzt machten? Ob sie sich ihrer erinnerten? Die Saison hatte bereits begonnen, und es war Zeit, an die geselligen Abende zu denken. Und Dymow? Lieber Dymow! Wie sanftmütig und kindlich flehte er sie in seinen Briefen an, recht bald nach Hause zu kommen! Jeden Monat schickte er ihr fünfundsiebzig Rubel, und als sie ihm schrieb, daß sie den Künstlern hundert Rubel schulde, schickte er ihr auch diese hundert. Was für ein guter, großzügiger Mensch! Die Reise hatte Olga Iwanowna erschöpft, sie langweilte sich und wollte so schnell wie möglich fort von diesen Bauern, von dem feuchten Geruch des Flusses, wollte das Gefühl der körperlichen Unreinlichkeit loswerden, das sie die ganze Zeit, während sie in Bauernhütten gehaust und von Dorf zu Dorf gezogen war, empfunden hatte. Wenn Rjabowski den anderen Künstlern nicht hoch und heilig versprochen hätte, er werde bis zum zwanzigsten September mit ihnen zusammen hierbleiben, dann hätte man heute bereits abreisen können. Und wie schön wäre das gewesen!

»Mein Gott«, stöhnte Rjabowski, »wann kommt endlich die Sonne heraus? Ich kann doch meine sonnige Landschaft nicht weitermalen ohne Sonne!«

»Aber du hast doch noch eine Skizze bei bewölktem Himmel«, sagte Olga Iwanowna und kam hinter der Trennwand hervor. »Erinnerst du dich, rechts ist Wald, und links sind Gänse und eine Kuhherde. Jetzt könntest du das Bild zu Ende malen.«

»Äh!« Der Künstler verzog das Gesicht. »Zu Ende malen! Glauben Sie wirklich, ich bin so dumm, daß ich nicht weiß, was ich zu tun habe!«

»Wie hast du dich mir gegenüber verändert!« seufzte Olga Iwanowna.

»Na wunderbar.«

Olga Iwanownas Gesicht begann zu zittern, sie ging zum Ofen und brach in Tränen aus.

»Ja, das hat gerade noch gefehlt. Hören Sie auf! Ich hätte tausend Gründe zu weinen, aber ich weine nicht.«

»Tausend Gründe!« Olga Iwanowna schluchzte auf. »Der Hauptgrund ist der, daß ich Ihnen bereits lästig bin. Ja!« stieß sie laut weinend hervor. »Um die Wahrheit zu sagen, unsere Liebe ist Ihnen peinlich. Sie unternehmen alles, damit die anderen Künstler nichts merken, obwohl es sich nicht verheimlichen läßt und sie schon längst alles wissen.«

»Olga, ich bitte Sie um eines«, sagte der Künstler flehend, wobei er die Hand aufs Herz legte, »um eines: Quälen Sie mich nicht! Mehr verlange ich nicht von Ihnen!«

»Aber schwören Sie, daß Sie mich immer noch lieben!«

»Das ist qualvoll!« raunte der Künstler und sprang auf. »Es wird damit enden, daß ich mich in die Wolga stürze oder den Verstand verliere! Lassen Sie mich in Ruhe!«

»Los, bringen Sie mich um, bringen Sie mich um!« schrie Olga Iwanowna. »Bringen Sie mich um!«

Sie brach wieder in Schluchzen aus und verschwand hinter der Trennwand. Der Regen prasselte auf das Strohdach nieder. Rjabowski faßte sich an den Kopf und ging im Zimmer auf und ab, dann setzte er mit entschiedener Miene, als wollte er jemandem etwas beweisen, seine Schirmmütze auf, warf das Gewehr über die Schulter und verließ die Hütte.

Als er fort war, blieb Olga Iwanowna lange auf dem Bett liegen und weinte. Zuerst dachte sie, daß es gut wäre, sich zu vergiften, damit Rjabowski sie bei seiner Rückkehr tot vorfände, dann jedoch trugen die Gedanken sie in ihren Salon, ins Arbeitszimmer ihres Mannes, und sie stellte sich vor, wie sie regungslos neben Dymow saß und die physische Ruhe und Sauberkeit genoß und wie sie abends Masini* im Theater lauschte. Und die Sehnsucht nach der Zivilisation, nach dem Lärm der Stadt und nach den berühmten Leuten machte ihr das Herz schwer. Da betrat die Bauersfrau die Hütte und begann in aller Ruhe den Ofen zu heizen, um das Mittagessen zu kochen. Plötzlich roch es brenzlig, und die Luft wurde grau vom Rauch. Die Künstler kamen in hohen schmutzigen Stiefeln und mit regennassen Gesichtern zurück; sie begutachteten ihre Malskizzen und sagten, sich selbst zum Trost, daß die Wolga sogar bei schlechtem Wetter ihren Reiz habe. Und die billige Uhr an der Wand machte ticktack, ticktack, ticktack …

* Angelo Masini, ital. Opernsänger (1844–1926).

Die frierenden Fliegen drängten sich surrend in der heiligen Ecke um die Ikonen, und man hörte, wie unter den Bänken in den dicken Pappkartons die Küchenschaben herumkrabbelten ...

Rjabowski kehrte nach Hause zurück, als die Sonne bereits unterging. Er warf seine Schirmmütze auf den Tisch, und blaß, abgekämpft, in schmutzigen Stiefeln, ließ er sich auf die Bank fallen und schloß die Augen.

»Ich bin müde ...« sagte er und zog die Brauen hoch, bemüht, die Augenlider zu heben.

Um ihn zu umschmeicheln und ihm zu zeigen, daß sie nicht mehr böse war, ging Olga Iwanowna auf ihn zu, küßte ihn schweigend und fuhr ihm mit einem Kamm durch sein blondes Haar.

»Was soll das?« fragte er, zuckte zusammen, als habe man ihn mit etwas Kaltem berührt, und schlug die Augen auf. »Was soll das? Lassen Sie mich in Ruhe, ich bitte Sie.«

Er schob sie mit den Händen von sich und wich zurück, und ihr schien, daß sein Gesicht Abneigung und Verdruß ausdrückte. In dem Moment brachte ihm die Bauersfrau, vorsichtig mit beiden Händen, einen Teller Kohlsuppe, und Olga Iwanowna sah, wie die Kohlsuppe über ihre Daumen schwappte. Und das schmutzige Bauernweib mit dem prallen Bauch und die Kohlsuppe, die Rjabowski gierig zu essen begann, und die Hütte und dieses ganze Leben, das sie am Anfang wegen seiner Einfachheit und künstlerischen Unordnung so geliebt hatte, kamen ihr jetzt grauenhaft vor. Sie fühlte sich plötzlich beleidigt und sagte kalt:

»Wir müssen uns für einige Zeit trennen, sonst könnten wir uns vor Überdruß ernsthaft entzweien. Mir reicht's. Ich reise heute ab.«

»Womit? Rittlings auf nem Besenstiel?«

»Heute ist Donnerstag, also kommt um halb zehn ein Dampfer.«

»Ah? Ja, ja ... Was soll's, fahr nur ...« sagte Rjabowski sanft und wischte sich statt mit der Serviette an einem

Handtuch den Mund ab. »Dir ist es langweilig hier, hast nichts zu tun, und man müßte schon ein großer Egoist sein, wenn man dich zurückhalten wollte. Fahr, und nach dem Zwanzigsten sehen wir uns wieder.«

Olga Iwanowna packte frohgelaunt ihre Sachen, und sogar ihre Wangen begannen vor Vergnügen zu glühen. Sollte es wirklich wahr sein, fragte sie sich, daß sie schon bald in ihrem Salon malen, in ihrem Schlafzimmer schlafen und mit einer Tischdecke zu Mittag essen würde? Ihr fiel ein Stein vom Herzen, und sie war nicht mehr böse auf den Künstler.

»Die Farben und Pinsel lasse ich dir da, Rjabuscha«, sagte sie. »Was übrigbleibt, bringst du mit … Paß aber auf, daß du ohne mich nicht faulenzt oder Trübsal bläst, sondern arbeitest. Du bist ein Prachtstück, mein Rjabuscha.«

Um neun Uhr küßte Rjabowski sie zum Abschied, um sie, wie sie meinte, nicht auf dem Dampfer in Gegenwart der Künstler küssen zu müssen, und brachte sie zur Anlegestelle. Der Dampfer kam bald und nahm sie mit.

Nach zweieinhalb Tagen traf sie zu Hause ein. Ohne Hut und Regenmantel abzulegen, ging sie, schwer atmend vor Aufregung, durch den Salon und von dort ins Eßzimmer. Dymow saß ohne Gehrock, mit offener Weste am Tisch und wetzte das Messer an der Gabel; vor ihm auf dem Teller lag ein Haselhuhn. Beim Betreten der Wohnung war Olga Iwanowna davon überzeugt gewesen, daß sie vor ihrem Mann unbedingt alles geheimhalten müsse und daß sie dazu das entsprechende Geschick und die nötige Kraft haben würde, aber jetzt, als sie sein breites, sanftes, glückliches Lächeln und die vor Freude glänzenden Augen sah, spürte sie, daß vor diesem Menschen etwas zu verbergen genauso niederträchtig, genauso abscheulich, genauso unmöglich war und über ihre Kräfte ging, wie jemanden zu verleumden, zu bestehlen oder zu töten, und sie beschloß augenblicklich, ihm alles, was gewesen war, zu erzählen. Nachdem sie sich von ihm hatte küssen und umarmen

23

lassen, fiel sie vor ihm auf die Knie und bedeckte das Gesicht.

»Was ist? Was ist, Mama?« fragte er zärtlich. »Hattest du Sehnsucht?«

Sie hob das Gesicht, das vor Scham rot angelaufen war, und sah ihn schuldbewußt und flehend an, aber Angst und Scham hinderten sie daran, die Wahrheit zu sagen.

»Es ist nichts …« sagte sie. »Ich bin nur so …«

»Setzen wir uns«, sagte er, indem er sie aufrichtete und am Tisch Platz nehmen ließ. »Hier bitte … Iß von dem Haselhuhn. Du hast Hunger bekommen, mein Armes.«

Gierig atmete sie die vertraute Luft ein und aß von dem Haselhuhn, während er sie gerührt und freudestrahlend anschaute.

VI

Ab Mitte des Winters begann Dymow offenbar zu ahnen, daß er betrogen wurde. Als habe er kein reines Gewissen, konnte er seiner Frau nicht mehr direkt in die Augen schauen, er lächelte auch nicht mehr vor Freude, wenn er ihr begegnete, und um weniger mit ihr allein zu sein, brachte er häufig zum Mittagessen seinen Kollegen Korosteljow mit – ein kleines kahlgeschorenes Männchen mit einem abgespannten Gesicht –, der, wenn er sich mit Olga Iwanowna unterhielt, vor Verlegenheit sein Jackett auf- und wieder zuknöpfte und dann mit der rechten Hand seine linke Schnurrbartspitze zwirbelte. Beim Essen sprachen die beiden Ärzte darüber, daß es bei hochstehendem Zwerchfell manchmal zu Herzrhythmusstörungen kommen könne oder daß multiple Nervenentzündung in der letzten Zeit sehr häufig zu beobachten sei oder daß Dymow gestern bei der Obduktion eines Leichnams mit der Diagnose »bösartige Anämie« einen Bauchspeicheldrüsenkrebs festgestellt habe. Und die beiden schienen nur deshalb ein medizinisches Fachgespräch zu führen, um Olga Iwanowna die

Möglichkeit zu geben zu schweigen, das heißt, nicht zu lügen. Nach dem Essen setzte sich Korosteljow an den Flügel, und Dymow sagte seufzend zu ihm:

»Ach, mein Lieber! Nun ja! Spiel mal irgend etwas Trauriges.«

Mit hochgezogenen Schultern und weit gespreizten Fingern schlug Korosteljow einige Akkorde an und begann mit seiner Tenorstimme zu singen: »Zeig mir einen Ort, wo der russische Bauer nicht stöhnt«[*], und Dymow seufzte noch einmal, stützte den Kopf auf die Faust und wurde nachdenklich.

In der letzten Zeit verhielt sich Olga Iwanowna äußerst unvorsichtig. Jeden Morgen erwachte sie mit der schlechtesten Laune und mit dem Gedanken, daß sie Rjabowski nicht mehr liebe und daß Gott sei Dank alles schon zu Ende sei. Aber nach dem Kaffee überlegte sie, daß Rjabowski ihr den Mann genommen habe und daß sie nun ohne Mann und ohne Rjabowski sei; dann erinnerte sie sich an die Gespräche ihrer Bekannten, in denen die Rede davon war, daß Rjabowski für eine Ausstellung etwas Erstaunliches vorbereitete, eine Mischung aus Landschafts- und Genremalerei im Stil von Polenow[**], das alle, die in seinem Atelier waren, in Begeisterung ausbrechen ließ; aber das hatte er doch, dachte sie, unter ihrem Einfluß geschaffen, und überhaupt hatte er sich dank ihres Einflusses sehr zu seinem Vorteil verändert. Ihr Einfluß war so wohltuend und wesentlich, daß, wenn sie ihn verließ, dies möglicherweise seinen Untergang bedeutete. Und sie erinnerte sich auch, daß er bei seinem letzten Besuch in einem graugesprenkelten Gehrock und mit einer neuen Krawatte bei ihr erschienen war und träumerisch gefragt hatte: »Seh ich gut aus?« Und in der Tat hatte er mit seinen langen blonden Locken und den blauen Augen sehr gut und apart ausge-

---

[*] Aus einem Gedicht von Nikolai Nekrassow (1821–1878).
[**] Wassili Polenow, russ. Maler (1844–1927).

sehen (oder hatte es vielleicht nur den Anschein gehabt) und war zärtlich zu ihr gewesen.

Nachdem Olga Iwanowna sich an vieles erinnert und allerhand Überlegungen angestellt hatte, zog sie sich an und fuhr in heftiger Erregung zu Rjabowski ins Atelier. Sie traf ihn in heiterer Stimmung und voller Begeisterung für sein wirklich großartiges Gemälde; er sprang umher, war albern und antwortete auf ernste Fragen mit Scherzen. Olga Iwanowna war eifersüchtig auf Rjabowskis Bild und haßte es, aber aus Höflichkeit blieb sie etwa fünf Minuten schweigend davor stehen, und seufzend, wie man vor einem Heiligtum seufzt, sagte sie leise:

»Ja, du hast noch nie etwas Derartiges gemalt. Weißt du, es ist geradezu kolossal.«

Dann begann sie ihn anzuflehen, sie zu lieben, sie nicht zu verlassen, Mitleid mit ihr, der Armen und Unglücklichen, zu haben. Sie weinte, küßte ihm die Hände, verlangte, daß er ihr seine Liebe schwor, versuchte ihm zu beweisen, daß er ohne ihren guten Einfluß vom Weg abkommen und zugrunde gehen würde. Und als sie ihm die gute Laune verdorben hatte und sich gedemütigt fühlte, fuhr sie zu ihrer Schneiderin oder zu einer ihr bekannten Schauspielerin wegen einer Theaterkarte.

Wenn sie Rjabowski nicht in seinem Atelier antraf, dann hinterließ sie ihm einen Brief, worin sie schwor, sie werde sich unweigerlich vergiften, falls er heute nicht zu ihr käme. Feige, wie er war, kam er zu ihr und blieb zum Mittagessen. Ohne sich in Gegenwart ihres Mannes zu schämen, warf er ihr Grobheiten an den Kopf, auf die sie ihm in gleicher Weise antwortete. Beide spürten, daß sie sich gegenseitig behinderten, daß sie Despoten und Feinde waren, und sie wurden wütend und bemerkten vor lauter Wut ihr anstößiges Benehmen nicht, bemerkten nicht, daß sogar der kurzgeschorene Korosteljow alles verstand. Nach dem Mittagessen versuchte Rjabowski sich rasch zu verabschieden und zu verschwinden.

»Wohin gehen Sie?« fragte ihn Olga Iwanowna im Vorzimmer, wobei sie ihn haßerfüllt ansah.

Er verzog das Gesicht und kniff die Augen zusammen, nannte den Namen irgendeiner Dame, einer gemeinsamen Bekannten, und es war offensichtlich, daß er sich über ihre Eifersucht lustig machte und sie ärgern wollte. Sie ging in ihr Schlafzimmer und legte sich aufs Bett; vor Eifersucht, Ärger und mit dem Gefühl der Erniedrigung und Scham biß sie ins Kopfkissen und fing laut an zu heulen. Dymow ließ Korosteljow im Salon zurück und ging ins Schlafzimmer; verlegen und verwirrt, sagte er leise:

»Wein nicht so laut, Mama ... Weshalb? Darüber muß man schweigen ... Darf sich nichts anmerken lassen ... Weißt du, was einmal passiert ist, läßt sich nicht mehr rückgängig machen.«

Da sie nicht wußte, wie sie die quälende Eifersucht, von der ihr sogar die Schläfen schmerzten, unterdrücken sollte, und da sie glaubte, an der Sache ließe sich noch etwas ändern, wusch sie sich, puderte ihr verweintes Gesicht und machte sich auf den Weg zu der Bekannten. Als sie Rjabowski bei ihr nicht antraf, fuhr sie zu einer zweiten, dann zu einer dritten ... Anfänglich war es ihr peinlich, so herumzufahren, aber dann gewöhnte sie sich daran, und es kam vor, daß sie an einem Abend bei allen ihr bekannten Damen die Runde machte, um Rjabowski zu suchen, und alle hatten dafür Verständnis.

Einmal sagte sie zu Rjabowski über ihren Mann:

»Dieser Mensch erdrückt mich mit seiner Großmut!«

Der Satz gefiel ihr derart, daß sie, wenn sie mit den Künstlern zusammentraf, die von ihrem Verhältnis mit Rjabowski wußten, jedes Mal mit einer energischen Handbewegung über ihren Mann sagte:

»Dieser Mensch erdrückt mich mit seiner Großmut!«

Das Leben verlief genauso wie im vorigen Jahr. Mittwochs fanden die geselligen Abende statt. Ein Schauspieler rezitierte, die Maler zeichneten, ein Cellist musizierte, ein

Sänger sang, und nach wie vor ging um halb zwölf die Tür zum Eßzimmer auf, und Dymow sagte lächelnd:

»Bitte, meine Herren, ein kleiner Imbiß.«

Wie bisher war Olga Iwanowna auf der Suche nach Prominenten, fand sie, gab sich damit jedoch nicht zufrieden und machte sich erneut auf die Suche. Wie bisher kam sie jede Nacht spät nach Hause, aber Dymow schlief noch nicht, wie im vorigen Jahr, sondern saß in seinem Arbeitszimmer und war mit etwas beschäftigt. Er legte sich gegen drei Uhr morgens hin und stand um acht Uhr auf.

Eines Abends, als Olga Iwanowna sich im Schlafzimmer vor dem Kaminspiegel fürs Theater zurechtmachte, kam Dymow im Frack und mit weißer Krawatte herein. Er lächelte sanft, und wie früher blickte er freudestrahlend seiner Frau direkt in die Augen.

»Ich habe gerade meine Dissertation verteidigt«, sagte er, während er sich setzte und dabei über seine Knie strich.

»Erfolgreich verteidigt?« fragte Olga Iwanowna.

»Und ob!« sagte er lachend und reckte den Hals, um im Spiegel das Gesicht seiner Frau zu sehen, die weiterhin mit dem Rücken zu ihm stand und ihre Frisur ordnete. »Und ob!« wiederholte er. »Weißt du, es ist sehr gut möglich, daß man mir eine Privatdozentur für allgemeine Pathologie anbietet. Es sieht ganz danach aus.«

Seinem verzückten, strahlenden Gesicht war anzumerken, daß, wenn Olga Iwanowna die Freude und den Triumph mit ihm geteilt hätte, er ihr alles verziehen – sowohl das Gegenwärtige als auch das Zukünftige – und auch alles vergessen hätte, aber sie verstand nicht, was Privatdozentur und allgemeine Pathologie bedeuteten, und außerdem befürchtete sie, zu spät ins Theater zu kommen, also sagte sie nichts.

Er blieb noch zwei Minuten sitzen, lächelte schuldbewußt und ging dann hinaus.

Es war ein äußerst unruhiger Tag.

Dymow hatte starke Kopfschmerzen; am Morgen hatte er keinen Tee getrunken, war nicht ins Krankenhaus gegangen und hatte die ganze Zeit in seinem Arbeitszimmer auf dem türkischen Diwan gelegen. Olga Iwanowna war aus Gewohnheit kurz nach zwölf Uhr zu Rjabowski gefahren, um ihm ihre Malskizze, eine »nature morte«, zu zeigen und ihn zu fragen, warum er gestern nicht gekommen sei. Die Skizze schien ihr nicht der Rede wert, und sie hatte sie nur deshalb gemalt, um wieder einmal einen Grund zu haben, dem Künstler einen Besuch abzustatten.

Ohne zu läuten trat sie bei ihm ein, und als sie im Vorraum die Galoschen auszog, hörte es sich so an, als ob im Atelier jemand leise vorüberhuschte, wobei das Rascheln eines Kleides auf eine Frau hindeutete, und als sie hastig einen Blick ins Atelier warf, sah sie nur noch einen braunen Rockzipfel, der für einen Moment auftauchte und dann hinter dem großen Bild verschwand, das samt Staffelei bis zum Boden mit schwarzem Kaliko zugehängt war. Zweifellos versteckte sich hier eine Frau. Wie oft hatte Olga Iwanowna selbst Zuflucht hinter diesem Bild gesucht! Rjabowski, offenbar sehr verlegen, streckte ihr, als wundere er sich über ihr Kommen, beide Hände entgegen und sagte mit einem gezwungenen Lächeln:

»Aaah! Sehr erfreut, Sie zu sehen. Was haben Sie Schönes zu berichten?«

Olga Iwanownas Augen füllten sich mit Tränen. Sie empfand Scham und Bitterkeit, und nicht für eine Million wäre sie zu reden bereit gewesen in Anwesenheit der fremden Frau, einer Rivalin, einer Lügnerin, die jetzt hinter dem Bild stand und wahrscheinlich schadenfroh grinste.

»Ich habe Ihnen eine Skizze gebracht ...« sagte sie schüchtern, mit dünnem Stimmchen und zitternden Lippen, »eine nature morte.«

»Aha ... eine Skizze?«

Der Künstler nahm die Skizze in die Hand, und während er sie betrachtete, ging er gleichsam automatisch ins andere Zimmer.

Olga Iwanowna folgte ihm bereitwillig.

»Nature morte ... erste Sort«, murmelte er, nach einem Reim suchend, »Kurort ... Tort ... Port ...«

Im Atelier waren eilige Schritte und das Rascheln eines Kleides zu hören. *Sie* war also gegangen. Olga Iwanowna wollte laut aufschreien, dem Künstler mit irgend etwas Schwerem auf den Kopf schlagen und verschwinden, aber sie konnte durch den Tränenschleier nichts sehen, war niedergeschlagen durch ihre Scham und empfand sich schon nicht mehr als Olga Iwanowna und als Künstlerin, sondern als ein mickriges Käferchen.

»Ich bin müde ...« sagte der Künstler matt, wobei er die Skizze betrachtete und den Kopf schüttelte, um gegen die Schläfrigkeit anzukämpfen. »Das ist nett, natürlich, aber heute eine Skizze und im letzten Jahr eine Skizze und in einem Monat wieder eine Skizze ... Wird Ihnen das nicht langweilig? Ich würde an Ihrer Stelle die Malerei aufgeben und mich ernsthaft mit der Musik oder sonst was beschäftigen. Sie sind doch keine Malerin, sondern eine Musikerin. Aber wissen Sie, wie müde ich bin! Ich werde uns sofort Tee bringen lassen ... Ja?«

Er ging aus dem Zimmer, und Olga Iwanowna hörte, wie er seinem Diener etwas auftrug. Um sich nicht verabschieden und sich nicht erklären zu müssen, vor allem aber, um nicht laut loszuheulen, lief sie rasch, bevor Rjabowski zurückkam, ins Vorzimmer, zog ihre Galoschen an und ging hinaus auf die Straße. Hier atmete sie erleichtert auf und fühlte sich für immer befreit von Rjabowski, von der Malerei und von der erdrückenden Scham, die im Atelier so auf ihr gelastet hatte. Vorbei ist vorbei!

Sie fuhr zu ihrer Schneiderin, dann zu Barnay[*], der erst gestern angekommen war, von Barnay in eine Musikalienhandlung, und die ganze Zeit dachte sie daran, wie sie Rjabowski einen kühlen, geharnischten Brief voller Selbstbewußtsein schreiben würde, und wie sie im Frühjahr oder im Sommer mit Dymow auf die Krim fahren, sich dort endgültig von der Vergangenheit befreien und ein neues Leben beginnen würde.

Als sie spät am Abend nach Hause zurückkehrte, setzte sie sich, ohne sich umzuziehen, in den Salon, um den Brief zu verfassen. Rjabowski hatte ihr gesagt, daß sie keine Malerin sei, und sie würde ihm nun aus Rache schreiben, daß er jedes Jahr immer nur ein und dasselbe male und jeden Tag ein und dasselbe sage, daß er erstarrt sei und daß er, außer dem bereits Erreichten, nichts mehr erreichen würde. Sie wollte ihm auch schreiben, daß er vieles ihrem guten Einfluß zu verdanken habe, und wenn er nicht das Richtige tue, dann nur deshalb, weil ihr Einfluß durch allerhand zwielichtige Personen, wie jene, die sich heute hinter dem Bild versteckt habe, geschwächt werde.

»Mama!« rief Dymow aus seinem Arbeitszimmer, ohne die Tür zu öffnen. »Mama!«

»Was willst du?«

»Mama, komm nicht herein zu mir, sondern geh nur bis zur Tür. Also … Vorgestern habe ich mich im Krankenhaus mit Diphtherie angesteckt, und jetzt … geht's mir nicht gut. Laß ganz schnell Korosteljow holen.«

Olga Iwanowna redete ihren Mann, wie alle ihr bekannten Männer, nie mit dem Vornamen, sondern mit dem Nachnamen an; sein Vorname Ossip gefiel ihr nicht, denn er erinnerte sie an den Ossip Gogols[**] und an den Kalauer: »Ossip ochrip, a Archip ossip«[***]. Nun schrie sie auf:

---

[*]   Ludwig Barnay, dt. Schauspieler und Theaterleiter (1842–1924).

[**]   Die Gestalt des Dieners in Gogols Komödie *Der Revisor*.

[***] Unübersetzbares Wortspiel, das wörtlich bedeutet: »Ossip ist heiser, und Archip ist heiser.«

»Ossip, sag, daß es ist nicht wahr ist!«

»Laß ihn holen! Es geht mir nicht gut ...« sagte Dymow hinter der Tür, und man hörte, wie er sich zum Diwan schleppte und sich hinlegte. »Laß ihn holen!« vernahm man dumpf seine Stimme.

Was hat das bloß zu bedeuten? dachte Olga Iwanowna, starr vor Entsetzen. Das ist doch gefährlich!

Vollkommen unnötigerweise nahm sie eine Kerze und ging in ihr Schlafzimmer, und während sie noch überlegte, was zu tun sei, sah sie sich zufällig im Kaminspiegel. Mit dem bleichen, erschrockenen Gesicht, in der Jacke mit den Keulenärmeln, mit den gelben Volants auf der Brust und dem extravagant gestreiften Rock kam sie sich selbst furchtbar häßlich vor. Plötzlich empfand sie ein tiefes Mitleid mit Dymow, und auch seine grenzenlose Liebe zu ihr, sein junges Leben und sogar sein verwaistes Bett, in dem er schon lange nicht mehr geschlafen hatte, taten ihr leid, und sie erinnerte sich an sein stetes, sanftes, ergebenes Lächeln. Sie fing bitterlich an zu weinen und schrieb Korosteljow eine flehentliche Nachricht. Es war zwei Uhr in der Nacht.

VIII

Als Olga Iwanowna am Morgen kurz nach sieben mit einem vor Schlaflosigkeit schweren Kopf, ungekämmt, nicht schön und mit schuldbewußter Miene aus dem Schlafzimmer trat, ging ein Herr mit schwarzem Bart – offensichtlich ein weiterer Arzt – an ihr vorbei ins Vorzimmer. Es roch nach Medikamenten. An der Tür zum Arbeitszimmer stand Korosteljow und zwirbelte mit der rechten Hand seine linke Schnurrbartspitze.

»Verzeihen Sie, aber ich lasse Sie nicht zu ihm«, sagte er ungehalten zu Olga Iwanowna. »Wegen der Infektionsgefahr. Und eigentlich müssen Sie auch nicht hinein. Er phantasiert sowieso im Fieber.«

»Hat er eine richtige Diphtherie?« fragte Olga Iwanowna flüsternd.

»Wer mit dem Kopf durch die Wand will, gehört vor Gericht«, murmelte Korosteljow, ohne auf Olga Iwanownas Frage zu antworten. »Wissen Sie, wobei er sich infiziert hat? Er hat am Dienstag bei einem Jungen mit einem Röhrchen den Belag abgesaugt. Und wozu? Törichterweise … Ja, aus purer Dummheit …«

»Ist das gefährlich? Sehr?« fragte Olga Iwanowna.

»Ja, es heißt, daß es sich um eine schwere Form handle. Eigentlich müßte man Schrek holen lassen.«

Es kam ein kleiner rötlichblonder Mann mit langer Nase und jüdischem Akzent, dann ein hochgewachsener gebeugter mit zerzaustem Haar, der wie ein Protodiakon aussah, und dann ein junger, sehr kräftiger Mann mit rotem Gesicht und Brille. Die Ärzte waren gekommen, um am Krankenbett ihres Kollegen zu wachen. Korosteljow, dessen Krankenwache zu Ende war, ging nicht nach Hause, sondern blieb noch und huschte wie ein Schatten durch alle Räume. Das Zimmermädchen brachte den drei diensttuenden Ärzten Tee, lief des öfteren zur Apotheke und hatte gar keine Zeit mehr, die Wohnung aufzuräumen. Es war still und trostlos.

Olga Iwanowna saß in ihrem Schlafzimmer und dachte darüber nach, daß Gott sie dafür, daß sie ihren Mann betrogen hatte, bestrafe. Ein schweigsames, demütiges, unbegreifliches Wesen, durch seine Sanftmut der Persönlichkeit beraubt, charakterschwach und machtlos durch übermäßige Güte, litt still dort in seinem Zimmer auf dem Diwan, ohne zu klagen. Wenn es jedoch geklagt hätte, und sei es nur im Fieberwahn, dann hätten die anwesenden Ärzte erfahren, daß hier nicht nur die Diphtherie schuld war. Hätten sie Korosteljow gefragt: Der wußte alles und schaute nicht umsonst die Frau seines Freundes mit solchen Augen an, als sei sie die eigentliche, die wahre, die Hauptübeltäterin und die Diphtherie nur ihre Komplizin. Sie erinnerte sich nicht mehr an den mondhellen Abend auf der Wolga, nicht mehr an die Liebeserklärungen, an das poetische Leben in der Bauernhütte, sie dachte nur noch daran, daß sie sich, aus einer Laune heraus, aus purem Übermut, von Kopf bis Fuß beschmutzt hatte und sich nie mehr würde reinwaschen können ...

Ach, wie schrecklich habe ich mich belogen! dachte sie, sich an die unstete Liebschaft erinnernd, die sie mit Rjabowski gehabt hatte. Verflucht sei das alles!

Um vier Uhr aß sie zusammen mit Korosteljow zu Mittag. Er nahm keinen Bissen zu sich, trank nur Rotwein und machte ein finsteres Gesicht. Sie aß auch nichts. Bald betete sie in Gedanken und gelobte Gott, daß, falls Dymow genesen würde, sie ihn wieder lieben würde und eine treue Ehefrau wäre. Dann wieder, wenn sie sich für einen Moment vergaß, schaute sie Korosteljow an und dachte: Ist es denn nicht furchtbar langweilig, ein einfacher, unbekannter, durch nichts bemerkenswerter Mensch zu sein, und dazu noch mit einem so abgespannten Gesicht und schlechten Manieren? Bald schien ihr, daß Gott sie sogleich dafür töten werde, daß sie – aus Furcht, sich anzustecken – noch kein einziges Mal bei ihrem Mann im Zimmer gewesen war. Im allgemeinen aber hatte sie ein dumpfes Gefühl der Verzagtheit, und sie war überzeugt, daß ihr Leben zerstört und durch nichts wiederherzustellen sei ...

Nach dem Mittagessen brach die Dunkelheit an. Als Olga Iwanowna den Salon betrat, schlief Korosteljow auf der Couch, unter dem Kopf ein mit Gold besticktes Seidenkissen. »Kchi-pua ...« schnarchte er, »kchi-pua.«

Den Ärzten dagegen, die ihre Krankenwache verrichtet hatten und nun wieder fortgingen, fiel die Unordnung gar nicht auf. Ein fremder Mann, schlafend und schnarchend im Salon, die Dame des Hauses ungekämmt und nachlässig gekleidet, die Skizzen an den Wänden und die wunderliche Einrichtung – all das erweckte jetzt nicht das geringste Interesse. Einer der Ärzte lachte plötzlich über etwas, und dieses Lachen klang irgendwie seltsam und scheu, es wurde einem sogar unheimlich zumute.

Als Olga Iwanowna ein zweites Mal in den Salon kam, schlief Korosteljow nicht mehr, sondern saß da und rauchte. »Er hat eine Nasendiphtherie«, sagte er halblaut. »Und auch das Herz arbeitet nicht mehr richtig. Im Grunde genommen stehen die Dinge schlecht.«

»Lassen Sie doch Schrek holen«, sagte Olga Iwanowna.

»Der war schon da. Er hat ja festgestellt, daß die Diphtherie auf die Nase übergegangen ist. Äh, was ist denn Schrek! Im Grunde genommen ist Schrek nichts. Er ist Schrek, ich bin Korosteljow – und weiter nichts.«

Die Zeit zog sich furchtbar in die Länge. Olga Iwanowna lag angekleidet auf ihrem Bett, das seit dem Morgen ungemacht war, und döste vor sich hin. Es kam ihr vor, als wäre die ganze Wohnung vom Boden bis zur Decke mit einem riesigen Eisenklotz ausgefüllt, als brauchte man nur das Eisen hinauszuschaffen, und allen wäre wieder heiter und leicht zumute. Als sie die Augen aufschlug, erkannte sie, daß es kein Eisen, sondern Dymows Krankheit war.

Nature morte, Port ..., dachte sie und fiel wieder in einen Dämmerzustand, Sport ... Kurort ... Und wie ist das mit Schrek? Schrek, grek, wrek ... krek. Und wo sind jetzt meine Freunde? Wissen sie, daß wir Sorgen haben? Lieber Gott, errette ... erlöse mich. Schrek, grek ...

Und wieder das Eisen ... Die Zeit zog sich in die Länge, und die Uhr in der unteren Etage schlug oft. Und ständig hörte man die Türklingel; die Ärzte kamen ... Das Zimmermädchen trat mit einem leeren Glas auf einem Tablett ins Schlafzimmer und fragte:

»Gnädige Frau, soll ich jetzt das Bett machen?«

Und ohne eine Antwort erhalten zu haben, ging sie wieder hinaus. Unten schlug die Uhr; Olga Iwanowna träumte vom Regen auf der Wolga, und erneut kam jemand herein, anscheinend ein Fremder. Olga Iwanowna fuhr auf und erkannte Korosteljow.

»Wie spät ist es?« fragte sie.

»Etwa drei Uhr.«

»Nun, wie steht's?«

»Wie soll's stehen! Ich bin gekommen, um Ihnen zu sagen: Es geht zu Ende ...«

Er schluchzte auf, setzte sich neben sie aufs Bett und wischte sich mit dem Ärmel die Tränen ab. Sie begriff nicht sofort, aber Kälte durchfuhr ihren ganzen Körper, und sie begann sich langsam zu bekreuzigen.

»Es geht zu Ende ...« wiederholte er mit dünner Stimme und schluchzte wieder auf. »Er stirbt, weil er sich geopfert hat ... Was für ein Verlust für die Wissenschaft!« sagte er voll Bitterkeit. »Er war, verglichen mit uns allen, ein großartiger, ein außergewöhnlicher Mensch! Was für ein Talent! Welche Hoffnungen hat er bei uns allen geweckt!« fuhr Korosteljow händeringend fort. »Herr mein Gott, das wäre ein solcher Wissenschaftler geworden, wie man ihn heutzutage kaum noch findet. Osska Dymow, Osska Dymow, was hast du bloß gemacht! Oje, oje! Mein Gott!«

Korosteljow bedeckte verzweifelt mit beiden Händen das Gesicht und schüttelte den Kopf.

»Und was für eine moralische Kraft!« fuhr er fort, wobei er immer wütender auf jemanden wurde. »Eine gute, eine liebende, eine makellose Seele – nicht einfach nur ein Mensch, sondern ein Mensch rein wie Glas! Er hat der Wissenschaft gedient und ist an ihr zugrunde gegangen. Und geschuftet hat er wie ein Ochse, Tag und Nacht, niemand hat ihn geschont, und der junge Wissenschaftler, der zukünftige Professor, mußte sich eine Praxis suchen und nachts auch noch Übersetzungen machen, um diese ... läppischen Fetzen zu finanzieren!«

Korosteljow blickte Olga Iwanowna haßerfüllt an, packte mit beiden Händen das Bettlaken und zerrte wütend daran, als wäre es an allem schuld.

»Sich selbst hat er nicht geschont, und man hat ihn nicht geschont. Äh, das ist es im Grunde schon!«

»Ja, ein seltener Mensch!« sagte im Salon eine Baßstimme.

Olga Iwanowna ließ ihr ganzes Leben mit Dymow
Revue passieren, von Anfang bis Ende, in allen Einzelheiten, und plötzlich begriff sie, daß er wirklich ein außergewöhnlicher, seltener und im Vergleich zu denen, die sie
kannte, ein großartiger Mensch war. Und als sie sich daran
erinnerte, wie ihr verstorbener Vater und seine ganzen Kollegen sich ihm gegenüber verhalten hatten, wurde ihr klar,
daß alle in ihm eine zukünftige Berühmtheit gesehen
hatten. Die Wände, die Zimmerdecke, die Lampe und der
Teppich auf dem Fußboden grinsten sie spöttisch an, als
wollten sie sagen: »Verspielt! Verspielt!« Sie stürzte weinend
aus dem Schlafzimmer, huschte in den Salon, an einem unbekannten Menschen vorbei, und lief ins Arbeitszimmer zu
ihrem Mann. Er lag reglos auf dem türkischen Diwan, bis
zur Gürtellinie unter einer Bettdecke. Sein Gesicht war
schrecklich eingefallen, abgemagert und hatte eine gräu-
lich-gelbe Farbe, wie sie bei Lebenden niemals vorkommt;
und nur an der Stirn, an den schwarzen Augenbrauen und
an dem vertrauten Lächeln konnte man erkennen, daß es
Dymow war. Olga Iwanowna befühlte rasch seine Brust,
die Stirn und die Hände. Die Brust war noch warm, aber
die Stirn und die Hände waren bereits unangenehm kalt.
Und die halboffenen Augen waren nicht auf Olga Iwanowna, sondern auf seine Bettdecke gerichtet.

»Dymow!« rief sie laut. »Dymow!«

Sie wollte ihm erklären, daß es ein Fehler gewesen und
nicht alles verloren sei, daß das Leben noch wunderschön
und glücklich werden könne, daß er ein seltener, außergewöhnlicher, großartiger Mensch sei und daß sie ihn das
ganze Leben verehren, anbeten und eine heilige Ehrfurcht
vor ihm empfinden werde …

»Dymow!« rief sie ihn, rüttelte ihn an der Schulter und
wollte nicht glauben, daß er nie mehr aufwachen würde.
»Dymow, aber Dymow!«

Im Salon sagte Korosteljow zu dem Zimmermädchen: »Was gibt's da zu fragen? Sie gehen zum Kirchendiener und erkundigen sich, wo die Armenhäuslerinnen wohnen. Die werden den Leichnam waschen und aufbahren – werden alles Notwendige tun.«

(Barbara Schaefer)

Nadja Selenina war mit ihrer Mutter vom Theater heimgekehrt, wo man den »Onegin« gegeben hatte. In ihrem
Zimmer hatte sie rasch ihr Kleid ausgezogen, ihren Zopf
gelöst und sich in Rock und weißer Bluse an den Tisch gesetzt, um auch so einen Brief zu schreiben wie Tatjana.

»Ich liebe Sie«, schrieb sie, »aber Sie, nein, Sie lieben mich
nicht!«

Sie schrieb es nieder und lachte auf. Sie war erst sechzehn, und sie liebte noch niemanden. Sie wußte, daß der
Offizier Gorny und der Student Grusdew sie liebten; nun
aber, nach der Oper, zweifelte sie nur zu gern an der Liebe
beider. Ungeliebt und unglücklich zu sein – wie interessant
das war! Wenn der eine stark liebt, der andere jedoch
gleichgültig ist, dann liegt darin etwas Schönes, Bewegen-
des, Poetisches. Onegin ist dadurch interessant, daß er gar
nicht liebt, und Tatjana ist bezaubernd, weil sie so sehr liebt.
Wenn beide einander mit gleicher Intensität liebten und
glücklich wären, so würden sie vermutlich langweilig wirken.

»Hören Sie auf, mich ständig Ihrer Liebe zu versichern«,
schrieb sie weiter und dachte dabei an Gorny, den Offizier.
»Ich kann Ihnen nicht glauben. Sie sind sehr klug und gebildet, Sie sind ernst, Sie sind unheimlich begabt, vielleicht
erwartet Sie eine glänzende Zukunft. Ich aber bin ein un-
interessantes, bedeutungsloses Mädchen, und Sie wissen
selbst sehr gut, daß ich in Ihrem Leben nur ein Hindernis
wäre. Zwar haben Sie sich in mich verliebt und glauben,
Sie hätten in mir Ihr Ideal gefunden, doch das war ein Irr-
tum, und schon jetzt fragen Sie sich verzweifelt: Warum
mußte ich bloß diesem Mädchen begegnen? Und nur Ihr
guter Charakter hindert Sie daran, das zuzugeben!«

Vor lauter Selbstmitleid begann Nadja zu weinen und fuhr fort:

»Es fällt mir schwer, Mutter und Bruder zu verlassen. Und wenn, dann würde ich die Mönchskutte anziehen und fortgehen, irgendwohin. Und Sie wären frei und würden eine andere lieben. Ach, wäre ich doch tot!«

Vor lauter Tränen verschwamm ihr das Geschriebene vor den Augen. Überall, auf dem Tisch und dem Fußboden und an der Zimmerdecke, zitterten kleine Regenbogen, es war, als schaue Nadja durch ein Prisma. Unfähig zu schreiben, lehnte sie sich im Sessel zurück und ließ ihre Gedanken zu Gorny schweifen.

Mein Gott, was für ein interessanter, was für ein bezaubernder Mann! Nadja erinnerte sich, was für einen schönen Ausdruck das Gesicht des Offiziers annahm, wenn er in ein Streitgespräch über Musik verwickelt wurde, wie nachgiebig und weich, wie schuldbewußt seine Miene dabei werden konnte. Und welche Mühe er sich dann gab, alle Leidenschaft aus seiner Stimme zu verbannen. In der Gesellschaft, wo kühler Dünkel und Gleichmut als Zeichen guter Erziehung und bester Umfangsformen gelten, hat man seine Leidenschaft zu verbergen. Und das tut er auch, aber es gelingt ihm nicht, und alle wissen nur zu gut, daß er die Musik leidenschaftlich liebt. Die endlosen Streitereien über Musik, die kühnen Urteile von Ignoranten versetzen ihn in ständige Anspannung, ängstlich und eingeschüchtert schweigt er. Er spielt ausgezeichnet Klavier, wie ein wirklicher Pianist, und wenn er nicht Offizier geworden wäre, dann wäre er bestimmt ein berühmter Musiker.

Die Tränen waren getrocknet. Nadja dachte daran, daß Gorny ihr mitten im Symphoniekonzert seine Liebe erklärt hatte, und dann noch einmal, unten, in der Garderobe, als es von allen Seiten zog.

»Es freut mich sehr, daß Sie endlich die Bekanntschaft des Studenten Grusdew gemacht haben«, schrieb sie weiter. »Er ist ein sehr kluger Mensch, bestimmt werden Sie ihn liebgewinnen. Gestern war er bei uns und blieb bis zwei Uhr. Wir waren alle hingerissen von ihm, und ich bedaure, daß Sie uns nicht aufgesucht haben. Er sagte so viele bemerkenswerte Dinge.«

Nadja legte die Arme auf den Tisch und ließ den Kopf sinken, ihre Haare bedeckten den Brief. Sie erinnerte sich daran, daß auch der Student Grusdew sie liebte und ebensoviel Recht auf einen Brief von ihr hatte wie Gorny. Überhaupt: Sollte sie nicht eher Grusdew schreiben? Ganz grundlos regte sich Freude in ihrer Brust. Zuerst war diese Freude ganz klein und hüpfte wie ein Gummibällchen darin umher, doch dann wurde sie immer größer, dehnte sich aus und brach wie eine Welle hervor. Nadja hatte Gorny ebenso wie Grusdew schon vergessen, ihre Gedanken verwirrten sich, die Freude aber wuchs und wuchs; aus der Brust strömte sie in Arme und Beine, und es war ihr, als berührte ein leichter, kühler Wind ihren Kopf und spielte mit ihrem Haar. Ihre Schultern begannen in leisem Lachen zu beben, und das tat auch der Tisch, dann das Glas der Lampe, und aus ihren Augen fielen Tränen auf den Brief. Sie fühlte sich nicht imstande, diesem Lachen Einhalt zu gebieten, und um sich zu beweisen, daß sie nicht ohne Grund lachte, beeilte sie sich, an etwas Komisches zu denken.

»Was für ein komischer Pudel!« sprach sie vor sich hin und fühlte, daß sie vor Lachen fast erstickte. »Was für ein komischer Pudel!«

Sie mußte daran denken, wie Grusdew gestern nach dem Tee mit dem Pudel Maxim herumgetollt und dann von einem sehr klugen Pudel erzählt hatte. Dieser jagte draußen einem Raben nach, der aber drehte sich nach ihm um und sagte:

»Ach, du Spitzbube!«

Der Pudel, der nicht wußte, daß er es mit einem gelehrten Raben zu tun hatte, wurde fürchterlich verlegen und wich unschlüssig zurück, dann fing er an zu bellen.

»Nein, besser, ich liebe Grusdew«, beschloß Nadja und zerriß den Brief.

Sie begann über den Studenten nachzudenken, über seine Liebe, über ihre Liebe. Doch das Ergebnis war, daß ihre Gedanken immer mehr verschwammen, und schließlich dachte sie über alles nach: über die Mama, über die Straße, den Bleistift, das Klavier ... Voller Freude war ihr Denken, und sie fand alles gut, fand alles herrlich, und die Freude sagte ihr, daß das noch nicht alles sei, daß es ein wenig später noch schöner würde. Bald wird es Frühling, dann Sommer, Zeit, mit der Mama nach Gorbiki zu fahren; dann wird Gorny auf Urlaub kommen, wird mit ihr durch den Garten spazieren und ihr den Hof machen. Und auch Grusdew wird kommen, wird mit ihr Krocket und Kegel spielen und ihr lustige oder seltsame Dinge erzählen. Es verlangte sie leidenschaftlich nach dem Garten und der Dunkelheit, nach dem reinen Himmel und den Sternen. Von neuem begannen ihre Schultern vor Lachen zu beben, und es kam ihr so vor, als rieche es im Zimmer nach Wermut und als schlage ein Zweig gegen das Fenster.

Sie ging in ihr Schlafzimmer, setzte sich aufs Bett und wußte nicht wohin mit dieser großen, mit dieser sie quälenden Freude. Und den Blick auf das Heiligenbild gerichtet, das an der Lehne ihres Bettes hing, sagte sie:

»Oh Gott! Oh mein Gott!«

(Kay Borowsky)

Der alte Semjon, mit Spitznamen der Gescheite, und ein
junger Tatar, dessen Namen niemand kannte, saßen am
Ufer beim Feuer; die anderen drei Fährleute waren in der
Hütte. Semjon, ein alter Mann von etwa sechzig Jahren,
hager und zahnlos, aber mit breiten Schultern und dem
Aussehen nach noch gesund, war betrunken; er wäre schon
längst schlafen gegangen, aber in seiner Tasche hatte er ein
Fläschchen und fürchtete, die Burschen in der Hütte könnten ihn um den Wodka bitten. Der Tatar war krank, litt, und
während er sich in seine Lumpen wickelte, erzählte er, wie
schön es im Gouvernement Simbirsk sei und was für eine
schöne und kluge Frau er zu Hause zurückgelassen habe.
Er war an die fünfundzwanzig Jahre, nicht älter, und jetzt,
beim Schein des Feuers, blaß, mit einem traurigen, kränk-
lichen Gesicht, wirkte er wie ein Junge.

»Na klar doch, das hier ist nicht das Paradies«, sagte der
Gescheite. »Du siehst es selbst: Wasser, nackte Ufer, ringsum Lehm und sonst nichts … Ostern ist schon lange vorbei, aber auf dem Fluß treibt noch Eis, und heute morgen
hat es geschneit.«

»Schlimm! Schlimm!« erwiderte der Tatar und blickte
sich ängstlich um.

Ungefähr zehn Schritt entfernt floß der dunkle, kalte
Fluß; er gurgelte, klatschte gegen das ausgewaschene Lehmufer und eilte schnell dem fernen Meer entgegen. Unmit-
telbar am Ufer hob sich dunkel ein Lastkahn ab, den die
Fährleute Karbas* nennen. In der Ferne am anderen Ufer
krochen wie kleine Schlangen Feuer, verlöschend und
schillernd: Dort wurde das Gras vom Vorjahr abgebrannt.

---

* Nordruss. Bezeichnung für ein Ruderschiff mit 4–10 Rudern.

Und hinter den Schlangen kam wieder Dunkelheit. Man konnte hören, wie kleinere Eisschollen gegen den Lastkahn schlugen. Es war feucht und kalt ...

Der Tatar blickte zum Himmel. Da waren genauso viele Sterne wie bei ihm zu Hause, ringsum war es genauso schwarz, aber es fehlte doch etwas. Zu Hause im Gouvernement Simbirsk wirkten die Sterne und der Himmel ganz anders.

»Schlimm! Schlimm!« wiederholte er.

»Wirst dich dran gewöhnen!« sagte der Gescheite und lachte. »Jetzt bist du noch jung, dumm und nicht trocken hinter den Ohren, und in deiner Dummheit meinst du, daß es keinen unglücklicheren Menschen gibt als dich, aber es kommt die Zeit, da wirst du selbst sagen: Gebe der Herrgott jedem solch ein Leben. Schau mich an. In einer Woche geht das Wasser zurück, und wir machen die Fähre fertig, ihr geht alle los und streift durch Sibirien, aber ich bleibe hier und fange an, von Ufer zu Ufer zu fahren. Schon zweiundzwanzig Jahre fahre ich so. Tag und Nacht. Der Hecht und der Lachs unter dem Wasser und ich über dem Wasser. Und Gott sei Dank! Ich brauche nichts. Gebe der Herrgott jedem solch ein Leben.«

Der Tatar legte Reisig in die Flammen, rückte näher zum Feuer und sagte:

»Mein Vater ist kränklicher Mensch. Wenn er tot ist, kommen Mutter und Frau her. Haben sie versprochen.«

»Und wozu brauchst du Mutter und Frau?« fragte der Gescheite. »Das ist nur Dummheit, Bruder. Da bringt dich der Teufel durcheinander, verflucht soll er sein. Hör nicht auf ihn, den Verfluchten. Gib ihm nicht nach. Er erzählt dir von der Frau, und du ihm zum Trotz: Will ich nicht! Er erzählt dir von der Freiheit, und du versteifst dich drauf – Will ich nicht! Nichts brauchst du! Weder Vater noch Mutter, weder Frau noch Freiheit, weder Hab noch Gut. Nichts brauchst du, verflucht sollen sie sein.«

Der Gescheite tat einen Zug aus der Flasche und fuhr fort:

»Ich, mein Freundchen, bin kein einfacher Bauer, bin nicht aus dem Stand der Knechte, sondern der Sohn eines Küsters, und als ich in Kursk in Freiheit lebte, da habe ich einen Gehrock getragen, aber jetzt habe ich es bis zu dem Punkt gebracht, daß ich ohne alles auf der Erde schlafen und Gras fressen kann. Und gebe der Herrgott jedem solch ein Leben. Ich brauche nichts und fürchte mich vor niemandem, und das hab ich mir klargemacht, daß es keinen reicheren und freieren Menschen gibt als mich. Als sie mich aus Rußland hierher schickten, habe ich mich vom ersten Tag an darauf versteift: Ich will nichts! Der Teufel fing von meiner Frau an, von den Verwandten, der Freiheit, aber ich zu ihm: Ich brauche nichts. Ich habe mich auf meine Meinung versteift, und nun, wie du siehst, lebe ich gut und beklage mich nicht. Aber wenn jemand dem Teufel nachgibt und auch nur ein einziges Mal auf ihn hört, dann geht er zugrunde, dann gibt es keine Rettung für ihn: Er versinkt bis zum Schopf im Sumpf und kommt nicht mehr heraus. Und nicht nur solche wie ihr, dumme Bauern, auch adlige und gebildete Leute gehen zugrunde. Vor fünfzehn Jahren haben sie einen gnädigen Herrn aus Rußland hierher geschickt. Er hat da mit seinen Brüdern etwas nicht geteilt und im Testament was gefälscht. Es hieß, er sei ein Fürst oder Baron, aber vielleicht war er auch einfach ein Beamter – was weiß denn ich. Nun, er kam hier an und kaufte sich als erstes in Muchortinskoe Haus und Land. ›Ich will‹, sagt er, ›von meiner eigenen Arbeit leben, im Schweiße meines Angesichts, denn‹, sagt er, ›ich bin jetzt kein Herr mehr, sondern ein Strafansiedler.‹ Ja dann, sage ich, mit Gottes Hilfe, das ist eine gute Sache. Er war damals ein junger Mann, geschäftig, sorgfältig; er mähte selber, fischte auch mal und ritt sechzig Werst weit. Da gab es nur ein Übel: Vom ersten Jahr an fuhr er ständig nach Gyrino auf die Post. So stand er manchmal bei mir auf der Fähre und seufzte: ›Ach, Semjon, irgendwie kommt von zu Hause lange kein Geld!‹ Geld, sage ich, Wassili Sergejitsch, ist nicht nötig. Was wollen Sie damit? Brechen Sie mit dem Alten, vergessen Sie es, als hätte es das gar nicht gegeben, als wäre das nur ein Traum gewesen, und fangen Sie ein neues Leben an. Hören Sie nicht, sage ich, auf den Teufel – er bringt einen zu nichts Gutem, lockt einen in die Schlinge. Jetzt wollen Sie Geld, sage ich, und es vergeht etwas Zeit und, siehe da, Sie wollen etwas anderes, und dann noch mehr und noch mehr. Wenn Sie sich aber, sage ich, Glück wünschen, dann dürfen Sie sich vor allem nichts wün-schen. Ja … Auch wenn, sage ich zu ihm, uns beiden das Schicksal übel mitgespielt hat, so hat es keinen Sinn, bei ihm um Gnade zu bitten und ihm zu Füßen zu fallen, sondern man muß es verachten und darüber lachen. Sonst wird es selbst seinen Spott mit uns treiben. So sage ich zu ihm … Nach ungefähr zwei Jahren setze ich ihn zu diesem Ufer über, und er reibt sich die Hände und lacht. ›Ich fahre‹, sagt er, ›nach Gyrino, um meine Frau abzuholen. Sie hat sich meiner erbarmt‹, sagt er, ›und ist hergekommen. Eine Gute ist sie, eine Liebe.‹ Und er kam vor Freude ganz außer Atem. Und am nächsten Tag kommt er dann mit seiner Frau. Eine junge Dame, schön, mit Hut; auf dem Arm ein kleines Mädchen. Und mit jeder Menge Gepäck. Mein Wassili Sergejitsch wirbelt um sie herum, kann sich nicht sattsehen an ihr und nicht genug prahlen. ›Ja, mein guter Semjon, auch in Sibirien leben Menschen.‹ Na, den-ke ich, schon gut, wirst keine Freude dran haben. Und von da an begann er fast jede Woche in Gyrino vorzusprechen: ob aus Rußland Geld gekommen sei. Und Geld brauchte er in Unmengen. ›Mir zuliebe‹, sagt er, ›vergeudet sie hier in Sibirien ihre Jugend und ihre Schönheit und‹, sagt er, ›teilt mit mir mein bitteres Los, und darum muß ich ihr jedes erdenkliche Vergnügen bereiten …‹ Damit es die Gnädigste lustiger habe, schloß er Bekanntschaft mit Be-amten und allerlei Gesindel. Und diese ganze Gesellschaft mußte natürlich verköstigt und bewirtet werden, und ein Klavier mußte her und ein wuscheliges Hündchen auf dem

Sofa – soll es doch krepieren … Luxus, mit einem Wort, Verwöhnung. Die Gnädigste hat nicht lange bei ihm gelebt. Wie denn auch? Lehm, Wasser, es ist kalt, da hast du weder Gemüse noch Obst, ringsum Ungebildete und Betrunkene, keinerlei Umgang, und sie ist eine verwöhnte Dame, eine aus der Hauptstadt … Klar wurde ihr langweilig. Na, und auch ihr Mann, da kann man sagen, was man will, der war kein Herr mehr, sondern ein Strafansiedler – das ist nun mal keine Ehre. Ungefähr drei Jahre später, ich erinnere mich, gerade in der Nacht vor Mariä Himmelfahrt, ruft man vom anderen Ufer. Ich fahre mit der Fähre rüber, schaue – die Gnädigste, ganz verhüllt, und bei ihr ein junger Herr, einer von den Beamten. Mit einer Troika … Ich setze sie hierher über, sie steigen ein – und sind schon über alle Berge! Kaum daß man sie gesehen hat. Und gegen Morgen kommt Wassili Sergejitsch mit einem Zweispänner angaloppiert. ›Semjon, ist hier nicht meine Frau mit einem Herrn mit Brille durchgekommen?‹ Sie ist durchgekommen, sage ich – die kannst du lange suchen. Er galoppierte hinterher und jagte ihnen fünf Tage und fünf Nächte nach. Als ich ihn danach auf die andere Seite übersetzte, fiel er auf der Fähre nieder, schlug seinen Kopf gegen die Planken und heulte. Das hast du nun davon, sage ich. Ich lache und erinnere ihn: ›Auch in Sibirien leben Menschen!‹ Und er schlägt sich noch heftiger … Danach wollte er plötzlich Freiheit. Seine Frau hatte sich nach Rußland davongemacht, und also zog es ihn, versteht sich, auch dahin, um sie zu sehen und sie von ihrem Liebhaber loszukriegen. Und er begann, mein guter Freund, fast jeden Tag mal zur Post, mal in die Stadt zur Obrigkeit zu galoppieren. Ständig schickte er Bittschriften und reichte sie ein, damit man ihn begnadige und zurück nach Rußland lasse, und er sagte, daß ihn allein die Telegramme an die zweihundert Rubel kosteten. Sein Land hat er verkauft, das Haus bei den Juden verpfändet. Er selbst wurde grau und krumm, gelb im Gesicht, als hätte er die Schwindsucht. Er redet mit dir und macht dabei: kche-kche-kche ... und hat Tränen in den Augen. Mit den Bittschriften hat er sich an die acht Jahre lang abgemüht, aber dann lebte er wieder auf und ist fröhlich geworden: hat sich zum Vergnügen einen neuen Unsinn ausgedacht. Siehst du, sein Töchterlein ist groß geworden. Er schaut sie an und kann nicht genug kriegen. Und sie ist, um die Wahrheit zu sagen, nicht übel: hübsch, mit schwarzen Brauen und einem lebhaften Charakter. Jeden Sonntag fährt er mit ihr nach Gyrino in die Kirche. Sie stehen beide nebeneinander auf der Fähre, sie lacht, und er läßt sie nicht aus den Augen. ›Ja, Semjon‹, sagt er, ›auch in Sibirien leben Menschen. Auch in Sibirien gibt es Glück. Schau nur‹, sagt er, ›was für ein Töchterlein ich habe! Noch so eine wirst Du wohl im Umkreis von tausend Werst nicht finden.‹ Das Töchterlein, sage ich, ist hübsch, das stimmt, wirklich ... Aber für mich denke ich: Warte du nur ... Das Mädchen ist jung, hat heißes Blut, sie will leben, und was für ein Leben gibt es hier schon? Und sie wurde schwermütig, Bruder ... schwand dahin, kam ganz von Kräften, wurde krank, und jetzt kann sie kaum mehr kriechen. Schwindsucht. Da hast du dein Sibirisches Glück, verflucht soll es sein, da hast du dein ›auch in Sibirien leben Menschen‹ ... Er fing an, alle Ärzte abzuklappern und sie zu sich zu holen. Wenn er hört, daß es zweihundert oder dreihundert Werst weiter einen Arzt oder Wunderdoktor gibt, dann holt er ihn zu sich. Berge von Geld sind für die Ärzte draufgegangen, und meiner Meinung nach hätte man das Geld besser vertrinken sollen ... Sie wird sowieso sterben. Auf allerjeden Fall stirbt sie. Und dann geht er ganz zugrunde. Hängt sich auf vor Kummer oder flieht nach Rußland – das kennt man ja schon. Er flieht, man fängt ihn, dann das Gericht, Zwangsarbeit und die Peitsche kosten ...«

»Gut, gut«, brummte der Tatar und krümmte sich vor Schüttelfrost.

»Was ist gut?« fragte der Gescheite.

48

»Frau, Tochter ... Wenn schon Zwangsarbeit und wenn schon Kummer, dafür hat er Frau und Tochter gesehen ... Du sagst, man braucht nichts. Aber nichts – das ist schlimm! Frau hat drei Jahre mit ihm zusammengelebt – das hat ihm Gott geschenkt. Nichts – das ist schlimm, aber drei Jahre – das ist gut. Wieso verstehst du nicht?«

Zitternd und stotternd, angestrengt nach russischen Wörtern suchend, von denen er nur wenige kannte, sprach der Tatar davon, daß Gott ihn davor bewahren möge, in der Fremde krank zu werden, zu sterben und in der kalten, rostig roten Erde verscharrt zu werden, daß er, wenn seine Frau auch nur für einen Tag oder selbst nur für eine Stunde zu ihm käme, bereit wäre, für dieses Glück alle Qualen der Welt auf sich zu nehmen, und Gott dafür danken würde. Lieber einen Tag Glück als gar nichts.

Danach erzählte er wieder, was für eine schöne und kluge Frau er zu Hause zurückgelassen habe, griff sich dann mit beiden Händen an den Kopf, begann zu weinen und Semjon zu beteuern, daß er überhaupt nicht schuldig und Opfer einer falschen Anschuldigung sei. Seine beiden Brüder und sein Onkel hätten einem Bauern die Pferde gestohlen und den Alten halbtot geschlagen, aber die Gemeinde habe nicht nach dem Gewissen entschieden und ein Urteil gefällt, nach dem alle drei Brüder nach Sibirien mußten, der Onkel aber, ein reicher Mann, zu Hause blieb.

»Wirst dich dran gewöhnen!« sagte Semjon.

Der Tatar verstummte und starrte mit verweinten Augen ins Feuer; sein Gesicht zeigte Erstaunen und Furcht, so als habe er immer noch nicht begriffen, weshalb er hier in der Dunkelheit und Nässe unter fremden Leuten war und nicht im Gouvernement Simbirsk. Der Gescheite legte sich ans Feuer, lachte über irgend etwas und sang halblaut ein Lied.

»Was für eine Freude hat sie bei ihrem Vater?« fing er nach einer Weile wieder an. »Er liebt sie, tröstet sich damit, das ist klar; aber, Bruder, mit ihm ist nicht gut Kirschen essen: ein strenger Alter, ein schroffer Alter. Und junge Mädchen brauchen keine Strenge … Sie brauchen Zärtlichkeit und hahaha und hihoho, Parfüme und Lippenpomade. Ja … Na ja, das sind so Sachen!« seufzte Semjon und erhob sich schwer. »Der Wodka ist alle, also es ist Zeit zu schlafen. Ja? Ich gehe, Bruder …«

Allein geblieben, schob der Tatar Reisig nach, legte sich hin, schaute ins Feuer und dachte an sein Heimatdorf und an seine Frau; wenn seine Frau doch nur für einen Monat oder für einen Tag kommen würde, und dann könnte sie, wenn sie wollte, zurückfahren. Besser einen Monat oder selbst nur einen Tag als nichts. Aber wenn die Frau ihr Versprechen hielt und herkam, was sollte er ihr dann zu essen geben? Wo sollte sie hier wohnen?

»Wenn nichts zu essen, wie dann leben?« fragte der Tatar laut.

Dafür, daß er jetzt bei Tag und bei Nacht ruderte, zahlte man ihm nur zehn Kopeken den Tag; allerdings gaben die Reisenden etwas für Tee und für Wodka, doch die anderen Burschen teilten die ganzen Einnahmen unter sich auf, dem Tatar aber gaben sie nichts und lachten ihn nur aus … Dieser elenden Lage wegen war er hungrig, fror und hatte Angst. Jetzt, wo der ganze Körper schmerzte und zitterte, müßte man in die Hütte gehen und sich schlafen legen, aber dort war nichts, um sich zuzudecken, und es war kälter als am Ufer; hier gab es auch nichts, um sich zuzudecken, aber wenigstens konnte man ein Feuer machen …

In einer Woche, wenn das Wasser ganz zurückgegangen war und hier die Fähre eingesetzt würde, würden alle Fährleute außer Semjon nicht mehr gebraucht, und der Tatar würde von Dorf zu Dorf ziehen und um Almosen und Arbeit bitten. Seine Frau war erst siebzehn Jahre alt; sie war schön, verwöhnt und schüchtern – sollte sie etwa mit unverhülltem Gesicht durch die Dörfer gehen und betteln? Nein, nur daran zu denken war schrecklich …

Es wurde schon hell; der Lastkahn, das Weidengestrüpp

und das Kräuseln auf dem Wasser zeichneten sich klar ab, und wenn man nach hinten blickte, war dort der lehmige Abhang, unten die kleine Hütte, mit braunem Stroh gedeckt, und weiter oben schmiegten sich die Dorfhütten an. Im Dorf krähten schon die Hähne.

Den rötlichen lehmigen Abhang, den Lastkahn, den Fluß, die fremden, unfreundlichen Leute, den Hunger, die Kälte, die Krankheiten – vielleicht gab es das alles nicht wirklich. Sicher träume ich das alles nur, dachte der Tatar. Er fühlte, wie er schlief, und hörte sein Schnarchen … Natürlich war er zu Hause, im Gouvernement Simbirsk, und er mußte seine Frau nur beim Namen rufen, und schon würde sie ihm antworten; und im Nebenzimmer war die Mutter … Was gab es aber auch für schreckliche Träume! Wofür waren die bloß gut? Der Tatar lächelte und öffnete die Augen. Was war das für ein Fluß? Die Wolga?

Es schneite.

»Hoool über!« schrie jemand auf der anderen Seite. »Lastkaaahn!«

Der Tatar kam zu sich und ging die Kameraden wecken, damit sie auf die andere Seite fuhren. Die Fährleute erschienen am Ufer, zogen im Gehen ihre zerrissenen Pelze an, fluchten mit verschlafenen Stimmen und krümmten sich vor Kälte. Nach dem Schlaf erschien ihnen der Fluß, von dem eine durchdringende Kälte ausging, sichtlich widerwärtig und grauenhaft. Ohne Eile sprangen sie in den Lastkahn. Der Tatar und die drei Fährleute griffen zu den langen Rudern mit ihren breiten Blättern, die im Dunkeln wie Krebsscheren aussahen. Semjon legte sich mit dem Bauch auf das lange Steuer. Auf der anderen Seite rief man noch immer und schoß zweimal mit dem Revolver, weil man wohl dachte, die Fährleute schliefen oder wären ins Dorf gegangen, in die Wirtschaft.

»Schon gut, kommst schon noch zurecht!« brummte der Gescheite im Ton eines Menschen, der überzeugt ist, daß es auf dieser Welt keinerlei Grund gibt, sich zu beeilen. »Es ist doch alles gleich, etwas Gescheites kommt dabei nicht heraus.«

Der schwere, ungelenke Lastkahn löste sich vom Ufer und schwamm zwischen den Sträuchern des Weidengestrüpps hindurch, und nur daran, daß das Gestrüpp langsam zurückblieb, war zu erkennen, daß er nicht auf der Stelle stand, sondern sich bewegte. Die Fährleute schlugen im Takt mit den Rudern; der Gescheite lag bäuchlings auf dem Steuer und flog so von einer Seite zur anderen, wobei er in der Luft einen Bogen beschrieb. In der Dunkelheit wirkte es, als säßen die Männer auf einem vorsintflutlichen Tier mit langen Pfoten und führen auf ihm in ein kaltes, trostloses Land, wie man es manchmal in Alpträumen sieht.

Sie ließen das Weidengestrüpp hinter sich und gelangten aufs offene Wasser. Am anderen Ufer hatte man schon das Klatschen und den gleichmäßigen Schlag der Ruder gehört und rief: »Schneller! Schneller!« Es vergingen noch einmal zehn Minuten, dann schlug der Lastkahn schwer gegen die Anlegestelle.

»Und immer noch schneit es, und immer noch schneit es!« brummte Semjon und wischte sich den Schnee vom Gesicht. »Und woher es kommt, das weiß nur Gott.«

Am anderen Ufer wartete ein hagerer, mittelgroßer Alter in einem kurzen Mantel mit Fuchspelzfutter und einer weißen Lammfellmütze. Er stand etwas abseits von den Pferden und bewegte sich nicht; sein Gesichtsausdruck war finster und konzentriert, als versuchte er, sich an etwas zu erinnern, und ärgerte sich über sein ungehorsames Gedächtnis. Als Semjon zu ihm hintrat und lächelnd die Mütze abnahm, sagte er:

»Ich muß schnell nach Anastasewka. Meiner Tochter geht es wieder schlechter, und in Anastasewka wurde, wie man sagt, ein neuer Arzt eingestellt.«

Sie schleppten den Reisewagen auf den Lastkahn und fuhren zurück. Der Mann, den Semjon mit Wassili Sergejitsch anredete, stand während der ganzen Fahrt unbeweglich da, preßte seine dicken Lippen fest aufeinander und starrte auf einen Punkt; als ihn der Kutscher um Erlaubnis bat, in seiner Anwesenheit zu rauchen, antwortete er nicht, als habe er nicht gehört. Semjon aber, der bäuchlings auf dem Ruder lag, schaute ihn spöttisch an und sagte:

»Auch in Sibirien leben Menschen. Sie leeeben.«

Auf dem Gesicht des Gescheiten lag ein triumphierender Ausdruck, so als hätte er etwas bewiesen und als freute er sich, daß es gerade so gekommen war, wie er vorausgesehen hatte. Die unglückliche, hilflose Miene des Mannes im Mantel mit Fuchspelzfutter machte ihm anscheinend großes Vergnügen.

»Jetzt ist es schmutzig, wenn man fährt, Wassili Sergejitsch«, sagte er, als sie am Ufer die Pferde anspannten. »Hätten Sie besser mit dem Fahren noch ein, zwei Wochen gewartet, bis es trockener wird. Oder wären Sie halt gar nicht gefahren ... Wenn bei der ganzen Fahrerei doch etwas herauskäme, aber so, Sie geruhen es selbst zu wissen, fahren die Leute halt ewig herum, Tag und Nacht, und es kommt nie etwas dabei heraus. So ist das.«

Wassili Sergejitsch gab schweigend Trinkgeld, stieg in den Reisewagen und fuhr weiter.

»Na, da galoppiert er den Doktor holen!« sagte Semjon und krümmte sich vor Kälte. »Ja, such nur den wahren Doktor, da kannst du lange suchen, pack den Teufel am Schwanz, verflucht soll er sein! Ach, was für komische Leute, Herr, vergib mir armem Sünder!«

Der Tatar trat zum Gescheiten hin, blickte ihn voll Haß und Abscheu an und begann zitternd zu sprechen, wobei er tatarische Wörter in sein gebrochenes Russisch mischte:

»Er ist gut ... gut, und du – schlimm! Du schlimm! Gnädiger Herr ist eine gute Seele, großartig, und du ein Tier, du schlimm! Gnädiger Herr lebt, und du bist verreckt ... Gott hat Mensch geschaffen, daß er lebendig ist, daß Freude ist, und Schwermut ist, und Leid ist, aber du willst nichts, also bist du nicht lebendig, sondern Stein, Lehm!

Stein braucht nichts und du brauchst nichts … Du bist Stein – und Gott liebt dich nicht, aber gnädigen Herrn liebt er!«

Alle lachten; der Tatar verzog angewidert sein Gesicht, winkte ab, wickelte sich in seine Lumpen und ging zum Feuer. Die Fährleute und Semjon schleppten sich zur Hütte.

»Kalt ist es!« sagte heiser einer der Fährleute, als er sich auf dem Stroh ausstreckte, mit dem der feuchte Lehmboden bedeckt war.

»Ja, warm ist es nicht!« stimmte ihm ein anderer zu. »Ein Sträflingsleben!«

Alle legten sich hin. Der Wind öffnete die Tür und wehte Schnee in die Hütte. Keiner hatte Lust, aufzustehen und die Tür zu schließen: Ihnen war zu kalt und zu träge zumute.

»Mir jedenfalls geht's gut!« sagte Semjon im Einschlafen. »Gebe der Herrgott jedem solch ein Leben.«

»Du bist ja bekanntlich mit allen Wassern der Zwangsarbeit gewaschen. Dich holen nicht mal die Teufel.«

Von draußen hörte man Geräusche, die an Hundegeheul erinnerten.

»Was ist das? Wer ist denn da?«

»Das ist der Tatar, der weint.«

»Na so was … Ein komischer Mensch!«

»Der gewöhnt sich dran!« sagte Semjon und war sofort eingeschlafen.

Bald schliefen auch die anderen. Und die Tür blieb offen.

(Ulrike Lange)

Pjotr Michailowitsch Iwaschin war aufs äußerste bedrückt: Seine Schwester, ein Mädchen noch, war zu Wlassitsch gezogen, einem verheirateten Mann. Um sich irgendwie von der beklommenen, niedergeschlagenen Stimmung freizumachen, die ihn weder im Haus noch auf dem Feld verließ, appellierte er an sein Gerechtigkeitsgefühl und seine ehrenhaften, rechtschaffenen Überzeugungen – er war doch immer für die freie Liebe eingetreten! Doch das half nichts. Jedesmal gelangte er gegen seinen Willen zu dem gleichen Schluß wie die einfältige Kinderfrau, also: seine Schwester habe schlecht gehandelt, Wlassitsch aber die Schwester entführt. Und das war qualvoll.

Die Mutter kam den lieben langen Tag nicht aus ihrem Zimmer heraus, die Kinderfrau sprach nur flüsternd und seufzte in einem fort, und die Tante rüstete täglich zum Aufbruch, und ihre Koffer wurden bald in die Diele getragen, bald zurück ins Zimmer gebracht. Im Haus, auf dem Hof und im Garten herrschte eine Stille, als sei jemand gestorben. Die Tante, das Personal und selbst die Bauern blickten ihn, so schien es Pjotr Michailytsch, vieldeutig und befremdet an, als wollten sie sagen: »Man hat deine Schwester verführt, warum tust du nichts?« Auch er selbst warf sich Tatenlosigkeit vor, obgleich er eigentlich gar nicht wußte, worin diese Taten bestehen sollten.

So vergingen sechs Tage. Am siebenten, einem Sonntagnachmittag, brachte ein Berittener einen Brief. Die Adresse stammte von bekannter weiblicher Hand: »An Euer Exzell. Anna Nikolajewna Iwaschina«. Aus unerfindlichem Grund schien es Pjotr Michailytsch, dem Briefumschlag, der Handschrift und dem nicht ausgeschriebenen »Exzell.« hafte etwas Provozierendes, Mutwilliges, Liberales an.

Weiblicher Liberalismus aber ist starrsinnig, unerbittlich und grausam …

Sie würde eher sterben, als der unglücklichen Mutter Zugeständnisse machen und sie um Verzeihung bitten, dachte Pjotr Michailytsch, als er mit dem Brief zu seiner Mutter ging.

Die Mutter lag angekleidet im Bett. Als sie ihren Sohn erblickte, richtete sie sich hastig auf, ordnete die grauen Haare, die unter der Haube hervorquollen, und fragte schnell:

»Was gibt's? Was gibt's?«

»Das hier ist gekommen …« sagte der Sohn und gab ihr den Brief.

Sinas Name wurde im Haus nicht erwähnt, nicht einmal das Wort »sie«. Man sprach von ihr in unpersönlicher Form: »ist gekommen«, »ist gegangen« … Die Mutter erkannte die Handschrift ihrer Tochter, ihr Gesicht nahm einen häßlichen, unangenehmen Ausdruck an, und die grauen Haare quollen wieder unter der Haube hervor.

»Nein!« sagte sie und machte eine Handbewegung, als hätte sie sich an dem Brief die Finger verbrannt. »Nein, nein, niemals! Um nichts in der Welt!«

Vor Kummer und Scham begann sie hysterisch zu schluchzen. Offenbar hätte sie den Brief gern gelesen, doch ihr Stolz hinderte sie daran. Pjotr Michailytsch begriff, daß er selbst den Brief würde öffnen und laut vorlesen müssen, plötzlich aber bemächtigte sich seiner ein Zorn, wie er ihn nie zuvor verspürt hatte. Er lief auf den Hof hinaus und schrie dem Berittenen zu:

»Sag, daß es keine Antwort geben wird! Es wird keine Antwort geben! Genau so sag es, du Hornochse!«

Und zerriß den Brief. Dann traten ihm Tränen in die Augen, er fühlte sich grausam, schuldig und unglücklich und ging ins Feld hinaus.

Er war erst siebenundzwanzig, doch bereits dick, ging auf Altväterart in weiter, bequemer Kleidung und litt unter

Atemnot. Sämtliche Voraussetzungen eines alten, hagestolzen Gutsbesitzers waren in ihm bereits angelegt. Nie verliebte er sich, dachte nicht ans Heiraten und liebte allein seine Mutter, die Schwester, die Kinderfrau und den Gärtner Wassilitsch. Auch aß er gern, liebte den Mittagsschlaf und Gespräche über Politik und erhabene Themen ... Er hatte unlängst ein Universitätsstudium abgeschlossen, betrachtete dies aber heute so, als hätte er lediglich seine Pflicht erfüllt, wie es von einem jungen Mann im Alter von achtzehn bis fünfundzwanzig Jahren erwartet wurde. Die Gedanken jedenfalls, die ihm jetzt jeden Tag im Kopf herumgingen, hatten mit der Universität und jenen Wissenschaften, die er dort studiert hatte, nicht das geringste gemein.

Auf dem Feld war es heiß und still, wie vor dem Regen. Im Wald herrschte drückende Schwüle, und von den Fichten und dem mit Laub bedeckten Boden ging ein schwerer, betäubender Duft aus. Pjotr Michailytsch blieb immer wieder stehen und trocknete sich die feuchte Stirn. Er inspizierte seine Sommer- und Winterkulturen, schritt das Kleefeld ab und scheuchte zwei, drei Mal Rebhühner mit ihren Küken vom Waldrand; und die ganze Zeit dachte er darüber nach, daß dieser unerträgliche Zustand nicht ewig währen könne und man ihn irgendwie beenden müsse. Töricht und brutal, wenn es sein mußte, doch in jedem Fall beenden.

Aber wie bloß? Was soll man nur tun? fragte er sich und blickte flehend zum Himmel und den Bäumen empor, als erbitte er ihren Beistand.

Doch Himmel und Bäume schwiegen. Aufrichtige Überzeugungen halfen hier nicht weiter, der gesunde Menschenverstand aber sagte ihm, die quälende Frage könne wohl nur auf törichte Weise gelöst werden und die heutige Szene mit dem Berittenen sei nicht die letzte dieser Art gewesen. Was noch kommen werde – furchtbar, auch nur daran zu denken!

Als er sich heimwärts wandte, ging die Sonne bereits unter. Inzwischen schien ihm, als sei das Problem überhaupt unlösbar. Sich mit den vollendeten Tatsachen abzufinden, war ausgeschlossen, sich nicht damit abzufinden, ebenfalls, etwas dazwischen aber gab es nicht. Als er, den Hut in der Hand und sich mit einem Tuch Luft zufächelnd, den Weg entlangging und es bis zum Haus noch zwei Werst zu laufen waren, hörte er hinter sich etwas läuten. Es war ein ausgeklügeltes, äußerst raffiniertes Arrangement von Glöckchen und Schellen, die gläserne Töne erzeugten. Mit einem derartigen Geläut fuhr lediglich der Kreispolizeichef Medowski, ein ehemaliger Husarenoffizier. Er war ein verschwendungssüchtiger, verlebter, kranker Mann und entfernt mit Pjotr Michailytsch verwandt. Bei den Iwaschins ging er ein und aus, hegte für Sina zärtliche, väterliche Gefühle, ja, vergötterte sie.

»Ich bin gerade unterwegs zu Ihnen«, sagte er, als er Pjotr Michailytsch eingeholt hatte. »Steigen Sie ein, ich bringe Sie heim.«

Er lächelte und sah fröhlich aus. Offenbar wußte er noch nicht, daß Sina zu Wlassitsch gezogen war. Vielleicht hatte er auch schon davon gehört, es aber nicht geglaubt. Pjotr Michailytsch befand sich in einer prekären Lage.

»Seien Sie mir willkommen«, murmelte er, errötete bis in die Haarwurzeln und wußte nicht, wie er sich aus der Affäre ziehen sollte. »Es freut mich sehr«, fuhr er fort und versuchte ebenfalls zu lächeln, »leider aber … ist Sina fortgefahren, und Mama ist krank.«

»Wie schade!« sagte der Polizeichef und betrachtete Pjotr Michailytsch nachdenklich. »Und ich hatte vor, den Abend bei Ihnen zu verbringen. Wohin ist Sinaida Michailowna denn gefahren?«

»Zu den Sinizkis, und von dort wollte sie wohl ins Kloster. Genau weiß ich es allerdings nicht.«

Der Polizeichef sagte noch etwas und drehte dann um. Pjotr Michailytsch ging nach Hause und stellte sich voller

Entsetzen vor, was der Polizeichef wohl empfinden würde, wenn er die Wahrheit erführe. Mit dem Gedanken an dieses Gefühl, das er sich auszumalen suchte, trat er ins Haus.

Herr im Himmel, steh mir bei ..., dachte er.

Im Eßzimmer saß nur die Tante beim Abendtee. Wie immer lag ein Ausdruck auf ihrem Gesicht, der signalisierte, sie ließe sich, wenn sie auch schwach und hilflos war, von niemandem beleidigen. Pjotr Michailytsch nahm am anderen Tischende Platz (er mochte die Tante nicht) und begann schweigend Tee zu trinken.

»Deine Mutter hat heute wieder nicht zu Mittag gegessen«, sagte die Tante. »Du solltest dich um sie kümmern, Petruscha. Hungern bringt einen höchstens ins Grab, dem Kummer aber kommt man dadurch nicht bei.«

Pjotr Michailytsch erschien es unpassend, daß sich die Tante in fremde Angelegenheiten mischte und ihre Abreise davon abhängig machte, daß Sina fortgegangen war. Er wollte ihr etwas Beleidigendes sagen, beherrschte sich aber. Zugleich fühlte er, daß der Zeitpunkt zum Handeln gekommen und er mit seiner Geduld am Ende war. Entweder würde er sofort handeln müssen oder sich zu Boden werfen, schreien und mit dem Kopf gegen den Fußboden schlagen. Er stellte sich Wlassitsch und Sina vor, wie sie sich – beide liberal und selbstzufrieden – jetzt irgendwo unter einem Ahorn küßten, und die gesamte Last und Bosheit, die sich während dieser sieben Tage in ihm angesammelt hatte, ergoß sich über Wlassitsch.

Der eine hat die Schwester verführt und geraubt, dachte er, der nächste wird kommen und die Mutter umbringen, ein dritter das Haus anzünden oder ausplündern ... Und all das unter dem Vorwand von persönlicher Freundschaft, hehrer Ideale und Leiden!

»Nein, dazu wird es nicht kommen!« schrie Pjotr Michailytsch plötzlich und schlug mit der Faust auf den Tisch.

Er sprang auf und lief aus dem Eßzimmer. Im Stall stand

das gesattelte Pferd des Verwalters. Er saß auf und galoppierte zu Wlassitsch.

In seiner Seele tobte ein regelrechter Sturm. Er verspürte das Bedürfnis, etwas Außerordentliches, Heftiges zu tun, auch wenn er anschließend sein Leben lang dafür würde büßen müssen. Etwa Wlassitsch Kanaille nennen, ihn ohrfeigen und anschließend zum Duell fordern. Doch Wlassitsch gehörte nicht zu denen, die sich zu einem Duell fordern lassen, wegen der Kanaille und der Ohrfeige würde er höchstens noch unglücklicher werden und noch tiefer in sich gehen. Diese unglücklichen, still duldenden Menschen sind gleichzeitig die unerträglichsten und schwierigsten. Alles geht ihnen straflos durch. Blickt dich ein unglücklicher Mensch nach verdientem Vorwurf mit tiefem, schuldbewußtem Blick an, lächelt schmerzlich und senkt demütig den Kopf, würde es wohl die Gerechtigkeit selbst nicht fertig bringen, die Hand gegen ihn zu erheben.

Trotzdem. Vor ihren Augen werde ich ihm eins mit der Peitsche überziehen und ihm Gemeinheiten sagen, beschloß Pjotr Michailytsch.

Er ritt durch seinen Wald und übers Brachland und stellte sich vor, wie Sina, um ihren Schritt zu rechtfertigen, auf die Rechte der Frau zu sprechen kommen würde, auf die Freiheit der Persönlichkeit und darauf, daß es zwischen kirchlicher und standesamtlicher Eheschließung nicht den geringsten Unterschied gibt. Sie würde auf Frauenart über etwas diskutieren, was sie nicht verstand. Und schließlich würde sie vermutlich fragen: »Was geht's dich an? Welches Recht hast du, dich einzumischen?«

»Das stimmt, ich habe kein Recht«, murmelte Pjotr Michailytsch. »Um so besser … Je gröber, je weniger Recht, desto besser.«

Es war schwül. Tief über dem Boden standen Wolken von Mücken, und im Brachland weinten klagend die Kiebitze. All das verhieß Regen, doch am Himmel zeigte sich kein einziges Wölkchen. Pjotr Michailytsch ritt über seinen

Grenzrain und galoppierte dann über das ebene Feld. Er ritt oft über diesen Weg und kannte jeden Strauch und jeden Graben. Was dort weit vorn in der Ferne im Dämmerlicht wie ein Fels aussah, war eine rote Kirche. Er konnte sie sich bis in alle Einzelheiten vorstellen, selbst den Putz am Tor und die Kälber, die dort stets im Gemüsegarten weideten. Eine Werst von der Kirche entfernt dunkelte rechts ein Wäldchen, das dem Grafen Koltowitsch gehörte. Und hinter dem Wäldchen begann bereits Wlassitschs Besitz.

Aus Richtung der Kirche und des gräflichen Wäldchens näherte sich eine große schwarze Wolke, durch die blasse Blitze zuckten.

Da haben wir's! dachte Pjotr Michailytsch. Herr im Himmel, steh mir bei.

Das Pferd war vom schnellen Laufen müde geworden, und auch Pjotr Michailytsch war müde. Die Gewitterwolke blickte ihn böse an und schien ihm den Rat geben zu wollen, umzukehren. Ihm wurde ein wenig unheimlich zumute.

Ich werde ihnen beweisen, daß sie im Unrecht sind! sprach er sich Mut zu. Sie werden sagen, dies sei freie Liebe und Freiheit der Persönlichkeit. Doch Freiheit besteht ja im Widerstehen und nicht in der Unterordnung unter die Leidenschaften. Was sie tun, das ist Laster, keine Freiheit!

Vor ihm lag der große gräfliche Teich. Im Widerschein der Wolke schimmerte er blau und trübe. Feuchtigkeit und Modergeruch wehten von ihm herüber. Nahe am Knüppeldamm standen zwei Weiden, eine junge und eine alte, zärtlich einander zugeneigt. Genau hier waren Pjotr Michailytsch und Wlassitsch vor zwei Wochen zu Fuß vorbeigekommen und hatten halblaut ein Studentenlied gesungen: »Wer nicht liebt, soviel ist klar, vergeudet seine Jugendjahr ...« Was für ein erbärmliches Lied!

Als Pjotr Michailytsch durch das Wäldchen ritt, grollte

der Donner, und die Bäume rauschten und bogen sich im Wind. Er würde sich beeilen müssen. Vom Wäldchen bis zu Wlassitschs Gut hatte er noch mindestens eine Werst an einer Wiese entlangzureiten. Hier standen zu beiden Seiten des Weges alte Birken. Sie sahen ebenso traurig und unglücklich aus wie ihr Besitzer Wlassitsch, waren ebenso dürr und hochaufgeschossen wie er. In den Birken und im Gras toste der Platzregen. Der Wind war augenblicklich verebbt, und es roch nach feuchter Erde und Pappeln. Jetzt konnte man bereits Wlassitschs Flechtzaun und die gelbe Akazie erkennen, auch sie dürr und aufgeschossen. Dort, wo das Gitter eingesunken war, sah man den verwahrlosten Obstgarten.

Pjotr Michailytsch dachte inzwischen bereits weder an die Ohrfeige noch an die Peitsche und wußte nicht, was er bei Wlassitsch tun sollte. Der Mut hatte ihn verlassen, es war ihm bange um sich und seine Schwester und schrecklich zumute, daß er ihr jetzt gleich gegenübertreten müßte. Wie würde sie ihrem Bruder begegnen? Worüber würden sie sprechen? Sollte er lieber umkehren, bevor es zu spät war? Mit diesen Gedanken galoppierte er über die Lindenallee zum Haus, vorbei an großen Fliederbüschen und erblickte plötzlich Wlassitsch.

Wlassitsch ging ohne Hut, in Kattunhemd und hohen Stiefeln, unter dem Regen gebeugt, von einer Hausecke zur Freitreppe; ihm folgte ein Arbeiter, der einen Hammer und einen Kasten mit Nägeln trug. Sie hatten wohl einen im Wind klappernden Fensterladen repariert. Als er Pjotr Michailytsch sah, blieb er stehen.

»Du bist das?« sagte er und lächelte. »Da bin ich aber froh.«

»Ja, ich bin gekommen, wie du siehst …« sagte Pjotr Michailytsch leise und klopfte sich mit beiden Händen den Regen ab.

»Das ist aber schön. Ich freue mich sehr«, sagte Wlassitsch, gab ihm aber nicht die Hand: Offenbar konnte er sich nicht dazu entschließen und wartete darauf, daß Pjotr Michailytsch ihm die Hand reichte. »Ist gut für den Hafer!« sagte er und schaute in den Himmel.

»Ja.«

Schweigend gingen sie ins Haus. Rechts führte eine Tür aus der Diele in eine weitere Diele, dann in den Salon und links in ein kleines Zimmer, in dem im Winter der Verwalter wohnte. Pjotr Michailytsch und Wlassitsch traten in dieses Zimmer.

»Wo hat dich der Regen überrascht?« fragte Wlassitsch.

»Nicht weit von hier. Kurz vor dem Haus.«

Pjotr Michailytsch setzte sich auf das Bett. Er war froh, daß der Regen rauschte und es im Zimmer dämmrig war. So war es besser: nicht ganz so quälend; auch brauchte er seinem Gesprächspartner nicht ins Gesicht zu schauen. Böse war er bereits nicht mehr, vielmehr verängstigt und ärgerlich auf sich selbst. Er spürte, daß er ungeschickt begonnen hatte und bei seinem Besuch nicht das geringste herauskommen würde.

Beide schwiegen eine Zeitlang und taten so, als lauschten sie dem Regen.

»Danke, Petruscha«, begann Wlassitsch und räusperte sich. »Ich bin dir sehr dankbar, daß du gekommen bist. Das ist großherzig und edel von dir. Ich bin mir dessen bewußt und schätze es wirklich hoch. Wirklich.«

Er schaute aus dem Fenster und fuhr, mitten im Zimmer stehend, fort:

»Es ist alles irgendwie heimlich passiert, als hätten wir uns vor dir versteckt. Die Vorstellung, wir könnten dich verletzen und du würdest uns zürnen, lag all diese Tage als Bürde auf unserem Glück. Gestatte mir aber, mich zu erklären. Nicht etwa, weil wir dir nicht vertraut hätten, haben wir heimlich gehandelt. Erstens geschah alles spontan, einer Eingebung folgend, für Überlegungen blieb keine Zeit. Zweitens geht es schließlich um eine intime, delikate Angelegenheit. Es wäre peinlich gewesen, einen Dritten einzubeziehen, selbst einen so Nahestehenden, wie du es bist. Und was das Wichtigste ist – wir haben stets mit deiner Großmut gerechnet. Du bist der großmütigste, edelste Mensch. Ich bin dir unendlich dankbar. Wenn du irgendwann einmal mein Leben benötigst, dann komm und nimm es.«

Wlassitsch sprach mit leisem, kraftlosem Baß, die ganze Zeit in einer Tonlage, als ob er brumme. Er war offenbar erregt. Pjotr Michailytsch spürte, daß es nun an ihm war, zu sprechen. Zuzuhören und zu schweigen hätte ja tatsächlich geheißen, den großmütigen, edlen Einfaltspinsel zu spielen, und deshalb war er schließlich nicht gekommen. Er erhob sich hastig und sagte halblaut und atemlos:

»Hör zu, Grigori, du weißt, daß ich dich immer gern hatte und mir für meine Schwester keinen besseren Ehemann wünschen konnte, doch was geschehen ist, ist entsetzlich! Schrecklich, auch nur daran zu denken!«

»Weshalb denn schrecklich?« fragte Wlassitsch mit zitternder Stimme. »Es wäre schrecklich, wenn wir etwas Unzulässiges getan hätten, aber dem ist doch nicht so!«

»Hör zu, Grigori, du weißt, daß ich keine Vorurteile habe, doch, entschuldige die Offenheit, meiner Meinung nach habt ihr beide egoistisch gehandelt. Das werde ich Sina natürlich nicht sagen, es würde sie schmerzen, du aber sollst wissen: Unsere Mutter leidet in einem Maße, daß ich es kaum beschreiben kann.«

»Ja, das ist traurig«, seufzte Wlassitsch. »Das haben wir vorausgesehen, Petruscha, aber was hätten wir denn tun sollen? Wenn dein Handeln jemanden bekümmert, heißt das doch noch lange nicht, daß es falsch ist. Was soll man denn machen? Jeder ernsthafte Schritt, den man tut, wird unweigerlich jemanden bekümmern. Kämest du auf die Idee, für die Freiheit kämpfen zu wollen, würde deine Mutter ebenfalls leiden. Was soll man machen? Wer die Seelenruhe seiner Angehörigen höher stellt als alles andere, der muß dem Leben für eine Idee völlig entsagen.«

Vor dem Fenster zuckte grell ein Blitz, und sein Widerschein lenkte Wlassitschs Gedanken gleichsam in eine andere Richtung. Er setzte sich neben Pjotr Michailytsch und
begann über etwas zu sprechen, was ganz und gar nicht am
Platz war.

»Ich vergöttere deine Schwester, Petruscha«, sagte er.
»Wenn ich zu dir fuhr, hatte ich jedesmal das Gefühl, als
wäre ich auf einer Wallfahrt, und ich habe Sina tatsächlich
angebetet. Diese Verehrung wächst von Tag zu Tag. Sie
steht höher für mich als eine Ehefrau. Höher.« Wlassitsch
fuchtelte mit den Armen. »Sie ist mein Heiligtum. Seit sie
bei mir wohnt, betrete ich mein Haus wie einen Tempel.
Ein unglaublich edles, einzigartiges, außergewöhnliches
Wesen!«

Die alte Leier! dachte Pjotr Michailytsch. Das Wort
»Wesen« gefiel ihm nicht.

»Warum heiratet ihr denn nicht richtig?« fragte er. »Wieviel verlangt deine Frau für die Scheidung?«

»Fünfundsiebzigtausend.«

»Das ist ziemlich viel. Und wenn du sie herunterhan-
delst?«

»Sie läßt keine Kopeke nach. Eine schreckliche Frau,
mein Lieber!« seufzte Wlassitsch. »Ich habe dir früher nie
von ihr erzählt, es war mir zuwider, auch nur an sie zu
denken, da wir aber nun einmal darauf gekommen sind,
will ich dir alles erzählen. Ich habe sie in einem guten, ehrlichen Augenblick geheiratet. In unserem Regiment, wenn
du es genau wissen willst, hatte ein Bataillonskommandeur
ein achtzehnjähriges Mädchen kennengelernt, das heißt,
sie einfach verführt, zwei Monate mit ihr zusammengelebt
und sie dann verlassen. Sie befand sich, mein Lieber, in
einer grauenvollen Situation. Zu den Eltern zurückzukehren wagte sie nicht, die hätten sie wohl auch nicht aufgenommen, nachdem sie ihr Liebhaber im Stich gelassen
hatte. Blieb nichts, als in die Kaserne zu gehen und sich zu
verkaufen. Die Regimentskameraden waren empört. Sie

waren selbst keine Heiligen, aber die Niedertracht lag doch allzu deutlich auf der Hand. Außerdem konnte niemand im Regiment den Kommandeur ausstehen. Um ihm also eins auszuwischen, verstehst du, begannen all diese Taugenichtse von Fähnrichen und Unterfähnrichen eine Geldsammlung zugunsten des unglücklichen Mädchens. Als wir jungen Offiziersanwärter nun zusammenkamen und der eine fünf, der andere zehn Rubel gab, fing ich plötzlich Feuer. Die Umstände schienen mir allzu geeignet für eine Heldentat. So eilte ich zu dem Mädchen und versicherte ihr stürmisch mein Mitgefühl. Und als ich zu ihr ging und dann mit ihr sprach, liebte ich in ihr heiß und innig die Erniedrigte und Beleidigte. Ja … Es kam dann so, daß ich ihr eine Woche darauf einen Antrag machte. Meine Vorgesetzten und die Kameraden hielten diese Ehe für unvereinbar mit der Würde eines Offiziers. Das entflammte mich nur noch mehr. Ich schrieb einen langen Brief, verstehst du, in dem ich den Beweis antrat, daß meine Handlung mit goldenen Buchstaben in die Chronik des Regiments eingehen müsse und so weiter. Den Brief sandte ich an den Kommandeur und eine Kopie an meine Kameraden. Natürlich war ich erregt, und es ging nicht ohne Überspitzungen ab. So wurde ich schließlich aufgefordert, das Regiment zu verlassen. Irgendwo hab ich noch den Entwurf, ich gebe ihn dir mal gelegentlich zu lesen. Mit viel Gefühl geschrieben. Du wirst sehen, welch ehrliche, erhabene Momente ich durchlebt habe. Ich reichte meinen Abschied ein und kam mit meiner Frau hierher. Mein Vater hatte mir einige kleinere Schulden hinterlassen, Geld hatte ich keines, meine Frau aber knüpfte vom ersten Tag an Bekanntschaften, begann sich herauszuputzen und Karten zu spielen, so daß ich mich gezwungen sah, das Gut zu verpfänden. Sie führte, verstehst du, ein liederliches Leben, und von allen Nachbarn bist du als einziger nicht ihr Liebhaber gewesen. Nach zwei Jahren gab ich ihr eine Abfindung, alles, was ich damals besaß, und sie zog in die Stadt. Ja … Und jetzt zahle ich ihr jährlich tausendzweihundert. Eine schreckliche Frau! Es gibt Fliegen, mein Lieber, die legen ihre Larve derart auf dem Rücken einer Spinne ab, daß diese sie nicht abwerfen kann. Die Larve wächst mit der Spinne zusammen und trinkt aus ihrem Herzen das Blut. Genau so ist diese Frau mit mir zusammengewachsen und trinkt aus meinem Herzen das Blut. Sie haßt und verachtet mich dafür, daß ich die Dummheit beging, eine Frau wie sie zu heiraten. Meine Großmut erscheint ihr lächerlich. ›Ein kluger Mann‹, sagt sie, ›ließ mich sitzen, und ein Tölpel hat mich genommen.‹ Ihrer Ansicht nach konnte einzig ein lächerlicher Idiot so handeln, wie ich es tat. Das ist unerträglich bitter für mich, mein Lieber. Überhaupt, mein Lieber – das sag ich nur nebenbei – zermürbt mich das Schicksal. Es zwingt mich in die Knie.«

Pjotr Michailytsch hörte Wlassitsch zu und fragte sich befremdet, weshalb Sina diesen Mann bloß anziehend fand. Er war nicht mehr jung, bereits einundvierzig, mager, sehnig, schmalbrüstig, hatte eine lange Nase und einen ergrauten Bart. Beim Sprechen brummte er, lächelte immerfort schmerzlich und fuchtelte beim Reden unschön mit den Armen. Er besaß weder Gesundheit oder ein angenehmes männliches Wesen noch Weltgewandtheit oder Fröhlichkeit, sondern war äußerlich matt und farblos. Auch kleidete er sich geschmacklos, war stets niedergeschlagen, machte sich weder etwas aus der Dichtung noch aus der Malerei, da sie »den Anforderungen des Tages nicht entsprächen«, er sie mit anderen Worten nicht verstand, und auch die Musik ließ ihn kalt. Er war ein schlechter Gutsherr, seine Besitzung war gänzlich heruntergekommen und verpfändet. Für die zweite Hypothek zahlte er zwölf Prozent und hatte außerdem noch für Zehntausend offene Wechsel. Rückt der Termin für die Zahlung der Prozente oder der Überweisung des Geldes an seine Frau näher, bittet er jedermann, ihm etwas zu leihen, und das mit einem Gesichtsausdruck, als wüte in seinem

Haus ein Feuer, gleichzeitig aber verkauft er Hals über Kopf seinen gesamten Wintervorrat an Reisig für fünf Rubel, die Strohmiete für drei Rubel und läßt dann den Gartenzaun oder die alten Rahmen der Frühbeete in seinen Öfen verheizen. Seine Wiesen sind von den Schweinen zerwühlt, durch das Jungholz im Wald läuft das Vieh der Bauern, die alten Bäume aber werden von Jahr zu Jahr weniger, auf den Gemüsebeeten und im Garten liegen Bienenkästen und verrostete Eimer herum. Er besitzt weder Talente noch Begabungen, nicht einmal die gewöhnliche Fähigkeit, zu leben wie alle anderen. Im praktischen Leben ist er ein naiver, schwacher Mensch, den jeder ohne weiteres betrügen und beleidigen kann, und die Bauern nennen ihn nicht ohne Grund einen Einfalts-pinsel.

Er denkt liberal und gilt im Kreis als Roter, doch auch dies äußert sich bei ihm irgendwie flau. Seiner Freigeiste-rei fehlt es an Originalität und Pathos – Empörung, Ent-rüstung oder Freude kommen bei ihm gewissermaßen im gleichen Tonfall zum Ausdruck, unspektakulär und lasch. Selbst in Augenblicken größter Begeisterung hebt er nicht den Kopf und verharrt in geduckter Haltung. Am schlimmsten aber ist, daß er es fertigbringt, selbst seine guten und ehrlichen Überzeugungen so auszudrücken, daß sie banal und rückständig erscheinen. Man meint etwas Altbekanntes, längst Gelesenes zu hören, wenn er bedäch-tig, mit tiefsinnigem Blick über ehrliche, lichte Augen-blicke zu reden beginnt, über die besten Jahre, oder sich für die Jugend begeistert, die der Gesellschaft stets voran-schreite, oder wenn er den Russen vorwirft, daß sie mit dreißig Jahren den Schlafrock überziehen und das Ver-mächtnis ihrer Alma mater vergessen. Bleibt man über Nacht bei ihm, legt er einem Pissarew* oder Darwin auf

---

* Dmitri Iwanowitsch Pissarew (1840–1868), russ. Literaturkritiker und Publizist aus dem Kreis der revolutionären Demokraten.

den Nachttisch. Sagt man, man habe sie bereits gelesen, geht er hinaus und holt Dobroljubow*.

Dergleichen nannte man im Kreis Freidenkertum, und viele betrachteten dieses Freidenkertum als naive, harmlose Schrulle; ihn allerdings machte es zutiefst unglücklich. War es doch untrennbar mit ihm verwachsen und trank sein Herzblut, wie jene Larve, von der er gerade gesprochen hatte. In der Vergangenheit die merkwürdige Ehe à la Dostojewski, die langen Briefe und Kopien in kaum lesbarer, ungelenker Schrift, doch mit viel Gefühl, die endlosen Mißverständnisse, Erklärungen, Enttäuschungen, dann die Schulden, die zweite Hypothek, die Zahlungen an seine Frau, die monatlichen Anleihen, und all das ohne jeden Nutzen, sei es für sich selbst oder andere. Heute noch ist er, wie eh und je, ständig in Eile, auf der Suche nach einer Heldentat und mischt sich in fremde Angelegenheiten. Noch immer bei jeder sich bietenden Gelegenheit lange Briefe und Kopien, ermüdende Gespräche voller Allgemeinplätze über die Belange der Gemeinde oder die Hebung der Heimindustrie oder über die Einrichtung einer Käserei – Gespräche, die einander gleichen, als entsprängen sie keinem lebendigen Gehirn, sondern einer Maschine. Und jetzt schließlich der Skandal mit Sina, der wer weiß wie enden wird!

Dabei ist Sina jung, erst zweiundzwanzig Jahre alt, hübsch, apart und fröhlich. Sie lacht gern, ist eine Plaudertasche, diskutiert und musiziert für ihr Leben gern. Auch kleidet sie sich geschmackvoll, versteht etwas von Literatur und liebt Behaglichkeit und hätte zu Haus nie ein Zimmer wie dieses geduldet, in dem es nach Stiefeln und billigem Wodka roch. Auch sie ist liberal gesinnt, ihrem Freidenkertum aber merkt man einen Überschuß der Kräfte an, die Hoffart eines jungen, starken, mutigen Mädchens und das lei-

---

* Nikolai Alexandrowitsch Dobroljubow (1836–1861), russ. Philosoph und Literaturkritiker aus dem Kreis der revolutionären Demokraten.

denschaftliche Verlangen, besser und origineller als andere zu sein … Wie hatte das nur passieren können, daß sie sich in Wlassitsch verliebte?

Er ist doch ein Don Quichote, ein eigensinniger Fanatiker, ein Besessener, dachte Pjotr Michailytsch, sie aber ist ebenso unentschlossen, charakterschwach und nachgiebig wie ich … wir kapitulieren schnell und ohne Widerstand. Sie hat ihn liebgewonnen; aber liebe ich ihn nicht auch, trotz alledem …

Pjotr Michailytsch hielt Wlassitsch für einen guten und ehrlichen, jedoch beschränkten und einseitigen Menschen. In seinen Aufwallungen und Leiden, ja seinem gesamten Leben vermochte er keinen höheren Sinn zu erkennen, weder in der Gegenwart noch in der Zukunft. Er sah nichts als Ödnis und Lebensuntüchtigkeit. Seine Selbstaufopferung und all das, was Wlassitsch für Heldentum oder ehrliche Regung hielt, erschien ihm als unsinnige Kraftverschwendung, es waren unnötige Blindgänger, auf die sehr viel Pulver verwandt wurde. Und daß Wlassitsch fanatisch an die Unfehlbarkeit und außergewöhnliche Lauterkeit seines Denkens glaubte, erschien ihm naiv und sogar pathologisch; der Umstand jedoch, daß er es sein Leben lang fertiggebracht hatte, das Unbedeutende mit dem Hehren zu verwechseln, daß er eine tölpelhafte Ehe eingegangen war und das als Heldentat betrachtete und dann mit Frauen zusammenzog und darin den Triumph einer Idee sah – das war einfach unverständlich.

Dennoch hatte Pjotr Michailytsch Wlassitsch gern. Er spürte, daß dieser von einer gewissen Kraft erfüllt war, und fand irgendwie nie den Mut, ihm zu widersprechen.

Wlassitsch war ganz nah herangerückt, um ihm im Dämmer, unter dem Rauschen des Regens, etwas auseinanderzusetzen, hatte sich schon geräuspert und wollte zu einer langatmigen Geschichte ansetzen, wie etwa jener seiner Eheschließung; Pjotr Michailytsch aber war außerstande zuzuhören. Ihn peinigte der Gedanke, daß er gleich seine Schwester sehen würde.

»Ja, du hast kein Glück im Leben gehabt«, sagte er sanft, »aber entschuldige, wir sind von der Hauptsache abgekommen. Es geht doch um etwas anderes.«

»Ja, ja, tatsächlich. Laß uns zur Hauptsache zurückkehren«, sagte Wlassitsch und erhob sich. »Ich sage dir, Petruscha, unser Gewissen ist rein. Wir sind nicht getraut; daß unsere Ehe aber durchaus gesetzlich ist, das muß ich weder beweisen, noch mußt du es anhören. Du denkst doch ebenso unabhängig wie ich, in dieser Hinsicht kann es also Gott sei Dank keine Meinungsverschiedenheiten zwischen uns geben. Was aber unsere Zukunft betrifft, so sollte sie dich nicht ängstigen. Ich werde im Schweiße meines Angesichts arbeiten, nachts nicht schlafen, mit einem Wort, mich mit allen Kräften dafür einsetzen, daß Sina glücklich wird. Ihr Leben wird herrlich werden. Du fragst, ob ich dazu imstande bin? Ich bin es, mein Lieber! Wenn man unablässig nur an ein und dasselbe denkt, ist es nicht schwer, zu erreichen, was man möchte. Aber laß uns zu Sina hinübergehen. Wir wollen ihr eine Freude bereiten.«

Pjotr Michailytschs Herz begann zu hämmern. Er stand auf und folgte Wlassitsch in die Diele und von dort in den Salon. In diesem riesigen, düsteren Raum stand nichts als ein Klavier und eine lange Reihe altertümlicher bronzierter Stühle, auf die sich nie jemand setzte. Auf dem Klavier brannte eine einzige Kerze. Aus dem Salon gingen sie schweigend ins Eßzimmer hinüber, das ebenfalls weitläufig und ungemütlich war. In seiner Mitte stand ein aus zwei Hälften bestehender runder Tisch auf sechs dicken Beinen, darauf ebenfalls eine einzige Kerze. Die Uhr in einem großen roten Gehäuse, das wie ein Heiligenschrein aussah, zeigte halb drei.

Wlassitsch öffnete die Tür ins Nebenzimmer und sagte:

»Sinotschka, wir haben Besuch von Petruscha!«

Sogleich hörte man eilige Schritte, und Sina trat ins Zimmer, hochgewachsen, füllig und sehr blaß, ganz so wie Pjotr Michailytsch sie das letzte Mal zu Hause gesehen hatte – in schwarzem Rock und roter Jacke mit einer großen Gürtelschnalle. Sie legte einen Arm um ihren Bruder und küßte ihn auf die Schläfe.

»Was für ein Gewitter!« sagte sie. »Grigori hatte irgendwo draußen zu tun, und ich war ganz allein im Haus.«

Sie war überhaupt nicht verlegen und schaute ihren Bruder geradeheraus und offen an, wie zu Hause. Und als er sie ansah, wich die Verlegenheit auch von Pjotr Michailytsch.

»Aber du hast doch keine Angst vor Gewittern«, sagte er und setzte sich an den Tisch.

»Das stimmt, aber die Zimmer hier sind so riesig, und das Haus ist alt, und wenn es donnert, klirrt es wie ein Schrank voller Geschirr. Überhaupt ein reizendes Häuschen«, fuhr sie fort und setzte sich ihrem Bruder gegenüber. »Kein einziges Zimmer ohne nette Erinnerung. In meinem Zimmer, stell dir bloß vor, hat sich Grigoris Großvater erschossen.«

»Im August kommt wieder Geld, dann werde ich das Gartenhaus renovieren«, sagte Wlassitsch.

»Irgendwie muß ich, wenn es gewittert, immer an den Großvater denken«, fuhr Sina fort. »Und in diesem Eßzimmer hat man jemanden zu Tode gepeitscht.«

»Das stimmt tatsächlich«, bestätigte Wlassitsch und schaute Pjotr Michailytsch mit großen Augen an. »In den vierziger Jahren hatte ein gewisser Olivier das Gut gepachtet, ein Franzose. Ein Bild seiner Tochter liegt noch irgendwo auf dem Speicher herum. Sie war sehr hübsch. Dieser Olivier verachtete die Russen, wie mir mein Vater erzählte, wegen ihrer Unwissenheit und trieb seine grausamen Späße mit ihnen. So forderte er beispielsweise, daß der Geistliche, wenn er am Gut vorüberkam, bereits eine halbe Werst zuvor die Mütze zog und die Glocken geläutet werden mußten, wenn die Familie Olivier durchs Dorf fuhr. Mit den Leibeigenen und überhaupt mit kleinen Leuten machte er natürlich noch weniger Umstände. So kam hier eines Tages einer der gutmütigsten Söhne des umherziehenden Rußland vorbei, ein Mensch wie Gogols Seminarist Choma Brut*. Er bat um ein Nachtlager, und da er den Aufsehern gefiel, ließen sie ihn im Kontor schlafen. Es gibt die unterschiedlichsten Versionen. Die einen sagen, der Seminarist habe Unruhe unter den Bauern gestiftet, andere, Oliviers Tochter hätte sich in ihn verliebt. Ich weiß nicht, was stimmt, eines Abends jedoch ließ Olivier ihn rufen, unterzog ihn einem Verhör und befahl dann, ihn auszupeitschen. Das muß man sich mal vorstellen – er selbst sitzt an diesem Tisch und spricht dem Alkohol zu, die Stallknechte aber peitschen den Seminaristen aus. Das war reine Folter. Gegen Morgen ist der Seminarist an den Mißhandlungen gestorben, sein Leichnam wurde beiseite geschafft. Man sagt, sie hätten ihn in Koltowitschs Teich geworfen. Eine Untersuchung wurde eingeleitet, doch der Franzose zahlte an entsprechender Stelle einige Tausend und reiste in den Elsaß ab. Nebenbei gesagt war auch die Pachtzeit abgelaufen, und damit war die Angelegenheit erledigt.

»Was für Unmenschen!« sagte Sina und fuhr zusammen.

»Mein Vater konnte sich noch gut an Olivier und seine Tochter erinnern. Er sagte, sie sei eine außergewöhnliche Schönheit gewesen und sehr exzentrisch. Ich denke, der Seminarist hat sowohl die Bauern in Aufruhr versetzt als auch Eindruck auf die Tochter gemacht. Vielleicht war er auch gar kein Seminarist, sondern irgendwer, der inkognito umherreiste.«

Sina war nachdenklich geworden: Die Geschichte von dem Seminaristen und der schönen Französin hatte ihre Phantasie offenbar beflügelt. Pjotr Michailytsch schien, als hätte sie sich in der letzten Woche äußerlich nicht im ge-

---

* Gemeint ist der Held der Erzählung »Der Wij« aus dem Zyklus *Mirgorod* von Nikolai Gogol (1809–1852).

73

ringsten verändert. Lediglich etwas blasser war sie geworden. Sie blickte ruhig und so wie immer, als sei sie mit
ihrem Bruder zu Wlassitsch zu Besuch gekommen. Pjotr
Michailytsch spürte aber, daß in ihm selbst eine Veränderung vor sich gegangen war. Tatsächlich hatte er früher, als
sie zu Hause lebte, mit ihr über einfach alles sprechen können, jetzt dagegen fehlte ihm die Kraft, ihr auch nur die
simpelste Frage zu stellen, etwa: »Wie geht es dir hier?«
Diese Frage erschien ihm peinlich und nicht am Platz. Vermutlich war auch in ihr eine Veränderung vor sich gegangen. Sie hatte keine Eile, das Gespräch auf die Mutter und
das Haus zu bringen oder auf ihre Affäre mit Wlassitsch,
rechtfertigte sich nicht, sagte nicht, daß die bürgerliche Ehe
besser sei als die kirchliche, war keineswegs aufgeregt, sondern sann ruhig über die Geschichte mit Olivier nach …
Weshalb waren sie überhaupt auf Olivier zu sprechen gekommen?

»Ihr habt beide nasse Schultern vom Regen«, sagte Sina
und lächelte freudig. Diese kleine Gemeinsamkeit zwischen
ihrem Bruder und Wlassitsch rührte sie.

Pjotr Michailytsch war sich mit einem Mal der ganzen
Bitterkeit und Entsetzlichkeit seiner Lage bewußt. Er mußte an sein verwaistes Heim denken, an den verschlossenen
Flügel und Sinas lichtdurchflutetes Zimmer, das nun niemand mehr betrat. Er mußte daran denken, daß in den
Alleen im Park nun keine Spuren ihrer kleinen Füße mehr
zu finden waren und niemand mehr vor dem Abendtee mit
hellem Gelächter baden ging. Was er seit frühester Jugend
mehr und mehr liebgewonnen, woran er so gern gedacht
hatte, wenn er zum Beispiel im stickigen Klassenraum oder
Hörsaal gesessen hatte, die Klarheit, Reinheit, Fröhlichkeit,
all das, was das Haus mit Leben und Licht erfüllte, war
unwiederbringlich vorbei, verschwunden, hatte sich ver-
mengt mit der rohen, plumpen Geschichte irgendeines
Bataillonskommandeurs, eines großherzigen Fähnrichs,
eines lasterhaften Weibsbilds und eines erschossenen Groß-

vaters … Jetzt ein Gespräch über die Mutter zu beginnen oder zu denken, die Vergangenheit könne zurückkehren, hieße, nicht zu verstehen, was auf der Hand lag.

Pjotr Michailytschs Augen füllten sich mit Tränen, und seine auf dem Tisch liegende Hand begann zu zittern. Sina erriet, woran er dachte, und auch ihre Augen röteten sich und glänzten.

»Grigori, komm zu mir!« sagte sie zu Wlassitsch.

Beide traten ans Fenster und besprachen halblaut etwas miteinander. Und an der Art und Weise, wie sich Wlassitsch zu ihr neigte und wie sie ihn anblickte, merkte Pjotr Michailytsch noch einmal, daß alles unwiederbringlich vorbei war und es keinen Zweck mehr hatte zu reden. Sina ging hinaus.

»Ja, so ist das, mein Lieber«, begann Wlassitsch nach einem Schweigen, rieb sich die Hände und lächelte. »Ich habe unser Leben vorhin glücklich genannt, doch das war sozusagen der literarischen Konvention geschuldet. In Wirklichkeit war uns noch kein Glück beschieden. Sina hat die ganze Zeit an dich und an eure Mutter gedacht und hat sich gequält, und das hat wiederum mich gequält. Sie hat ein freies, kühnes Naturell, aber wenn man nicht daran gewöhnt ist, fällt es einem schwer, und außerdem ist sie ja auch jung. Das Personal sagt Gnädiges Fräulein zu ihr, eigentlich nicht der Rede wert, doch sie regt es auf. So ist das, mein Lieber.«

Sina brachte einen Teller mit Erdbeeren. Hinter ihr trat eine kleine Magd ein, die sanft und eingeschüchtert wirkte. Sie stellte einen Krug Milch auf den Tisch und verneigte sich tief … Irgendwie glich sie den alten Möbeln, war ebenso steif und trübe.

Der Regen hatte nachgelassen. Pjotr Michailytsch aß Erdbeeren, und Wlassitsch und Sina sahen ihm schweigend zu. Es war an der Zeit, das unnötige, doch unausweichliche Gespräch zu beginnen, und alle drei spürten bereits seine Last. Pjotr Michailytschs Augen begannen sich erneut mit

75

Tränen zu füllen, er schob den Teller zur Seite und sagte, er müsse nun an den Aufbruch denken, sonst würde es zu spät, und es gäbe vielleicht auch wieder Regen. Der Augenblick, da Sina anstandshalber über die Familie und über ihr neues Leben würde reden müssen, war gekommen.

»Was gibt es Neues zu Hause?« fragte sie hastig, und ihr blasses Gesicht zitterte. »Wie geht es Mama?«

»Du kennst Mama …« entgegnete Pjotr Michailytsch, ohne sie anzusehen.

»Petruscha, du hast doch lange über das Vorgefallene nachgedacht«, begann sie und faßte den Bruder am Ärmel, und er begriff, wie schwer ihr das Sprechen fiel. »Du hast doch lange nachgedacht; sag mir, kann man damit rechnen, daß Mama sich irgendwann mit Grigori abfindet … und überhaupt mit dieser Situation?«

Sie stand dicht neben ihrem Bruder, Auge in Auge, und er staunte, wie hübsch sie war und daß er das früher tatsächlich nicht bemerkt hatte. Und auch, daß seine verwöhnte, aparte Schwester, die der Mutter äußerlich ganz ähnlich sah, bei und mit Wlassitsch lebte, in Gesellschaft dieser steifen Magd und des sechsbeinigen Tisches, in einem Haus, in dem man einen lebendigen Menschen zu Tode geprügelt hatte, und daß sie jetzt nicht mit ihm nach Haus kommen würde, sondern über Nacht hierblieb – das erschien ihm unwahrscheinlich und absurd.

»Du kennst Mama …« sagte er, ohne ihre Frage zu beantworten. »Meiner Meinung nach müßte man … irgend etwas tun, sie vielleicht um Verzeihung bitten …«

»Um Verzeihung zu bitten, hieße ja, so zu tun, als hätten wir etwas falsch gemacht. Um Mama zu beruhigen, würde ich vielleicht lügen, aber das führt doch zu nichts. Ich kenne Mama. Na ja, warten wir es ab!« sagte Sina wieder heiterer, da das Unangenehmste nun ausgesprochen war. »Warten wir fünf oder zehn Jahre, gedulden wir uns, alles weitere wird Gott fügen.«

Sie nahm den Arm ihres Bruders und schmiegte sich, als sie durch den dunklen Flur gingen, an seine Schulter.

Dann traten sie auf die Treppe hinaus. Pjotr Michailytsch verabschiedete sich, saß auf und setzte sich im Schritt in Bewegung. Sina und Wlassitsch begleiteten ihn ein Stück. Es war still und warm und duftete herrlich nach Heu. Am Himmel leuchteten zwischen den Wolken hell die Sterne. Wlassitschs alter Park, der im Laufe seines Daseins so viele traurige Geschichten gesehen hatte, schlief, eingehüllt in die Finsternis, und es war irgendwie traurig, durch ihn hindurchzureiten.

»Sina und ich haben heute nach Tisch einige wahrlich lichte Augenblicke erlebt!« sagte Wlassitsch. »Ich habe ihr einen ganz ausgezeichneten Artikel über die Auswandererproblematik vorgelesen. Das solltest du lesen, mein Lieber! Das ist unerläßlich für dich! Ein Artikel, der durch seine Ehrlichkeit besticht. Ich habe es nicht lassen können und einen Brief an die Redaktion geschickt, mit der Bitte um Weiterleitung an den Autor. Nur eine einzige Zeile habe ich geschrieben: Innigsten Dank – ich drücke fest die ehrliche Hand!«

Pjotr Michailytsch wollte sagen: Misch dich doch bitte nicht in fremde Angelegenheiten!, schwieg aber.

Wlassitsch ging neben dem rechten Steigbügel, Sina neben dem linken. Beide schienen vergessen zu haben, daß sie umkehren mußten, es war feucht, und sie waren schon fast bei Koltowitschs Wäldchen angelangt. Pjotr Michailytsch spürte, daß sie etwas von ihm erwarteten, obwohl beide wohl selbst nicht wußten was, und sie begannen ihm unendlich leid zu tun. Wie sie jetzt so nachdenklich und mit demütigen Gesichtern neben dem Pferd herliefen, war er tief davon überzeugt, daß sie unglücklich waren und niemals glücklich werden würden, und ihre Liebe erschien ihm wie ein trauriger, nicht korrigierbarer Fehler. Aus Mitleid und aus dem Bewußtsein, daß es nichts gab, womit er ihnen helfen konnte, bemächtigte sich seiner jener Zustand seelischer Erschöpfung, der dazu führt, daß man jedes erdenkliche Opfer auf sich zu nehmen bereit ist, um sich nur vom lastenden Gefühl des Mitleids zu befreien.

»Ich werde demnächst über Nacht zu euch kommen«, sagte er.

Doch das ließ den Schluß zu, als mache er Konzessionen, was ihm nicht gefiel. Als sie an Koltowitschs Wäldchen haltmachten, um Abschied voneinander zu nehmen, beugte er sich zu Sina hinunter, berührte sie an der Schulter und sagte:

»Du hast recht, Sina. Hast es richtig gemacht!«

Und um nicht noch mehr zu sagen und in Tränen auszubrechen, versetzte er seinem Pferd einen Hieb und galoppierte in den Wald. Als er ins Dunkel eingetaucht war, drehte er sich um und sah, wie Wlassitsch und Sina über den Weg nach Hause gingen – er schritt weit aus, und sie lief mit eiligem, hüpfendem Gang neben ihm her, und beide waren angeregt in ein Gespräch vertieft.

Ich bin ein altes Weib, dachte Pjotr Michailytsch. Bin hingeritten, um das Problem zu lösen, hab es aber nur noch mehr verwirrt. Na ja, sei's drum!

Ihm war schwer ums Herz. Als der Wald endete, ritt er im Schritt weiter und ließ das Pferd dann am Teich halten. Er wollte einfach nur dasitzen und nachdenken. Der Mond war aufgegangen und spiegelte sich als rote Säule auf der anderen Seite des Teiches. Irgendwo grollte dumpf der Donner. Pjotr Michailytsch blickte reglos aufs Wasser und stellte sich die Verzweiflung seiner Schwester vor, ihre leidende Blässe und die trockenen Augen, mit denen sie ihre Erniedrigung vor den Leuten zu verbergen suchte. Er stellte sich ihre Schwangerschaft vor, den Tod der Mutter, ihre Beerdigung, Sinas Leiden … Für die stolze, abergläubische alte Frau würde dies alles unweigerlich den Tod bedeuten. Auf dem dunklen, spiegelglatten Wasser zeichneten sich schreckliche Bilder ab, und inmitten der blassen Frauengestalten sah er sich selbst, einen kleingläubigen, schwachen Mann mit schuldbewußtem Gesicht …

Hundert Schritte vom Teich entfernt stand am rechten Ufer unbeweglich etwas Dunkles – war es ein Mensch oder ein hoher Baumstumpf? Pjotr Michailytsch mußte an den Seminaristen denken, den man umgebracht und in diesen Teich geworfen hatte.

Olivier hat unmenschlich gehandelt, aber er hat das Problem wenigstens irgendwie gelöst, ich dagegen habe überhaupt nichts gelöst, sondern für nur noch mehr Verwirrung gesorgt, dachte er und betrachtete die dunkle Gestalt, die einer Erscheinung glich. Er hat gesagt und getan, was er dachte, ich aber sage und tue keineswegs, was ich denke. Ich weiß wohl auch nicht wirklich, was ich denke …

Er ritt an die dunkle Gestalt heran – es war ein alter, faulender Pfahl, der von irgendwelchen Bauarbeiten übriggeblieben war.

Vom Wäldchen und von Koltowitschs Gut duftete es stark nach Maiglöckchen und Honiggräsern. Pjotr Michailytsch ritt am Ufer des Teiches entlang, schaute traurig aufs Wasser und gelangte beim Nachdenken über sein Leben zu dem Schluß, daß er bis jetzt nie das getan und gesagt hatte, was er dachte, und die anderen ihm mit gleicher Münze geantwortet hatten. Deshalb erschien ihm nun das ganze Leben ebenso düster wie das Wasser, in dem sich der Nachthimmel spiegelte und die Algen wucherten. Und ihm schien, das werde sich nie ändern lassen.

(Vera Bischitzky)

I

Im Hof des Krankenhauses steht ein kleines Nebengebäude in einem ganzen Wald aus Kletten, Brennesseln und wil-
dem Hanf. Es hat ein rostiges Dach, der Schornstein ist
halb abgebröckelt, die Stufen zum Eingang vermodert und
mit Gras überwachsen, und von der Stukkatur ist kaum
mehr etwas zu sehen. Mit seiner Vorderfront ist es zum
Krankenhaus gewandt, die Rückseite blickt ins freie Feld,
von dem es nur durch den grauen, mit Nägeln bespickten
Krankenhauszaun getrennt ist. Die Nägel, die ihre Spitzen
nach oben richten, der Zaun und das ganze Gebäude
haben dieses besondere, trostlose, elende Aussehen, das es
hierzulande bloß bei Krankenhaus- und Gefängnisbauten
gibt.

Wenn Sie nicht fürchten, sich an den Nesseln zu brennen, dann lassen Sie uns den schmalen Pfad gehen, der zu
diesem Haus führt, und nachsehen, was sich so in seinem
Inneren tut. Wenn wir die erste Tür öffnen, kommen wir in
einen Vorraum. Hier liegen an den Wänden und neben
dem Ofen ganze Berge von Krankenhausabfall. Matratzen,
alte zerrissene Kittel, Hosen und Hemden mit blauen
Streifen, abgetragene Schuhe, die zu nichts mehr taugen –
all dieser Abfall lagert da in Haufen, zerknittert und in
völligem Durcheinander, modert vor sich hin und verströmt einen Gestank, der einem den Atem nimmt.

Auf diesem Abfall liegt, immer mit der Pfeife zwischen
den Zähnen, der Wächter Nikita, ein alter entlassener
Soldat mit verblichenen Litzen. Er hat ein strenges, ausgemergeltes Gesicht, buschige Augenbrauen, die ihm den
Ausdruck eines Steppenhundes verleihen, und eine rote

Nase, ist nicht groß, sieht hager und sehnig aus, doch seine Haltung ist achtunggebietend, und seine Fäuste sind kräftig. Gehört er doch zu jenen schlichten, entschiedenen, pünktlichen und sturen Gemütern, für die nichts auf der Welt über die Ordnung geht und die daher überzeugt sind, daß man *die da* prügeln müsse. Und so schlägt er sie ins Gesicht, auf die Brust, auf den Rücken, wie es gerade kommt, aus der Überzeugung, daß anders hier niemals Ordnung herrschen würde.

Dann betreten Sie ein großes geräumiges Zimmer, das das gesamte Gebäude einnimmt, wenn man vom Vorraum absieht. Hier sind die Wände mit schmutzig-blauer Farbe gestrichen, die Decke ist verrußt, wie in einer Räucherkammer – man sieht, daß hier im Winter die Öfen qualmen und alles verräuchern. Die Fenster sind von innen mit Eisengittern verunstaltet, der Boden ist grau und brüchig, es stinkt nach Sauerkohl, verbranntem Docht, Wanzen und Salmiak, und dieser Gestank wird bei Ihnen im ersten Augenblick den Eindruck erwecken, als beträten Sie einen Raubtierkäfig.

In diesem Raum stehen Betten, die am Boden festgeschraubt sind. Und da sitzen und liegen Menschen in blauen Krankenhauskitteln und altertümlichen Kappen – das sind Geisteskranke.

Insgesamt gibt es hier fünf Patienten. Nur einer ist von adligem Stand, alle anderen sind bürgerlich. Der erste neben der Tür, ein hochgewachsener hagerer Mann mit prächtigem roten Schnurrbart und verweinten Augen, sitzt da, den Kopf aufgestützt, und starrt auf einen Punkt. Tag und Nacht trauert er vor sich hin, wiegt den Kopf, seufzt und lächelt bitter; an den Unterhaltungen beteiligt er sich selten und gibt auch auf Fragen gewöhnlich keine Antwort. Er ißt und trinkt mechanisch, wenn ihm zugeteilt wird. Seinem quälenden, stoßweisen Husten, seiner Magerkeit und der Röte seiner Wangen nach zu urteilen, hat bei ihm die Schwindsucht begonnen.

Dann kommt ein kleiner, lebhafter, sehr agiler Alter mit Spitzbart und schwarzem Haar, kraus wie das eines Negers. Tagsüber spaziert er im Krankensaal von Fenster zu Fenster oder sitzt auf seinem Bett, die Beine im Türkensitz untergeschlagen, pfeift ohne Unterlaß wie ein Gimpel oder singt leise und kichert vor sich hin. Kindliche Fröhlichkeit und Lebhaftigkeit zeigt er auch nachts, wenn er aufsteht, um zu Gott zu beten, das heißt, sich mit der Faust an die Brust zu schlagen und mit dem Finger an der Tür zu kratzen. Das ist der Jude Moisejka, ein Idiot, der vor zwanzig Jahren den Verstand verloren hat, als ihm seine Hutmacherwerkstatt abbrannte.

Von allen Bewohnern des Krankensaals Nr. 6 erlaubt man ihm allein, das Haus zu verlassen, ja sogar vom Krankenhaushof hinaus auf die Straße zu gehen. Dieses Privileg genießt er seit langem, wahrscheinlich als alteingesessener Krankenhausbewohner, als friedlicher, harmloser Irrer und stadtbekannter Narr, an dessen Anblick in den Straßen inmitten von Kindern und Hunden man sich gewöhnt hat. Er läuft in seinem Krankenhauskittel, der lächerlichen Kappe und in Pantoffeln, manchmal auch barfuß und sogar ohne Hosen durch die Straßen, bleibt bei den Toren und an den Läden stehen und bettelt. Mal gibt man ihm Kwas, mal Brot oder auch eine Kopeke, so daß er gewöhnlich satt und reich ins Krankenhaus zurückkehrt. Doch alles, was er mitbringt, nimmt ihm Nikita ab. Grob und aggressiv macht das der Soldat, dreht ihm die Taschen um und ruft Gott zum Zeugen, daß er den Juden nie wieder auf die Straße lassen werde und daß so eine Unordnung für ihn das Schlimmste auf der Welt sei.

Moisejka ist gerne gefällig. Er gibt den Zimmergenossen Wasser, deckt sie zu, wenn sie schlafen, verspricht jedem, ihm von draußen eine Kopeke mitzubringen oder eine neue Mütze zu nähen; seinen Nachbarn zur Linken, einen Gelähmten, füttert er mit dem Löffel. Das macht er aber nicht aus Mitleid, nicht aus irgendwelchen humanen Erwägungen, sondern weil er Gromow, seinen Nachbarn zur Rechten, nachahmen will, sich ihm unwillkürlich unterordnet.

Iwan Dmitritsch Gromow, ein Mann von dreiunddreißig Jahren, Aristokrat, ehemals Gerichtsvollzieher und Gouvernementsekretär, leidet an Verfolgungswahn. Er liegt entweder zusammengerollt auf dem Bett oder wandert von einer Zimmerecke in die andere, als ginge er spazieren, und setzt sich nur selten. Immer ist er erregt, voller Unruhe und angespannt in dumpfer, unbestimmter Erwartung. Es bedarf nur des leisesten Raschelns in der Diele oder eines Rufs von draußen, schon hebt er den Kopf und lauscht: Ob sie wohl kommen, um ihn zu holen? Suchen sie ihn? Und dabei drückt sein Gesicht äußerste Beunruhigung und Widerwillen aus.

Mir gefällt sein breites Gesicht mit den hohen Wangenknochen, das immer bleich ist und unglücklich und wie ein Spiegel seine in inneren Kämpfen und anhaltender Furcht zerquälte Seele wiedergibt. Seine Grimmassen sind seltsam und krankhaft, doch die feinen Züge, die ihm sein tiefes aufrichtiges Leiden ins Gesicht gegraben hat, sind vernünftig und intelligent, und in seinen Augen liegt ein warmer, gesunder Glanz. Überhaupt gefällt er mir, wie er zuvorkommend, hilfsbereit und ungewöhnlich zartfühlend ist im Umgang mit allen außer Nikita. Wenn jemand einen kleinen Knopf oder einen Löffel fallen läßt, springt er sofort von seinem Bett hoch und hebt ihn auf. Jeden Morgen begrüßt er seine Zimmergenossen, und wenn er sich schlafen legt, wünscht er ihnen eine gute Nacht.

Sein Wahnsinn drückt sich außer in seiner ständigen Anspannung und seinem Grimmassenschneiden noch in folgendem aus: Manchmal abends wickelt er sich in seinen Kittel und beginnt, zitternd am ganzen Körper und zähneklappernd, rasch aus einer Zimmerecke in die andere und zwischen den Betten herumzugehen. Es wirkt, als hätte er starkes Fieber. Daran, wie er plötzlich stehenbleibt und seine Genossen anblickt, sieht man, daß er etwas sehr Wichtiges sagen möchte, aber dann schüttelt er den Kopf, offenbar aus der Erwägung, daß man ihm nicht zuhören oder ihn nicht verstehen würde, und setzt seine Wanderung fort. Doch bald gewinnt das Bedürfnis zu reden Überhand über alle Erwägungen, er macht sich Luft und beginnt heftig und leidenschaftlich zu sprechen. Seine Rede ist ungeordnet, fieberhaft wie im Delirium, abgerissen und nicht immer verständlich, und doch ist in seinen Worten wie auch in seiner Stimme etwas außerordentlich Gutes zu spüren. Wenn er so spricht, nehmen Sie in ihm den Wahnsinnigen ebenso wahr wie den Menschen. Seine Wahnsinnsrede auf dem Papier wiederzugeben ist schwierig. Er spricht von der menschlichen Niedertracht, von der Gewalt, die die Wahrheit mit Füßen tritt, vom wunderschönen Leben, das mit der Zeit auf Erden sein wird, von den Fenstergittern, die ihn jeden Augenblick an die Sturheit und Grausamkeit seiner Unterdrücker erinnern. Und so ergibt sich ein ungeordnetes, ungereimtes Potpourri aus den alten Liedern, die doch nie zu Ende gesungen werden.

II

Vor etwa zwölf bis fünfzehn Jahren lebte in der Stadt, in einem eigenen Haus an der Hauptstraße, der Beamte Gromow, ein solider und wohlhabender Mann. Er hatte zwei Söhne: Sergej und Iwan. Sergej war bereits Student im vierten Studienjahr, als er an galoppierender Schwindsucht erkrankte und starb, und dieser Tod sollte der Beginn einer ganzen Reihe von Schicksalsschlägen werden, die plötzlich über die Familie Gromow hereinbrach. Eine Woche nach der Beerdigung von Sergej wurde der alte Vater wegen Betrug und Veruntreuung vor Gericht gestellt und starb bald darauf im Gefängniskrankenhaus an Typhus. Das Haus und die gesamte bewegliche Habe kamen unter den Hammer, und Iwan Dmitritsch blieb mit der Mutter mittellos zurück.

Vorher, noch zu Lebzeiten des Vaters, bekam Iwan Dmitritsch, der in Petersburg lebte, wo er an der Universität studierte, sechzig bis siebzig Rubel im Monat und hatte nicht
die geringste Vorstellung davon, was Not bedeutet, jetzt
aber mußte er sein Leben von Grund auf ändern. Er mußte von früh bis spät für ein paar Groschen Stunden geben,
Schreibarbeiten übernehmen und dennoch hungern, weil
er seinen ganzen Verdienst der Mutter für ihren Lebensunterhalt schickte. So ein Leben konnte er nicht ertragen;
er verlor den Mut, kümmerte dahin und fuhr schließlich,
nachdem er die Universität aufgegeben hatte, nach Hause.
Hier, in der Kleinstadt, erhielt er durch Protektion die Stelle
eines Lehrers an der Kreisschule, kam aber mit den Kollegen nicht aus, mißfiel auch den Schülern und gab den
Posten bald auf. Die Mutter starb. Ein halbes Jahr schon war
er ohne Verdienst, ernährte sich nur von Wasser und Brot,
doch dann wurde er Gerichtsvollzieher. Dieses Amt versah
er, bis man ihn wegen seiner Krankheit entließ.

Er hatte nie, nicht einmal in jungen Jahren als Student,
den Eindruck eines gesunden Menschen gemacht. Immer
war er bleich und mager, erkältete sich leicht, aß wenig und
schlief schlecht. Von einem einzigen Gläschen Wein drehte
sich ihm der Kopf, und er bekam einen hysterischen Anfall.
Es zog ihn immer zu den Menschen, aber wegen seines
reizbaren Charakters und seiner Ängstlichkeit konnte er
sich niemandem anschließen und hatte keine Freunde.
Über die Städter äußerte er sich stets voller Verachtung, behauptete, daß er ihre grobe Unbildung und ihr verschlafen-
kreatürliches Leben niederträchtig und abstoßend fände. Er
redete im Tenor, laut und heftig und nie anders als ungehalten und entrüstet oder voller Begeisterung und Staunen, stets aber aufrichtig. Worüber auch immer man mit
ihm sprach, er führte alles auf das eine zurück: In der Stadt
sei es stickig und das Leben dumpf, die Gesellschaft habe
keine höheren Interessen, führe ein trübsinniges, sinnloses
Leben, Abwechslung verschaffe sie sich nur durch Gewalt,

grobes Laster und Heuchelei; die Schurken seien satt und gut gekleidet, die ehrlichen Menschen hingegen lebten von der Hand in den Mund; nötig wären Schulen, eine lokale Zeitung mit ehrlicher Tendenz, ein Theater, öffentliche Lesungen und Einmütigkeit der intelligenten Kräfte; nötig wäre zudem, daß die Gesellschaft sich selbst erkenne und erschrecke. In seinem Urteil über die Menschen wählte er starke Farben, Weiß oder Schwarz, dazwischen ließ er nichts gelten; die Menschheit unterteilte er in Ehrliche und Schurken; dazwischen gab es nichts. Über Frauen und Liebe sprach er immer leidenschaftlich und voller Begeisterung, doch verliebt war er kein einziges Mal.

In der Stadt mochte man ihn trotz seiner schroffen Ansichten und seiner Gereiztheit und nannte ihn hinter seinem Rücken liebevoll Wanja. Sein angeborenes Zartgefühl, seine Hilfsbereitschaft, Anständigkeit und moralische Integrität sowie sein abgetragener Überrock, sein kränkliches Aussehen und die Unglücksfälle der Familie flößten einem gute, warme und traurige Gefühle ein; zudem war er gebildet und belesen, wußte nach Meinung der Leute alles und war am Ort so etwas wie ein wandelndes Lexikon.

Er las sehr viel. Früher saß er dauernd im Klub, strich sich nervös den Bart und blätterte Zeitschriften und Bücher durch; an seinem Gesicht konnte man sehen, daß er sie nicht las, sondern verschlang und sich kaum Zeit zum Kauen nahm. So war wohl die Lektüre eine seiner krankhaften Angewohnheiten, stürzte er sich doch mit gleicher Gier auf alles, was ihm in die Hände fiel, selbst auf Zeitungen und Kalender vom Vorjahr. Bei sich zu Hause las er immer im Liegen.

III

Eines Morgens im Herbst machte sich Iwan Dmitritsch auf, schlug den Mantelkragen hoch und stapfte durch den

Matsch, durch Gassen und Hinterhöfe zu einem Kleinbürger, um aufgrund eines Pfändungsbefehls Geld einzutreiben. Er war finsterer Stimmung, wie immer am Morgen. In einer der Gassen traf er auf zwei Häftlinge in
Ketten, mit ihnen vier Begleitsoldaten mit Gewehren.
Früher war Iwan Dmitritsch häufig Häftlingen begegnet,
und jedesmal hatten sie ein Gefühl von Mitleid und Verlegenheit, Unbehagen und Peinlichkeit in ihm geweckt,
doch jetzt machte diese Begegnung auf ihn einen ganz besonderen, seltsamen Eindruck. Er hatte plötzlich die Vorstellung, man könnte auch ihn in Ketten legen und genauso durch den Schmutz zum Gefängnis führen. Als er den
Bürger aufgesucht hatte und wieder auf dem Heimweg
war, traf er bei der Post einen ihm bekannten Polizeiauf-
seher, der ihn grüßte und ein paar Schritte mit ihm die
Straße weiterging. Das kam ihm plötzlich verdächtig vor.
Zu Hause wollten ihm den ganzen Tag die Häftlinge und
die Soldaten nicht aus dem Kopf, eine unbegreifliche see-
lische Unruhe hinderte ihn daran, zu lesen und sich zu
konzentrieren. Abends zündete er kein Licht an, in der
Nacht konnte er nicht schlafen und dachte nur immer darüber nach, daß man auch ihn verhaften, fesseln und ins Gefängnis stecken könnte. Er war sich keiner Schuld bewußt
und hätte sich verbürgen können, daß er auch in Zukunft
niemals töten, stehlen oder brandstiften würde; aber konnte man denn nicht allzu leicht versehentlich, unwillkürlich
ein Verbrechen begehen, und waren nicht auch Verleumdung oder schließlich ein Justizirrtum möglich? Lehrt doch
nicht umsonst die jahrhundertealte Volksweisheit, daß man
dem Bettelsack und dem Gefängnis nicht abschwören
kann. Und ein Justizirrtum war bei dem derzeitigen Justiz-
wesen sehr wohl möglich, da war überhaupt nichts Besonderes dabei. Menschen, die dienstlich, fachlich mit fremdem Leid zu tun haben, zum Beispiel Richter, Polizisten
oder Ärzte, werden im Laufe der Zeit kraft der Gewohnheit in einem Maße abgehärtet, daß sie im Umgang mit

ihren Klienten, selbst wenn sie anders wollten, nicht anders können, als nur der Form zu genügen; von daher unterscheiden sie sich in nichts von dem Bauern, der hinter dem Haus Hammel und Kälber schlachtet und das Blut nicht mehr wahrnimmt. Mit seiner rein formalen, seelenlosen Einstellung zur Person braucht doch der Richter, um einen unschuldigen Menschen zum Verlust aller Standesrechte und zu Gefängnis zu verurteilen, nur das eine: Zeit. Nur die Zeit für gewisse Formalitäten, für die man ihm sein Gehalt zahlt, und damit ist dann alles getan. Da suche noch jemand Gerechtigkeit und Schutz in diesem kleinen, schmutzigen Städtchen, zweihundert Werst von der Eisenbahn entfernt! Ist es nicht lächerlich, an die Gerechtigkeit zu glauben, wenn die Gesellschaft jedwede Gewalt für vernünftig und zweckmäßig, ja für notwendig hält, auf jeden Akt des Mitleids hingegen, etwa einen Freispruch, mit einem Gefühlsausbruch unbefriedigter Rachgier reagiert?

Am Morgen erhob sich Iwan Dmitritsch voller Grauen aus seinem Bett, mit kaltem Schweiß auf der Stirn, nun schon vollkommen überzeugt, daß man ihn jeden Augenblick verhaften könnte. Wenn ihn seine gestrigen schweren Gedanken so lange nicht verlassen hatten, dann hieß das doch wohl, daß sie ein Körnchen Wahrheit enthielten. Sie konnten ihm doch nicht wirklich ohne jeden Grund in den Sinn gekommen sein.

Ein Schutzmann ging ohne Eile an seinem Fenster vorbei: nicht zufällig. Und dort die beiden Männer blieben bei seinem Haus stehen und schwiegen. Weshalb schwiegen sie?

Für Iwan Dmitritsch begannen quälende Tage und Nächte. Jeder, der an seinem Fenster vorbeiging oder in den Hof kam, war für ihn ein Spion oder Spitzel. Mittags fuhr gewöhnlich der Polizeichef mit einem Zweiergespann durch die Straße; er kam von seinem Besitz außerhalb der Stadt ins Polizeirevier, aber Iwan Dmitritsch schien es jedes Mal, als führe er allzu rasch und mit einem besonderen Gesichtsausdruck: Offensichtlich wollte er schleunigst Meldung erstatten, daß in der Stadt ein sehr wichtiger Verbrecher aufgetaucht war. Iwan Dmitritsch fuhr zusammen, wann immer es klingelte oder ans Tor klopfte, litt Qualen, wenn er bei der Hauswirtin eine neue Person traf; bei Begegnungen mit Polizisten oder Gendarmen lächelte er und pfiff, um gleichgültig zu wirken. Ganze Nächte hindurch schlief er nicht mehr in Erwartung seiner Verhaftung, aber er schnarchte laut und seufzte wie im Schlaf, damit die Hauswirtin dachte, er schliefe; denn wenn er nicht schlief, so bedeutete das, ihn quälten Gewissensbisse – welch ein Indiz! Die Fakten und die gesunde Logik überzeugten ihn zwar, daß all diese Ängste dummes Zeug, psychopathischer Unsinn waren, daß an Verhaftung und Gefängnis, ganz allgemein betrachtet, eigentlich nichts Schreckliches war – falls man ein ruhiges Gewissen hatte; aber je schlauer und logischer seine Überlegungen waren, desto stärker und quälender wurde auch seine innere Unruhe. Gerade so, wie wenn ein Einsiedler sich ein Plätzchen im Urwald freischlagen will: Je eifriger er mit der Axt arbeitet, desto dichter und stärker wächst der Wald nach. Schließlich erkannte Iwan Dmitritsch, daß seine Überlegungen nutzlos waren, er ließ sie endgültig sein und gab sich gänzlich seiner Verzweiflung und Angst hin.

Iwan Dmitritsch zog sich immer mehr zurück und ging den Menschen aus dem Weg. Der Dienst war ihm schon vorher zuwider gewesen, jetzt aber wurde er ihm unerträglich. Er fürchtete, man könnte ihn irgendwie hereinlegen, ihm unbemerkt Bestechungsgeld in die Tasche schieben und dann überführen, oder er selbst könnte versehentlich bei den Staatsdokumenten einen Fehler machen, der einer Fälschung gleichkäme, oder er könnte fremdes Geld verlieren. Seltsam, daß seine Gedanken nie zuvor so wendig und erfinderisch gewesen waren wie jetzt, wo er sich jeden Tag Tausende der verschiedensten Vorwände ausdachte, um ernsthaft für seine Freiheit und Ehre zu fürchten. Sein Interesse an der Außenwelt hingegen, besonders das an Büchern, ging stark zurück, und sein Gedächtnis täuschte ihn immer häufiger.

Im Frühjahr, als der Schnee schmolz, fand man in der Schlucht in der Nähe des Friedhofs zwei halbverweste Leichen – die einer alten Frau und die eines Jungen – mit Anzeichen eines gewaltsamen Todes. In der Stadt wurde von nichts anderem als von diesen Leichen und den unbekannten Mördern geredet. Iwan Dmitritsch ging durch die Straßen und lächelte, damit niemand denken sollte, daß er getötet habe; und wenn er Bekannte traf, erbleichte er, wurde rot und begann zu versichern, daß es kein gemeineres Verbrechen gäbe als den Mord an Schwachen und Schutzlosen. Doch diese Lüge erschöpfte ihn bald, und nach einigem Nachdenken beschloß er, daß es in seiner Situation das Allerbeste wäre, sich im Keller der Hauswirtin zu verstecken. Dort saß er einen ganzen Tag, dann eine Nacht und den zweiten Tag, bis er völlig durchgefroren war und schließlich, nach Einbruch der Dunkelheit, heimlich wie ein Dieb in sein Zimmer schlich. Bis zum Morgengrauen blieb er mitten im Zimmer stehen, ohne sich zu rühren, und lauschte. Früh am Morgen, noch vor Sonnenaufgang, kamen Ofensetzer zu seiner Wirtin. Zwar wußte Iwan Dmitritsch genau, daß sie kommen sollten, um den Ofen in der Küche umzusetzen, doch die Angst redete ihm ein, es seien in Ofensetzer verkleidete Polizisten. Er schlich sich leise aus der Wohnung und lief, von Entsetzen gepackt, ohne Hut und Mantel die Straße hinunter. Bellend jagten Hunde hinter ihm her, irgendwo schrie ein Mann ihm nach, der Wind pfiff ihm um die Ohren, und Iwan Dmitritsch schien es, als ob die Gewalt der ganzen Welt sich hinter seinem Rücken zusammengeballt hätte und ihn verfolgte.

Man hielt ihn an, brachte ihn nach Hause und schickte die Wirtin nach dem Arzt. Doktor Andrej Jefimytsch, von dem noch die Rede sein wird, verschrieb ihm kalte Kompressen für den Kopf und Kirschlorbeertropfen, schüttelte traurig den Kopf und ging wieder; der Wirtin sagte er, daß er jetzt nicht mehr kommen würde, weil man Menschen nicht daran hindern dürfe, den Verstand zu verlieren. Weil Iwan Dmitritsch nichts zum Leben und Kurieren zu Hause hatte, brachte man ihn bald ins Krankenhaus und legte ihn dort in den Saal für venerisch Kranke. Nachts schlief er nicht, war launenhaft und störte die anderen Patienten, und so verlegte man ihn bald, auf Weisung Andrej Jefimytschs, in den Krankensaal Nr. 6.

Nach einem Jahr bereits hatte man Iwan Dmitritsch in der Stadt vollkommen vergessen, und seine Bücher, die die Wirtin im Schlitten unter dem Vordach aufgestapelt hatte, wurden von den Gassenjungen weggeschleppt.

IV

Iwan Dmitritschs Nachbar zur Linken war, wie ich schon gesagt habe, der Jude Moisejka, der Nachbar zur Rechten jedoch ein verfetteter, fast kugelrunder Mann mit stumpfem, vollkommen leerem Gesicht. Das war ein unbewegliches, gefräßiges und unsauberes Tier, welches schon lange die Fähigkeit zu denken und zu fühlen verloren hatte. Ständig verströmte es einen beißenden Gestank, der einem den Atem nahm.

Nikita räumte immer hinter ihm her und schlug ihn unbarmherzig, mit aller Kraft, ohne seine Fäuste zu schonen; doch schrecklich war dabei weniger, daß er ihn schlug – daran konnte man sich gewöhnen –, als daß dieses abgestumpfte Tier auf die Schläge weder mit einem Laut noch mit einer Bewegung oder dem Ausdruck der Augen reagierte; es schwankte höchstens leicht wie ein schweres Faß.

Der fünfte und letzte Bewohner im Krankensaal Nr. 6 hatte einst als Sortierer bei der Post gearbeitet; es war ein kleiner, dünner Blonder mit gutmütigem, doch etwas verschlagenem Gesicht. Nach seinen gescheiten, ruhigen

Augen zu urteilen, die klar und lustig in die Welt blickten, hütete er ein bedeutendes und angenehmes Geheimnis. Unter seinem Kopfkissen und unter der Matratze versteckte er etwas, was er niemandem zeigte, aber nicht aus Furcht, daß man es ihm wegnehmen oder stehlen könnte, sondern aus Schamhaftigkeit. Manchmal ging er ans Fenster, kehrte seinen Zimmergenossen den Rücken zu, legte sich etwas an die Brust und blickte, den Kopf gesenkt, vor sich hin; trat man dann zu ihm, wurde er verlegen und riß sich etwas von der Brust. Sein Geheimnis zu erraten, war allerdings nicht schwierig.

»Gratulieren Sie mir«, sagte er häufig zu Iwan Dmitritsch, »man hat mich für den Stanislaw zweiter Klasse mit Stern[*] vorgeschlagen. Die zweite Klasse mit Stern verleiht man nur Ausländern, doch für mich wollen sie aus irgendeinem Grund eine Ausnahme machen.« Er lächelte dann und zuckte verwundert die Achseln. »Ich muß schon sagen, das hätte ich nie gedacht!«

»Davon verstehe ich nichts«, erklärte Iwan Dmitritsch mürrisch.

»Aber wissen Sie, was ich mir früher oder später verschaffen werde?« fuhr der ehemalige Sortierer fort und blinzelte verschlagen. »Ich muß unbedingt den schwedischen Polarstern bekommen. Das ist vielleicht ein Orden, es lohnt, sich darum zu bemühen. Weißes Kreuz an schwarzem Band. Sehr schön sieht das aus.«

Vermutlich ist das Leben nirgends sonst so eintönig wie in diesem Hofgebäude. Morgens waschen sich die Kranken mit Ausnahme des Gelähmten und des dicken Kerls in der Diele an einem großen Zuber und trocknen sich mit dem Rockschoß ihres Kittels ab; danach trinken sie aus Zinn-

---

[*] Der Orden des Heiligen Stanislaw, der niedrigste russ. Orden, wurde 1831 eingeführt und hatte vier Klassen. Er wurde vorwiegend Beamten verliehen. Der Stanislaw zweiter Klasse war ein um den Hals zu tragendes Kreuz, dem später noch ein Stern beigegeben wurde.

bechern Tee, den Nikita aus dem Hauptgebäude bringt. Für jeden gibt es einen Becher. Mittags essen sie Sauerkohlsuppe und Grütze, abends bekommen sie die Grütze, die vom Mittagessen übriggeblieben ist. Dazwischen liegen sie, schlafen, schauen aus dem Fenster oder gehen von einer Zimmerecke in die andere. Und so jeden Tag. Selbst der ehemalige Sortierer spricht immer nur von ein und demselben Orden.

Neue Menschen sieht man selten im Krankensaal Nr. 6. Der Arzt nimmt schon lange keine weiteren Geisteskranken mehr auf, und Leute, die gerne Irrenanstalten besuchen, gibt es kaum auf dieser Welt. Alle zwei Monate kommt Semjon Lasaritsch, der Barbier, ins Haus. Doch wie er die Kranken rasiert und wie ihm Nikita dabei hilft und in was für eine Panik die Kranken jedesmal geraten, wenn der betrunkene, lächelnde Barbier auftaucht, wollen wir nicht berichten.

Außer dem Barbier schaut hier keiner vorbei. Die Kranken sind dazu verdammt, tagaus, tagein lediglich Nikita zu sehen.

Übrigens verbreitete sich vor kurzem ein ziemlich merkwürdiges Gerede über das ganze Krankenhaus.

Das Gerücht ging um, den Krankensaal Nr. 6 besuche jetzt der Arzt.

V

Ein seltsames Gerücht!

Doktor Andrej Jefimytsch Ragin war in seiner Art ein bemerkenswerter Mensch. Man erzählte, in seiner frühen Jugend sei er sehr fromm gewesen und habe sich auf die geistliche Laufbahn vorbereitet; nachdem er 1863 das Gymnasium abgeschlossen hatte, wollte er ein Studium an der geistlichen Akademie beginnen, aber angeblich hat ihn sein Vater, ein Doktor der Medizin und Chirurg, voll beißender Ironie ausgelacht und kategorisch erklärt, falls er

Pope würde, würde er ihn nicht mehr als seinen Sohn anerkennen. Inwieweit das stimmt, weiß ich nicht, doch Andrej Jefimytsch hat mehrfach gestanden, daß er sich nie zur Medizin oder überhaupt einer Fachwissenschaft berufen gefühlt habe.

Wie dem auch sei, nachdem er sein Studium an der medizinischen Fakultät abgeschlossen hatte, ließ er sich nicht zum Priester scheren. Frömmigkeit bekundete er keine, und einer geistlichen Person glich er zu Beginn seiner Arztkarriere so wenig wie heute.

Sein Äußeres war massig, grob, bäurisch; sein Gesicht, der Bart, die angeklatschten Haare und der kräftige, ungeschlachte Körperbau ließen eher an einen Schankwirt an der großen Straße denken, vollgefressen, trinkfest und schroff. Sein Gesicht war streng, mit blauen Äderchen überzogen, die Augen klein, die Nase rot. Bei seiner Größe und den breiten Schultern waren auch seine Hände und Füße gewaltig: ein Faustschlag, und du hättest dein Leben ausgehaucht. Doch war sein Schritt leise und sein Gang vorsichtig, einschmeichelnd; traf er jemanden im engen Korridor, blieb er immer als erster stehen, um den anderen durchzulassen, und sagte nicht mit tiefem Baß, wie man erwartet hätte, sondern in feinem, weichem Tenor: »Verzeihung!« Am Hals hatte er eine kleine Geschwulst, die ihn hinderte, steifgestärkte Hemdkragen zu tragen, deshalb ging er immer im weichen Leinen- oder Baumwollhemd. Überhaupt kleidete er sich nicht wie ein Arzt. Ein und denselben Anzug trug er an die zehn Jahre, und die neue Kleidung, die er dann gewöhnlich im Laden beim Juden kaufte, wirkte an ihm genauso abgetragen und zerknittert wie die alte; in ein und demselben Gehrock empfing er Patienten, speiste zu Mittag und machte Besuche; das alles aber nicht aus Geiz, sondern aus völliger Gleichgültigkeit gegenüber seinem Äußeren.

Als Andrej Jefimytsch in die Stadt kam, um sein Amt zu übernehmen, befand sich die »wohltätige Anstalt« in schlimmem Zustand. In den Krankensälen, den Korridoren und im Krankenhaushof war kaum zu atmen vor Gestank. Die Krankenwärter, die Pflegerinnen und ihre Kinder schliefen in den Krankensälen zusammen mit den Kranken. Sie beklagten sich, daß es vor Kakerlaken, Wanzen und Mäusen kaum auszuhalten sei. In der chirurgischen Abteilung wollte die Wundrose nicht verschwinden. Für das gesamte Krankenhaus gab es nur zwei Skalpelle und kein einziges Thermometer, in den Badewannen wurden Kartoffeln gelagert. Der Aufseher, die Kastellanin und der Sanitäter bestahlen die Kranken, und vom alten Doktor, dem Vorgänger Andrej Jefimytschs, erzählte man, er habe heimlich den Verkauf von Krankenhausalkohol betrieben und sich einen ganzen Harem von Pflegerinnen und Patientinnen gehalten. In der Stadt wußte man genauestens Bescheid über diese Zustände und übertrieb sie sogar, ohne sich jedoch darüber zu erregen; die einen rechtfertigten sie damit, daß man nur Kleinbürger und Bauern ins Krankenhaus lege, die nicht unzufrieden sein könnten, weil sie es zu Hause wesentlich schlechter hätten als im Krankenhaus; man müßte sie ja nicht noch mit Delikatessen füttern! Andere wiederum sagten zur Rechtfertigung, daß die Stadt allein, ohne Hilfe des Semstwo, nicht in der Lage sei, ein gutes Krankenhaus zu halten; Gott sei Dank habe man wenigstens ein schlechtes. Und das junge Semstwo eröffnete weder in der Stadt noch im Umkreis eine Heilanstalt mit der Begründung, daß die Stadt ja bereits ihr Krankenhaus habe.

Nachdem Andrej Jefimytsch das Krankenhaus besichtigt hatte, kam er zu dem Schluß, daß es eine unmoralische und für die Bewohner in höchstem Maße gesundheitsschädliche Einrichtung sei. Seiner Meinung nach wäre das Gescheiteste, was man tun könnte, die Kranken zu entlassen und das Krankenhaus zu schließen. Doch er überlegte, daß sein Wille allein dafür nicht ausreiche und daß es außerdem nutzlos sei, denn wenn man die physische und moralische Unreinheit vom einen Ort vertriebe, so würde sie nur auf einen anderen übergehen; man müsse eben warten, bis sie sich von selbst auslüftete. Und außerdem, wenn die Leute ein Krankenhaus eröffneten und bei sich duldeten, so hieß das doch, daß sie es brauchten; Vorurteile und all diese alltäglichen Gemeinheiten und Nichtswürdigkeiten seien nötig, weil sie sich im Laufe der Zeit in etwas Ordentliches umwandelten wie Mist in Humus. Auf Erden gäbe es nichts Gutes, das seinen Ursprung nicht in einer Gemeinheit gehabt hätte.

Als Andrej Jefimytsch sein Amt übernahm, verhielt er sich also den Mißständen gegenüber ziemlich gleichgültig. Er bat lediglich die Krankenwärter und die Pflegerinnen, nicht mehr in den Krankensälen zu übernachten, und stellte zwei Schränke mit Instrumenten auf; der Aufseher hingegen, die Kastellanin, der Sanitäter und die Wundrose in der Chirurgie blieben an ihrem Platz.

Andrej Jefimytsch schätzte Verstand und Ehrlichkeit außerordentlich, doch um das Leben in seiner Umgebung vernünftig und ehrlich zu gestalten, fehlte es ihm an Charakter und am Glauben an sein Recht. Befehlen, verbieten und auf etwas bestehen – das vermochte er nicht. Als ob er sich gelobt hätte, niemals die Stimme zu erheben und die Befehlsform zu benutzen. Es fiel ihm schwer, »gib« oder »bring« zu sagen; wenn er essen wollte, hüstelte er unentschlossen und sagte zur Köchin: »Ob man mir wohl Tee« … oder: »Ob man mir wohl zu essen …« Dem Aufseher gar sagen, er solle aufhören zu stehlen, oder ihn wegjagen, oder dieses unnötige Parasitenamt gänzlich abschaffen – das ging einfach über seine Kräfte. Wenn man ihn betrog oder ihm schmeichelte oder ihm eine eindeutig unverschämte Rechnung zur Unterschrift vorlegte, wurde er rot wie ein Krebs und fühlte sich schuldig, aber die Rechnung unterschrieb er trotzdem; wenn Patienten bei ihm über Hunger oder die Grobheit der Pflegerinnen klagten, wurde er verlegen und murmelte schuldbewußt: »Schon gut, schon gut, ich kümmere mich dann darum … Wahrscheinlich ist da ein Mißverständnis …«

In der ersten Zeit arbeitete Andrej Jefimytsch hingebungsvoll, empfing die Patienten täglich von morgens bis
zum Mittagessen, führte Operationen durch und nahm
sogar Hebammenaufgaben wahr. Die Damen sagten von
ihm, er sei aufmerksam und könne hervorragend Krankheiten diagnostizieren, besonders Kinder- und Frauenkrankheiten. Doch im Laufe der Zeit wurde er der Arbeit
in ihrer Eintönigkeit und offensichtlichen Nutzlosigkeit
merklich überdrüssig. Da empfängst du heute dreißig Patienten, doch eh du dich versiehst, strömen morgen schon
fünfunddreißig herbei, übermorgen vierzig, und so tagaus,
tagein, jahraus, jahrein, und doch geht die Sterblichkeit in
der Stadt nicht zurück, die Kranken kommen nach wie
vor. Den vierzig Patienten, die von morgens bis mittags
eintreffen, wirklich zu helfen, ist allein schon physisch unmöglich, und so kommt dabei, ohne daß man es will, nur
Betrug heraus. Wurden in einem Rechnungsjahr 12000
ambulante Patienten empfangen, so heißt das schlicht gesagt, es wurden 12000 Personen betrogen. Ernsthaft Kranke ins Krankenhaus einzuweisen und sich mit ihnen nach
allen Regeln der Wissenschaft zu befassen ist ebenfalls unmöglich, weil es zwar Regeln gibt, aber keine Wissenschaft;
läßt man die Philosophie beiseite und befolgt die Regeln
pedantisch wie die anderen Ärzte, so braucht man dafür vor
allem Sauberkeit, Ventilation und nicht Schmutz, gesunde
Nahrung und nicht Sauerkrautsuppe aus stinkendem Kohl,
gute Helfer und nicht Diebe.

Und schließlich, wozu die Menschen am Sterben hindern, wo der Tod doch das normale und gesetzmäßige
Ende eines jeden ist? Was bringt es, wenn ein Händler oder
Beamter weitere fünf oder zehn Jahre leben kann? Wenn
man das Ziel der Medizin darin sieht, daß die Arzneien das
Leiden lindern, so ergibt sich unwillkürlich die Frage: Weshalb sie lindern? Erstens sagt man, daß Leiden den Men

schen zur Vollkommenheit führt, und zweitens, wenn die Menschheit tatsächlich lernt, ihre Leiden mit Pillen und Tropfen zu lindern, dann verwirft sie endgültig Religion und Philosophie, worin sie doch bisher nicht nur Schutz vor allen Nöten, sondern sogar ihr Glück gefunden hat. Puschkin hat vor seinem Tod entsetzliche Qualen gelitten, der arme Heine lag mehrere Jahre gelähmt im Bett; weshalb sollte ein Andrej Jefimytsch oder eine Matrjona Sawischna nicht auch krank sein, wo doch ihr Leben inhaltslos war und völlig nutzlos wäre wie das Leben einer Amöbe, gäbe es da nicht die Leiden?

Von solchen Überlegungen niedergedrückt, ließ Andrej Jefimytsch die Hände sinken und ging von nun an nicht mehr jeden Tag ins Krankenhaus.

VI

Andrej Jefimytschs Leben verläuft etwa so. Gewöhnlich steht er morgens um acht Uhr auf, kleidet sich an und trinkt Tee. Dann setzt er sich in sein Kabinett, um zu lesen, oder er geht ins Krankenhaus. Hier, im Krankenhaus, im dunklen, engen Gang sitzen die ambulanten Patienten und warten auf die Sprechstunde. An ihnen vorbei laufen Krankenwärter und Pflegerinnen und klappern mit ihren Stiefeln über den Ziegelboden, gehen abgemagerte Kranke in ihren Kitteln, trägt man Leichen und Nachttöpfe, weinen Kinder und geht ein Zugwind. Andrej Jefimytsch weiß, daß diese Zustände für Fieberkranke, Schwindsüchtige und überhaupt anfällige Kranke eine Qual sind, aber was soll man da machen? Im Sprechzimmer trifft er den Sanitäter Sergej Sergejitsch, einen kleinen, dicken Mann mit rasiertem, sauber gewaschenem, aufgedunsenem Gesicht und weichen, geschmeidigen Manieren, der in seinem neuen weiten Anzug eher einem Senator als einem Sanitäter ähnlich sieht. Er unterhält in der Stadt eine riesige Praxis, trägt eine weiße Krawatte und hält sich für beschlagener als den

Arzt, der ja überhaupt keine Praxis habe. In der Ecke im Sprechzimmer steht eine große Ikone mit einer schweren Lampe im Heiligenschrein, daneben ein Kirchenleuchter unter weißem Überzug; an der Wand hängen Photos von Bischöfen, eine Ansicht vom Kloster Swjatogorsk und kleine Kränze getrockneter Kornblumen. Sergej Sergejitsch ist religiös und liebt die Pracht. Die Ikone ist auf seine Kosten aufgestellt worden; sonntags liest einer der Kranken auf seine Anweisung im Sprechzimmer laut den Akafist*, und nach der Lesung geht Sergej Sergejitsch selbst durch die Krankensäle, um überall das Weihrauchfaß zu schwenken.

Kranke gibt es viele, aber wenig Zeit, und daher beschränkt sich die Tätigkeit auf höchstens eine kurze Befragung und die Ausgabe irgendeiner Arznei – flüchtige Salbe** etwa oder Rizinusöl. Andrej Jefimytsch sitzt dann da, stützt die Wange auf die Faust, denkt nach und stellt mechanisch Fragen. Sergej Sergejitsch sitzt auch da, reibt sich die Hände und mischt sich ab und zu ein.

»Wir sind krank und leiden Not, weil wir zu wenig zum barmherzigen Gott beten. Jawohl!« sagt er etwa.

Während der Sprechstunde führt Andrej Jefimytsch keine Operationen durch; das hat er sich schon längst abgewöhnt, und der Anblick von Blut irritiert ihn. Wenn er einem Kind den Mund öffnen muß, um ihm in den Hals zu schauen, und das Kind schreit und wehrt sich mit den Händchen, dann dreht sich ihm der Kopf vor all dem Lärm im Ohr, und Tränen treten ihm in die Augen. Schleunigst verschreibt er eine Arznei und winkt ab, damit die Frau das Kind so rasch wie möglich hinausträgt.

---

*   Griech. Akathistos, kirchlicher Hymnus, meist an die Gottesmutter, der im Stehen gesungen wird. Vgl. die Erzählung »In der Osternacht« in Band I dieser Ausgabe.
** linimentum ammoniatum, linimentum volatile, z. B. Kampfersalbe: linimentum ammoniato-camphoratum.

Andrej Jefimytsch hat die Schüchternheit der Kranken in der Sprechstunde und ihre Beschränktheit, die Nähe des pompösen Sergej Sergejitsch, die Photos an der Wand und seine eigenen Fragen, die er jetzt schon über zwanzig Jahre unverändert stellt, bald satt. Und geht, wenn er fünf oder sechs Kranke behandelt hat. Die übrigen empfängt der Sanitäter ohne ihn.

Mit dem angenehmen Gedanken, daß er, Gott sei Dank, schon längst keine private Praxis mehr hat und daß ihn niemand mehr stört, setzt sich Andrej Jefimytsch, sowie er nach Hause kommt, in sein Kabinett an den Tisch und beginnt zu lesen. Er liest viel und immer mit größtem Genuß. Die Hälfte seines Lohns geht bei ihm auf den Bücherkauf, und von den sechs Zimmern seiner Wohnung sind in dreien Bücher und alte Zeitschriften aufgehäuft. Am liebsten hat er Werke zur Geschichte und Philosophie; zur Medizin hat er nur die Zeitschrift »Der Arzt« abonniert, die er stets von hinten zu lesen beginnt. Die Lektüre wird jeweils ohne Unterbrechung über mehrere Stunden fortgesetzt und ermüdet ihn nicht. Er liest nicht so rasch und ungestüm wie einst Iwan Dmitritsch, vielmehr gemächlich, eingehend, hält oft an Stellen inne, die ihm gefallen oder unverständlich sind. Neben dem Buch steht immer eine kleine Karaffe Wodka, eine Salzgurke, oder ein eingemachter Apfel liegt ohne Teller direkt auf dem Tischtuch. Alle halbe Stunde gießt er sich ein Gläschen Wodka ein, ohne den Blick vom Buch zu wenden, und trinkt, dann tastet er, ohne hinzusehen, nach der Gurke und beißt ein Stückchen ab.

Um drei Uhr geht er vorsichtig zur Küchentür, hüstelt und sagt:

»Darjuschka, ob man mir wohl zu essen …«

Nach einem ziemlich schlechten und nachlässig zubereiteten Essen geht Andrej Jefimytsch durch seine Zimmer, die Arme über der Brust verschränkt, und denkt nach. Es schlägt vier Uhr, dann fünf, und immer noch geht er und denkt nach. Manchmal quietscht die Küchentür, und das rote, verschlafene Gesicht von Darjuschka zeigt sich.

»Andrej Jefimytsch, ist es nicht Zeit für Sie, Bier zu trinken?« fragt sie besorgt.

»Nein, noch nicht …« antwortet er. »Ich warte noch … noch ein bißchen …«

Gegen Abend kommt gewöhnlich der Postmeister, Michail Awerjanytsch, der einzige Mensch in der ganzen Stadt, dessen Gesellschaft für Andrej Jefimytsch nicht lästig ist. Michail Awerjanytsch war einst ein reicher Gutsbesitzer und diente in der Kavallerie, verarmte aber und trat noch im Alter aus Not in die Dienste der Post. Er sieht rüstig und gesund aus, hat einen üppigen, grauen Backenbart, gute Manieren und eine laute, angenehme Stimme. Gutmütig ist er und feinfühlig, aber aufbrausend. Wenn auf der Post einer der Kunden protestiert, nicht einverstanden ist oder einfach zu argumentieren beginnt, dann wird Michail Awerjanytsch rot, zittert am ganzen Leib und brüllt mit Donnerstimme: »Mund halten!«, weshalb die Postabteilung schon lange den Ruf eines Amts hat, das zu betreten man sich fürchtet. Michail Awerjanytsch ehrt und liebt Andrej Jefimytsch wegen seiner Bildung und seiner edlen Seele, den anderen Bürgern gegenüber verhält er sich arrogant, als wären sie seine Untergebenen.

»Da bin ich!« sagt er, wenn er bei Andrej Jefimytsch eintritt. »Guten Tag, mein Teurer! Ich hoffe, ich werde Ihnen nicht schon lästig, oder?«

»Ganz im Gegenteil, ich freue mich sehr«, antwortet ihm der Arzt. »Ich freue mich immer, wenn Sie kommen.«

Die Freunde setzen sich im Kabinett aufs Sofa und rauchen eine Zeitlang schweigend.

»Darjuschka, eigentlich könnten wir ein Bier!« sagt schließlich Andrej Jefimytsch.

Die erste Flasche trinken sie immer noch schweigend: der Doktor in Gedanken und Michail Awerjanytsch mit fröhlichem, lebhaftem Ausdruck, wie ein Mensch, der etwas sehr Interessantes zu erzählen hat. Das Gespräch eröffnet immer der Doktor.

»Wie schade«, sagt er langsam und leise, wiegt den Kopf, ohne dabei seinem Gesprächspartner in die Augen zu sehen (er blickt nie jemandem in die Augen), »wie höchst bedauerlich ist es, verehrter Michail Awerjanytsch, daß es in unserer Stadt überhaupt keine Menschen gibt, die ein kluges und interessantes Gespräch zu führen vermöchten oder daran Gefallen fänden. Das ist für uns von gewaltigem Nachteil. Nicht einmal die Intelligenzija erhebt sich über die Banalität; das Niveau ihrer Entwicklung, das versichere ich Ihnen, ist um keinen Deut höher als das des niedrigsten Standes.«

»Vollkommen richtig. Ich stimme Ihnen zu.«

»Sie selbst wissen doch«, fährt der Doktor leise und bedächtig fort, »daß nichts in dieser Welt von Bedeutung und Interesse ist außer den höchsten geistigen Hervorbringungen des menschlichen Verstandes. Der Verstand zieht eine scharfe Grenze zwischen Tier und Mensch, er deutet die Göttlichkeit des letzteren an und ersetzt ihm bis zu einem gewissen Grad sogar die Unsterblichkeit, die es ja nicht gibt. Aufgrund dessen dient er als einzig mögliche Quelle des Genusses. Wir sehen und vernehmen jedoch in unserer Umgebung keinen Verstand, das heißt, wir sind des Genusses beraubt. Zwar haben wir Bücher, doch das ist keineswegs das gleiche wie das lebendige Gespräch, der Umgang mit Menschen. Wenn Sie mir den nicht ganz glücklichen Vergleich gestatten, dann sind Bücher die Noten und das Gespräch der Gesang.«

»Vollkommen richtig.«

Sie schweigen. Aus der Küche kommt Darjuschka und bleibt mit dem Ausdruck stumpfer Trauer, das Gesicht auf die Hand gestützt, in der Tür stehen, um zuzuhören.

»Ach!« seufzt Michail Awerjanytsch. »Als ob man vom heutigen Menschen Verstand verlangen könnte!«

Und er erzählt, wie munter, fröhlich und interessant man früher lebte, was für eine kluge Intelligenzija es in Rußland gab und wie hoch sie den Begriff von Ehre und Freundschaft hielt. Geld verlieh man ohne Wechsel und hätte es als Schande angesehen, einem Kollegen in Not nicht die helfende Hand zu reichen. Und was es für Ausflüge gab, für Abenteuer, für Affären, was für Kameraden, was für Frauen! Der Kaukasus, was für ein wunderbares Land! Und die Frau des Bataillonskommandeurs, was für ein merkwürdiges Weib, das sich wie ein Offizier kleidete und abends in die Berge ritt, allein, ohne Begleitung. Man erzählte sich, sie habe in den Auls eine Affäre mit einem der kleinen Fürsten.

»Jesus Maria, Himmelskönigin«, seufzt Darjuschka.

»Und wie sie getrunken haben! Wie gespeist! Und was sie für verwegene Liberale waren!«

Andrej Jefimytsch hört zu, nimmt aber nichts auf; er hängt einem Gedanken nach und schlürft sein Bier.

»Ich träume häufig von klugen Menschen und den Gesprächen mit ihnen«, sagt er plötzlich und unterbricht Michail Awerjanytsch. »Mein Vater hat mir eine ausgezeichnete Bildung verschafft, aber unter dem Einfluß der Ideen der sechziger Jahre* ließ er mich Arzt werden. Mir scheint, wenn ich ihm damals nicht gehorcht hätte, dann befände ich mich jetzt direkt im Zentrum einer geistigen Bewegung. Wahrscheinlich wäre ich Mitglied einer Fakultät. Natürlich ist der Verstand auch nichts Ewiges, sondern vergänglich, aber Sie wissen ja bereits, weshalb ich eine Neigung dazu verspüre. Das Leben ist doch eine ärgerliche Falle. Wenn der denkende Mensch das Mannesalter erreicht und sein Bewußtsein gereift ist, dann muß er sich unwillkürlich wie in einer Falle fühlen, aus der es kein Entrinnen gibt. Er ist ja wirklich gegen seinen Willen durch irgendwelche Zufälle aus dem Nichtsein ins Leben gerufen worden ... Weshalb? Wenn er Sinn und Ziel seiner Existenz erfahren will, sagt man ihm nichts oder nur Ungereimt-

---

* Gemeint ist die sog. russ. Aufklärung, in der die russische Intelligenzija unter starkem Einfluß eines platten Materialismus und Atheismus geriet.

heiten; er klopft an und ihm wird nicht aufgetan; der Tod kommt zu ihm – auch das gegen seinen Willen. Und wie im Gefängnis, wo sich Menschen, die durch das gemeinsame Unglück miteinander verbunden sind, leichter fühlen, wenn sie zusammenkommen, so erkennt man auch im Leben nicht die Falle, wenn die Menschen, die das Analysieren und Verallgemeinern lieben, zusammenkommen und ihre Zeit beim Austausch von stolzen, freien Ideen verbringen. In diesem Sinne ist der Verstand ein durch nichts zu ersetzender Genuß.«

»Vollkommen richtig.«

Ohne seinem Gesprächspartner in die Augen zu blicken, leise und mit Pausen, redet Andrej Jefimytsch weiter über kluge Menschen und die Gespräche mit ihnen, und Michail Awerjanytsch hört ihm aufmerksam zu und bekräftigt es mit seinem: »Vollkommen richtig.«

»Und Sie glauben nicht an die Unsterblichkeit der Seele?« fragt plötzlich der Postmeister.

»Nein, verehrter Michail Awerjanytsch, ich glaube nicht daran und habe auch keinen Grund dazu.«

»Ich gestehe, auch ich zweifle. Obgleich ich doch so ein Gefühl habe, als ob ich niemals sterben würde. Oh weh, denke ich bei mir, alter Knochen, es ist Zeit zu sterben! Doch in meinem Inneren sagt mir ein Stimmchen: Glaub's nicht, du wirst nicht sterben!«

Kurz nach neun bricht Michail Awerjanytsch auf. In der Diele zieht er seinen Pelz an und sagt mit einem Seufzer: »In was für ein Krähwinkel hat uns das Schicksal verschlagen! Und am ärgerlichsten ist, daß man hier auch sterben muß. So was!«

VII

Wenn dann Andrej Jefimytsch seinen Freund hinausgeleitet hat, setzt er sich an den Tisch und beginnt wieder zu lesen. Die Ruhe des Abends und dann der Nacht wird durch keinen Laut gestört, die Zeit scheint stillzustehen und mit dem Doktor über dem Buch zu erstarren, nichts scheint mehr zu existieren außer diesem Buch und der Lampe mit dem grünen Schirm. Das grobe, bäurische Gesicht des Arztes hellt sich allmählich auf durch ein Lächeln der Ergriffenheit und Begeisterung angesichts der Bewegungen des menschlichen Geistes. Oh, weshalb ist der Mensch nicht unsterblich? denkt er. Weshalb gibt es die Gehirnzentren und Hirnwindungen, weshalb das Sehvermögen, die Sprache, das Bewußtsein, das Genie, wenn all das dazu verurteilt ist, im Boden zu versinken, um schließlich mit der Erdkruste zu erkalten und dann Millionen Jahre sinn- und ziellos mit der Erde um die Sonne zu kreisen? Bloß damit er erkaltet und dann herumfliegt, bräuchte man den Menschen mit seinem hohen, beinahe göttlichen Verstand doch nicht aus dem Nichtsein herauszuholen und ihn dann, wie zum Hohn, in Lehm zu verwandeln.

Umwandlung der Materie! Doch wie feige ist es, sich mit diesem Surrogat von Unsterblichkeit zu trösten! Die unbewußten Prozesse, die in der Natur vor sich gehen, stehen ja tiefer als selbst die menschliche Dummheit, denn in der Dummheit gibt es immerhin noch Bewußtsein und Willen, in diesen Prozessen jedoch rein gar nichts. Nur ein Feigling, der mehr Angst vor dem Tod als Würde besitzt, kann sich damit trösten, daß sein Köper mit der Zeit im Gras, im Stein oder in der Kröte weiterlebt … Wenn man die eigene Unsterblichkeit in dieser Umwandlung der Materie erblickt, dann ist das ebenso befremdlich, wie wenn man der Hülle eine glänzende Zukunft prophezeit, nachdem die teure Geige zertrümmert und unbrauchbar geworden ist.

Wenn die Uhr schlägt, lehnt sich Andrej Jefimytsch in seinem Sessel zurück und schließt die Augen, um ein wenig nachzudenken. Und unversehens wirft er unter dem Einfluß der guten Gedanken, die er im Buch gelesen hat, einen Blick auf seine Vergangenheit und auf die Gegenwart. Die Vergangenheit ist ihm zuwider, besser nicht daran denken. Aber in der Gegenwart ist es doch das gleiche wie in der Vergangenheit. Er weiß ja, daß zur selben Zeit, wo seine Gedanken mit der erkalteten Erde um die Sonne kreisen, neben der Arztwohnung im großen Krankenhausgebäude Menschen in Krankheit und physischer Unsauberkeit schmachten; mag sein, einer schläft nicht und kämpft mit dem Ungeziefer, ein anderer hat sich mit Wundrose infiziert oder stöhnt unter einem zu fest angelegten Verband; oder vielleicht spielen die Kranken mit den Pflegerinnen Karten und trinken Wodka. In einem Rechenschaftsjahr hat man 12000 Personen betrogen; das ganze Krankenhausgeschäft basiert wie schon vor zwanzig Jahren auf Diebstahl, Streitereien, Gerede, Vetternwirtschaft und grober Scharlatanerie, und das Krankenhaus ist nach wie vor eine unmoralische und für die Gesundheit der Menschen äußerst schädliche Einrichtung. Andrej Jefimytsch weiß, daß im Krankensaal Nr. 6, hinter dem Gitter, Nikita die Kranken verprügelt und daß Moisejka jeden Tag durch die Stadt läuft und Almosen sammelt.

Andererseits ist ihm wohlbekannt, daß sich in den letzten fünfundzwanzig Jahren in der Medizin ein sagenhafter Wandel vollzogen hat. Als er studierte, schien ihm, daß der Medizin bald das Schicksal von Alchimie und Metaphysik blühen werde, jetzt aber, wo er nachts liest, rührt ihn die Medizin und ruft in ihm Staunen und sogar Begeisterung hervor. Wahrhaftig, welch unerwarteter Glanz, welche Revolution! Dank der Antiseptik macht man jetzt Operationen, die selbst der große Pirogow* noch in spe für unmöglich gehalten hatte. Gewöhnliche Semstwo-Ärzte wagen es, eine Resektion des Kniegelenks vorzunehmen,

---

* Nikolai Iwanowitsch Pirogow (1810–1881), Chirurg, gilt als Begründer der russ. Militärchirurgie. Verwandte als erster in Rußland den Äther zur Narkose und führte den Gipsverband ein. Nach ihm ist die Pirogowsche Fußgelenkamputation benannt.

auf hundert Bauchschnitte kommt nur ein Todesfall, und die Steinkrankheit hält man für eine solche Bagatelle, daß nicht mal mehr darüber geschrieben wird. Die Syphilis läßt sich radikal auskurieren. Und die Theorie der Vererbung, die Hypnose, die Entdeckungen von Pasteur und Koch, die Hygiene mitsamt der Statistik, ja auch unsere russische Semstwo-Medizin? Die Psychiatrie mit ihrer heutigen Klassifikation von Krankheiten, den Diagnose- und Behandlungsmethoden, das ist doch im Vergleich mit dem, was einmal gewesen ist, ein wahrer Elbrus. Heute gießt man Verwirrten nicht mehr kaltes Wasser über den Kopf und zieht ihnen keine Zwangsjacken mehr an; man bringt sie menschlich unter und veranstaltet sogar, wie in den Zeitungen berichtet wird, Aufführungen und Bälle für sie. Andrej Jefimytsch weiß, daß es bei den heutigen Ansichten und dem heutigen Geschmack eine Abscheulichkeit wie den Krankensaal Nr. 6 höchstens noch zweihundert Werst von der Eisenbahn entfernt in einer Kleinstadt geben kann, wo das Stadtoberhaupt und alle Verwaltungsmitglieder halbe Analphabeten sind, die im Arzt den Priester sehen, dem man kritiklos glauben muß, selbst wenn er einem flüssiges Zinn in den Mund gießt; an einem anderen Ort hätten die Bevölkerung und die Zeitungen diese kleine Bastille schon längst in Trümmer zerschlagen.

Aber was dann? fragt sich Andrej Jefimytsch und öffnet die Augen. Was folgt daraus? Die Antiseptik und Koch und Pasteur haben an der Sache im Grunde nichts geändert. Das Krankheitsaufkommen und die Sterblichkeit sind nach wie vor gleich hoch. Den Geisteskranken richtet man zwar Bälle und Aufführungen aus, aber frei läßt man sie trotzdem nicht. Folglich ist alles eitel und sinnlos, und einen Unterschied zwischen der besten Wiener Klinik und meinem Krankenhaus gibt es eigentlich nicht.

Doch Trauer und ein Gefühl wie Neid hindern ihn daran, gleichgültig zu sein. Das kommt wohl nur von der Erschöpfung. Sein schwerer Kopf sinkt aufs Buch, er legt die

Hände unter das Gesicht, um es weicher zu haben, und denkt:

Ich diene einer schädlichen Sache und beziehe mein Gehalt von Menschen, die ich betrüge; ich bin nicht ehrlich. Dabei bin ich selbst ja nichts, nur ein Teilchen im unvermeidlichen gesellschaftlichen Übel: Alle Beamten im Kreis sind schädlich und bekommen ihren Lohn für nichts … Das heißt, nicht ich bin schuld an meiner Unehrlichkeit, sondern die Zeit … Wäre ich zweihundert Jahre später geboren, ich wäre ein anderer.

Wenn es drei Uhr schlägt, löscht er das Licht und geht ins Schlafzimmer. Aber müde ist er nicht.

VIII

Vor drei Jahren hatte das Semstwo großzügig beschlossen, jährlich bis zur Eröffnung eines Semstwo-Krankenhauses dreihundert Rubel als Beihilfe zur Verstärkung des medizinischen Personals im städtischen Krankenhaus zu gewähren. Und so lud die Stadt zur Unterstützung Andrej Jefimytschs den Kreisarzt Jewgeni Fjodorytsch Chobotow ein. Das war ein junger Mann, noch keine dreißig Jahre alt, hochgewachsen, brünett, mit breiten Wangenknochen und kleinen Augen; seine Vorfahren waren vermutlich keine Russen. Er kam ohne einen Groschen Geld in die Stadt, mit einem kleinen Köfferchen und einer häßlichen jungen Frau, die er als seine Köchin bezeichnete. Diese Frau hatte einen Säugling.

Jewgeni Fjodorytsch pflegte in Uniform mit Schirmmütze und hohen Stiefeln herumzulaufen, im Winter im Halbpelz. Er hatte sich mit dem Sanitäter Sergej Sergejitsch und dem Kassenwart angefreundet, die übrigen Beamten nannte er bloß Aristokraten und hielt sich von ihnen fern. In seiner Wohnung gab es nur ein einziges Buch, »Die neuesten Rezepte der Wiener Klinik für 1881«. Immer wenn er zu Patienten ging, nahm er dieses Buch mit. Abends im Klub spielte er Billard, Karten mochte er nicht. Sehr gern benutzte er im Gespräch Wendungen wie »Schererei«, »Mantipholija* mit Essig«, und »Hast uns genug vorgemacht« usw.

Ins Krankenhaus kam er zweimal die Woche, ging die Krankenzimmer ab und empfing Patienten. Daß überhaupt keine Antiseptika und Schröpfköpfe vorhanden waren, empörte ihn, doch er führte keine Neuerungen ein aus Angst, er könnte damit Andrej Jefimytsch kränken. Seinen Kollegen Andrej Jefimytsch hielt er für einen alten Spitzbuben, vermutete beträchtliche Mittel bei ihm und beneidete ihn insgeheim. Gern hätte er seine Stelle übernommen.

IX

An einem Frühlingsabend Ende März, als bereits kein Schnee mehr lag und im Krankenhausgarten die Stare sangen, geleitete der Doktor gerade seinen Bekannten, den Postmeister, zur Tür, als der Jude Moisejka, der mit seiner Beute zurückkehrte, in den Hof kam. Er war ohne Mütze, trug kurze Gummischuhe an den bloßen Füßen und hielt einen kleinen Sack mit Almosen in der Hand.

»Gib ein Kopekchen!« sagte er zum Doktor, zitternd vor Kälte, und lächelte.

Andrej Jefimytsch, der nie abzulehnen vermochte, gab ihm eine Griwna.

Wie schlimm das ist, dachte er, als er auf die bloßen Füße mit den mageren, roten Knöcheln blickte. Es ist doch naß.

Aufgerüttelt von einem Gefühl, das Mitleid ebenso glich wie Ekel, ging er dem Juden ins Hofgebäude nach, wobei

---

* Vermutlich ein Seminaristenausdruck, soviel wie »pathetische Rede«. In Vasmers Etymologischem Wörterbuch wird auf Tschechow als Quelle hingewiesen.

er mal auf seine Glatze, mal auf die Knöchel blickte. Beim Eintritt des Arztes sprang Nikita von seinem Lumpenhaufen auf und nahm Haltung an.

»Guten Tag, Nikita«, sagte Andrej Jefimytsch sanft. »Ob man wohl diesem Juden Stiefel geben könnte, oder, sonst erkältet er sich.«

»Jawohl, Euer Hochwohlgeboren. Ich werd's dem Aufseher melden.«

»Bitte. Bitte ihn in meinem Namen. Sag ihm, daß ich darum gebeten hätte.«

Die Tür vom Vorraum ins Krankenzimmer stand offen. Iwan Dmitritsch, der auf dem Bett lag und sich auf die Ellbogen stützte, horchte erregt auf die fremde Stimme und erkannte plötzlich den Arzt. Er zitterte förmlich vor Wut, sprang auf und lief mit erbostem, rotem Gesicht und hervorquellenden Augen in die Mitte des Zimmers.

»Der Doktor ist gekommen«, schrie er und lachte schallend. »Endlich! Herrschaften, ich beglückwünsche Sie, der Doktor beehrt uns mit seiner Visite! Dieser verfluchte Mistkerl!« kreischte er dann und stampfte in einem Anfall von Raserei mit den Füßen, wie man es im Krankensaal noch nie erlebt hatte. »Erschlagen sollte man den Kerl! Nein, was heißt da erschlagen! Im Abort ersäufen sollte man ihn!«

Als Andrej Jefimytsch das hörte, warf er einen Blick aus dem Vorraum ins Krankenzimmer und fragte sanft:

»Wofür?«

»Wofür?« schrie Iwan Dmitritsch und ging mit drohender Miene auf ihn zu, wobei er krampfhaft seinen Kittel um sich wickelte. »Wofür? Dieb!« fuhr er voller Abscheu fort und machte dabei eine Bewegung mit den Lippen, als wolle er ausspucken. »Scharlatan! Henker!«

»Beruhigen Sie sich«, sagte Andrej Jefimytsch und lächelte schuldbewußt. »Ich versichere Ihnen, ich habe niemals etwas gestohlen, und mit dem anderen übertreiben Sie wohl sehr. Ich sehe ja, daß Sie auf mich böse sind. So beru-

110

higen Sie sich doch, wenn Sie können, ich bitte Sie, und sagen Sie mir kühlen Muts: Weshalb sind Sie so zornig?«

»Und weshalb halten Sie mich hier fest?«

»Weil Sie krank sind.«

»Ja, krank. Dabei laufen doch Dutzende, Hunderte von Verrückten frei herum, weil Sie in Ihrer Unwissenheit unfähig sind, sie von den Gesunden zu unterscheiden. Warum sollen ausgerechnet ich und diese Unglücklichen hier für alle als Sündenbock herhalten? Sie, der Sanitäter, der Aufseher und Ihr ganzes Krankenhauspack stehen doch moralisch gesehen weit unter jedem von uns, warum also müssen wir sitzen und Sie nicht? Wo ist da die Logik?«

»Moral und Logik haben hier nichts zu sagen. Alles hängt vom Zufall ab. Wen man eingesperrt hat, der muß sitzen, und wen man nicht eingesperrt hat, der geht frei herum, das ist alles. Darin, daß ich Arzt bin und Sie ein Geisteskranker, liegt weder Moral noch Logik, sondern nichts als der pure Zufall.«

»Diesen Unsinn verstehe ich nicht …« sagte Iwan Dmitritsch dumpf und setzte sich auf sein Bett.

Moisejka, den Nikita nicht durchsucht hatte, weil er sich vor dem Doktor genierte, breitete auf seinem Bett die Stückchen Brot, kleinen Scheine und Knochen aus und begann, noch immer zitternd vor Kälte, rasch und melodisch etwas auf Hebräisch zu reden. Offenbar bildete er sich ein, er hätte gerade seinen Laden geöffnet.

»Lassen Sie mich frei«, sagte Iwan Dmitritsch, und seine Stimme zitterte.

»Das kann ich nicht.«

»Aber warum nicht? Warum?«

»Weil das nicht in meiner Macht steht. Urteilen Sie doch selbst, was hätten Sie davon, wenn ich Sie freiließe? Wenn Sie weggehen, dann werden Bürger oder die Polizei Sie festnehmen und zurückbringen.«

»Ja, ja, das stimmt …« sagte Iwan Dmitritsch und wischte sich die Stirn. »Es ist schrecklich! Aber was soll ich machen? Was?«

Iwan Dmitritschs Stimme und sein junges, kluges Gesicht mit den Grimassen gefielen Andrej Jefimytsch. Er wollte freundlich sein zu dem jungen Mann und ihn beruhigen. Er setzte sich neben ihn aufs Bett, dachte ein wenig nach und sagte dann:

»Sie fragen, was da zu machen ist? Das Allerbeste in Ihrer Situation wäre – von hier zu fliehen. Doch leider bringt das nichts. Man wird Sie verhaften. Sowie die Gesellschaft sich von Verbrechern, psychisch Kranken und überhaupt unbequemen Menschen abgrenzt, ist sie nicht zu besiegen. Ihnen bleibt nur das eine: sich bei dem Gedanken zu beruhigen, daß Ihr Aufenthalt hier unvermeidlich ist.«

»Es nützt doch niemandem.«

»Wenn erst einmal Gefängnisse und Irrenhäuser bestehen, dann muß auch jemand drin sitzen. Wenn nicht Sie, dann ich, wenn nicht ich, dann irgendein dritter. Warten Sie es ab, wenn einst in ferner Zukunft keine Gefängnisse und Irrenhäuser mehr existieren, dann gibt es auch weder Gitter an den Fenstern noch Krankenkittel. Gewiß wird eine solche Zeit früher oder später anbrechen.«

Iwan Dmitritsch lächelte spöttisch.

»Sie scherzen«, sagte er und kniff die Augen zusammen. »Die Zukunft geht solche Herrschaften wie Sie und Ihren Helfer Nikita nichts an, aber Sie können versichert sein, gnädiger Herr, es werden bessere Zeiten kommen! Lachen Sie nur, wenn ich mich platt ausdrücke, aber die Morgenröte eines neuen Lebens wird leuchten, die Wahrheit wird triumphieren und – in unserer Straße wird es ein Fest geben! Ich werde es nicht mehr erleben, werde verrecken, aber dafür werden es jemandes Nachkommen erfahren. Die grüße ich aus vollem Herzen und freue mich, freue mich für sie! Vorwärts! So helfe euch Gott, Freunde!«

Iwan Dmitritsch erhob sich mit glänzenden Augen,

streckte die Arme zum Fenster und fuhr voller Erregung in der Stimme fort:

»Hinter diesen Gittern segne ich euch! Es lebe die Wahrheit! Ich freue mich!«

»Ich sehe keinen besonderen Grund zur Freude«, sagte Andrej Jefimytsch, dem die Bewegung Iwan Dmitritschs theatralisch vorkam, gleichzeitig jedoch sehr gefiel. »Gefängnisse und Irrenhäuser wird es zwar nicht mehr geben, und die Wahrheit wird, wie Sie sich auszudrücken beliebten, triumphieren, aber am Wesentlichen wird sich doch nichts ändern, die Gesetze der Natur bleiben dieselben. Die Menschen werden genauso an Krankheiten leiden, altern und sterben wie jetzt. Was für eine großartige Morgenröte auch immer Ihr Leben beleuchten wird – am Ende wird man Sie doch in den Sarg vernageln und in die Grube werfen.«

»Und die Unsterblichkeit?«

»Ach, hören Sie auf!«

»Sie glauben nicht daran, nun, aber ich schon. Bei Dostojewski oder bei Voltaire* sagt jemand, wenn es Gott nicht gäbe, dann würden ihn die Menschen erfinden. Und ich glaube fest daran, selbst wenn es keine Unsterblichkeit gibt, so wird ein großer menschlicher Geist sie früher oder später erdenken.«

»Gut gesagt«, meinte Andrej Jefimytsch und lächelte vor Freude. »Das ist schön, daß Sie daran glauben. Mit einem solchen Glauben kann man zufrieden leben, selbst wenn man eingemauert ist. Sie beliebten, irgendwo eine Bildung erhalten zu haben?«

»Ja, ich war auf der Universität, habe aber nicht abgeschlossen.«

---

* Vgl. Fjodor Dostojewski, *Die Brüder Karamasow*, Teil II, Buch 5, Kap. 3: »... da gab's einen alten Sünder im achtzehnten Jahrhundert, der gesagt hat, wenn es Gott nicht gäbe, dann müßte man ihn erfinden, s'il n'existait pas Dieu il faudrait l'inventer.«

»Sie sind ein denkender, ein nachdenklicher Mensch. In jeder Situation könnten Sie Beruhigung in sich selbst finden. Das freie und tiefschürfende Denken, das danach strebt, das Leben zu erkennen, und die völlige Verachtung der törichten Eitelkeit der Welt – nie hat der Mensch Höheres gekannt als diese beiden Güter. Und Sie können über sie verfügen, selbst wenn sie hinter drei Gittern lebten. Diogenes lebte in einer Tonne und war doch glücklicher als alle Fürsten der Welt.

»Ihr Diogenes war ein Schwätzer«, sagte Iwan Dmitritsch mürrisch. »Was reden Sie von Diogenes und von was für einer Erkenntnis?« Er wurde plötzlich ärgerlich und sprang auf. »Ich liebe das Leben, ich liebe es leidenschaftlich! Ich leide unter Verfolgungswahn, ständiger quälender Angst, aber es gibt Augenblicke, wo mich eine solche Gier nach dem Leben packt, daß ich fürchte, den Verstand zu verlieren. Wie gern ich leben möchte, wahnsinnig gern!«

Er lief erregt durchs Zimmer und sagte, die Stimme senkend:

»Wenn ich träume, suchen mich Gespenster heim. Fremde Menschen drängen zu mir, ich höre Stimmen, Musik, und es kommt mir so vor, als ob ich durch unbekannte Wälder spaziere, an der Meeresküste entlang, und so inständig wünsche ich mir Bewegung, Sorgen … Sagen Sie mir, was gibt's Neues da draußen?« fragte er dann. »Was gibt es?«

»Wollen Sie etwas über die Stadt hören oder ganz generell?«

»Nun, erst mal erzählen Sie mir von der Stadt, und dann generell.«

»Was soll ich sagen? In der Stadt ist es quälend langweilig … Da ist keiner, mit dem man ein paar Worte wechseln, dem man zuhören könnte. Neue Menschen gibt es nicht. Übrigens, kürzlich ist ein junger Arzt, Chobotow, angekommen.«

»Ist schon zu meiner Zeit gekommen. Ein Flegel, nicht wahr?«

»Ja, ein unkultivierter Mensch. Seltsam, wissen Sie …
Nach allem was man hört, herrscht in unseren Hauptstädten keineswegs geistiger Stillstand, vielmehr Bewegung,
also müßte es dort auch wirkliche Menschen geben, aber
ich weiß nicht, weshalb man uns immer Leute schickt, daß
es nicht mitanzusehen ist. Eine Unglücksstadt!«

»Ja, eine Unglücksstadt!« seufzte Iwan Dmitritsch und
fing an zu lachen. »Und generell, was gibt's da? Was steht in
den Zeitungen und Zeitschriften?«

Im Krankensaal war es bereits dunkel. Der Doktor erhob
sich und begann im Stehen zu erzählen, was im Ausland
geschrieben wird und was in Rußland und welche
Tendenz des Denkens man jetzt beobachten kann. Iwan
Dmitritsch hörte aufmerksam zu und stellte Fragen, aber
plötzlich griff er sich an den Kopf, als sei ihm etwas
Schreckliches eingefallen, und legte sich aufs Bett, mit dem
Rücken zum Doktor.

»Was ist Ihnen?« fragte Andrej Jefimytsch.

»Sie werden von mir kein einziges Wort mehr hören!«
sagte Iwan Dmitritsch grob. »Lassen Sie mich in Ruhe!«

»Aber warum?«

»Ich sage Ihnen: Lassen Sie mich in Ruhe! Was zum
Teufel belästigen Sie mich?«

Andrej Jefimytsch zuckte die Achseln, seufzte und ging
hinaus. Als er durch den Vorraum kam, sagte er:

»Ob man hier vielleicht aufräumen könnte, Nikita …
Ein furchtbar unangenehmer Geruch!«

»Jawohl, Euer Hochwohlgeboren.«

Was für ein sympathischer junger Mann! dachte Andrej
Jefimytsch, als er in seine Wohnung kam. So lange ich hier
lebe, ist das vermutlich der erste, mit dem man reden kann.
Er kann logisch denken und interessiert sich genau für das,
worauf es ankommt.

Die ganze Zeit, während er las, und dann, als er sich
schlafen legte, dachte er über Iwan Dmitritsch nach, und als
er am nächsten Morgen aufwachte, fiel ihm ein, daß er

gestern einen klugen und interessanten Menschen kennengelernt hatte, und er beschloß, bei nächster Gelegenheit
noch einmal zu ihm zu gehen.

X

Iwan Dmitritsch lag in derselben Stellung wie gestern auf
dem Bett, den Kopf mit den Armen umklammert und die
Beine angezogen. Sein Gesicht war nicht zu sehen.

»Guten Tag, mein Freund«, begann Andrej Jefimytsch.
»Sie schlafen doch nicht?«

»Erstens bin ich für Sie kein Freund«, sagte Iwan Dmitritsch ins Kopfkissen, »und zweitens bemühen Sie sich ver-
gebens: Sie werden von mir kein einziges Wort zu hören
bekommen.«

»Merkwürdig ...« meinte Andrej Jefimytsch verlegen.
»Gestern noch unterhielten wir uns so friedlich, aber plötzlich fühlten Sie sich, ich weiß nicht warum, gekränkt und
brachen unvermittelt ab ... Vermutlich habe ich mich
irgendwie ungeschickt ausgedrückt oder vielleicht einen
Gedanken geäußert, der mit ihren Überzeugungen nicht
übereinstimmt ...«

»Als ob ich Ihnen ein Wort glauben würde!« sagte Iwan
Dmitritsch, erhob sich und blickte den Doktor spöttisch
und beunruhigt an; seine Augen waren gerötet. »Sie
können woanders herumspionieren und auskundschaften,
hier haben Sie nichts zu suchen. Ich habe schon gestern
verstanden, weshalb Sie gekommen sind.«

»Seltsame Phantasie!« Der Arzt lächelte. »Das heißt, Sie
vermuten, ich sei ein Spion?«

»Ja, das vermute ich ... Ob Spion oder Arzt, dem man
mich zur Ausforschung vorgeschlagen hat, das ist doch egal.«

»Ach, was sind Sie doch wirklich, Verzeihung ... für ein
sonderbarer Mensch!«

Der Doktor setzte sich auf den Schemel neben dem Bett
und wiegte vorwurfsvoll den Kopf.

»Aber nehmen wir einmal an, Sie haben Recht«, sagte er. »Gesetzt, ich nähme Sie heimtückisch beim Wort, um Sie der Polizei auszuliefern. Man verhaftet Sie und stellt Sie dann vor Gericht. Aber kann es Ihnen denn im Gericht und im Gefängnis schlimmer ergehen als hier? Und wenn man Sie zur Zwangsansiedlung verschickt, selbst zur Zwangsarbeit, ist das denn schlimmer, als in diesem Hinterhaus zu sitzen? Ich nehme an, nein … Was also steht da zu befürchten?«

Offenbar wirkten diese Worte auf Iwan Dmitritsch. Er setzte sich friedlich hin.

Es war fünf Uhr nachmittags, die Zeit, wo Andrej Jefimytsch gewöhnlich bei sich zu Hause durch die Zimmer lief und Darjuschka ihn fragte, ob es nicht an der Zeit sei für ihn, sein Bier zu trinken. Draußen herrschte ruhiges klares Wetter.

»Ich bin nach dem Mittagessen spazierengegangen, und jetzt wollte ich kurz vorbeischauen, wie Sie sehen«, sagte der Arzt. »Es ist richtig Frühling jetzt.«

»Jetzt ist welcher Monat? März?« fragte Iwan Dmitritsch.

»Ja, Ende März.«

»Ist es schmutzig draußen?«

»Nein, nicht sehr. Im Garten gibt es schon kleine Pfade.«

»Jetzt wäre es schön, wenn man in einer Kutsche irgendwohin zur Stadt hinaus fahren könnte«, sagte Iwan Dmitritsch und wischte sich die geröteten Augen, als sei er verschlafen, »dann würde man zurückkehren ins warme, gemütliche Kabinett und … und bei einem anständigen Arzt seine Kopfschmerzen behandeln lassen … Schon lange habe ich nicht mehr menschenwürdig gelebt. Und hier ist es abscheulich! Geradezu unerträglich!«

Nach seiner gestrigen Erregung war er erschöpft und ohne Energie und redete nur ungern. Seine Finger zitterten, und an seinem Gesicht konnte man sehen, daß er starke Kopfschmerzen hatte.

»Zwischen einem warmen, gemütlichen Kabinett und

117

diesem Krankenzimmer gibt es keinerlei Unterschied«, sagte Andrej Jefimytsch. »Ruhe und Zufriedenheit findet der Mensch nicht außerhalb, sondern in sich selbst.«

»Und zwar wie, bitteschön?«

»Der gewöhnliche Mensch erwartet das Gute oder Schlechte von außen, das heißt von der Kutsche und dem Kabinett, der denkende hingegen von sich selbst.«

»So gehen Sie doch und verkünden diese Philosophie in Griechenland, wo es warm ist und nach Pomeranzen duftet, hier paßt sie nicht zum Klima. Mit wem habe ich über Diogenes gesprochen? Mit Ihnen, oder?«

»Ja, gestern mit mir.«

»Diogenes brauchte kein Kabinett und keine warme Wohnung; dort ist es ohnehin heiß. Da leg dich nur in die Tonne und speise Orangen und Oliven. Hätte es ihn aber nach Rußland verschlagen, dann hätte er nicht erst im Dezember, sondern bereits im Mai um ein Zimmer gebeten. Er hätte sich doch gekrümmt vor Kälte.«

»Nein. Gegen Kälte wie überhaupt gegen jeglichen Schmerz kann man auch unempfindlich sein. Marc Aurel hat einmal gesagt: ›Schmerz ist die lebendige Vorstellung von Schmerz: Unternimm eine Willensanstrengung, um diese Vorstellung zu verändern, verwirf sie, hör auf zu klagen, und der Schmerz wird verschwinden.‹ Das ist richtig. Der Weise oder einfach der denkende, nachdenkliche Mensch zeichnet sich eben dadurch aus, daß er das Leiden verachtet; er ist immer zufrieden und wundert sich über nichts.«

»Das heißt, ich bin ein Idiot, weil ich leide, unzufrieden bin und mich über die menschliche Gemeinheit wundere.«

»Was Sie sagen, ist unbegründet. Würden Sie nur häufiger darüber nachdenken, dann verstünden Sie, wie nichtig all das Äußerliche ist, was uns erregt. Man muß danach streben, das Leben zu erkennen, darin liegt das wahre Heil.«

»Die Erkenntnis …« Iwan Dmitritsch runzelte die Stirn. »Das Äußerliche, das Innere … Verzeihung, aber das verstehe ich nicht. Ich weiß nur«, sagte er, stand auf und blickte den Doktor aufgebracht an, »ich weiß nur, daß Gott mich aus Nerven und warmem Blut geschaffen hat, jawohl! Das organische Gewebe, wenn es denn lebensfähig ist, sollte auf jeglichen Reiz reagieren. Und das tue ich! Auf Schmerz antworte ich mit Schreien und Tränen, auf Gemeinheit mit Empörung, auf Niedertracht mit Abscheu. Meiner Ansicht nach ist eben das das eigentliche Leben. Je niedriger der Organismus, desto weniger empfindet er und desto schwächer reagiert er auf Reize, und je höher, desto empfänglicher und energischer reagiert er auf die Wirklichkeit. Wie kann man das nicht wissen? Ein Arzt, und kennt solche Banalitäten nicht! Um das Leiden zu verachten, immer zufrieden zu sein und sich über nichts zu wundern, muß man es bis zu diesem Zustand dort bringen«, und Iwan Dmitritsch wies auf den fetten, aufgedunsenen Mann, »oder sich durch Leiden bis zu einem solchen Grad abhärten, daß man jede Empfindlichkeit gegenüber dem Leiden verliert, das heißt mit anderen Worten, bis man zu leben aufhört. Verzeihung, ich bin kein Weiser und kein Philosoph«, fuhr Iwan Dmitritsch gereizt fort, »und ich verstehe nichts von alledem. Ich bin nicht in der Lage, meine Gedanken logisch darzulegen.«

»Ganz im Gegenteil, Sie können das hervorragend.«

»Die Stoiker, die Sie parodieren, waren bemerkenswerte Menschen, aber ihre Lehre stagnierte bereits vor zweitausend Jahren und ist seither um kein Gran vorangekommen, sie wird sich auch nicht bewegen, weil sie nicht praktikabel ist, nicht lebensnah. Sie hat nur bei der Minderheit Erfolg, die ihr Leben mit dem Studieren und Genießen aller möglichen Doktrinen verbringt, die Mehrheit hat sie doch nicht verstanden. Eine Lehre, die Gleichmut gegenüber dem Reichtum und den Annehmlichkeiten des Lebens predigt und Verachtung von Leiden und Tod, ist für die überwiegende Mehrheit vollkommen unverständlich, weil diese Mehrheit im Leben nie Reichtum oder Annehmlichkeiten kennengelernt hat; das Leiden zu verachten würde für sie bedeuten, das Leben selbst zu verachten, weil der Mensch im Wesentlichen ganz aus der Empfindung von Hunger, Kälte, Kränkungen, Verlusten und der hamletischen Angst vor dem Tod besteht. Aus diesen Empfindungen besteht das ganze Leben: Man kann es für schwer erträglich halten, kann es hassen, aber nicht verachten. Ja, ich sage es noch einmal, so kann die Lehre der Stoiker niemals eine Zukunft haben; dagegen nehmen, wie Sie sehen, seit Beginn des Jahrhunderts der Kampf, die Empfindlichkeit für Schmerzen und die Fähigkeit, auf Reize zu reagieren, weiter zu …«

Iwan Dmitritsch hatte auf einmal den Faden verloren, hielt inne und wischte sich verdrießlich die Stirn.

»Ich wollte etwas Wichtiges sagen, bin aber aus dem Konzept geraten«, sagte er. »Was wollte ich noch? Ja! Also das will ich sagen: Einer der Stoiker verkaufte sich in die Sklaverei, um einen ihm Nahestehenden freizukaufen. Da sehen Sie also, auch ein Stoiker hat auf einen Reiz reagiert, denn für einen solchen großmütigen Akt wie die Vernichtung seiner selbst um eines Nächsten willen bedarf es einer empörten, mitleidenden Seele. Ich habe hier im Gefängnis alles vergessen, was ich gelernt habe, aber da wäre mir ja doch noch etwas eingefallen. Und wenn man Christus nimmt? Christus reagierte auf die Wirklichkeit damit, daß er weinte, lächelte, trauerte, zornig, ja sogar schwermütig wurde; nicht mit einem Lächeln ging er den Leiden entgegen, und auch den Tod verachtete er keineswegs, sondern er betete im Garten Gethsemane, daß dieser Kelch an ihm vorübergehen möge.«

Iwan Dmitritsch lachte und setzte sich.

»Nehmen wir an, Ruhe und Zufriedenheit des Menschen gibt es nicht außerhalb, sondern nur in ihm selbst«, sagte er. »Nehmen wir an, man muß das Leiden verachten und sich über nichts wundern. Aber Sie, auf was für einer Grundlage predigen Sie all das? Sind Sie ein Weiser? Ein Philosoph?«

»Nein, ich bin kein Philosoph, aber das sollte doch jeder predigen, weil es vernünftig ist.«

»Nein, ich möchte wissen, weshalb Sie sich in Sachen Erkenntnis, Verachtung von Leiden und so weiter für kompetent halten? Haben Sie etwa je gelitten? Haben Sie eine Vorstellung von Leiden? Gestatten Sie die Frage: Hat man Sie in der Kindheit geprügelt?«

»Nein, meine Eltern hatten einen Abscheu vor körperlichen Strafen.«

»Mich hat mein Vater brutal geprügelt. Mein Vater war ein strenger, hämorrhoidaler Beamter, mit einer langen Nase und einem gelben Hals. Aber sprechen wir von Ihnen. In ihrem ganzen Leben hat niemand Sie auch nur angetastet, hat niemand Sie erschreckt, geschlagen; Sie sind gesund wie ein Stier. Aufgewachsen sind Sie unter dem väterlichen Dach und haben auf Ihres Vaters Kosten studiert und dann sogleich eine Sinekure erwischt. Über zwanzig Jahre haben Sie in einer kostenlosen Wohnung gelebt, mit Heizung, Licht, Bediensteten, hatten noch dazu das Recht zu arbeiten, wie es Ihnen paßte und wieviel Ihnen gerade genehm war, und sei es überhaupt nicht. Von Natur aus sind Sie ein fauler, schlaffer Mensch, deshalb haben Sie sich bemüht, Ihr Leben so einzurichten, daß niemand Sie beunruhigt und von der Stelle bewegt. Die Arbeit haben Sie dem Sanitäter und dem übrigen Pack überlassen, Sie selbst haben im Warmen gesessen, in aller Ruhe, haben Geld angehäuft, Bücher gelesen, sich an Gedanken über verschiedenen erhabenen Unsinn ergötzt und«, Iwan Dmitritsch blickte auf die rote Nase des Arztes, »am Trinken. Mit einem Wort, das Leben haben Sie nicht gesehen, Sie kennen es überhaupt nicht, und mit der Realität sind Sie nur theoretisch vertraut. Das Leiden verachten Sie und staunen über nichts aus dem einfachen Grund: Es ist alles ganz eitel, Äußerliches und Inneres, die Verachtung des Lebens, der Leiden und des Todes, die Erkenntnis, das wahre Heil – all das ist eine Philosophie, wie sie nicht

121

besser für den russischen Faulpelz passen könnte. Da sehen Sie, zum Beispiel, wie ein Kerl seine Frau schlägt. Weshalb eingreifen? Soll er sie doch schlagen, sie werden sowieso beide früher oder später sterben; und zudem beleidigt der Schlagende mit den Schlägen nicht denjenigen, den er schlägt, sondern sich selbst. Trinken ist dumm und unanständig, und trinken bedeutet sterben, aber nicht trinken bedeutet auch sterben. Kommt ein Weib, hat Zahnschmerzen ... Ja, was denn? Schmerz ist ja nur die Vorstellung von Schmerz und außerdem kann man nicht ohne Schmerzen auf dieser Welt leben, alle müssen wir sterben, und deshalb mach dich davon, Weib, stör mich nicht beim Nachdenken und Wodkatrinken. Ein junger Mann bittet um Rat, was tun, wie leben; ein anderer würde, bevor er eine Antwort gibt, erst nachdenken, aber hier ist die Antwort schon fertig: Strebe nach der Erkenntnis oder dem wahren Heil. Aber was ist eigentlich dieses phantastische ›wahre Heil‹? Da gibt es keine Antwort, natürlich nicht. Uns hält man hier hinter Gittern, läßt uns verrotten, mißhandelt uns, aber das ist in Ordnung und vernünftig, denn zwischen diesem Krankenzimmer und einem warmen, gemütlichen Kabinett besteht keinerlei Unterschied. Eine bequeme Philosophie: Da ist nichts zu machen, das Gewissen ist rein, und man fühlt sich als Weiser ... Nein, mein Herr, das ist keine Philosophie, kein Denken, kein weiter Horizont, sondern Faulheit, Fakirtum, Schlafmützigkeit ... Jawohl!« Und wieder wurde Iwan Dmitritsch zornig. »Das Leiden verachten Sie, aber klemmen Sie sich bloß einmal den Finger in der Tür ein, wie Sie dann aus vollem Halse schreien!«

»Vielleicht schreie ich aber auch nicht«, sagte Andrej Jefimytsch und lächelte sanft.

»Ja, wie denn! Und wenn Sie zum Beispiel der Schlag trifft, oder angenommen ein Idiot und unverschämter Kerl beleidigt Sie öffentlich unter Ausnutzung seiner Position und seines Rangs, und Sie erfahren, daß ihm das straflos durchgeht – na, dann würden Sie erkennen, was es heißt, andere auf die Erkenntnis und das wahre Heil zu verweisen.«

»Das ist originell«, sagte Andrej Jefimytsch, er lachte vor Vergnügen und rieb sich die Hände. »Ich bin von Ihrer Neigung zu Verallgemeinerungen angenehm überrascht, und meine Charakteristik, die Sie gerade abzugeben beliebten, ist einfach glänzend. Ich muß gestehen, die Unterhaltung mit Ihnen verschafft mir großes Vergnügen. Nun ja, ich habe Sie angehört, jetzt belieben auch Sie mich anzuhören …«

XI

Diese Unterhaltung ging noch etwa eine Stunde so weiter und machte offenbar einen tiefen Eindruck auf Andrej Jefimytsch. Von nun an ging er jeden Tag in das Hofgebäude. Und zwar morgens und nach dem Mittagessen, und häufig überraschte ihn die abendliche Dunkelheit beim Gespräch mit Iwan Dmitritsch. In der ersten Zeit war Iwan Dmitritsch scheu ihm gegenüber, verdächtigte ihn böser Absichten und machte kein Hehl aus seiner Feindseligkeit, doch dann gewöhnte er sich an ihn und veränderte seinen heftigen Umgangston zu herablassender Ironie.

Bald verbreitete sich im Krankenhaus das Gerede, daß Doktor Andrej Jefimytsch den Krankensaal Nr. 6 besuchte. Keiner – weder der Sanitäter noch Nikita noch die Pflegerinnen – konnte verstehen, weshalb er dort hinging, weshalb er dort stundenlang saß, worüber er sich unterhielt und warum er keine Rezepte mehr ausstellte. Sein Verhalten schien seltsam. Michail Awerjanytsch traf ihn häufig nicht zu Hause an, was früher niemals vorgekommen war, und Darjuschka war sehr empört, weil der Doktor sein Bier nicht mehr zur festgesetzten Zeit trank und sich manchmal sogar zum Mittagessen verspätete.

Eines Tages, das war bereits Ende Juni, kam Doktor Chobotow in irgendeiner Angelegenheit zu Andrej Jefimytsch;

als er ihn zu Hause nicht antraf, ging er ihn im Hof suchen; hier sagte man ihm, daß der alte Doktor zu den Geisteskranken gegangen sei. Als Chobotow das Hofgebäude betrat und im Vorraum stehenblieb, vernahm er folgendes Gespräch:

»Wir werden nie übereinstimmen, und mich zu Ihrem Glauben zu bekehren, wird Ihnen nicht gelingen«, sagte Iwan Dmitritsch gereizt. »Die Wirklichkeit ist Ihnen vollkommen unbekannt, nie haben Sie gelitten, sondern haben bloß als Trinker Ihr Dasein in der Umgebung von fremdem Leiden gefristet. Ich aber habe ununterbrochen gelitten, vom Tag meiner Geburt bis heute. Deshalb sage ich offen: Ich halte mich für höherstehend als Sie, für kompetenter in jeder Beziehung. Nicht an Ihnen ist es, mich zu belehren.«

»Ich erhebe überhaupt keinen Anspruch darauf, Sie zu meinem Glauben zu bekehren«, meinte daraufhin Andrej Jefimytsch leise und bedauernd, weil man ihn nicht verstehen wollte. »Und nicht darum geht es, mein Freund. Es geht nicht darum, daß Sie gelitten haben und ich nicht. Leiden und Freuden sind etwas Vorübergehendes; lassen wir das, Gott befohlen. Es geht vielmehr darum, daß Sie und ich denkende Menschen sind; wir sehen einer im anderen den Menschen, der zu denken und logisch zu urteilen vermag, und das macht uns solidarisch, wie unterschiedlich unsere Ansichten auch immer sein mögen. Wenn Sie wüßten, mein Freund, wie sehr ich der allgemeinen Geistlosigkeit, Talentlosigkeit und Stumpfheit überdrüssig bin und mit welcher Freude ich mich jedesmal mit Ihnen unterhalte! Sie sind ein kluger Mensch, und ich genieße das.«

Chobotow öffnete die Tür einen Spalt und warf einen Blick ins Krankenzimmer; Iwan Dmitritsch mit seiner Kappe und Doktor Andrej Jefimytsch saßen nebeneinander auf dem Bett. Der Geisteskranke schnitt Grimassen, zitterte und zog immer wieder krampfhaft seinen Kittel zusammen, und der Doktor saß unbeweglich, den Kopf ge-

senkt, und hatte ein hilfloses, trauriges rotes Gesicht. Chobotow zuckte die Achseln, lächelte spöttisch und wechselte Blicke mit Nikita. Nikita zuckte ebenfalls die Achseln.

Am nächsten Tag kam Chobotow mit dem Sanitäter ins
Hofgebäude. Beide blieben im Vorraum stehen und lauschten.

»Unser Alter ist wohl schon total abgedriftet!« sagte Chobotow dann, als er das Haus verließ.

»Mein Gott, sei uns Sündern gnädig!« seufzte der prächtige Sergej Sergejitsch und ging sorgsam um eine Pfütze
herum, um sich nicht seine blankgeputzten Stiefel zu beschmutzen. »Offen gesagt, verehrter Jewgeni Fjodorytsch,
das habe ich schon lange erwartet!«

XII

Bald danach bemerkte Andrej Jefimytsch in seiner Umgebung eine gewisse Heimlichtuerei. Die Helfer, die Pflegerinnen und die Kranken blickten ihn fragend an, wenn sie
ihm begegneten, und flüsterten untereinander. Die kleine
Mascha, die Tochter des Aufsehers, der er so gerne im
Krankenhausgarten begegnete, lief jetzt, wenn er mit einem
Lächeln auf sie zutrat, um ihr über das Köpfchen zu streichen, aus unersichtlichen Gründen von ihm weg. Der Postmeister Michail Awerjanytsch sagte, wenn er ihm zuhörte,
nicht mehr: »Vollkommen richtig«, sondern murmelte in
unverständlicher Verlegenheit: »Ja, ja, ja ...« und blickte ihn
nachdenklich und traurig an; aus irgendeinem Grund suchte er immer wieder seinen Freund dazu zu bewegen, den
Wodka und das Bier seinzulassen. Doch als feinfühliger
Mensch sagte er das nicht direkt, sondern in Anspielungen,
erzählte bald von seinem Bataillonskommandeur, einem
hervorragenden Menschen, bald vom Regimentspriester,
einem prima Kerl, die getrunken hätten und dann krank
geworden seien, aber wieder vollkommen gesundeten,
nachdem sie das Trinken aufgegeben hatten. Zwei, drei Mal

kam auch Kollege Chobotow zu Andrej Jefimytsch; auch er gab den Rat, sich der geistigen Getränke zu enthalten, und empfahl ohne jeden ersichtlichen Anlaß, Bromtropfen einzunehmen.

Im August erhielt Andrej Jefimytsch vom Stadtoberhaupt einen Brief mit der Bitte, in einer wichtigen Angelegenheit vorzusprechen. Als Andrej Jefimytsch zur vereinbarten Stunde ins Amt kam, traf er dort auf den Leiter des Militärkreises, den hauptamtlichen Aufseher der Kreisschule, Mitglieder der Verwaltung, Chobotow und noch einen weiteren beleibten blonden Herrn, der ihm als Arzt vorgestellt wurde. Dieser Arzt mit einem polnischen, schwer auszusprechenden Namen wohnte dreißig Werst von der Stadt entfernt in der Nähe eines Pferdegestüts und war gerade auf der Durchreise in der Stadt.

»Hier gibt es eine Eingabe Ihr Ressort betreffend«, damit wandte sich ein Mitglied der Verwaltung an Andrej Jefimytsch, nachdem alle einander begrüßt und am Tisch Platz genommen hatten. »Jewgeni Fjodorytsch sagt da nämlich, daß es für die Apotheke im Hauptgebäude zu eng sei und daß man sie in einen der Seitenflügel verlegen müßte. Das ist natürlich nicht weiter wichtig, verlegen kann man sie, Hauptgrund ist aber – der Flügel muß renoviert werden.«

»Ja, ohne Renovierung geht es nicht«, sagte Andrej Jefimytsch und dachte nach. »Wenn man zum Beispiel den Eckflügel für die Apotheke herrichtete, so bräuchte man dafür, nehme ich an, ein Minimum von fünfhundert Rubeln. Eine nutzlose Ausgabe.«

Für kurze Zeit schwiegen alle.

»Ich hatte bereits die Ehre, vor zehn Jahren vorzutragen«, fuhr Andrej Jefimytsch mit leiser Stimme fort, »daß dieses Krankenhaus in seinem jetzigen Zustand für die Stadt ein Luxus ist, der ihre Mittel übersteigt. Es wurde in den vierziger Jahren gebaut, doch damals hatte man ja nicht diese Mittel. Die Stadt wendet zu viel für unnütze Gebäude und überflüssige Ämter auf. Ich glaube, mit diesem Geld hätte man, unter einem anderen Regime, zwei vorbildliche Krankenhäuser unterhalten können.«

»Dann lassen Sie uns ein anderes Regime einführen!« sagte das Mitglied der Verwaltung lebhaft.

»Ich hatte bereits die Ehre vorzutragen: Übergeben Sie die medizinische Abteilung in die Kompetenz des Semstwo.«

»Ja ja, übergeben Sie dem Semstwo Geld, und es wird nur geklaut«, meinte lachend der blonde Doktor.

»Wie üblich«, stimmte ihm das Mitglied der Verwaltung zu und begann ebenfalls zu lachen.

Andrej Jefimytsch blickte matt und trübe den blonden Arzt an und sagte:

»Man sollte doch gerecht bleiben.«

Und wieder schwiegen alle. Man reichte Tee. Der Leiter des Militärkreises, der aus unerklärlichen Gründen äußerst verlegen war, berührte über den Tisch weg den Arm Andrej Jefimytschs und sagte:

»Sie haben uns ja ganz und gar vergessen, Doktor. Und sind im übrigen ein Mönch: spielen nicht Karten, mögen keine Frauen. Langweilig ist es Ihnen mit unsereinem.«

Alle begannen auf einmal davon zu reden, wie langweilig es für einen ordentlichen Menschen sei, in dieser Stadt zu leben. Kein Theater, keine Musik, und beim letzten Tanzabend im Klub waren etwa zwanzig Damen da und nur zwei Kavaliere. Die Jugend tanzte nicht, sondern drängte sich die ganze Zeit ums Buffet oder spielte Karten. Andrej Jefimytsch begann langsam und leise, ohne jemanden anzusehen, darüber zu sprechen, wie schade es doch sei, wie zutiefst bedauerlich, daß die Stadtbewohner ihre Lebensenergie, ihr Herz und ihren Verstand für Kartenspiel und Klatsch vergeudeten, daß sie weder in der Lage seien noch den Wunsch verspürten, ihre Zeit mit interessanten Gesprächen oder Lektüre zu verbringen, und daß sie sich so der Genüsse beraubten, die einem der Verstand geben könne. Nur der Verstand sei interessant und bemerkenswert, alles andere belanglos und gemein. Chobotow hörte seinem Kollegen aufmerksam zu und fragte ihn plötzlich:

»Andrej Jefimytsch, was für ein Datum haben wir heute?«

Nachdem er die Antwort erhalten hatte, begannen er und der blonde Doktor im Ton von Examinatoren, die ihr Ungeschick spürten, Andrej Jefimytsch zu befragen, was für ein Tag heute sei, wie viele Tage es im Jahr gebe und ob es stimme, daß im Krankensaal Nr. 6 ein bemerkenswerter Prophet lebt.

Auf letztere Frage hin errötete Andrej Jefimytsch und sagte:

»Ja, das ist ein Kranker, aber ein interessanter junger Mann.«

Weiter stellte man ihm keine Fragen.

Als er sich im Vorzimmer seinen Mantel anzog, legte ihm der Leiter des Militärkreises die Hand auf die Schulter und sagte mit einem Seufzer:

»Für uns Alte ist es Zeit, Urlaub zu nehmen!«

Als Andrej Jefimytsch das Amt verließ, wurde ihm klar, daß das eine Kommission mit dem Auftrag war, seine geistigen Fähigkeiten zu überprüfen. Er dachte an die Fragen, die man ihm gestellt hatte, wurde rot, und irgendwie tat ihm jetzt zum ersten Mal in seinem Leben die Medizin bitter leid.

Mein Gott, dachte er, als ihm einfiel, wie die Ärzte ihn gerade eben untersucht hatten. Sie haben doch erst vor kurzem Psychiatrie gehört, ein Examen abgelegt, woher bloß diese absolute Unkenntnis? Sie haben ja keine Ahnung von Psychiatrie!

Und zum ersten Mal im Leben fühlte er sich beleidigt und erzürnt.

Am selben Tag war abends Michail Awerjanytsch bei ihm. Ohne zu grüßen trat der Postmeister zu ihm, nahm ihn bei beiden Händen und sagte mit erregter Stimme:

»Mein Teurer, mein Freund, beweisen Sie mir, daß Sie an meine aufrichtige Zuneigung glauben und mich für Ihren

Freund halten ... Mein Freund!« Und ohne Andrej Jefi-mytsch zu Wort kommen zu lassen, fuhr er erregt fort:»Ich liebe Sie wegen ihrer Bildung und dem Adel Ihrer Seele. Hören Sie mich, mein Teurer. Die Regeln der Wissenschaft verpflichten die Ärzte, Ihnen die Wahrheit vorzuenthalten, aber ich sage sie Ihnen militärisch klipp und klar: Sie sind krank! Verzeihen Sie mir, mein Teurer, aber das ist die nackte Wahrheit, das haben alle in Ihrer Umgebung schon lange bemerkt. Gerade eben hat mir Doktor Jewgeni Fjo-dorytsch gesagt, daß Sie um Ihrer Gesundheit willen unbe-dingt Urlaub nehmen und sich ablenken müßten. Voll-kommen richtig! Hervorragend! Noch in diesen Tagen will ich ebenfalls Urlaub nehmen und verreisen, um andere Luft einzuatmen. Beweisen Sie mir, daß Sie mein Freund sind, fahren wir zusammmen! Fahren wir und lassen unsere Jugend wiederaufleben.«

»Ich fühle mich vollkommen gesund«, sagte Andrej Jefi-mytsch nachdenklich. »Wegfahren kann ich nicht. Erlauben Sie mir, Ihnen auf irgendeine andere Weise meine Freund-schaft zu beweisen.«

Irgendwohin zu reisen, ohne zu wissen, weshalb, ohne Bücher, ohne Darjuschka, ohne Bier, seinen Lebensrhyth-mus, wie er sich in zwanzig Jahren herausgebildet hatte, radikal zu verändern, diese Idee schien ihm im ersten Augenblick befremdlich und phantastisch. Doch dann er-innerte er sich an das Gespräch, das im Amt stattgefunden hatte, und die schwere Stimmung, die ihn bei der Heim-kehr aus dem Amt überkommen hatte, und da schließlich sagte ihm der Gedanke zu, für kurze Zeit die Stadt zu ver-lassen, wo dumme Menschen ihn für geisteskrank hielten.

»Und Sie, wohin beabsichtigen Sie eigentlich zu fahren?« fragte er.

»Nach Moskau, nach Petersburg, nach Warschau ... In Warschau habe ich die fünf glücklichsten Jahre meines Lebens verbracht. Was für eine wunderbare Stadt! Fahren wir, mein Teurer!«

XIII

Eine Woche später schlug man Andrej Jefimytsch vor, Urlaub zu nehmen, mit anderen Worten, seinen Abschied einzureichen, was er gleichgültig hinnahm. Und nach einer weiteren Woche saßen er und Michail Awerjanytsch bereits in der Postkutsche und fuhren zur nächsten Eisenbahnstation. Die Tage waren kühl und klar, mit einem blauen Himmel und durchsichtiger Ferne. Die zweihundert Werst bis zur Station legten sie in zwei Tagen zurück und übernachteten unterwegs zwei Mal. Reichte man auf den Poststationen den Tee in schlecht gespülten Gläsern oder ließ sich Zeit, die Pferde auszuspannen, wurde Michail Awerjanytsch puterrot, zitterte am ganzen Leib und brüllte: »Maul halten! Keine Widerrede!« Wenn sie in der Kutsche saßen, erzählte er, ohne auch nur eine Minute innezuhalten, von seinen Reisen durch den Kaukasus und das Königreich Polen. Was hatte es da nicht für Abenteuer gegeben, was für Begegnungen! Er redete laut und machte dabei so erstaunte Augen, daß man hätte denken können, er lüge. Außerdem blies er beim Erzählen Andrej Jefimytsch ins Gesicht und lachte ihm laut in die Ohren. Das genierte den Doktor und störte ihn, sich seinen Gedanken hinzugeben und sich zu konzentrieren.

Eisenbahn fuhren sie aus Sparsamkeit in der dritten Klasse, in einem Waggon für Nichtraucher. Die anderen Fahrgäste waren halbwegs sauber. Michail Awerjanytsch hatte sich schon bald mit allen bekannt gemacht und ließ sich, von Bank zu Bank gehend, lautstark darüber aus, daß man doch mit dieser unverschämten Bahn besser nicht reisen sollte. Die reinste Gaunerei! Da sei es doch etwas ganz anderes zu Pferd: Du schaffst an einem Tag hundert Werst und fühlst dich danach gesund und frisch. Und die Mißernten bei uns kommen daher, daß man die Pinsker Sümpfe trockengelegt hat.* Überhaupt diese schreckliche

---

* Mit der Trockenlegung der Sümpfe von Pinsk (seit 1872) im Süden des heutigen Weißrußland, dem Polessje, wurde wertvoller Boden gewonnen.

Mißwirtschaft. Er erhitzte sich, redete hemmungslos und ließ niemanden zu Wort kommen. Dieses endlose Geschwätz, vermischt mit lautem Lachen und vielsagenden Gesten, erschöpfte Andrej Jefimytsch.

Wer von uns beiden ist wohl verrückt? dachte er voller Verdruß. Ich, der ich mich bemühe, die Mitreisenden nicht zu belästigen, oder dieser Egoist, der glaubt, daß er hier der klügste und interessanteste sei und deshalb niemanden in Ruhe läßt?

In Moskau zog Michail Awerjanytsch seine Uniformjacke ohne Schulterklappen und Hosen mit roten Biesen an. Auf der Straße trug er Uniformmütze und Pelz, und die Soldaten salutierten. Andrej Jefimytsch kam es jetzt vor, als sei das ein Mensch, der von all seinem Junkertum von einst das Positive verausgabt und nur noch das Schlechte zurückbehalten habe. Michail Awerjanytsch wollte immer, daß man ihn bediente, selbst wenn dafür keinerlei Notwendigkeit bestand. Die Streichhölzer lagen vor ihm auf dem Tisch, und er sah sie, schrie aber den Ober an, er solle ihm die Streichhölzer reichen; er schämte sich nicht, vor dem Zimmermädchen in Unterwäsche herumzulaufen; die Lakaien redete er ohne Unterschied mit »Du« an, selbst Greise, und wenn er zornig wurde, titulierte er sie mit Schafskopf oder Idiot. Das, so schien es Andrej Jefimytsch, war junkerhaft und abstoßend.

Als erstes führte Michail Awerjanytsch seinen Freund zur Iwerskaja*. Er betete inständig, verneigte sich unter Tränen bis zur Erde, und als er fertig war, seufzte er tief und sagte:

»Auch wenn du nicht glaubst, ist es doch irgendwie beruhigender, wenn du betest. Bezeugen auch Sie Ihre Verehrung, mein Guter.«

Andrej Jefimytsch geriet in Verwirrung und küßte die Ikone, während Michail Awerjanytsch die Lippen spitzte,

---

* Die Kapelle der Iberischen Gottesmutter am Zugang zum Roten Platz, ein Ort besonderer Verehrung.

den Kopf wiegte und flüsternd betete – und wieder traten ihm die Tränen in die Augen. Dann gingen sie in den Kreml und besichtigten dort die Zaren-Kanone und die Zaren-Glocke, berührten sie sogar mit den Fingern, erfreuten sich an der Aussicht auf das andere Ufer der Moskwa, besuchten die Erlöserkathedrale und das Rumjanzew-Museum.

Sie speisten bei Testow. Lange studierte Michail Awerjanytsch die Speisekarte, strich sich den Backenbart und sagte im Ton eines Gourmands, der es gewohnt ist, sich in Restaurants wie zu Hause zu fühlen:

»Schauen wir mal, womit Sie uns heute zu verköstigen gedenken, mein Engel!«

XIV

Der Doktor lief herum, besichtigte, aß, trank, empfand jedoch nur das eine: Verdruß gegen Michail Awerjanytsch. Er wollte sich erholen von seinem Freund, weggehen von ihm, sich verstecken, doch der Freund hielt es für seine Pflicht, ihn keinen Schritt aus den Augen zu lassen und ihm möglichst viel Ablenkung zu verschaffen. Wenn es nichts zu besichtigen gab, lenkte er ihn mit Gesprächen ab. Zwei Tage ließ Andrej Jefimytsch sich das gefallen, am dritten erklärte er seinem Freund, er sei krank und wolle den ganzen Tag zu Hause bleiben. Der Freund sagte, in diesem Fall werde auch er bleiben. Ja, wahrhaftig, man müsse ausruhen, sonst würden die Füße nicht mehr mitmachen. Andrej Jefimytsch legte sich aufs Sofa, mit dem Gesicht zur Lehne, und lauschte mit zusammengebissenen Zähnen dem Freund, der ihm leidenschaftlich versicherte, daß Frankreich früher oder später unbedingt Deutschland zerschlagen werde, daß es in Moskau viele Gauner gebe und daß man bei einem Pferd vom äußeren Anblick niemals auf seine Qualitäten schließen könne. Dem Doktor begann es in den Ohren zu rauschen, das Herz klopfte ihm, aber den Freund bitten, er solle weggehen oder schweigen, dazu konnte er sich aus Feingefühl nicht entschließen. Zum Glück wurde es Michail Awerjanytsch langweilig, im Zimmer zu sitzen, und nach dem Mittagessen ging er spazieren.

Alleingeblieben gab sich Andrej Jefimytsch dem Gefühl der Erholung hin. Wie angenehm war es, unbeweglich auf dem Sofa zu liegen und sich klarzumachen, daß du allein bist im Zimmer! Wahres Glück ist nicht möglich ohne Einsamkeit. Der gefallene Engel hat sich vermutlich nur deshalb von Gott abgewandt, weil er sich Einsamkeit wünschte, etwas, das Engel nicht kennen. Andrej Jefimytsch wollte darüber nachdenken, was er in den letzten Tagen gesehen und gehört hatte, aber Michail Awerjanytsch wollte ihm nicht aus dem Kopf.

Dabei hat er doch aus Freundschaft Urlaub genommen und ist mit mir gereist, aus Großmut, dachte er verdrießlich. Schlimmeres als diese Freundesfürsorge gibt es nicht. Er scheint gutmütig und großherzig zu sein, ein Spaßvogel, und dabei ödet er einen an. Ist unerträglich. Geradeso, wie es eben Menschen gibt, die immer nur kluge und gute Worte finden, und doch spürst du, daß sie beschränkt sind.

An den darauffolgenden Tagen meldete sich Andrej Jefimytsch krank und verließ sein Zimmer nicht. Er lag mit dem Gesicht zur Sofalehne und litt, wenn der Freund ihn mit Gesprächen abzulenken suchte, oder er erholte sich, wenn der Freund abwesend war. Er ärgerte sich über sich selbst, daß er mitgefahren war, und über den Freund, der mit jedem Tag nur noch geschwätziger und vorlauter wurde; seine Gedanken in eine ernste, erhabene Stimmung zu bringen, wollte ihm einfach nicht gelingen.

Da hat mich wohl die Wirklichkeit eingeholt, von der Iwan Dmitritsch gesprochen hat, dachte er und ärgerte sich über seine Kleinlichkeit. Eigentlich ist das Unsinn … Ich fahre nach Hause, und alles geht seinen gewohnten Gang …

Auch in Petersburg war es dieselbe Geschichte: Ganze Tage verließ er sein Zimmer nicht, lag auf dem Sofa und stand nur auf, um Bier zu trinken.

Michail Awerjanytsch drängte die ganze Zeit, nach Warschau zu fahren.

»Mein Teurer, weshalb soll ich dorthin reisen?« sagte Andrej Jefimytsch mit flehender Stimme. »Reisen Sie allein, und mir erlauben Sie, nach Hause zu fahren! Ich bitte Sie!«

»Unter gar keinen Umständen!« protestierte Michail Awerjanytsch. »Das ist eine wunderbare Stadt. Dort habe ich die fünf glücklichsten Jahre meines Lebens verbracht!«

Andrej Jefimytsch war nicht standhaft genug, um auf seiner Meinung zu beharren, und so reiste er widerwillig mit nach Warschau. Dort verließ er sein Zimmer überhaupt nicht mehr, lag auf dem Sofa und grollte mit sich, dem Freund und den Lakaien, die sich hartnäckig weigerten, Russisch zu verstehen,[*] während Michail Awerjanytsch wie gewöhnlich gesund, munter und fröhlich von morgens bis abends in der Stadt herumspazierte und seine alten Bekannten ausfindig machte. Mehrmals übernachtete er außer Haus. Nach einer Nacht, die er irgendwo verbracht hatte, kehrte er früh am Morgen in sehr erregtem Zustand zurück, rot und ungekämmt. Lange ging er im Zimmer auf und ab, murmelte etwas vor sich hin, dann blieb er stehen und sagte:

»Vor allem die Ehre!«

Danach ging er wieder ein wenig hin und her, griff sich plötzlich an den Kopf und stieß mit tragischer Stimme hervor:

»Ja, vor allem die Ehre! Verflucht sei der Augenblick, wo

---

[*] Das Königreich Polen, seit den polnischen Teilungen in Personalunion mit dem Russischen Reich, wurde nach dem Aufstand von 1863 einer verstärkten Russifizierungspolitik unterzogen, gegen die sich die Polen wehrten.

mir zum ersten Mal in den Sinn kam, in dieses Sünden-babel zu fahren! Mein Teurer«, er wandte sich an den Doktor, »verachten Sie mich: Ich habe beim Spiel verloren. Geben Sie mir fünfhundert Rubel!«

Andrej Jefimytsch zählte fünfhundert Rubel ab und gab sie schweigend dem Freund. Dieser, immer noch puterrot vor Scham und Zorn, stammelte einen unnötigen Fluch, setzte sich die Mütze auf und ging wieder. Als er nach drei Stunden zurückkehrte, warf er sich in den Sessel, seufzte laut und sagte:

»Die Ehre ist gerettet! Fahren wir, mein Freund! Nicht eine Minute länger möchte ich in dieser verfluchten Stadt bleiben. Gauner! Österreichische Spione!«

Als die Freunde in ihre Stadt zurückkehrten, war es bereits November, und in den Straßen lag tiefer Schnee. Die Stelle von Andrej Jefimytsch besetzte jetzt Doktor Chobotow; er wohnte noch in seiner alten Wohnung und erwartete, daß Andrej Jefimytsch nach seiner Rückkehr die Wohnung im Krankenhaus räumte. Die häßliche Frau, die er seine Köchin nannte, bewohnte bereits einen der Seitenflügel.

In der Stadt gab es wieder neuen Klatsch über das Krankenhaus. Es hieß, die häßliche Frau habe sich mit dem Aufseher zerstritten und der habe sie auf den Knien kriechend um Verzeihung gebeten.

Andrej Jefimytsch mußte sich gleich am ersten Tag nach seiner Ankunft eine andere Wohnung suchen.

»Mein Freund«, sagte ihm der Postmeister schüchtern, »entschuldigen Sie die unbescheidene Frage: Über welche Mittel verfügen Sie?«

Andrej Jefimytsch zählte schweigend sein Geld und sagte:

»Sechsundachtzig Rubel.«

»Das meine ich nicht«, sagte Michail Awerjanytsch verlegen, weil er den Doktor nicht verstand. »Ich frage, was für Mittel haben Sie überhaupt?«

»Ich sage es Ihnen doch: sechsundachtzig Rubel … Mehr besitze ich nicht.«

Michail Awerjanytsch hielt den Doktor für einen ehrlichen und edlen Menschen, hatte aber dennoch den Verdacht, daß er über ein Kapital von mindestens zwanzigtausend verfüge. Doch jetzt, als er erfuhr, daß Andrej Jefimytsch bettelarm war, daß er nichts zum Leben hatte, brach er plötzlich in Tränen aus und umarmte seinen Freund.

XV

Andrej Jefimytsch wohnte bei der Bürgerin Belowa in einem kleinen Haus mit drei Fenstern. In diesem Haus gab es lediglich drei Zimmer, die Küche nicht mitgerechnet. Zwei davon, mit Fenstern zur Straße, bewohnte der Doktor, im dritten und in der Küche lebten Darjuschka und die Belowa mit ihren drei Kindern. Manchmal kam ihr Liebhaber zum Übernachten, ein betrunkener Kerl, der nachts herumtobte und die Kinder und Darjuschka in Angst und Schrecken versetzte. Wenn er kam, sich in die Küche setzte und gleich Wodka verlangte, wurde allen beklommen zumute; aus Mitleid nahm der Doktor die weinenden Kinder zu sich und legte sie bei sich auf den Boden, was ihm großes Vergnügen bereitete.

Nach wie vor stand er um acht Uhr auf und setzte sich nach dem Tee hin, um seine alten Bücher und Zeitschriften zu lesen. Für neue hatte er inzwischen kein Geld mehr. Ob es daher kam, daß die Bücher alt waren, oder vielleicht wegen der Veränderung seiner Lebensumstände, jedenfalls wurde er von der Lektüre nicht mehr gepackt, vielmehr erschöpfte sie ihn. Um die Zeit nicht mit Nichtstun zu verbringen, erstellte er einen detaillierten Katalog seiner Bücher und klebte kleine Etiketten auf die Buchrücken; diese mühselige, mechanische Arbeit schien ihm interessanter als das Lesen selbst. Sie lullte seine Gedanken auf unerklärliche Weise ein, er dachte über nichts mehr nach, und die Zeit verging ihm rasch. Selbst in der Küche zu sitzen und mit Darjuschka Kartoffeln zu schälen oder den Schmutz aus der Buchweizengrütze zu lesen, schien ihm interessant. Samstags und sonntags ging er zur Kirche. Er stand dann blinzelnd an der Wand, lauschte dem Gesang und dachte über seinen Vater, seine Mutter, die Universität und die Religionen nach; ihm war ruhig und traurig zumute, und wenn er dann aus der Kirche trat, bedauerte er, daß der Gottesdienst so schnell zu Ende gegangen war.

Zweimal ging er ins Krankenhaus zu Iwan Dmitritsch, um sich mit ihm zu unterhalten. Aber beide Male war Iwan Dmitritsch ungewöhnlich erregt und böse, forderte, ihn in Ruhe zu lassen, weil er das leere Geschwätz längst satt habe, und sagte, daß er bei den verfluchten, gemeinen Menschen für all seine Leiden nur den einen Lohn erbitte – die Einzelhaft. Ob man ihm selbst das noch verweigere? Beide Male, als Andrej Jefimytsch sich von ihm verabschiedete und ihm eine gute Nacht wünschte, fuhr Iwan Dmitritsch ihn an und sagte:

»Zum Teufel!«

Andrej Jefimytsch wußte jetzt nicht, ob er es noch ein drittes Mal versuchen sollte oder nicht. Und er wollte doch so gerne.

Früher war Andrej Jefimytsch nach dem Mittagessen durch die Zimmer gegangen und hatte nachgedacht, jetzt aber lag er vom Mittagessen bis zum Abendtee auf dem Sofa mit dem Gesicht zur Rückenlehne und gab sich kleinlichen Gedanken hin, die er einfach nicht bekämpfen konnte. Es ärgerte ihn, daß man ihm für seinen über zwanzigjährigen Dienst weder eine Pension gab noch eine einmalige Zuwendung. Zwar hatte er nicht ehrlich gedient, aber eine Pension erhielten doch alle Angestellten ohne Unterschied, ob sie nun ehrlich waren oder nicht. Die moderne Gerechtigkeit bestand ja gerade darin, daß man mit

Rängen, Orden und Pensionen keine moralischen Eigenschaften und Fähigkeiten belohnte, sondern den Dienst überhaupt, wie auch immer er gewesen sein mochte. Weshalb sollte er eine Ausnahme bilden? Geld hatte er gar keines mehr. Er schämte sich, am Laden vorbeizugehen und die Hauswirtin anzublicken. Für Bier schuldete er bereits zweiunddreißig Rubel. Auch bei der Belowa hatte er Schulden. Darjuschka verkaufte heimlich alte Kleider und Bücher und log der Wirtin vor, daß der Doktor bald sehr viel Geld bekommen würde.

Er ärgerte sich über sich selbst, daß er für die Reise die tausend Rubel vergeudet hatte, die er angesammelt hatte. Wie gut könnte er sie jetzt gebrauchen. Es verdroß ihn, daß die Menschen ihn nicht in Ruhe ließen. Chobotow hielt es für seine Pflicht, hin und wieder den kranken Kollegen zu besuchen. Alles an ihm stieß Andrej Jefimytsch ab: das satte Gesicht, der häßliche herablassende Ton, das Wort »Kollege« und die hohen Stiefel; das Allerschlimmste aber war, daß Chobotow es für seine Pflicht hielt, Andrej Jefimytsch zu behandeln, und meinte, daß er das tatsächlich tue. Bei jedem seiner Besuche brachte er ein Glas Bromkalium und Rhabarberpillen mit.

Auch Michail Awerjanytsch hielt es für seine Pflicht, den Freund zu besuchen und abzulenken. Mit gekünstelter Ungezwungenheit kam er dann zu Andrej Jefimytsch, lachte unnatürlich und begann ihm zu versichern, daß er heute sehr gut aussehe und daß Gott sei Dank die Sache schon in Ordnung käme; aus alledem konnte man nur schließen, daß er die Lage seines Freundes für hoffnungslos hielt. Er hatte seine Warschauer Schuld noch nicht zurückgezahlt, und schwere Scham lastete auf ihm, er war verkrampft und bemühte sich deshalb, noch lauter zu lachen und noch mehr Lächerliches zu erzählen. Seine Anekdoten und Geschichten wollten kein Ende nehmen und waren quälend für Andrej Jefimytsch wie auch für ihn selber.

In seiner Gegenwart legte sich Andrej Jefimytsch gewöhnlich aufs Sofa mit dem Gesicht zur Wand und hörte mit zusammengebissenen Zähnen zu; auf seiner Seele lagerte sich gleichsam ein häßlicher Bodensatz ab, Schicht um Schicht, und nach jedem Besuch des Freundes fühlte er, daß dieser Bodensatz höher wuchs und ihm bereits bis zum Hals reichte.

Um seine kleinlichen Gefühle zu betäuben, dachte er schnell daran, daß auch er und Chobotow und Michail Awerjanytsch früher oder später zugrunde gehen müßten, ohne auch nur eine Spur auf Erden zu hinterlassen. Wenn man sich vorstellte, in einer Million Jahren würde im Raum irgendein Geist an der Erdkugel vorbeifliegen, er würde nur Lehm und nackte Felsen sehen. Alles würde verschwinden – die Kultur ebenso wie das moralische Gesetz – und nicht einmal von Kletten überwuchert werden. Was bedeuteten da schon die Scham vor dem Ladenbesitzer, der nichtswürdige Chobotow oder die belastende Freundschaft Michail Awerjanytschs? All das war dummes Zeug, nichts als Lappalien.

Aber solche Überlegungen halfen jetzt nicht mehr. Kaum stellte er sich die Erdkugel in einer Million Jahren vor, da zeigte sich bereits Chobotow in seinen hohen Stiefeln hinter dem nackten Felsen oder der verkrampft kichernde Michail Awerjanytsch, der sogar sein verschämtes Flüstern vernehmen ließ: »Und die Warschauer Schuld, mein Lieber, gebe ich Ihnen dieser Tage zurück … Ganz bestimmt.«

XVI

Eines Tages kam Michail Awerjanytsch nach dem Mittagessen, als Andrej Jefimytsch auf dem Sofa lag. Ausgerechnet zur selben Zeit erschien auch Chobotow mit den Bromtropfen. Andrej Jefimytsch erhob sich schwerfällig, setzte sich und stützte sich mit beiden Händen aufs Sofa.

»Heute, mein Teuerster«, begann Michail Awerjanytsch,

»haben Sie schon viel mehr Farbe im Gesicht als gestern. Sie packen das noch! Mein Gott, Sie packen es!«

»Höchste Zeit, gesund zu werden, Kollege«, sagte Chobotow gähnend. »Haben doch wohl selber diese Schererei satt!«

»Und wir werden gesund!« sagte fröhlich Michail Awerjanytsch. »Noch hundert Jahre werden wir leben! Bestimmt!«

»Hundert oder nicht, aber für zwanzig langt's allemal«, tröstete Chobotow. »Macht nichts, Kollege, nur nicht verzagen … Haben uns ja genug vorgemacht.«

»Wir werden's noch allen zeigen!« lachte Michail Awerjanytsch und schlug dem Freund auf die Schenkel. »Das werden wir! Im nächsten Sommer, so Gott will, ziehen wir in den Kaukasus und bereisen ihn zu Pferd – hopp! hopp! hopp! Und kommen vom Kaukasus zurück, wer weiß, und feiern zu guter Letzt noch Hochzeit.« Michail Awerjanytsch zwinkerte verschmitzt. »Wir verheiraten Sie, Freundchen … bestimmt …«

Andrej Jefimytsch fühlte plötzlich, daß ihm der Bodensatz an der Kehle stand; sein Herz klopfte wie wild.

»Das ist infam!« sagte er, stand rasch auf und ging zum Fenster. »Merken Sie gar nicht, was Sie für Gemeinheiten sagen?«

Er wollte sanft und höflich fortfahren, aber unwillkürlich ballte er plötzlich die Fäuste und hob sie über den Kopf.

»Lassen Sie mich in Ruhe!« schrie er mit aller Kraft, lief rot an und zitterte am ganzen Leib. »Raus! Raus, alle beide!«

Michail Awerjanytsch und Chobotow erhoben sich und starrten ihn an – erst ganz verdutzt, dann voller Furcht.

»Raus, alle beide!« brüllte Andrej Jefimytsch noch einmal. »So eine Unverschämtheit! Dummköpfe! Ich brauche sie nicht, diese Freundschaft, und deine Arzneien auch nicht, unverschämter Kerl! So was Gemeines! Niederträchtiges!«

Chobotow und Michail Awerjanytsch wechselten fassungslos Blicke, wichen zur Tür zurück und gingen in den Vorraum. Andrej Jefimytsch ergriff das Glas mit dem Bromkalium und schleuderte es ihnen hinterher; das Glas zerbrach klirrend an der Schwelle.

»Schert euch zum Teufel!« schrie er mit weinerlicher Stimme und lief in die Diele hinaus. »Zum Teufel!«

Nachdem die Gäste fort waren, legte sich Andrej Jefimytsch zitternd wie im Fieber aufs Sofa und wiederholte noch lange:

»Unverschämte Kerle! Diese Dummköpfe!«

Als er sich beruhigt hatte, kam ihm als erstes in den Sinn, daß es dem armen Michail Awerjanytsch jetzt wohl schrecklich peinlich sei und schwer ums Herz und daß all das furchtbar war. Niemals zuvor war etwas Derartiges passiert. Wo blieben da Verstand und Takt? Wo das Erkennen der Dinge und die philosophische Gleichmut?

Die ganze Nacht konnte der Doktor nicht schlafen vor Scham und Ärger über sich, und am nächsten Morgen, um zehn Uhr, machte er sich auf ins Postkontor und entschuldigte sich beim Postmeister.

»Wir wollen nicht mehr davon reden, was geschehen ist«, sagte seufzend der gerührte Michail Awerjanytsch und drückte ihm kräftig die Hand. »Wer Vergangenes nachträgt, dem sind die Augen verstellt. Ljubawkin!« schrie er plötzlich so laut, daß alle Postboten und Besucher zusammenfuhren. »Bring einen Stuhl. Und du warte!« schrie er eine Frau an, die ihm durch das Gitter einen eingeschriebenen Brief hinstreckte. »Siehst du nicht, daß ich beschäftigt bin? Wir wollen das Vergangene begraben«, fuhr er sanft zu Andrej Jefimytsch fort. »Setzen Sie sich, ich bitte höflichst, mein Teurer.«

Er strich sich ein Weilchen schweigend die Knie und sagte dann:

»Ich dachte nicht im entferntesten daran, Ihnen das krummzunehmen. Ich weiß doch, eine Krankheit ist keine Kleinigkeit. Ihr Anfall gestern hat den Arzt und mich erschreckt, und wir haben dann lange über Sie gesprochen. Mein Bester, weshalb wollen Sie sich nicht ernsthaft mit Ihrer Krankheit befassen? Geht das denn so? Verzeihen Sie mir meine Offenheit als Freund«, flüsterte er dann, »Sie leben in den ungünstigsten Verhältnissen: diese Enge, diese Unsauberkeit, keine Pflege, nichts, um sich zu kurieren … Mein teurer Freund, der Arzt und ich flehen Sie aus ganzem Herzen an, hören Sie auf unseren Rat: Gehen Sie ins Krankenhaus! Dort haben Sie gesunde Nahrung, Pflege und ärztliche Behandlung. Zwar ist Jewgeni Fjodorowitsch, unter uns gesagt, mowäton*, aber erfahren, auf ihn kann man sich vollkommen verlassen. Er hat mir sein Wort gegeben, daß er sich um Sie kümmern will.«

Andrej Jefimytsch war von der aufrichtigen Teilnahme und den Tränen, die plötzlich auf den Wangen des Postmeisters glänzten, gerührt.

»Verehrtester, glauben Sie es doch nicht!« flüsterte er und legte die Hand aufs Herz. »Glauben Sie denen doch nicht! Das ist eine Täuschung! Meine Krankheit besteht doch nur darin, daß ich in zwanzig Jahren in der ganzen Stadt nur einen einzigen klugen Menschen gefunden habe, und der ist geisteskrank. Da gibt es keine Krankheit, ich bin bloß in einen Teufelskreis geraten, aus dem es kein Entrinnen gibt. Mir ist alles egal, ich bin zu allem bereit.«

»Gehen Sie ins Krankenhaus, mein Teurer.«

»Mir ist alles egal, und sei es in die Grube.«

»Geben Sie mir Ihr Wort, mein Lieber, daß Sie in allem auf Jewgeni Fjodorytsch hören.«

»Meinetwegen gebe ich mein Wort. Aber ich sage es noch einmal, Verehrter, ich bin in einen Teufelskreis geraten. Jetzt richtet sich alles, selbst die aufrichtige Anteilnahme meiner Freunde, nur auf das eine – meinen Untergang. Ich gehe zugrunde und habe den Mut, das einzusehen.«

* Soll Französisch sein (mauvais ton).

»Mein Lieber, Sie werden wieder gesund.«

»Wozu das sagen?« meinte Andrej Jefimytsch gereizt. »Wohl kaum ein Mensch wird gegen Ende seines Lebens etwas anderes empfinden als ich jetzt. Wenn man Ihnen sagt, daß Sie vielleicht schlechte Nieren und ein vergrößertes Herz haben, und Sie wollen sich behandeln lassen, oder man sagt, daß Sie verrückt sind oder ein Verbrecher, das heißt, mit einem Wort, wenn die Menschen plötzlich ihre Aufmerksamkeit auf Sie richten, dann müssen Sie wissen, daß Sie in einen Teufelskreis geraten sind, aus dem es kein Entrinnen gibt. Sie werden sich bemühen zu entkommen und geraten nur noch tiefer hinein. Ergeben Sie sich in Ihr Schicksal, denn keine menschlichen Anstrengungen können Sie mehr retten. So kommt es mir vor.«

Inzwischen drängten sich die Menschen am Gitterfenster. Um nicht weiter zu stören, erhob sich Andrej Jefimytsch und verabschiedete sich. Michail Awerjanytsch nahm ihm noch einmal das Ehrenwort ab und brachte ihn zur Außentür.

Am selben Tag, noch vor dem Abend, kam überraschend Chobotow in Halbpelz und hohen Stiefeln zu Andrej Jefimytsch und sagte in einem Ton, als ob gestern nichts geschehen sei:

»Ich komme in dienstlicher Angelegenheit zu Ihnen, Kollege. Ich wollte Sie einladen: Wollen Sie nicht mit mir zu einem Ärztekonsilium kommen, ja?«

In der Meinung, Chobotow wolle ihn mit einem Spaziergang ablenken oder ihm tatsächlich Gelegenheit zu einem Verdienst geben, zog sich Andrej Jefimytsch an und ging mit ihm hinaus. Er war froh über die Gelegenheit, seine gestrige Schuld zu begleichen und sich auszusöhnen, und dankte Chobotow in seinem Inneren, daß er den Vorfall mit keinem Wort mehr erwähnte und ihn offenbar schonen wollte. Von diesem unkultivierten Menschen hätte man kaum eine solche Feinfühligkeit erwartet.

»Und wo ist Ihr Patient?« fragte Andrej Jefimytsch.

»Bei mir im Krankenhaus. Ich wollte Sie schon längst darauf hinweisen ... ein äußerst interessanter Fall.«

Sie kamen auf den Krankenhaushof und wandten sich am Hauptgebäude vorbei zum Nebengebäude, wo die Geisteskranken untergebracht waren. Und das alles aus irgendeinem Grund schweigend. Als sie das Haus betraten, sprang Nikita wie gewöhnlich auf und nahm Haltung an.

»Hier hat sich bei einem Patienten eine Verschlechterung hinsichtlich der Lunge ergeben«, sagte Chobotow mit gedämpfter Stimme, als er mit Andrej Jefimytsch den Krankensaal betrat. »Warten Sie hier, ich komme gleich wieder. Ich hole nur das Stethoskop.«

Und ging hinaus.

XVII

Es dämmerte bereits. Iwan Dmitritsch lag auf dem Bett und hatte das Gesicht im Kissen vergraben; der Gelähmte saß reglos da, weinte leise vor sich hin und bewegte die Lippen. Der Dicke und der ehemalige Sortierer schliefen. Es war still.

Andrej Jefimytsch saß auf Iwan Dmitritschs Bett und wartete. Aber es verging eine halbe Stunde, und statt Chobotow kam Nikita ins Krankenzimmer, hielt einen Kittel im Arm und irgendwelche Wäsche und Pantoffeln.

»Bitte sich anzukleiden, Euer Hochwohlgeboren«, sagte er leise. »Hier Ihr Bett, bitte hierher«, fügte er hinzu und wies auf ein leeres, offensichtlich erst kürzlich hereingestelltes Bett. »Schon gut, Gott geb's und Sie werden wieder gesund.«

Andrej Jefimytsch begriff alles. Er ging, ohne ein Wort zu sagen, zu dem Bett hinüber, auf das Nikita gewiesen hatte, und setzte sich. Als er sah, daß Nikita dastand und wartete, zog er sich nackt aus, und er schämte sich. Dann zog er die Krankenhauskleidung an; die Hosen waren sehr kurz, das

Hemd zu lang, und der Kittel stank nach geräuchertem Fisch.

»Sie werden wieder gesund, geb's Gott«, wiederholte Nikita.

Er nahm die Kleidung Andrej Jefimytschs auf den Arm, ging hinaus und schloß die Tür.

Egal, dachte Andrej Jefimytsch, hüllte sich verschämt in den Kittel und fand, daß er in seinem neuen Anzug einem Häftling glich. Egal ... ganz egal, ob Frack, ob Uniform oder dieser Kittel ...

Aber was war mit der Uhr? Und dem Notizbuch, das in der Seitentasche steckte? Und den Zigaretten? Wohin hatte Nikita die Kleidung gebracht? Jetzt würde man wohl bis zum Tod keine Hosen, Weste und Stiefel mehr tragen. All das war irgendwie seltsam und zunächst sogar unbegreiflich. Andrej Jefimytsch war auch jetzt noch überzeugt, daß es zwischen dem Haus der Bürgerin Belowa und dem Krankensaal Nr. 6 keinen Unterschied gab, daß alles auf dieser Welt dummes Zeug, daß alles eitel sei, dabei zitterten ihm die Hände, die Füße wurden kalt, und ihm wurde beklommen bei dem Gedanken, daß Iwan Dmitritsch bald aufstehen und sehen würde, daß er einen Kittel anhatte. Er erhob sich, ging herum und setzte sich wieder.

Und da saß er nun schon eine halbe Stunde, eine ganze Stunde, und es langweilte ihn bis zum Überdruß; konnte man hier wirklich einen ganzen Tag, eine Woche und sogar jahrelang leben wie diese Menschen? Er saß da, dann ging er ein wenig herum und setzte sich wieder; man konnte zum Fenster laufen und hinausschauen und wieder aus einer Ecke in die andere spazieren. Und dann was? So die ganze Zeit dasitzen wie ein Ölgötze und nachdenken? Nein, das war wohl kaum möglich.

Andrej Jefimytsch legte sich hin, stand aber sofort wieder auf, wischte sich mit dem Ärmel den kalten Schweiß von der Stirn und merkte, daß jetzt sein ganzes Gesicht nach geräuchertem Fisch roch. Und wieder ging er herum.

»Das ist doch ein Mißverständnis …« sagte er und breitete die Arme unschlüssig aus. »Man muß es erklären, da herrscht doch ein Mißverständnis …«

In diesem Augenblick erwachte Iwan Dmitritsch. Er setzte sich auf und stützte das Gesicht mit seinen Fäusten. Spuckte aus. Dann warf er einen trägen Blick auf den Arzt und begriff offenbar im ersten Moment überhaupt nichts; doch bald wurde sein verschlafenes Gesicht böse und spöttisch.

»Aha, auch Sie hat man hier eingesperrt, mein Lieber!« sagte er mit heiserer schlaftrunkener Stimme und kniff ein Auge zu. »Sehr erfreut. Erst haben Sie den Leuten das Blut ausgesaugt, und jetzt wird man es Ihnen aussaugen. Hervorragend!«

»Das ist doch ein Mißverständnis …« sagte Andrej Jefimytsch, der über die Worte Iwan Dmitritschs erschrocken war; er zuckte die Achseln und wiederholte: »Ein Mißverständnis …«

Iwan Dmitritsch spuckte wieder aus und legte sich hin.

»Verfluchtes Leben!« brummte er vor sich hin. »Und was einen erbittert und ärgert – endet doch dieses Leben mit keiner Belohnung für die Leiden, mit keiner Apotheose wie in der Oper, sondern mit dem Tod; dann kommen die Wärter und schleifen den Toten an Händen und Füßen in den Keller. Brr! Na, sei's drum … Dafür werden wir in jener Welt unser Fest feiern … Ich werde von jener Welt aus den Menschen hier als Schatten erscheinen und diese Mißgeburten erschrecken. Ich will ihnen graue Haare machen.«

Moisejka kehrte zurück, und als er den Doktor erblickte, streckte er die Hand aus.

»Gebt ein Kopekchen!« sagte er.

XVIII

Andrej Jefimytsch ging zum Fenster und schaute aufs freie Feld. Es dunkelte bereits, und am Horizont rechts ging ein

kalter, purpurroter Mond auf. Nicht weit vom Krankenhauszaun entfernt, etwa hundert Sashen, nicht mehr, stand
ein hohes weißes Haus, von einer Steinmauer umgeben.
Das war das Gefängnis.

»Da ist sie, die Wirklichkeit!« dachte Andrej Jefimytsch,
und ihm wurde unheimlich.

Unheimlich war auch der Mond, und das Gefängnis, und
die Nägel auf dem Zaun, und die ferne Flamme in der
Knochenbrennerei. Hinter sich hörte er einen Seufzer.
Andrej Jefimytsch sah sich um und erblickte einen Menschen mit glänzenden Sternen und Orden auf der Brust,
der lächelte und ihm verschmitzt zuzwinkerte. Auch das
wirkte unheimlich.

Andrej Jefimytsch versuchte sich einzureden, daß am
Mond und am Gefängnis nichts Besonderes sei, daß
auch psychisch gesunde Menschen Orden tragen und daß
alles mit der Zeit zugrunde geht und zu Lehm wird,
aber plötzlich ergriff ihn die Verzweiflung, mit beiden
Händen packte er das Gitter und versuchte mit aller Kraft
daran zu rütteln. Doch das Gitter war fest und gab nicht
nach.

Dann ging er, damit ihm nicht so unheimlich sei, zum
Bett Iwan Dmitritschs und setzte sich.

»Ich habe den Mut verloren, mein Teurer«, murmelte er
zitternd und wischte sich den kalten Schweiß. »Den Mut
habe ich verloren.«

»Dann philosophieren Sie doch ein bißchen«, sagte Iwan
Dmitritsch spöttisch.

»Mein Gott, mein Gott … Ja, ja … Sie beliebten doch zu
behaupten, daß es in Rußland keine Philosophie gäbe, daß
aber alle philosophieren, selbst der kleine Mann. Aber vom
Philosophieren des kleinen Mannes entsteht doch keinem
ein Schaden«, sagte Andrej Jefimytsch in einem Ton, als ob
er weinen und Mitleid erregen wollte. »Weshalb, mein
Teurer, dieses böswillige Lachen? Und warum sollte dieser
kleine Mann nicht philosophieren, wenn er nicht zufrieden

147

ist? Für den klugen, gebildeten, stolzen und freiheitslieben-
den Menschen, das Ebenbild Gottes, gibt es keinen anderen
Ausweg, als daß er als Arzt in eine schmutzige, dumme
Kleinstadt geht, und dann gibt es ein Leben lang nichts als
Schröpfköpfe, Blutegel, Senfpflaster! Scharlatanerie, Enge,
Gemeinheit! Oh mein Gott!«

»Sie quatschen dummes Zeug. Wenn es Sie als Arzt an-
widert, dann gehen Sie doch als Minister.«

»Nirgends, nirgends kann man hin. Schwach sind wir,
mein Teurer ... Ich war gleichgültig, habe munter drauflos
philosophiert, aber das Leben brauchte mich bloß einmal
grob anzufassen, und schon verlor ich den Mut ... totale
Erschöpfung ... Schwach sind wir, wir Elenden ... Auch
Sie, mein Teurer. Sie sind klug, edel, haben mit der Mutter-
milch edle Anwandlungen aufgenommen, aber kaum sind
Sie ins Leben getreten, da waren Sie schon erschöpft und
wurden krank ... Schwach sind wir, schwach!«

Etwas noch Lästigeres als Furcht und das Gefühl der
Kränkung quälte Andrej Jefimytsch die ganze Zeit seit An-
bruch des Abends. Endlich kam er dahinter, daß er Bier
trinken und rauchen wollte.

»Ich gehe hier raus, mein Teurer«, sagte er. »Ich sage, daß
man Licht bringen soll ... Ich kann so nicht ... bin nicht
imstande ...«

Andrej Jefimytsch ging zur Tür und öffnete sie, aber
gleich sprang Nikita auf und verstellte ihm den Weg.

»Wohin wollen Sie? Das ist nicht erlaubt. Nein!« sagte er.
»Zeit zum Schlafen!«

»Doch nur für einen Augenblick, durch den Hof gehen!«
Andrej Jefimytsch war verwirrt.

»Ist nicht erlaubt, nein, nicht angeordnet. Das wissen Sie
selbst.«

Nikita schlug die Tür zu und lehnte sich mit dem
Rücken dagegen.

»Aber wenn ich hinausgehe, wem macht das schon etwas?« fragte Andrej Jefimytsch und zuckte die Achseln.

»Das verstehe ich nicht! Nikita, ich muß hinausgehen!« sagte er mit zitternder Stimme. »Unbedingt!«

»Stiften Sie hier keine Unruhe, das ist ungehörig!« sagte Nikita im Befehlston.

»Weiß der Teufel, was das soll!« schrie plötzlich Iwan Dmitritsch und sprang auf. »Was für ein Recht hat er, einen nicht rauszulassen? Wie können die es wagen, uns hier festzuhalten? Im Gesetz ist doch wohl klar gesagt, daß niemand ohne Gericht der Freiheit beraubt werden darf! Das ist Gewalt. Willkür!«

»Natürlich, Willkür ist das!« sagte Andrej Jefimytsch, der durch den Schrei Iwan Dmitritschs wieder mutiger wurde. »Ich muß, ich will hier raus! Er hat kein Recht! Laß mich raus, ich befehle es dir!«

»Hörst du, Rindvieh, stumpfsinniges?« schrie Iwan Dmitritsch und hämmerte mit der Faust gegen die Tür. »Mach auf, sonst zertrümmere ich die Tür! Schinder!«

»Mach auf!« schrie auch Andrej Jefimytsch, der am ganzen Körper zitterte. »Ich verlange es!«

»Noch ein Wort!« antwortete Nikita hinter der Tür. »Noch ein Wort!«

»Dann ruf doch wenigstens Jewgeni Fjodorytsch! Sag, daß ich ihn herbitte … für einen Augenblick!«

»Kommen morgen sowieso.«

»Niemals lassen sie uns raus!« fuhr unterdessen Iwan Dmitritsch fort. »Lassen uns hier verrotten! Oh mein Gott, gibt es denn tatsächlich in jener Welt keine Hölle, und diesen Nichtsnutzen wird verziehen? Wo ist da die Gerechtigkeit? Mach auf, Nichtsnutz, ich ersticke!« schrie er mit heiserer Stimme und warf sich gegen die Tür. »Ich zerschmettere mir den Kopf! Mörder!«

Nikita öffnete rasch die Tür, mit beiden Händen und dem Knie stieß er Andrej Jefimytsch grob zurück, dann holte er aus und schlug ihm mit der Faust ins Gesicht. Andrej Jefimytsch kam es vor, als ob eine gewaltige salzige Welle ihm über den Kopf hinwegrollte und ihn zum Bett schwemmte; tatsächlich war es salzig in seinem Mund: Wahrscheinlich lief ihm Blut aus den Zähnen. Er fuchtelte mit den Armen, als wollte er wegschwimmen, und klammerte sich an irgendein Bett, und in dem Moment spürte er, daß Nikita ihn zweimal in den Rücken schlug.

Laut schrie Iwan Dmitritsch auf. Offenbar wurde auch er geschlagen.

Dann wurde es ganz still. Spärliches Mondlicht fiel durch das Fenstergitter, und auf dem Boden lag ein Schatten wie ein Netz. Es war unheimlich. Andrej Jefimytsch legte sich hin und hielt den Atem an; er erwartete voller Entsetzen, daß man ihn noch einmal schlug. Als ob jemand eine Sichel genommen, sie in ihn gestoßen und mehrmals in seiner Brust und dem Gedärm herumgedreht hätte. Vor Schmerz biß er ins Kissen, biß die Zähne zusammen, und plötzlich blitzte in seinem Kopf, in all dem Chaos, der schreckliche, unerträgliche Gedanke auf, daß genau diesen Schmerz diese Menschen, die jetzt beim Mondlicht wie schwarze Schatten aussahen, schon jahrelang, tagein, tagaus erleiden mußten. Wie konnte es geschehen, daß er das im Laufe von über zwanzig Jahren nicht erkannt hatte, nicht erkennen wollte? Er kannte keinen Schmerz, hatte keine Vorstellung davon, also war er nicht schuld, aber sein Gewissen, das genauso unnachgiebig und grob war wie Nikita, ließ ihn von Kopf bis Fuß vor Kälte erschauern. Er wollte aufspringen, wollte mit aller Kraft schreien und so rasch wie möglich laufen, um Nikita zu erschlagen, dann Chobotow, den Aufseher und den Sanitäter, dann sich, doch aus seiner Brust kam kein einziger Laut, und die Beine gehorchten ihm nicht; keuchend zerrte er an Kittel und Hemd über der Brust, zerriß sie und fiel bewußtlos aufs Bett.

XIX

Am Morgen danach schmerzte ihm der Kopf, es rauschte in den Ohren, und im ganzen Körper fühlte er sich krank.

Sich seiner gestrigen Schwäche zu erinnern, war ihm nicht peinlich. Gestern war er kleinmütig gewesen, hatte sogar den Mond gefürchtet, hatte ehrlich Gefühle und Gedanken geäußert, die er früher nicht einmal in sich vermutet hätte. Zum Beispiel die Gedanken über die Unzufriedenheit des philosophierenden kleinen Mannes. Aber jetzt war ihm alles egal.

Er aß nicht, trank nicht, lag regungslos da und schwieg.

Mir ist alles egal, dachte er, als man ihm Fragen stellte. Antworten werde ich nicht ... Mir ist alles egal.

Nach dem Mittagessen kam Michail Awerjanytsch und brachte ein Viertelpfund Tee und ein Pfund Marmelade. Auch Darjuschka kam und stand eine ganze Stunde an seinem Bett mit dem Ausdruck stumpfen Leids im Gesicht. Besuch bekam er auch von Doktor Chobotow. Der brachte ein Gläschen mit Bromkalium und befahl Nikita, das Zimmer mit irgend etwas auszuräuchern.

Gegen Abend starb Andrej Jefimytsch an einem Schlaganfall. Erst spürte er einen fürchterlichen Schüttelfrost und Übelkeit; etwas Widerwärtiges schien seinen ganzen Körper, selbst die Finger zu durchdringen, zog sich vom Magen in den Kopf und überschwemmte Augen und Ohren. Es wurde ihm grün vor den Augen. Andrej Jefimytsch erkannte, daß sein Ende gekommen war, plötzlich fiel ihm ein, daß Iwan Dmitritsch, Michail Awerjanytsch und Millionen von Menschen an die Unsterblichkeit glaubten. Und wenn es sie doch gäbe? Aber Unsterblichkeit wollte er nicht, und so dachte er nur einen Augenblick daran. Ein Rudel Hirsche, ungewöhnlich schön und graziös, über die er gestern gelesen hatte, lief an ihm vorbei; dann streckte ihm eine Frau die Hand mit einem Einschreibebrief hin ... Michail Awerjanytsch sagte irgend etwas. Dann verschwand alles, und Andrej Jefimytsch verlor endgültig das Bewußtsein.

Später kamen Wärter, packten ihn bei den Armen und Beinen und brachten ihn in die Kapelle. Dort lag er mit offenen Augen aufgebahrt, und nachts beleuchtete ihn der Mond. Am Morgen kam Sergej Sergejitsch, betete fromm vor dem Kruzifix und schloß seinem ehemaligen Vorgesetzten die Augen.

Einen Tag danach beerdigte man Andrej Jefimytsch. Zum Begräbnis kamen nur Michail Awerjanytsch und Darjuschka.

(Barbara Conrad)

ANGST

Erzählung meines Freundes

Dmitri Petrowitsch Silin* hatte ein Universitätsstudium beendet und in Petersburg gedient, mit dreißig jedoch den Dienst aufgegeben und befaßte sich seither mit Landwirtschaft. Die Wirtschaft lag ihm durchaus, und doch schien mir, als wäre er nicht am richtigen Platz und täte gut daran, wieder nach Petersburg zu gehen. Wenn er mich, sonnenverbrannt, grau von Staub und erledigt von der Arbeit, am Tor oder an der Auffahrt empfing und dann beim Abendessen mit der Müdigkeit kämpfte und von seiner Frau wie ein Kind ins Bett gebracht wurde, oder wenn er, nach überwundener Müdigkeit, mit seiner weichen, herzlichen, fast flehenden Stimme begann, seine schönen Gedanken darzulegen, dann sah ich in ihm keinen Landwirt und keinen Agronom, sondern nur einen gequälten Menschen. Und es war mir klar, daß er keinerlei Wirtschaft brauchte und nur eins für ihn zählte: daß der Tag vorüberging und man Gott dafür dankbar sein mußte.

Ich war gern bei ihm, und es kam vor, daß ich auf seinem Gut zwei oder drei Tage zu Gast war. Ich mochte sein Haus, den Park, den großen Obstgarten und das Flüßchen, und auch seine Philosophie, die, wenn auch ein wenig kraftlos und gekünstelt, doch klar war. Vermutlich habe ich auch ihn selber gemocht, obwohl ich mir da nicht ganz sicher bin, weil ich aus meinen damaligen Gefühlen noch immer nicht schlau werde. Er war ein kluger, guter, gar nicht langweiliger und sehr aufrichtiger Mensch; ich erinnere mich aber noch sehr genau, daß ich unange-

---

* Ironisch sprechender Name, von síla, russ. Kraft.

nehm berührt war, als er mir seine tiefsten Geheimnisse anvertraute und unseren Beziehungen den Namen Freundschaft gab, und daß ich mich nicht wohl dabei fühlte. In seiner Freundschaft zu mir lag etwas Peinliches, etwas Lästiges, und ich hätte ihr mit Vergnügen eine gewöhnliche, weniger herzliche Beziehung vorgezogen.

Die Sache war die, daß mir seine Frau, Marija Sergejewna, außerordentlich gefiel. Verliebt war ich nicht, mir gefielen aber ihr Gesicht, ihre Augen, ihre Stimme, ihr Gang, ich sehnte mich nach ihr, wenn ich sie länger nicht gesehen hatte, und in meiner Phantasie nahm dann niemand so bereitwillig Gestalt an wie diese junge, hübsche, elegante Frau. Ich hatte ihr gegenüber keinerlei bestimmte Absichten und gab mich keinen Träumen hin; doch jedes Mal, wenn wir miteinander allein waren, mußte ich daran denken, daß ihr Mann mich für seinen Freund hielt, und ich fühlte mich unwohl. Wenn sie auf dem Flügel meine Lieblingsstücke spielte oder mir etwas Interessantes erzählte, hörte ich mit Genuß zu, und gleichzeitig ging mir der Gedanke durch den Kopf, daß sie ihren Mann liebt, daß er mein Freund ist und daß sie selbst mich für seinen Freund hält, und das verdarb mir die Stimmung; ich wurde träge, langweilig und ungeschickt. Sie bemerkte diese Veränderung und sagte dann gewöhnlich: »Sie langweilen sich ohne Ihren Freund. Ich will ihn vom Feld holen lassen.«

Und wenn Dmitri Petrowitsch kam, sagte sie: »Nun, Ihr Freund ist da. Freuen Sie sich.«

So ging es anderthalb Jahre.

Einmal, an einem Sonntag im Juli, fuhr ich mit Dmitri Petrowitsch aus Langeweile in das große Dorf Kluschino, um dort für das Abendessen einzukaufen. Während wir von Laden zu Laden bummelten, ging die Sonne unter und der Abend brach an, ein Abend, den ich wohl in meinem ganzen Leben nicht vergessen werde. Nachdem wir Käse, der wie Seife aussah, und eine steinharte, nach Teer riechende Wurst gekauft hatten, begaben wir uns in die

Kneipe und fragten nach Bier. Unser Kutscher fuhr zur Schmiede, um die Pferde beschlagen zu lassen, und wir sagten ihm, daß wir bei der Kirche auf ihn warten würden. Wir gingen umher, redeten, lachten über unsere Einkäufe, und schweigend und mit der geheimnisvollen Miene eines Polizeispitzels folgte uns ein Mann, der in unserem Kreis einen recht seltsamen Spitznamen trug: Vierzig Märtyrer. Dieser Vierzig Märtyrer war kein anderer als Gawrila Sewerow, oder einfach Gawrjuschka, der kurze Zeit bei mir als Lakai gedient und den ich wegen Trunksucht entlassen hatte. Er hatte auch bei Dmitri Petrowitsch gedient und war wegen des gleichen Lasters entlassen worden. Er war ein schlimmer Säufer, und sein Schicksal sah genauso berauscht und wüst aus wie er selbst. Sein Vater war Geistlicher gewesen, seine Mutter Adlige, seiner Geburt nach gehörte er also zu einer privilegierten Schicht; aber wie lange ich sein ausgemergeltes, höfliches und immer schwitzendes Gesicht auch betrachtete, seinen roten, schon grau werdenden Bart, sein erbärmliches zerrissenes Jackett und sein rotes, über die Hosen hängendes Hemd, ich vermochte doch keine Spur von dem zu entdecken, was man bei uns in der Öffentlichkeit als privilegiert bezeichnet. Er nannte sich gebildet und erzählte, er habe an einer geistlichen Lehranstalt studiert, das Studium jedoch nicht beendet, weil man ihn wegen Tabakrauchens relegiert habe; dann hat er im bischöflichen Chor gesungen und etwa zwei Jahre in einem Kloster gelebt, von wo man ihn ebenfalls fortgeschickt hatte, diesmal aber nicht wegen des Rauchens, sondern wegen der »Schwäche«[*]. Er durchquerte zu Fuß zwei Gouvernements, reichte Bittschriften beim Konsistorium und bei verschiedenen Amtsstellen ein und stand viermal vor Gericht. Schließlich blieb er in unserem Kreis hängen und war als Lakai, Waldhüter, Hundewärter und Kirchendiener tätig; er heiratete eine

---

[*] Verbreitete Umschreibung für Trunksucht.

liederliche Witwe, eine Köchin, versank endgültig im La-
kaienleben und wurde mit dessen Schmutz und Unannehmlichkeiten so eins, daß er mit einem gewissen Mißtrauen von seiner privilegierten Herkunft sprach, als handle
es sich um einen Mythos. Zu der hier beschriebenen Zeit
trieb er sich ohne feste Stelle herum und gab sich als
Pferdedoktor und Jäger aus, während seine Frau spurlos
verschwunden war.

Von der Kneipe gingen wir zur Kirche und setzten uns
in den Vorraum, um auf den Kutscher zu warten. Vierzig
Märtyrer stand ein wenig entfernt und hielt sich die Hand
vor den Mund, um ehrerbietig in sie hineinzuhusten, falls
es nötig sein würde. Es war schon dunkel; es roch stark
nach abendlicher Feuchtigkeit, und der Mond ging langsam auf. An dem reinen Sternenhimmel waren nur zwei
Wolken, und sie befanden sich gerade über uns: eine große
und eine kleinere; einsam zogen sie, wie Mutter und Kind,
hintereinander dem erlöschenden Abendrot entgegen.

»Ein herrlicher Tag heute«, sagte Dmitri Petrowitsch.

»Über die Maßen …« pflichtete Vierzig Märtyrer ihm
bei und hustete ehrerbietig in seine Hand. »Was hat Sie,
Dmitri Petrowitsch, gütigerweise hierhergeführt?« fragte er
mit einschmeichelnder Stimme, offensichtlich in dem Bemühen, ein Gespräch in Gang zu bringen.

Dmitri Petrowitsch antwortete nicht. Vierzig Märtyrer
seufzte tief und äußerte leise und ohne uns anzusehen:»Ich
leide aus einem einzigen Grund, für den ich mich gegenüber dem Allmächtigen verantworten muß. Natürlich, ich
bin ein verlorener und unfähiger Mensch, aber glauben
Sie mir auf Ehre und Gewissen: Ohne ein Stück Brot ist
man schlechter dran als ein Hund … Verzeihen Sie, Dmitri Petrowitsch!«

Silin antwortete nicht; er hatte den Kopf auf die Fäuste
gestützt und dachte nach. Die Kirche stand am Ende der
Straße, auf dem Steilufer, und durch das Gitter der Einfrie-
dung sahen wir den Fluß, die überschwemmten Wiesen auf

dem jenseitigen Ufer und den grellen, purpurroten Schein eines Lagerfeuers, um das sich schwarze Menschen und Pferde bewegten. Hinter dem Lagerfeuer blinkten noch mehr Lichter: Das war das Dörfchen … Dort wurde ein Lied gesungen.

Auf dem Fluß und hier und da auf der Wiese stieg Nebel auf. Hohe schmale Nebelfetzen trieben dicht und milchweiß über dem Wasser, verdeckten den Widerschein der Sterne und klammerten sich an die Weiden. Sie veränderten jeden Augenblick ihr Aussehen, und es schien, als würden sich die einen umarmen, die anderen verbeugen und wieder andere ihre Arme mit weiten Priesterärmeln zum Himmel heben, als beteten sie … Wahrscheinlich brachten sie Dmitri Petrowitsch auf den Gedanken an Gespenster und Verstorbene, denn er wandte mir sein Gesicht zu und fragte mit einem traurigen Lächeln: »Sagen Sie mir, mein Lieber, warum nehmen wir, wenn wir etwas Schreckliches, Geheimnisvolles und Phantastisches erzählen wollen, das Material nicht aus dem Leben, sondern unbedingt aus der Welt der Gespenster und Schatten von jenseits des Grabes?«

»Schrecklich ist das, was wir nicht begreifen.«

»Aber ist Ihnen das Leben denn begreiflich? Sagen Sie: Verstehen Sie etwa das Leben besser als die jenseitige Welt?«

Dmitri Petrowitsch rückte ganz nah zu mir heran, so daß ich seinen Atem auf meiner Wange spürte. In der Abenddämmerung erschien sein bleiches, hageres Gesicht noch bleicher und sein Bart schwärzer als Ruß. Sein Blick war traurig, aufrichtig und ein wenig erschrocken, als beabsichtigte er, mir etwas Schreckliches zu erzählen. Er sah mir in die Augen und sprach mit seiner gewohnten flehenden Stimme weiter: »Unser Leben und das Jenseits sind gleicherweise unbegreiflich und schrecklich. Wer sich vor Gespenstern fürchtet, der muß sich auch vor mir fürchten, vor diesen Lichtern und vor dem Himmel, denn all das ist, wenn man's recht bedenkt, nicht weniger unfaßbar und phantastisch als das, was aus der jenseitigen Welt kommt. Prinz Hamlet hat sich nicht umgebracht, weil er die Gespenster fürchtete, die ihn in seinem Todesschlaf heimsuchen könnten; sein berühmter Monolog gefällt mir, aber offen gesagt, meine Seele hat er nicht berührt. Ich gestehe Ihnen als Freund, daß ich mir manchmal, in Augenblicken der Niedergeschlagenheit, meine Todesstunde vorgestellt habe und daß meine Phantasie mir Tausende der schwärzesten Visionen gezeigt hat. Es gelang mir sogar, mich in einen Zustand qualvoller Exaltiertheit zu versetzen und Alpträume zu haben, doch all das erschien mir, das versichere ich Ihnen, nicht schrecklicher als die Wirklichkeit. Kurz gesagt, Visionen sind schrecklich, aber schrecklich ist auch das Leben. Ich verstehe das Leben nicht, mein Bester, und ich fürchte es. Vielleicht bin ich ja ein kranker, überdrehter Mensch. Einem normalen, gesunden Menschen scheint es, als verstehe er alles, was er hört und sieht, ich aber habe dieses ›scheint‹ verloren und vergifte mich von Tag zu Tag mit Angst. Es gibt eine Krankheit, die Platzangst; so kranke ich an der Lebensangst. Wenn ich im Gras liege und lange einen Käfer betrachte, der gestern erst geboren wurde und nichts versteht, dann kommt es mir vor, als bestehe sein Leben aus einem fortgesetzten Schrecken, und ich sehe in ihm mich selbst.«

»Aber wovor fürchten Sie sich denn?« fragte ich.

»Ich fürchte mich vor allem. Ich bin von Natur aus kein tief veranlagter Mensch und interessiere mich wenig für Fragen wie die nach dem Jenseits oder dem Schicksal des Menschengeschlechts, in so einer dünnen Luft bewege ich mich selten. In erster Linie fürchte ich mich vor dem Alltäglichen, dem sich keiner von uns entziehen kann. Ich bin nicht zu der Unterscheidung fähig, was in meinen Handlungen Wahrheit ist und was Lüge, und sie beunruhigen mich; ich erkenne, daß die Bedingungen des Lebens und die Erziehung mich in einen engen Kreis der Lüge eingeschlossen haben, daß mein ganzes Leben nichts anderes ist als die tägliche Sorge, wie ich mich und die Leute betrüge, ohne es selbst zu merken. Und ich empfinde Angst bei dem Gedanken, daß ich mich buchstäblich bis zu meinem Tod von dieser Lüge nicht werde befreien können. Heute tue ich etwas, und morgen verstehe ich schon nicht mehr, wozu ich das tat. In Petersburg trat ich eine Stelle an, erschrak und kam hierher, um mich mit Landwirtschaft zu beschäftigen, und erschrak ebenfalls ... Ich sehe, daß wir wenig wissen und uns deshalb jeden Tag irren, häufig ungerecht sind, andere verleumden, ihnen das Leben schwer machen und alle unsere Kräfte für einen Unsinn vergeuden, den wir nicht brauchen und der uns hindert zu leben, und darum fürchte ich mich, weil ich nicht verstehe, für wen und wozu das alles gut ist. Ich verstehe die Menschen nicht, mein Bester, und ich fürchte sie. Es wird mir angst, wenn ich auf die Bauern schaue, ich weiß nicht, für welche angeblich höheren Ziele sie leiden und wozu sie leben. Wenn das Leben Genuß bedeutet, dann sind sie überflüssige, unnütze Menschen; wenn Ziel und Sinn des Lebens hingegen in der Not liegt und in der absolut hoffnungslosen Unwissenheit, dann ist mir unverständlich, wem und wozu eine derartige Inquisition vonnöten ist. Ich verstehe niemanden und nichts. Verstehen Sie doch bitte dieses Subjekt da!« sagte Dmitri Petrowitsch und wies auf Vierzig Märtyrer. »Denken Sie sich nur mal in ihn hinein!«

Als Vierzig Märtyrer merkte, daß wir beide ihn ansahen, hüstelte er höflich in seine Faust und sagte: »Bei guten Herrschaften bin ich ständig ein treuer Diener gewesen, aber der Hauptgrund waren die geistigen Getränke. Wenn Sie mich jetzt, einen unglücklichen Menschen, in Betracht ziehen würden und mir eine Anstellung gäben, dann würde ich die Ikone küssen. Mein unumstößliches Wort!«

Der Kirchendiener ging vorüber, warf uns einen erstaunten Blick zu und zog am Seil. Die Glocke zerriß die Abendstille und schlug gemessen und lang hallend die zehnte Stunde.

»Es ist ja schon zehn Uhr!« sagte Dmitri Petrowitsch. »Zeit, daß wir fahren. Ja, mein Bester«, äußerte er seufzend, »wenn Sie wüßten, wie ich mich vor den Gedanken meines ganz gewöhnlichen Alltagslebens fürchte, obwohl in ihnen doch, anscheinend, nichts zum Fürchten liegt. Um nicht zu denken, lenke ich mich durch Arbeit ab und sehe zu, daß ich müde werde, um in der Nacht fest zu schlafen. Die Kinder, die Frau – für andere ist das ganz gewöhnlich, für mich ist es schwer, mein Bester, sehr schwer!«

Er wischte sich mit den Händen übers Gesicht, räusperte sich und lächelte. »Könnte ich Ihnen nur erzählen, was für ein Dummkopf ich im Leben war!« sagte er. »Alle sagen zu mir: Sie haben eine liebe Frau, wunderbare Kinder, und Sie selbst sind ein ausgezeichneter Familienvater. Sie glauben, ich sei sehr glücklich, und sie beneiden mich. Nun, wenn wir bei diesem Thema sind, so sage ich Ihnen unter dem Siegel der Verschwiegenheit: Mein ach so glückliches Familienleben ist ein einziges trauriges Mißverständnis, und ich habe Angst davor.«

Das erzwungene Lächeln ließ sein Gesicht häßlich erscheinen. Er faßte mich um die Hüfte und fuhr mit leiser Stimme fort: »Sie sind mein aufrichtiger Freund, ich vertraue Ihnen und achte Sie hoch. Die Freundschaft hat uns der Himmel geschickt, damit wir uns aussprechen und uns vor den Geheimnissen, die uns bedrücken, retten können. Gestatten Sie mir, Ihre freundschaftliche Geneigtheit zu nutzen, um Ihnen die ganze Wahrheit zu entdecken. Mein Familienleben, das Ihnen so reizend erscheint, ist mein größtes Unglück und meine hauptsächliche Angst. Ich habe seltsam und dumm geheiratet. Ich muß Ihnen sagen, daß ich Mascha bis zu unserer Heirat wahnsinnig geliebt habe und mich zwei Jahre lang um sie bemühte. Fünf Mal machte ich ihr einen Heiratsantrag, und jedesmal wies sie mich ab, weil ich ihr völlig gleichgültig war. Beim sechsten Mal, als ich vor Liebe fast verging und sie auf den Knien um ihre Hand bat wie um ein Almosen, willigte sie ein …

Sie sagte folgendes: ›Ich liebe Sie nicht, aber ich werde Ihnen treu sein …‹ Eine solche Bedingung nahm ich begeistert an. Damals verstand ich, was das bedeutet, heute jedoch, ich schwöre es bei Gott, verstehe ich es nicht mehr. ›Ich liebe Sie nicht, aber ich werde Ihnen treu sein …‹ – was bedeutet das? Das ist Nebel, das ist Finsternis … Ich liebe sie heute noch genauso wie am ersten Tag unserer Ehe, während sie, wie mir scheint, so gleichgültig ist wie zuvor und wohl jedesmal froh, wenn ich wegfahre. Ich weiß nicht sicher, ob sie mich liebt oder nicht, ich weiß es nicht, ich weiß es nicht; aber schließlich leben wir unter einem Dach, sagen ›Du‹ zueinander, schlafen miteinander, haben Kinder, gemeinsamen Besitz … Was bedeutet das? Wozu das? Verstehen Sie da etwas, mein Bester? Eine grausame Folter! Weil mir unsere Beziehungen unverständlich sind, hasse ich mal sie, mal mich selbst, mal uns beide, alles in meinem Kopf ist durcheinandergeraten, ich quäle mich und stumpfe immer mehr ab, sie aber wird, wie zum Trotz, jeden Tag schöner und bewundernswerter … Meiner Meinung nach hat sie herrliches Haar und ein Lächeln wie keine andere Frau. Ich liebe und weiß, daß ich hoffnungslos liebe. Eine hoffnungslose Liebe zu einer Frau, von der ich schon zwei Kinder habe! Ist das denn zu verstehen und nicht vielmehr schrecklich? Ist das nicht schrecklicher als alle Gespenster?«

In dieser Stimmung hätte er noch lange so weitergeredet, doch zum Glück ertönte die Stimme des Kutschers. Unsere Pferde kamen. Wir setzten uns auf den Wagen, und Vierzig Märtyrer half uns mit gezogener Mütze hinauf. Er tat es mit einem Gesichtsausdruck, als habe er schon lange auf die Gelegenheit gewartet, unsere wertvollen Körper zu berühren.

»Dmitri Petrowitsch, geruhen Sie, daß ich zu Ihnen komme«, brachte er hervor, wobei er heftig blinzelte und den Kopf auf die Seite legte. »Erweisen Sie mir die göttliche Barmherzigkeit! Ich komme um vor Hunger!«

»Also gut«, sagte Silin. »Komm und bleib drei Tage, dann sehen wir weiter.«

»Zu Befehl«, sagte Vierzig Märtyrer erfreut. »Gleich heute komme ich.«

Bis zum Haus waren es sechs Werst. Dmitri Petrowitsch, zufrieden, daß er sich dem Freund gegenüber endlich ausgesprochen hatte, hielt mich die ganze Zeit um die Hüfte gefaßt und sagte ohne Bitterkeit und ohne Angst, sondern fröhlich, daß er, wenn in der Familie alles in Ordnung wäre, nach Petersburg zurückkehren und sich dort der Wissenschaft widmen würde. Diese Tendenz, sagte er, die so viele begabte junge Leute aufs Land gehen läßt, sei eine traurige Erscheinung. Roggen und Weizen gäbe es bei uns in Rußland genügend, kultivierte Menschen aber nicht. Die begabte, gesunde Jugend müsse sich mit den Wissenschaften, den Künsten und der Politik beschäftigen, jedes andere Verhalten sei unökonomisch. So philosophierte er genußvoll vor sich hin und äußerte sein Bedauern, daß er morgen früh von mir Abschied nehmen würde, weil er auf eine Holzauktion müsse.

Ich fühlte mich unwohl und traurig, und es war mir, als würde ich den Mann hintergehen. Und gleichzeitig hatte ich ein angenehmes Gefühl. Ich schaute auf den riesigen purpurnen Mond, der im Aufgehen begriffen war, und stellte mir die hochgewachsene, schlanke blonde Frau mit dem blassen Gesicht vor, wie sie, immer hübsch angezogen, nach einem besonderen moschusartigen Parfüm duftete, und irgendwie stimmte es mich fröhlich, daß sie ihren Mann nicht liebte.

Zu Hause angekommen, setzten wir uns zum Abendessen. Marija Sergejewna bewirtete uns lächelnd mit unseren Einkäufen, und ich fand, daß sie in der Tat herrliches Haar hatte und lächelte wie keine andere Frau. Ich beobachtete sie und wollte in jeder ihrer Bewegungen und ihrem Blick erkennen, daß sie ihren Mann nicht liebte, und es kam mir vor, als erkannte ich es tatsächlich.

Dmitri Petrowitsch begann bald mit der Müdigkeit zu kämpfen. Nach dem Abendessen saß er noch etwa zehn Minuten bei uns, dann sagte er: »Wie Ihr wollt, meine Herrschaften, aber ich muß morgen um drei Uhr aufstehen. Erlaubt, daß ich Euch verlasse.«

Er küßte zärtlich und fest seine Frau, drückte mir dankbar die Hand und nahm mir das Versprechen ab, ihn in der kommenden Woche unbedingt zu besuchen. Um morgen nicht zu verschlafen, ging er zur Nacht ins Seitengebäude.

Marija Sergejewna pflegte, nach Petersburger Art, spät schlafen zu gehen, und gerade heute freute mich das.

»Nun?« begann ich, als wir allein waren. »Seien Sie doch so gut und spielen Sie mir etwas vor.«

Ich hatte gar keine Lust auf Musik, ich wußte nur nicht, wie ich ein Gespräch beginnen sollte. Sie setzte sich an den Flügel und spielte, ich weiß nicht mehr, was es war. Ich saß neben ihr, betrachtete ihre weißen weichen Hände und bemühte mich, aus ihrem kühlen, gleichgültigen Gesicht etwas herauszulesen. Doch da lächelte sie plötzlich über irgend etwas und sah mich an.

»Es ist Ihnen langweilig ohne Ihren Freund«, sagte sie.

Ich lachte. »Für die Freundschaft würde es genügen, einmal im Monat herzukommen, ich aber bin mehrmals in der Woche hier.«

Nach diesen Worten stand ich auf und schritt erregt von einer Ecke des Zimmers zur anderen. Sie erhob sich ebenfalls und ging zum Kamin.

»Was wollen Sie damit sagen?« fragte sie und richtete ihre großen hellen Augen auf mich.

Ich erwiderte nichts.

»Sie haben die Unwahrheit gesagt«, fuhr sie nach kurzem Überlegen fort. »Sie sind nur wegen Dmitri Petrowitsch hier. Aber es freut mich doch sehr. Eine solche Freundschaft bekommt man in unserer Zeit nur selten zu sehen.«

Aha! dachte ich, und da ich nicht wußte, was ich sagen

sollte, fragte ich: »Möchten Sie einen Spaziergang im Garten machen?«

»Nein.«

Ich trat auf die Terrasse hinaus. Ich fühlte ein Kribbeln im Kopf, und ich fröstelte vor Erregung. Mir war schon klar, daß sich unser Gespräch nur um völlig belanglose Dinge drehen würde und daß wir nicht imstande sein würden, uns irgend etwas Besonderes zu sagen, daß in dieser Nacht aber ganz bestimmt das geschehen würde, wovon ich nicht einmal zu träumen wagte. In dieser Nacht oder nie.

»Wie schön es ist!« sagte ich laut.

»Das ist mir absolut gleichgültig«, kam zur Antwort.

Ich ging in den Salon. Marija Sergejewna stand immer noch, die Hände auf dem Rücken, am Kamin und dachte, den Blick zur Seite gewandt, über etwas nach.

»Und warum ist Ihnen das absolut gleichgültig?« fragte ich.

»Weil mir langweilig ist. Ihnen ist nur ohne Ihren Freund langweilig, mir hingegen ist immer langweilig. Aber … das ist ja für Sie nicht interessant.«

Ich setzte mich an den Flügel und schlug, in Erwartung, was sie weiter sagen würde, ein paar Akkorde an.

»Bitte zieren Sie sich nicht«, sagte sie, wobei sie mich zornig ansah und vor Ärger fast in Tränen auszubrechen schien. »Wenn Sie schlafen möchten, dann gehen Sie. Denken Sie nicht, daß Sie als Dmitri Petrowitschs Freund dazu verpflichtet wären, sich mit seiner Frau zu langweilen. Ich wünsche kein Opfer. Bitte, gehen Sie.«

Ich ging natürlich nicht. Sie trat auf die Terrasse, während ich im Salon blieb und etwa fünf Minuten in den Noten blätterte. Dann trat auch ich hinaus. Wir standen nebeneinander im Schatten der Gardinen, die Stufen unter uns lagen im vollen Mondlicht. Über die Blumenbeete und den gelben Sand der Alleen zogen sich die langen Schatten der Bäume.

»Ich muß auch morgen fahren«, sagte ich.

»Natürlich, wenn der Ehemann nicht da ist, hält Sie hier nichts mehr«, ließ sie spöttisch fallen. »Ich stelle mir vor, wie unglücklich Sie wären, wenn Sie sich in mich verlieben würden. Warten Sie, irgendwann werfe ich mich Ihnen noch an den Hals! ... Um zu sehen, mit welchem Schreck Sie vor mir davonlaufen. Wäre interessant.«

In ihren Worten und auf ihrem bleichen Gesicht lag Zorn, ihre Augen jedoch waren von der zärtlichsten und leidenschaftlichsten Liebe erfüllt. Ich schaute auf dieses wunderschöne Geschöpf bereits wie auf mein Eigentum, und da bemerkte ich zum ersten Mal, daß sie goldene Augenbrauen hatte, wunderbare Augenbrauen, wie sie mir noch nie begegnet waren. Der Gedanke, daß ich sie jetzt sofort an mich ziehen, liebkosen und ihr herrliches Haar berühren könnte, stand plötzlich als etwas so Monströses vor mir, daß ich lachte und die Augen schloß.

»Aber es ist Zeit ... Ich wünsche Ihnen eine ruhige Nacht!« sagte sie.

»Ich möchte aber keine ruhige Nacht ...« erwiderte ich lachend und trat hinter ihr in den Salon. »Ich werde diese Nacht verfluchen, wenn sie ruhig gewesen ist.«

Als ich ihr die Hand drückte und sie zu ihrer Tür begleitete, sah ich an ihrem Gesicht, daß sie mich verstand und froh darüber war, daß auch ich sie verstand.

Ich ging auf mein Zimmer. Auf dem Tisch, neben den Büchern, lag Dmitri Petrowitschs Mütze, und das erinnerte mich an seine Freundschaft. Ich nahm einen Spazierstock und ging in den Garten hinaus. Dort war der Nebel gestiegen, und zwischen den Bäumen und Sträuchern trieben, sie umarmend, dieselben hohen und schmalen Gespenster, die ich vorhin auf dem Fluß gesehen hatte. Wie schade, daß ich mit ihnen nicht reden konnte!

In der ungewöhnlich klaren Luft zeichnete sich jedes Blättchen, jeder Tautropfen ab – all das lächelte mir in der Stille verschlafen zu, und während ich an den grünen

Bänken vorüberging, fielen mir die Worte aus irgendeinem Stück von Shakespeare ein: Wie süß das Mondlicht schläft auf dieser Bank![*]

Im Garten gab es einen Hügel. Ich stieg hinauf und ließ mich nieder. Ein bezauberndes Gefühl setzte mir zu. Ich wußte ganz sicher, daß ich gleich ihren prachtvollen Körper umarmen und an mich drücken und ihre goldenen Augenbrauen küssen würde, und mich verlangte, nicht daran zu glauben, mir selbst etwas vorzumachen, und ich bedauerte, daß sie mich so wenig quälte und sich so rasch hingab.

Aber da ertönten unerwartet schwere Schritte. In der Allee erschien ein Mann von mittelgroßer Statur, in dem ich sofort Vierzig Märtyrer erkannte. Er setzte sich auf die Bank und tat einen tiefen Seufzer, worauf er sich dreimal bekreuzigte und sich hinlegte. Eine Minute später stand er auf und legte sich auf die andere Seite. Die Mücken und die Feuchtigkeit der Nacht hinderten ihn am Einschlafen. »Ist das ein Leben!« stieß er hervor. »Unglücklich und bitter ist das Leben!«

Als ich auf seinen hageren, zusammengekrümmten Körper sah und seine schweren, heiseren Seufzer vernahm, fiel mir ein anderes unglückliches, bitteres Leben ein, das mir heute gebeichtet worden war, und mir wurde angesichts meines eigenen wonnevollen Zustands angst und bange. Ich stieg vom Hügel herunter und ging zum Haus.

Seiner Meinung nach ist das Leben schrecklich, dachte ich, dann geh nicht zimperlich mit ihm um, krieg's unter, bevor es dich zerdrückt, nimm dir alles, was du ihm entreißen kannst.

Auf der Terrasse stand Marija Sergejewna. Schweigend umarmte ich sie und begann gierig ihre Augenbrauen zu küssen, ihre Schläfen, ihren Hals …

---

[*] Vgl. *Der Kaufmann von Venedig* V, I, 54: »How sweet the moonlight sleeps upon this bank!« (eigentlich: »Wie süß das Mondlicht auf dem Hügel schläft!«).

In meinem Zimmer sagte sie mir, daß sie mich schon lange liebte, länger als ein Jahr. Sie schwor mir ihre Liebe, weinte, bat, daß ich sie mitnehme. Immer wieder führte ich sie zum Fenster, um im Mondlicht ihr Gesicht zu betrachten, und sie erschien mir wie ein schöner Traum – gleich mußte ich sie fest umarmen, um an die Wirklichkeit glauben zu können. Eine solche Ekstase hatte ich schon lange nicht mehr erlebt … Doch weit weg, irgendwo auf dem Grund meines Herzens, fühlte ich mich unbehaglich, war mir nicht wohl zumute. In ihrer Liebe zu mir lag etwas Unangenehmes und Bedrückendes, genauso wie in Dmitri Petrowitschs Freundschaft. Es war eine große, ernsthafte Liebe mit Tränen und Schwüren, während ich nichts Ernsthaftes wollte, weder Tränen und Schwüre noch Gespräche über die Zukunft. Als heller Meteor sollte diese Mondnacht in unserem Leben vorüberhuschen – und Schluß.

Um genau drei Uhr verließ sie mich, und als ich, in der Tür stehend, ihr nachblickte, erschien am Ende des Korridors plötzlich Dmitri Petrowitsch. Als sie ihm begegnete, zuckte sie zusammen und ließ ihn vorbei; ihre ganze Haltung verriet Widerwillen. Er lächelte irgendwie seltsam, hüstelte und trat in mein Zimmer.

»Ich hab gestern hier meine Mütze vergessen …« sagte er, ohne mich anzusehen.

Er fand die Mütze und setzte sie mit beiden Händen auf, dann betrachtete er mein verwirrtes Gesicht und meine Schuhe, und mit einer fremd klingenden, heiseren Stimme äußerte er: »Mir wurde wahrscheinlich schon an der Wiege gesungen, daß ich nichts verstehen würde. Wenn Sie etwas verstehen, dann … gratuliere ich Ihnen. Vor meinen Augen ist immer Nacht.«

Und hüstelnd ging er hinaus. Dann sah ich durchs Fenster, wie er vor dem Pferdestall eigenhändig die Pferde einspannte. Seine Hände zitterten, er war in Eile und blickte sich ständig zum Haus um; wahrscheinlich fürchtete er sich. Dann setzte er sich in den Wagen, und mit einem merkwürdigen Ausdruck, als habe er Angst, verfolgt zu werden, hieb er auf die Pferde ein.

Ein wenig später fuhr auch ich ab. Die Sonne war bereits aufgegangen, und der gestrige Nebel schmiegte sich furchtsam an Sträucher und Hügel. Auf dem Kutschbock saß Vierzig Märtyrer, der bereits Zeit gefunden hatte, einen zu heben, und nun Säuferunsinn daherredete.

»Ich bin ein freier Mensch!« schrie er auf die Pferde herab. »He, ihr Himbeerfarbenen! Ich habe das erbliche Ehrenbürgerrecht, wenn ihr's wissen wollt!«

Dmitri Petrowitschs Angst, die mir nicht aus dem Kopf gehen wollte, teilte sich nun auch mir mit. Ich dachte über das Geschehene nach und verstand nichts. Ich blickte auf die Saatkrähen und fand es seltsam und bedrohlich, daß sie da umherflogen.

Wozu habe ich das getan? fragte ich mich erstaunt und verzweifelt. Warum hat es sich gerade so und nicht anders ergeben? Wem und wozu ist es von Nutzen, daß sie mich ernsthaft liebt und daß er seiner Mütze wegen im Zimmer erschien? Was hat die Mütze damit zu tun?

Am selben Tag reiste ich nach Petersburg und habe Dmitri Petrowitsch und seine Frau seither nie wieder gesehen. Es heißt, sie leben weiterhin zusammen.

(Kay Borowsky)

»Laßt mich, ich will selbst die Zügel halten! Ich setze mich neben den Kutscher!« sagte Sofja Lwowna laut. »Kutscher, wart mal, ich setze mich neben dich auf den Kutschbock.«

Sie stand aufrecht im Schlitten, und ihr Mann Wladimir Nikitytsch sowie ihr Freund aus Kindertagen, Wladimir Michailytsch, hielten sie an den Armen fest, damit sie nicht umfiel. Die Troika jagte schnell dahin.

»Ich hab doch gesagt, daß man ihr keinen Cognac geben soll«, raunte Wladimir Nikitytsch ärgerlich seinem Gefährten zu. »Ach du, aber wirklich!«

Der Oberst wußte aus Erfahrung, daß Frauen wie seine Gattin Sofja Lwowna nach einer angeregten, feucht-fröhlichen Runde in hysterisches Lachen und dann in Weinen auszubrechen pflegen. Er befürchtete, daß er, wenn sie jetzt nach Hause kämen, sich mit kalten Kompressen und mit dem Verabreichen von Tropfen würde herumschlagen müssen, statt schlafen gehen zu können.

»Brrr!« schrie Sofja Lwowna. »Ich will die Zügel halten!«

Sie war richtiggehend aufgekratzt und ausgelassen. In den letzten zwei Monaten, seit dem Tag ihrer Hochzeit, hatte sie der Gedanke gequält, den Oberst Jagitsch nur aus Berechnung geheiratet zu haben, und, wie man so sagt, par dépit*; doch heute in dem Vorstadtrestaurant konnte sie sich endlich davon überzeugen, daß sie ihn leidenschaftlich liebte. Ungeachtet seiner vierundfünfzig Jahre war er so stattlich, gewandt und behende und konnte so nett kalauern und mit den Zigeunerinnen mitsingen. In der Tat, jetzt waren die älteren Männer tausendmal interessanter als die

---

* Aus Verdruß.

jungen, und es sah ganz danach aus, als hätten Alter und Jugend die Rollen getauscht. Der Oberst war zwei Jahre älter als ihr Vater, aber konnte denn dieser Umstand irgendeine Bedeutung haben, wenn in ihm, um die Wahrheit zu sagen, bei weitem mehr Lebenskraft, Tatendrang und Frische steckten als in ihr selbst, obwohl sie erst dreiundzwanzig war?

Oh, mein Lieber! dachte sie. Du bist wundervoll!

Im Restaurant war sie auch zu der Überzeugung gelangt, daß von dieser früheren Empfindung in ihrer Seele nicht einmal ein Funke übriggeblieben war. Ihr Freund aus Kindertagen, Wladimir Michailytsch oder ganz einfach Wolodja, den sie noch gestern bis zum Wahnsinn, bis zur Verzweiflung geliebt hatte, ließ sie jetzt vollkommen gleichgültig. Heute erschien er ihr den ganzen Abend träge, schlaff, uninteressant und unbedeutend, und die Unverfrorenheit, mit der er sich gewöhnlich vorm Bezahlen der Restaurantrechnungen drückte, hatte sie diesmal entrüstet, und sie hatte sich sehr zusammennehmen müssen, um nicht zu ihm zu sagen: Wenn Sie kein Geld haben, dann bleiben Sie doch zu Hause. – Immer bezahlte ausschließlich der Oberst.

Vielleicht weil vor ihren Augen Bäume, Telegrafenmasten und Schneewehen auftauchten, kamen ihr die unterschiedlichsten Gedanken in den Sinn. Sie dachte daran, daß die Rechnung im Restaurant hundertzwanzig Rubel betragen hatte, dazu waren noch hundert für die Zigeuner gekommen, und morgen konnte sie, wenn sie wollte, sogar tausend Rubel zum Fenster hinauswerfen, vor zwei Monaten hingegen, bis zu ihrer Hochzeit, hatte sie nicht einmal drei Rubel eigenes Geld gehabt und für jede Kleinigkeit den Vater angehen müssen. Wie hatte sich ihr Leben doch verändert!

Ihre Gedanken verwirrten sich, und ihr fiel ein, wie Oberst Jagitsch – jetzt ihr Mann –, als sie zehn Jahre alt war, ihrer Tante den Hof gemacht und – wie alle im Haus behaupteten – die Tante zugrunde gerichtet hatte; tatsächlich war diese oft mit verweinten Augen an den Mittagstisch gekommen und immer irgendwohin gefahren, und man sagte dann von ihr, daß sie, die Ärmste, keine Ruhe finden könne. Jagitsch sah damals sehr gut aus und hatte einen ungewöhnlichen Erfolg bei den Frauen, so daß er stadtbekannt war und man über ihn erzählte, daß er jeden Tag seine Verehrerinnen besucht habe wie ein Arzt seine Patienten. Und noch jetzt wirkte sein hageres Gesicht trotz der grauen Haare, der Falten und der Brille mitunter schön, besonders im Profil.

Sofja Lwownas Vater war Militärarzt und hatte einst mit Jagitsch im selben Regiment gedient. Auch Wolodjas Vater, ebenfalls Militärarzt, war mit ihrem Vater und Jagitsch in einem Regiment gewesen. Trotz seiner oft sehr komplizierten und turbulenten Liebesaffären hatte Wolodja gut gelernt; nach einem erfolgreichen Universitätsabschluß hatte er jetzt als Forschungsgebiet die fremdsprachige Literatur gewählt und schrieb, wie es hieß, seine Dissertation. Er wohnte in der Kaserne bei seinem Vater, dem Militärarzt, und verfügte über kein eigenes Geld, obwohl er schon dreißig war. In der Kindheit hatten Sofja Lwowna und er unter einem Dach, wenn auch in verschiedenen Wohnungen gelebt; er war häufig zu ihr zum Spielen gekommen, und beide hatten gemeinsam Tanz- und Französischunterricht erhalten; als er jedoch herangewachsen und aus ihm ein stattlicher, sehr hübscher junger Mann geworden war, genierte sie sich vor ihm, verliebte sich dann aber wahnsinnig in ihn, und diese Liebe währte bis in die jüngste Zeit, bis zu ihrer Heirat mit Jagitsch. Auch Wolodja hatte ungewöhnlichen Erfolg bei den Frauen, beinahe seit seinem vierzehnten Lebensjahr, und die Damen, die seinetwegen ihre Männer betrogen, rechtfertigten sich damit, daß Wolodja noch jung sei. Unlängst erzählte jemand über ihn, daß er als Student in gemieteten Zimmern in Universitätsnähe gewohnt habe, und jedes Mal, wenn jemand bei ihm angeklopft habe, seien Schritte hinter der Tür zu hören gewesen und dann mit halblauter Stimme die Entschuldigung: Pardon, je ne suis pas seul!* Jagitsch war begeistert von ihm und gab ihm für seinen weiteren Lebensweg seinen Segen – so wie Dershawin** einst Puschkin seinen Segen gegeben hatte –, und er mochte ihn anscheinend sehr. Die beiden konnten stundenlang Billard oder Pikett*** spielen, ohne daß ein einziges Wort fiel, und wenn Jagitsch mit der Troika irgendwohin fuhr, dann nahm er auch Wolodja mit, und Wolodja seinerseits weihte einzig und allein Jagitsch in die Geheimnisse seiner Dissertation ein. Anfangs, als der Oberst noch jünger war, wurden die beiden oft zu Rivalen, aber nie waren sie eifersüchtig aufeinander. In der Gesellschaft, in der die beiden sich bewegten, nannte man Jagitsch Wolodja den Großen und seinen Freund Wolodja den Kleinen.

Außer Wolodja dem Großen, Wolodja dem Kleinen und Sofja Lwowna saß noch eine Person in dem Schlitten: Margarita Alexandrowna oder Rita, wie alle sie nannten, eine Cousine von Frau Jagitsch, ein Mädchen von über dreißig, sehr blaß, mit schwarzen Augenbrauen und Kneifer. Sogar bei strengstem Frost rauchte sie ununterbrochen – immer lag Asche auf ihrer Brust oder auf ihren Knien. Wenn sie sprach, näselte sie und zog jedes Wort in die Länge; sie war kühl, konnte Unmengen von Likör und Cognac vertragen, ohne betrunken zu werden, und wenn sie zweideutige Witze zum besten gab, tat sie dies auf eine lässige und geschmacklose Art. Zu Hause las sie von früh bis spät dicke Zeitschriften, auf die sie ihre Asche fallen ließ, oder aß gefrorene Äpfel.

»Sonja, hör auf, verrückt zu spielen«, sagte sie gedehnt. »Wirklich, das ist geradezu albern.«

---

*   Verzeihung, ich bin nicht allein.

**   Gawrila Romanowitsch Dershawin, russ. Dichter (1743–1816).

*** Frz. Kartenspiel für zwei Personen.

Als das Stadttor in Sicht war, verlangsamte die Troika ihr Tempo, Häuser und Menschen tauchten auf, und Sofja Lwowna wurde ruhiger, schmiegte sich an ihren Mann und gab sich ganz ihren Gedanken hin. Wolodja der Kleine saß ihr gegenüber. Den heiteren, leichten Gedanken gesellten sich alsbald trübe hinzu. Sie dachte, daß der Mensch, der ihr gegenüber saß, wisse, daß sie ihn liebte, und er natürlich ihrem Gerede, daß sie den Oberst par dépit geheiratet habe, glaube. Sie hatte ihm noch kein einziges Mal ihre Liebe gestanden, und sie wollte auch nicht, daß er es wußte, und verbarg ihre Gefühle, aber seinem Gesicht war anzumerken, daß er sie sehr wohl durchschaute – und so fühlte sie sich in ihrer Ehre verletzt. Aber das erniedrigendste an ihrer Lage war, daß nach ihrer Hochzeit dieser Wolodja der Kleine ihr plötzlich Beachtung schenkte, was früher nie der Fall gewesen war; stundenlang saß er nun schweigend mit ihr zusammen oder redete über Banalitäten, und jetzt im Schlitten, statt mit ihr zu reden, trat er ihr leicht auf den Fuß und drückte ihre Hand; offensichtlich hatte er bloß darauf gewartet, daß sie heiratete; und es war ebenso offensichtlich, daß er sie verachtete und sie in ihm nur ein ganz bestimmtes Interesse weckte: als eine schlechte und unsolide Frau. Und als sich in ihrem Herzen das Triumphgefühl und die Liebe zu ihrem Mann mit dem Gefühl der Erniedrigung und des verletzten Stolzes mischten, da wurde sie von Übermut gepackt, und sie wollte sich auf den Kutschbock setzen und schreien und pfeifen …

Gerade in dem Augenblick, als sie an einem Nonnenkloster vorbeifuhren, schlug die große, tonnenschwere Glocke. Rita bekreuzigte sich.

»In diesem Kloster ist unsere Olja«, sagte Sofja Lwowna, bekreuzigte sich ebenfalls und zuckte zusammen.

»Weshalb ist sie ins Kloster gegangen?« fragte der Oberst.

»Par dépit«, erwiderte Rita schnippisch und spielte damit offensichtlich auf die Ehe von Sofja Lwowna mit Jagitsch an. »Dieses par dépit ist jetzt in Mode. Olja hat der ganzen Welt den Fehdehandschuh hingeworfen. Sie war eine lach-lustige und äußerst kokette Person, hatte nur Bälle und Verehrer im Kopf, und plötzlich – da schau her! Hat sie alle verblüfft.«

»Das stimmt nicht«, sagte Wolodja der Kleine, wobei er den Kragen seines Pelzes zurückschlug und sein hübsches Gesicht zeigte. »Das hier hat mit par dépit nichts zu tun, sondern ist einfach furchtbar, wenn Sie so wollen. Ihren Bruder Dmitri hat man in ein Zwangsarbeitslager gesteckt, und niemand weiß, wo er jetzt ist. Und die Mutter ist vor Kummer gestorben.«

Wolodja der Kleine schlug den Kragen seines Pelzes wieder hoch.

»Und Olja hat es richtig gemacht«, fügte er tonlos hinzu. »Ein Pflegekind zu sein, und dazu noch neben einem solchen Goldstück wie Sofja Lwowna – das muß man sich mal vorstellen!«

Sofja Lwowna hörte einen verächtlichen Ton aus seiner Stimme heraus und wollte ihm mit einer Grobheit ant-worten, zog es dann aber doch vor zu schweigen. Wieder erfaßte sie dieser Übermut; sie richtete sich auf und rief mit weinerlicher Stimme:

»Ich will in die Frühmesse! Kutscher, zurück! Ich will Olja sehen!«

Sie kehrten um. Die Klosterglocke hatte einen vollen Klang, und Sofja Lwowna schien es, als erinnerte etwas daran sie an Olja und deren Leben. Auch in den anderen Kirchen fingen die Glocken an zu läuten. Als der Kutscher die Troika angehalten hatte, sprang Sofja Lwowna aus dem Schlitten und lief allein, ohne Begleitung, rasch auf das Tor zu.

»Beeil dich bitte!« rief ihr Mann ihr nach. »Es ist schon spät!«

Sie schritt durch das dunkle Tor, dann durch die Allee, die vom Tor zur Hauptkirche führte, und der Schnee knirschte unter ihren Füßen; das Glockengeläut erklang bereits direkt über ihrem Kopf und schien sie ganz zu durchdringen. Da war auch schon die Kirchentür, dann ging es drei Stufen nach unten, und man befand sich im Vorraum mit den Heiligenbildern zu beiden Seiten – es roch nach Wacholder und Weihrauch; dann kam wieder eine Tür, und eine kleine dunkle Gestalt öffnete ihr und verneigte sich ganz tief …

In der Kirche hatte der Gottesdienst noch nicht begonnen. Eine Nonne ging vor dem Ikonostas hin und her und entzündete die Kerzen in den hohen Kerzenständern, eine andere zündete den Kronleuchter an. Da und dort standen nahe bei den Säulen und den Seitenaltären reglose schwarze Gestalten. So wie sie da stehen, werden sie also nun bleiben bis zum Morgen, dachte Sofja Lwowna, und es kam ihr hier dunkel, kalt und trostlos vor – trostloser als auf dem Friedhof. Mit einem Gefühl von Überdruß blickte sie auf die reglosen, erstarrten Gestalten, und plötzlich krampfte sich ihr Herz zusammen. Sie glaubte in einer der Nonnen, einer kleinen Gestalt mit mageren Schultern und schwarzem Schleier auf dem Kopf, Olja erkannt zu haben, obwohl Olja bei ihrem Eintritt ins Kloster kräftiger und irgendwie größer gewesen war. Unentschlossen und von Unruhe gepackt, ging Sofja Lwowna auf die Novizin zu, blickte ihr über die Schulter ins Gesicht und erkannte Olja.

»Olja!« sagte sie und schlug die Hände zusammen, brachte dann aber vor Erregung kein Wort mehr heraus. »Olja!«

Die Nonne erkannte sie sofort, hob erstaunt die Augenbrauen, und ihr bleiches, frischgewaschenes, reines Gesicht und sogar, wie es schien, ihr weißes Tuch, das unter dem Schleier zu sehen war, strahlten vor Freude.

»Da hat der Herr ein Wunder vollbracht«, sagte sie und schlug ebenfalls ihre schlanken, blassen, kleinen Hände zusammen.

Sofja Lwowna umarmte Olja fest und küßte sie, befürchtete aber, Olja könnte den Alkohol riechen.

»Wir sind gerade vorbeigefahren und haben an dich gedacht«, sagte sie ganz außer Atem, als sei sie zu schnell gelaufen. »Herrgott, wie blaß du bist! Ich … ich freue mich sehr, dich zu sehen. Na, was ist? Wie steht's? Verspürst du Langeweile?«

Sofja Lwowna sah sich nach den anderen Nonnen um und fuhr mit leiser Stimme fort:

»Bei uns hat sich viel verändert … Weißt du, ich habe Wladimir Nikitytsch Jagitsch geheiratet. Du erinnerst dich wahrscheinlich an ihn … Ich bin sehr glücklich mit ihm.«

»Na, Gott sei Dank. Ist denn dein Papa wohlauf?«

»Ja. Er denkt oft an dich. Olja, komm doch während der Feiertage zu uns. Hörst du?«

»Ich komme«, erwiderte Olja und lächelte. »Ich komme am zweiten Feiertag.«

Da fing Sofja Lwowna, ohne selbst zu wissen weshalb, an zu weinen und weinte still eine Weile, dann wischte sie ihre Tränen ab und sagte:

»Rita wird es sehr bedauern, daß sie dich nicht gesehen hat. Sie ist auch dabei. Und Wolodja ist hier. Sie warten am Tor. Wie die sich freuen würden, wenn sie dich wiedersehen könnten! Laß uns zu ihnen gehen, der Gottesdienst hat ja noch nicht angefangen.«

»Ja, gehen wir«, sagte Olja zustimmend.

Sie bekreuzigte sich dreimal und ging zusammen mit Sofja Lwowna zum Ausgang.

»Du sagst also, daß du glücklich bist, Sonetschka?« fragte sie, als sie durchs Tor gingen.

»Sehr.«

»Na, Gott sei Dank.«

Als Wolodja der Große und Wolodja der Kleine die Nonne sahen, stiegen sie aus dem Schlitten und begrüßten sie ehrerbietig; beide waren sichtlich gerührt beim Anblick ihres blassen Gesichts und der schwarzen Tracht, und beide freuten sich, daß Olja sich an sie erinnert hatte und gekommen war, um sie zu begrüßen.

Damit ihr nicht kalt würde, wickelte Sofja Lwowna sie in eine Decke und nahm sie mit unter ihren Pelz. Durch die soeben vergossenen Tränen war ihr leichter ums Herz geworden, und die trüben Gedanken waren verschwunden, und sie war froh, daß diese laute, unruhige und im Grunde genommen sündige Nacht plötzlich so rein und sanft endete. Und um Olja noch länger bei sich zu behalten, schlug sie vor:

»Wir wollen sie spazierenfahren! Olja, setz dich, wir fahren ein bißchen.«

Die beiden Männer hatten erwartet, daß die Nonne ablehnen würde – Heilige fahren nicht mit der Troika –, aber zu ihrem Erstaunen stimmte sie zu und setzte sich in den Schlitten. Und als die Troika in Richtung Stadttor jagte, schwiegen alle und waren nur darum bemüht, daß Olja sich wohlfühlte und daß ihr warm genug war, und jeder von ihnen mußte daran denken, wie sie früher gewesen und wie sie jetzt war. Ihr Gesicht war jetzt leidenschaftslos und ausdrucksarm, wirkte kalt und bleich, geradezu durchsichtig, als ob in ihren Adern Wasser statt Blut flösse. Und dabei war sie doch vor zwei, drei Jahren noch so kräftig und rotwangig gewesen, hatte von Verlobten gesprochen, laut über die kleinste Kleinigkeit gelacht …

Beim Stadttor kehrte die Troika um; als sie nach etwa zehn Minuten wieder am Kloster hielt, stieg Olja aus dem Schlitten. Es läuteten bereits alle Glocken.

»Der Herr schütze euch«, sagte Olja und verneigte sich tief – wie es für eine Nonne üblich war.

»Komm auf jeden Fall, Olja.«

»Ich komme, ich komme.«

Sie ging rasch davon und war bald im dunklen Tor verschwunden. Und danach, als die Troika weiterfuhr, kam aus irgendeinem Grund eine sehr gedrückte Stimmung auf. Alle schwiegen. Sofja Lwowna spürte eine Schwäche im ganzen Körper, und Niedergeschlagenheit machte sich breit; daß sie die Nonne dazu animiert hatte, sich in den

Schlitten zu setzen und mit der Troika spazierenzufahren – in einer nicht ganz nüchternen Gesellschaft –, kam ihr nun dumm, taktlos und fast wie eine Gotteslästerung vor; zusammen mit dem Rausch war auch das Verlangen verflogen, sich selbst zu betrügen, und für sie stand bereits fest, daß sie ihren Mann nicht liebte und auch nicht lieben konnte, daß alles unsinnig und dumm war. Sie hatte ihn aus Berechnung geheiratet, weil er, den Äußerungen ihrer Freundinnen aus dem Institut zufolge, wahnsinnig reich war, weil sie eine panische Angst davor hatte, eine alte Jungfer wie Rita zu bleiben, weil ihr Vater, der Doktor, ihr ständig in den Ohren gelegen hatte und weil sie Wolodja den Kleinen hatte ärgern wollen. Hätte sie, als sie heiratete, geahnt, daß das so schwer, grauenhaft und abscheulich sein würde, hätte sie um keinen Preis einer Heirat zugestimmt. Aber nun konnte man das Unglück nicht mehr ungeschehen machen. Man mußte sich damit abfinden.

Dann kamen sie nach Hause. Als Sofja Lwowna sich in ihr warmes, weiches Bett legte und sich zudeckte, tauchten in ihrer Erinnerung der dunkle Kirchenvorraum, der Weihrauchgeruch und die Gestalten an den Säulen auf, und ihr wurde bang bei dem Gedanken, daß diese Gestalten die ganze Zeit, während sie schlief, reglos dastanden. Die Frühmesse würde sehr lange dauern, dann folgten die Stundengebete, dann die heilige Messe und die Andacht …

Aber Gott existiert doch, bestimmt gibt es ihn, und ich muß unweigerlich sterben, also muß ich früher oder später an meine Seele, an das ewige Leben denken, so wie Olja. Olja ist jetzt gerettet, sie hat für sich alle Fragen entschieden … Aber wenn es Gott nicht gibt? Dann war ihr Leben verpfuscht. Inwiefern verpfuscht? Wieso verpfuscht?

Aber sogleich schlich sich der Gedanke wieder bei ihr ein:

Gott existiert, der Tod wird unweigerlich kommen, ich muß an meine Seele denken. Würde Olja in diesem Augenblick ihrem Tod begegnen, dann hätte sie keine

Angst. Sie ist bereit. Aber die Hauptsache ist, daß sie für sich die Lebensfrage entschieden hat. Gott existiert ... ja ... Aber gibt es denn wirklich keinen anderen Ausweg, als nur den, ins Kloster zu gehen? Denn ins Kloster zu gehen bedeutet: dem Leben zu entsagen, es zu zerstören ...

Sofja Lwowna bekam ein wenig Angst; sie verbarg ihren Kopf unter dem Kissen.

»Daran darf man gar nicht denken«, flüsterte sie. »Daran darf man nicht ...«

Jagitsch ging im Nebenzimmer auf dem Teppich hin und her und dachte nach, wobei er leicht mit den Sporen klirrte. Sofja Lwowna kam der Gedanke, daß dieser Mensch ihr nur aus dem einen Grund nahe und lieb sei: Er hieß auch Wladimir. Sie richtete sich im Bett auf und rief zärtlich:

»Wolodja!«

»Was willst du?« erwiderte ihr Mann.

»Nichts.«

Sie legte sich wieder hin. Man hörte Glockengeläut, vielleicht waren es die Glocken des Klosters; wieder kamen ihr der Kirchenvorraum und die dunklen Gestalten in den Sinn, wieder geisterten Gedanken an Gott und an den unausweichlichen Tod in ihrem Kopf herum, und sie zog sich die Bettdecke über die Ohren, um das Glockengeläut nicht zu hören; sie malte sich aus, daß sich vor dem Alter und dem Tod noch ein langes, langes Leben hinziehen und sie tagaus, tagein die Nähe eines ungeliebten Menschen würde hinnehmen müssen, der soeben ins Schlafzimmer gekommen war und sich nun schlafen legte; und sie würde in sich die hoffnungslose Liebe zu einem anderen, einem jüngeren, bezaubernden und, wie ihr schien, außergewöhnlichen Menschen unterdrücken. Sie sah zu ihrem Mann und wollte ihm eine gute Nacht wünschen, fing aber statt dessen plötzlich an zu weinen. Sie ärgerte sich über sich selbst.

»Na, geht das Theater wieder los!« sagte Jagitsch.

Sie beruhigte sich, aber erst spät, so gegen zehn Uhr

morgens; sie weinte nicht mehr, und auch das Zittern am ganzen Körper hatte aufgehört, aber dafür setzten nun starke Kopfschmerzen ein. Jagitsch hatte es eilig, in die Mittagsmesse zu kommen, und knurrte den Offiziersburschen an, der ihm beim Ankleiden behilflich war. Er kam noch einmal ins Schlafzimmer, um etwas zu holen, wobei er ein wenig mit den Sporen klirrte, kam dann noch ein zweites Mal, jetzt bereits mit Epauletten und Orden, ganz leicht hinkend wegen seines Rheumatismus, und Sofja Lwowna schien, daß sein Gang und sein Blick etwas Raubtierhaftes hatten.

Sie hörte, wie Jagitsch telefonierte.

»Bitte verbinden Sie mich mit der Wassiljew-Kaserne!« sagte er; und nach einem Augenblick: »Ist dort die Wassiljew-Kaserne? Rufen Sie bitte Doktor Salimowitsch ans Telefon ...« Und nach einem weiteren Augenblick: »Mit wem spreche ich? Bist du's, Wolodja? Freut mich sehr. Mein Lieber, bitte doch deinen Vater, gleich zu uns zu kommen, meine Frau ist ganz schön angeschlagen nach dem gestrigen Abend. Nicht da, sagst du? Hm ... Danke. Prima ... zutiefst zu Dank verpflichtet ... Merci.«

Jagitsch kam zum dritten Mal ins Schlafzimmer, beugte sich über seine Frau, bekreuzigte sie, hielt ihr seine Hand zum Kuß hin (Frauen, die ihn liebten, pflegten ihm die Hand zu küssen, daran hatte er sich bereits gewöhnt) und sagte, er sei zum Mittagessen zurück. Dann ging er.

Kurz nach elf meldete das Zimmermädchen, daß Wladimir Michailytsch gekommen sei. Sofja Lwowna, die vor Müdigkeit und Kopfschmerzen leicht schwankte, zog rasch ihren neuen wunderbaren fliederfarbenen, mit Fell besetzten Morgenrock an und kämmte sich flüchtig; in ihrem Herzen empfand sie eine unaussprechliche Zärtlichkeit und zitterte vor Freude, aber auch vor Furcht, er könnte gleich wieder gehen. Sie wollte ihn nur anschauen.

Wolodja der Kleine kam zu Besuch, wie es sich gehört: im Frack und mit weißer Krawatte. Als Sofja Lwowna den

Salon betrat, küßte er ihr die Hand und bedauerte aufrichtig, daß sie nicht wohlauf sei. Dann, als sie sich setzten, lobte er ihren Morgenrock.

»Mich hat die gestrige Begegnung mit Olja ziemlich aufgewühlt«, sagte sie. »Zuerst hatte ich Angst, aber jetzt beneide ich sie. Sie ist wie ein unerschütterlicher, unverrückbarer Fels; aber gab es für sie wirklich keinen anderen Ausweg, Wolodja? Löst man wirklich die Lebensfrage, indem man sich lebendig begräbt? Denn das ist doch der Tod und kein Leben mehr.«

Bei dem Gedanken an Olja zeigte sich Rührung auf dem Gesicht von Wolodja dem Kleinen.

»Sie, Wolodja, Sie sind doch ein kluger Mensch«, sagte Sofja Lwowna, »bringen Sie mir bei, daß ich mich genauso verhalte wie Olja. Natürlich bin ich nicht gläubig und würde auch nicht ins Kloster gehen, aber man kann doch irgend etwas Vergleichbares tun. Mir fällt das Leben nicht leicht«, fuhr sie nach kurzem Schweigen fort. »Bringen Sie es mir bei … Sagen sie mir irgend etwas Überzeugendes. Sagen Sie mir wenigstens ein Wort.«

»Irgendein Wort? Bitte schön: tararabumbija.«

»Wolodja, warum verachten Sie mich?« fragte sie erregt. »Sie sprechen mit mir in einem besonderen, verzeihen Sie, in einem angeberischen Ton, wie man mit Freunden und anständigen Frauen nicht spricht. Sie sind erfolgreich als Wissenschaftler, lieben die Wissenschaft, aber weshalb sprechen Sie nie mit mir über die Wissenschaft? Weshalb? Bin ich es nicht wert?«

Wolodja der Kleine verzog verärgert das Gesicht und sagte:

»Weshalb legen Sie plötzlich so einen Wert auf die Wissenschaft? Aber vielleicht wollen Sie ja etwas über die Verfassung hören? Oder darf es ein Sternhausen* mit Meerrettich sein?«

---

* Fisch aus der Familie der Störe.

»Nun gut, ich bin eine unbedeutende, minderwertige, prinzipienlose, beschränkte Frau ... Ich habe eine ganze Menge Fehler, bin eine Psychopathin, bin verdorben, und dafür muß man mich verachten. Aber Sie, Wolodja, Sie sind doch zehn Jahre älter als ich, und mein Mann ist dreißig Jahre älter. Ich bin unter Ihren Augen aufgewachsen, und wenn Sie nur wollten, dann könnten Sie alles aus mir machen, was Ihnen beliebt, sogar einen Engel. Aber Sie ...« ihre Stimme zitterte, »Sie verhalten sich schrecklich mir gegenüber. Jagitsch hat mich geheiratet, als er schon älter war, aber Sie ...«

»Nun ist es aber endlich genug«, sagte Wolodja, wobei er näherrückte und ihr beide Hände küßte. »Überlassen wir Schopenhauer das Philosophieren, soll er beweisen, was er will, wir aber werden diese Händchen küssen.«

»Sie verachten mich – wenn Sie wüßten, wie ich darunter leide!« sagte sie zögernd, da sie im voraus schon wußte, daß er ihr nicht glaubte. »Wenn Sie nur wüßten, wie gern ich mich verändern, ein neues Leben beginnen würde! Ich denke voller Enthusiasmus daran«, sagte sie und war tatsächlich vor Enthusiasmus zu Tränen gerührt. »Ein guter, ehrlicher, reiner Mensch zu sein, nicht zu lügen, ein Ziel im Leben zu haben.«

»Na, na, na, bitte zieren Sie sich nicht so! Das mag ich nicht!« sagte Wolodja, und sein Gesicht nahm einen eigenwilligen Ausdruck an. »Bei Gott, das ist ja bühnenreif. Wir wollen uns doch wie zivilisierte Menschen benehmen.«

Damit er sich nicht ärgerte und ging, begann sie sich zu rechtfertigen, und um ihm zu gefallen, lächelte sie gezwungen und fing wieder an, von Olja zu reden und davon, wie gern sie ihre Lebensfrage, ein guter Mensch zu werden, lösen würde.

»Tara ... ra ... bumbija ...« sang er halblaut. »Tara ... ra ... bumbija!«

Und unversehens faßte er sie um die Taille. Und sie, ohne zu wissen, was sie tat, legte ihm die Hände auf die Schultern und betrachtete einen Moment verzückt, wie berauscht, sein kluges, spöttisches Gesicht, seine Stirn, seine Augen, seinen wunderschönen Bart ...

»Du weißt selbst schon seit langem, daß ich dich liebe«, gestand sie ihm und errötete peinlich und spürte, daß sich sogar ihre Lippen vor Scham krampfhaft verzogen. »Ich liebe dich. Weshalb quälst du mich?«

Sie schloß die Augen und küßte ihn heftig und lang auf den Mund, wohl eine Minute, war einfach nicht imstande, diesen Kuß zu beenden, obwohl sie wußte, daß das unanständig war, daß Wolodja sie deswegen womöglich verachtete, daß das Dienstmädchen hereinkommen könnte ...

»Oh, wie du mich quälst!« wiederholte sie.

Als er eine halbe Stunde später, nachdem er bekommen hatte, was er brauchte, im Eßzimmer saß und einen Imbiß zu sich nahm, kniete sie vor ihm und blickte ihm gierig ins Gesicht, und er sagte zu ihr, sie gleiche einem Hündchen, das darauf wartet, daß man ihm ein Stückchen Schinken zuwirft. Dann setzte er sie sich aufs Knie, wiegte sie wie ein Kind und sang:

»Tara ... rabumbija ... Tara ... rabumbija!«

Und als er sich anschickte zu gehen, fragte sie ihn mit leidenschaftlicher Stimme:

»Wann? Heute? Wo?«

Und sie streckte seinem Mund beide Hände entgegen, als wollte sie die Antwort selbst mit den Händen noch packen.

»Heute ist es kaum passend«, erwiderte er nach kurzem Überlegen. »Morgen vielleicht.«

Und sie gingen auseinander. Vor dem Mittagessen fuhr Sofja Lwowna ins Kloster zu Olja, aber dort sagte man ihr, daß Olja irgendwo bei einem Verstorbenen den Psalter lese. Vom Kloster fuhr sie zu ihrem Vater und traf auch ihn nicht zu Hause an, dann wechselte sie die Droschke und fuhr vollkommen ziellos durch Straßen und Gassen, und diese Spazierfahrt dauerte bis zum Abend. Und aus irgendeinem Grund kam ihr dabei jene Tante mit den verweinten Augen in den Sinn, die nicht zur Ruhe kommen konnte.

In der Nacht waren sie wieder mit der Troika unterwegs und lauschten in einem Vorstadtrestaurant den Zigeunern. Als sie erneut am Kloster vorbeifuhren, mußte Sofja Lwowna an Olja denken, und sie bekam Angst bei dem Gedanken, daß es für Mädchen und Frauen aus ihren Kreisen keinen anderen Ausweg gab, als immerzu mit der Troika in der Gegend herumzufahren und zu lügen oder ins Kloster zu gehen, um den Leib abzutöten … Am nächsten Tag kam es zu dem Rendezvous, und wieder fuhr Sofja Lwowna mit einer Droschke allein durch die Stadt und mußte an ihre Tante denken.

Nach einer Woche beendete Wolodja der Kleine die Beziehung zu Sofja Lwowna. Und danach nahm das Leben seinen früheren Gang, war genauso uninteressant, trostlos und manchmal sogar quälend. Der Oberst und Wolodja der Kleine spielten stundenlang Billard und Pikett, Rita gab geschmacklos und lässig ihre Witze zum besten, Sofja Lwowna war ständig mit der Droschke unterwegs und bat ihren Mann, sie mit der Troika spazierenzufahren.

Tagtäglich kam sie zu Olja ins Kloster, belästigte sie geradezu, indem sie sich bei ihr über ihre unerträglichen Leiden beklagte und weinte, wobei sie aber spürte, daß durch sie etwas Unreines, Erbärmliches und Schäbiges in die Klosterzelle eingekehrt war, und Olja antwortete ihr mechanisch, so wie man eine auswendig gelernte Lektion aufsagt, daß all das unbedeutend sei, alles vorbeigehe und Gott alles vergebe.

(Barbara Schaefer)

I

Der Magister Andrej Wassiljitsch Kowrin hatte sich überanstrengt, und seine Nerven waren zerrüttet. Er ließ sich
jedoch nicht behandeln, sondern unterhielt sich darüber
beiläufig, bei einer Flasche Wein, mit einem befreundeten
Arzt, und dieser riet ihm, das Frühjahr und den Sommer
auf dem Land zu verbringen. Da traf im richtigen Augenblick ein langer Brief von Tanja Pessozkaja ein, die ihn bat,
nach Borissowka zu kommen und eine Zeitlang ihr Gast
zu sein. Und Kowrin gelangte zu der Einsicht, daß er wirklich verreisen müsse.

Zuerst – es war im April – fuhr er nach Hause in sein
heimatliches Kowrinka und verbrachte dort drei Wochen
in Abgeschiedenheit; dann, nachdem er günstige Straßen-
verhältnisse abgewartet hatte, machte er sich mit einem
Pferdewagen auf den Weg zu seinem ehemaligen Vormund
und Erzieher Pessozki, einem in ganz Rußland bekannten
Gartenbauer. Von Kowrinka nach Borissowka, wo die
Pessozkis wohnten, waren es nicht mehr als siebzig Werst,
und auf den im Frühjahr weichen Wegen in einer be-
quemen, gefederten Kutsche zu fahren war ein echter Genuß.

Das Haus der Pessozkis war riesengroß, mit Säulen und
Löwen, von denen der Putz abblätterte, und mit einem
Diener im Frack am Eingang. Der alte Park, der düster und
streng wirkte, war im englischen Stil angelegt; er zog sich
fast eine ganze Werst vom Haus bis hinunter zum Fluß und
endete hier an einem steilen Lehmufer, auf dem Kiefern
mit nackten Wurzeln wuchsen, die zottigen Pfoten glichen;
unten, wo menschenscheu das Wasser glänzte, vernahm

man das klägliche Piepsen der Schnepfen, und immer herrschte hier eine Stimmung, daß man sich hätte hinsetzen und eine Ballade schreiben mögen. Dafür aber ging es direkt neben dem Haus, auf dem Hof und im Obstgarten, der zusammen mit den Baumschulen etwa dreißig Desjatinen umfaßte, heiter und unbeschwert zu – sogar bei schlechtem Wetter. Solche wunderbaren Rosen, Lilien, Kamelien, solche Tulpen in allen möglichen Farben, angefangen von einem leuchtenden Weiß bis zu einem Rußschwarz – einen derartigen Blüten- und Farbenreichtum wie bei Pessozki hatte Kowrin überhaupt noch nirgendwo sonst gesehen. Der Frühling hatte gerade erst begonnen, und die wirkliche Pracht der Blumenbeete verbarg sich noch in den Gewächshäusern, aber auch das, was entlang den Alleen und da und dort in den Beeten bereits blühte, genügte schon, um sich bei einem Spaziergang durch den Garten in einem Reich zarter Farben zu fühlen, besonders in den frühen Morgenstunden, wenn auf jedem Blütenblatt die Tautropfen glitzerten.

Das, was den dekorativen Teil des Gartens ausmachte und was Pessozki selbst etwas abschätzig als Kinkerlitzchen bezeichnete, hatte einst in der Kindheit auf Kowrin einen märchenhaften Eindruck gemacht. Was gab es hier nicht für Eigenheiten, für raffinierte Abnormitäten und Verspottungen der Natur! Hier gab es Obstbaumspaliere, einen Birnbaum, der die Form einer Pyramidenpappel hatte, kugelförmige Eichen und Linden, einen Apfelbaum, der wie ein Schirm aussah, Bögen, Monogramme, Kandelaber und sogar die Zahl 1862 aus Pflaumenbäumen – das war das Jahr, in dem Pessozki begonnen hatte, sich mit dem Gartenbau zu befassen. Auch traf man hier auf wunderschöne schlanke Bäumchen mit geraden und kräftigen Stämmen wie bei Palmen, und erst bei näherem Hinsehen war in diesen Bäumchen ein Stachelbeer- oder ein Johannisbeerstrauch zu erkennen. Was aber am meisten Freude bereitete in diesem Garten und ihm ein lebendiges Aussehen verlieh, war die ständige Bewegung. Von früh bis spät wimmelte es, ameisengleich, von Menschen, die um die Bäume und Sträucher herum, in den Alleen und Beeten mit Schubkarren, Hacken, Gießkannen hantierten …

Kowrin traf kurz nach neun Uhr abends bei den Pessozkis ein. Tanja und ihren Vater, Jegor Semjonytsch, fand er in großer Aufregung vor. Der sternenklare Himmel und das Thermometer prophezeiten Nachtfrost, der Gärtner Iwan Karlytsch jedoch war in die Stadt gefahren, und es war sonst niemand da, auf den Verlaß gewesen wäre. Also war der Nachtfrost beim Abendessen das beherrschende Thema, und es wurde beschlossen, daß Tanja sich gar nicht erst schlafen legen, sondern nach zwölf Uhr einen Rundgang durch den Garten machen und kontrollieren werde, ob alles in Ordnung sei, und Jegor Semjonytsch werde um drei Uhr oder noch früher aufstehen.

Kowrin verbrachte den ganzen Abend mit Tanja, und nach Mitternacht begab er sich mit ihr zusammen in den Garten. Es war kalt. Den Hof erfüllte bereits ein starker Brandgeruch. Im großen Obstgarten, der als »kommerziell« bezeichnet wurde und Jegor Semjonytsch jährlich einige tausend Rubel Reingewinn einbrachte, breitete sich über dem Boden schwarzer, dichter, beißender Rauch aus, der die Bäume einhüllte und so diese Tausende von Rubel vor dem Frost schützte. Die Bäume standen hier schachbrettartig angeordnet, die Reihen waren gerade und regelmäßig, wie Soldaten in Reih und Glied, und diese strenge, pedantische Regelmäßigkeit, verstärkt durch den Umstand, daß alle Bäume gleich hoch waren und vollkommen gleiche Kronen und Stämme hatten, vermittelte ein monotones, ja sogar ein tristes Bild. Kowrin und Tanja gingen durch die Reihen, wo Haufen aus Mist, Stroh und allerlei Abfällen schwelten, und bisweilen begegneten ihnen Arbeiter, die wie Schatten durch den Rauch huschten. Nur die Sauerkirschen, die Pflaumen und einige Apfelsorten standen in Blüte, aber der ganze Garten versank im Rauch,

187

und erst bei den Baumschulen konnte Kowrin wieder tief durchatmen.

»Schon als Kind habe ich hier immer vom Rauch niesen müssen«, sagte er achselzuckend, »aber ich verstehe bis heute nicht, wie Rauch vor Frost schützen kann.«

»Der Rauch ersetzt die Wolken, wenn keine da sind…« erwiderte Tanja.

»Und wozu braucht man die Wolken?«

»Wenn es trüb und bewölkt ist, gibt es keinen Nachtfrost.«

»Ach so!«

Er fing an zu lachen und nahm sie bei der Hand. Ihr breites, sehr ernstes, ganz kaltes Gesicht mit den dünnen schwarzen Augenbrauen, der hochgeschlagene Mantelkragen, der sie daran hinderte, den Kopf frei zu bewegen, und ihre überaus schlanke Gestalt in ihrem geschürzten Kleid – das tat sie des Taus wegen – rührten ihn.

»Mein Gott, sie ist ja schon erwachsen!« sagte er. »Als ich das letzte Mal von hier wegfuhr, vor fünf Jahren, waren Sie noch ein richtiges Kind. Sie waren so mager, hatten lange Beine und gingen stets barhäuptig, trugen ein kurzes Kleidchen, und ich nannte Sie scherzhaft einen Reiher… Was die Zeit doch anstellt!«

»Ja, fünf Jahre!« seufzte Tanja. »Seitdem ist viel Wasser den Berg hinabgeflossen. Andrjuscha, mal ganz ehrlich«, sagte sie lebhaft und sah ihm dabei ins Gesicht, »wir sind Ihnen fremd geworden? Im übrigen, was stelle ich bloß für Fragen? Sie sind ein Mann, leben bereits Ihr eigenes interessantes Leben, Sie sind eine Kapazität… Eine Entfremdung ist da ganz natürlich! Aber wie auch immer, Andrjuscha, ich möchte, daß Sie uns als die Ihren betrachten. Wir haben ein Recht darauf.«

»Das tue ich, Tanja.«

»Ehrenwort?«

»Ja, Ehrenwort.«

»Sie haben sich heute gewundert, daß wir so viele

Photographien von Ihnen haben. Sie wissen doch, daß mein Vater Sie vergöttert. Manchmal habe ich den Eindruck, daß er Sie mehr liebt als mich. Er ist so stolz auf Sie, Sie sind ein Wissenschaftler, ein außergewöhnlicher Mensch, haben eine glänzende Karriere gemacht, und er ist überzeugt, daß Sie aufgrund seiner Erziehung so geworden sind. Ich lasse ihn in dem Glauben. Sei's drum.«

Es wurde bereits hell, und das merkte man vor allem daran, wie deutlich sich die Rauchschwaden und die Baumkronen in der Luft abzeichneten. Die Nachtigallen sangen, und von den Feldern hallte Wachtelgeschrei herüber.

»Aber jetzt ist es Zeit zum Schlafen«, sagte Tanja. »Und kalt ist es auch.« Sie hakte sich bei ihm ein. »Danke, daß Sie gekommen sind, Andrjuscha. Wir haben so uninteressante Bekannte, und dazu noch wenige. Wir haben nur den Garten, den Garten, den Garten, sonst nichts. Hochstamm, Halbstamm«, sie lachte auf, »Oportoapfel, Renette, Borowinkaapfel, Okulieren, Kopulieren … Unser ganzes Leben dreht sich ausschließlich um diesen Garten, ich träume sogar von nichts anderem als von Apfel- und Birnbäumen. Natürlich ist es schön und sinnvoll, aber manchmal möchte man zur Abwechslung auch noch etwas anderes. Ich erinnere mich, wenn Sie früher in den Ferien oder einfach so mal zu uns kamen, wurde es im Haus irgendwie lebendiger und heller, als hätte man vom Kronleuchter und von den Möbeln die Schoner abgenommen. Ich war damals noch ein kleines Mädchen, aber es ist mir trotzdem aufgefallen.«

Sie sprach sehr gefühlvoll. Da kam ihm plötzlich aus irgendeinem Grund der Gedanke, daß er im Laufe des Sommers Zuneigung zu diesem kleinen, schwachen gesprächigen Geschöpf fassen, sich für dieses Wesen begeistern, sich in es verlieben könnte – in ihrer Situation war das nur allzu gut möglich und auch natürlich! Dieser Gedanke rührte und belustigte ihn; er neigte sich zu dem lieben besorgten Gesicht und begann leise zu singen:

Onegin, es läßt mir keine Ruh,
Tatjana lieb ich, geb's offen zu ...*

Als sie nach Hause kamen, war Jegor Semjonytsch bereits aufgestanden. Kowrin war nicht nach Schlafen zumute; er fing mit dem alten Herrn an zu plaudern und kehrte mit ihm in den Garten zurück. Jegor Semjonytsch war ein großer, breitschultriger Mann mit einem dicken Bauch, und obwohl er unter Atembeschwerden litt, ging er dennoch immer so schnell, daß man nur schwer mit ihm Schritt halten konnte. Stets sah er äußerst besorgt aus, eilte ständig irgendwohin und setzte dabei eine solche Miene auf, als wäre es eine völlige Katastrophe, wenn er sich auch nur um eine Minute verspätete!

»Tja, mein Lieber, das ist so eine Geschichte ...« begann er und blieb stehen, um Luft zu holen. »An der Erdoberfläche ist Frost, wie du siehst, wenn du aber einen Stock mit einem Thermometer daran etwa vier Meter über der Erde hochhältst, dann ist es dort warm ... Weshalb ist das so?«

»Das weiß ich wirklich nicht«, sagte Kowrin und fing an zu lachen.

»Hm ... Alles kann man natürlich nicht wissen ... Wie groß der Kopf auch sein mag, alles paßt nicht hinein. Du hast wohl mehr für die Philosophie übrig?«

»Ja, ich lese Bücher über Psychologie und befasse mich allgemein mit Philosophie.«

»Und das wird dir nicht langweilig?«

»Im Gegenteil, das ist mein ganzer Lebensinhalt.«

»Nun, geb's Gott ...« sagte Jegor Semjonytsch und strich nachdenklich über seinen grauen Backenbart. »Geb's Gott ... Ich freue mich sehr für dich ... freue mich, mein Junge ...«

Aber plötzlich spitzte er die Ohren, lief mit erschrocke-

* Aus *Eugen Onegin* von Alexander Puschkin (1799–1837).

nem Gesicht zur Seite und verschwand sogleich hinter den Bäumen, in den Rauchwolken.

»Wer hat denn das Pferd an den Apfelbaum gebunden?« hörte man seinen verzweifelten, herzzerreißenden Schrei. »Was für ein Halunke, was für eine Kanaille hat es gewagt, das Pferd an den Apfelbaum zu binden? Mein Gott, mein Gott! Die haben alles verdorben, verhunzt, versaut, verpfuscht! Der Garten ist hin! Der Garten ist ruiniert! Mein Gott!«

Als er zu Kowrin zurückkehrte, standen ihm Kränkung und Erschöpfung im Gesicht.

»Was fängst du bloß mit diesem verdammten Volk an?« sagte er mit weinerlicher Stimme und breitete die Arme aus. »Stjopka hat in der Nacht Mist transportiert und das Pferd an den Apfelbaum gebunden! Der Nichtsnutz hat die Zügel so fest darum gewickelt, daß die Rinde jetzt an drei Stellen Risse hat. Da hört doch alles auf! Ich red mit ihm, aber er, dieser Vollidiot, glotzt mich nur blöde an! Aufhängen wäre das mindeste!«

Als er sich wieder beruhigt hatte, umarmte er Kowrin und küßte ihn auf die Wange.

»Nun, geb's Gott … geb's Gott …« murmelte er. »Ich bin sehr froh, daß du gekommen bist. Unglaublich froh … Danke.«

Dann lief er wieder mit dem gleichen hastigen Gang und mit besorgter Miene im ganzen Garten umher und zeigte seinem ehemaligen Zögling alle Orangerien, Gewächshäuser, Winterkeller und die zwei Bienenstöcke, die er als das Wunder unseres Jahrhunderts pries.

Während sie umherstreiften, war die Sonne aufgegangen und hatte den Garten in helles Licht getaucht. Es wurde warm. Im Vorgefühl eines klaren, heiteren und langen Tages fiel Kowrin ein, daß es doch erst Anfang Mai war und der ganze ebenso klare, heitere und lange Sommer noch vor ihm lag, und plötzlich regte sich in seiner Brust ein freudiges jugendliches Gefühl, wie er es immer in der

Kindheit empfunden hatte, wenn er durch diesen Garten gelaufen war. Und er umarmte seinerseits den alten Herrn und küßte ihn zärtlich. Gerührt gingen beide ins Haus und tranken Tee aus alten feinen Porzellantassen, dazu gab es nahrhafte Butterkringel – und diese Kleinigkeiten erinnerten Kowrin erneut an seine Kindheit und Jugend. Die wunderschöne Gegenwart und die in ihr erwachenden Eindrücke der Vergangenheit verschmolzen miteinander und erzeugten in seinem Herzen ein beengendes, aber zugleich auch ein schönes Gefühl.

Er wartete, bis Tanja aufgewacht war, und trank dann mit ihr zusammen Kaffee; nach einem Spaziergang kehrte er in sein Zimmer zurück und setzte sich an die Arbeit. Er las aufmerksam, machte sich Notizen und hob ab und zu die Augen, um einen Blick auf die offenen Fenster oder die frischen, vom Tau noch feuchten Blumen zu werfen, die in den Vasen auf dem Tisch standen, und senkte wieder die Augen ins Buch, und ihm schien, daß jedes Äderchen in ihm zitterte und vor Vergnügen hüpfte.

II

Auf dem Land setzte er das nervenaufreibende, unstete Leben, wie er es in der Stadt geführt hatte, fort. Er las und schrieb viel, lernte Italienisch, und wenn er spazierenging, dachte er voller Vorfreude daran, daß er sich bald wieder an die Arbeit begeben würde. Er schlief so wenig, daß alle sich wunderten; nickte er tagsüber zufällig mal für eine halbe Stunde ein, dann tat er die ganze Nacht kein Auge zu, fühlte sich aber trotz der schlaflosen Nacht frisch und munter, als sei nichts geschehen.

Er redete viel, trank Wein und rauchte teure Zigarren. Des öfteren, fast täglich, kamen zu den Pessozkis junge Mädchen von den Nachbargütern zu Besuch, die mit Tanja zusammen auf dem Flügel spielten und sangen; manchmal war auch ein junger Mann dabei, ebenfalls ein Nachbar, der gut Geige spielte. Kowrin lauschte begierig der Musik und dem Gesang und war dadurch körperlich so erschöpft, daß ihm die Augen zufielen und der Kopf sich zur Seite neigte.

Einmal, nach dem Abendtee, saß er auf dem Balkon und las. Unterdessen wurde im Salon eine bekannte Serenade von Braga* einstudiert; Tanja sang Sopran, eines der jungen Mädchen Kontraalt, und der junge Mann spielte Geige. Kowrin lauschte den Worten, konnte aber, obwohl sie ins Russische übersetzt waren, ihren Sinn überhaupt nicht verstehen. Erst als er das Buch beiseite gelegt und aufmerksam zugehört hatte, verstand er alles: Ein Mädchen mit krankhafter Phantasie vernahm nachts im Garten irgendwelche geheimnisvollen Töne, die so wunderbar und seltsam waren, daß sie sie für eine heilige – uns Sterblichen aber unverständliche – Harmonie halten mußte, die wieder zum Himmel zurückkehrt. Kowrin fielen langsam die Augen zu. Er erhob sich und ging erschöpft durch den kleinen, dann durch den großen Salon. Als der Gesang zu Ende war, hakte er sich bei Tanja ein und trat mit ihr auf den Balkon hinaus.

»Mich beschäftigt schon seit heute morgen eine Legende«, sagte er. »Ich kann mich nicht erinnern, ob ich sie irgendwo gelesen oder gehört habe, aber die Legende ist irgendwie seltsam, ergibt keinen rechten Sinn. Es sei also vorausgeschickt, daß sie sich nicht durch Klarheit auszeichnet. Vor tausend Jahren zog ein schwarz gekleideter Mönch durch die Wüste, irgendwo in Syrien oder Arabien … Einige Meilen von der Stelle entfernt, wo er entlanggegangen war, sahen Fischer einen anderen schwarzen Mönch, der sich langsam über einen See bewegte. Dieser zweite Mönch war eine Fata Morgana. Vergessen Sie nun alle Gesetze der Optik, die die Legende, wie es scheint, nicht anerkennt, und hören Sie weiter. Aus der Fata Mor-

---

* Gaetano Braga, ital. Komponist (1829–1907).

gana wurde eine zweite, aus der zweiten eine dritte, so daß das Bild des schwarzen Mönchs unendlich oft von einer Atmosphärenschicht in die nächste überging. Man sah ihn bald in Afrika, bald in Spanien, bald in Indien, bald im hohen Norden … Schließlich verließ er die Grenzen der Erdatmosphäre und irrt nun im ganzen Universum umher, weil er nicht die Bedingungen antrifft, unter denen er erlöschen könnte. Vielleicht sieht man ihn jetzt irgendwo auf dem Mars oder auf einem Stern des Südkreuzes. Aber, meine Liebe, der springende Punkt, der eigentliche Clou der Legende ist, daß genau tausend Jahre nachdem der Mönch durch die Wüste gezogen war die Fata Morgana erneut in die Erdatmosphäre gelangen und sich den Menschen zeigen wird. Und es ist, als wären diese tausend Jahre schon um … Und der Legende nach müßten wir den schwarzen Mönch heute oder morgen erwarten.«

»Eine seltsame Fata Morgana«, sagte Tanja, der die Legende nicht gefiel.

»Aber am erstaunlichsten ist«, sagte Kowrin lachend, »daß ich mich überhaupt nicht erinnern kann, woher ich diese Legende kenne. Habe ich sie irgendwo gelesen? Irgendwo gehört? Oder ist mir vielleicht der schwarze Mönch im Traum erschienen? Ich schwöre bei Gott, daß ich mich nicht erinnern kann. Aber die Legende beschäftigt mich. Ich denke heute schon den ganzen Tag daran.«

Nachdem er Tanja wieder zu ihren Gästen hatte gehen lassen, verließ er das Haus und schlenderte gedankenverloren an den Blumenbeeten vorbei. Die Sonne ging bereits langsam unter. Da man die Blumen gerade erst gegossen hatte, verströmten sie einen feuchten anregenden Duft. Im Haus begann man wieder zu singen, und die Geige erweckte von weitem den Eindruck einer menschlichen Stimme. Kowrin, der angestrengt überlegte, um sich in Erinnerung zu rufen, wo er die Legende gehört oder gelesen hatte, steuerte gemächlich auf den Park zu und gelangte unmerklich zum Fluß.

Auf dem schmalen Pfad, der am Steilufer an nackten Wurzeln vorbeiführte, ging er hinunter zum Wasser, störte dort die Schnepfen und scheuchte zwei Enten auf. In den finsteren Kiefern blitzten hie und da noch die letzten Strahlen der untergehenden Sonne, aber über der Wasseroberfläche des Flusses lag bereits der Abend. Ein Steg führte Kowrin auf die andere Seite. Vor ihm lag nun ein weites Feld mit jungem, noch nicht blühendem Roggen. Kein Haus, keine Menschenseele weit und breit, und es schien, daß der schmale Pfad zu eben jenem unbekannten, geheimnisvollen Ort führte, wo gerade die Sonne untergegangen war und wo so ausladend und erhaben das Abendrot glühte.

Welche Weite hier, welche Freiheit und Stille! dachte Kowrin, als er den schmalen Pfad entlangging. Und die ganze Welt scheint mich anzuschauen, scheint im Verborgenen darauf zu warten, daß ich sie begreife …

Aber da begann der Roggen zu wogen, und ein leichter Abendwind strich zärtlich über Kowrins bloßen Kopf. Kurz darauf wieder ein Windstoß, aber schon stärker; der Roggen begann zu rauschen, und hinter Kowrin war ein dumpfes Gemurmel der Kiefern zu vernehmen. Er blieb erstaunt stehen. Am Horizont erhob sich, von der Erde zum Himmel – einem Wirbelsturm oder einer Windhose ähnlich –, eine hohe schwarze Säule. Ihre Umrisse waren unscharf, aber vom ersten Augenblick an konnte man erkennen, daß sie nicht an einer Stelle stand, sondern sich mit einer ungeheuren Geschwindigkeit vorwärts bewegte, direkt auf Kowrin zu, und je näher sie kam, desto kleiner und deutlicher wurde sie. Kowrin warf sich zur Seite, in den Roggen, um der Säule den Weg freizugeben, und schaffte es im allerletzten Moment …

Ein schwarz gekleideter Mönch mit grauem Haar und schwarzen Augenbrauen, die Arme über der Brust verschränkt, raste vorbei … Seine bloßen Füße berührten die Erde nicht. Als er bereits einige Meter an Kowrin vorbeigeflogen war, blickte er sich nach ihm um, nickte und lächelte ihm freundlich und zugleich listig zu. Aber was für ein bleiches, schrecklich bleiches, mageres Gesicht! Indem er wieder langsam wuchs, flog er über den Fluß, stieß lautlos gegen das lehmige Ufer und die Kiefern, durchdrang sie und verflüchtigte sich wie Rauch.

»Na, bitte …« murmelte Kowrin. »An der Legende ist also doch etwas Wahres dran.«

Zufrieden damit, daß es ihm gelungen war, aus der Nähe und so deutlich nicht nur die schwarze Kleidung, sondern auch das Gesicht und die Augen des Mönchs zu sehen, unternahm Kowrin nicht den Versuch, sich die seltsame Erscheinung zu erklären, sondern kehrte, angenehm erregt, nach Hause zurück.

Im Park und im Garten spazierten die Menschen ruhig umher, im Haus wurde musiziert, also hatte nur er allein den Mönch gesehen. Er verspürte den starken Wunsch, Tanja und Jegor Semjonytsch von all dem zu erzählen, aber er überlegte, daß sie wahrscheinlich erschrecken und seine Worte für baren Unsinn halten würden; also lieber schweigen. Er lachte laut, sang, tanzte Mazurka, war heiter gestimmt, und alle, die Gäste und Tanja, fanden, daß sein Gesicht heute einen ganz besonderen, strahlenden und begeisterten Ausdruck habe und daß er sehr interessant sei.

III

Nach dem Abendessen, als die Gäste fort waren, ging er in sein Zimmer und legte sich auf den Diwan: Er wollte an den Mönch denken. Aber kurz darauf kam Tanja herein.

»Hier, Andrjuscha, lesen Sie die Artikel meines Vaters«, sagte sie und drückte ihm einen Stapel Broschüren und Sonderdrucke in die Hand. »Hervorragende Artikel. Er schreibt großartig.«

»Ja, wirklich großartig!« sagte Jegor Semjonytsch, der hinter ihr eintrat und gezwungen lachte; es war ihm peinlich. »Hör bitte nicht darauf, lies sie nicht! Wenn du allerdings etwas zum Einschlafen brauchst, dann kannst du sie gern lesen: ein wunderbares Schlafmittel.«

»Meiner Meinung nach ausgezeichnete Artikel«, sagte Tanja im Brustton der Überzeugung. »Lesen Sie sie, Andrjuscha, und versuchen Sie, Papa dazu zu bewegen, öfter etwas zu schreiben. Er könnte eine ganze Abhandlung über den Gartenbau verfassen.«

Jegor Semjonytsch lachte angestrengt auf, wurde rot und erging sich in Phrasen, wie sie Autoren so von sich geben, wenn sie verlegen sind. Schließlich streckte er die Waffen.

»In dem Fall lies zuerst den Artikel von Gauchet und hier diese kleinen russischen Aufsätze«, murmelte er, während er mit zitternden Händen die Broschüren durchsah, »sonst wirst du nichts verstehen. Bevor du meine Einwände liest, mußt du wissen, wogegen ich mich wende. Im übrigen dummes, langweiliges Zeug. Und außerdem glaube ich, daß es Zeit ist zum Schlafen.«

Tanja ging hinaus. Jegor Semjonytsch setzte sich zu Kowrin auf den Diwan und seufzte tief.

»Ja, mein Junge ...« begann er nach einigem Schweigen. »So ist das, mein liebster Magister. Ich schreibe also auch Artikel, nehme an Ausstellungen teil und bekomme Medaillen ... ›Bei Pessozki‹, heißt es, ›sind die Äpfel so groß wie Köpfe, und Pessozki‹, heißt es, ›hat mit dem Garten ein Vermögen verdient.‹ Mit anderen Worten: Reich und berühmt ist Kotschubej*. Aber man fragt sich: Wozu das alles? Der Garten ist wirklich wunderschön, vorbildlich ... Das ist kein Garten, sondern eine ganze Institution von hoher staatlicher Bedeutung, denn es ist sozusagen eine Vorstufe in eine neue Ära der russischen Wirtschaft und der russischen Industrie. Aber wozu? Mit welchem Ziel?«

»Das Werk spricht doch für sich.«

* Gestalt aus der Verserzählung *Poltawa* von Alexander Puschkin.

»So meine ich das nicht. Ich frage mich: Was wird aus dem Garten, wenn ich mal nicht mehr bin? So, wie du ihn jetzt siehst, wird er sich ohne mich nicht einmal einen Monat lang halten. Das ganze Erfolgsgeheimnis liegt nicht darin, daß der Garten groß ist und ich viele Arbeiter habe, sondern darin, daß ich diese Aufgabe liebe – verstehst du? Ich liebe sie vielleicht mehr als mein Leben. Schau mich an: Ich mache alles selbst. Ich arbeite von früh bis spät. Das Pfropfen führe ich selbst durch, das Beschneiden, das Pflanzen mache ich selbst, alles mache ich selbst. Wenn man mir hilft, werde ich eifersüchtig und rege mich so auf, daß ich auch vor Grobheiten nicht zurückschrecke. Das ganze Geheimnis liegt in der Liebe, das heißt, in dem wachsamen Auge des Besitzers, in den Händen des Besitzers und auch in dem Gefühl, das man hat, wenn man auf ein Stündchen irgendwohin zu Besuch fährt, dasitzt, aber keine ruhige Minute hat vor lauter Angst, daß im Garten etwas passieren könnte. Und wenn ich mal sterbe, wer wird dann nach dem rechten schauen? Wer wird die Aufgaben übernehmen? Der Gärtner? Die Arbeiter? Ja? Das eine kann ich dir sagen, mein lieber Freund: Der Hauptfeind in unserem Metier ist nicht der Hase, nicht der Maikäfer und nicht der Frost, sondern der fremde Mensch.«

»Und Tanja?« fragte Kowrin lachend. »Es kann ja wohl nicht sein, daß sie schädlicher ist als ein Hase. Sie liebt doch das Ganze und versteht was davon.«

»Ja, sie liebt das Ganze und versteht auch was davon. Natürlich könnte man sich nichts Besseres wünschen, als daß sie nach meinem Tod den Garten übernimmt. Wenn sie aber, Gott bewahre, heiratet?« flüsterte Jegor Semjonytsch und sah Kowrin erschrocken an. »Das ist es eben! Sie wird heiraten, Kinder bekommen, und dann wird sie keine Zeit mehr haben, an den Garten zu denken. Wovor ich am meisten Angst habe: daß sie irgend so einen Kerl heiratet, und der verpachtet aus Habgier den Garten an irgendwelche Händlerinnen, und alles geht dann schon im ersten Jahr zum Teufel! In unserem Metier sind Weiber eine Geißel Gottes!«

Jegor Semjonytsch seufzte und schwieg eine Weile.

»Vielleicht ist das ja auch purer Egoismus, aber offen gestanden: Ich will nicht, daß Tanja heiratet. Ich hab Angst! Zu uns kommt immer so ein Geck mit seiner Geige und sägt darauf herum; ich weiß, daß Tanja ihn nicht heiraten wird, weiß es sehr wohl, aber ich kann ihn nicht ausstehen! Überhaupt, mein Junge, bin ich so ein richtiger Kauz. Ich geb's ja zu.«

Jegor Semjonytsch erhob sich und ging aufgeregt im Zimmer umher, und es war ganz offensichtlich, daß er etwas sehr Wichtiges sagen wollte, sich jedoch nicht dazu entschließen konnte.

»Ich liebe dich innig und will ganz offen mit dir reden«, sagte er schließlich und vergrub die Hände in den Hosentaschen. »Bei gewissen heiklen Fragen nehme ich kein Blatt vor den Mund, sage ohne Umschweife, was ich denke, denn ich kann diese sogenannte Geheimniskrämerei nicht ausstehen. Ich sage es geradeheraus: Du bist der einzige Mensch, dem ich ohne Angst meine Tochter geben würde. Du bist ein Mensch mit Herz und Verstand und würdest mein geliebtes Werk nicht verkommen lassen. Aber der Hauptgrund ist: Ich liebe dich wie einen Sohn ... und bin stolz auf dich. Wenn sich da zwischen dir und Tanja eine Beziehung entwickeln würde, tja – was dann? Ich wäre sehr froh, ja sogar glücklich. Ich sage das geradeheraus, ohne mich zu zieren, wie ein aufrichtiger Mensch.«

Kowrin mußte lachen. Jegor Semjonytsch öffnete die Tür, um hinauszugehen, blieb aber auf der Schwelle stehen.

»Wenn ihr, du und Tanja, einen Sohn bekämt, würde ich einen Gartenbauer aus ihm machen«, sagte er nachdenklich. »Im übrigen sind das alles Hirngespinste ... Gute Nacht.«

Als Kowrin allein war, machte er sich's auf dem Diwan bequem und nahm die Artikel zur Hand. Der eine trug den

Titel: »Über die Zwischenkultur«, der andere: »Einige Worte anläßlich der Anmerkung des Herrn Z. über das Umgraben des Bodens bei Anlage eines neuen Gartens«, der dritte:»Weiteres über das Okulieren auf das schlafende Auge«, und alles in dem Stil. Aber was für ein erregter, unsachlicher Ton, was für ein nervöser, fast krankhafter Eifer! Da war ein Artikel mit einem, wie es schien, recht versöhnlichen Titel und von belanglosem Inhalt: In ihm war die Rede vom russischen Antonowapfel. Aber Jegor Semjonytsch begann ihn mit »audiatur altera pars«[*] und beendete ihn mit »sapienti sat«[**], und zwischen diesen beiden Denksprüchen ergoß sich ein ganzer Schwall giftiger Bemerkungen über die »gelehrte Ignoranz unserer Herren Diplomgartenbauer, die die Natur von der Höhe ihrer Katheder aus beobachten«, oder über Herrn Gauchet, »dessen Erfolg durch Laien und Dilettanten ermöglicht wurde«, und dann noch, völlig fehl am Platz, das unnatürliche und unaufrichtige Bedauern darüber, daß man die Bauern, die Obst gestohlen und dabei die Bäume beschädigt haben, nicht mehr mit der Rute schlagen dürfe.

Ein schönes, nettes, gesundes Metier, aber auch hier: Leidenschaften und Krieg, ging es Kowrin durch den Kopf. Anscheinend sind – wo auch immer, in allen Bereichen – die Menschen, die einer Idee anhängen, nervös und zeichnen sich durch Überempfindlichkeit aus. Wahrscheinlich geht es nicht anders.

Er mußte an Tanja denken, der Jegor Semjonytschs Artikel so gut gefielen. Sie war nicht groß von Wuchs, blaß und so dünn, daß die Schlüsselbeine hervortraten; ihre weit geöffneten dunklen klugen Augen fixierten und suchten ständig etwas; sie hatte einen ebenso schnellen, trippelnden Gang wie ihr Vater. Sie redete viel, war streitlustig und be-

---

[*]   Die Gegenseite soll gehört werden. Eigentlich »audiatur et altera pars«: Auch die Gegenseite soll gehört werden.

[**] Dem Weisen genügt es.

gleitete dabei jeden auch noch so unwichtigen Satz mit ausdrucksvoller Mimik und Gestik. Allem Anschein nach war sie in höchstem Maße nervös.

Kowrin las weiter, verstand aber nichts und gab es schließlich auf. Die angenehme Erregung, mit der er zuvor Mazurka getanzt und der Musik gelauscht hatte, quälte ihn nun und löste eine Flut von Gedanken in ihm aus. Er erhob sich, ging im Zimmer umher und dachte an den schwarzen Mönch. Er sann darüber nach, daß, wenn nur er diesen sonderbaren, übernatürlichen Mönch gesehen hatte, daraus folgte, daß er krank war und an Halluzinationen litt. Diese Überlegung erschreckte ihn – allerdings nicht lange.

Aber ich fühle mich doch wohl und tue niemandem etwas Böses; meine Halluzinationen haben also nichts Schlimmes zu bedeuten, dachte er, und alles war wieder in Ordnung.

Er setzte sich auf den Diwan, nahm den Kopf in beide Hände und versuchte, die unverständliche Freude, die sein ganzes Wesen erfüllte, zu unterdrücken, dann ging er wieder auf und ab und setzte sich erneut an die Arbeit. Doch die Gedanken, die er dem Buch entnahm, vermochten ihn nicht zu befriedigen. Er sehnte sich nach etwas Gigantischem, Unermeßlichem, Überwältigendem. Gegen Morgen zog er sich aus und legte sich lustlos ins Bett: Man mußte doch auch mal schlafen!

Als Kowrin die Schritte Jegor Semjonytschs vernahm, der in den Garten ging, läutete er dem Diener und trug ihm auf, Wein zu bringen. Genüßlich trank er einige Gläser Lafitte, dann zog er sich die Decke über den Kopf; sein Bewußtsein trübte sich, und er schlief ein.

IV

Jegor Semjonytsch und Tanja stritten sich häufig und sagten einander peinliche Dinge.

Eines Morgens waren sie sich wieder einmal in die Haare

geraten. Tanja brach in Tränen aus und verschwand in ihrem Zimmer. Sie erschien weder zum Mittagessen noch zum Tee. Jegor Semjonytsch stolzierte zunächst wichtig und aufgeblasen umher, als wollte er damit zu verstehen geben, daß für ihn die Interessen der Gerechtigkeit und der Ordnung oberste Priorität auf der Welt hätten, das hielt er aber nicht lange durch, und er wurde schwach. Bedrückt schlich er durch den Park und seufzte unentwegt: »Ach, mein Gott, mein Gott!« und beim Mittagessen rührte er nichts an. Schließlich klopfte er schuldbewußt, von Gewissensbissen geplagt, an die verschlossene Tür und rief verlegen:

»Tanja! Tanja?«

Und als Antwort vernahm er hinter der Tür eine schwache, tränenerstickte, zugleich aber auch entschiedene Stimme:

»Lassen Sie mich in Ruhe, ich bitte Sie.«

Der Unmut der Herrschaft übertrug sich nicht nur auf das ganze Haus, sondern auch auf die Leute, die im Garten arbeiteten. Kowrin war zwar in seine interessante Arbeit vertieft, aber schließlich wurde auch er von Überdruß und Unbehagen erfaßt. Um irgendwie die allgemeine schlechte Stimmung zu vertreiben, beschloß er, vermittelnd einzugreifen, und gegen Abend klopfte er an Tanjas Tür. Er wurde hereingelassen.

»Oje, oje, welche Schmach!« sagte er scherzhaft, blickte erstaunt in Tanjas verweintes, schmerzerfülltes, mit roten Flecken bedecktes Gesicht. »Ist es denn wirklich so schlimm? Oje, oje!«

»Wenn Sie nur wüßten, wie er mir zusetzt!« erwiderte sie, und Tränen, bittere Tränen schossen reichlich aus ihren großen Augen. »Er hat mich bis aufs Blut gequält!« fuhr sie händeringend fort. »Ich habe nichts zu ihm gesagt … nichts … Ich habe nur gesagt, daß es unnötig sei, überflüssige Arbeiter zu behalten … wenn … wenn man jederzeit Tagelöhner bekommen könne. Denn … denn die Arbeiter tun schon eine ganze Woche lang nichts … Ich … ich habe nur das gesagt, aber er hat sofort losgepoltert und mir … viele beleidigende, zutiefst kränkende Worte an den Kopf geworfen. Wozu?«

»Schon gut, schon gut«, sagte Kowrin und ordnete ihre Frisur. »Ihr habt euch ein bißchen gestritten, habt geweint, aber nun reicht's. Man darf nicht so nachtragend sein, das ist nicht schön … um so mehr, als er Sie unendlich liebt.«

»Er hat … hat mein ganzes Leben ruiniert«, fuhr Tanja schluchzend fort. »Ich höre nur Beleidigungen und … und Kränkungen. Er hält mich für überflüssig in seinem Haus. Was soll's? Er hat ja recht. Ich werde morgen von hier verschwinden und eine Stelle als Telegrafistin annehmen … Egal …«

»Na, na, na … Nicht weinen, Tanja. Nicht weinen, meine Liebe … Ihr seid beide aufbrausend, reizbar und seid beide schuld. Kommen Sie, ich werde euch versöhnen.«

Kowrin sprach zärtlich und überzeugend, aber sie weinte weiter, zuckte mit den Schultern und preßte die Hände zusammen, als habe sie tatsächlich ein schreckliches Unglück heimgesucht. Sie tat ihm um so mehr leid, als sie keine ernsthaften Sorgen hatte, aber zutiefst litt. Was für Nichtigkeiten doch genügten, um dieses Geschöpf für einen ganzen Tag unglücklich zu machen, ja vielleicht sogar für ein ganzes Leben! Während er Tanja tröstete, dachte Kowrin daran, daß er – außer diesem Mädchen und ihrem Vater – auf der ganzen Welt keine Menschen finden würde, die ihn so liebten wie einen der Ihren, wie einen nahen Verwandten; wenn diese beiden Menschen nicht wären, dann hätte er, der Vater und Mutter schon in der frühen Kindheit verloren hatte, wohl bis an sein Lebensende nicht erfahren, was aufrichtige Zärtlichkeit und jene naive, uneigennützige Liebe bedeuten, wie man sie nur sehr nahestehenden und verwandten Menschen entgegenbringt. Und er spürte, daß seine angegriffenen, überreizten Nerven auf die Nerven dieses weinenden, zitternden

Mädchens reagierten wie Eisen auf einen Magnet. Er würde wohl nie mehr eine gesunde, kräftige, rotwangige Frau lieben können, die blasse, schwache, unglückliche Tanja aber gefiel ihm.

Und er strich ihr gern übers Haar und die Schultern, drückte ihr die Hände und trocknete ihre Tränen ... Schließlich hörte sie auf zu weinen. Noch lange beklagte sie sich über ihren Vater und über ihr schweres, unerträgliches Leben in diesem Haus und flehte Kowrin an, sich doch in ihre Lage zu versetzen; dann begann sie zu lächeln und seufzte, daß Gott ihr einen so schlechten Charakter gegeben habe, brach schließlich in lautes Lachen aus, nannte sich eine Närrin und lief aus dem Zimmer.

Als Kowrin kurz darauf in den Garten hinausging, spazierten Jegor Semjonytsch und Tanja bereits, als sei nichts gewesen, einträchtig nebeneinander durch die Allee und aßen Roggenbrot mit Salz, da beide hungrig waren.

V

Glücklich, daß ihm die Rolle des Friedenstifters so gut gelungen war, begab sich Kowrin in den Park. Während er gedankenverloren auf einer Bank saß, hörte er das Rattern von Kutschen und Frauenlachen – Gäste waren gekommen. Als sich die abendlichen Schatten allmählich über den Garten legten, vernahm er undeutlich die Klänge einer Geige und Gesang, und das erinnerte ihn an den schwarzen Mönch. Schwirrte jetzt irgendwo, in einem Land oder auf einem Planeten, diese optische Täuschung herum?

Kaum war ihm die Legende wieder eingefallen, kaum hatte er sich in seiner Phantasie die dunkle Erscheinung ausgemalt, die er im Roggenfeld gesehen hatte, als hinter einer Kiefer, gerade gegenüber, lautlos, ohne das geringste Geräusch, ein mittelgroßer Mann mit entblößtem grauen Haupt, ganz in Schwarz und barfüßig – einem Bettler ähnlich – hervortrat; in seinem totenbleichen Gesicht stachen die schwarzen Augenbrauen deutlich hervor. Mit einem freundlichen Kopfnicken ging dieser Bettler oder Pilger lautlos auf die Bank zu und setzte sich, und Kowrin erkannte in ihm den schwarzen Mönch. Die beiden schauten sich einen Moment lang an – Kowrin blickte erstaunt und der Mönch freundlich und wie neulich ein wenig listig, als sei er ganz schön gewieft.

»Aber du bist doch eine Fata Morgana«, sagte Kowrin. »Weshalb bist du hier und rührst dich nicht von der Stelle? Das stimmt nicht mit der Legende überein.«

»Das ist doch einerlei«, erwiderte der Mönch zögernd und mit leiser Stimme, wobei er ihm das Gesicht zuwandte. »Die Legende, die Fata Morgana und ich – das alles ist ein Produkt deiner überreizten Phantasie. Ich bin ein Phantom.«

»Existierst du also gar nicht?« fragte Kowrin.

»Darüber kannst du denken, wie du willst«, sagte der Mönch mit einem schwachen Lächeln. »Ich existiere in deiner Phantasie, und deine Phantasie ist ein Teil der Natur, also existiere ich auch in der Natur.«

»Du hast ein sehr altes, kluges und in höchstem Maße ausdrucksstarkes Gesicht, als hättest du tatsächlich schon mehr als tausend Jahre gelebt«, sagte Kowrin. »Ich habe nicht gewußt, daß meine Phantasie in der Lage ist, solche Phänomene zu erzeugen. Aber warum schaust du mich so begeistert an? Gefalle ich dir?«

»Ja. Du bist einer der wenigen, die man zu Recht von Gott Auserwählte nennt. Du dienst der ewigen Wahrheit. Deine Ideen und Bestrebungen, deine bewundernswerte Wissenschaft und dein ganzes Leben tragen den Stempel Gottes und des Himmels, da sie dem Vernünftigen und dem Schönen geweiht sind, das heißt: dem Ewigen.«

»Du hast gesagt: der ewigen Wahrheit … Aber haben denn die Menschen Zugang zur ewigen Wahrheit und brauchen sie sie überhaupt, wenn es kein ewiges Leben gibt?«

»Es gibt ein ewiges Leben«, sagte der Mönch.

»Glaubst du an die Unsterblichkeit der Menschen?«

»Ja, natürlich. Euch Menschen erwartet eine große, strahlende Zukunft. Und je mehr es auf der Erde Menschen wie dich gibt, desto schneller verwirklicht sich diese Zukunft. Ohne euch, die ihr einer höheren Ordnung dient, die ihr bewußt und frei lebt, wäre die Menschheit unbedeutend; würde sie dem natürlichen Entwicklungsprozeß folgen, müßte sie noch lange auf das Ende ihrer irdischen Geschichte warten. Ihr jedoch führt sie um einige tausend Jahre früher in das Reich der ewigen Wahrheit – und darin besteht euer hohes Verdienst. Ihr verkörpert den Segenswunsch Gottes, der in den Menschen schlummert.«

»Und was ist der Sinn des ewigen Lebens?« fragte Kowrin.

»Wie der Sinn jeden Lebens: Genuß. Wahren Genuß erfährt man in der Erkenntnis, und das ewige Leben bietet unzählige und unerschöpfliche Quellen der Erkenntnis; das ist gemeint, wenn es heißt: Im Hause meines Vaters sind viele Wohnungen.«

»Wenn du wüßtest, wie angenehm es ist, dir zuzuhören!« sagte Kowrin und rieb sich vor Vergnügen die Hände.

»Das freut mich sehr.«

»Aber ich weiß, daß, wenn du fort bist, mich die Frage nach deiner Wesensart beunruhigen wird. Du bist ein Trugbild, eine Halluzination. Bin ich also psychisch krank, nicht normal?«

»Und wenn es so wäre. Aber warum irritiert dich das? Du bist krank, weil du dich überanstrengt hast und erschöpft bist, das heißt, daß du deine Gesundheit einer Idee geopfert hast, und die Zeit ist nahe, da du für sie sogar dein Leben selbst hingeben wirst. Was kann es Besseres geben? Das ist das, wonach überhaupt alle gottbegnadeten und edlen Naturen streben.«

»Wenn ich weiß, daß ich psychisch krank bin, wie kann ich da an mich glauben?«

»Aber woher willst du denn wissen, daß geniale Menschen, an die die ganze Welt glaubt, nicht auch Trugbilder gesehen haben? Die Wissenschaftler behaupten doch heutzutage, daß Genie und Wahnsinn sehr nahe beieinander liegen. Mein Freund, gesund und normal sind nur die gewöhnlichen Menschen, die Herdenmenschen. Überlegungen hinsichtlich des ›nervösen Zeitalters‹, der Überanstrengung, der Entartung und dergleichen mehr können nur diejenigen ernsthaft aufregen, die den Sinn des Lebens in der Gegenwart sehen, das heißt die Herdenmenschen.«

»Die Römer sagten: Mens sana in corpore sano.[*]«

»Nicht alles, was die Römer oder die Griechen sagten, ist wahr. Hochstimmung, Erregung, Ekstase – all das, was die Propheten, die Poeten und die Märtyrer um einer Idee willen von den gewöhnlichen Sterblichen unterscheidet, ist mit der animalischen Seite des Menschen, nämlich seiner physischen Gesundheit, unvereinbar. Ich wiederhole: Wenn du gesund und normal sein willst, dann reihe dich in die Herde ein.«

»Seltsam, du wiederholst genau das, was mir selbst auch oft durch den Kopf geht«, sagte Kowrin. »Als hättest du meine verborgensten Gedanken heimlich beobachtet und belauscht. Aber laß uns nicht von mir reden. Was verstehst du unter der ewigen Wahrheit?«

Der Mönch gab keine Antwort. Kowrin sah ihn an, konnte jedoch sein Gesicht nicht mehr erkennen: Seine Züge wurden unscharf und verschwammen. Dann verschwanden allmählich auch Kopf und Hände des Mönchs; sein Körper verschmolz mit der Bank und mit der Abenddämmerung und verschwand schließlich ganz.

»Die Halluzination ist vorbei!« sagte Kowrin und fing an zu lachen. »Schade.«

Froh und glücklich ging er zum Haus zurück. Das weni-

---

[*] Ein gesunder Geist in einem gesunden Körper.

ge, das ihm der schwarze Mönch gesagt hatte, schmeichelte nicht nur seiner Eigenliebe, sondern seiner ganzen Seele, seinem ganzen Wesen. Ein Auserwählter zu sein, der ewigen Wahrheit zu dienen, in der Reihe derer zu stehen, die um einige tausend Jahre früher die Menschheit würdig machen für das Reich Gottes, das heißt: die Menschen zu erlösen von einigen überflüssigen tausend Jahren des Kampfes, der Sünde und des Leides, der Idee alles zu opfern – die Jugend, die Kräfte, die Gesundheit, bereit zu sein, für das Allgemeinwohl zu sterben –, welch hehres, welch glückliches Schicksal! Vor seinem geistigen Auge erschien seine reine, unberührte arbeitsreiche Vergangenheit, er erinnerte sich an das, was er gelernt und was er anderen beigebracht hatte, und mußte feststellen, daß der Mönch keineswegs übertrieben hatte.

Durch den Park kam ihm Tanja entgegen. Sie trug bereits ein anderes Kleid.

»Sie sind hier? Und wir suchen Sie, suchen Sie … Aber was ist los mit Ihnen?« fragte sie verwundert, als sie sein verzücktes, strahlendes Gesicht und seine tränengefüllten Augen sah. »Wie sind Sie seltsam, Andrjuscha.«

»Ich bin zufrieden, Tanja«, erwiderte Kowrin, wobei er ihr die Hände auf die Schultern legte. »Ich bin mehr als zufrieden, ich bin glücklich! Tanja, liebe Tanja, Sie sind ein überaus sympathisches Geschöpf. Liebe Tanja, ich bin so froh, so froh!«

Er küßte innig ihre Hände und fuhr fort:

»Ich habe soeben lichte, wundervolle, überirdische Minuten erlebt. Aber ich kann Ihnen nicht alles erzählen, weil Sie mich sonst für verrückt erklären oder mir nicht glauben würden. Wir wollen von Ihnen sprechen. Liebe, gute Tanja! Ich liebe Sie und habe mich bereits an diese Liebe gewöhnt. Ihre Nähe, unsere Begegnungen zehnmal am Tag sind meiner Seele ein Bedürfnis geworden. Ich weiß nicht, wie ich ohne Sie zurechtkomme, wenn ich nach Hause zurückfahre.«

»Na!« sagte Tanja lachend. »Sie werden uns schon nach zwei Tagen vergessen. Wir sind nur kleine Leute, Sie aber sind ein großer Mann.«

»Nein, lassen Sie uns ernsthaft reden!« erwiderte er. »Ich werde Sie mitnehmen, Tanja. Ja? Fahren Sie mit mir? Wollen Sie meine Frau werden?«

»Na!« sagte Tanja noch einmal und wollte wieder lachen, aber das Lachen blieb ihr im Halse stecken, und sie bekam rote Flecken im Gesicht. Sie begann hastig zu atmen und beschleunigte ihren Schritt, ging aber nicht aufs Haus zu, sondern weiter in den Park hinein.

»Daran habe ich noch nicht gedacht … bestimmt nicht!« sagte sie und preßte wie in Verzweiflung die Hände zusammen.

Und Kowrin folgte ihr und sprach immer noch mit diesem strahlenden, begeisterten Gesicht:

»Ich möchte eine Liebe, die mich ganz erfüllt, und diese Liebe können nur Sie mir geben, Tanja. Ich bin glücklich! Glücklich!«

Sie war höchst verwirrt, beugte sich vornüber, zog sich in sich zusammen und sah aus, als sei sie schlagartig um zehn Jahre gealtert, er aber fand sie wunderschön und gab lautstark seiner Begeisterung Ausdruck:

»Wie schön sie ist!«

VI

Als Jegor Semjonytsch von Kowrin erfahren hatte, daß sich nicht nur eine Liebesgeschichte angebahnt hatte, sondern sogar eine Hochzeit bevorstand, schritt er lange im Zimmer auf und ab und versuchte seine Erregung zu verbergen. Seine Hände begannen zu zittern, der Hals schwoll an und wurde rot, dann ließ er seine Renndroschke anspannen und fuhr irgendwohin. Als Tanja sah, wie er auf das Pferd einschlug und wie tief, fast bis über die Ohren, er die Schirmmütze ins Gesicht zog, wurde ihr klar, in welcher

Stimmung er war; sie schloß sich in ihrem Zimmer ein und weinte den ganzen Tag.

In den Orangerien waren die Pfirsiche und Pflaumen herangereift; das Verpacken dieser empfindlichen, heiklen Fracht und ihr Transport nach Moskau erforderten ungeheure Aufmerksamkeit, Mühe und Sorgfalt. Da der Sommer sehr heiß und trocken war, mußte jeder einzelne Baum gegossen werden, wofür viel Zeit und Arbeitskraft aufgewendet wurde; außerdem gab es massenhaft Raupen, die von den Arbeitern und sogar von Jegor Semjonytsch und Tanja direkt mit den Fingern zerdrückt wurden, wovor Kowrin sich sehr ekelte. Bei all dem mußten für den Herbst bereits die Bestellungen von Obst und Bäumen entgegengenommen und eine umfangreiche Korrespondenz geführt werden. Und gerade in der Zeit, als es besonders hoch herging, als niemand eine freie Minute zu haben schien, kam noch die Feldarbeit hinzu, die vom Garten mehr als die Hälfte der Arbeiter abzog; Jegor Semjonytsch, sonnenverbrannt, erschöpft und übel gelaunt, rannte bald in den Garten, bald aufs Feld und rief, daß es ihn zerreiße und daß er sich eine Kugel in den Kopf jagen werde.

Und dann war da noch das ganze Theater mit der Aussteuer, der die Pessozkis keine geringe Bedeutung beimaßen; vom Scherengeklapper, dem Rattern der Nähmaschinen, dem Kohlendunst der Bügeleisen und den Launen der Modistin, einer nervösen, mimosenhaften Dame, schwirrte allen im Haus der Kopf. Und ausgerechnet jetzt kamen jeden Tag Gäste, die man unterhalten, verköstigen und sogar übernachten lassen mußte. Mit all dieser Plackerei aber verging die Zeit unmerklich, man war wie benebelt. Tanja hatte das Gefühl, von der Liebe und dem Glück regelrecht überrollt worden zu sein, obwohl sie seit ihrem vierzehnten Lebensjahr irgendwie sicher war, daß Kowrin gerade sie heiraten würde. Und doch wunderte sie sich, war erstaunt, konnte sich selbst nicht glauben … Plötzlich erfaßte sie eine solche Freude, daß sie bis zu den Wolken fliegen und dort zum Herrn beten wollte, dann fiel ihr wieder ein, daß sie sich im August von ihrem heimischen Nest würde trennen müssen und gezwungen wäre, den Vater allein zu lassen; oder sie kam sich weiß Gott warum sehr klein und unbedeutend vor und eines so großen Mannes wie Kowrin unwürdig – und sie ging in ihr Zimmer, schloß sich ein und weinte stundenlang bitterlich. Wenn Gäste da waren, schien ihr plötzlich, daß Kowrin außergewöhnlich hübsch sei und alle Frauen sich in ihn verliebten und sie beneideten, und ihre Seele war von Begeisterung und Stolz erfüllt, als habe sie die ganze Welt besiegt, aber er brauchte nur einer jungen Dame freundlich zuzulächeln, und schon bebte sie vor Eifersucht, ging in ihr Zimmer – und wieder flossen Tränen. Diese neuen Empfindungen hatten sich ihrer völlig bemächtigt; wenn sie ihrem Vater half, so geschah das ganz automatisch, und sie nahm weder Notiz von den Pfirsichen noch von den Raupen oder den Arbeitern und bemerkte auch nicht, wie schnell die Zeit verflog.

Mit Jegor Semjonytsch passierte fast das gleiche. Er arbeitete von früh bis spät, war immer auf dem Sprung, geriet sofort in Rage und war leicht reizbar, aber all dies geschah in einem wundersamen Halbschlaf. In ihm schienen gleichsam zwei Menschen zu stecken: Der eine, der echte Jegor Semjonytsch, war derjenige, der sich empörte und sich verzweifelt an den Kopf faßte, wenn er dem Gärtner Iwan Karlytsch zuhörte, wie dieser ihm von Mißständen berichtete, und der andere, der unechte, war derjenige, der – als sei er halb betrunken – plötzlich, mitten im Wort, ein dienstliches Gespräch unterbrach, den Gärtner an der Schulter berührte und murmelte:

»Du kannst sagen, was du willst, aber das Blut spielt eine große Rolle. Seine Mutter war eine bewundernswerte, edle und sehr intelligente Frau. Es war eine Wonne, ihr gütiges, klares, reines Engelsgesicht anzuschauen. Sie konnte wunderschön malen, Gedichte schreiben, beherrschte fünf

Fremdsprachen, sang … Die Ärmste, Gott hab sie selig, starb an Schwindsucht.«

Der unechte Jegor Semjonytsch seufzte und fuhr nach einigem Schweigen fort:

»Als er noch ein Junge war und bei mir aufwuchs, hatte er auch so ein klares und gütiges Engelsgesicht. Auch der sanfte Blick und die elegante Art, sich zu bewegen und zu sprechen, sind wie bei seiner Mutter. Und diese Intelligenz? Er hat uns immer verblüfft mit seiner Intelligenz. Und das kommt ja auch nicht von ungefähr, daß er Magister ist! Nicht von ungefähr! Und wart nur, Iwan Karlytsch, was er in etwa zehn Jahren sein wird! Dem kann keiner das Wasser reichen!«

Dann aber setzte der echte Jegor Semjonytsch, der sich plötzlich besann, eine schreckliche Miene auf, faßte sich an den Kopf und schrie:

»Diese Teufel! Haben alles verschandelt, verhunzt, versaut! Der Garten ist verloren! Der Garten ist ruiniert!«

Kowrin jedoch arbeitete mit dem früheren Eifer und bemerkte das Tohuwabohu gar nicht. Die Liebe hatte nur zusätzlich Öl ins Feuer gegossen. Nach jeder Begegnung mit Tanja ging er, glücklich und begeistert, in sein Zimmer zurück und machte sich mit der gleichen Leidenschaft, mit der er gerade Tanja geküßt und ihr seine Liebe erklärt hatte, an ein Buch oder an sein Manuskript. Das, was der schwarze Mönch über die Auserwählten Gottes, über die ewige Wahrheit, über eine strahlende Zukunft der Menschheit und so weiter gesagt hatte, verlieh seiner Arbeit eine besondere, außergewöhnliche Bedeutung und erfüllte seine Seele mit Stolz und mit dem Bewußtsein von der eigenen Größe. Ein oder zwei Mal in der Woche traf er sich im Park oder im Haus mit dem schwarzen Mönch und unterhielt sich lange mit ihm, was ihn jedoch nicht erschreckte, sondern ihn im Gegenteil begeisterte, da er bereits zutiefst davon überzeugt war, daß derartige Erscheinungen nur auserwählte, bedeutende

Menschen erleben, die sich einer Idee verschrieben haben.

Einmal erschien der Mönch während des Mittagessens und setzte sich im Eßzimmer ans Fenster. Kowrin freute sich und führte sehr geschickt mit Jegor Semjonytsch und Tanja ein Gespräch über etwas, das auch für den Mönch interessant sein konnte; der schwarze Gast hörte zu und nickte freundlich mit dem Kopf, und Jegor Semjonytsch und Tanja hörten auch zu und lächelten fröhlich, ohne zu ahnen, daß Kowrin eigentlich nicht mit ihnen sprach, sondern mit seiner Halluzination.

Unmerklich nahten die Fasten vor Mariä Himmelfahrt, und bald danach kam der Tag der Hochzeit, die auf ausdrücklichen Wunsch von Jegor Semjonytsch »mit allem Drum und Dran« gefeiert wurde, das heißt mit einem sinnlosen Gelage, das zwei Tage dauerte. Es wurde für etwa dreitausend Rubel gegessen und getrunken, doch wegen der schlechten Musikkapelle, der überlauten Trinksprüche, der ständig umherrennenden Diener, des Lärms und der Enge wußten die Gäste weder die teuren Weine noch die herrlichen Leckerbissen, die man eigens aus Moskau hatte kommen lassen, zu schätzen.

VII

In einer langen Winternacht lag Kowrin im Bett und las einen französischen Roman. Tanja, die Ärmste, die abends immer Kopfschmerzen hatte, da sie an das Stadtleben nicht gewöhnt war, schlief schon lange und murmelte im Schlaf ab und zu irgendwelche unzusammenhängenden Sätze.

Es schlug drei Uhr. Kowrin löschte die Kerze und legte sich hin; lange lag er mit geschlossenen Augen da, konnte aber nicht einschlafen, weil es, wie ihm schien, im Zimmer sehr heiß war und weil Tanja im Schlaf sprach. Um halb fünf zündete er erneut die Kerze an, und da sah er den schwarzen Mönch, der im Sessel neben dem Bett saß.

»Sei gegrüßt«, sagte der Mönch, und nach kurzem Schweigen fragte er: »Woran denkst du gerade?«

»An den Ruhm«, erwiderte Kowrin. »In dem französischen Roman, den ich soeben gelesen habe, wird ein Mann beschrieben, ein junger Wissenschaftler, der Dummheiten macht und der vor Sehnsucht nach Ruhm vergeht. Mir ist diese Sehnsucht unbegreiflich.«

»Weil du klug bist. Dir ist der Ruhm genauso gleichgültig wie ein Spielzeug, das dich nicht interessiert.«

»Ja, das stimmt.«

»Berühmt zu sein reizt dich nicht. Was ist schon Schmeichelhaftes, Vergnügliches oder Erbauliches daran, daß man deinen Namen in ein Grabdenkmal eingraviert und dann die Zeit diese Inschrift samt Vergoldung verwischt? Und zum Glück gibt es ja auch viel zu viele von euch, als daß das schwache menschliche Gedächtnis sich alle eure Namen merken könnte.«

»Natürlich«, sagte Kowrin zustimmend. »Und weshalb sollte man sie sich auch merken? Aber laß uns über etwas anderes reden. Zum Beispiel über das Glück. Was bedeutet Glück?«

Als die Uhr fünf schlug, saß er auf der Bettkante, ließ die Beine auf den Teppich herabhängen und sagte, dem Mönch zugewandt:

»Im Altertum erschrak ein glücklicher Mensch zu guter Letzt über sein Glück – so groß war es! Und um die Götter milde zu stimmen, opferte er ihnen seinen Lieblingsring. Kennst du diese Sage? Auch mich, genau wie Polykrates, beunruhigt ein wenig mein Glück. Es kommt mir merkwürdig vor, daß ich von früh bis spät nichts als Freude empfinde, sie erfüllt mich vollkommen und übertönt alle anderen Gefühle. Ich weiß nicht, was das ist – Traurigkeit, Kummer oder Schwermut. Schau, ich schlafe nicht, leide an Schlaflosigkeit, aber ich bin nicht schwermütig. Ich sage das im Ernst: Das befremdet mich allmählich.«

»Aber warum?« fragte der Mönch verwundert. »Ist denn

die Freude ein übernatürliches Gefühl? Sollte sie nicht eher der Normalzustand des Menschen sein? Je höher der Mensch geistig und moralisch entwickelt ist, je freier er ist, um so mehr Vergnügen bereitet ihm das Leben. Sokrates, Diogenes und Mark Aurel empfanden Freude und keine Traurigkeit. Und der Apostel sagt: ›Seid allzeit fröhlich.‹ Sei auch du fröhlich und glücklich.«

»Aber wenn die Götter plötzlich zürnen?« scherzte Kowrin und mußte lachen. »Wenn sie mir meinen Komfort nehmen und mich hungern und frieren lassen, dann ist das wohl kaum nach meinem Geschmack.«

Tanja war inzwischen erwacht und sah erstaunt und entsetzt ihren Mann an. Er sprach, wobei er sich dem Sessel zuwandte, gestikulierte und lachte: Seine Augen glänzten, und in seinem Lachen lag etwas Merkwürdiges.

»Andrjuscha, mit wem sprichst du?« fragte sie, wobei sie seinen Arm ergriff, den er dem Mönch entgegenstreckte. »Andrjuscha! Mit wem?«

»Hm? Mit wem?« fragte Kowrin verlegen zurück. »Hier mit ihm … Hier sitzt er«, und Kowrin zeigte auf den schwarzen Mönch.

»Hier ist niemand … niemand! Andrjuscha, du bist krank!«

Tanja umarmte ihren Mann und drückte sich an ihn, als wollte sie ihn vor der Erscheinung schützen, und sie hielt ihm mit der Hand die Augen zu.

»Du bist krank!« Sie brach in Schluchzen aus und zitterte am ganzen Körper.

»Verzeih mir, mein Lieber, mein Guter, aber ich habe schon vor längerer Zeit bemerkt, daß deine Seele irgendwie verrückt spielt … Du bist psychisch krank, Andrjuscha …«

Ihr Zittern übertrug sich auch auf ihn. Er warf noch einmal einen Blick auf den Sessel, der bereits leer war, empfand plötzlich eine Schwäche in Armen und Beinen, erschrak und begann sich anzuziehen.

»Es ist nicht schlimm, Tanja, nicht schlimm …« murmelte er zitternd. »Ich bin wirklich etwas unpäßlich … höchste Zeit, es einzugestehen.«

»Ich habe es schon lange bemerkt … auch Papa hat es bemerkt«, sagte sie, wobei sie versuchte, ihr Schluchzen zu unterdrücken. »Du führst Selbstgespräche, lächelst irgendwie eigenartig … schläfst nicht. Oh mein Gott, mein Gott, steh uns bei!« sagte sie voller Entsetzen. »Aber hab keine Angst, Andrjuscha, hab keine Angst, hab um Gottes willen keine Angst …«

Sie zog sich ebenfalls an. Erst jetzt, als er sie ansah, begriff Kowrin, wie ernst sein Zustand war, begriff, was der schwarze Mönch und die Gespräche mit ihm zu bedeuten hatten. Er war sich jetzt darüber im klaren, daß er geisteskrank war.

Ohne zu wissen, wozu, hatten beide sich angezogen und gingen hinüber in den Salon: sie vorneweg, er hinter ihr her. Dort stand bereits – durch das Schluchzen aus dem Schlaf gerissen, im Morgenrock und mit einer Kerze in der Hand – Jegor Semjonytsch, der gerade bei ihnen zu Besuch war.

»Hab keine Angst, Andrjuscha«, sagte Tanja, die wie im Fieber zitterte, »hab keine Angst … Papa, das wird schon wieder … wird schon wieder …«

Kowrin konnte vor Erregung nicht sprechen. Er wollte seinem Schwiegervater in scherzhaftem Ton sagen:

»Gratulieren Sie mir – ich hab anscheinend den Verstand verloren«, aber er bewegte nur die Lippen und lächelte bitter.

Um neun Uhr morgens zog man ihm den Mantel und den Pelz an, legte ihm einen Schal um und brachte ihn mit dem Pferdewagen zum Arzt. Er ließ sich nun behandeln.

VIII

Wieder war es Sommer geworden, und der Arzt hatte Kowrin einen Aufenthalt auf dem Land verordnet. Er war bereits genesen, der schwarze Mönch erschien ihm nicht mehr, und er mußte nur körperlich wieder zu Kräften kommen. Er wohnte bei seinem Schwiegervater in Borissowka, trank viel Milch, arbeitete nur zwei Stunden am Tag und hatte das Weintrinken und das Rauchen aufgegeben.

Am Vorabend des Eliastages* wurde im Haus ein Vespergottesdienst abgehalten. Als der Küster dem Popen das Weihrauchgefäß reichte, begann es in dem alten übergroßen Raum wie auf einem Friedhof zu riechen, und Kowrin wurde melancholisch zumute. Er ging hinaus in den Garten. Ohne die Blumenpracht zu beachten, spazierte er ein wenig umher, ließ sich kurz auf einer Bank nieder und streifte dann durch den Park; als er am Fluß angelangt war, stieg er hinab, stand eine Weile da und blickte gedankenverloren aufs Wasser. Die düsteren Kiefern mit ihren zottigen Wurzeln, die ihn im Vorjahr hier so froh und munter und so jung gesehen hatten, tuschelten jetzt nicht miteinander, sondern standen reglos und stumm da, als würden sie ihn nicht erkennen. Und tatsächlich, sein Kopf war geschoren, das schöne lange Haar verschwunden, und sein Gang war müde und schwer; auch war sein Gesicht – im Vergleich zum vergangenen Sommer – voller und blasser geworden.

Über einen Steg gelangte er zum anderen Ufer. Dort, wo im letzten Jahr der Roggen gestanden hatte, lag nun in Reihen der gemähte Hafer. Die Sonne war bereits untergegangen, und am Horizont glühte ein breiter roter Feuerschein, der für den nächsten Tag windiges Wetter ankündigte. Es war still. Kowrin blickte unverwandt in die Richtung, aus der im Vorjahr zum ersten Mal der schwarze Mönch aufgetaucht war, und er verharrte so etwa zwanzig Minuten, bis das Abendrot allmählich verblaßte …

Als er kraftlos und unbefriedigt nach Hause kam, war der Vespergottesdienst bereits zu Ende. Jegor Semjonytsch und

---

* Russ.-orth. Feiertag am 2. August.

Tanja saßen auf den Stufen zur Veranda und tranken Tee. Sie unterhielten sich über etwas, als sie aber Kowrin erblickten, schwiegen sie plötzlich, und er schloß aus ihren Gesichtern, daß sich ihr Gespräch um ihn gedreht hatte.

»Ich glaube, es ist höchste Zeit, daß du deine Milch trinkst«, sagte Tanja zu ihrem Mann.

»Nein, es ist nicht höchste Zeit …« erwiderte er, wobei er sich auf die unterste Treppenstufe setzte. »Trink du doch. Ich will nicht.«

Tanja wechselte besorgte Blicke mit ihrem Vater und sagte in einem schuldbewußten Ton:

»Du merkst doch selbst, daß die Milch dir guttut.«

»Ja, sehr gut!« Kowrin grinste spöttisch. »Ich gratuliere euch: Seit Freitag hab ich noch ein Pfund zugelegt.« Er preßte mit den Händen fest seinen Kopf und sagte traurig: »Weshalb, weshalb habt ihr mich ärztlich behandeln lassen? Brompräparate, Müßiggang, warme Bäder, die ständige Kontrolle, eure kleingeistige Angst bei jedem Schluck, bei jedem Schritt – all das wird mich langsam, aber sicher in den Irrsinn treiben. Ich war dabei, den Verstand zu verlieren, litt an Größenwahn, aber dafür war ich fröhlich, heiter und sogar glücklich, ich war interessant und originell. Jetzt bin ich vernünftiger und solider geworden, aber ich bin wie alle: Ich bin Mittelmaß, mein Leben langweilt mich … Oh, wie grausam seid ihr mit mir umgesprungen! Ich hatte Halluzinationen, aber wen hat das gestört? Ich frage: Wen hat das gestört?«

»Weiß Gott, was du redest!« seufzte Jegor Semjonytsch. »Es ist geradezu langweilig, dir zuzuhören.«

»Dann hören Sie eben weg.«

Die Anwesenheit anderer Menschen, besonders die von Jegor Semjonytsch, machte Kowrin bereits aggressiv, und er antwortete ihm trocken, kühl und sogar schroff, wobei er ihm einen spöttischen und gehässigen Blick zuwarf; Jegor Semjonytsch hingegen wurde verlegen und räusperte sich schuldbewußt, obwohl er sich durchaus nicht schuldig fühlte. Tanja, die nicht begriff, weshalb sich ihr inniges, herzliches Verhältnis derart verändert hatte, schmiegte sich an ihren Vater und sah ihm besorgt in die Augen; sie wollte es begreifen, vermochte es aber nicht, und für sie war nur klar, daß das Verhältnis mit jedem Tag schlechter wurde, daß ihr Vater in der letzten Zeit stark gealtert, ihr Mann hingegen reizbar, launisch, nörgelig und uninteressant geworden war. Sie konnte nicht mehr lachen und singen, beim Essen bekam sie keinen Bissen hinunter, schlief nächtelang nicht, da sie etwas Schreckliches erwartete, und war dadurch so entkräftet, daß sie einmal sogar vom Mittag bis zum Abend bewußtlos dalag. Während des Gottesdienstes hatte sie den Eindruck gehabt, daß ihr Vater weinte, und jetzt, da sie zu dritt auf der Veranda saßen, versuchte sie mit aller Gewalt, nicht daran zu denken.

»Wie glücklich konnten sich Buddha und Mohammed oder Shakespeare schätzen, daß die lieben Verwandten und die Ärzte ihre Ekstase und ihre Inspiration nicht behandelt haben!« sagte Kowrin. »Wenn Mohammed zur Beruhigung der Nerven Bromkalium eingenommen, nur zwei Stunden am Tag gearbeitet und Milch getrunken hätte, dann wäre von diesem bemerkenswerten Menschen genauso wenig übriggeblieben wie von seinem Hund. Die Ärzte und die lieben Verwandten werden schlußendlich erreichen, daß die Menschheit abstumpft, der Mittelmäßige sich für genial hält und die Zivilisation zugrunde geht. Wenn ihr wüßtet, wie dankbar ich euch bin«, sagte Kowrin verdrossen.

Er empfand eine starke Gereiztheit, und um nicht zuviel zu sagen, erhob er sich rasch und ging ins Haus. Es war still, und durch die offenen Fenster strömte der Duft von Tabak und Jalape aus dem Garten herein. Auf dem Fußboden des riesigen dunklen Salons und auf dem Flügel lag in grünen Flecken das Mondlicht. Kowrin erinnerte sich an seine Euphorie im vergangenen Sommer, als es auch nach Jalape geduftet und das Mondlicht durch die Fenster gefallen war, und um die Stimmung des letzten Jahres wachzurufen, eilte er in sein Arbeitszimmer, zündete sich eine starke Zigarre an und trug dem Diener auf, Wein zu bringen. Doch die Zigarre hinterließ nur einen bitteren und unangenehmen Geschmack im Mund, und der Wein war bei weitem nicht so köstlich wie im Vorjahr. Das also bedeutet Entwöhnung! Von der Zigarre und den zwei Schluck Wein wurde ihm schwindlig, und er bekam starkes Herzklopfen, so daß er Bromkalium einnehmen mußte.

Vor dem Schlafengehen sagte Tanja zu ihm:

»Vater vergöttert dich. Aber du bist aus irgendeinem Grund böse auf ihn, und das bringt ihn um. Schau doch, er altert nicht innerhalb von Tagen, sondern von Stunden. Ich flehe dich an, Andrjuscha, um Gottes willen, um deines verstorbenen Vaters willen, um meiner Ruhe willen, sei nett zu ihm!«

»Das kann und will ich nicht.«

»Aber warum denn nicht?« fragte Tanja und begann am ganzen Körper zu zittern. »Erklär mir, warum?«

»Weil er mir unsympathisch ist, das ist alles«, erwiderte Kowrin verächtlich und mit einem Achselzucken, »aber wir wollen nicht über ihn reden, er ist dein Vater.«

»Ich kann es einfach nicht begreifen!« sagte Tanja, preßte die Hände gegen die Schläfen und starrte vor sich hin. »Etwas Unfaßbares, Schreckliches geht in unserem Haus vor. Du hast dich verändert, bist nicht mehr derselbe ... Du, ein intelligenter, außergewöhnlicher Mensch, regst dich wegen Kleinigkeiten auf, läßt dich auf Streitereien ein ... Man glaubt es nicht, über was für Lappalien du dich aufregst, und fragt sich manchmal verwundert: Bist du es wirklich? Na, na, ärgere dich nicht, ärgere dich nicht«, fuhr sie, über ihre eigenen Worte erschrocken, fort und küßte ihm die Hände. »Du bist intelligent, bist gut und edel. Du wirst gerecht zu meinem Vater sein. Er ist ja auch so gut!«

»Er ist nicht gut, sondern gutmütig. Diese possenhaften Onkeltypen vom Schlage deines Vaters, mit ihren satten gutmütigen Gesichtern, ungewöhnlich gastfreundlich und verschroben, haben mich früher einmal, sowohl in Romanen als auch in Komödien sowie im richtigen Leben, gerührt und belustigt, jetzt aber sind sie mir zuwider. Das sind Egoisten bis ins Mark. Am widerlichsten finde ich ihre Sattheit und diesen rein bullenartigen oder wildschweinhaften Optimismus, der aus dem Bauch kommt.«

Tanja setzte sich aufs Bett und legte ihren Kopf auf ein Kissen.

»Das ist Folter«, sagte sie, und ihrer Stimme war anzumerken, daß sie schon äußerst erschöpft war und ihr das Sprechen schwerfiel. »Seit dem Winter nicht eine ruhige Minute ... Mein Gott, das ist doch schrecklich! Ich leide ...«

»Ja, natürlich, ich bin ein Herodes, und du und dein Papachen – ihr seid die ägyptischen Kindlein. Natürlich!«

Sein Gesicht kam Tanja unschön und unangenehm vor. Der Haß und der spöttische Ausdruck paßten nicht zu ihm. Schon früher hatte sie bemerkt, daß in seinem Gesicht etwas fehlte, so als habe sich ab dem Moment, als er sich das Haar hatte schneiden lassen, auch sein Gesicht verändert. Sie wollte ihm etwas Kränkendes sagen, ertappte sich aber sogleich bei diesem feindseligen Gefühl, erschrak und verließ das Schlafzimmer.

IX

Kowrin hatte eine Professur erhalten. Seine Antrittsvorlesung wurde auf den zweiten Dezember gelegt und eine entsprechende Ankündigung im Flur der Universität aufgehängt. An eben diesem Tag aber verständigte er den Rektor der Universität per Telegramm, daß er krankheitshalber die Vorlesung nicht halten könne.

Er hatte einen Blutsturz gehabt. Er spuckte zwar ständig Blut, aber etwa zweimal im Monat kam es vor, daß es stark floß, und dann wurde er sehr schwach und fiel in einen Dämmerzustand. Diese Krankheit erschreckte ihn nicht besonders, da er wußte, daß seine verstorbene Mutter mit eben dieser Krankheit sogar noch mehr als zehn Jahre gelebt hatte; auch die Ärzte versicherten ihm, daß es nicht gefährlich sei, und rieten ihm lediglich, sich nicht aufzuregen, ein geregeltes Leben zu führen und weniger zu sprechen.

Im Januar fand aus demselben Grund die Veranstaltung wieder nicht statt, und im Februar war es bereits zu spät, um die Vorlesungsreihe zu beginnen. Sie mußte also aufs nächste Jahr verschoben werden.

Kowrin lebte nicht mehr mit Tanja zusammen, sondern mit einer anderen Frau, die zwei Jahre älter war als er und ihn wie ein Kind umsorgte. Er war friedfertig und fügsam: Er ordnete sich bereitwillig unter, und als Warwara Nikolajewna – so hieß seine Freundin – beabsichtigte, mit ihm auf die Krim zu fahren, stimmte er zu, obwohl er ahnte, daß bei dieser Reise nichts Gutes herauskommen würde.

Sie trafen am Abend in Sewastopol ein und stiegen in einem Hotel ab, um auszuruhen und am nächsten Tag nach Jalta weiterzufahren. Beide hatte die Reise ziemlich erschöpft. Warwara Nikolajewna trank noch einen Tee, legte sich hin und schlief bald ein. Aber Kowrin ging noch nicht zu Bett. Er hatte zu Hause, eine Stunde vor der Abfahrt zum Bahnhof, von Tanja einen Brief erhalten, sich jedoch nicht entschließen können, ihn zu öffnen, und jetzt steckte er in seiner Seitentasche, und der Gedanke daran war ihm unangenehm und beunruhigte ihn sehr. Tief in seinem Inneren hielt er nun ganz ehrlich seine Heirat mit Tanja für einen Fehler, war zufrieden, daß er sich endgültig von ihr getrennt hatte, und die Erinnerung an diese Frau, die sich schließlich in eine Gestalt aus Haut und Knochen verwandelt hatte und an der alles schon tot schien außer ihren großen unverwandt blickenden Augen, die Erinnerung an sie weckte in ihm jetzt nur Mitleid und Verdruß über sich selbst. Die Handschrift auf dem Briefumschlag erinnerte ihn daran, wie ungerecht und grausam er vor etwa zwei Jahren gewesen war, wie er seine geistige Leere, seine Schwermut, seine Einsamkeit und seine Unzufriedenheit mit dem Leben an vollkommen unschuldigen Menschen ausgelassen hatte. Ihm kam dabei auch in den Sinn, wie er einmal seine Dissertation und alle während seiner Krankheit geschriebenen Artikel zerfetzt und aus dem Fenster geworfen hatte, wie die Papierfetzen, vom Wind getragen, an den Bäumen und Blumen hängengeblieben waren; in jeder Zeile hatte er sonderbare, jeder Grundlage entbehrende Ansprüche gesehen, leichtfertigen Übermut, Dreistigkeit, Größenwahn, und das hatte auf ihn einen solchen Eindruck gemacht, als habe er eine Beschreibung seiner Laster gelesen; erst als das letzte Heft zerrissen und aus dem Fenster geflogen war, empfand er plötzlich aus irgendeinem Grund Verdruß und Bitterkeit; er ging zu seiner Frau und sagte ihr lauter unangenehme Dinge ins Gesicht. Mein Gott, wie hatte er sie immer wieder fertiggemacht! Einmal, als er sie verletzen wollte, sagte er, daß ihr Vater in ihrer Liebesbeziehung eine recht unrühmliche Rolle gespielt habe, da er ihn gebeten habe, sie zu heiraten; Jegor Semjonytsch hörte dies zufällig mit an, stürzte ins Zimmer und konnte vor lauter Verzweiflung kein Wort herausbringen, trat nur von einem Fuß auf den anderen und gab irgendwelche seltsamen Laute von sich, als habe es ihm die Sprache verschlagen, und Tanja, die ihren Vater so sah, stieß einen herzzerreißenden Schrei aus und fiel in Ohnmacht. Es war abscheulich.

Das alles kam ihm beim Blick auf die vertraute Handschrift in den Sinn. Kowrin ging auf den Balkon; es war windstill und warm und roch nach Meer. Der Mond und die Lichter spiegelten sich in der wunderbaren Bucht, deren Farbe fast unbeschreiblich war: eine zarte, sanfte blaugrüne Mischung; an manchen Stellen sah das Wasser so blau aus wie Kupfervitriol, und an anderen Stellen wiederum schien es, als habe das Mondlicht sich verdichtet und erfülle anstelle des Wassers die Bucht, und überhaupt, was für eine Harmonie der Farben, was für eine friedliche, ruhige und erhabene Stimmung!

Die Fenster in der unteren Etage, unterhalb seines Balkons, standen vermutlich offen, denn es waren deutlich Frauenstimmen und Lachen zu hören. Anscheinend hatte sich dort eine Abendgesellschaft versammelt.

Kowrin nahm all seine Kräfte zusammen, öffnete den Brief, und während er in sein Zimmer ging, las er:

»Soeben ist mein Vater gestorben. Das habe ich dir zu verdanken, da du ihn getötet hast. Unser Garten verkommt, in ihm schalten und walten bereits Fremde, es passiert also das, wovor sich mein armer Vater so gefürchtet hat. Auch das habe ich dir zu verdanken. Ich hasse dich aus tiefster Seele und wünsche mir, daß du bald stirbst. Oh, wie ich leide! Meine Seele brennt vor unerträglichem Schmerz ... Mögest du verflucht sein. Ich hielt dich für einen außergewöhnlichen Menschen, für ein Genie, liebte dich, aber du hast dich als wahnsinnig erwiesen ...«

Kowrin konnte nicht weiterlesen; er zerriß den Brief und warf ihn weg. Unruhe, fast Furcht, ergriff ihn. Hinter dem Wandschirm schlief Warwara Nikolajewna, und man hörte sie atmen; aus der unteren Etage drangen Frauenstimmen und Lachen an sein Ohr, aber er hatte das Gefühl, als wäre in dem ganzen Hotel außer ihm keine Menschenseele. Dadurch, daß die unglückliche, von Kummer gebrochene Tanja ihn in ihrem Brief verflucht und ihm den Untergang gewünscht hatte, war ihm unheimlich zumute, und er warf einen flüchtigen Blick zur Tür, als habe er Angst, die geheimnisvolle Kraft, die in nicht einmal zwei Jahren derart sein Leben und das Leben seiner Nächsten zerstört hatte, betrete das Zimmer und bemächtige sich seiner erneut.

Er wußte bereits aus Erfahrung, daß, wenn seine Nerven verrückt spielten, Arbeit das beste Gegenmittel war. Er mußte sich an den Tisch setzen und, koste es was es wolle, sich mit aller Gewalt auf irgendeinen Gedanken konzentrieren. Er holte aus seiner roten Aktentasche ein Heft hervor, in dem er das Konzept einer kleinen Kompilationsarbeit entworfen hatte für den Fall, daß es ihm ohne eine Beschäftigung auf der Krim langweilig würde. Er setzte sich an den Tisch und befaßte sich mit diesem Konzept, und seine ruhige, ergebene, gelassene Stimmung schien zurückzukehren. Die Aufzeichnungen ließen ihn sogar Überlegungen über das eitle Treiben in der Welt anstellen. Er dachte daran, wieviel das Leben für die nichtigen oder vollkommen gewöhnlichen Güter verlangt, die es dem Menschen geben kann. Um beispielsweise mit vierzig Jahren einen Lehrstuhl zu bekommen, ein gewöhnlicher Professor zu werden, in einer trägen, langweiligen und komplizierten Sprache gewöhnliche und außerdem fremde Gedanken darzulegen, mit anderen Worten, um die Position eines Durchschnittswissenschaftlers zu erhalten, hatte er, Kowrin, fünfzehn Jahre lang Studien betreiben, Tag und Nacht arbeiten, eine schwere psychische Krankheit auf sich nehmen, eine mißlungene Ehe überstehen und allerlei Dummheiten und Ungerechtigkeiten begehen müssen, an die man sich besser nicht erinnerte. Kowrin wurde nun ganz klar seine Mittelmäßigkeit bewußt, und er fand sich bereitwillig damit ab, da seiner Meinung nach jeder Mensch mit dem, was er war, zufrieden sein sollte.

Das Konzept seiner Kompilationsarbeit hatte ihn eigentlich vollkommen ruhig werden lassen, aber der zerrissene weiße Brief auf dem Fußboden blendete ihn und hinderte ihn daran, sich zu konzentrieren. Er erhob sich vom Tisch, las die Brieffetzen auf und warf sie zum Fenster hinaus, aber vom Meer her wehte eine leichte Brise, und die Papierfetzen verstreuten sich auf dem Fensterbrett. Wieder wurde er von Unruhe, fast von Furcht ergriffen, und ihm schien, daß außer ihm in dem ganzen Hotel keine Menschenseele sei … Er ging hinaus auf den Balkon. Die Bucht, als wäre sie lebendig, blickte ihn mit unzähligen hell- und dunkelblauen, türkisfarbenen und feurigen Augen an und lockte ihn zu sich. Es war wirklich heiß und schwül, und ein Bad würde nicht schaden.

Plötzlich erklang in der unteren Etage, unterhalb seines Balkons, eine Geige, und zwei zarte Frauenstimmen fingen an zu singen. Das kam ihm bekannt vor. In der Romanze, die unten gesungen wurde, war die Rede von einem Mädchen mit einer krankhaften Phantasie, das nachts im Garten geheimnisvolle Töne hörte und zu dem Schluß kam, daß es sich um eine heilige, uns Sterblichen unverständliche Harmonie handle … Kowrin verschlug es den Atem, sein Herz krampfte sich zusammen vor Wehmut, und eine wunderbare, süße, längst vergessene Freude regte sich in seiner Brust.

Eine hohe schwarze Säule, ähnlich einem Wirbelsturm oder einer Windhose, tauchte am gegenüberliegenden Ufer der Bucht auf. Sie raste mit ungeheurer Geschwindigkeit über die Bucht auf das Hotel zu, wurde dabei immer kleiner und dunkler, und Kowrin konnte kaum zur Seite weichen, um den Weg freizugeben … Mit bloßem grauen Haupt und schwarzen Augenbrauen, barfuß und mit über der Brust gekreuzten Armen flog der Mönch an ihm vorbei und machte mitten im Zimmer halt.

»Weshalb hast du mir nicht geglaubt?« fragte er vorwurfsvoll, sah Kowrin dabei aber freundlich an. »Wenn du mir damals geglaubt hättest, daß du ein Genie bist, dann wären diese zwei Jahre für dich nicht so trübselig und kümmerlich gewesen.«

Nun glaubte Kowrin wieder, daß er ein Auserwählter Gottes und ein Genie sei; lebhaft erinnerte er sich an all seine früheren Gespräche mit dem schwarzen Mönch und wollte etwas sagen, aber das Blut floß aus seiner Kehle direkt auf die Brust, und da er nicht wußte, was tun, fuhr er sich mit den Händen über die Brust, und seine Manschetten wurden naß vom Blut. Er wollte eigentlich Warwara Nikolajewna rufen, die hinter dem Wandschirm schlief, sammelte seine Kräfte und rief:

»Tanja!«

Er fiel zu Boden, und indem er sich mit den Händen aufrichtete, rief er erneut:

»Tanja!«

Er rief Tanja, rief den großen Garten mit den prächtigen, vom Tau benetzten Blumen, rief den Park, die Kiefern mit den zottigen Wurzeln, das Roggenfeld, seine wunderbare Wissenschaft, seine Jugend, seine Kühnheit, seine Freude, rief das Leben, das so schön war. Er sah auf dem Fußboden neben seinem Gesicht eine große Blutlache und konnte bereits vor Schwäche kein Wort mehr herausbringen, aber ein unaussprechliches, grenzenloses Glück erfüllte sein ganzes Wesen. Unter seinem Balkon wurde eine Serenade gespielt, und der schwarze Mönch flüsterte ihm zu, daß er ein Genie sei und nur deshalb sterbe, weil sein schwacher menschlicher Körper bereits das Gleichgewicht verloren habe und nicht mehr als Hülle für ein Genie dienen könne.

Als Warwara Nikolajewna erwachte und hinter dem Wandschirm hervorkam, war Kowrin bereits tot; auf seinem erstarrten Gesicht lag ein glückseliges Lächeln.

(Barbara Schaefer)

I
Der Abend vor dem Fest

Da liegt ein dickes Geldbündel. Es stammt aus dem Forst-
revier, vom Verwalter. Er schreibt, er schicke anderthalbtausend Rubel, die er eingetrieben habe, nachdem der
Prozeß in zweiter Instanz gewonnen worden sei. Anna
Akimowna mochte Worte wie »eintreiben« und »einen Prozeß gewinnen« nicht, ja fürchtete sie sogar. Zwar wußte sie,
daß man ohne Rechtsprechung nicht auskam, jedesmal jedoch, wenn Fabrikdirektor Nasarytsch oder der Verwalter
des Forstreviers, die oft prozessierten, zu ihren Gunsten
einen Prozeß ausgefochten hatten, war ihr das aus unerfindlichen Gründen unheimlich und irgendwie peinlich.
Auch jetzt war es ihr unheimlich und unangenehm, und sie
hätte diese Anderthalbtausend am liebsten weit weggelegt,
um sie nicht mehr vor Augen haben zu müssen.

Verdrossen dachte sie daran, wie ihre Altersgefährtinnen
– sie stand im sechsundzwanzigsten Jahr – jetzt im Haushalt
wirtschaften, müde werden und bald in tiefen, festen Schlaf
versinken, um morgen früh in festlicher Stimmung zu er-
wachen; viele von ihnen sind längst verheiratet und haben
schon Kinder. Nur sie allein ist weiß Gott warum verpflichtet, wie eine alte Frau über diesen Briefen zu sitzen,
sich Notizen darauf zu machen, Antworten zu schreiben,
dann den ganzen Abend bis Mitternacht nichts zu tun und
zu warten, bis der Schlaf kommt. Morgen dann wird man
ihr den lieben langen Tag gratulieren und sie mit Bitten be-
stürmen, und übermorgen wird es in der Fabrik garantiert
zu einem Skandal kommen – entweder wird jemand verprügelt oder einer stirbt am Wodka, und sie wird unwei-

gerlich das Gewissen plagen. Nach den Feiertagen wird Nasarytsch zwanzig Mann wegen Bummelei entlassen, und diese zwanzig werden sich dann ohne Mützen vor ihrer Treppe herumdrücken, sie aber wird sich genieren, zu ihnen herauszukommen, und man wird sie fortjagen wie Hunde. Und alle Bekannten werden hinter ihrem Rücken reden und ihr in anonymen Briefen schreiben, sie sei eine Millionärin und Ausbeuterin, zehre von fremdem Leben und sauge den Arbeitern das Blut aus.

Da hinten liegt ein Packen gelesener und schon beiseite gelegter Briefe. Sie stammen von Bittstellern. Hungernde darunter, Trunkenbolde, solche, die mit einer vielköpfigen Familie geschlagen sind, Kranke, Erniedrigte, Verkannte … Anna Akimowna hat bereits auf jedem Brief notiert, wer drei Rubel erhalten soll und wer fünf. Diese Briefe gehen noch heute ins Büro, morgen wird dort die Ausgabe der Unterstützung erfolgen oder, wie die Angestellten sagen, die Fütterung der Raubtiere.

Auch die vierhundertsiebzig Rubel – Zinsen des Kapitals, das der verstorbene Akim Iwanytsch testamentarisch für Bettler und arme Schlucker verfügt hat – werden in kleinen Beträgen verteilt werden. Ein scheußliches Gedränge wird das geben. Vom Tor bis zur Bürotür wird sich eine lange Schlange fremder Menschen mit rohen Gesichtern erstrecken, in Lumpen, verfroren, hungrig und längst betrunken, die mit heiseren Stimmen für ihr Mütterchen, die Wohltäterin Anna Akimowna und deren Eltern ein Gebet sprechen. Die Hinteren werden gegen die Vorderen drängen, und die Vorderen werden mit häßlichen Worten fluchen. Der Bürovorsteher, der den Lärm, das Gekeife und Gejammere nicht mehr erträgt, wird herausgestürzt kommen und zum allgemeinen Ergötzen dem Erstbesten eine Ohrfeige verpassen. Die eigenen Leute aber, die Arbeiter, die zum Fest nichts erhalten außer ihrem Lohn, den sie schon bis zur letzten Kopeke ausgegeben haben, werden auf dem Hof herumstehen, sich all das anschauen und lachen – die einen voll Neid, die anderen voller Spott.

Die Kaufleute, ganz besonders aber ihre Frauen, lieben Bettler mehr als ihre eigenen Arbeiter, dachte Anna Akimowna. Das ist immer so.

Ihr Blick fiel auf das Geldbündel. Es wäre gut, dieses unnütze, ekelhafte Geld morgen an die Arbeiter zu verteilen, doch man darf einem Arbeiter nie etwas umsonst geben, sonst stellt er beim nächsten Mal Forderungen. Und was bedeuten diese Anderthalbtausend überhaupt, wenn fast tausendachthundert Arbeiter im Werk angestellt sind, nicht gerechnet ihre Frauen und Kinder. Vielleicht aber käme einer der Bittsteller in Betracht, von denen diese Briefe stammen, irgendein Unglücklicher, der schon lange die Hoffnung auf ein besseres Leben verloren hat, soll er doch die Anderthalbtausend bekommen. Den Ärmsten wird dieses Geld erschüttern wie ein Donnerschlag, und es kann gut sein, daß er zum ersten Mal im Leben glücklich ist. Diese Vorstellung erschien Anna Akimowna originell und lustig und amüsierte sie. Wahllos zog sie einen Brief aus dem Packen und begann zu lesen. Ein gewisser Gouvernementsekretär Tschalikow, schon lange ohne Anstellung und krank, lebt im Guschtschinschen Hause; seine Frau hat die Schwindsucht, fünf minderjährige Töchter. Das vierstöckige Guschtschinsche Haus, in dem Tschalikow lebte, war Anna Akimowna gut bekannt. Was für ein schlechtes, modriges, ungesundes Haus!

Dieser Tschalikow soll's bekommen, beschloß sie. Schicken werd ich es nicht, will's lieber selbst vorbeibringen, um unnützem Gerede aus dem Weg zu gehen. Ja, überlegte sie und steckte die Anderthalbtausend in die Tasche, mal sehen, am Ende bringe ich auch noch die Mädchen irgendwo unter.

Ihr wurde froh zumute, sie läutete und befahl, die Pferde anzuspannen.

Als sie sich in den Schlitten setzte, war eben die siebente

Abendstunde angebrochen. Die Fenster sämtlicher Gebäude waren hell erleuchtet, der riesige Hof schien deshalb sehr dunkel. Am Tor und weiter hinten, bei den Lagerhallen und Arbeiterbaracken, brannten elektrische Lampen.

Anna Akimowna mochte diese dunklen, finsteren Gebäude, die Lagerhallen und die Baracken nicht, in denen die Arbeiter wohnten, sie machten ihr angst. Im Hauptgebäude war sie nach dem Tod ihres Vaters nur ein einziges Mal gewesen. Die hohen Decken mit den Eisenträgern, die Unzahl der riesigen, schnelldrehenden Räder, Transmissionsriemen und Hebel, das schrille Surren und das Kreischen von Metall, das Klirren der Loren, die Atemnot von all dem Dampf, die Gesichter blaß, glutrot oder schwarz von Kohlenruß, die schweißnassen Hemden, das Blitzen von Stahl, Kupfer und Feuer, der Geruch von Öl und Kohle und der Windhauch, mal glühend heiß, dann wieder kalt, ließen sie an die Hölle denken. Ihr schien, als wollten sich die Räder, Hebel und die heißen zischenden Zylinder von ihren Befestigungen losreißen, um die Menschen unter sich zu begraben; diese aber hasteten mit sorgenvollen Gesichtern und ohne einander zu hören um die Maschinen herum und versuchten, ihren schrecklichen Lauf aufzuhalten. Man demonstrierte Anna Akimowna etwas und gab ihr respektvoll Erläuterungen. Sie mußte daran denken, wie in der Schmiedewerkstatt ein Stück geschmolzenes Eisen aus dem Ofen gezogen worden war und wie ein alter Mann mit Riemen um den Kopf und ein anderer, jung und in blauer Bluse, mit einer Kette auf der Brust und zornigem Gesicht, wohl einer der Vorarbeiter, mit Hämmern auf das Eisenstück einschlugen, wie goldene Funken nach allen Seiten stoben und kurz darauf vor ihr mit einem riesigen Stück Eisenblech gerasselt wurde. Der alte Mann stand in militärischer Haltung und lächelte, der junge aber wischte sich mit dem Ärmel das feuchte Gesicht und erklärte ihr etwas. Sie mußte auch daran denken, wie in einer anderen Abteilung ein alter Mann mit nur einem Auge ein

Stück Eisen sägte und die Eisenspäne herabrieselten und wie ein Rothaariger mit dunkler Brille und löchrigem Hemd an der Drehbank arbeitete und etwas aus einem Stück Stahl fertigte. Die Drehbank heulte, kreischte und pfiff, und Anna Akimowna wurde übel von diesem Lärm, ihr schien, als werde direkt in ihren Ohren gebohrt. Sie schaute, lauschte, begriff nichts, lächelte wohlwollend und genierte sich. Sich von einer Sache, die man nicht versteht und nicht lieben kann, zu ernähren und Hunderttausende zu kassieren, wie merkwürdig!

In den Arbeiterbaracken aber war sie kein einziges Mal gewesen. Dort, sagte man, sei es feucht, gäbe es Wanzen, Laster und Anarchie. Es war schon erstaunlich: Jährlich wurden Tausende Rubel für die Instandsetzung der Baracken ausgegeben, die Lage der Arbeiter aber, glaubte man den anonymen Briefen, verschlechterte sich von Jahr zu Jahr ...

Zu Vaters Zeiten herrschte mehr Ordnung, dachte Anna Akimowna, als sie vom Hof fuhr, weil er selbst Arbeiter war und wußte, was not tut. Ich dagegen weiß überhaupt nichts und mache nur Dummheiten.

Wieder überkam sie Unbehagen, und es freute sie auch nicht mehr, daß sie sich auf den Weg gemacht hatte, und der Gedanke an den Glückspilz, auf den die Anderthalbtausend vom Himmel niederfallen würden, schien ihr nicht mehr originell und amüsant zu sein. Zu einem Tschalikow zu fahren, während die Häuser allmählich verfallen, das millionenschwere Unternehmen dem Ruin entgegensieht und die Arbeiter in den Baracken schlechter als Zuchthäusler leben – das hieß Dummheiten machen und sein Gewissen betrügen. Auf der Landstraße und zu beiden Seiten, übers Feld auf die Lichter der Stadt zu, liefen in Scharen die Arbeiter aus den benachbarten Fabriken – der Kattunfabrik und der Papierfabrik. In der Frostluft erschallte Gelächter und fröhliches Stimmengewirr. Anna Akimowna betrachtete die Frauen und Halbwüchsigen und verspürte plötzlich den Wunsch nach Einfachheit, Derbheit und Enge. Deutlich stand ihr jene ferne Zeit vor Augen, als sie noch Anjutka geheißen und als kleines Mädchen mit der Mutter unter einer Decke gelegen hatte und nebenan, im anderen Zimmer, ihre Untermieterin, eine Wäscherin, mit ihrer Wäsche hantierte und aus den Nachbarwohnungen durch die dünnen Wände Lachen, Streit, Kinderweinen, eine Harmonika, das Surren von Drehbänken und Nähmaschinen drang und ihr Vater, Akim Iwanytsch, der so gut wie jedes Handwerk beherrschte, unbeirrt von der Enge oder dem Lärm, in der Ofenecke etwas lötete, zeichnete oder hobelte. Wie gern hätte sie jetzt gewaschen, gebügelt oder wäre in den Laden oder in die Schenke gelaufen, wie sie es jeden Tag getan hatte, als sie noch bei der Mutter lebte. Sie wäre lieber Arbeiterin gewesen als Fabrikherrin. Ihr großes Haus mit den Kronleuchtern und den Gemälden, der Diener Mischenka mit seinem Frack und dem samtenen Schnurrbart, die unvergleichliche Warwaruschka und die unterwürfige Agafjuschka und diese jungen Leute beiderlei Geschlechts, die fast täglich um Geld bitten kamen und vor denen sie sich jedes Mal aus unerfindlichem Grund schuldig fühlte, und diese Beamten, Doktoren und Damen, die auf ihre Kosten Wohltätigkeit übten, sie umschmeichelten und sie insgeheim wegen ihrer niederen Herkunft verachteten – wie zuwider und fremd war ihr das alles mittlerweile!

Da war schon der Eisenbahnübergang mit der Schranke. Häuser und Gemüsegärten wechselten einander ab. Und da war schließlich auch die breite Straße, in der das berühmte Guschtschinsche Haus stand. Auf der sonst stillen Straße herrschte jetzt wegen des bevorstehenden Feiertags großes Gedränge. Aus den Schenken und Porterstuben drang Lärm. Wäre heute ein Fremder durch die Straße gefahren, aus dem Zentrum der Stadt, er hätte nur Schmutz, Trunksucht und fluchende Menschen wahrgenommen, Anna Akimowna jedoch, die von klein auf unter diesen Leuten lebte, erkannte in der Menge ihren verstorbenen Vater, die

Mutter oder den Onkel. Ihr Vater hatte ein weiches, nachgiebiges Herz gehabt, ein Träumer in mancherlei Hinsicht, sorglos und leichtsinnig. Er hatte keinerlei Hang zum Geld, noch zu Ruhm oder Macht. Ein Arbeiter, sagte er, hätte keine Zeit zum Feiern oder in die Kirche zu gehen, und wäre seine Frau nicht gewesen, er hätte wohl nie gefastet und in der Fastenzeit verbotene Speisen gegessen. Der Onkel dagegen, Iwan Iwanytsch, war ein unbeugsamer Mann; in allen Dingen, die Religion, Politik oder Moral betrafen, war er streng und unerbittlich und hielt nicht nur auf sich selbst, sondern auch auf das Benehmen sämtlicher Angestellten und Bekannten. Verhüte Gott, daß man sein Zimmer betrat, ohne sich zu bekreuzigen! Die prunkvollen Gemächer, in denen jetzt Anna Akimowna lebte, hielt er verschlossen und öffnete sie nur zu hohen Feiertagen für wichtige Gäste, selbst aber wohnte er im Büro, in einem kleinen Zimmerchen, das mit Heiligenbildern vollgestopft war. Er tendierte zum alten Glauben und empfing ständig altgläubige Erzpriester und Popen, obwohl er getauft und kirchlich getraut war und seine Frau nach dem Ritus der rechtgläubigen Kirche beerdigt hatte. Den Bruder Akim, seinen einzigen Erben, mochte er nicht wegen seines Leichtsinns, den er als Einfalt und Dummheit bezeichnete, und auch wegen seiner Gleichgültigkeit gegenüber dem Glauben. Er hielt ihn kurz, in der Stellung eines Arbeiters, und zahlte ihm sechzehn Rubel pro Monat. Akim sagte »Sie« zu seinem Bruder und verneigte sich mit seiner Familie an den Versöhnungstagen vor ihm. Doch drei Jahre vor seinem Tod kam es zu einer Annäherung, er verzieh ihm und befahl, für Anjutka eine Gouvernante ins Haus zu holen.

Die Toreinfahrt des Guschtschinschen Hauses war dunkel, langgestreckt und übelriechend. Hinter den Wänden hörte man Männer husten. Anna Akimowna ließ den Schlitten auf der Straße stehen, betrat den Hof und fragte dort, wie man zur Nummer 46 käme, zum Beamten Tschalikow. Man wies sie zur letzten Tür rechts im zweiten Stock. Auf dem Hof und an der letzten Tür, selbst auf der Treppe, herrschte der gleiche gräßliche Geruch wie in der Toreinfahrt. In ihrer Kindheit, als Anna Akimownas Vater noch einfacher Arbeiter war, hatte sie in ebensolchen Häusern gelebt und sie später, als sich die Verhältnisse änderten, häufig als Wohltäterin aufgesucht; die enge Steintreppe mit den hohen Stufen war schmutzig und auf jeder Etage von einem Podest unterbrochen. Im Treppenhaus eine verschmutzte Lampe. Gestank. Auf den Treppenabsätzen neben den Türen Waschtröge, Töpfe, Lumpen. All dies war ihr seit langem vertraut … Eine Tür stand offen und man sah, wie auf Tischen jüdische Schneider mit ihren Kopfbedeckungen saßen und nähten. Auf der Treppe kamen ihr Leute entgegen, doch es wäre ihr nicht in den Sinn gekommen, daß jemand sie belästigen könnte. Sie fürchtete die Arbeiter und groben Kerle, nüchtern oder betrunken, ebensowenig wie ihre gebildeten Bekannten.

Die Wohnung Nummer 46 besaß keinen Flur und begann direkt in der Küche. In Arbeiter- und Handwerkerwohnungen riecht es meist nach Lack, Pech, Leder oder Qualm, je nachdem, welchen Beruf der Hausherr ausübt. Die Wohnungen verarmter Adliger und Beamter dagegen erkennt man an ihrem modrigen, säuerlichen Geruch. Dieser gräßliche Geruch schlug Anna Akimowna auch hier entgegen, kaum hatte sie die Schwelle überschritten. In der Ecke saß, mit dem Rücken zur Tür, am Tisch ein Mann in schwarzem Gehrock, vermutlich Tschalikow, und neben ihm fünf Mädchen. Die älteste, mager, mit breitem Gesicht und einem Kamm in den Haaren, sah aus wie fünfzehn und die jüngste, ein Pummelchen, mit Haaren wie ein Igel, nicht älter als drei. Alle sechs waren beim Essen. Am Herd stand mit der Ofengabel in der Hand eine kleine, sehr magere gelbgesichtige Frau in Rock und weißem Jäckchen. Sie war schwanger.

»Das habe ich nicht von dir gedacht, Lisotschka, daß du so

ungezogen bist«, sagte der Mann vorwurfsvoll. »Ei, ei, ei, wie schlimm! Du willst wohl, daß Papa dich verhaut, oder?«

Als die magere Frau die unbekannte Dame auf der Schwelle erblickte, zuckte sie zusammen und ließ die Gabel sinken.

»Wassili Nikititsch!« rief sie kurz darauf mit dumpfer Stimme, als traue sie ihren Augen nicht.

Der Mann drehte sich um und sprang auf. Es war ein knochiger Mensch mit schmalen Schultern, eingesunkenen Schläfen und flacher Brust. Seine tiefliegenden Augen waren klein und von dunklen Ringen umgeben, die Vogelnase lang und ein wenig nach rechts gebogen, der Mund breit, sein Bart zweigeteilt und der Schnurrbart rasiert, weshalb er mehr einem Provinzlakaien ähnelte als einem Beamten.

»Wohnt hier Herr Tschalikow?« fragte Anna Akimowna.

»So ist es«, entgegnete Tschalikow streng, erkannte aber sogleich Anna Akimowna und rief: »Frau Glagolewa! Anna Akimowna!«, bekam plötzlich kaum noch Luft und schlug die Hände zusammen, als hätte er sich furchtbar erschrocken. »Wohltäterin!«

Mit einem Stöhnen stürzte er auf sie zu und warf sich wie ein Gelähmter stammelnd mit der Stirn gegen ihren Muff und erstarrte gleichsam. In seinem Bart hing Kohl, und er roch nach Wodka.

»Ihr Händchen! Das teure Händchen!« sagte er außer Atem. »Ein Traum! Ein herrlicher Traum! Kinder, weckt mich auf!«

Er wandte sich zum Tisch, schüttelte die Fäuste und sagte mit weinerlicher Stimme:

»Die Vorsehung hat uns erhört! Unsere Beschützerin ist gekommen, unser Engel! Wir sind gerettet! Auf die Knie, Kinder! Auf die Knie!«

Aus unerfindlichem Grund begannen Frau Tschalikowa und die Mädchen, mit Ausnahme der Jüngsten, schnell den Tisch abzuräumen.

»Sie schreiben, Ihre Frau sei sehr krank«, sagte Anna Akimowna und begann sich bereits zu ärgern und unbehaglich zu fühlen.

Die Anderthalbtausend gebe ich ihm nicht, dachte sie.

»Hier haben wir sie, meine Frau«, sagte Tschalikow mit schwacher piepsiger Stimme, als schnürten ihm Tränen die Kehle zu. »Hier haben wir sie, die Unglückliche! Mit einem Fuß im Grab! Wir aber, Herrin, hadern nicht mit unserem Schicksal. Lieber sterben, als so zu leben. Stirb, Unglückliche!«

Was führt er sich so auf? dachte Anna Akimowna ärgerlich. Jetzt merkt man, daß er an den Umgang mit Kaufleuten gewöhnt ist.

»Sprechen Sie bitte wie ein Mensch mit mir«, sagte sie. »Ich mag keine Komödien.«

»Ja, Herrin, fünf verwaiste Kinder am Sarg der Mutter mit Kerzen in der Hand – das nennen Sie Komödie! Ach«, sagte Tschalikow bitter und wandte sich ab.

»Sei doch still!« flüsterte seine Frau und zupfte ihn am Ärmel. »Bei uns, Herrin, ist nicht aufgeräumt«, sagte sie zu Anna Akimowna gewandt, »Sie müssen entschuldigen … Die Familie bringt das so mit sich, Sie geruhen das ja selbst zu wissen. Die Enge, mit Verlaub.«

Ich geb sie ihnen nicht, die Anderthalbtausend, dachte Anna Akimowna wieder.

Und um so schnell wie möglich von diesen Leuten und dem säuerlichen Geruch loszukommen, holte sie das Portemonnaie heraus und beschloß, ihnen fünfundzwanzig Rubel zu geben, nicht mehr; doch plötzlich war es ihr peinlich, so weit gefahren zu sein und die Leute wegen dieser Lappalie gestört zu haben.

»Wenn Sie mir Papier und Tinte geben, werde ich jetzt gleich dem Doktor schreiben, meinem guten Bekannten, damit er sich um Sie kümmert«, sagte sie und errötete. »Ein sehr guter Doktor. Und für die Arznei lasse ich Ihnen etwas da.«

Frau Tschalikowa machte sich hastig daran, den Tisch abzuwischen.

»Hier ist es nicht sauber! Was soll das?« flüsterte Tschalikow und blickte sie böse an. »Bitte sie zum Untermieter! Gestatten, gnädige Frau, zum Untermieter, ich erkühne mich, Sie zu bitten«, wandte er sich an Anna Akimowna. »Dort ist es sauber.«

»Ossip Iljitsch hat aber verboten, sein Zimmer zu betreten!« sagte eines der Mädchen streng.

Doch Anna Akimowna wurde bereits aus der Küche hinaus und zwischen zwei Betten durch ein enges Durchgangszimmer geführt. Am Bettzeug war erkennbar, daß in dem einen zwei Personen der Länge nach schliefen und in dem anderen drei quer. Im darauffolgenden Zimmer des Untermieters war es tatsächlich sauber. Ein adrettes Bett mit roter Wolldecke, ein Kopfkissen mit weißem Bezug, sogar ein Pantöffelchen für die Uhr, ein Tisch mit hanfenem Tischtuch und darauf ein milchweißes Tintenfaß, Federn, Papier, gerahmte Photographien – alles, wie es sich gehört; und ein weiterer schwarzer Tisch, auf dem säuberlich geordnet Uhrmacherwerkzeug und auseinandergenommene Uhren lagen. An den Wänden hingen Hämmer, Zangen, Bohrer, Stechbeitel, Flachzangen und dergleichen und drei Wanduhren, die tickten; eine davon sehr groß, mit schweren Gewichten, wie man sie in den Schenken hat.

Als sie sich ans Schreiben des Briefes machte, sah Anna Akimowna vor sich auf dem Tisch ein Photo ihres Vaters und ihr eigenes Bild. Das erstaunte sie.

»Wer wohnt denn hier?« fragte sie.

»Unser Untermieter, gnädige Frau, Pimenow. Er arbeitet bei Ihnen im Werk.«

»So? Und ich dachte, ein Uhrmacher.«

»Mit Uhren befaßt er sich gelegentlich, quasi privat. Als Amateur, gewissermaßen.«

Nach kurzem Schweigen, als nur das Ticken der Uhren

zu hören war und wie die Feder übers Papier kratzte, seufzte Tschalikow und sagte spöttisch und verdrossen:

»Es heißt ja, aus Amt und Würden näht man sich keinen Pelz. Die Kokarde an der Stirn und ein vornehmer Titel, aber nichts zu essen. Meiner Ansicht nach ist ein Mensch niedrigen Ranges, der einem Armen hilft, viel vornehmer, als ein Tschalikow, der in Elend und Laster versinkt.«

Um Anna Akimowna zu schmeicheln, sagte er noch etliches, was seine adlige Herkunft herabsetzte, und es war nur zu deutlich, daß er sich erniedrigte, weil er sich für etwas Besseres hielt. Sie hatte indessen den Brief beendet und verschlossen. Den Brief werden sie wegwerfen und das Geld für alles andere als die Behandlung verwenden, das wußte sie, legte die fünfundzwanzig Rubel aber dennoch auf den Tisch und fügte nach einigem Nachdenken zwei weitere rote Scheine hinzu. Frau Tschalikowas abgezehrte gelbe Hand, die aussah wie ein Hühnerfuß, huschte an ihren Augen vorbei und preßte das Geld in der Faust zusammen.

»Dies geruhten Sie für Arznei zu geben«, sagte Tschalikow mit bebender Stimme, »doch reichen Sie auch mir Ihre helfende Hand … und den Kindern«, fügte er hinzu und schluchzte, »den unglücklichen Kindern! Nicht um mich ist mir bange, um meine Töchter ist mir bange! Vor der Hydra des Lasters ist mir bange.«

Anna Akimowna versuchte, das Portemonnaie zu öffnen, dessen Schloß kaputt war, geriet in Verlegenheit und errötete. Es war ihr peinlich, daß die Leute vor ihr standen, ihr auf die Hände sahen und warteten und sich vermutlich im Innersten ihrer Seele lustig über sie machten. In diesem Moment betrat jemand die Küche und klopfte sich den Schnee von den Füßen.

»Der Untermieter ist gekommen«, sagte Frau Tschalikowa.

Das irritierte Anna Akimowna noch mehr. Sie wollte nicht, daß sie einer der Fabrikarbeiter in dieser lächerlichen Lage antraf. Doch wie zum Trotz trat der Untermieter ge nau in jenem Augenblick in sein Zimmer, als sie, nachdem sie das Schloß endgültig ruiniert hatte, Tschalikow einige Scheine reichte und Tschalikow wie ein Gelähmter stammelte und mit den Lippen suchte, wohin er sie küssen könne. Im Untermieter erkannte sie jenen Arbeiter wieder, der damals in der Schmiede mit den Eisenblechen gerasselt und ihr etwas erklärt hatte. Offenbar kam er jetzt direkt aus dem Werk: Sein Gesicht war rauchgeschwärzt und eine Wange in Höhe der Nase mit Ruß verschmiert. Die Hände waren völlig schwarz und die gürtellose Bluse starrte vor Öl. Er war ein Mann um die dreißig, mittelgroß mit schwarzen Haaren, breiten Schultern und offenbar sehr stark. Anna Akimowna begriff auf den ersten Blick, daß sie es mit einem Vorarbeiter zu tun hatte, der mindestens fünfunddreißig Rubel monatlich verdiente, einem strengen, lauten Mann, der mit den Arbeitern nicht zimperlich umsprang. Das war der Art zu entnehmen, wie er dastand, jener Pose, die er unwillkürlich einnahm, als er in seinem Zimmer eine Dame erblickte, und vor allem daran, daß seine Hosen nicht in den Stiefelschäften steckten, daß er Brusttaschen hatte und einen schön geschnittenen Bart. Ihr verstorbener Vater war zwar der Bruder des Fabrikbesitzers, hatte sich aber trotzdem vor Vorarbeitern wie diesem Untermieter gefürchtet und um ihre Gunst gebuhlt.

»Entschuldigen Sie, daß wir ohne Ihre Erlaubnis über Ihr Zimmer verfügt haben«, sagte Anna Akimowna.

Der Arbeiter betrachtete sie erstaunt, lächelte verwirrt und schwieg.

»Sie müssen lauter sprechen, gnädige Frau …« sagte Tschalikow leise. »Herr Pimenow hört schwer, wenn er abends aus dem Werk zu kommen geruht.«

Anna Akimowna aber war schon froh, daß sie hier nun nichts mehr verloren hatte, nickte und ging schnell hinaus. Pimenow begleitete sie.

»Arbeiten Sie schon lange bei uns?« fragte sie laut, ohne sich ihm zuzuwenden.

»Seit ich neun bin. Ich bin bereits zu Zeiten Ihres Onkels in den Dienst getreten.«

»Wie lange das doch her ist! Mein Onkel und mein Vater kannten alle Angestellten, ich aber kenne fast niemanden. Ich habe Sie früher schon einmal gesehen, wußte aber nicht, daß Sie Pimenow heißen.«

Anna Akimowna verspürte das Bedürfnis, sich vor ihm zu rechtfertigen und so zu tun, als hätte sie die Scheine eben nicht ernsthaft, sondern spaßeshalber verteilt.

»Ach, diese Armut!« seufzte sie. »Da tun wir Gutes, an den Feiertagen und im Alltag, aber Sinn hat es nicht den geringsten. Mir scheint, solchen Menschen wie diesem Tschalikow zu helfen ist zwecklos.«

»Natürlich ist es zwecklos«, stimmte Pimenow zu. »Wieviel Sie ihm auch geben, er wird's restlos vertrinken. Jetzt werden Mann und Frau einander die ganze Nacht das Geld entreißen und sich prügeln«, fügte er hinzu und lachte.

»Ja, man muß zugeben, daß unsere Philanthropie zwecklos, öde und lächerlich ist. Doch andererseits, stimmen Sie mir zu, kann man die Hände ja auch nicht in den Schoß legen, man muß etwas tun. Was sollte man beispielsweise mit den Tschalikows tun?«

Sie wandte sich Pimenow zu und blieb in Erwartung einer Antwort stehen. Auch er blieb stehen und zuckte langsam und schweigend mit den Schultern. Offenbar wußte er, was mit den Tschalikows zu tun wäre, doch das war so grob und unmenschlich, daß er es nicht einmal aussprechen wollte. Auch waren die Tschalikows für ihn in einem Maße uninteressant und bedeutungslos, daß er sie im nächsten Augenblick schon wieder vergessen hatte. Er schaute Anna Akimowna in die Augen, lächelte vor Vergnügen und schien, seinem Gesichtsausdruck nach zu urteilen, etwas sehr Schönes zu träumen. Erst jetzt, als sie dicht neben ihm stand, sah Anna Akimowna an seinem Gesicht, insbesondere an den Augen, wie müde er war und wie sehr es ihn nach Schlaf verlangte.

»Ihm müßte ich die Anderthalbtausend geben!« dachte sie, dieser Gedanke aber schien ihr nicht zulässig und beleidigend für Pimenow.

»Ihnen schmerzt sicher der ganze Körper von der Arbeit, und doch begleiten Sie mich«, sagte sie und stieg die Treppe hinab. »Gehen Sie heim.«

Er aber hörte nicht auf sie. Als sie auf die Straße traten, lief er voraus, knöpfte die Schlittendecke auf, half Anna Akimowna hinein und sagte:

»Ich wünsche einen schönen Feiertag!«

II
Der Morgen

»Es hat schon längst aufgehört zu läuten! Eine Strafe Gottes, Sie schaffen es nicht mal mehr zum Schlußgebet. So stehen Sie doch auf!«

»Zwei Pferde eilen dahin ...« sagte Anna Akimowna und erwachte. Vor ihr stand ihre Zofe, die rothaarige Mascha, mit einer Kerze in der Hand. »Was ist denn los? Was willst du?«

»Die Messe ist schon zu Ende«, sagte Mascha verzweifelt. »Das dritte Mal wecke ich Sie! Von mir aus schlafen Sie doch bis zum Abend, aber Sie haben ja selbst befohlen, Sie zu wecken!«

Anna Akimowna stützte sich auf den Ellbogen und schaute zum Fenster hinüber. Draußen war es noch ganz dunkel, lediglich der untere Rand des Fensterrahmens glänzte weiß vom Schnee. Ein tiefer dumpfer Glockenton war zu vernehmen, doch er kam nicht aus der Kirchgemeinde, sondern von weit her. Die Uhr auf dem Tischchen zeigte drei Minuten nach sechs.*

---

* Die mehrwöchige Fastenzeit vor Weihnachten wird am Weihnachtstag beendet, der Gottesdienst beginnt um 2 Uhr nachts und dauert bis in die Morgenstunden.

»Gut, Mascha … Noch drei Minuten …« sagte Anna Akimowna flehentlich und schlüpfte mit dem Kopf unter die Decke.

Sie stellte sich den Schnee auf der Treppe vor, den Schlitten, den dunklen Himmel, die Menschenmenge in der Kirche und den Wacholdergeruch, und ihr grauste. Dennoch beschloß sie, sofort aufzustehen und zur Frühmesse zu fahren. Und wie sie sich ins Bett kuschelte und mit dem Schlaf kämpfte, der gerade dann so unglaublich süß ist, wenn man nicht schlafen darf, und wie ihr der riesige Garten auf dem Berg vor ihrem geistigen Auge erschien oder das Guschtschinsche Haus, beunruhigte sie immerfort die Vorstellung, sofort aufstehen und in die Kirche fahren zu müssen.

Doch als sie dann aufstand, war es schon gänzlich hell, und die Uhr zeigte halb zehn. Über Nacht war viel Neuschnee gefallen, die Bäume hatten sich weiß angezogen, und die Luft war ungewöhnlich klar, durchscheinend und so mild, daß Anna Akimowna, als sie aus dem Fenster schaute, vor allem den einen Wunsch hatte, ganz tief Atem zu schöpfen. Und als sie sich wusch, regte sich plötzlich der Widerhall eines weit zurückliegenden kindlichen Gefühls in ihrer Brust: der Freude, daß heute Weihnachten war, und ihr wurde leicht, frei und rein zumute, als hätte sich auch ihre Seele gewaschen oder wäre in weißen Schnee getaucht. Mascha trat ein, herausgeputzt und fest ins Korsett geschnürt, und gratulierte zum Feiertag. Dann frisierte sie ihr lange das Haar und half ihr ins Kleid. Der Duft und der Anblick des neuen, prachtvollen, wunderschönen Kleides, sein leichtes Rascheln und der Duft des frischen Parfüms erregten Anna Akimowna.

»Jetzt laß uns Karten legen«, sagte sie fröhlich zu Mascha. »Schließlich ist Weihnachten.«

»Im letzten Jahr kam heraus, daß ich einen Alten heirate. Dreimal ist das so herausgekommen.«

»Ach was, Gott ist gnädig.«

»Was soll's, Anna Akimowna. Ich glaub, wenn schon nicht

Fisch noch Fleisch, nichts Halbes und nichts Ganzes, dann lieber gleich einen Alten«, sagte Mascha traurig und seufzte. »Ich bin schon einundzwanzig, das ist kein Pappenstiel.«

Alle im Haus wußten, daß die rothaarige Mascha in den Diener Mischenka verliebt war, schon drei Jahre währte diese tiefe, leidenschaftliche, doch unglückliche Liebe.

»Schluß mit dem Blödsinn«, tröstete sie Anna Akimowna. »Ich bin bald dreißig, hab aber immer noch vor, einen jungen zu nehmen.«

Während sich die Herrin ankleidete, ging Mischenka in neuem Frack und Lackschuhen in der Halle und im Salon auf und ab und wartete darauf, daß sie herauskam, denn er wollte ihr zum Fest gratulieren. Er ging immer irgendwie besonders, mit weichen, vorsichtigen Schritten. Achtete man dabei auf seine Beine, Arme und den geneigten Kopf, hätte man annehmen können, er gehe nicht nur einfach, sondern lerne die erste Quadrille-Figur. Ungeachtet seines schmalen, samtenen Schnurrbarts und des hübschen, sogar ein wenig spitzbübischen Äußeren, war er würdevoll, besonnen und fromm wie ein Alter. Seine Gebete begleitete er stets mit tiefen Verneigungen und brannte in seinem Zimmer gern Weihrauch ab. War jemand reich und angesehen, brachte er ihm Hochachtung entgegen und blickte zu ihm auf, arme Schlucker aber und Bittsteller jeglicher Art verachtete er mit der ganzen Kraft seiner durch und durch lakaienhaften Seele. Unter dem gestärkten Hemd trug er ein weiteres aus Flanell, das er sommers wie winters anhatte, denn er war sehr um seine Gesundheit besorgt. In seinen Ohren steckte Watte.

Als Anna Akimowna mit Mascha durch die Halle kam, neigte er den Kopf nach unten und ein wenig zur Seite und sagte mit seiner angenehmen, honigsüßen Stimme:

»Habe die Ehre, Ihnen, Anna Akimowna, zum hochheiligen Feiertag der Geburt Christi zu gratulieren.«

Anna Akimowna gab ihm fünf Rubel, die arme Mascha

aber geriet völlig aus der Fassung. Sein feiertäglicher Aufzug, die Haltung, seine Stimme und das, was er gesagt hatte, beeindruckten sie durch Eleganz und Schönheit. Während sie ihrem Fräulein folgte, konnte sie an nichts mehr denken, nahm nichts um sich herum mehr wahr und lächelte abwechselnd selig oder niedergeschlagen.

Die obere Etage des Hauses wurde die reine oder herrschaftliche Hälfte genannt oder die Gemächer, während für die untere, in der die Tante Tatjana Iwanowna schaltete und waltete, die Bezeichnung Wirtschafts-, Alten- oder einfach Frauenhälfte üblich war. In der ersten wurden gewöhnlich die Vornehmen und Gebildeten empfangen, in der zweiten empfing die Tante die einfacheren Leute und ihre persönlichen Bekannten. Hübsch, üppig, gesund, noch jung und frisch und im Wohlgefühl ihres luxuriösen Kleides, das, so schien ihr, nach allen Seiten strahlte, begab sich Anna Akimowna in die untere Etage. Hier wurde sie mit Vorwürfen empfangen, sie, die doch Bildung besitze, hätte Gott vergessen, die Messe verschlafen und sei auch nicht zum Fastenbrechen* nach unten gekommen. Und alle klatschten in die Hände und sagten ihr von ganzem Herzen, wie schön und außergewöhnlich sie sei, und sie glaubte es, lachte, tauschte Küsse und steckte jemandem einen, einem anderen drei oder fünf Rubel zu, je nachdem, um wen es sich handelte. Ihr gefiel es unten. Wohin man schaute Heiligenschreine, Ikonen, Lämpchen, Porträts geistlicher Herren. Es riecht nach Mönchen, in der Küche wird mit Messern geklappert, und durch alle Räume weht bereits der Duft sehr schmackhafter, in der Fastenzeit entbehrter Speisen. Die gelb gestrichenen Dielen glänzen, von den Türen bis zu den vorderen Zimmerecken liegen schmale Läufer mit hellblauen Streifen, und die Sonne fällt leuchtend durch die Fenster.

* Nach russ.-orth. Brauch wird nach den Fasten als erstes gemeinsam eine Fleischspeise genossen.

Im Eßzimmer saßen fremde alte Frauen, in Warwaruschkas Zimmer ebenfalls alte Frauen und eine taubstumme Jungfer, die sich stets vor irgend etwas genierte und »bly, bly …« sagte. Zwei magere Mädchen, aus dem Waisenhaus zu den Feiertagen ins Haus geholt, traten auf Anna Akimowna zu, um ihr die Hand zu küssen, und blieben fasziniert von der Pracht ihres Kleides vor ihr stehen. Ihr fiel auf, daß eines der Mädchen schielte, und in ihrer beschwingten Feiertagsstimmung zog sich ihr plötzlich schmerzhaft das Herz zusammen bei dem Gedanken, daß dieses Mädchen von den Heiratskandidaten verschmäht werden und nie einen Mann finden würde. Im Zimmer der Köchin Agafjuschka saßen fünf enorme Kerle in neuen Hemden um den Samowar herum, doch es waren keine Arbeiter aus dem Werk, sondern Verwandte des Küchenpersonals. Als sie Anna Akimowna erblickten, sprangen sie von ihren Plätzen und hörten aus Anstand auf zu kauen, obwohl sie die Münder voll hatten. Der Koch Stepan kam aus der Küche ins Zimmer, in weißer Mütze und mit einem Messer in der Hand, und gratulierte; auch die Hausknechte in ihren Filzstiefeln kamen und gratulierten. Der Wasserträger mit Eiszapfen im Bart lugte um die Ecke, wagte aber nicht einzutreten.

Anna Akimowna schritt durch die Zimmer und ihr nach der gesamte Hofstaat: die Tante, Warwaruschka, Nikandrowna, die Näherin Marfa Petrowna und die Untere Mascha. Die magere, zarte, hochgewachsene Warwaruschka, die größer war als alle anderen im Haus, ganz in Schwarz und nach Zypresse und Kaffee duftend, bekreuzigte sich in jedem Zimmer vor den Heiligenbildern und verneigte sich tief. Bei ihrem Anblick mußte man unweigerlich daran denken, daß sie für ihre Sterbestunde bereits das Totengewand bereitgelegt hatte und in derselben Truhe, in der dieses Totengewand lag, auch ihre Lotteriegewinne versteckt waren.

»Anjutenka, sei barmherzig, des Feiertags wegen«, sagte

sie und öffnete die Küchentür. »Vergib ihm schon, laß es gut sein! So sind sie eben!«

Mitten in der Küche kniete der Kutscher Pantelej, der wegen seiner Trunksucht bereits im November entlassen worden war. Er war ein gutmütiger Mensch, randalierte aber, wenn er trank, und gab keine Ruhe. Er lief dann durch die Gebäude und schrie drohend: »Ich weiß Bescheid!« Jetzt sah man an seinen geschwollenen Lippen, an dem aufgedunsenen Gesicht und den blutunterlaufenen Augen, daß er vom November bis zum Fest ohne Unterbrechung getrunken hatte.

»Vergeben Sie mir, Anna Akimowna!« sagte er mit rauher Stimme, schlug mit der Stirn gegen den Boden und ließ seinen Stiernacken sehen.

»Die Tante hat dich entlassen, also frage sie.«

»Was heißt hier Tante?« sagte die Tante, die schwer atmend in die Küche trat. Sie war sehr dick. Auf ihrer Brust hätte ein Samowar samt Tablett mit Tassen Platz gehabt. »Was heißt hier Tante? Du bist die Herrin im Haus, so triff auch deine Entscheidungen. Wenn es nach mir ginge, hätten die Halunken hier überhaupt nichts zu suchen. Na, steh auf, du Fettwanst!« konnte sie nicht an sich halten und schrie Pantelej an. »Geh mir aus den Augen! Ich verzeihe dir zum letzten Mal, passiert aber noch einmal was, dann bitte nicht um Gnade!«

Dann ging man ins Eßzimmer zum Kaffee hinüber. Doch kaum hatten alle am Tisch Platz genommen, als die Untere Mascha Hals über Kopf hereingestürzt kam und entgeistert rief: »Die Chorsänger!« und wieder hinauslief. Man hörte Schneuzen, tiefes Hüsteln und das Trappeln von Schritten, die klangen, als hätte man beschlagene Pferde in den Vorraum der Halle geführt. Einen Augenblick lang herrschte Stille … Dann schrien die Chorsänger plötzlich so laut, daß alle zusammenzuckten. Während sie sangen, traf der Pope aus dem Armenhaus ein und mit ihm der Diakon und der Küster. Während er das Epitrachelion* anlegte, erzählte der Pope bedächtig, nachts, als man zur Frühmesse läutete, habe es geschneit und es sei nicht kalt gewesen, der verflixte Frost aber sei gegen Morgen stärker geworden und müsse jetzt an die zwanzig Grad betragen.

»Man hört allerdings immer wieder, daß der Winter für den Menschen gesünder sei als der Sommer«, sagte der Diakon, verlieh seinem Gesicht jedoch auf der Stelle einen strengen Ausdruck und sang dem Geistlichen nach: »Deine Geburt, Christ, unser Herr …«

Bald darauf kam der Pope aus dem Arbeiterkrankenhaus mit dem Küster, dann die Schwestern aus der Gemeinde und die Kinder aus dem Waisenhaus. Der Gesang war nun fast ohne Unterbrechung zu hören. Man sang, aß eine Kleinigkeit und ging dann wieder.

Nun kamen Werksangehörige mit ihren Gratulationen, an die zwanzig Mann. Sämtlich in besserer Stellung – Mechaniker, ihre Gehilfen, Modellbauer, der Buchhalter und andere, allesamt würdig aussehend, in neuen schwarzen Gehröcken. Alles ganze Kerle, wie ausgesucht, jeder war sich seines Wertes bewußt, das heißt, ihm war klar, man nähme ihn mit Kußhand in einem anderen Werk, würde er heute seine Arbeit verlieren. Die Tante liebten sie ganz offensichtlich, denn in ihrer Gegenwart gaben sie sich ungezwungen und rauchten sogar, und als sie gemeinsam zum Buffet gingen, faßte sie der Buchhalter um die breite Taille. Ihr zwangloses Benehmen rührte teilweise wohl auch daher, daß Warwaruschka, die während der Zeit der Alten große Macht gehabt hatte und damals die Moral der Angestellten überwachte, jetzt nicht mehr die geringste Rolle im Haus spielte, vielleicht aber auch, weil sich viele von ihnen noch der Zeiten erinnerten, als Tante Tatjana Iwanowna, die von ihren Brüdern sehr kurz gehalten wurde,

----

* Zwei lange, aus Seide bestehende, mit Kreuzen bestickte und parallel miteinander verbundene Bänder mit Kopfdurchschlupf.

wie eine Frau aus dem Volk gekleidet ging, genau wie Agafjuschka, und als Anna Akimowna noch zwischen den Gebäuden auf dem Hof umherlief und von jedermann Anjutka genannt wurde.

Die Angestellten aßen, redeten und betrachteten Anna Akimowna erstaunt – wie groß sie geworden war und wie hübsch! Doch dieses aparte, von Gouvernanten und Lehrern erzogene Mädchen war ihnen bereits fremd und unbegreiflich, unwillkürlich hielten sie sich mehr an die Tante, die »du« zu ihnen sagte, sie unablässig bewirtete, mit ihnen anstieß und schon zwei Gläschen Ebereschenschnaps getrunken hatte. Anna Akimowna fürchtete immer, man könne sie für stolz oder hochnäsig halten oder für einen Raben in Pfauenfedern, und ging jetzt, während sich die Angestellten am Buffet drängten, nicht aus dem Speisezimmer und mischte sich ins Gespräch. Ihren gestrigen Bekannten Pimenow fragte sie:

»Weshalb haben Sie so viele Uhren in Ihrem Zimmer?«

»Ich nehme sie zur Reparatur an«, antwortete er. »Zwischendurch beschäftige ich mich damit, an Feiertagen oder wenn ich nicht schlafen kann.«

»Wenn also meine Uhr entzweigeht, kann ich sie Ihnen zur Reparatur geben?« fragte Anna Akimowna lachend.

»Na und ob! Gern mach ich das«, sagte Pimenow, und Rührung spiegelte sich in seinem Gesicht, als sie, ohne zu wissen warum, ihre prachtvolle Uhr vom Mieder hakte und ihm reichte. Er betrachtete sie schweigend und gab sie zurück. »Na und ob! Gern mach ich das«, wiederholte er. »Taschenuhren repariere ich allerdings nicht mehr. Meine Augen sind schwach, der Doktor hat mir verboten, mich mit Feinarbeiten zu beschäftigen. Für Sie aber kann ich eine Ausnahme machen.«

»Die Ärzte lügen«, sagte der Buchhalter. Alle lachten los. »Glaub ihnen nicht«, fuhr er, von diesem Lachen angespornt, fort. »Letztes Jahr in der Fastenzeit ist aus einer Trommel ein Zahnrad abgesprungen und dem alten Kalmykow direkt in den Kopf rein, daß man das Gehirn sehen konnte, und der Doktor hat gesagt, daß er sterben wird. Doch er lebt immer noch und arbeitet, nur daß er seitdem stottert.«

»Sie lügen, die Doktoren, sie lügen, aber nicht sehr«, seufzte die Tante. »Der selige Pjotr Andrejitsch hat sein Augenlicht verloren. So wie du hat er tagein, tagaus im Werk am heißen Ofen gearbeitet und ist blind geworden. Die Augen mögen keine Hitze. Aber was reden wir hier?« kam wieder Bewegung in sie. »Laßt uns trinken! Ich gratuliere euch zum Fest, meine Lieben. Mit niemandem sonst trinke ich, mit euch aber genehmige ich mir einen, ich Sünderin. Gott befohlen!«

Anna Akimowna schien, als verachte Pimenow sie nach dem gestrigen Vorfall als Philanthropin, sei aber von ihr als Frau bezaubert. Sie musterte ihn und fand, daß er sich sehr gut benehme und ordentlich gekleidet sei. Zwar waren die Ärmel seines Gehrocks ein wenig kurz, die Taille saß zu hoch, und die Hosen waren unmodern und nicht weit genug, dafür aber war die Krawatte dezent und mit Geschmack gebunden und nicht so grell wie die der anderen. Offenbar war er auch gutmütig, denn er aß fügsam alles, was ihm die Tante auf den Teller legte. Sie mußte daran denken, wie schwarz er gestern gewesen war und wie gern er geschlafen hätte, und diese Erinnerung rührte sie irgendwie.

Als die Angestellten zum Aufbruch rüsteten, reichte Anna Akimowna Pimenow die Hand und hätte ihm gern gesagt, er solle doch einfach einmal bei ihr vorbeischauen, brachte es jedoch nicht fertig. Die Zunge wollte ihr nicht gehorchen. Und damit man nicht etwa annahm, Pimenow gefiele ihr, reichte sie auch seinen Kollegen die Hand.

Dann kamen die Schüler jener Schule, deren Kuratorin sie war. Alle frisch geschoren und in gleichförmigen grauen Kitteln. Der Lehrer, ein hochgewachsener, noch bartloser junger Mann mit roten Flecken im Gesicht, stellte die Schüler sichtlich aufgeregt in Reihen auf. Die Jungen begannen im Takt, aber mit schrillen, unangenehmen Stimmen zu singen. Der Direktor der Fabrik, Nasarytsch, ein kahlköpfiger Altgläubiger mit durchdringendem Blick, hatte an sämtlichen Lehrern etwas auszusetzen, diesen jedoch, der jetzt geschäftig mit der Hand fuchtelte, verachtete und haßte er, ohne eigentlich zu wissen weshalb. Er behandelte ihn brüsk und von oben herab, hielt sein Gehalt zurück, mischte sich in den Unterricht ein und stellte, um ihn endgültig loszuwerden, zwei Wochen vor dem Fest einen entfernten Verwandten seiner Frau als Schuldiener ein, einen Trunkenbold, der keinen Respekt vor dem Lehrer hatte und ihm vor seinen Schülern Frechheiten sagte.

Anna Akimowna wußte das alles, konnte ihm aber nicht helfen, da sie Nasarytsch selbst fürchtete. Jetzt wollte sie zumindest nett zu dem Lehrer sein und ihm sagen, daß sie sehr mit ihm zufrieden sei. Als er nach dem Singen aber sehr verlegen wurde und sich für etwas zu entschuldigen begann und die Tante, die »du« zu ihm sagte, ihn auf ihre familiäre Art zum Tisch zog, wurde sie der Sache überdrüssig; auch war es ihr peinlich, und so begab sie sich, nachdem sie Süßigkeiten an die Kinder hatte verteilen lassen, zu sich nach oben.

»Diese Feiertagsrituale haben doch viel Brutales an sich«, sagte sie etwas später wie zu sich selbst, als sie durchs Fenster zu den Jungen hinunterschaute, wie sie in Scharen vom Haus zum Tor liefen und sich unterwegs, schlotternd vor Kälte, ihre Pelze und Mäntel überstreiften. »An Feiertagen möchte man ausruhen und mit der Familie zu Hause sitzen. Die armen Jungen aber, der Lehrer und die Angestellten müssen hinaus in die Kälte, müssen Glückwünsche überbringen, ihre Ehrerbietung bezeugen, in Verlegenheit geraten …«

Mischenka, der sich ebenfalls in der Halle befand, an der Tür stand und das gehört hatte, sagte:

»Nicht wir haben das erfunden, und nicht mit uns wird es enden. Ich bin natürlich ungebildet, Anna Akimowna, aber ich denke, die Armen werden den Reichen immer Ehre erweisen müssen. Es heißt, Gott ziele immer auf die Spitzbuben. In den Gefängnissen, Nachtasylen und Schenken sind immer nur die Armen, die anständigen Leute aber, geruhen Sie zu bemerken, sind immer reich. Von den Reichen heißt es: Eine Tiefe ruft die andere.*«

»Sie äußern sich immer so konfus und unklar, Mischenka«, sagte Anna Akimowna und ging ans andere Ende der Halle hinüber.

Die zwölfte Stunde war gerade angebrochen. Die Stille der riesigen Räume, nur hin und wieder vom Gesang unterbrochen, der aus der unteren Etage heraufklang, wirkte einschläfernd. Die Bronze, die Alben und die Bilder an den Wänden, auf denen das Meer mit Schiffen zu sehen war, eine Wiese mit Kühen und Ansichten des Rheins, waren ihr in einem Grade vertraut, daß der Blick nur über sie hinwegglitt, ohne sie wahrzunehmen. Die feiertägliche Stimmung begann Anna Akimowna bereits zu langweilen. Noch immer fühlte sie sich hübsch, gütig und außergewöhnlich, inzwischen aber schien ihr, das interessiere niemanden, ebensowenig wie dieses teure Kleid, das sie trug, Gott weiß für wen und weshalb. Die Einsamkeit und der unweigerliche Gedanke, daß ihre Schönheit, ihre Gesundheit und ihr Reichtum nichts als Lug und Trug waren, da sie überflüssig sei auf dieser Welt und niemand sie brauche oder liebe, begannen sie bereits zu quälen, wie das immer an Feiertagen der Fall war. Vor sich hin singend wanderte sie durch sämtliche Zimmer und schaute aus den Fenstern ins Freie. Wieder in der Halle angekommen, konnte sie nicht an sich halten, mit Mischenka zu reden.

»Ich weiß nicht, Mischa, was Sie sich dabei denken«, sagte sie und seufzte. »Wirklich, dafür wird Gott Sie strafen!«

»Wie belieben?«

»Sie wissen genau, wovon ich spreche. Entschuldigen Sie,

* Vgl. Psalm 42,8.

252

wenn ich mich in Ihre persönlichen Angelegenheiten mische, doch mir scheint, Sie vergällen sich aus Eigensinn das ganze Leben. Sagen Sie selbst, jetzt wäre für Sie doch genau der richtige Zeitpunkt zu heiraten, und sie ist ein großartiges, anständiges Mädchen. Eine bessere als sie werden Sie nie finden. Sie ist hübsch, klug, sanft und ergeben … Und ihre Erscheinung! Gehörte sie unserem oder einem höheren Kreis an, man verliebte sich allein ihrer herrlichen roten Haare wegen in sie. Schauen Sie doch nur, wie die Haare mit der Farbe ihres Gesichts harmonieren. Ach, mein Gott, Sie verstehen nicht das geringste und wissen selbst nicht, was Sie wollen«, sagte Anna Akimowna bitter, und Tränen traten ihr in die Augen. »Das arme Mädchen, sie tut mir so leid! Ich weiß, Sie möchten eine mit Geld, aber ich habe Ihnen ja schon gesagt – ich gebe Mascha eine Mitgift.«

Seine künftige Gemahlin stellte sich Mischenka nie anders vor als hochgewachsen, mollig, solide und fromm, als eine Frau, die schritt wie ein Pfau und aus unerfindlichem Grund unbedingt in einen langen Schal gehüllt war. Mascha dagegen war mager und zart, in ein Korsett gezwängt, ihr Gang nicht der Rede wert, vor allem aber war sie allzu verführerisch und gefiel Mischka mitunter außerordentlich, doch dies war seiner Ansicht nach keine Voraussetzung für eine Ehe, höchstens für ungehöriges Benehmen. Als Anna Akimowna eine Mitgift in Aussicht gestellt hatte, war er einige Zeit unschlüssig gewesen; eines Tages jedoch kam ein armer Student in braunem Mantel über der Uniform mit einem Brief zu Anna Akimowna, hatte nicht an sich halten können und Mascha entzückt unten an der Garderobe umarmt, wobei sie leicht aufschrie; Mischenka stand oben auf der Treppe, sah dies mit an und hegte seitdem gegen Mascha ein Gefühl des Ekels. Ein armer Student! Wer weiß, hätte sie ein reicher Student umarmt oder ein Offizier, wären die Folgen vielleicht andere gewesen …

»Weshalb wollen Sie denn nicht?« fragte Anna Akimowna. »Was erwarten Sie denn noch?«

Mischenka schwieg und starrte unbeweglich mit hochgezogenen Brauen den Sessel an.

»Lieben Sie eine andere?«

Schweigen. Ins Zimmer trat die rothaarige Mascha mit Briefen und Visitenkarten auf einem Tablett. Als sie merkte, daß sich das Gespräch um sie drehte, errötete sie tief.

»Die Briefträger sind da«, murmelte sie. »Und dann ist noch irgendein Beamter gekommen, ein gewisser Tschalikow, er wartet unten. Er sagt, Sie hätten ihm befohlen, heute zu kommen.«

»Wie unverschämt!« ärgerte sich Anna Akimowna. »Ich habe ihm nicht das geringste befohlen. Sagen Sie ihm, er soll verschwinden, ich bin nicht zu Hause!«

Es klingelte. Das waren die Geistlichen aus der eigenen Gemeinde. Sie wurden stets in der herrschaftlichen Hälfte empfangen, also oben. Auf die Popen folgte die Visite des Werkdirektors Nasarytsch und die des Arztes der Fabrik, dann meldete Mischenka den Inspektor der Volksschulen. Der Empfang der Besucher hatte begonnen.

Als sie ein paar Minuten Ruhe hatte, setzte sich Anna Akimowna in einen tiefen Sessel im Salon und dachte mit geschlossenen Augen darüber nach, daß ihre Einsamkeit völlig natürlich sei, da sie nicht geheiratet hatte und auch nie heiraten würde. Doch nicht sie war daran schuld. Das Schicksal selbst hatte sie aus einfachen Arbeiterverhältnissen, in denen sie sich, glaubte sie ihren Erinnerungen, so wohl und ungezwungen gefühlt hatte, in diese riesigen Zimmer verschlagen, in denen sie keinen Begriff davon hatte, was sie mit sich anfangen sollte, und auch nicht, weshalb all diese Leute an ihr vorüberzogen. Was hier ablief, schien ihr belanglos und überflüssig, denn es bescherte ihr keinen einzigen Augenblick des Glücks und konnte dies auch nicht tun.

Verlieben müßte ich mich, dachte sie und räkelte sich,

und allein von diesem Gedanken wurde ihr warm ums Herz. Und die Fabrik loswerden …, träumte sie und stellte sich vor, wie sich ihr Gewissen von all diesen schweren Gebäuden, den Baracken und der Schule befreite … Dann dachte sie an ihren Vater und daran, daß er sie sicher, wäre er noch am Leben, einem einfachen Mann zur Frau gegeben hätte, zum Beispiel Pimenow. Er hätte ihr befohlen, ihn zu heiraten und fertig. Und das wäre gut gewesen, wäre das Werk auf diese Weise doch in die rechten Hände gelangt.

Sie stellte sich seinen Lockenkopf vor, sein kühnes Profil, die schmalen, spöttischen Lippen und die Stärke, die ungeheure Stärke seiner Schultern, seiner Arme und seiner Brust und jene Ergriffenheit, mit der er heute ihre Uhr betrachtet hatte.

»Na und?« murmelte sie. »Wäre doch nichts dabei … Ich hätte ihn genommen.«

»Anna Akimowna!« rief Mischenka, der lautlos in den Salon getreten war.

»Wie Sie mich erschreckt haben!« sagte sie und zitterte am ganzen Leib. »Was wollen Sie?«

»Anna Akimowna!« wiederholte er, legte die Hand aufs Herz und hob die Brauen. »Sie sind meine Herrin und Wohltäterin, und nur Sie allein können mich zu einer Heirat zwingen, denn Sie sind wie eine leibliche Mutter für mich … Aber befehlen Sie doch, daß man mich unten nicht auslacht und verspottet. Sie lassen mich nicht mal durch!«

»Und wie verspotten sie Sie?«

»Sie sagen: Maschenkas Mischenka.«

»Pfui, was für ein Blödsinn!« empörte sich Anna Akimowna. »Wie dumm ihr alle seid! Und wie dumm Sie sind, Mischa! Wie ich Sie satt habe! Gehen Sie mir aus den Augen!«

III
Das Diner

Wie schon im vorigen Jahr erschienen der Wirkliche
Staatsrat Krylin und der stadtbekannte Advokat Lyssewitsch
als letzte, ihre Aufwartung zu machen. Sie trafen ein, als es
draußen bereits zu dunkeln begann. Krylin, ein alter Mann
über sechzig, der mit seinem breiten Mund und dem grau-
en Backenbart einem Luchs ähnelte, kam in Uniform mit
Annenorden und weißen Hosen. Er hielt Anna Akimownas Hand lange in seinen beiden Händen, blickte ihr unverwandt ins Gesicht, bewegte die Lippen und sagte
schließlich bedächtig und monoton:

»Ich habe Ihren Onkel geschätzt … und Ihren Vater und
ihr Wohlwollen genossen. Heute erachte ich es für meine
angenehme Pflicht, wie Sie sehen, der verehrten Erbin
meine Glückwünsche zu überbringen … trotz Krankheit
und beträchtlicher Entfernung. Und ich bin höchst erfreut,
Sie bei bester Gesundheit anzutreffen.«

Der Rechtsanwalt Lyssewitsch, ein großer und schöner
blonder Mann mit leicht ergrauten Schläfen und Bart,
zeichnete sich durch außerordentlich elegante Manieren
aus. Er trat stets mit federnden Schritten ein, grüßte gleichsam generös, hob beim Reden die Schultern und all dies
mit lässiger Grazie, wie ein verwöhntes, stallmüdes Pferd.
Er war wohlgenährt, über die Maßen gesund und reich;
einmal hatte er sogar vierzigtausend Rubel beim Spiel gewonnen, dies aber seinen Bekannten verheimlicht. Er aß
gern gut, insbesondere Käse, Trüffel, geriebenen Rettich
mit Hanföl, und in Paris hatte er, wie er sagte, sogar gebra-
tene ungewaschene Därme gegessen. Er sprach gewandt,
fließend, ohne zu holpern, und gestattete sich nur hin und
wieder aus Koketterie, ins Stocken zu geraten und mit den
Fingern zu schnipsen, als suche er nach dem rechten Wort.
An all das, was er vor Gericht sagen mußte, glaubte er
schon längst nicht mehr, vielleicht aber glaubte er doch

daran, maß ihm aber keinerlei Bedeutung mehr bei – es war ja alles schon lange bekannt, althergebracht und gewöhnlich … Er glaubte allein an das Originelle und Ungewöhnliche. Originell verpackte Binsenweisheiten konnten ihn zu Tränen rühren. Seine beiden Notizbücher strotzten vor außergewöhnlichen Wendungen, auf die er bei der Lektüre verschiedener Autoren gestoßen war. Wollte er aber einmal eine dieser Wendungen benutzen, durchforstete er nervös beide Büchlein, fand aber meistens nichts. Der verstorbene Akim Iwanytsch hatte ihn einst aus Eitelkeit in einem aufgeräumten Augenblick zum Anwalt in Fabrikangelegenheiten ernannt und ihm ein Gehalt von zwölftausend Rubeln ausgesetzt. Diese Fabrikangelegenheiten beschränkten sich jedoch auf zwei, drei kleine Zwangseintreibungen, die Lyssewitsch seinen Mitarbeitern übertrug.

Anna Akimowna wußte, daß es für ihn in der Fabrik nichts zu tun gab, sich von ihm trennen aber konnte sie nicht, dafür fehlte ihr der Mut, auch hatte sie sich an ihn gewöhnt. Er bezeichnete sich als ihren Rechtsberater und sein Gehalt, das er akkurat an jedem Ersten des Monats abholen ließ, als rauhe Prosa. Anna Akimowna wußte, daß Lyssewitsch, als nach dem Tod des Vaters ihr Wald zum Holzeinschlag für Bahnschwellen verkauft wurde, an diesem Verkauf mehr als Fünfzehntausend verdient und mit Nasarytsch geteilt hatte. Als sie von diesem Betrug erfuhr, weinte Anna Akimowna bitterlich, fand sich dann aber damit ab.

Nachdem er gratuliert und ihr beide Hände geküßt hatte, musterte er sie und runzelte die Stirn:

»Das muß nicht sein!« sagte er bekümmert und im Brustton der Überzeugung. »Ich habe es Ihnen doch bereits gesagt, meine Liebe. Das muß nicht sein!«

»Wovon sprechen Sie, Viktor Nikolajitsch?«

»Ich habe es schon einmal gesagt – Sie sollten nicht zunehmen. In ihrer Familie haben alle eine unglückliche

Neigung zur Fülle. Das muß nicht sein«, wiederholte er beschwörend und küßte ihr die Hand. »Sie sind so hübsch! So vortrefflich! Euer Exzellenz«, wandte er sich an Krylin, »darf ich vorstellen: die einzige Frau auf Erden, die ich je wirklich geliebt habe.«

»Das verwundert nicht. In Ihrem Alter mit Anna Akimowna bekannt zu sein, ohne sie zu lieben, das ist unmöglich.«

»Ich vergöttere sie!« fuhr der Advokat völlig aufrichtig, doch mit seiner üblichen, lässigen Grazie fort. »Ich liebe sie, doch nicht etwa, weil ich ein Mann bin und sie eine Frau; wenn ich ihr begegne, scheint mir, sie gehöre einem dritten Geschlecht an und ich einem vierten und es trüge uns gemeinsam fort in ein Gefilde zartester Farbnuancen, wo wir zum Spektrum verschmelzen. Am besten hat Leconte de Lisle[*] derartige Beziehungen beschrieben. Bei ihm gibt es eine wunderbare, eine bemerkenswerte Stelle.«

Lyssewitsch kramte in einem der Büchlein, dann im anderen, konnte den Ausspruch aber nicht finden und beruhigte sich wieder. Nun redete man übers Wetter, über die Oper und darüber, daß bald die Duse kommen würde. Anna Akimowna mußte daran denken, daß Lyssewitsch und wohl auch Krylin im letzten Jahr bei ihr zu Mittag gegessen hatten, und begann ihnen nun, als sie zum Aufbruch rüsteten, inständig und mit beschwörender Stimme nahezulegen, zum Essen dazubleiben, da sie jetzt doch niemandem mehr einen Besuch abstatten würden. Nach einigem Zögern stimmten die Gäste zu.

Außer dem Mittagessen, das aus Kohlsuppe, Spanferkel, Gans mit Äpfeln und anderem bestand, bereitete man zu hohen Feiertagen in der Küche noch ein sogenanntes französisches oder Kochdiner, für den Fall, daß einer der Gäste der oberen Etage zu speisen wünschte. Als im Eßzimmer

---

[*] Charles Leconte de Lisle, frz. Dichter (1818–1894), Verfechter einer klaren, unpersönlichen, wissenschaftlich objektiven Lyrik.

mit Geschirr geklappert wurde, begann Lyssewitsch merkliche Anzeichen von Erregung zu zeigen. Er rieb sich die Hände, zuckte die Achseln, kniff die Augen zusammen und erzählte genüßlich, welche Speisen einst die Alten aufgetischt hätten und welch köstliches Fischragout der hiesige Koch zuzubereiten verstehe – kein Fischragout sei das, sondern eine Offenbarung! Er schmeckte das Essen bereits, genoß es gedanklich und schwelgte in Vorfreude. Als ihn Anna Akimowna dann am Arm ins Eßzimmer geleitete und er endlich ein Glas Wodka getrunken und sich ein Stückchen Lachs in den Mund gesteckt hatte, schnurrte er sogar vor Vergnügen. Er kaute geräuschvoll und unappetitlich, gab durch die Nase Geräusche von sich, wobei seine Augen einen öligen und gierigen Ausdruck annahmen.

Die Vorspeisen waren luxuriös. Es gab unter anderem frische Steinpilze in saurer Sahne und Sauce provençale mit gebratenen Austern und Krebsschwänzen, stark gewürzt mit süßsauren Pickles. Das Essen selbst bestand aus festlichen, erlesenen Speisen, auch die Weine waren vortrefflich. Mischenka bediente mit Hingabe. Wenn er ein neues Gericht auf den Tisch stellte und den Deckel von der blitzenden Schüssel hob oder Wein einschenkte, tat er dies bedeutungsvoll, wie ein Professor der schwarzen Magie, und der Advokat dachte einige Male beim Betrachten seines Gesichts und seines Gangs, der der ersten Quadrillefigur glich: Was für ein Idiot!

Nach dem dritten Gang sagte Lyssewitsch zu Anna Akimowna gewandt:

»Eine Frau des Fin de siècle – worunter ich eine junge und natürlich reiche Frau verstehe – muß unabhängig, klug, elegant, intelligent, mutig und ein wenig verrucht sein. In Maßen verrucht, ein wenig, denn, stimmen Sie mir zu, Sattheit birgt bereits Erschlaffung in sich. Sie, meine Liebe, dürfen nicht einfach vegetieren, nicht dahinleben, wie alle anderen, sondern müssen das Leben genießen, ein wenig Lasterhaftigkeit aber ist die Würze des Lebens. Versinken Sie in Blumen mit betörendem Duft, berauschen Sie sich an Moschus, essen Sie Haschisch, und vor allem, lieben Sie, lieben Sie, lieben Sie … Fürs erste würde ich mir an Ihrer Stelle sieben Männer zulegen, nach der Anzahl der Wochentage, den ersten würde ich Montag nennen, den zweiten Dienstag, den dritten Mittwoch und so weiter, damit jeder seinen Tag kennt.«

Dieses Gespräch regte Anna Akimowna auf. Sie aß nichts und trank nur ein Glas Wein.

»Lassen Sie mich endlich auch mal zu Wort kommen!« sagte sie. »Für mich persönlich kommt Liebe ohne Familie nicht in Frage. Ich bin einsam, so einsam, wie der Mond am Himmel, der noch dazu im Abnehmen begriffen ist, und was auch immer Sie hier reden, ich bin überzeugt und fühle es, daß dieses Manko allein durch Liebe im landläufigen Sinne ausgeglichen werden kann. Mir scheint, diese Liebe würde sich auf meine Pflichten auswirken, auf meine Arbeit und würde meine Weltanschauung erhellen. Von der Liebe erwarte ich mir Frieden für meine Seele, Ruhe, und so weit wie möglich entfernt zu sein von Moschus und diesem ganzen Spiritismus und Fin de siècle … kurz«, sagte sie verlegen, »Mann und Kinder.«

»Heiraten wollen Sie? Na bitte, auch das ist möglich«, stimmte Lyssewitsch zu. »Sie müssen alles ausprobieren, die Ehe, die Eifersucht und die Wonne des ersten Ehebruchs, sogar Kinder … Doch zuerst müssen Sie leben, meine Liebe, leben Sie, die Zeit vergeht, sie wartet nicht.«

»Dann such ich mir einen aus und heirate ihn!« sagte sie und betrachtete zornig sein sattes, zufriedenes Gesicht. »Ich werde auf die allergewöhnlichste, allerbanalste Weise heiraten und werde strahlen vor Glück. Und ich werde, stellen Sie sich vor, einen einfachen Arbeiter heiraten, einen Mechaniker etwa oder Zeichner.«

»Auch das ist nicht übel. Die Herzogin Josiane verliebte sich in Gwynplane, und das durfte sie, weil sie die Herzogin war; auch Sie dürfen alles, weil Sie unvergleichlich sind.

Wollen Sie, meine Liebe, einen Neger oder einen Araber lieben, genieren Sie sich nicht, bestellen Sie sich einen Neger. Tun Sie sich keinen Zwang an. Sie müssen ebenso kühn sein wie Ihre Wünsche. Bleiben Sie nicht hinter ihnen zurück.«

»Bin ich denn tatsächlich so schwer zu verstehen?« fragte Anna Akimowna verwundert, und in ihren Augen blitzten Tränen. »So begreifen Sie doch, in meinen Händen liegt ein großes Unternehmen, zweitausend Arbeiter, für die ich vor Gott verantwortlich bin. Menschen, die für mich arbeiten und dabei blind und taub werden. Das Leben ist grauenvoll für mich, einfach grauenvoll! Ich leide, Sie aber sind so grausam, von irgendwelchen Negern zu reden und … zu lächeln.« Anna Akimowna schlug mit der Faust auf den Tisch. »Das Leben, das ich jetzt führe, fortzusetzen oder einen ebenso müßigen, unbeholfenen Menschen zu heiraten, wie ich es bin, wäre ganz einfach ein Verbrechen. Ich kann so nicht länger leben«, sagte sie feurig, »ich kann es nicht!«

»Wie schön sie ist!« murmelte Lyssewitsch, der entzückt von ihr war. »Mein Gott, wie schön sie ist! Aber warum ärgern Sie sich, meine Liebe? Ich mag unrecht haben, aber Sie glauben doch nicht etwa, daß es den Arbeitern besser gehen wird, wenn Sie im Namen einer Idee, die ich übrigens zutiefst achte, Trübsal blasen und sich die Freuden des Lebens versagen? In keinster Weise! Nein, Laster, Laster!« sagte er entschlossen. »Sie müssen in jedem Fall verrucht sein, es ist förmlich Ihre Pflicht! Lassen Sie sich das durch den Kopf gehen, meine Liebe, lassen Sie es sich durch den Kopf gehen!«

Anna Akimowna war froh, ihre Meinung gesagt zu haben, und heiterte sich auf. Sie freute sich, daß sie so gut gesprochen hatte und so ehrlich und edel dachte, und war bereits überzeugt davon, daß sie Pimenow, wenn er sie nur liebgewänne, mit Vergnügen heiraten würde.

Mischenka begann Champagner einzuschenken.

»Sie mißfallen mir, Viktor Nikolajitsch«, sagte sie und stieß mit dem Advokaten an. »Es ärgert mich, daß Sie Ratschläge erteilen, das Leben selbst aber nicht kennen. Ihrer Meinung nach sind Mechaniker oder Zeichner unweigerlich grobe oder flegelhafte Kerle. Es sind aber sehr kluge Menschen! Ungewöhnliche Menschen!«

»Ihr Väterchen und Ihr Onkel ... die ich kannte und achtete«, sagte Krylin, der ausgestreckt dasaß wie eine Ölgötze und unablässig aß, bedächtig, »waren Männer von beträchtlichem Verstand und ... und hohen seelischen Qualitäten.«

»Schon gut, diese Qualitäten kennen wir!« murmelte der Advokat und bat um die Erlaubnis zu rauchen.

Nach dem Essen geleitete man Krylin nach nebenan, damit er ruhen konnte. Lyssewitsch rauchte seine Zigarre zu Ende und folgte Anna Akimowna, vor Sattheit schwankend, in ihr Kabinett. Behagliche Stübchen mit Photographien und Fächern an den Wänden und der unvermeidlichen zartrosa oder blauen Ampel an der Decke mochte er nicht, waren sie doch Ausdruck eines trägen, wenig originellen Charakters. Auch waren Erinnerungen an gewisse, ihm heute peinliche Affären mit einer derartigen Ampel verknüpft. Anna Akimownas Kabinett jedoch, mit den kahlen Wänden und dem geschmacklosen Mobiliar, gefiel ihm außerordentlich. Ihm war bequem und behaglich zumute, wie er da auf dem türkischen Diwan saß und Anna Akimowna betrachtete, die sich meist auf dem Teppich vor dem Kamin niederließ, die Arme um die Knie geschlungen, ins Feuer blickte und über etwas nachsann. In solchen Momenten schien ihm, in ihren Adern kreise altgläubiges Bauernblut.

Jedesmal nach dem Essen, wenn Kaffee und Likör serviert wurden, lebte er auf und berichtete ihr verschiedene literarische Neuigkeiten. Er sprach geschraubt, voller Begeisterung, war selbst von seinen Worten hingerissen, und sie hörte ihm zu und dachte jedesmal, daß man für ein solches Vergnügen nicht zwölftausend, sondern doppelt so viel zahlen könne, und verzieh ihm alles, was ihr an ihm mißfiel. Manchmal gab er ihr den Inhalt ganzer Erzählungen oder gar Romane wieder, dabei vergingen zwei oder drei Stunden wie im Flug. Jetzt begann er irgendwie verstimmt mit matter Stimme und geschlossenen Augen:

»Ich, meine Liebe, habe schon lange nichts mehr gelesen«, sagte er, als sie ihn bat, etwas zu erzählen. »Allerdings lese ich hin und wieder Jules Verne.«

»Und ich dachte, Sie würden mir etwas Aktuelles erzählen.«

»Hm … etwas Aktuelles«, murmelte Lyssewitsch schläfrig und verkroch sich noch tiefer in die Diwanecke. »Diese ganze aktuelle Literatur, meine Liebe, ist nichts für uns beide. Natürlich sollte man sie so nehmen, wie sie ist, denn sie nicht anerkennen hieße, den natürlichen Lauf der Welt nicht anerkennen, und ich erkenne ihn an, aber …«

Lyssewitsch war offenbar eingenickt. Doch einen Augenblick später war seine Stimme erneut zu vernehmen:

»Die ganze aktuelle Literatur stöhnt und heult wie der Herbstwind im Schornstein: ›Ach, du Unglücklicher! Ach, dein Leben gleicht dem Gefängnis! Ach, wie dunkel und feucht es in diesem Gefängnis ist! Ach, du wirst unweigerlich sterben, nichts kann dich retten!‹ Das ist wunderbar, ich aber würde eine Literatur vorziehen, die lehrt, wie man aus dem Gefängnis ausbricht. Der einzige moderne Schriftsteller, den ich hin und wieder lese, ist übrigens Maupassant.« Lyssewitsch schlug die Augen auf. »Ein guter Schriftsteller, ein vorzüglicher Schriftsteller!« Er geriet auf dem Diwan in Bewegung. »Ein erstaunlicher Künstler! Ein kolossaler, ungeheuerlicher, übernatürlicher Künstler!« Lyssewitsch erhob sich vom Diwan und hob die rechte Hand. »Maupassant!« sagte er begeistert. »Meine Liebe, lesen Sie Maupassant! Eine Seite von ihm gibt Ihnen mehr als alle Reichtümer der Erde! Jede Zeile – ein neuer Horizont! Die sanftesten, zartesten Regungen der Seele wechseln mit starken, stürmischen Empfindungen, Ihre Seele verwandelt sich wie unter dem Druck von vierzigtausend Atmosphären in ein winzigstes Stückchen eines Stoffes von unbestimmter rosa Färbung, der vermutlich, könnte man ihn auf die Zunge legen, einen herben, wollüstigen Geschmack verströmt. Welch Wahnsinn der Übergänge, Motive, Melodien! Man meint, auf Maiglöckchen und Rosen gebettet zu sein, plötzlich aber kommt ein Gedanke auf Sie zugerast wie eine Lokomotive – furchtbar, herrlich und unwiderstehlich –, hüllt Sie in heißen Dampf und betäubt Sie durch sein Pfeifen. Lesen Sie Maupassant, lesen Sie ihn! Meine Liebe, ich verlange es von Ihnen!«

Lyssewitsch fuchtelte mit den Armen und wanderte erregt von einer Ecke in die andere.

»Nein, es ist unglaublich!« sagte er gleichsam verzweifelt. »Sein letztes Werk hat mich erschöpft und berauscht! Doch ich fürchte, es könnte Sie unberührt lassen. Damit es Sie mitreißt, müssen Sie es schmecken, langsam den Saft aus jeder Zeile pressen, es trinken. Man muß es trinken!«

Nach dieser langen Einleitung, die eine Unzahl von Wörtern wie dämonische Wollust, feinstes Nervennetz, Samum*, Kristall und dergleichen mehr enthielt, begann er schließlich, den Inhalt des Romans wiederzugeben. Er erzählte jetzt weniger geziert, dafür sehr ausführlich, wobei er ganze Passagen und Dialoge aus dem Gedächtnis wiedergab. Die handelnden Personen des Romans begeisterten ihn, und bei ihrer Charakterisierung warf er sich in Positur und wechselte Gesichtsausdruck und Stimme wie ein Schauspieler. Vor Begeisterung lachte er mal im Baß, mal mit sehr feinem Stimmchen, schlug die Hände zusammen oder griff sich mit einem Ausdruck an den Kopf, als wolle er ihm zerspringen.

Anna Akimowna lauschte entzückt, obwohl sie diesen Roman schon gelesen hatte und er ihr in der Erzählung

* Heißer Wüstenwind in Nordafrika.

des Advokaten viel schöner und komplizierter erschien als im Buch. Er lenkte ihre Aufmerksamkeit auf die verschiedensten Feinheiten und unterstrich glückliche Wendungen und tiefsinnige Gedanken, sie aber sah allein das Leben, das Leben, das Leben und sich selbst, als wäre sie eine handelnde Figur des Romans. Ihre Stimmung besserte sich, und sie dachte, ebenfalls lachend und in die Hände klatschend, daß man so nicht leben dürfe, daß es keine Veranlassung gebe, schlecht zu leben, wenn man herrlich leben könne. Sie erinnerte sich ihrer Worte beim Essen und war stolz darauf, und als plötzlich Pimenow in ihrer Phantasie auftauchte, war ihr froh zumute, und sie wünschte, er würde sie liebgewinnen.

Nachdem er seine Erzählung beendet hatte, ließ sich Lyssewitsch erschöpft auf dem Diwan nieder.

»Wie herrlich Sie sind! Wie gut!« begann er ein wenig später mit schwacher Stimme wie ein Kranker. »Ich, meine Liebe, bin glücklich in Ihrer Nähe, doch weshalb bin ich zweiundvierzig Jahre alt und nicht dreißig? Mein Geschmack stimmt mit dem Ihren nicht überein: Sie müssen lasterhaft sein, ich aber habe diese Phase schon lange hinter mir und wünsche mir eine zarte, nicht-materielle Liebe, wie ein Sonnenstrahl, das heißt, von der Warte einer Frau wie Ihnen aus betrachtet, tauge ich zu überhaupt nichts mehr.«

Seinen Worten zufolge liebte er Turgenjew, den Sänger jungfräulicher Liebe, der Reinheit, der Jugend und der schwermütigen russischen Natur, selbst aber liebte er die jungfräuliche Liebe nicht aus der Nähe, sondern vom Hörensagen, als etwas Abstraktes, das außerhalb des wirklichen Lebens existierte. Jetzt redete er sich ein, er liebe Anna Akimowna platonisch, ideell, obgleich er selbst nicht wußte, was das bedeutete. Doch ihm war wohl, behaglich und warm zumute, Anna Akimowna erschien ihm bezaubernd und originell, und er dachte, das angenehme Befinden, das sich in dieser Umgebung seiner bemächtigte, sei eben das, was man platonische Liebe nennt.

Er schmiegte sich mit der Wange gegen ihre Hand und sagte in einem Tonfall, in dem man gewöhnlich kleine Kinder kost:

»Mein Liebes, wofür haben Sie mich gestraft?«

»Wie? Wann?«

»Ich habe zum Fest keine Gratifikation von Ihnen erhalten.«

Nie zuvor hatte Anna Akimowna davon gehört, daß dem Advokaten zu Festtagen eine Gratifikation geschickt worden sei, und befand sich nun in einer schwierigen Lage: Wieviel sollte sie ihm geben? Geben aber mußte sie ihm etwas, denn er erwartete es, obwohl er sie mit Augen voller Liebe anschaute.

»Nasarytsch wird das wohl vergessen haben«, sagte sie. »Doch es läßt sich noch korrigieren.«

Plötzlich fielen ihr die gestrigen Anderthalbtausend ein, die jetzt in ihrem Schlafzimmer im Toilettentischchen lagen. Und als sie dieses unsympathische Geld holte und es dem Advokaten reichte und er es mit lässiger Grazie in die Seitentasche steckte, geschah das alles irgendwie nett und natürlich. Die überraschende Erwähnung der Gratifikation und diese Anderthalbtausend paßten zum Advokaten.

»Merci«, sagte er und küßte ihren Finger.

Krylin trat ein, mit verschlafenem, seligem Gesicht und bereits ohne Orden.

Er und Lyssewitsch blieben noch ein Weilchen sitzen, tranken jeder ein Glas Tee und rüsteten dann zum Aufbruch. Anna Akimowna war ein wenig verlegen ... Sie hatte völlig vergessen, wo Krylin diente und ob man auch ihm Geld geben müsse oder nicht und wenn ja, ob sie es ihm jetzt geben oder im Kuvert überbringen lassen solle.

»Wo dient er eigentlich?« flüsterte sie Lyssewitsch zu.

»Weiß der Kuckuck«, murmelte der Advokat gähnend.

Sie überlegte, daß es einen Grund geben müsse, wenn Krylin bei ihrem Onkel und Vater verkehrt und ihnen Respekt gezollt hatte. Offenbar hatte er, der sicher in einer

Wohltätigkeitsorganisation Dienst tat, auf ihre Kosten gute Taten vollbracht. So steckte sie ihm beim Abschied dreihundert Rubel in die Hand, und er staunte irgendwie und betrachtete sie einen Augenblick lang schweigend und mit starrem Blick, schien dann aber zu begreifen und sagte:

»Eine Quittung aber, sehr verehrte Anna Akimowna, können Sie nicht vor Neujahr bekommen.«

Lyssewitsch war bereits endgültig ermattet und schwerfällig geworden und schwankte, als Mischenka ihm in den Pelz half. Als er die Treppe hinunterging, sah er völlig erschöpft aus, und man konnte sehen, daß er sofort einschlafen würde, sobald er sich in den Schlitten setzte.

»Euer Exzellenz«, sagte er matt zu Krylin und blieb auf der Treppe stehen, »haben Sie je das Gefühl gehabt, eine unsichtbare Kraft ziehe Sie in die Länge und Sie dehnen und dehnen sich und verwandeln sich schließlich in einen dünnen Draht? Subjektiv äußert sich das in einem eigenartigen wollüstigen Gefühl, das mit nichts zu vergleichen ist.«

Anna Akimowna, die oben stand, sah, wie beide Mischenka einen Geldschein zusteckten.

»Vergessen Sie mich nicht! Auf Wiedersehen!« rief sie ihnen zu und lief in ihr Schlafzimmer.

Sie zog schnell das Kleid aus, das ihr schon lästig war, streifte ein Hauskleid über und eilte nach unten. Und als sie die Treppe hinunterlief, lachte sie und trappelte mit den Füßen wie ein kleiner Junge. Sie war sehr zu Schabernack aufgelegt.

IV
Der Abend

Die Tante in ihrer geräumigen Kattunbluse, Warwaruschka und zwei weitere alte Frauen saßen im Speisezimmer und aßen zu Abend. Vor ihnen auf dem Tisch standen ein großes Stück Pökelfleisch, Schinken und verschiedene gesalzene Vorspeisen. Vom Pökelfleisch, das sehr fett war und appetitlich aussah, stieg Dampf auf. Im unteren Stockwerk trank man keinen Wein, dafür gab es verschiedenerlei Schnäpse und Fruchtliköre. Die Köchin Agafjuschka, korpulent, weißhäutig und satt, stand mit gekreuzten Armen an der Tür und unterhielt sich mit den alten Frauen. Die Speisen aber servierte die Untere Mascha, eine Brünette mit rotem Band im Haar. Die alten Frauen waren noch satt vom Frühstück, auch hatten sie eine Stunde vor dem Abendessen Tee getrunken und süßes Buttergebäck dazu gegessen und aßen jetzt mit Überwindung, gleichsam aus Pflichtgefühl.

»Ach du meine Güte!« ächzte die Tante, als Anna Akimowna plötzlich ins Eßzimmer gelaufen kam und sich auf den Stuhl neben ihr setzte. »Hast mich zu Tode erschreckt!«

Man freute sich im Haus, wenn Anna Akimowna guter Laune war und Schabernack trieb. Das erinnerte jedesmal daran, daß die Alten bereits tot waren, die alten Frauen im Haus aber keinerlei Macht mehr besaßen und jeder tun und lassen konnte, was ihm gefiel, ohne befürchten zu müssen, dafür streng bestraft zu werden. Nur die beiden fremden alten Frauen sahen Anna Akimowna erstaunt von der Seite an, als sie zu singen begann, was bei Tisch als Sünde galt.

»Unser Mütterchen, die Schöne, ein Bild von einem Mädchen!« begann Agafjuschka süßlich. »Unser kostbarer Diamant! Wieviel Volk dies Jahr gekommen ist, unsere Königstochter anzuschauen – Herr, dein Wille geschehe! Generäle und Offiziere und Herrschaften … Ich hab nur immerzu aus dem Fenster geschaut und gezählt und gezählt, bis ich's dann gelassen habe.«

»Wenn's nach mir ginge, hätten sie alle wegbleiben können, die Halunken!« sagte die Tante. Betrübt blickte sie ihre Nichte an und fügte hinzu: »Haben ihr nur die Zeit gestohlen, meiner armen Waise.«

Anna Akimowna war hungrig, denn sie hatte seit dem frühen Morgen nichts gegessen. Man schenkte ihr einen sehr bitteren Likör ein, sie trank und aß dazu ein Stückchen Pökelfleisch mit Senf und fand, das schmecke ungewöhnlich gut. Dann servierte die Untere Mascha Pute, eingelegte Äpfel und Stachelbeeren. Auch das gefiel ihr. Nur eines war unangenehm: Der Kachelofen verströmte große Hitze, es war stickig und allen glühten die Wangen … Nach dem Abendessen wurde die Tischdecke abgenommen und Teller mit Pfefferminzplätzchen, Nüssen und Rosinen auf den Tisch gestellt.

»Setz dich zu uns … was stehst du da rum!« sagte die Tante zur Köchin.

Agafjuschka seufzte und setzte sich an den Tisch. Mascha stellte auch vor sie ein Likörglas, und Anna Akimowna schien es schon, als verbreite nicht nur der Ofen, sondern auch Agafjuschkas weißer Hals Hitze. Alle sprachen davon, wie schwer es heutzutage für eine Frau sei zu heiraten. Früher seien Männer, wenn nicht auf Schönheit, dann wenigstens auf Geld aus gewesen, heute aber wisse man nicht mehr, was sie wollten; und während früher nur Bucklige oder Lahme unverheiratet geblieben seien, würden jetzt nicht einmal mehr Hübsche und Reiche genommen. Die Tante wollte das mit dem Verfall der Sitten erklären und auch damit, daß die Menschen Gott nicht mehr fürchteten, mußte aber plötzlich daran denken, daß ihr Bruder Iwan Iwanytsch und Warwaruschka, die beide fromm waren und Gott fürchteten, dennoch nach und nach Kinder zur Welt gebracht und sie ins Findelheim gesteckt hatten. Sie besann sich und lenkte das Gespräch darauf, was sie einst für einen Bräutigam gehabt habe, einen der Fabrikarbeiter, wie sie ihn geliebt hätte, ihre Brüder sie aber mit Gewalt einem verwitweten Ikonenmaler zur Frau gegeben hätten, der Gott sei Dank zwei Jahre später gestorben sei. Die Untere Mascha setzte sich ebenfalls an den Tisch und erzählte mit geheimnisvoller Miene, schon seit einer Woche tauche jeden Morgen ein unbekannter Mann mit schwarzem Schnurrbart und einem Mantel mit Schafspelzkragen auf dem Hof auf. Er betrete den Hof, schaue zu den Fenstern des großen Hauses hinüber und gehe weiter – zu den Werksgebäuden. Ein ansehnlicher Mann, da gäbe es nichts ...

Bei all diesen Gesprächen bemächtigte sich Anna Akimownas plötzlich das Gefühl, heiraten zu wollen, ein starkes, übermächtiges Gefühl. Das halbe Leben und ihr gesamtes Vermögen hätte sie für die Gewißheit gegeben, daß im oberen Stockwerk ein Mensch wäre, der ihr näherstünde als alle auf der Welt, der sie sehr liebte und sich nach ihr sehnte. Und der Gedanke an diese Nähe, wunderschön und mit Worten nicht zu fassen, bewegte ihr Herz. Ein Instinkt von Gesundheit und Jugend schmeichelte ihr und gaukelte ihr vor, die wahre Poesie des Lebens sei noch nicht gekommen und liege vor ihr, und sie glaubte es, lehnte sich auf dem Stuhl zurück (wobei sich ihre Haare lösten) und begann zu lachen, und die anderen blickten sie an und fielen in ihr Lachen ein. Und dieses grundlose Lachen wollte im Speisezimmer lange nicht verstummen.

Dann meldete man, die Shusheliza* sei zum Übernachten gekommen. Es war die Pilgerin Pascha, auch Spiridonowna genannt, eine kleine, magere Frau um die fünfzig in schwarzem Kleid und weißem Kopftuch, mit stechendem Blick, spitzer Nase und spitzem Kinn. Sie hatte listige, bösartige Augen und blickte mit einem Ausdruck, als ob sie jeden durchschaute. Ihre Lippen waren herzförmig. Wegen ihrer Boshaftigkeit und Gehässigkeit nannte man sie in den Häusern der Kaufleute »Laufkäfer«.

Nachdem sie ins Speisezimmer getreten war, ging sie, ohne jemanden anzuschauen, auf die Heiligenbilder zu und begann mit tiefer Stimme »Deine Geburt« zu singen, danach »Jungfrau Maria« und dann »Christ wird geboren«,

---

* Laufkäfer, von shushshanije, russ. summen, surren.

worauf sie sich umwandte und alle mit dem Blick durch-
bohrte.

»Einen schönen Feiertag!« sagte sie und küßte Anna
Akimowna auf die Schulter. »Nur mit knapper Not hab
ich's zu euch geschafft, meine Wohltäter.« Sie küßte die
Tante auf die Schulter. »Bin schon am Morgen zu euch
aufgebrochen und unterwegs bei guten Menschen eingekehrt, mich auszuruhen. ›So bleib doch, Spiridonowna,
bleib doch‹, hieß es, und da hab ich nicht bemerkt, wie es
Abend wurde.«

Da sie keine Fleischspeisen aß, wurde ihr Kaviar und
Lachs serviert. Sie aß, blickte mürrisch in die Runde und
trank drei Gläschen Wodka. Nachdem sie sich satt gegessen
hatte, betete sie zu Gott und verneigte sich vor Anna Akimowna bis zum Boden.

Wie im letzten und im vorletzten Jahr begann man Karten zu spielen, und die gesamte Dienerschaft aus beiden
Etagen drängte sich an den Türen, um beim Spiel zuzu-
schauen. Anna Akimowna meinte, ein- oder zweimal in
der Menge der Männer und Frauen auch Mischenka mit
überheblichem Lächeln gesehen zu haben. Als erste kam
die Shusheliza als König heraus, und Anna Akimowna
zahlte ihr als Soldat den Tribut, dann wurde die Tante König, und Anna Akimowna fiel unter die Bauern, was allgemeine Begeisterung hervorrief, und Agafjuschka wurde
Prinz und geriet vor lauter Vergnügen in Verlegenheit. Am
anderen Tischende wurde eine zweite Partie zusammen-
gestellt – die beiden Maschas, Warwaruschka und die
Näherin Marfa Petrowna, die extra wegen des Kartenspiels
geweckt worden war, weshalb sie ein verschlafenes, böses
Gesicht hatte.

Während des Spiels drehte sich das Gespräch um Männer: wie schwer es heutzutage sei, einen guten Mann zu
finden, und welches Los besser sei, das einer Jungfer oder
einer Witwe.

»Du bist ein hübsches, gesundes, kräftiges Mädchen«, sagte die Shusheliza zu Anna Akimowna. »Ich begreife bloß nicht, Mädel, für wen du dich aufsparst.«

»Was soll ich denn tun, wenn mich niemand nimmt?«

»Hast du vielleicht ein Gelübde abgelegt, Jungfrau zu bleiben?« fuhr die Shusheliza fort, als hätte sie nicht gehört. »Na ja, ist keine schlechte Sache, dann bleib's ... bleib's«, wiederholte sie und betrachtete aufmerksam und boshaft ihre Karten. »Hm, Mädel, bleib's ... ja ... Allerdings – unter den Jungfrauen, diesen Ehrwürdigen, gibt es die verschiedensten«, seufzte sie und kam mit dem König heraus. »Ach, die verschiedensten, Mädel! Die einen bewahren sich tatsächlich, die reinsten Nonnen, und erlauben sich rein gar nichts, und wenn sich mal eine versündigt, so quält sie sich, die Arme, und es wäre eine Sünde, sie zu verurteilen. Die andere Sorte Mädchen trägt schwarze Kleider und näht sich Leichengewänder, gibt sich aber insgeheim mit reichen Alten ab. Jaaa, meine Kanarienvögelchen. So manche Spitzbübin behext einen Alten und herrscht über ihn, meine Lieben, herrscht über ihn, verdreht ihm gehörig den Kopf und verhext ihn zu Tode, wenn sie nur genügend Geld und Lotterielose zusammengerafft hat.«

Als Antwort auf diese Anspielungen seufzte Warwaruschka nur und schaute zum Heiligenbild hinüber. Ihr Gesicht drückte christliche Demut aus.

»Ich kenne da eine, die ist meine ärgste Feindin«, fuhr die Shusheliza fort und musterte alle triumphierend. »Die seufzt auch in einem fort und schaut zu den Heiligenbildern, der Teufelsbraten. Als sie einen Alten unter ihrer Fuchtel hatte, war es so, daß sie dir ein Stück Brot gab und befahl, dich tief zu verneigen, selbst aber las sie: ›Bei der Geburt hast du die Jungfräulichkeit bewahrt.‹ Zum Feiertag gab sie dir ein Stück Brot, im Alltag aber – nichts als Vorwürfe. Was soll's, heute amüsiere ich mich über sie! Ich amüsiere mich köstlich, ihr Schmuckstücke!«

Warwaruschka schaute wieder zum Heiligenbild hinüber und bekreuzigte sich.

»Mich nimmt ja keiner, Spiridonowna«, sagte Anna Akimowna, um das Thema zu wechseln. »Was soll man da machen!«

»Bist selbst schuld, Mädel. Wartest die ganze Zeit auf einen Vornehmen, Gebildeten, nimm lieber deinesgleichen, einen Kaufmann zum Beispiel.«

»Einen Kaufmann brauchen wir nicht«, sagte die Tante und regte sich auf. »Das verhüte die Jungfrau Maria! Ein Vornehmer wird dein ganzes Geld durchbringen, doch dafür wird er dich schonen, Dummchen. Ein Kaufmann aber führt ein derartiges Regiment, daß du dich in deinem eigenen Haus nicht mehr wohl fühlst. Du möchtest ihn liebkosen, doch er schneidet seine Coupons, setzt du dich aber mit ihm zum Essen, gönnt er dir dein eigen Stück Brot nicht, der Holzklotz! … Nimm einen Vornehmen.«

Alle redeten gleichzeitig, unterbrachen einander lautstark, und die Tante klopfte mit dem Nußknacker gegen den Tisch und sagte rot und zornig:

»Einen Kaufmann nicht, keinesfalls! Bringst du einen Kaufmann ins Haus, geh ich ins Altersheim.«

»Ksch … Ruhe!« schrie die Shusheliza. Als alle still waren, kniff sie ein Auge zu und sagte: »Weißt du was, Annuschka, mein Schwälbchen? Richtig heiraten wie alle ist nichts für dich. Du bist ein reicher, freier Mensch und dir selbst Königin genug. Doch alte Jungfer zu bleiben, das, mein Mädchen, ziemt sich eigentlich auch nicht. Ich werd dir irgendeinen übriggebliebenen, einfältigen Tropf suchen, du läßt dich zum Schein nach dem Gesetz mit ihm trauen und dann amüsier dich, Malaschka! Und dem Gatten steckst du fünf oder zehn Tausender zu, soll er gehen, woher er gekommen ist, und du bist deine eigene Herrin im Haus, wen du lieben willst, den liebst du, und niemand wird dich dafür verurteilen. Dann kannst du Deine Vornehmen und Gebildeten lieben. Das wird kein Leben, sondern eitel Sonnenschein.« Die Shusheliza schnipste mit den Fingern und sagte pfeifend: »Amüsier dich, Malaschka!«

»Das ist Sünde«, sagte die Tante.

»Ach was, Sünde«, lächelte die Shusheliza. »Sie ist gebildet und versteht mich. Einen Menschen umzubringen oder einen alten Mann zu behexen, das ist Sünde, soviel steht fest, aber einen lieben Freund zu lieben, das ist absolut keine Sünde. Was soll das denn, also wirklich! Das ist überhaupt keine Sünde! Das haben sich alles die Pilgerinnen ausgedacht, um das einfache Volk für dumm zu verkaufen. Ich sag doch auch überall Sünde hier, Sünde da, selbst aber wüßte ich nicht, weshalb das Sünde sein soll.« Die Shusheliza trank einen Likör und grunzte. »Amüsier dich, Malaschka!« sagte sie, diesmal offenbar zu sich selbst. »Dreißig Jahre, meine Süßen, hab ich immer nur an Sünde gedacht und mich gefürchtet, jetzt aber sehe ich: hab's Leben verschlafen, alles verpaßt! Ach, wie dumm war ich doch, wie dumm!« seufzte sie. »Ein Frauenleben ist kurz, jeden Tag sollte man nutzen. Du bist hübsch, Annuschka, und sehr reich, wenn du aber fünfunddreißig wirst oder vierzig, ist dein Leben vorbei, dann kannst du den Schlußpunkt druntersetzen. Hör auf niemanden, Mädelchen, lebe, amüsier dich, bis du vierzig bist, dann hast du noch genug Zeit, um Abbitte zu tun – dann kannst du immer noch in Ruhe beten und Leichengewänder nähen. Stellst du Gott eine Kerze auf, gib auch dem Teufel ein Schüreisen! Los, setz alles auf eine Karte! Also, was ist? Willst du einem armen Tropf eine gute Tat erweisen?«

»Ich will«, lachte Anna Akimowna. »Mir ist jetzt alles egal, ich würde auch einen einfachen Mann nehmen.«

»Na, wer sagt's denn! Herrje, was du dir dann für einen tollen Kerl aussuchen könntest!« Die Shusheliza kniff die Augen zu und wiegte den Kopf. »Herrje!«

»Ich sag ja auch immer zu ihr – ein Vornehmer kommt nicht mehr, heirate keinen Kaufmann, sondern einen Einfacheren«, sagte die Tante. »Da hätten wir für den Fall der Fälle einen Herrn im Haus. Gibt es etwa wenig gute Männer? Nimm nur mal unsere Fabrikarbeiter. Alles enthaltsame, gesetzte Männer …«

»Na und ob!« stimmte die Shusheliza zu. »Prima Jungs. Wenn du willst, Tantchen, halt ich bei Wassili Lebedinski um Annuschka an.«

»Hm, der Wassja hat zu lange Beine«, sagte die Tante ernst. »Ist ein ziemlich langweiliger Kerl. Und sieht nach nichts aus.«

In der Menge an den Türen wurde Lachen laut.

»Na, dann Pimenow. Willst du Pimenow nehmen?« fragte die Shusheliza Anna Akimowna.

»Gut. Halt bei Pimenow um mich an.«

»Bei Gott?«

»Halt bei ihm um mich an«, sagte Anna Akimowna entschlossen und schlug auf den Tisch. »Ehrenwort, ich heirate ihn!«

»Bei Gott?«

Plötzlich schämte sich Anna Akimowna, daß ihre Wangen brannten und alle sie anblickten. Sie mischte die Karten auf dem Tisch und lief aus dem Zimmer, und als sie die Treppe hochlief und nach oben kam und sich im Salon an den Flügel setzte, drang aus der unteren Etage ein Getöse herauf, als rauschte das Meer. Offenbar sprach man über sie und Pimenow, und vielleicht nutzte die Shusheliza sogar ihre Abwesenheit, um Warwaruschka zu beleidigen, wobei sie sich in ihrer Ausdrucksweise sicher auch nicht mehr zurückhielt.

In der gesamten oberen Etage brannte nur eine einzige Lampe in der Halle, und ihr schwaches Licht drang durch die Tür in den Salon. Es war noch nicht zehn Uhr. Anna Akimowna spielte einen Walzer, dann einen zweiten, einen dritten, sie spielte ohne Unterlaß. Sie schaute in die dunkle Ecke hinter dem Flügel, lächelte, träumte und überlegte, ob sie jetzt vielleicht noch jemanden in der Stadt besuchen fahren sollte, vielleicht Lyssewitsch, um ihm zu erzählen, was gerade in ihrem Herzen vor sich ging. Sie wollte reden ohne Unterlaß, lachen, Unfug treiben; die dunkle Ecke hinter dem Flügel aber schwieg finster, und sämtliche Räume der oberen Etage blieben still und menschenleer.

Sie liebte gefühlvolle Romanzen, hatte aber eine ungelenke, nicht ausgebildete Stimme, weshalb sie sich nur begleitete und kaum hörbar mitsang. Sie sang flüsternd eine Romanze nach der anderen, über Liebe, Trennung, verlorene Hoffnungen, und stellte sich vor, wie sie ihm die Hände reicht und flehentlich und unter Tränen sagt: »Pimenow, nehmen Sie diese Last von meinen Schultern!« Und dann, als seien ihr sämtliche Sünden vergeben, würde ihr leicht und froh zumute werden, und ein freies und vielleicht glückliches Leben würde beginnen. In sehnsüchtiger Erwartung neigte sie sich zu den Tasten hinunter und wünschte sich leidenschaftlich, die Veränderung ihres Lebens möge beginnen, unverzüglich, und ihr grauste bei der Vorstellung, daß sich ihr bisheriges Leben noch weitere Jahre fortsetzen würde. Dann spielte sie wieder und sang kaum hörbar, und ringsum war es still. Aus der unteren Etage drang kein Lärm mehr herauf. Dort waren sie wohl zu Bett gegangen. Längst hatte die zehnte Stunde geschlagen. Eine lange, einsame, öde Nacht brach an.

Anna Akimowna wanderte durch alle Zimmer, lag eine Weile auf dem Diwan und las dann in ihrem Kabinett die Briefe, die am Abend gekommen waren – zwölf Glückwunschschreiben und drei anonyme Briefe ohne Unterschrift. In einem beklagte sich ein Arbeiter in schrecklicher, kaum zu entziffernder Schrift darüber, daß den Arbeitern im Fabrikladen bitteres Fastenöl verkauft werde, das nach Kerosin rieche, im zweiten denunzierte jemand unterwürfig, Nasarytsch hätte beim letzten Geschäftsabschluß, einem Eiseneinkauf, von jemandem tausend Rubel Bestechungsgeld genommen, und im dritten wurde sie der Unmenschlichkeit bezichtigt.

Die feiertägliche Stimmung war bereits im Verklingen. Um sie zu bewahren, setzte sich Anna Akimowna abermals an den Flügel und spielte leise einen der neuen Walzer und erinnerte sich daran, wie klug und ehrlich sie heute beim Mittagessen gedacht und gesprochen hatte. Sie blickte um sich, hinüber zu den dunklen Fenstern und den Wänden mit den Bildern, zum schwachen Lichtschein, der aus der Halle hereinfiel, brach plötzlich in Tränen aus und ärgerte sich, daß sie so einsam war, daß niemand da war, mit dem sie hätte sprechen und sich beraten können. Um sich aufzumuntern, versuchte sie, sich Pimenow ins Gedächtnis zu rufen, doch das wollte ihr nicht mehr gelingen.

Es schlug zwölf. Mischenka trat ein, schon nicht mehr im Frack, sondern im Jackett, und entzündete schweigend zwei Kerzen. Darauf ging er hinaus und kehrte einen Augenblick später mit einem Tablett zurück, auf dem eine Tasse Tee stand.

»Warum lachen Sie?« fragte sie, als sie ein Lächeln auf seinem Gesicht bemerkte.

»Ich war unten und hab gehört, wie Sie über Pimenow gescherzt haben ...« sagte er und verbarg den lachenden Mund hinter der Hand. »Hätte man ihn vorhin mit Viktor Nikolajewitsch und dem General zum Essen gesetzt, er wäre vor Angst gestorben.« Mischenkas Schultern bebten vor Lachen. »Er kann sicher nicht mal eine Gabel halten.«

Das Lachen des Dieners, seine Worte, sein Jackett und der Schnurrbart machten den Eindruck von Unsauberkeit auf Anna Akimowna. Sie schloß die Augen, um ihn nicht sehen zu müssen, und stellte sich, ohne es selbst zu wollen, Pimenow vor, wie er gemeinsam mit Lyssewitsch und Krylin zu Mittag aß, und seine schüchterne, unkultivierte Gestalt erschien ihr bedauernswert und hilflos, und sie empfand Widerwillen. Und erst jetzt, zum ersten Mal an diesem Tag, begriff sie deutlich, daß all dies, was sie über Pimenow und eine Heirat mit einem einfachen Arbeiter gedacht und gesagt hatte, Unsinn, Dummheit und Selbstbetrug gewesen war. Um sich vom Gegenteil zu überzeugen und den Widerwillen zu überwinden, suchte sie sich der Worte zu erinnern, die sie beim Essen gesagt hatte, konnte sich aber nicht mehr entsinnen; die Scham über ihre Gedanken und ihr Benehmen und die Furcht, sie könn-

te heute etwas Überflüssiges gesagt haben, und der Wider-
wille ob ihrer Kleinmütigkeit verwirrten sie außerordentlich. Sie nahm eine Kerze und begab sich eilig, als jage sie
jemand, nach unten, weckte dort die Spiridonowna und
beteuerte ihr, sie habe nur Spaß gemacht. Dann ging sie in
ihr Schlafzimmer. Die rothaarige Mascha, die neben dem
Bett in einem Sessel schlummerte, sprang auf und begann
die Kopfkissen zu richten. Sie sah müde und verschlafen
aus, und die prächtigen Haare waren nach einer Seite ver-
rutscht.

»Am Abend war der Beamte Tschalikow noch einmal
da«, sagte sie gähnend. »Ich hab nicht gewagt, ihn zu melden. Bereits sehr betrunken. Er hat gesagt, er kommt morgen wieder.«

»Was will er von mir?« fragte Anna Akimowna erbost
und schlug mit ihrem Kamm gegen den Boden. »Ich will
ihn nicht sehen! Ich will nicht!«

Sie kam zu dem Schluß, daß ihr im Leben niemand mehr
geblieben sei als dieser Tschalikow, daß er sie nun unablässig
verfolgen und jeden Tag daran erinnern werde, wie uninteressant und absurd ihr Leben sei. War sie doch nur zu
einem nütze – den Armen zu helfen. Oh, wie erbärmlich
das war!

Sie ging zu Bett, ohne sich auszukleiden und schluchzte
vor Scham und Schwermut. Am ärgerlichsten und dümm-
sten erschien ihr, daß ihre heutigen Träume von Pimenow
ehrlich gewesen waren, erhaben und edel, gleichzeitig aber
spürte sie, daß ihr Lyssewitsch und selbst Krylin näherstan-
den als Pimenow und sämtliche Arbeiter zusammenge-
nommen. Sie dachte, wäre es möglich, den eben durchleb-
ten, langen Tag auf einem Bild darzustellen, so wäre all das
Banale und Vulgäre, etwa das Mittagessen, die Worte des
Advokaten oder das Kartenspiel, die Wahrheit, die Träume
aber und die Gespräche über Pimenow würden sich aus
dem Ganzen wie etwas Falsches, an den Haaren Herbeige-
zwungenes abheben. Und sie dachte auch, daß es für sie

bereits zu spät sei zum Träumen, daß alles schon vorbei und es unmöglich sei, zu jenem Leben zurückzukehren, als sie mit der Mutter noch unter einer Decke geschlafen hatte, oder sich ein neues, besonderes Leben auszudenken.

Die rothaarige Mascha kniete vor ihrem Bett und blickte sie traurig und erstaunt an und begann ebenfalls zu weinen und schmiegte sich mit dem Gesicht an ihre Hand. Auch ohne Worte verstand man, weshalb ihr so elend zumute war.

»Wir sind beide dumme Trinen«, sagte Anna Akimowna und lachte unter Tränen. »Dumme Trinen sind wir! Ach, was sind wir für dumme Trinen!«

(Vera Bischitzky)

Das Städtchen war klein, erbärmlicher als ein Dorf, und seine Bewohner fast nur alte Leute, die selten starben – es war zum Verzweifeln. Das Krankenhaus und das Gefängnis forderten nur ganz wenige Särge an. Mit einem Wort: Die Geschäfte gingen äußerst schlecht. Wäre Jakow Iwanow in einer Gouvernementstadt Sargmacher gewesen, ja, dann hätte er bestimmt ein eigenes Haus und man hätte ihn mit Jakow Matwejitsch angesprochen. Hier jedoch, in diesem jämmerlichen Städtchen, war er für alle einfach Jakow, und sein Spitzname auf der Gasse lautete aus unerfindlichen Gründen Bronsa. Er lebte ärmlich wie ein gewöhnlicher Bauer, in einer kleinen alten Hütte, die aus einem einzigen Raum bestand, und in diesem mußten er, Marfa, der Ofen, das Doppelbett, die Särge, die Werkbank und der ganze Haushalt Platz finden.

Jakow machte gute, solide Särge. Für die Bauern und die Kleinbürger legte er sein eigenes Maß an und hatte sich dabei noch nie vertan, denn größer und kräftiger als er war niemand weit und breit, nicht einmal im Gefängnis, und das, obwohl er schon siebzig Jahre alt war. Für die Vornehmen jedoch und für die Frauen arbeitete er nach Maß und benutzte dafür ein eisernes Lineal. Bestellungen auf Kindersärge nahm er nur sehr ungern entgegen und erledigte sie, ohne Maß zu nehmen und voller Verachtung, und jedesmal wenn er das Geld für seine Arbeit entgegennahm, bemerkte er:

»Also, das muß ich sagen, mit Bagatellen befasse ich mich nicht gern.«

Außer seinem Handwerk hatte er noch einen kleinen Nebenverdienst: das Geigenspiel. Wenn es im Städtchen eine Hochzeit gab, spielte gewöhnlich das jüdische Orchester, geleitet von dem Verzinner Moissej Iljitsch Schachkes, der mehr als die Hälfte der Einnahmen für sich beanspruchte. Weil Jakow sehr gut Geige spielte, und besonders schön russische Lieder, engagierte ihn Schachkes immer wieder und zahlte ihm fünfzig Kopeken pro Tag, nicht gerechnet die Geschenke der Gäste. Wenn Bronsa im Orchester saß, dann war sein Gesicht bald ganz rot und verschwitzt; in der Hitze roch es atemberaubend nach Knoblauch, die Geige winselte, am rechten Ohr sägte der Kontrabaß, am linken weinte die Flöte, auf der ein abgezehrter rothaariger Jude spielte, dessen Gesicht von einem Netz roter und bläulicher Äderchen überzogen war und der genauso hieß wie der bekannte Krösus: Rothschild. Dieser verfluchte Jude brachte es fertig, noch die lustigste Melodie durch sein Spiel in eine Klage zu verwandeln. Ohne ersichtlichen Grund überkam Jakow immer mehr Haß und Verachtung gegenüber den Juden, und besonders gegenüber Rothschild. Er suchte Streit mit ihm, hackte ständig mit häßlichen Worten auf ihm herum, und einmal wollte er ihn sogar schlagen. Doch da wurde Rothschild böse, sah ihn wild an und sagte:

»Wenn ich Sie nicht Ihres Talents wegen achten würde, wären Sie bei mir schon längst durchs Fenster geflogen.«

Und dann weinte er. Aus diesem Grund wurde Bronsa nur selten aufgefordert, in dem Orchester zu spielen, man tat es nur im äußersten Notfall, wenn einer der jüdischen Spieler fehlte.

Jakow war nie guter Laune, weil er ständig schlimme Einbußen verkraften mußte. So war zum Beispiel an Sonn- und Feiertagen zu arbeiten Sünde, am Montag lief sowieso kaum etwas, und so kamen im Jahr an die zweihundert Tage zusammen, an denen er ungewollt Däumchen drehen mußte. Und was es da für Einbußen gab! Wenn in der Stadt jemand Hochzeit ohne Musik feierte oder wenn Schachkes Jakow nicht einlud, dann war das ebenfalls ein Verlust. Der Polizeichef war zwei Jahre lang krank gewesen und dahingesiecht, und Jakow hatte voll Ungeduld auf sein Ableben gewartet. Doch dann fuhr er zur Behandlung in die Gebietshauptstadt und mußte natürlich dort sterben. Das war eine Einbuße von mindestens zehn Rubeln, denn man hätte einen teuren Sarg machen müssen, einen mit Glanzbrokat. Die Gedanken an solche und ähnliche Umsatzeinbußen suchten ihn vor allem nachts heim. Er legte deshalb die Geige neben sich aufs Bett, und wenn ihm besonders wirr im Kopf wurde, berührte er die Saiten, die Geige gab in der Dunkelheit einen Laut von sich, und es wurde ihm ein wenig leichter.

Am sechsten Mai des vergangenen Jahres wurde Marfa plötzlich krank. Die Alte atmete schwer, trank viel Wasser und taumelte immer wieder. Trotzdem heizte sie morgens den Ofen und ging sogar Wasser holen; gegen Abend jedoch legte sie sich hin. Jakow hatte den ganzen Tag über Geige gespielt. Als es aber dunkel wurde, nahm er das Büchlein zur Hand, in das er jeden Tag seine Verluste eintrug, und zog aus Langeweile die Jahresbilanz. Es kamen über tausend Rubel an Verlusten zusammen. Das erschütterte ihn dermaßen, daß er das Rechenbrett auf den Boden schleuderte und darauf herumtrampelte. Dann hob er es auf, klapperte wieder damit und seufzte tief und angestrengt. Sein Gesicht war puterrot und naß vor Schweiß. Er überlegte: Wenn er diese verlorenen tausend Rubel auf die Bank brächte, dann würden sie im Jahr mindestens vierzig Rubel an Zinsen bringen. Also stellten auch diese vierzig Rubel einen Verlust dar. Mit einem Wort: Wohin man auch sah, überall nur Einbußen und sonst nichts.

»Jakow!« rief Marfa in seine Überlegungen hinein. »Ich sterbe!«

Er blickte sich nach seiner Frau um. Ihr Gesicht leuchtete rosig im Fieber, es war ungewöhnlich klar und von Freude erfüllt. Bronsa, gewohnt, ihr Gesicht immer blaß, schüchtern und unglücklich zu sehen, wurde nun doch unruhig. Offenbar lag sie tatsächlich im Sterben und war dabei froh, endlich herauszukommen aus dieser Hütte, fort von den Särgen, von Jakow … Ihr Blick ging zur Zimmerdecke hinauf, ihre Lippen murmelten etwas, und auf ihrem Gesicht lag ein Ausdruck von Glück – als sehe sie den Tod, ihren Befreier, und unterhalte sich flüsternd mit ihm.

Es dämmerte bereits, durchs Fenster sah man den Schimmer des Morgenrots. Als Jakow auf seine Alte blickte, kam ihm plötzlich in den Sinn, daß er in seinem ganzen Leben, anscheinend, nicht ein einziges Mal zärtlich zu ihr gewesen war, daß er nie Mitleid für sie empfunden hatte, daß er nie auf die Idee gekommen war, ihr einmal ein Tüchlein zu kaufen oder von einer Hochzeit eine Leckerei mitzubringen; daß er sie vielmehr immer nur angeherrscht, sie wegen der Verluste beschimpft hatte und mit den Fäusten auf sie losgegangen war. Zwar hatte er sie niemals geschlagen, ihr aber doch Angst eingeflößt, und jedes Mal war sie starr gewesen vor Schreck. Ja, er hatte ihr nicht mal erlaubt, Tee zu trinken, weil die Ausgaben schon hoch genug waren, und so trank sie nur heißes Wasser. Und er begriff, warum sie jetzt ein so seltsames, so freudvolles Gesicht hatte, und es wurde ihm bang zumute.

Er wartete den Morgen ab, dann lieh er sich das Pferd des Nachbarn und brachte Marfa ins Krankenhaus. Da waren nur wenige Patienten, also mußte er nicht lange warten, drei Stunden vielleicht. Es war ihm ganz recht, daß diesmal nicht der Doktor die Patienten empfing, denn der war selber krank, sondern der alte Feldscher Maxim Nikolajitsch. Denn von ihm behaupteten alle in der Stadt, er sei zwar ein Trinker und Raufbold, verstehe aber mehr als der Doktor.

»Wir wünschen lange Gesundheit«, sagte Jakow, als er die Alte ins Sprechzimmer führte. »Verzeihen Sie, Maxim Nikolajitsch, daß wir Sie mit unseren Kinkerlitzchen belästigen. Wenn Sie vielleicht einen Blick … Meine Liebste ist krank geworden, die Gefährtin meines Lebens, wie man so sagt, entschuldigen Sie den Ausdruck …«

Der Feldscher machte ein finsteres Gesicht und strich sich den Backenbart, dann schaute er sich die Alte genauer an. Sie saß, mager und ganz zusammengekrümmt, auf dem Hocker, und mit ihrer spitzen Nase und dem offenstehenden Mund erinnerte sie von der Seite an einen Vogel, der trinken will.

»Hm … Ja …« brummelte der Feldscher gedehnt und seufzte. »Eine Influenza, vielleicht auch ein hitziges Fieber. Zur Zeit haben wir Typhus in der Stadt. Nun ja. Die Alte hat gelebt, kann Gott danken … Wie alt ist sie?«

»Noch ein Jahr bis siebzig, Maxim Nikolajitsch.«

»Na also. Die Alte hat gelebt. Da ist es Zeit abzutreten.«

»Sie geruhen das völlig richtig zu bemerken, Maxim Nikolajitsch«, sagte Jakow und lächelte aus Höflichkeit, »und wir danken Ihnen zutiefst für Ihre Liebenswürdigkeit. Aber erlauben Sie, wenn ich das bemerke, auch das kleinste Tierchen will leben.«

»Von wegen!« sagte der Feldscher in einem Ton, als hinge es von ihm ab, ob die Alte leben darf oder zu sterben hat. »Also, mein Lieber, mach ihr eine kalte Kompresse um den Kopf und gib ihr zwei Mal täglich dieses Pulver hier. Und jetzt adieu, bonjour.«

An seinem Gesichtsausdruck erkannte Jakow, daß es schlecht stand und kein Pulver mehr helfen würde; es war ihm nun klar, daß Marfa bald sterben würde, wenn nicht heute, dann morgen. Er stieß den Feldscher leicht gegen den Ellbogen, blinzelte ihm zu und sagte halblaut:

»Könnte man ihr nicht Schröpfköpfe ansetzen.«

»Keine Zeit, keine Zeit, mein Lieber. Nimm deine Alte und geh mit Gott. Adieu.«

»Seien Sie so gut«, bat Jakow. »Sie wissen ja selbst: Wenn ihr, sagen wir, der Magen schmerzen würde oder sonst was im Innern wäre, dann Pulver und Tropfen, aber sie hat ja eine Erkältung! Bei einer Erkältung muß man doch zuerst das Blut flüssig machen, Maxim Nikolajitsch.«

Doch der Feldscher hatte schon den nächsten Patienten

aufgerufen, und ins Sprechzimmer trat ein Weib mit einem kleinen Jungen.

»Fort jetzt …« sagte er finster zu Jakow, »red mir nicht die Ohren voll!«

»Dann setzen Sie ihr doch wenigstens Blutegel an! Ewig werd ich für Sie beten!«

Da fuhr der Feldscher auf und schrie:

»Du mußt mir grad was erzählen! Holzkopf!«

Jakow brauste ebenfalls auf, lief rot an, aber sagte kein Wort, hakte Marfa unter und führte sie aus dem Sprechzimmer. Erst als sie im Wagen saßen, schaute er voller Ingrimm auf das Krankenhaus und sagte:

»Da haben sie die rechten Künstler hingesetzt! Ein Reicher hätte Schröpfköpfe bekommen, aber bei einem Armen tut's ihnen um jeden Blutegel leid. Diese Mörderbande!«

Als sie wieder zu Hause waren, in ihrer Hütte, stand Marfa an die zehn Minuten da und hielt sich am Ofen fest. Wenn sie sich hinlegte, so glaubte sie, würde Jakow nur anfangen, von den Verlusten zu reden und sie zu beschimpfen, daß sie immer nur liege und nicht arbeiten wolle. Jakow schaute voller Trübsinn auf sie und dachte daran, daß morgen Johannes der Evangelist wäre, übermorgen Nikolaus der Wundertäter*, und dann käme der Sonntag, danach der Montag, dieser schwierige Tag. Vier Tage würde er nicht arbeiten können, und wahrscheinlich würde Marfa an einem dieser Tage sterben; das hieß, er mußte heute den Sarg machen. Er nahm sein eisernes Lineal zur Hand, trat zur Alten und nahm Maß. Darauf legte sie sich nieder, er aber bekreuzigte sich und begann den Sarg zu zimmern.

Als die Arbeit beendet war, setzte Bronsa die Brille auf und notierte in seinem Büchlein:

»Sarg für Marfa Iwanowa: 2 R. 40 K.«

---

* Der 8. Mai (Johannes der Evangelist) und der 9. Mai (Nikolaus der Wundertäter).

Er seufzte. Die Alte lag die ganze Zeit stumm und mit geschlossenen Augen da. Erst als der Abend kam und es dunkel wurde, rief sie plötzlich den Alten heran.

»Jakow, denkst du noch daran?« fragte sie und blickte ihn freudig an. »Vor fünfzig Jahren, erinnerst du dich, da hat Gott uns ein Kindchen geschenkt, blond war's. Wir saßen damals immer am Fluß und haben Lieder gesungen … unter der Weide.« Und mit einem bitteren Lächeln fügte sie hinzu: »Gestorben ist sie, die Kleine.«

Jakow strengte sein Gedächtnis an, aber er konnte sich weder an ein Kind erinnern noch an eine Weide.

»Das kommt dir nur so vor«, sagte er.

Der Priester erschien, reichte ihr das heilige Abendmahl und gab ihr die letzte Ölung. Dann begann Marfa unverständliche Dinge zu murmeln, und gegen Morgen verschied sie.

Die alten Frauen aus der Nachbarschaft wuschen sie, kleideten sie an und legten sie in den Sarg. Um überflüssige Ausgaben für den Küster zu vermeiden, las Jakow den Psalter selbst, und für das Grab verlangte man nichts, da der Friedhofswärter sein Gevatter war. Vier Männer trugen den Sarg zum Friedhof, aber nicht für Geld, sondern aus Achtung vor dem Nachbarn. Dem Sarg folgten ein paar alte Frauen und Bettler sowie zwei Narren in Christo, und die Menschen auf dem Weg bekreuzigten sich fromm … Jakow war sehr zufrieden, daß alles so wohlanständig, so ehrbar und so billig vonstatten ging und daß sich niemand gekränkt fühlen mußte. Als er sich für immer von Marfa verabschiedete, berührte er mit der Hand den Sarg und dachte: Gute Arbeit!

Aber als er vom Friedhof nach Hause ging, befiel ihn tiefe Traurigkeit. Auch fühlte er sich irgendwie unwohl. Sein Atem ging heiß und schwer, die Beine wurden ihm schwach, und er bekam Durst. Dazu ging ihm so mancher Gedanke durch den Kopf. Wieder mußte er daran denken, daß er in seinem ganzen Leben kein einziges Mal Mitleid mit Marfa gehabt hatte, nie zärtlich zu ihr gewesen war. Die zweiundfünfzig Jahre, die sie unter einem Dach gelebt hatten, hatten sich endlos hingezogen; aber irgendwie war es gekommen, daß er in dieser ganzen Zeit niemals an sie gedacht, ihr keinerlei Aufmerksamkeit geschenkt hatte, als wäre sie eine Katze gewesen oder ein Hund. Dabei hatte sie doch jeden Tag den Ofen geheizt, gekocht und gebacken, Wasser geholt, Holz gespalten, im selben Bett mit ihm geschlafen, und wenn er von den Hochzeiten betrunken nach Hause kam, hängte sie immer voller Ehrfurcht seine Geige an die Wand und brachte ihn zu Bett, und all das schweigend, mit furchtsamer und besorgter Miene.

Lächelnd und unter Verbeugungen kam Rothschild ihm entgegen.

»Ich suche Sie schon, Onkelchen!« sagte er. »Moissej Iljitsch lassen Sie grüßen und wünschen, daß Sie gleich zu ihm kommen.«

Jakow stand nicht der Sinn danach. Ihm war eher nach Weinen zumute.

»Laß mich in Ruh!« sagte er und ging weiter.

»Ja wie denn?« rief Rothschild beunruhigt und lief vor ihm her. »Moissej Iljitsch werden beleidigt sein! Er befahl: sogleich!«

Jakow war es zuwider, daß der Jude zu keuchen begann und zwinkerte und daß er mit roten Sommersprossen ganz übersät war. Auch sein grüner Gehrock mit den dunklen Flicken stieß ihn ab und seine ganze schwächliche, zerbrechliche Gestalt.

»Was rückst du mir auf den Pelz, Knoblauchfresser?« schrie Jakow. »Bleib mir vom Leib!«

Der Jude wurde zornig und schrie zurück.

»Und Sie, bitte, schreien Sie nicht so, sonst fliegen Sie über den Zaun!«

»Geh mir aus den Augen!« brüllte Jakow und stürzte sich mit den Fäusten auf ihn. »Vergällen einem das Leben, diese räudigen Hunde!«

Rothschild wurde leichenblaß vor Schreck, setzte sich auf die Erde und fuchtelte mit den Armen über seinem Kopf herum, als wollte er sich vor den Schlägen schützen, dann sprang er wieder auf und lief davon, was die Beine hergaben. Dabei hüpfte er ständig in die Luft, schlug die Hände über dem Kopf zusammen, und man sah, wie sein langer magerer Rücken zitterte. Die Straßenjungen freuten sich über die Gelegenheit und stürzten »Jidd! Jidd!« rufend hinter ihm her. Auch die Hunde nahmen mit Gebell die Verfolgung auf. Jemand lachte laut, pfiff, und das Hundegebell wurde lauter und allgemeiner … Dann hat wohl einer der Hunde Rothschild gebissen, denn es ertönte ein verzweifelter Schmerzensschrei.

Bronsa schlenderte über die Viehweide, ging dann ziellos am Rand der Stadt entlang, und die Jungen riefen: »Bronsa kommt! Bronsa kommt!« Da war auch schon der Fluß. Hier glitten piepsend die Strandläufer dahin, und Enten schnatterten. Die Sonne brannte, und das Wasser blendete derart, daß es die Augen schmerzte. Jakow ging einen Uferpfad entlang und sah, wie eine füllige, rotwangige Dame aus dem Flußbad stieg, und er dachte bei sich: Brrr, ist die häßlich! In der Nähe des Bads fischten Jungen nach Krebsen. Als sie ihn erblickten, brachen sie in ein boshaftes Geschrei aus: »Bronsa! Bronsa!« Und dann stand da eine weit ausladende alte Weide mit einer riesigen Höhlung in ihrem Stamm und mit Krähennestern in den Zweigen. Und plötzlich erschienen vor seinem inneren Auge, als wäre es noch lebendig, das Kind mit den blonden Locken und auch die Weide, von der Marfa gesprochen hatte. Ja, das war eben jene Weide, grün, still und trauervoll … Wie alt sie geworden war, die Arme!

Er ließ sich unter ihr nieder und gab sich seinen Erinnerungen hin. Auf dem jenseitigen Ufer, wo sich jetzt eine Schwemmwiese erstreckte, stand damals ein ansehnliches Birkenwäldchen, und auf dem kahlen Berg dort am Horizont schimmerte seinerzeit ein uralter mächtiger Kiefernwald. Und über den Fluß zogen Lastkähne dahin. Heute hingegen war alles eben und glatt; auf dem anderen Ufer stand bloß eine einzige Birke, jung und gut gewachsen wie ein vornehmes Fräulein, und auf dem Fluß schwammen nur Enten und Gänse, kaum zu glauben, daß hier einmal Kähne verkehrt haben sollten. Selbst die Gänse waren gegenüber früher anscheinend weniger geworden. Jakow schloß die Augen, und in seiner Vorstellung flogen riesige Schwärme weißer Gänse auf und durchkreuzten sich im Flug.

Es wunderte ihn, daß er in den ganzen letzten vierzig oder fünfzig Jahren seines Lebens nicht ein Mal am Fluß gewesen sein sollte oder ihn niemals beachtet hatte. Schließlich war es ein richtiger Fluß und nicht irgendein Gewässer. Man hätte ein Fischfangunternehmen an ihm aufbauen und die Fische an die Kaufleute, die Beamten und an den Mann vom Bahnhofsbuffet verkaufen können, und das Geld hätte man angelegt; man hätte in einem Boot von Gutshof zu Gutshof fahren und Geige spielen können, und Leute jeglichen Standes hätten dafür etwas gezahlt. Man könnte mit Kähnen einen neuen Versuch starten – besser, als Särge machen. Schließlich könnte man Gänse züchten, sie schlachten und im Winter nach Moskau versenden; allein die Daunen würden pro Jahr sicher zehn Rubel bringen! Aber er hatte die Gelegenheit verpaßt und nichts von alledem getan. Was für Verluste! Ach, was für Verluste! Und wenn man erst alles zusammennahm: den Fischfang, das Geigenspiel, die Kähne und die Schlachtgänse – was für ein Kapital hätte sich da angesammelt! Aber all das hatte es nicht einmal im Traum gegeben, nutzlos und ohne die mindeste Befriedigung war das Leben dahingegangen, umsonst war's gewesen, nicht einmal eine Prise Tabak war dabei abgefallen. Für die Zukunft war nichts übriggeblieben, und schaute man zurück, dann waren da nichts als Verluste, und so schreckliche, daß einen fröstelte. Warum war der Mensch nicht fähig, so zu leben, daß keine Einbußen und Verluste entstanden? Man sollte mal die Frage stellen, wozu man das Birkenwäldchen und den Kiefernwald abgeholzt hatte. Warum lag das Weideland ungenutzt da? Warum taten die Menschen immer genau das, was sie nicht tun sollten? Warum hatte Jakow sein ganzes Leben lang geflucht, gebrüllt, die Fäuste fliegen lassen und seine Frau gekränkt, und wozu hatte er gerade eben den Juden erschreckt und beleidigt? Überhaupt, zu welchem Zweck machten die Menschen sich gegenseitig das Leben so schwer? Daraus entstanden doch wiederum einzig Verluste! Was für schreckliche Verluste! Ohne Bosheit und Haß hätten die Menschen einen riesigen Nutzen voneinander.

Am Abend und in der Nacht erschienen ihm das Kind und die Weide, Fische und geschlachtete Gänse, und Marfa mit dem Profil eines Vogels, der trinken will, und Rothschilds bleiche, erbärmliche Visage, und von allen Seiten kamen irgendwelche Fratzen auf ihn zu und murmelten von Verlusten. Er wälzte sich von einer Seite auf die andere, und an die fünf Mal stand er auf und spielte auf der Geige.

Am Morgen erhob er sich mit letzter Kraft und ging zum Krankenhaus. Derselbe Maxim Nikolajitsch trug ihm auf, sich eine kalte Kompresse um den Kopf zu machen und gab ihm ein Pulver, und sein Gesicht und seine Stimme verrieten ihm, daß es schlecht um ihn stand und daß kein Pulver mehr etwas ausrichten würde. Auf dem Heimweg überlegte er, daß der Tod nichts als Vorteile mit sich brachte: Man brauchte weder zu essen noch zu trinken noch Steuern zu zahlen und auch niemanden zu beleidigen, und da man nicht ein Jahr in seinem Grab lag, sondern Hunderte, Tausende von Jahren, ergab sich, alles in allem, ein ungeheurer Nutzen. Das Leben bringt dem Menschen Verluste, der Tod Nutzen. Das war natürlich eine richtige Überlegung, und dennoch lag etwas Kränkendes und Bitteres darin. Warum mußte es auf der Welt so merkwürdig zugehen, daß dieses Leben, das dem Menschen nur ein Mal gegeben ist, ohne Nutzen verstreicht?

Daß er sterben mußte, bedauerte er nicht. Doch kaum fiel zu Hause sein Blick auf die Geige, da zog sich ihm das Herz zusammen, denn um sie tat es ihm leid. Die Geige konnte er nicht mit ins Grab nehmen, verwaist würde sie zurückbleiben und das nämliche Schicksal erleiden wie das Birkenwäldchen und der Kiefernwald. Alles auf dieser Welt ging zugrunde und würde weiterhin zugrunde gehen! Jakow trat aus seiner Hütte, setzte sich auf die Schwelle und hob die Geige ans Kinn. Während er über das Leben nachdachte, mit dem es ständig abwärts geht und das Verluste anhäuft, begann er zu spielen, er wußte selbst nicht was, jedenfalls kam etwas Klagendes und Rührendes dabei heraus, und Tränen liefen ihm über die Wangen. Und je intensiver er nachdachte, desto trauriger sang die Geige.

Jetzt hörte man die Klinke des Gartentürchens zweimal quietschen, und Rothschild erschien. Tapfer überwand er die erste Hälfte des Hofs, doch als er Jakow erblickte, blieb er plötzlich stehen, krümmte sich, wohl aus Angst, ganz zusammen und machte mit den Händen Zeichen, als wolle er mit den Fingern die Uhrzeit ansagen.

»Komm nur, störst nicht«, sagte Jakow freundlich und winkte ihn heran. »Komm nur!«

Ängstlich und mißtrauisch kam Rothschild langsam näher und blieb zwei Schritte vor ihm stehen.

»Bitte schlagen Sie mich nicht!« sagte er und hockte sich hin. »Moissej Iljitsch schicken mich wieder. ›Hab keine Angst‹, sagte er, ›geh noch einmal zu Jakow und sage, daß es ohne ihn absolut nicht geht.‹ Am Mittwoch ist nämlich eine Hochzeit … Jaa! Herr Schapowalow verheiratet seine Tochter an eine gute Partie. Es wird eine reiche Hochzeit, hoo!« fügte der Jude hinzu und kniff ein Auge zusammen.

»Ich kann nicht«, sagte Jakow schwer atmend. »Bin krank geworden, mein Guter.«

Und er spielte wieder, und die Tränen fielen ihm auf die Geige. Rothschild hörte aufmerksam zu; er war neben ihn getreten und hatte die Arme über der Brust verschränkt. Der Ausdruck von Mißtrauen und Angst auf seinem Gesicht wich allmählich dem von Trauer und Schmerz, er verdrehte wie in qualvollem Entzücken die Augen und stieß ein »Woooh!« hervor. Und Tränen liefen ihm langsam über die Wangen und tropften auf seinen grünen Rock.

Und dann lag Jakow den ganzen Tag und litt in seiner Seele. Am Abend kam der Priester, um ihm die Beichte abzunehmen, und fragte ihn, ob ihm eine besondere Sünde einfalle. Er strengte sein nachlassendes Gedächtnis an, und wieder erinnerte er sich an Marfas unglückliches Gesicht und an den verzweifelten Schrei des Juden, als er vom Hund gebissen wurde. Also sagte er mit kaum hörbarer Stimme:

»Die Geige geben Sie Rothschild.«

»Gut«, antwortete der Priester.

Und alle fragen sich jetzt in der Stadt: Woher hat Rothschild eine so gute Geige? Hat er sie gekauft oder gestohlen, oder hat sie jemand bei ihm versetzt? Schon längst hat er die Flöte beiseite getan und spielt nur noch auf der Geige. Unter seinem Bogen strömen dieselben klagenden Töne hervor wie früher aus der Flöte. Aber wenn er sich bemüht, das zu wiederholen, was Jakow auf der Schwelle seiner Hütte gespielt hatte, dann entsteht dabei etwas so Wehmütig-Leidvolles, daß die Hörer weinen müssen, und wenn er fertig ist, verdreht er die Augen und sagt: »Woooh!« Und dieses neue Lied hat einen solchen Erfolg in der Stadt, daß die Kaufleute und die Beamten sich um Rothschild nur so reißen und er es zehnmal nacheinander spielen muß.

(Kay Borowsky)

Das Wetter war anfangs ruhig und schön. Die Drosseln flö-
teten, und in den nahe gelegenen Sümpfen stieß irgendein
Lebewesen einen dumpfen Klagelaut aus, als blase es in ei-
ne leere Flasche. Eine Waldschnepfe zog vorüber, und der
Schuß, der ihr galt, verklang fröhlich in der Frühlingsluft.
Als es im Wald jedoch dämmerte, kam unvermittelt von
Osten ein scharfer kalter Wind auf, und alles verstummte.
Nadeln aus Eis überzogen die Pfützen, und im Wald wur-
de es unbehaglich, unwirtlich und stockfinster. Es roch
nach Winter.

Iwan Welikopolski, Student der Geistlichen Akademie
und Sohn eines Küsters, der vom Schnepfenstrich auf
dem Weg nach Hause war, ging fortwährend auf einem
Pfad, der durch eine überflutete Wiese führte. Seine Finger waren steif vor Kälte, und sein Gesicht brannte von
dem Wind. Ihm schien, diese plötzlich eingetretene Kälte
störe die allgemeine Ordnung und Harmonie, der Natur
selbst sei es unheimlich, und daher breche die abendliche
Dunkelheit schneller als nötig herein. Ringsum war es
menschenleer und irgendwie besonders düster. Nur in
den Witwengärten am Fluß leuchtete ein Feuer; im
weiten Umkreis jedoch und dort, wo etwa vier Werst
entfernt das Dorf lag, versank alles im kalten Abendnebel.
Der Student erinnerte sich, daß seine Mutter, als er aus
dem Haus ging, in der Diele auf dem Fußboden gesessen und den Samowar gereinigt hatte, indes der Vater auf dem Ofen lag und hustete; weil es Karfreitag
war, wurde zu Hause nicht gekocht, und ihn quälte
der Hunger. Als er sich jetzt vor Kälte zusammen-
krümmte, dachte er, daß ein solcher Wind schon zu
Zeiten Rjuriks, Iwans des Schrecklichen und Peters des

Großen* geweht hatte und daß es unter ihrer Herrschaft ebenfalls grimmige Armut und Hunger, löchrige Strohdächer und ringsum Unwissenheit, Trübsal, Öde und Finsternis gegeben hatte und genauso das Gefühl der Unterdrückung – all diese Schrecken gab es, gibt es und würde es weiter geben, und davon, daß noch einmal tausend Jahre vergehen, würde das Leben nicht besser. Und er wollte nicht nach Hause.

Die Gemüsegärten wurden Witwengärten genannt, weil zwei Witwen, Mutter und Tochter, sie bewirtschafteten. Das Feuer brannte heiß, knisterte und beleuchtete das gepflügte Land im weiten Umkreis. Die Witwe Wassilissa, eine hochgewachsene, füllige Alte in einer Männerpelzjacke, stand daneben und blickte nachdenklich in die Flammen; ihre Tochter Lukerja, klein und pockennarbig, mit einem dümmlichen Gesicht, saß auf dem Boden und wusch einen Kessel und Löffel. Offensichtlich hatten sie gerade zu Abend gegessen. Männerstimmen waren zu hören; es waren hiesige Landarbeiter, die am Fluß die Pferde tränkten.

»Nun ist der Winter doch zurückgekommen«, sagte der Student und trat an das Feuer. »Seid gegrüßt!«

Wassilissa zuckte zusammen, erkannte den Studenten jedoch sofort und lächelte freundlich.

»Hab dich nicht gleich erkannt, Gott mit dir«, sagte sie. »Sollst reich werden.«

Sie kamen ins Gespräch. Wassilissa, eine erfahrene Frau, die früher bei Gutsherrschaften als Amme und dann als Kindermädchen gedient hatte, drückte sich gewählt aus, und das sanfte, würdevolle Lächeln wich die ganze Zeit nicht aus ihrem Gesicht; ihre Tochter Lukerja, ein Bauernweib, das von ihrem Mann geprügelt worden war, schaute

---

* Der Waräger Rjurik wird der Überlieferung nach als Begründer des russ. Staates im 9. Jahrhundert angesehen. Iwan IV. der Schreckliche (1530–1584) herrschte ab 1547 als Zar; Peter I. der Große (1672–1725) war ab 1682 Zar und Kaiser von Rußland.

mit zusammengekniffenen Augen den Studenten nur an und schwieg, ihr Gesichtsausdruck war seltsam wie bei einer Taubstummen.

»Genauso hat sich der Apostel Petrus in einer kalten Nacht am Feuer gewärmt«, sagte der Student und streckte die Hände zum Feuer. »Das heißt, auch damals war es kalt. Ach, was war das für eine schreckliche Nacht, Mütterchen! Eine ungewöhnlich lange, trostlose Nacht!«

Er schaute in die sie umgebende Finsternis, schüttelte ruckartig den Kopf und fragte:

»Warst du heute bei den Zwölf Evangelien*?«

»Ja«, erwiderte Wassilissa.

»Dann wirst du dich erinnern, Petrus sagte beim Abendmahl zu Jesus: ›Ich bin bereit, mit dir ins Gefängnis und in den Tod zu gehen.‹ Doch der Herr antwortete ihm: ›Ich sage dir, bevor heute der Hahn kräht, wirst du dreimal geleugnet haben, daß du mich kennst.‹ Nach dem Abendmahl wandelte Jesus zu Tode betrübt im Garten und betete, und der arme Petrus quälte sich in seinem Herzen, er wurde müde, seine Lider wurden schwer, und der Schlaf übermannte ihn. Er schlief. Darauf, du hast es gehört, hat Judas in derselben Nacht Jesus geküßt und ihn seinen Peinigern verraten. Er wurde gebunden zu dem Hohenpriester geführt und geschlagen, und Petrus folgte ihm, völlig erschöpft, von Trauer und Unruhe gequält, verstehst du, nicht ausgeschlafen und in der Vorahnung, daß jetzt etwas Entsetzliches auf der Erde geschehen würde … Er liebte Jesus leidenschaftlich, grenzenlos, und jetzt sah er von ferne, wie sie ihn schlugen …«

Lukerja ließ die Löffel liegen und schaute den Studenten mit starrem Blick an.

---

* Gottesdienst am Vorabend des Karfreitag, in dem zwölf Texte aus den Evangelien gelesen werden, die sich auf das letzte Gespräch von Jesus Christus mit seinen Jüngern beim Abendmahl und das darauf folgende Geschehen bis zur Grablegung Christi beziehen.

»Sie kamen zum Hohenpriester«, fuhr dieser fort, »sie begannen Jesus zu verhören, und inzwischen machten die Arbeiter, weil es kalt war, im Hof ein Feuer und wärmten sich daran. Mit ihnen stand Petrus am Feuer und wärmte sich auch, so wie ich jetzt. Eine Frau sah ihn und sagte: ›Dieser hier war auch mit Jesus‹, das hieß, daß man ihn auch zum Verhör führen sollte. Und alle Arbeiter, die am Feuer standen, sahen ihn wohl streng und mißtrauisch an, denn er geriet in Verwirrung und sagte: ›Ich kenne ihn nicht!‹ Ein wenig später erkannte erneut jemand in ihm einen der Jünger Jesu und sagte: ›Auch du bist einer von ihnen.‹ Und Petrus leugnete abermals. Und zum dritten Mal wandte sich einer an ihn: ›Hab ich dich nicht heute mit ihm im Garten gesehen?‹ Er leugnete zum dritten Mal. Und gleich darauf krähte der Hahn, und Petrus, der Jesus von ferne sah, erinnerte sich an die Worte, die dieser ihm beim Abendmahl gesagt hatte … Er erinnerte sich, kam zur Besinnung, verließ den Hof und weinte bitterlich. Im Evangelium heißt es: ›Und Petrus ging hinaus und weinte bitterlich.‹ Ich stelle mir das vor: ein sehr stiller und dunkler Garten und in der Stille gedämpftes Schluchzen …«

Der Student seufzte und versank in Gedanken. Wassilissa, die gerade noch gelächelt hatte, schluchzte plötzlich auf, dicke Tränen liefen ihr über die Wangen, und sie verdeckte ihr Gesicht mit dem Ärmel, als schäme sie sich ihrer Tränen, Lukerja aber, die den Studenten unverwandt ansah, errötete, und ihr Gesicht bekam einen ernsten angespannten Ausdruck, wie bei einem Menschen, der einen starken Schmerz erträgt.

Die Landarbeiter kamen vom Fluß zurück, und einer von ihnen, der auf einem Pferd ritt, war schon so nah, daß er von dem flackernden Feuerschein beleuchtet wurde. Der Student wünschte den Witwen eine ruhige Nacht und ging weiter. Wieder hüllte ihn die Dunkelheit ein, und seine Hände begannen zu frieren. Es wehte ein scharfer

Wind, der Winter kehrte tatsächlich zurück, und es sah nicht danach aus, als sei übermorgen Ostern.

Jetzt dachte der Student an Wassilissa: Wenn sie geweint hatte, hieß das, alles, was in jener schrecklichen Nacht mit Petrus geschehen war, hatte auch mit ihr zu tun …

Er sah sich um. Das einsame Feuer flackerte ruhig in der Dunkelheit, und neben ihm waren keine Menschen mehr zu sehen. Der Student dachte wieder: Wenn Wassilissa geweint hatte und ihre Tochter in Verlegenheit geraten war, dann hatte offenbar das, was er gerade erzählt hatte und was vor neunzehn Jahrhunderten geschehen war, einen Bezug zur Gegenwart – zu den beiden Frauen und wahrscheinlich auch zu diesem verlassenen Dorf, zu ihm selbst, zu allen Menschen. Wenn die alte Frau geweint hat, dann nicht deshalb, weil er so anrührend zu erzählen verstand, sondern weil Petrus ihr nahe war und weil sie mit ihrem ganzen Wesen erfassen wollte, was in seiner Seele vor sich ging.

Freude erfüllte plötzlich sein Herz, und er blieb sogar einen Augenblick stehen, um Luft zu schöpfen. Die Vergangenheit, dachte er, ist mit der Gegenwart durch eine ununterbrochene Kette von Ereignissen verbunden, die sich eins aus dem anderen ergeben. Und ihm schien, er habe gerade eben die beiden Enden dieser Kette gesehen: Er hatte das eine Ende berührt, da zitterte das andere.

Als er mit der Fähre über den Fluß setzte und dann den Berg emporstieg, blickte er auf sein Heimatdorf und dann nach Westen, wo ein kalter, purpurroter Sonnenuntergang als schmaler Streifen leuchtete, und er dachte daran, daß Wahrheit und Schönheit, die das menschliche Leben dort im Garten und im Hof des Hohenpriesters geleitet hatten, bis heute unaufhörlich wirkten und offenbar immer das Wesentlichste im menschlichen Dasein und überhaupt auf Erden waren; und das Gefühl, daß er jung, gesund und voller Kraft war – er war erst zweiundzwanzig Jahre alt –, und die unaussprechlich süße Erwartung des Glücks, eines unbekannten geheimnisvollen Glücks, nahm allmählich von ihm Besitz, und das Leben erschien ihm herrlich, voller Wunder und erfüllt von einem tiefen Sinn.

(Marianne Wiebe)

I

Man hörte das Getrappel von Pferdehufen auf dem Holzpflaster. Zuerst wurde der Rappe Graf Nulin* aus dem Stall
herausgeführt, dann der Schimmel Welikan und danach
seine Schwester Maika. Alles erstklassige, kostbare Pferde.
Der alte Schelestow sattelte Welikan und sagte zu seiner
Tochter Mascha:

»Also los, sitz auf, Marie Godefroy. Hoppla!«

Mascha Schelestowa war die Jüngste in der Familie; sie
war zwar schon achtzehn, galt aber zu Hause noch immer
als die Kleine, weshalb sie von allen Manja und Manjusja
genannt wurde. Seit ein Zirkus in der Stadt gastiert hatte,
den sie eifrig besuchte, hieß sie jedoch bei allen nur noch
Marie Godefroy**.

»Hoppla!« rief sie und schwang sich auf Welikan.

Ihre Schwester Warja saß auf Maika auf, Nikitin auf Graf
Nulin, die Offiziere schwangen sich auf ihre Pferde, und
die langgezogene, schmucke Kavalkade, in der sich die
weißen Offiziersjacken hell von den schwarzen Reitklei-
dern abhoben, setzte sich im Schrittempo vom Hof in Bewegung.

Nikitin bemerkte, daß Manjusja, als sie aufsaßen und auf
die Straße hinausritten, irgendwie nur für ihn allein Augen
hatte. Besorgt musterte sie ihn und Graf Nulin und sagte:

»Halten Sie ihn besser die ganze Zeit an der Kandare,

---

* Nach dem gleichnamigen Helden eines Puschkin-Poems.

** Geht zurück auf den Zirkus der Gebrüder Godefroy (genaue Schreibwei-
se nicht ermittelt), der tatsächlich 1877 in Tschechows Geburtsstadt
Taganrog gastierte, und die Primadonna des Zirkus, die Kunstreiterin
Marie Godefroy.

Sergej Wassilitsch. Und passen Sie auf, daß er nicht scheut. Er spielt sich gern auf.«

Sei es, daß ihr Welikan Freundschaft mit Graf Nulin hielt, oder war es Zufall, sie ritt auch heute, wie gestern und vorgestern, die ganze Zeit neben Nikitin. Und er betrachtete ihre kleine schlanke Gestalt auf dem stolzen weißen Pferd, ihr feines Profil, den Zylinder, der ihr so gar nicht stand und sie älter machte als sie war, betrachtete sie voller Freude, gerührt und entzückt, hörte ihr zu, verstand kaum etwas und dachte:

Bei meinem Wort, ich werde allen Mut zusammennehmen und ihr noch heute einen Antrag machen, Gott ist mein Zeuge …

Es ging auf sieben Uhr abends, eine Zeit, da die weißen Akazien und der Flieder so stark duften, daß man meint, die Luft und die Bäume selbst erquickten sich an ihrem Geruch. Im Stadtpark spielte bereits die Musik. Die Pferde trappelten hallend über das Pflaster. Von überall her drang Lachen, Stimmengewirr und das Klappen der Pforten. Entgegenkommende Soldaten salutierten vor den Offizieren, Gymnasiasten grüßten Nikitin, und es schien, als betrachteten alle Spaziergänger, die zur Musik in den Park eilten, die Kavalkade voller Wohlwollen. Und wie warm es war und wie weich die unordentlich über den Himmel verstreuten Wolken aussahen, wie sanft und behaglich die Schatten der Pappeln und Akazien – Schatten, die sich über die ganze breite Straße hinzogen und auf der anderen Seite bis zu den Balkons und zu den ersten Stockwerken der Häuser reichten!

Sie ritten aus der Stadt hinaus, dann ging es im Trab über die Landstraße. Hier duftete es bereits nicht mehr nach Akazien und Flieder, auch war keine Musik mehr zu hören, dafür aber roch es nach Feld, grünte der junge Roggen und Weizen, piepsten die Zieselmäuse und krächzten die Saatkrähen. Wohin man schaute, war es grün, nur hie und da schimmerte dunkel ein Melonenfeld, und links in der Ferne leuchtete auf dem Friedhof weiß eine Reihe verblühender Apfelbäume.

Sie ritten am Schlachthof vorbei, dann vorbei an der Brauerei und überholten einen Trupp Militärmusiker, die in ein Vorstadtgartenlokal unterwegs waren.

»Poljanski hat ein sehr gutes Pferd, keine Frage«, sagte Manjusja zu Nikitin und wies mit den Augen auf den Offizier, der neben Warja ritt. »Aber es taugt nichts. Wie unpassend dieser weiße Fleck auf dem linken Bein ist, und schauen Sie nur, wie es den Kopf zurückwirft. Das gewöhnt man ihm jetzt nicht mehr ab, es wird den Kopf zurückwerfen, bis es krepiert.«

Manjusja war genauso ein Pferdenarr wie ihr Vater. Sie litt, wenn sie bei jemandem ein gutes Pferd sah, und freute sich, entdeckte sie bei fremden Pferden einen Mangel. Nikitin dagegen kannte sich mit Pferden absolut nicht aus, ihm war es ganz gleichgültig, ob er das Pferd am Zügel oder an der Kandare hielt, im Trab oder im Galopp ritt. Er spürte lediglich, daß seine Haltung unnatürlich und verkrampft war und die Offiziere, die sich auf dem Sattel zu halten verstanden, Manjusja besser gefallen mußten als er. Und er war eifersüchtig auf die Offiziere.

Als sie am Gartenlokal vorbeiritten, schlug jemand vor, einzukehren und ein Selterswasser zu trinken. Das taten sie. Im Garten standen nur Eichen. Die Blätter hatten sich eben erst entfaltet, so daß man jetzt durch das junge Grün den ganzen Park mit seiner Bühne, den Tischchen und Schaukeln sehen konnte und alle Krähennester, die großen Hüten glichen. Die Reiter und ihre Damen saßen bei einem der Tischchen ab und bestellten Selterswasser. Bekannte, die im Garten flanierten, traten zu ihnen heran, darunter auch ein Militärarzt in hohen Stiefeln und der Kapellmeister, der auf seine Musiker wartete. Der Arzt hielt Nikitin offenbar für einen Studenten, denn er fragte:

»Sie sind wohl zu den Ferien zu uns gekommen?«

»Nein, ich wohne hier«, antwortete Nikitin. »Ich bin Lehrer am Gymnasium.«

»Tatsächlich?« wunderte sich der Arzt. »So jung und unterrichten schon?«

»Was heißt hier jung? Ich bin sechsundzwanzig … Gott sei's gelobt.«

»Sie haben zwar einen Bart und auch einen Schnurrbart, doch man würde Sie für nicht älter als zweiundzwanzig, dreiundzwanzig halten. Wie jugendlich Sie aussehen!«

Was für eine Frechheit! dachte Nikitin. Auch der hält mich für einen Milchbart!

Es gefiel ihm absolut nicht, wenn jemand auf seine Jugend zu sprechen kam, insbesondere in Anwesenheit von Damen oder Gymnasiasten. Seit er in diese Stadt gekommen war und seinen Dienst angetreten hatte, haßte er sein jugendliches Aussehen. Die Gymnasiasten hatten keinen Respekt vor ihm, die Alten nannten ihn »junger Mann« und die Damen tanzten lieber mit ihm, als seine langen Erörterungen anzuhören. Er hätte viel dafür gegeben, jetzt um zehn Jahre älter zu sein.

Vom Garten ritten sie weiter zur Meierei der Schelestows. Hier hielten sie am Tor, riefen die Frau des Verwalters Praskowja heraus und verlangten frisch gemolkene Milch. Niemand trank von der Milch, man tauschte Blicke, brach in Gelächter aus und galoppierte zurück. Als sie heimritten, spielte im Vorstadtpark bereits die Musik; die Sonne hatte sich hinter dem Friedhof versteckt, und der halbe Himmel flammte im Abendrot.

Wieder ritt Manjusja neben Nikitin. Er hätte gern davon gesprochen, wie sehr er sie liebte, fürchtete aber, die Offiziere und Warja könnten ihn hören. So schwieg er. Auch Manjusja schwieg, und er ahnte, weshalb sie schwieg und warum sie neben ihm ritt, und war so glücklich, daß die Erde, der Himmel, die Lichter der Stadt und die schwarzen Umrisse der Brauerei vor seinen Augen zu etwas sehr Schönem und Lieblichem zusammenflossen, und ihm schien, sein Graf Nulin reite durch die Luft und wolle in den flammenden Himmel emporklettern.

Sie kamen nach Hause. Auf dem Gartentisch siedete schon der Samowar, und an einem Tischende saß mit seinen Bekannten, Beamten des Bezirksgerichts, der alte Schelestow und kritisierte etwas, wie er es immer tat.

»Das ist eine Frechheit!« sagte er. »Eine Frechheit und weiter nichts. Ja, eine Frechheit!«

Seit sich Nikitin in Manjusja verliebt hatte, gefiel ihm alles bei den Schelestows – das Haus, der Garten hinter dem Haus, der Abendtee, auch die Korbstühle, die alte Kinderfrau und selbst das Wort »Frechheit«, das der alte Mann so oft und gern gebrauchte. Nur die Unzahl der Hunde und Katzen und der Lachtauben, die in einem großen Käfig auf der Terrasse trostlos gurrten, gefiel ihm nicht. Hof- und Schoßhunde gab es so viele, daß er während der gesamten Zeit seiner Bekanntschaft mit den Schelestows nur zwei auseinanderzuhalten gelernt hatte – Muschka und Som. Muschka war eine kleine, kahle Hündin mit zottiger Schnauze, böse und verwöhnt. Sie haßte Nikitin; wenn sie ihn erblickte, neigte sie jedesmal den Kopf zur Seite, fletschte die Zähne und begann zu knurren: »Rrr … nga-nga-nga … rrr …«, worauf sie sich unter den Stuhl setzte. Wenn er dann versuchte, sie unter seinem Stuhl zu verscheuchen, brach sie in durchdringendes Gebell aus, und die Gastgeber sagten:

»Nur keine Angst, sie beißt nicht. Sie ist ein gutes Hündchen.«

Som dagegen war ein großer schwarzer Hund mit langen Beinen und hartem Schwanz, hart wie ein Stock. Während des Mittagessens und beim Tee strich er meist schweigend unter dem Tisch herum und klopfte mit dem Schwanz gegen Stiefel und Tischbeine. Es war ein gutmütiger, einfältiger Hund, doch Nikitin konnte ihn nicht ausstehen, weil er die Gewohnheit hatte, den Tischgästen die Schnauze auf die Knie zu legen und ihnen mit seinem Speichel die Hosen zu beschmutzen. Mehr als einmal hatte Nikitin versucht, ihm mit dem Messergriff gegen die breite Stirn zu schlagen, hatte ihm gegen die Nase geschnipst, ihn beschimpft, sich beschwert, doch nichts bewahrte seine Hosen vor den unweigerlichen Flecken.

Nach dem Spazierritt schmeckten Tee, Konfitüre, Zwieback und Butter besonders gut. Das erste Glas tranken alle schweigend und mit großem Appetit, vor dem zweiten begannen sie zu diskutieren. Mit diesen Diskussionen beim Tee oder beim Mittagessen begann jedesmal Warja. Sie war bereits dreiundzwanzig und hübsch, hübscher als Manjusja, galt als die Klügste und Gebildetste im Haus, war streng und hielt auf sich, wie ihr das als älterer Tochter zukam, die im Haus den Platz der verstorbenen Mutter einnahm. Als Dame des Hauses erschien sie vor den Gästen im Hauskleid, nannte die Offiziere beim Nachnamen, behandelte Manjusja wie ein kleines Mädchen und redete mit ihr wie eine Klassendame*. Sie bezeichnete sich selbst als alte Jungfer, was bedeutete, daß sie überzeugt war, bald zu heiraten.

Jedes Gespräch, selbst über das Wetter, artete bei ihr unweigerlich in eine Debatte aus. Sie war davon besessen, jeden beim Wort zu nehmen, des Widerspruchs zu überführen und jegliches Wort auf die Goldwaage zu legen. Man beginnt ihr etwas zu erzählen, sie aber blickt einem schon unverwandt in die Augen und unterbricht dann plötzlich: »Gestatten Sie, gestatten Sie, Petrow, vorgestern haben Sie das absolute Gegenteil gesagt!«

Oder aber sie lächelt spöttisch und sagt: »Da hört sich doch alles auf! Wie ich feststelle, haben Sie sich bereits die Prinzipien der Dritten Abteilung** zu eigen gemacht. Meinen Glückwunsch.«

Erzählt jemand einen Witz oder macht ein Wortspiel, er-

---

* Aufsichtsperson in einer Mädchenschule, die auf das Benehmen der Schülerinnen zu achten hatte.
** Umschreibung für die Geheimpolizei.

tönt unweigerlich ihre Stimme: »Das ist ein alter Hut!«
oder »Das ist doch banal!« Witzelt aber ein Offizier, zieht
sie eine verächtliche Grimasse und sagt: »Militärrrhumorrr!«

Und dieses »rrr ...« kommt ihr so überzeugend über die
Lippen, daß Muschka unter dem Stuhl sogleich einfällt:

»Rrrrr ... nga-nga-nga ...«

Heute beim Tee begann die Debatte damit, daß Nikitin
auf die Prüfungen am Gymnasium zu sprechen kam.

»Gestatten Sie, Sergej Wassilitsch«, unterbrach ihn Warja.
»Sie sagen da, die Schüler hätten es schwer. Wer aber ist
schuld, gestatten Sie die Frage? Sie haben den Schülern
der achten Klassen beispielsweise das Aufsatzthema
›Puschkin als Psychologe‹ aufgegeben. Erstens darf man
solche schwierigen Themen überhaupt nicht stellen und
zweitens, was ist Puschkin denn für ein Psychologe?
Schtschedrin* vielleicht, oder meinetwegen Dostojewski,
das ist etwas anderes, Puschkin aber ist ein großer Dichter
und sonst nichts.«

»Schtschedrin muß man für sich betrachten und Puschkin ebenfalls«, entgegnete Nikitin finster.

»Ich weiß, an Ihrem Gymnasium hält man nichts von
Schtschedrin, doch darum geht es nicht. Sagen Sie mir
doch mal, worin Puschkins Psychologie besteht!«

»Ist er etwa kein Psychologe? Erlauben Sie, daß ich Bei-
spiele anführe.«

Und Nikitin deklamierte einige Stellen aus dem »Onegin« und anschließend aus »Boris Godunow«.

»Ich sehe darin keinerlei Psychologie«, seufzte Warja. »Als
Psychologen bezeichnet man denjenigen, der die Windun-
gen der menschlichen Seele beschreibt, dies aber sind herrliche Gedichte, sonst nichts.«

»Ich weiß, welche Psychologie Sie im Sinn haben!« entgegnete Nikitin gekränkt. »Sie wollen, daß mir jemand mit

---

* Pseudonym des russ. Satirikers und revolutionären Demokraten Michail
Jewgrafowitsch Saltykow (1826–1889).

stumpfer Säge den Finger absägt und ich aus vollem Halse schreie – das ist Ihrer Ansicht nach Psychologie.«

»Wie banal! Sie haben mir aber noch immer nicht erklärt, warum Puschkin Psychologe ist!«

Mußte Nikitin gegen etwas ankämpfen, was ihm als Allgemeinplatz, Borniertheit oder dergleichen erschien, sprang er gewöhnlich von seinem Platz, griff sich mit beiden Händen an den Kopf und begann unter Stöhnen von einer Ecke zur anderen zu wandern. Auch jetzt war das so: Er sprang auf, griff sich an den Kopf, lief unter Stöhnen um den Tisch und nahm dann etwas abseits wieder Platz.

Die Offiziere ergriffen seine Partei. Der Stabskapitän Poljanski begann Warja zu überzeugen, daß Puschkin tatsächlich Psychologe gewesen sei, und führte zum Beweis zwei Lermontow-Gedichte an; Oberleutnant Gernet sagte, wäre Puschkin nicht Psychologe gewesen, hätte man ihm in Moskau kein Denkmal errichtet.

»Das ist eine Frechheit!« klang es vom anderen Ende des Tisches herüber. »So habe ich es auch dem Gouverneur gesagt: Das, Euer Exzellenz, ist eine Frechheit!«

»Ich will nicht weiter streiten!« schrie Nikitin. »Sein Ruhm wird ewig bestehen! Basta! Ach – hau bloß ab, du scheußlicher Köter!« schrie er Som an, der ihm Kopf und Pfoten auf die Knie gelegt hatte.

»Rrrr … nga–nga–nga …« klang es unter dem Stuhl.

»Geben Sie zu, daß Sie im Unrecht sind!« schrie Warja. »Geben Sie es zu!«

Doch dann kamen einige junge Damen, und der Streit verebbte von selbst. Alle begaben sich in den Salon. Warja setzte sich an den Flügel und spielte ein paar Tänze. Zunächst tanzte man Walzer, dann Polka, darauf Quadrille mit einer grande ronde, die Stabskapitän Poljanski durch sämtliche Zimmer führte, und danach tanzte man wieder Walzer.

Die Alten saßen während des Tanzes im Salon, rauchten und schauten der Jugend zu. Darunter auch Schebaldin,

Direktor der städtischen Kreditgesellschaft, der für seine Liebe zu Literatur und Bühnenkunst bekannt war. Er hatte den örtlichen »Musikalisch-dramatischen Zirkel« gegründet und beteiligte sich auch selbst an Theateraufführungen, wobei er aus unerfindlichen Gründen immer nur komische Diener spielte oder in singendem Tonfall »Die Sünderin«* vortrug. In der Stadt nannte man ihn »die Mumie«, da er groß war, sehr hager und drahtig und immer einen feierlichen Gesichtsausdruck hatte und trübe unbewegliche Augen. Die Bühnenkunst liebte er so innig, daß er sich sogar Schnurr- und Kinnbart abnahm, was noch mehr an eine Mumie erinnerte.

Nach der grande ronde trat er unschlüssig von der Seite an Nikitin heran, räusperte sich und sagte:

»Beim Tee hatte ich das Vergnügen, dem Streitgespräch beizuwohnen. Ich teile Ihre Meinung voll und ganz. Wir sind Gleichgesinnte, und es wäre mir sehr angenehm, mit Ihnen zu plaudern. Geruhten Sie, Lessings ›Hamburgische Dramaturgie‹ zu lesen?«

»Nein, ich habe sie nicht gelesen.«

Schebaldin erschrak fürchterlich und fuchtelte derart mit den Händen, als habe er sich die Finger verbrannt, und ließ Nikitin stehen, ohne ihn eines weiteren Wortes zu würdigen. Schebaldins Gestalt, seine Frage und seine Verwunderung muteten Nikitin lächerlich an, dennoch aber dachte er: Tatsächlich unangenehm. Ich bin Literaturlehrer, habe aber bis heute noch nichts von Lessing gelesen. Werd ihn wohl lesen müssen.

Vor dem Abendessen setzten sich alle, jung und alt, um »Schicksal« zu spielen. Man nahm zwei Kartenspiele – eines wurde zu gleichen Teilen verteilt, das andere mit der Rückseite nach oben auf den Tisch gelegt.

---

* Gedicht von Alexej Konstantinowitsch Tolstoi (1817–1875), russ. »Greschniza«, das damals sehr häufig bei Amateuraufführungen rezitiert wurde und als Synonym für ein abgegriffenes Repertoire galt.

»Wer diese Karte in der Hand hält«, begann der alte Schelestow feierlich und hob die oberste Karte des zweiten Spiels auf, »der muß jetzt ins Kinderzimmer gehen und die Kinderfrau küssen.«

Das Vergnügen, die Kinderfrau zu küssen, fiel Schebaldin zu. Alle umringten ihn, geleiteten ihn ins Kinderzimmer und brachten ihn unter Gelächter und Händeklatschen dazu, die Kinderfrau zu küssen. Lärm erhob sich, es wurde geschrien …

»Nicht so stürmisch!« schrie Schelestow und lachte Tränen. »Nicht so stürmisch!«

Nikitin ereilte das Schicksal, allen die Beichte abzunehmen. Er setzte sich mitten im Salon auf einen Stuhl. Man brachte ein Tuch und bedeckte damit seinen Kopf. Als erste kam Warja zu ihm zur Beichte.

»Ich kenne Ihre Sünden«, begann Nikitin und betrachtete im Dämmer ihr strenges Profil. »Sagen Sie mir, Gnädigste, wie kommt es, daß Sie jeden Tag mit Poljanski spazierengehen? Ach, nicht von ungefähr geht sie mit dem Husaren daher!«*

»Wie banal«, sagte Warja und entfernte sich.

Dann blitzten große, unbewegliche Augen durch das Tuch, ein liebes Profil zeichnete sich im Dämmer ab, und es begann nach etwas Teurem, lange Vertrautem zu duften, das Nikitin an Manjusjas Zimmer erinnerte.

»Marie Godefroy«, sagte er und erkannte seine Stimme nicht wieder, so zärtlich und weich klang sie, »und wodurch haben Sie gesündigt?«

Manjusja kniff die Augen zusammen und zeigte ihm die Zungenspitze, dann lachte sie und ging fort. Einen Augenblick später stand sie bereits in der Mitte des Salons, klatschte in die Hände und rief:

»Abendessen, Abendessen!«

Und alle strömten ins Speisezimmer.

---

* Anspielung auf ein Gedicht von Michail Lermontow (1814–1841).

Beim Abendessen begann Warja wieder eine Debatte, diesmal mit ihrem Vater. Poljanski aß reichlich, trank Rotwein und erzählte Nikitin, wie er einst im Winter während des Krieges eine ganze Nacht bis zu den Knien im Sumpf gesteckt habe. Der Feind sei nahe gewesen, so daß weder gesprochen noch geraucht werden durfte, und die Nacht kalt und dunkel, und es habe ein durchdringender Wind geweht. Nikitin hörte zu und schielte zu Manjusja hinüber. Sie blickte ihn unbeweglich an, ohne zu blinzeln, als denke sie über etwas nach oder träume mit offenen Augen … Für ihn war das angenehm und quälend zugleich.

Weshalb schaut sie mich so an? dachte er beklommen. Das ist peinlich. Man wird noch etwas bemerken. Ach, wie jung sie noch ist und wie naiv!

Um Mitternacht begannen die Gäste auseinanderzugehen. Als Nikitin vor das Tor trat, klappte im ersten Stock ein Fenster, und Manjusja blickte heraus.

»Sergej Wassilitsch!« rief sie ihm zu.

»Was befehlen Sie?«

»Ja, also …« sagte Manjusja und dachte offenbar darüber nach, was sie sagen sollte. »Ja, also … Poljanski hat versprochen, in den nächsten Tagen mit seinem Photoapparat vorbeizukommen und uns alle aufzunehmen. Wir müssen uns dann treffen.«

»Gut.«

Manjusja verschwand, das Fenster schlug zu, und sogleich begann jemand im Haus auf dem Flügel zu spielen.

Ein Haus ist das! dachte Nikitin und überquerte die Straße. Ein Haus, in dem allein die Lachtauben stöhnen, und auch nur, weil sie ihre Freude nicht anders ausdrücken können!

Doch nicht allein bei den Schelestows ging es fröhlich zu. Nikitin war noch keine zweihundert Schritte gegangen, als aus einem anderen Haus ebenfalls Klaviermusik erklang. Und als er noch etwas weiterging, sah er an einem

Tor einen Mann Balalaika spielen. Im Park schmetterte das Orchester ein Potpourri russischer Lieder …

Nikitin wohnte eine halbe Werst von den Schelestows entfernt, in einer Achtzimmerwohnung, die er gemeinsam mit seinem Kollegen, dem Geographie- und Geschichtslehrer Ippolit Ippolitytsch für dreihundert Rubel im Jahr gemietet hatte. Dieser Ippolit Ippolitytsch, ein noch nicht alter Mann mit rotem Bart, Stupsnase, ein wenig grobem, unintelligentem, doch gutmütigem Gesicht wie ein Handwerker, saß, als Nikitin nach Hause zurückkehrte, in seinem Zimmer am Tisch und korrigierte Schülerkarten. Im Fach Geographie hielt er das Zeichnen von Karten für das Nonplusultra und im Fach Geschichte die Kenntnis der Chronologie. Nächtelang saß er und korrigierte mit blauem Stift die Karten seiner Schüler und Schülerinnen oder stellte chronologische Tabellen zusammen.

»Welch herrliches Wetter wir heute haben!« sagte Nikitin, als er bei ihm eintrat. »Erstaunlich, daß Sie da im Zimmer sitzen können.«

Ippolit Ippolitytsch war ein wortkarger Mensch. Entweder schwieg er, oder er sagte etwas, das jeder bereits seit langem wußte. Heute antwortete er folgendermaßen:

»Ja, wunderbares Wetter. Jetzt haben wir Mai, bald wird's richtig Sommer. Und der Sommer, das ist kein Winter. Im Winter muß man die Öfen heizen, im Sommer aber ist es auch ohne Öfen warm. Im Sommer öffnet man nachts die Fenster, und es ist dennoch warm, im Winter aber – Doppelfenster und trotzdem kalt.«

Nikitin saß kaum eine Minute am Tisch und langweilte sich schon.

»Gute Nacht!« sagte er, erhob sich und gähnte. »Ich wollte Ihnen eigentlich etwas Romantisches erzählen, das mich betrifft, für Sie aber zählt ja nur die Geographie. Redet man über die Liebe, entgegnen Sie sogleich: ›In welchem Jahr war die Schlacht an der Kalka?‹ Zum Teufel mit Ihnen und Ihren Schlachten und Tschuktschenhalbinseln!«

»Weshalb regen Sie sich denn so auf?«

»Na ja, ist doch ärgerlich!«

Und verstimmt, daß er sich Manjusja noch nicht erklärt hatte und er jetzt niemanden hatte, mit dem er über seine Liebe sprechen konnte, ging er in sein Kabinett hinüber und legte sich auf den Diwan. Im Zimmer war es dunkel und still. Als er so dalag und in die Finsternis schaute, mußte Nikitin plötzlich daran denken, wie er in zwei oder drei Jahren nach Petersburg würde reisen müssen und wie Manjusja ihn zum Bahnhof begleiten und weinen würde. In Petersburg würde er von ihr einen langen Brief erhalten, in dem sie ihn bäte, so schnell wie möglich heimzukommen. Auch er würde ihr schreiben … Seinen Brief würde er wie folgt beginnen: »Meine liebe Ratte …«

»Genau so: Meine liebe Ratte«, sagte er und lachte.

Es war unbequem, so zu liegen. Er verschränkte die Hände unter dem Kopf und legte sein linkes Bein über die Diwanlehne. Das war bequemer. Indessen wurde es hinter dem Fenster merklich heller, und auf dem Hof begannen verschlafen die Hähne zu krähen. Nikitin spann den Faden weiter, wie er aus Petersburg zurückkehren und Manjusja ihn am Bahnhof abholen und ihm mit einem Freudenschrei um den Hals fallen würde. Oder noch besser, er würde es raffiniert anstellen: Er trifft nachts heimlich ein, die Köchin öffnet, er schleicht auf Zehenspitzen ins Schlafzimmer, kleidet sich lautlos aus und – plumps, ins Bett! Und sie erwacht und – welche Freude!

Es war jetzt ganz hell geworden. Kabinett und Fenster existierten nicht mehr. Auf den Stufen vor der Brauerei, derselben, an der sie heute vorbeigeritten waren, saß Manjusja und sagte etwas. Dann nahm sie Nikitin bei der Hand und ging mit ihm in den Stadtpark. Hier sah er Eichen und Krähennester, die Mützen glichen. Ein Nest schaukelte, Schebaldin lugte heraus und rief laut: »Sie haben Lessing nicht gelesen!«

Nikitin zitterte am ganzen Leib und schlug die Augen

auf. Vor dem Diwan stand Ippolit Ippolitytsch und band sich mit zurückgebogenem Kopf die Krawatte.

»Stehen Sie auf, wir müssen zum Dienst«, sagte er. »Man soll nicht in Kleidung schlafen. Davon verderben die Sachen. Schlafen soll man im Bett, ausgekleidet ...«

Und er begann wie immer des langen und breiten darüber zu sprechen, was jeder bereits seit langem wußte.

Nikitins erste Stunde war eine Russischstunde in der zweiten Klasse. Als er Punkt neun Uhr das Klassenzimmer betrat, stand hier mit weißer Kreide »M. Sch.« in Großbuchstaben an der Tafel. Das sollte wohl Mascha Schelestowa bedeuten.

Haben schon Wind bekommen, die Halunken, dachte Nikitin. Woher sie bloß immer Bescheid wissen?

Den Literaturunterricht in der zweiten Stunde erteilte er in der fünften Klasse. Auch hier stand »M. Sch.« an der Tafel, und als er nach Stundenschluß das Klassenzimmer verließ, tönte ihm ein Schrei hinterher, ganz wie im Theater:

»Hurraaaa! Schelestowa!!«

Vom Schlafen in der Kleidung tat ihm der Kopf weh, er fühlte sich erschöpft und zerschlagen. Die Schüler, die jeden Tag auf die schulfreien Tage vor den Examen warteten, taten nichts mehr, hielten sich nur mit Mühe auf ihren Plätzen und trieben vor Langeweile Unfug. Auch Nikitin hielt sich nur mit Mühe wach, bemerkte den Unfug nicht und trat immer wieder ans Fenster. Er konnte die Straße sehen, die im hellen Sonnenlicht lag. Über den Häusern der klare, blaue Himmel, Vögel, und weit hinten, jenseits der grünen Gärten und der Häuser die weite, unendliche Ferne mit blauenden Wäldern und dem Rauchfähnchen eines dahineilenden Zuges ...

Da liefen zwei Offiziere im Schatten der Akazien in weißen Uniformjacken die Straße entlang und spielten mit ihren Reitpeitschen. Und dort fuhr eine Gruppe Juden mit grauen Bärten und Schirmmützen in einem Kremser vorüber. Die Gouvernante spazierte mit der Enkelin des Direktors vorbei … Som lief mit zwei Hofhunden irgendwohin … Und dort ging Warja in einfachem, grauem Kleid und roten Strümpfen, in der Hand den »Westnik Jewropy«*. Sie kam wohl aus der Stadtbibliothek …

Der Unterricht aber war noch lange nicht zu Ende – erst um drei Uhr! Nach der Schule allerdings hieß es nicht nach Hause gehen, auch nicht zu den Schelestows, sondern zur Stunde zu Wolf. Dieser Wolf, ein reicher Jude, der zum lutherischen Glauben konvertiert war, ließ seine Kinder nicht ins Gymnasium gehen, sondern hatte für sie Gymnasiallehrer engagiert, denen er fünf Rubel pro Stunde zahlte …

Wie öde das alles war!

Um drei Uhr ging er zu Wolf und saß dort eine ganze Ewigkeit, wie ihm schien. Um fünf Uhr verließ er ihn, um sieben aber mußte er bereits beim pädagogischen Rat im Gymnasium sein, um das Verzeichnis für die mündlichen Prüfungen für die vierte und sechste Klasse zusammenzustellen!

Als er spät am Abend aus dem Gymnasium zu den Schelestows ging, schlug sein Herz, und sein Gesicht glühte. Vor einer Woche noch und auch vor einem Monat hatte er sich, in der Absicht, Manja einen Antrag zu machen, jedesmal eine ganze Rede zurechtgelegt, mit Einleitung und Schluß, jetzt aber hatte er kein einziges Wort mehr parat, in seinem Kopf schwirrte es, und er wußte nur, daß er sich heute *vermutlich* erklären würde und es unmöglich war, dies noch weiter aufzuschieben.

Ich werde sie in den Garten bitten, überlegte er, wir werden ein wenig spazierengehen und dann sage ich es ihr …

Im Vorzimmer war keine Menschenseele. Er trat in den Salon, dann ins Wohnzimmer … Auch hier war niemand. Von oben, aus dem ersten Stock, hörte man, wie Warja mit

---

* *Der Bote Europas*, eine liberale Zeitschrift.

jemandem stritt und wie im Kinderzimmer die Lohn-schneiderin mit der Schere klapperte.

Im Haus gab es einen Raum, der drei Bezeichnungen trug: kleines Zimmer, Durchgangszimmer und dunkles Zimmer. Darin stand ein großer alter Schrank mit Medi-kamenten, Schießpulver und Jagdutensilien. Von hier führ-te eine schmale Holztreppe in den ersten Stock hinauf, auf der immer ein paar Katzen schliefen. Der Raum hatte zwei Türen – eine ins Kinderzimmer, die andere ins Wohnzim-mer. Als Nikitin dort eintrat, um nach oben zu gehen, wur-de die Tür des Kinderzimmers aufgerissen und so laut zu-geschlagen, daß Treppe und Schrank erzitterten. Manjusja kam in dunklem Kleid mit einem Stück blauem Stoff in der Hand hereingelaufen und huschte, ohne Nikitin zu bemer-ken, zur Treppe.

»Warten Sie …« hielt Nikitin sie auf. »Guten Tag, Gode-froy … Gestatten Sie …«

Er rang nach Atem und wußte nicht, was er sagen sollte. Mit der einen Hand hielt er sie bei der Hand, mit der an-deren am blauen Stoff. Sie aber war halb erschrocken, halb erstaunt und blickte ihn mit großen Augen an.

»Gestatten Sie …« fuhr Nikitin fort, der fürchtete, sie könnte hinausgehen. »Ich muß Ihnen etwas sagen … Nur … hier ist nicht der rechte Platz. Ich kann nicht, bin nicht imstande … Begreifen Sie, Godefroy, ich kann nicht, das ist alles …«

Der blaue Stoff fiel zu Boden, und Nikitin faßte Ma-njusja bei der anderen Hand. Sie wurde blaß, ihre Lippen zuckten, dann wich sie vor Nikitin zurück und fand sich in der Ecke zwischen Wand und Schrank wieder.

»Mein Ehrenwort, ich versichere Ihnen …« sagte er leise. »Manjusja, mein Ehrenwort …«

Sie bog den Kopf zurück, und er küßte sie auf den Mund. Damit dieser Kuß so lange wie möglich anhielte, umfaßte er ihre Wangen. Irgendwie ergab es sich, daß er nun selbst in die Ecke zwischen Schrank und Wand geriet und sie seinen Hals umfaßte und ihren Kopf gegen sein Kinn schmiegte.

Dann liefen beide in den Garten hinaus.

Die Schelestows hatten einen großen Garten von vier Desjatinen. Hier standen je zwei Dutzend alter Ahornbäume und Linden, eine Tanne und verschiedene Obstbäume – Kirschen, Äpfel, Birnen, eine wilde Kastanie und ein silbriger Olivenbaum ... Auch viele Blumen gab es.

Nikitin und Manjusja wanderten schweigend durch die Alleen, lachten, stellten einander hin und wieder abgerissene Fragen, auf die sie nicht antworteten; über dem Garten leuchtete der Halbmond, und auf dem Boden reckten sich im matten Licht dieses Halbmondes verschlafene Tulpen und Iris aus dem Gras, als bäten sie, man möge auch ihnen eine Liebeserklärung machen.

Als Nikitin und Manjusja ins Haus zurückkehrten, hatten sich die Offiziere und jungen Damen bereits zusammengefunden und tanzten Mazurka. Wieder führte Poljanski die grande ronde durch sämtliche Zimmer, und wieder spielte man nach dem Tanz das Schicksalsspiel. Vor dem Abendessen, als die Gäste vom Salon ins Speisezimmer wechselten, schmiegte sich Manjusja, als sie mit Nikitin allein geblieben war, an ihn und sagte:

»Du mußt allein mit Papa und mit Warja sprechen. Ich schäme mich ...«

Nach dem Abendessen sprach er mit dem alten Herrn. Nachdem er ihn angehört hatte, überlegte Schelestow einen Augenblick und sagte dann:

»Ich bin Ihnen sehr dankbar für die Ehre, die Sie mir und meiner Tochter erweisen, doch gestatten Sie, als Freund mit Ihnen zu sprechen. Nicht als Vater will ich mit Ihnen reden, sondern wie ein Gentleman zu einem anderen. Sagen Sie bitte, weshalb haben Sie das Bedürfnis, so früh zu heiraten? Nur das einfache Volk heiratet früh, doch das ist bekanntlich von niedrigen Beweggründen geleitet, aber welchen Grund haben Sie? Was für ein Vergnügen soll das sein, sich in so jungen Jahren Fesseln anzulegen?«

»Ich bin keineswegs jung!« sagte Nikitin gekränkt. »Ich bin bald siebenundzwanzig.«

»Papa, der Pferdedoktor ist da!« rief Warja aus dem anderen Zimmer.

Und das Gespräch brach ab. Warja, Manjusja und Poljanski geleiteten Nikitin nach Hause. Als sie an seiner Pforte angelangt waren, sagte Warja:

»Weshalb zeigt sich Ihr geheimnisvoller Mitropolit Mitropolitytsch eigentlich nirgends? Wenn er wenigstens mal zu uns käme.«

Der geheimnisvolle Ippolit Ippolitytsch saß, als Nikitin bei ihm eintrat, in seinem Zimmer auf dem Bett und zog sich die Hosen aus.

»Legen Sie sich noch nicht nieder, mein Lieber!« sagte Nikitin zu ihm und rang nach Luft. »Warten Sie, legen Sie sich nicht nieder!«

Ippolit Ippolitytsch zog die Hosen schnell wieder an und fragte besorgt:

»Was ist passiert?«

»Ich heirate!«

Nikitin setzte sich neben seinen Kollegen, blickte ihn verwundert an und sagte, gleichsam erstaunt über sich selbst:

»Stellen Sie sich vor, ich heirate! Mascha Schelestowa! Heute habe ich um ihre Hand angehalten.«

»Na ja! Sie ist, scheint's, ein gutes Mädchen. Nur sehr jung.«

»Ja, jung!« seufzte Nikitin und zuckte besorgt die Schultern. »Sehr, sehr jung!«

»Sie hat bei mir das Gymnasium besucht. Ich kenne sie. In Geographie war sie einigermaßen, in Geschichte dagegen schlecht. Und im Unterricht hat sie nicht aufgepaßt.«

Nikitin tat sein Kollege mit einem Mal leid, und er wollte ihm etwas Nettes, Tröstendes sagen.

»Mein Lieber, weshalb heiraten Sie eigentlich nicht?« fragte er. »Ippolit Ippolitytsch, weshalb heiraten Sie nicht beispielsweise Warja? Sie ist ein wunderbares, prächtiges Mädchen! Zwar streitet sie sehr gern, ihr Herz aber … was für ein Herz! Sie hat gerade eben nach Ihnen gefragt. Heiraten Sie sie, mein Lieber! Was meinen Sie?«

Er wußte natürlich, daß Warja diesen langweiligen, stupsnasigen Mann nicht heiraten würde, bestärkte ihn aber dennoch darin, sie zu nehmen. Weshalb eigentlich?

»Die Heirat ist ein ernster Schritt«, sagte Ippolit Ippolitytsch nachdenklich. »Man muß alles bedenken und abwägen, einfach so geht das keinesfalls. Vernunft hat noch nie geschadet, insbesondere aber nicht bei der Ehe, wenn ein Mann aufhört, Junggeselle zu sein, und ein neues Leben beginnt.«

Und er begann darüber zu sprechen, was jeder bereits seit langem wußte. Nikitin hörte nicht zu, verabschiedete sich und ging in seine Zimmer hinüber. Er kleidete sich rasch aus und legte sich ins Bett, um so schnell wie möglich über sein Glück, über Manjusja und über die Zukunft nachdenken zu können, lächelte, und plötzlich fiel ihm ein, daß er Lessing noch nicht gelesen hatte.

Werd ihn lesen müssen …, dachte er. Allerdings, weshalb eigentlich? Zum Teufel mit ihm!

Und erschöpft von seinem Glück schlief er augenblicklich ein, und das Lächeln wich bis zum Morgen nicht von seinem Gesicht.

Er träumte vom Klappern der Pferdehufe auf dem Holzpflaster; er träumte, wie zuerst der Rappe Graf Nulin aus dem Stall geführt wurde, dann der Schimmel Welikan und danach seine Schwester Maika …

II

»In der Kirche war es sehr eng und laut und einmal schrie sogar jemand auf, und der Priester, der Manjusja und mich traute, blickte durch seine Brille auf die Menge und sagte streng:

›Machen Sie keinen Lärm und wandern Sie nicht in der Kirche herum, verhalten Sie sich ruhig und beten Sie. Man muß Gottesfurcht besitzen.‹

Mich geleiteten zwei meiner Kollegen, Manjas Brautführer aber waren Stabskapitän Poljanski und Oberleutnant Gernet. Der bischöfliche Chor sang wunderbar. Das Knistern der Kerzen, der Glanz, die Roben, die Offiziere, die vielen fröhlichen, zufriedenen Gesichter und Manjas irgendwie besonderer, lieblicher Anblick, überhaupt die gesamte Situation und die Trauungsgebete rührten mich zu Tränen und erfüllten mich mit Glückseligkeit. Ich dachte: Wie ist mein Leben in letzter Zeit erblüht, wie wunderbar poetisch hat es sich gefügt! Vor zwei Jahren war ich noch Student und habe in billigen Zimmern auf dem Neglinny* gewohnt, ohne Geld, ohne Familie und, wie mir damals schien, ohne Zukunft. Heute aber bin ich Gymnasiallehrer in einer der besten Gouvernementstädte, bin versorgt, werde geliebt und verwöhnt. Diese Menge hier, sagte ich mir, ist heute meinetwegen zusammengekommen, meinetwegen brennen die drei Kronleuchter, singt der Protodiakon aus Leibeskräften, mühen sich die Sänger, und für mich ist dieses junge Geschöpf, das sich in Kürze meine Frau nennen wird, so jung, schön und fröhlich. Ich erinnere mich an unsere erste Begegnung, unsere Ritte vor die Stadt, an die Liebeserklärung und an das Wetter, das wie auf Bestellung den ganzen Sommer über wunderschön gewesen ist, und jenes Glücks, das mir damals auf dem Neglinny nur in Romanen und Erzählungen möglich schien und das ich jetzt selbst erlebe und beinahe mit Händen greifen kann.

Nach der Trauung wurden Manja und ich von allen Seiten umringt, man sagte uns, wie froh alle seien, gratulierte und wünschte uns Glück. Ein Brigadegeneral, ein alter

* Verkehrsreiche Straße im Zentrum Moskaus, russ. Neglinny projesd.

Mann um die siebzig, gratulierte nur Manjusja und sagte mit seiner altersschwachen, krächzenden Stimme, so laut, daß es durch die ganze Kirche hallte:

›Ich hoffe, meine Liebe, Sie bleiben auch nach der Hochzeit eine solche blühende Rose!‹

Die Offiziere, der Direktor und alle Lehrer lächelten aus Höflichkeit, und auch ich spürte auf meinem Gesicht ein freundliches, unaufrichtiges Lächeln. Der liebe Ippolit Ippolitytsch, Lehrer für Geographie und Geschichte, der stets das sagt, was jeder bereits seit langem weiß, drückte mir fest die Hand und sagte ergriffen:

›Bisher waren Sie nicht verheiratet und lebten allein, jetzt aber sind Sie verheiratet und werden zu zweit leben.‹

Von der Kirche fuhren wir zu dem zweistöckigen, unverputzten Haus, das ich als Mitgift bekommen habe. Außer diesem Haus bekommt Manja Zwanzigtausend und in Melitonowo ein Stück Brachland mit einem Wächterhäuschen, wo es, wie man sagt, eine Menge Hühner und Enten geben soll, die ohne Aufsicht verwildern. Nachdem wir aus der Kirche heimgekehrt waren, streckte ich mich in meinem neuen Kabinett auf dem türkischen Diwan aus und rauchte. Mir war so unbeschwert, behaglich und gemütlich zumute wie nie zuvor. Indessen schrien die Gäste ›hurra‹, und in der Diele spielte eine schlechte Kapelle einen Tusch und allerlei läppisches Zeug. Warja, Manjas Schwester, kam mit einem Weinglas in der Hand und einem irgendwie seltsamen, angespannten Gesichtsausdruck in mein Kabinett gelaufen, als wäre ihr Mund voller Wasser. Sie wollte wohl weiterlaufen, begann dann aber plötzlich erst zu lachen, dann zu schluchzen, und das Glas rollte mit einem Klirren über den Boden. Wir nahmen sie beim Arm und führten sie hinaus.

›Das begreift niemand!‹ murmelte sie dann im abgelegensten Zimmer, als sie auf dem Bett der Amme lag. ›Niemand, niemand! Mein Gott, niemand begreift das!‹

Doch alle begriffen sehr wohl, daß sie vier Jahre älter war

als ihre Schwester Manja und noch immer nicht verheiratet und daß sie nicht aus Neid weinte, sondern aus dem traurigen Bewußtsein, daß ihre Zeit ablief und vielleicht schon abgelaufen war. Als die Quadrille getanzt wurde, war sie wieder im Salon, mit verweintem, stark gepudertem Gesicht, und ich sah, wie Stabskapitän Poljanski ihr ein Schälchen mit Eis hinhielt und sie folgsam mit einem Löffelchen aß …

Es geht schon auf sechs Uhr früh. Ich habe mir das Tagebuch vorgenommen, weil ich mein ganzes, vielfältiges Glück beschreiben wollte und dachte, ich würde an die sechs Seiten vollschreiben und sie morgen Manja vorlesen, doch seltsamerweise geht in meinem Kopf alles durcheinander, alles ist verworren, wie ein Traum, nur die Episode mit Warja ist mir deutlich im Gedächtnis geblieben, und ich schriebe gern: arme Warja! So würde ich am liebsten die ganze Zeit sitzen und schreiben: arme Warja! Übrigens rauschen bereits die Bäume, es wird Regen geben, die Krähen krächzen und meine Manja, die eben erst eingeschlafen ist, sieht aus unerfindlichem Grund traurig aus.«

Danach rührte Nikitin sein Tagebuch lange nicht mehr an. In den ersten Augusttagen begannen die Nachprüfungen und die Aufnahmeexamen, und nach Mariä Himmelfahrt fing der Unterricht wieder an. Meist ging er kurz vor neun Uhr morgens zur Schule und begann sich bereits um zehn nach Manja und seinem neuen Heim zu sehnen und schaute immer wieder auf die Uhr. In den unteren Klassen ließ er einen der Schüler diktieren und saß, während die Kinder schrieben, mit geschlossenen Augen auf dem Fensterbrett und träumte. Ob er von der Zukunft träumte oder an die Vergangenheit dachte, alles war gleich herrlich, wie ein Märchen. In den oberen Klassen lasen sie Gogol oder die Prosa von Puschkin, und das versetzte ihn in einen Dämmerzustand. Vor seinem geistigen Auge tauchten Menschen, Bäume, Felder und gesattelte Pferde auf, und er sagte seufzend, als gälte die Begeisterung dem Autor:

»Wie schön!«

Während der großen Pause schickte ihm Manja das Frühstück in einer schneeweißen Serviette, und er aß es langsam und mit Bedacht, um den Genuß zu verlängern, und Ippolit Ippolitytsch, der meist nur ein Brötchen frühstückte, betrachtete ihn voller Achtung und Neid und sagte etwas Altbekanntes wie etwa:

»Ohne Nahrung kann man nicht existieren.«

Nach dem Gymnasium ging Nikitin zum Privatunterricht, und wenn er schließlich in der sechsten Stunde heimkehrte, war er vergnügt und aufgeregt, als wäre er ein ganzes Jahr nicht zu Hause gewesen. Er lief atemlos die Treppe hinauf, fand Manja, umarmte und küßte sie, schwor ihr, daß er sie liebe, nicht ohne sie leben könne, sagte, er habe sich schrecklich nach ihr gesehnt, und fragte voller Angst, ob sie auch gesund sei und weshalb sie so betrübt aussehe. Dann aßen sie gemeinsam zu Mittag. Nach dem Essen legte er sich im Kabinett auf den Diwan und rauchte, und sie setzte sich zu ihm und erzählte leise etwas.

Die glücklichsten Tagen waren für ihn jetzt die Sonn- und Feiertage, wenn er von morgens bis abends zu Hause bleiben konnte. An diesen Tagen nahm er teil an dem schlichten, doch ungewöhnlich angenehmen Leben, das ihn an pastorale Idyllen erinnerte. Ohne Unterlaß schaute er zu, wie seine kluge und tüchtige Manja ein Nest baute, und auch er tat allerlei Überflüssiges, wollte er doch zeigen, daß er im Haus ebenfalls zu etwas zu gebrauchen war. So holte er zum Beispiel den Kremser aus dem Schuppen und betrachtete ihn von allen Seiten. Manjusja betrieb mit drei Kühen eine regelrechte Milchwirtschaft, und in ihrem Keller und in der Speisekammer standen viele Krüge mit Milch und Töpfe mit saurer Sahne, die alle für Butter vorgesehen waren. Manchmal bat Nikitin sie aus Spaß um ein Glas Milch, dann erschrak sie, denn das war außerhalb der Ordnung, er aber umarmte sie lachend und sagte:

»Na, na, ich habe Spaß gemacht, mein Goldstück! Hab Spaß gemacht!«

Oder er spottete über ihre Knausrigkeit, wenn sie zum Beispiel im Schrank ein steinhartes Stück Wurst oder Käse fand und mit wichtiger Miene sagte:

»Das können sie doch in der Küche noch essen.«

Er bemerkte darauf, daß dieses kleine Stück bestenfalls für die Mausefalle tauge, worauf sie mit Nachdruck zu beweisen begann, daß Männer nichts von Hauswirtschaft verstünden und man das Personal durch überhaupt nichts in Erstaunen versetzen könne, selbst wenn man ihm drei Pud Vorspeisen in die Küche schickte, und er stimmte ihr zu und umarmte sie entzückt. Was an ihren Worten richtig war, erschien ihm unvergleichlich und wunderbar, was aber von seinen Überzeugungen abwich, das fand er naiv und rührend.

Mitunter überkam ihn eine philosophische Anwandlung, und er begann über ein abstraktes Thema zu räsonieren. Dann hörte sie ihm zu und blickte ihm interessiert ins Gesicht.

»Ich bin unendlich glücklich mit dir, mein Schatz«, sagte er und spielte mit ihren Fingern oder löste ihren Zopf und flocht ihn sogleich wieder. »Doch dieses mein Glück betrachte ich nicht als etwas, das mir zufällig, quasi vom Himmel, in den Schoß gefallen ist. Dieses Glück ist eine ganz natürliche, konsequente und logisch richtige Erscheinung. Ich glaube daran, daß der Mensch seines Glückes Schmied ist, und jetzt ernte ich lediglich das, was ich mir selbst geschaffen habe. Ja, ich sage das ohne falsche Bescheidenheit, dieses Glück habe ich mir selbst geschaffen und besitze es von Rechts wegen. Du kennst meine Vergangenheit. Mein Leben als Waisenkind, in Armut, meine unglückliche Kindheit und schwere Jugend – all das war Kampf, der Weg, den ich mir zum Glück geebnet habe …«

Im Oktober erlitt das Gymnasium einen schweren Verlust: Ippolit Ippolitytsch erkrankte an der Gesichtsrose und starb. Die beiden letzten Tage vor seinem Tod war er nicht mehr bei Bewußtsein und phantasierte, doch auch im Fieberwahn sagte er nur das, was jeder bereits wußte:

»Die Wolga fließt ins Kaspische Meer … Pferde fressen Hafer und Heu …«

Am Tag seiner Beerdigung fiel der Unterricht im Gymnasium aus. Seine Kollegen und Schüler trugen Sarg und Sargdeckel, und der Gymnasialchor sang den ganzen Weg bis zum Friedhof »Heiliger Gott«. Drei Geistliche, zwei Diakone, das gesamte Knabengymnasium und der bischöfliche Chor im Festtagsstaat nahmen an der Prozession teil. Und Passanten, die im Vorübergehen das feierliche Begräbnis sahen, bekreuzigten sich und sagten:

»Gebe Gott jedem einen solchen Tod.«

Vom Friedhof heimgekehrt, suchte der ergriffene Nikitin im Schreibtisch nach seinem Tagebuch und notierte:

»Heute haben wir Ippolit Ippolitowitsch Ryshizki zu Grabe getragen.

Friede deiner Asche, bescheidener Arbeiter!

Manja, Warja und alle Frauen, die bei der Beerdigung zugegen waren, haben bitterlich geweint, vielleicht weil sie wußten, daß diesen uninteressanten, verschüchterten Mann nie auch nur eine einzige Frau geliebt hat. Ich wollte am Grab des Kollegen etwas Gefühlvolles sagen, doch man wies mich darauf hin, dies könne dem Direktor mißfallen, der den Verstorbenen nicht gemocht hat. Seit meiner Hochzeit ist dies wohl der erste Tag, an dem mir schwer zumute ist …«

Dann ereignete sich das gesamte Schuljahr hindurch nichts besonders Bemerkenswertes.

Der Winter war mild, ohne Fröste, mit nassem Schnee; vor den Heiligen Drei Königen beispielsweise heulte der Wind die ganze Nacht kläglich wie im Herbst, und es tropfte von den Dächern, und am Morgen zur Wasserweihe ließ die Polizei niemanden auf den Fluß, da das Eis, wie es hieß, porös geworden sei und sich dunkel verfärbt hätte.

Doch ungeachtet des schlechten Wetters lebte Nikitin ebenso glücklich wie im Sommer. Sogar ein weiteres Vergnügen war hinzugekommen: Er hatte Whint spielen gelernt. Nur eines beunruhigte ihn mitunter, war ärgerlich und hinderte ihn, vollkommen glücklich zu sein: Das waren die Katzen und Hunde, die er als Mitgift bekommen hatte. In den Zimmern roch es ständig, besonders aber morgens, wie in einem Raubtierkäfig, und dieser Geruch ließ sich durch nichts übertönen. Die Katzen rauften auch oft mit den Hunden. Die böse Muschka wurde zehnmal pro Tag gefüttert, sie mochte Nikitin nach wie vor nicht und knurrte:

»Rrr … nga–nga–nga …«

Einmal, es war in der Zeit der Großen Fasten*, kehrte er gegen Mitternacht aus dem Klub heim, wo er Karten gespielt hatte. Es regnete, war finster und schmutzig. Nikitin lag ein unangenehmes Gefühl auf dem Herzen, und er konnte sich nicht erklären, weshalb. Vielleicht, weil er im Klub zwölf Rubel verloren hatte oder weil einer seiner Partner bei der Abrechnung gesagt hatte, Nikitin habe Geld wie Heu, was wohl eine Anspielung auf die Mitgift gewesen war. Um die zwölf Rubel tat es ihm nicht leid, und die Worte des Mannes enthielten auch nichts Beleidigendes, dennoch war ihm unbehaglich zumute. Nicht einmal nach Hause wollte er gehen.

»Pfui, wie häßlich!« sagte er und blieb an einer Laterne stehen.

Er überlegte, daß es ihm um die zwölf Rubel wohl deshalb nicht leid tat, weil sie ihm in den Schoß gefallen waren. Wäre er Arbeiter gewesen, hätte er den Wert jeder einzelnen Kopeke gekannt, und Gewinn oder Verlust wären ihm nicht gleichgültig gewesen. Ja, auch das ganze Glück, überlegte er, war ihm in den Schoß gefallen, ohne Gegenleistung, und war im Grunde für ihn ein ebensolcher Luxus

* Die vierzigtägige Fastenzeit nach dem Fastnachtssonntag bis Ostern.

wie Medizin für einen Gesunden. Wäre er, wie die große Mehrheit der Menschen, von der Sorge um das tägliche Stück Brot getrieben, müßte er um seine Existenz kämpfen, würden ihm Rücken oder Brust von der Arbeit schmerzen, wären das Abendessen, eine warme, gemütliche Wohnung und das häusliche Glück ein Bedürfnis, eine Belohnung, ja Zierde seines Lebens. So aber hatte all das eine irgendwie seltsame, diffuse Bedeutung.

»Pfui, wie häßlich!« wiederholte er und begriff sehr wohl, daß diese Überlegungen allein schon ein schlechtes Zeichen waren.

Als er heimkam, lag Mascha im Bett. Sie atmete gleichmäßig und lächelte, offenbar schlief sie mit großem Vergnügen. Neben ihr lag zu einer Kugel zusammengerollt ein weißer Kater und schnurrte. Als Nikitin die Kerze anzündete und zu rauchen begann, erwachte Manja und trank gierig ein Glas Wasser.

»Hab zu viel Marmelade gegessen«, sagte sie und lachte. »Warst du bei den Unsrigen?« fragte sie kurz darauf.

»Nein, war ich nicht.«

Nikitin hatte schon gehört, daß Stabskapitän Poljanski, auf den Warja in letzter Zeit stark gehofft hatte, in eines der westlichen Gouvernements versetzt worden war und in der Stadt bereits Abschiedsvisiten machte, weshalb es im Haus des Schwiegervaters langweilig war.

»Am Abend ist Warja vorbeigekommen«, sagte Manja und setzte sich auf. »Sie hat nichts gesagt, aber man sah ihr an, wie schlecht es ihr geht, der Ärmsten. Ich kann Poljanski nicht ausstehen. Dick, aufgedunsen, und wenn er läuft oder tanzt, wackeln seine Wangen ... Der wäre nicht mein Fall. Ich habe ihn aber trotzdem für einen anständigen Menschen gehalten.«

»Ich halte ihn auch jetzt noch für anständig.«

»Und warum hat er sich Warja gegenüber so schlecht benommen?«

»Weshalb denn schlecht?« fragte Nikitin, der sich bereits

über den weißen Kater aufzuregen begann, der einen Buckel machte und sich streckte. »Soweit mir bekannt ist, hat er ihr weder einen Antrag noch irgendwelche Versprechungen gemacht.«

»Und weshalb ist er dann so oft bei uns gewesen? Wenn du nicht heiraten willst, dann komm nicht.«

Nikitin löschte die Kerze und legte sich nieder. Doch er wollte weder schlafen noch liegen. Sein Kopf kam ihm riesig und leer vor wie ein Speicher, und neue, irgendwie sonderbare Gedanken spazierten darin herum wie lange Schatten. Er mußte daran denken, daß es außer diesem matten Schein des Öllämpchens vor dem Heiligenbild, das von stillem Familienglück kündete, außer dieser engen Welt, in der er und selbst dieser Kater so friedlich und behaglich lebten, noch eine andere Welt gab … Und plötzlich verlangte es ihn leidenschaftlich, ja schmerzlich nach dieser anderen Welt, danach, selbst irgendwo in einer Fabrik oder einer großen Werkstatt zu arbeiten oder Vorlesungen zu halten, etwas zu schreiben, gedruckt zu werden, Aufsehen zu erregen, sich zu verausgaben, zu leiden … Er sehnte sich nach etwas, das ihn bis zur Selbstvergessenheit ergriff, bis zur Gleichgültigkeit gegenüber dem eigenen Glück, dessen Empfindungen so eintönig waren. Und vor seinem geistigen Auge tauchte plötzlich ganz lebhaft der rasierte Schebaldin auf und sagte entsetzt:

»Sie haben nicht einmal Lessing gelesen! Wie rückständig Sie sind! Mein Gott, wie sind Sie gesunken!«

Manja trank wieder Wasser. Er betrachtete ihren Hals, die runden Schultern und ihre Brust und mußte daran denken, was der Brigadegeneral damals in der Kirche gesagt hatte: blühende Rose.

»Blühende Rose«, murmelte er und mußte lachen.

Als Antwort knurrte die verschlafene Muschka unter dem Bett:

»Rrr … nga-nga-nga …«

Dumpfer Zorn legte sich wie ein kalter Hammer auf seine Seele, und er wollte Manja etwas Grobes sagen, sogar aufspringen und sie schlagen. Sein Herz begann zu klopfen.

»Soll das heißen«, fragte er und suchte sich zu beherrschen, »ich mußte dich unweigerlich heiraten, weil ich bei euch verkehrte?«

»Natürlich. Das weißt du selbst ganz genau.«

»Das ist ja reizend.«

Und einen Augenblick später wiederholte er:

»Das ist ja reizend.«

Um nichts Überflüssiges zu sagen und sich zu beruhigen, ging Nikitin in sein Kabinett hinüber und legte sich ohne Kissen auf den Diwan, dann legte er sich auf den Fußboden – direkt auf den Teppich.

»Dummes Zeug!« suchte er sich zu beruhigen. »Du bist Pädagoge, arbeitest auf dem erhabensten Feld … Wozu brauchst du noch eine andere Welt? Was für ein Unsinn!«

Doch gleich darauf sagte er sich, daß er ganz und gar kein Pädagoge sei, sondern ein Beamter, ebenso unbegabt und unoriginell wie der tschechische Griechischlehrer. Nie habe er eine Berufung zur Lehrtätigkeit verspürt, kenne sich in der Pädagogik nicht aus, habe sich auch nie dafür interessiert, und mit Kindern könne er ebenfalls nicht umgehen. Auch begriff er eigentlich nicht, was er da überhaupt unterrichtete; möglicherweise vermittelte er etwas völlig Unnützes. Der verstorbene Ippolit Ippolitytsch war ganz offensichtlich beschränkt gewesen, und alle Kollegen und Schüler hatten gewußt, wer er war und was sie von ihm zu halten hatten. Er jedoch, Nikitin, verstand es wie der Tscheche, seine Beschränktheit zu kaschieren und alle hinters Licht zu führen, indem er so tat, als liefe bei ihm alles bestens. Diese neuen Gedanken machten Nikitin angst, er wies sie von sich, nannte sie dumm, vermutete, dies seien die Nerven, und meinte, er würde bald selbst über sich lachen.

Und tatsächlich lachte er gegen Morgen bereits über seine Nervosität und nannte sich altes Weib. Doch ihm war auch klar, daß seine Ruhe dahin war, wahrscheinlich für immer, und daß es im zweistöckigen unverputzten Haus für ihn wohl kein Glück mehr geben werde. Es war ihm, als sei die Illusion zerronnen und ein neues, ein nervöses, bewußtes Leben habe begonnen, das mit Ruhe und persönlichem Glück unvereinbar sei.

Am nächsten Tag, einem Sonntag, ging er in die Gymnasialkirche und traf dort seinen Direktor und die Kollegen. Ihm ging auf, daß alle nur damit beschäftigt waren, sorgfältig ihre Unwissenheit und die Unzufriedenheit mit dem Leben zu verbergen, und auch er lächelte freundlich, um ihnen seine Unruhe nicht preiszugeben, und sprach über Belangloses. Dann ging er zum Bahnhof und sah den Postzug ankommen und wieder abfahren, und es freute ihn, daß er allein war und mit niemandem reden mußte.

Zu Hause traf er auf seinen Schwiegervater und auf Warja, die zum Mittagessen gekommen waren. Warja hatte verweinte Augen und klagte über Kopfschmerzen, und Schelestow aß sehr viel und sprach darüber, wie unzuverlässig die heutige Jugend sei und wie wenig Höflichkeit sie besitze.

»Das ist eine Frechheit!« sagte er. »Genau so werde ich es ihm auch sagen: Das ist eine Frechheit, mein Herr!«

Nikitin lächelte freundlich und half Manja, die Gäste zu bewirten, doch nach dem Essen zog er sich in sein Kabinett zurück und verriegelte die Tür.

Die Märzsonne schien hell, und durch die Fensterscheiben fielen ihre heißen Strahlen auf den Tisch. Es war erst der Zwanzigste, man fuhr aber bereits in Kutschen, und im Garten lärmten die Spatzen. Wahrscheinlich würde Manjusja gleich hereinkommen, ihm einen Arm um den Hals legen und sagen, daß die gesattelten Pferde vor der Treppe warteten oder der Kremser, und ihn fragen, was sie anziehen solle, um nicht zu frieren. Der Frühling hatte begonnen, ebenso herrlich wie im vergangenen Jahr, und er verhieß die gleichen Freuden … Nikitin aber stellte sich vor, wie schön es wäre, jetzt Urlaub zu nehmen, nach Moskau zu fahren und sich dort auf dem Neglinny in den altbekannten Zimmern einzumieten. Nebenan tranken sie Kaffee und sprachen über den Stabskapitän Poljanski, er aber versuchte, nicht hinzuhören, und schrieb in sein Tagebuch: »Mein Gott, wo bin ich nur?! Nichts als Banalität ringsum. Langweilige, unbedeutende Menschen, Töpfe mit Sahne, Krüge mit Milch, Schaben, dumme Frauen … Nein, es gibt nichts Schrecklicheres, Kränkenderes und Niederdrückenderes als Banalität … Weg von hier, weg noch heute, sonst werde ich verrückt!«

(Vera Bischitzky)

I

Es war noch dunkel, doch hier und da brannte in den Häusern schon Licht, und am Ende der Straße hinter der Kaserne ging ein fahler Mond auf. Laptew saß auf einer Bank am Tor und wartete auf das Ende des Abendgottesdienstes in der Peter- und Paulskirche. Er rechnete damit, daß Julija Sergejewna auf dem Rückweg vom Gottesdienst hier vorbeigehen würde, dann könnte er sie ansprechen und vielleicht den Abend mit ihr verbringen.

Er saß bereits anderthalb Stunden da, und in dieser Zeit sah er in seiner Phantasie seine Moskauer Wohnung, die Moskauer Freunde, den Diener Pjotr und seinen Schreibtisch; mit Erstaunen blickte er auf die dunklen, reglosen Bäume, und es erschien ihm merkwürdig, daß er jetzt nicht in seinem Landhaus in Sokolniki lebte, sondern in einer Provinzstadt, in einem Haus, an dem jeden Morgen und Abend eine große Viehherde vorbeigetrieben wurde, wobei jedesmal ungeheure Staubwolken aufwirbelten und jemand auf dem Horn blies. Er dachte an die langen Moskauer Gespräche, an denen er noch vor kurzem teilgenommen hatte, Gespräche darüber, daß man ohne Liebe leben könne, daß leidenschaftliche Liebe eine Psychose sei, daß es am Ende gar keine Liebe gebe, sondern nur die physische Anziehung der Geschlechter und anderes in der Art; er erinnerte sich an all das und dachte wehmütig, daß er, würde man ihn jetzt fragen, was Liebe sei, nicht wüßte, was er antworten sollte.

Der Abendgottesdienst war vorüber, die Menschen kamen heraus. Laptew schaute angespannt auf die dunklen Gestalten. Schon fuhr der Bischof im Wagen vorbei, das

Läuten hatte aufgehört, und am Glockenturm erloschen eins nach dem anderen die roten und grünen Lichter – die Illumination anläßlich des Kirchenfestes –, aber noch immer kamen Menschen, sie hatten es nicht eilig, unterhielten sich, blieben unter den Fenstern stehen. Endlich hörte Laptew die vertraute Stimme, sein Herz schlug heftig, und ihn packte Verzweiflung, weil Julija Sergejewna nicht allein war, sondern zwei Damen sie begleiteten.

»Das ist schrecklich!« flüsterte er eifersüchtig. »Einfach schrecklich!«

An der Ecke, wo sie in die Gasse einbiegen mußte, blieb sie stehen, um sich von den Damen zu verabschieden, und da sah sie Laptew.

»Ich bin auf dem Weg zu Ihnen«, sagte er. »Ich wollte mit Ihrem Vater sprechen. Ist er zu Hause?«

»Wahrscheinlich«, sagte sie. »Für den Klub ist es noch zu früh.«

Die Gasse war von Gärten gesäumt, und an den Zäunen wuchsen Linden, die jetzt im Mondschein breite Schatten warfen, so daß die Zäune und Tore an der einen Seite ganz in Dunkelheit getaucht waren; man hörte von dort das Flüstern von Frauenstimmen, verhaltenes Lachen, und jemand spielte leise auf der Balalaika. Es duftete nach Linden und Heu. Das Flüstern der unsichtbaren Frauen und der Duft erregten Laptew. Ihn überkam plötzlich der leidenschaftliche Wunsch, seine Begleiterin zu umarmen, ihr Gesicht, ihre Schultern und Hände mit Küssen zu bedecken, in Schluchzen auszubrechen, ihr zu Füßen zu fallen und zu erzählen, wie lange er auf sie gewartet habe. Von ihr ging ein leichter, kaum spürbarer Duft von Weihrauch aus, und das erinnerte ihn an die Zeit, als er noch an Gott geglaubt und die Abendmesse besucht und viel von einer reinen poetischen Liebe geträumt hatte. Und weil dieses Mädchen ihn nicht liebte, schien ihm jetzt die Möglichkeit, das Glück zu erleben, von dem er damals geträumt hatte, auf immer verloren.

Sie begann teilnahmsvoll von dem Gesundheitszustand seiner Schwester Nina Fjodorowna zu sprechen. Vor etwa zwei Monaten hatte man bei seiner Schwester eine Krebsgeschwulst entfernt, und jetzt warteten alle auf die Wiederkehr der Krankheit.

»Ich war heute morgen bei ihr«, sagte Julija Sergejewna, »und mir schien, als sei sie in dieser Woche wenn nicht abgemagert, so doch ganz eingefallen.«

»Ja, ja«, stimmte Laptew zu. »Sie hat keinen Rückfall, aber mit jedem Tag merke ich, daß sie schwächer und schwächer wird und vor meinen Augen dahinsiecht. Ich verstehe nicht, was mit ihr los ist.«

»Mein Gott, und wie gesund sie war, wie kräftig und rotwangig!« sagte Julija Sergejewna nach einem langen Schweigen. »Alle hier nannten sie die Moskauerin. Und wie sie lachte! An den Feiertagen kleidete sie sich wie eine einfache Bäuerin, und das stand ihr so gut.«

Doktor Sergej Borissowitsch war zu Hause; korpulent, mit rotem Gesicht, in einem langen, bis unter die Knie reichenden Gehrock und, wie es schien, kurzbeinig lief er in seinem Arbeitszimmer von einer Ecke in die andere, die Hände in den Taschen, und summte halblaut vor sich hin: »Ru-ru-ru-ru«. Sein grauer Backenbart war zerzaust, das Haar ungekämmt, als wäre er gerade erst aufgestanden. Sein Arbeitszimmer mit den Kissen auf den Diwanen, den Haufen alten Papiers in den Ecken und dem schmutzigen kranken Pudel unter dem Tisch machte den gleichen zerzausten, schmuddeligen Eindruck wie er selbst.

»Monsieur Laptew wünscht dich zu sehen«, sagte seine Tochter zu ihm, als sie das Arbeitszimmer betrat.

»Ru-ru-ru-ru«, summte er lauter, ging in den Salon, reichte Laptew die Hand und fragte: »Was haben Sie Schönes zu erzählen?«

Im Salon war es dunkel. Laptew, der sich nicht setzte und seinen Hut in der Hand hielt, begann sich für die Störung zu entschuldigen; er fragte, was zu tun sei, damit seine

Schwester nachts schlafen könne, und warum sie so schrecklich abmagere; dabei machte ihn der Gedanke unsicher, daß er dem Arzt dieselben Fragen wahrscheinlich schon heute morgen während der Visite gestellt hatte.

»Sagen Sie«, fragte er, »sollten wir nicht aus Moskau einen Spezialisten für innere Krankheiten kommen lassen? Was meinen Sie?«

Der Arzt seufzte, zuckte mit den Schultern und machte mit beiden Armen eine unbestimmte Geste.

Es war offensichtlich, daß er gekränkt war. Er war ein außerordentlich empfindlicher, mißtrauischer Arzt, der immer das Gefühl hatte, man glaube ihm nicht, man erkenne ihn nicht an, achte ihn nicht genug, nutze ihn aus und die Kollegen wollten ihm übel. Er lachte über sich selbst und sagte, solche Dummköpfe wie er seien nur dazu geschaffen, daß die Leute ihnen auf den Köpfen herumtanzten.

Julija Sergejewna zündete die Lampe an. Der Gottesdienst hatte sie ermüdet, das war an ihrem blassen, erschöpften Gesicht und dem müden Gang zu sehen. Sie wollte sich ausruhen. Sie setzte sich auf den Diwan, legte die Hände in den Schoß und versank in Gedanken. Laptew wußte, daß er nicht schön war, und jetzt schien ihm, als spüre er diese Häßlichkeit am ganzen Körper. Er war klein von Wuchs, hager und rotwangig, sein Haar hatte sich schon stark gelichtet, so daß er am Kopf fror. In seinen Zügen hatte er nichts von jener edlen Schlichtheit, die selbst grobe und häßliche Gesichter sympathisch macht; in der Gesellschaft von Frauen war er unbeholfen, übermäßig redselig und manieriert. Jetzt verachtete er sich deshalb beinahe selbst. Damit sich Julija Sergejewna in seiner Gesellschaft nicht langweilte, mußte er reden. Aber worüber? Wieder über die Krankheit seiner Schwester?

Und er begann über die Medizin zu sprechen, so wie man immer darüber spricht, er lobte die Hygiene und erzählte, er habe schon lange vor, in Moskau ein Nachtasyl einzurichten, und habe dafür sogar schon einen Kostenvoranschlag. Nach seinem Plan sollte ein Arbeiter, wenn er abends in das Asyl kam, für fünf oder sechs Kopeken eine Portion heiße Kohlsuppe mit Brot bekommen, ein warmes, trockenes Bett mit einer Decke und einen Platz, um seine Kleider und Schuhe zu trocknen.

Julija Sergejewna schwieg gewöhnlich in seiner Gegenwart, er aber erriet auf seltsame Weise, vielleicht mit dem feinen Instinkt des Verliebten, ihre Gedanken und Absichten. Und jetzt nahm er an, weil sie nach dem Gottesdienst nicht in ihr Zimmer gegangen war, um sich umzukleiden und dann Tee zu trinken, sie habe vor, heute abend noch einen Besuch zu machen.

»Eilig habe ich es aber nicht mit dem Nachtasyl«, fuhr er an den Arzt gewandt gereizt und ärgerlich fort, der ihn daraufhin mürrisch und verständnislos ansah und offensichtlich nicht begriff, wozu er gerade jetzt ein Gespräch über Medizin und Hygiene führen mußte. »Wahrscheinlich werde ich von unserem Kostenvoranschlag nicht so bald Gebrauch machen. Ich befürchte, daß unser Nachtasyl in die Hände unserer Moskauer Frömmler und philanthropischen Damen fallen könnte, die jedes Unternehmen zugrunde richten.«

Julija Sergejewna erhob sich und reichte Laptew die Hand.

»Entschuldigen Sie«, sagte sie, »es wird Zeit für mich. Grüßen Sie bitte Ihre Schwester von mir.«

»Ru-ru-ru-ru«, summte der Arzt. »Ru-ru-ru-ru.«

Julija Sergejewna verließ den Salon, und Laptew verabschiedete sich wenig später von dem Arzt und ging nach Hause. Wenn ein Mensch unzufrieden ist und sich unglücklich fühlt, wie abgeschmackt erscheinen ihm dann diese Linden, Schatten und Wolken, all diese selbstzufriedenen und gleichgültigen Schönheiten der Natur. Der Mond stand schon hoch am Himmel, und unter ihm zogen die Wolken eilig dahin. Was für ein naiver, provinzieller Mond, was für kümmerliche, traurige Wolken! dachte Laptew. Er schämte sich, daß er gerade über die Medizin und das Nachtasyl geredet hatte, und fürchtete, er würde auch morgen nicht genug Charakter haben und würde wieder versuchen, Julija zu sehen und mit ihr zu sprechen, um sich einmal mehr davon zu überzeugen, daß er für sie ein Fremder war. Übermorgen würde es wieder so sein. Wozu? Und wann und wie würde das alles enden?

Zu Hause ging er zu seiner Schwester. Nina Fjodorowna sah noch kräftig aus und machte den Eindruck einer gut gewachsenen starken Frau, doch ihre ungewöhnliche Blässe ließ sie wie eine Tote aussehen, besonders wenn sie wie jetzt mit geschlossenen Augen auf dem Rücken lag; neben ihr saß ihre älteste Tochter, die zehnjährige Sascha, und las aus ihrem Lesebuch vor.

»Aljoscha ist gekommen«, sagte die Kranke leise, wie für sich.

Zwischen Sascha und ihrem Onkel bestand seit langem ein stillschweigendes Übereinkommen: Sie lösten einander ab. Jetzt klappte Sascha ihr Lesebuch zu und verließ, ohne ein Wort zu sagen, leise das Zimmer. Laptew nahm einen historischen Roman von der Kommode, und nachdem er die richtige Seite gefunden hatte, setzte er sich und begann laut vorzulesen.

Nina Fjodorowna war gebürtige Moskauerin. Ihre Kindheit und Jugend hatten sie und ihre beiden Brüder als Kinder einer Kaufmannsfamilie in der Pjatnizkaja-Straße verbracht. Ihre Kindheit war lang und langweilig gewesen; der Vater war streng und hatte sie sogar dreimal mit der Rute gestraft, die Mutter lag lange krank und war schließlich gestorben; die Dienstboten waren schmutzig, grob und heuchlerisch, häufig kamen Popen und Mönche ins Haus, die ebenfalls grob und heuchlerisch waren; sie tranken und aßen und umschmeichelten ihren Vater, den sie nicht mochten, auf plumpe Art und Weise. Die Jungen hatten das Glück, das Gymnasium zu besuchen, Nina aber blieb ohne Bildung, sie schrieb ihr Leben lang unbeholfene krakelige

Buchstaben und las nur historische Romane. Vor siebzehn Jahren, als sie zweiundzwanzig war, lernte sie im Sommerhaus in Chimki ihren jetzigen Mann, den Gutsbesitzer Panaurow, kennen, verliebte sich in ihn und heiratete ihn heimlich gegen den Willen des Vaters. Panaurow, ein gutaussehender, leicht unverschämter Mensch, der seine Zigarette an dem Ikonenlämpchen anzündete und ständig vor sich hin pfiff, galt bei ihrem Vater als vollkommene Niete, und als der Schwiegersohn in seinen Briefen eine Mitgift zu fordern begann, schrieb der Alte seiner Tochter, er schicke ihr Pelze, Silber und verschiedene Dinge, die die Mutter ihr hinterlassen hatte, sowie dreißigtausend Rubel, aber ohne den väterlichen Segen; später schickte er noch einmal zwanzigtausend Rubel. Dieses Geld und die Mitgift waren aufgebraucht, das Gut verkauft, und Panaurow war mit seiner Familie in die Stadt übergesiedelt und in den Dienst der Gouvernementverwaltung getreten. In der Stadt legte er sich noch eine zweite Familie zu, was tagtäglich zu Auseinandersetzungen führte, da seine illegitime Familie ganz offen auftrat.

Nina Fjodorowna vergötterte ihren Mann. Und während sie jetzt dem historischen Roman lauschte, dachte sie daran, was sie in der ganzen Zeit erlebt und ertragen hatte und daß, beschriebe jemand ihr Leben, etwas sehr Klägliches dabei herauskommen würde. Da sie eine Geschwulst in der Brust hatte, war sie davon überzeugt, daß ihre Liebe und das Familienleben sie krank gemacht, daß Eifersucht und Tränen sie auf das Krankenlager geworfen hatten.

Da aber schlug Alexej das Buch zu und sagte:

»Schluß, Gott sei's gelobt. Morgen fangen wir mit einem anderen an.«

Nina Fjodorowna begann zu lachen. Sie hatte immer gerne gelacht, jetzt aber fiel Laptew auf, daß ihr Verstand durch die Krankheit zuweilen nachzulassen schien, sie lachte wegen jeder Kleinigkeit und sogar ohne Grund.

»Am Vormittag, als du nicht da warst, kam Julija«, sagte

sie. »Wie ich gesehen habe, traut sie ihrem Papa nicht so recht. ›Mein Vater soll Sie ruhig behandeln‹, sagt sie, ›aber schreiben Sie trotzdem heimlich dem heiligen Starez, er möge für Sie beten.‹ Irgendein Starez ist hier aufgetaucht. Julitschka hat ihren Schirm bei mir vergessen, schick ihn ihr morgen«, fuhr sie nach kurzem Schweigen fort. »Nein, wenn das Ende naht, helfen weder Ärzte noch Starzen.«

»Nina, warum schläfst du nachts nicht?« fragte Laptew, um das Thema zu wechseln.

»Das ist eben so. Ich schlafe nicht, das ist alles. Ich liege da und denke nach.«

»Worüber denkst du nach, meine Liebe.«

»Über die Kinder, dich … über mein Leben. Ich habe doch viel durchgemacht, Aljoscha. Wenn ich erst mal anfange, mich zu erinnern, wenn ich anfange … Du lieber Gott!« Sie lachte. »Ist das etwa eine Kleinigkeit, fünf Kinder habe ich geboren und drei begraben … Es kam vor, daß ich niederkommen sollte, und mein Grigori Nikolajitsch sitzt in dieser Zeit bei der anderen, keiner war da, den ich nach der Hebamme oder einer Geburtshelferin schicken konnte, ich gehe in die Diele oder in die Küche, einen Dienstboten zu suchen, dort finde ich Juden, Krämer und Wucherer, die warten, daß er nach Hause kommt. Manchmal wußte ich nicht, wo mir der Kopf stand … Er liebt mich nicht, obwohl er das nie gesagt hat. Jetzt bin ich darüber hinweg, es geht mir nicht mehr so nahe, aber früher, als ich jünger war, hat mich das sehr gekränkt, ach, wie mich das gekränkt hat, mein Lieber! Einmal – das war noch auf dem Dorf – ertappte ich ihn im Garten mit einer Dame, und ich bin weggelaufen … weggelaufen, immer der Nase nach, ich weiß nicht, wie ich plötzlich vor eine Kirche gekommen bin, auf die Knie fiel und ›Himmelskönigin!‹ rief. Und draußen ist Nacht, der Mond scheint …«

Sie war ganz erschöpft, begann stoßweise zu atmen; dann, als sie sich ein wenig erholt hatte, nahm sie die Hand ihres Bruders und fuhr mit schwacher, tonloser Stimme fort:

»Wie gut du bist, Aljoscha … Wie klug … Was für ein guter Mensch bist du geworden!«

Um Mitternacht verabschiedete sich Laptew von ihr und nahm im Weggehen den Schirm an sich, den Julija Sergejewna vergessen hatte. Trotz der späten Stunde tranken die männlichen und weiblichen Dienstboten im Speisezimmer Tee. Was für ein Durcheinander. Die Kinder schliefen noch nicht und waren ebenfalls im Speisezimmer. Man unterhielt sich leise, im Flüsterton, und merkte nicht, daß die Lampe rußte und bald verlöschen würde. All diese großen und kleinen Menschen waren durch eine ganze Reihe von ungünstigen Zeichen beunruhigt, und die Stimmung war bedrückt: Im Vorzimmer war der Spiegel zerbrochen, der Samowar summte jeden Tag, und wie zum Trotz summte er sogar jetzt; es wurde erzählt, aus Nina Fjodorownas Stiefel sei eine Maus gesprungen, als sie sich ankleidete. Und die schreckliche Bedeutung all dieser Zeichen war schon den Kindern bekannt. Das ältere Mädchen, Sascha, eine magere Brünette, saß regungslos am Tisch, in ihrem Gesicht standen Schrecken und Traurigkeit, und das jüngere Mädchen, die siebenjährige Lida, eine pummelige Blondine, stand neben ihrer Schwester und schaute finster ins Feuer.

Laptew begab sich in die untere Etage, in seine Zimmer mit den niedrigen Decken, wo es ständig nach Geranien roch und schwül war. Im Salon saß Panaurow, Nina Fjodorownas Mann, und las Zeitung. Laptew nickte ihm zu und setzte sich ihm gegenüber. Beide saßen stumm da. Es kam vor, daß sie ganze Abende schweigend verbrachten, und beide störte dieses Schweigen nicht.

Von oben kamen die Mädchen, um gute Nacht zu sagen. Panaurow bekreuzigte sie schweigend und ohne Eile und gab ihnen dann die Hand zum Kuß; sie machten einen Knicks und gingen zu Laptew, der sie auch bekreuzigen und ihnen seine Hand zum Kuß reichen mußte. Diese Zeremonie mit Küssen und Knicksen wiederholte sich jeden Abend.

Als die Mädchen gegangen waren, legte Panaurow die Zeitung zur Seite und sagte:

»Langweilig ist es in unserer gottverlassenen Stadt! Ich muß gestehen, mein Lieber«, fuhr er fort, »ich bin sehr froh, daß Sie endlich eine Zerstreuung gefunden haben.«

»Wovon sprechen Sie?« fragte Laptew.

»Vorhin sah ich, wie Sie aus dem Haus von Doktor Belawin kamen. Ich hoffe, Sie waren nicht des Papas wegen dort.«

»Natürlich«, sagte Laptew und errötete.

»Ja, natürlich. Nebenbei gesagt, solch einen Hornochsen wie dieses Papachen muß man am Tag mit der Laterne suchen. Sie können sich nicht vorstellen, was das für ein schmuddeliges, dummes und plumpes Rindvieh ist! Bei Ihnen in der Hauptstadt interessiert man sich bis heute für die Provinz nur von der poetischen Seite, sozusagen wegen der Landschaft und wegen ›Anton Goremyka‹*, ich versichere Ihnen aber, mein Freund, es gibt hier keine Poesie, es gibt nur Roheit, Gemeinheit, Niedertracht und weiter nichts. Nehmen Sie die hiesigen Jünger der Wissenschaft, die sogenannte lokale Intelligenz. Können Sie sich das vorstellen, hier in der Stadt gibt es achtundzwanzig Ärzte, sie alle haben ein Vermögen erworben und leben in eigenen Häusern, während die Bevölkerung sich nach wie vor in einer völlig hilflosen Lage befindet. Nina sollte sich einer eigentlich ganz einfachen Operation unterziehen, aber dazu mußte ein Chirurg aus Moskau geholt werden – hier hat sich nicht einer getraut. Sie können sich das nicht vorstellen. Sie wissen nichts, verstehen nichts und interessieren sich für nichts. Fragen Sie sie mal, was Krebs ist. Was denn? Wie entsteht er?«

Und Panaurow begann zu erklären, was Krebs ist. Er war Spezialist für alle Wissenschaften und erklärte sachkundig

---

* Erzählung mit sozialem Anliegen von Dmitri Grigorowitsch (1822–1900).

alles, worauf immer die Rede kam. Aber er erklärte es auf seine Weise. Er hatte seine eigene Theorie für den Blutkreislauf, seine eigene Chemie, seine Astronomie. Er sprach langsam, sanft, überzeugend, und die Worte: ›Sie können sich das nicht vorstellen‹ sprach er mit eindringlicher Stimme, kniff die Augen zusammen, seufzte vieldeutig und lächelte gnädig wie ein König; dabei war ihm anzumerken, daß er sehr mit sich zufrieden war und überhaupt nicht daran dachte, daß er schon fünfzig Jahre zählte.

»Ich habe irgendwie Hunger«, sagte Laptew. »Ich würde sehr gern etwas Pikantes essen.«

»Na und? Das läßt sich gleich machen.«

Etwas später saßen Laptew und sein Schwager oben im Speisezimmer und aßen zu Abend. Laptew trank ein Gläschen Wodka und danach Wein, Panaurow aber trank nichts. Er trank nie und spielte auch nicht Karten, trotzdem hatte er sein gesamtes Vermögen und das seiner Frau verschleudert und viele Schulden gemacht. Um so viel in so kurzer Zeit durchzubringen, brauchte man keine Laster, sondern etwas anderes, ein besonderes Talent. Panaurow liebte gutes Essen, er liebte eine schön gedeckte Tafel, Musik beim Essen, Tischreden, die Verbeugungen der Diener, denen er lässig zehn oder sogar fünfundzwanzig Rubel Trinkgeld zuwarf; er beteiligte sich an allen Subskriptionen und Lotterien, schickte ihm bekannten Damen Blumensträuße zum Namenstag, kaufte Tassen, Behälter für Teegläser, Manschettenknöpfe, Krawatten, Spazierstöcke, Parfüm, Zigarettenspitzen, Pfeifen, Hündchen, Papageien, japanischen Zierrat und Antiquitäten; seine Nachthemden waren aus Seide, das Bett aus Ebenholz mit eingelegtem Perlmutt, der Schlafrock aus Buchara und dergleichen mehr, und für all das ging täglich, wie er sich ausdrückte, ein »Riesenbrocken« Geld drauf.

Beim Abendessen seufzte er ständig und schüttelte den Kopf.

»Ja, alles auf dieser Welt hat einmal ein Ende«, sagte er

leise und kniff seine dunklen Augen zusammen. »Sie werden sich verlieben und leiden, dann geht die Liebe vorbei, man wird Sie betrügen, denn es gibt keine Frau, die nicht betrügt; Sie werden leiden, in Verzweiflung geraten und werden selbst betrügen. Doch es wird die Zeit kommen, wo dies alles schon Erinnerung sein wird, und Sie werden kühl darüber urteilen und das alles für blanken Unsinn halten …«

Laptew schaute müde und leicht angeheitert auf Panaurows schönen Kopf, den schwarzen gestutzten Bart, und er meinte zu verstehen, warum die Frauen diesen verwöhnten, selbstsicheren und körperlich so anziehenden Menschen liebten.

Nach dem Abendessen blieb Panaurow nicht zu Hause, sondern ging in seine andere Wohnung. Laptew begleitete ihn. In der ganzen Stadt trug nur Panaurow einen Zylinder, und neben den grauen Zäunen, den kläglichen dreifenstrigen Häusern und den Brennesselsträuchern machten seine elegante, stutzerhafte Gestalt, sein Zylinder und die orangefarbenen Handschuhe jedesmal einen seltsamen und traurigen Eindruck.

Nachdem Laptew sich verabschiedet hatte, ging er langsam nach Hause zurück. Der Mond schien hell, man konnte auf dem Boden jedes Strohhälmchen sehen, und Laptew schien, als liebkose das Mondlicht sein unbedecktes Haupt, als streiche jemand mit einer Feder über sein Haar.

»Ich liebe!« sagte er laut, und es drängte ihn plötzlich loszulaufen, Panaurow einzuholen, ihn zu umarmen, ihm zu verzeihen, ihm viel Geld zu schenken und dann irgendwohin in die Felder, in den Wald zu laufen, immer weiter, ohne sich umzusehen.

Zu Hause sah er auf dem Stuhl den Schirm, den Julija Sergejewna vergessen hatte, griff nach ihm und küßte ihn leidenschaftlich. Der Schirm war aus Seide, nicht mehr neu, von einem alten Gummiband zusammengehalten; der Griff war aus einfachem billigen weißen Bein. Laptew öffnete ihn über seinem Kopf, und ihm war, als dufte es um ihn herum nach Glück.

Er setzte sich bequemer, und ohne den Schirm aus den Händen zu lassen, begann er, einem seiner Freunde in Moskau zu schreiben:

»Mein lieber, teurer Kostja, hier die Neuigkeit: Ich liebe wieder! Ich sage *wieder*, weil ich vor sechs Jahren in eine Moskauer Schauspielerin verliebt war − es ist mir nicht einmal gelungen, sie kennenzulernen − und ich in den letzten anderthalb Jahren mit der Ihnen bekannten ›Person‹, einer nicht mehr jungen und häßlichen Frau lebte. Ach, mein Lieber, wie wenig Glück hatte ich in der Liebe! Ich hatte niemals Erfolg bei den Frauen, und wenn ich *wieder* sage, dann nur deswegen, weil es irgendwie traurig und kränkend ist, mir eingestehen zu müssen, daß meine Jugend ohne jede Liebe verging und daß ich erst jetzt, mit vierunddreißig Jahren, zum ersten Mal wirklich liebe. Möge es so stehen bleiben: Ich liebe *wieder*.

Wenn Sie wüßten, was das für ein Mädchen ist! Eine Schönheit kann man sie nicht nennen − sie hat ein breites Gesicht, ist sehr mager, doch was für ein wunderbarer Ausdruck von Güte, wenn sie lächelt! Wenn sie spricht, singt und klingt ihre Stimme. Sie sucht nie das Gespräch mit mir, ich kenne sie nicht, doch wenn ich in ihrer Nähe bin, spüre ich, daß sie ein seltenes, ungewöhnliches Wesen ist, durchdrungen von Geist und hohen Bestrebungen. Sie ist religiös, und Sie können sich nicht vorstellen, in welchem Maße mich das rührt und sie in meinen Augen erhöht. In diesem Punkt bin ich bereit, endlos mit Ihnen zu streiten. Sie haben recht, bleiben Sie bei Ihrer Meinung, trotzdem aber liebe ich es, wenn sie in der Kirche betet. Sie ist Provinzlerin, ihre Bildung aber hat sie in Moskau erhalten, sie liebt unser Moskau, kleidet sich wie eine Moskauerin, und deshalb liebe ich sie, liebe sie, liebe sie … Ich sehe, wie Sie die Stirn runzeln und aufstehen, um mir einen langen Vortrag darüber zu halten, was Liebe ist, wen man lieben darf und wen nicht und so weiter und so fort. Aber mein lieber Kostja, solange ich nicht liebte, wußte ich auch ganz genau, was Liebe ist.

Meine Schwester dankt für Ihren Gruß. Sie erinnert sich häufig daran, wie sie damals Kostja Kotschewoi in die Vorbereitungsklasse des Gymnasiums gebracht hat, und sie nennt Sie bis heute noch ›den Armen‹, weil Sie in ihrer Erinnerung das Waisenkind geblieben sind. Also, Sie armes Waisenkind, ich liebe. Vorläufig ist das ein Geheimnis, sagen Sie der Ihnen bekannten ›Person‹ *dort* nichts. Das wird sich, wie ich meine, ganz von selbst ergeben, oder, wie ein Diener bei Tolstoi sagt, ›es wird in Ordnung kommen …‹«

Als Laptew den Brief beendet hatte, ging er zu Bett. Vor Müdigkeit fielen ihm die Augen zu, doch er konnte nicht einschlafen; ihm schien, der Straßenlärm störe ihn. Eine Viehherde wurde vorbeigetrieben, und jemand blies das Horn; bald darauf begann man, zur Frühmesse zu läuten. Mal fuhr knarrend eine Kutsche vorbei, mal war die Stimme einer Bäuerin zu hören, die auf den Markt ging. Und die Spatzen zwitscherten die ganze Zeit.

II

Der Morgen verlief heiter und festlich. Gegen zehn Uhr wurde Nina Fjodorowna, in einem braunen Kleid und frisch frisiert, am Arm in den Salon geführt, hier ging sie ein wenig hin und her und blieb am geöffneten Fenster stehen, ihr Lächeln war breit und naiv; wenn man sie so ansah, wurde man an einen hiesigen Maler erinnert, ein Trinker, der ihr Gesicht Antlitz nannte und sie als russische Butterwoche* malen wollte. Und alle, die Kinder, die Dienerschaft und sogar ihren Bruder Alexej Fjodorowitsch und auch sie selbst, überkam plötzlich die Zuversicht, sie werde bestimmt wieder gesund. Die Mädchen jagten krei-

---

* Erste Fastenwoche, in der noch Butter und Mehlspeisen gegessen werden.

schend ihren Onkel, holten ihn ein, und im Haus wurde es laut.

Fremde kamen, um sich nach ihrem Ergehen zu erkundigen, sie brachten Weihbrot mit und erzählten, daß heute in fast allen Kirchen für sie Bittgebete gehalten wurden. Sie war in der Stadt als Wohltäterin bekannt, und alle liebten sie. Sie gab mit ungewöhnlich leichter Hand, genau wie ihr Bruder Alexej, der das Geld großzügig verteilte, ohne zu überlegen, ob es nötig war, etwas zu geben oder nicht. Nina Fjodorowna zahlte für arme Schüler, verteilte an alte Frauen Tee, Zucker, Konfitüre und kleidete mittellose Bräute ein; wenn ihr eine Zeitung in die Hände fiel, suchte sie zuerst danach, ob es einen Aufruf gab oder eine Notiz über einen Menschen in Not.

Jetzt hatte sie ein Päckchen Zettel in der Hand, mit denen einige arme Menschen, ihre Bittsteller, in einem Kolonialwarenladen eingekauft hatten und die ihr der Kaufmann am Abend zuvor mit der Bitte geschickt hatte, zweiundachtzig Rubel zu zahlen.

»Sieh mal einer an, wieviel sie gekauft haben, diese gewissenlosen Menschen!« sagte sie. Sie konnte auf den Zetteln kaum ihre unschöne Handschrift entziffern. »Ist das etwa eine Kleinigkeit? Zweiundachtzig? Ich werde das nicht bezahlen.«

»Ich bezahle es heute«, sagte Laptew.

»Wozu denn, warum?« regte sich Nina Fjodorowna auf. »Es reicht schon, daß ich jeden Monat zweihundertfünfzig Rubel von dir und dem anderen Bruder bekomme. Gott mit euch«, fügte sie leise hinzu, damit die Dienstboten es nicht hörten.

»Nun, und ich gebe im Monat zweitausendfünfhundert aus«, sagte er. »Ich wiederhole es noch einmal, meine Liebe: Du hast das gleiche Recht, Geld auszugeben, wie ich und Fjodor. Begreife das ein für allemal. Unser Vater hat drei Kinder, und von drei Kopeken gehört eine dir.«

Nina Fjodorowna aber begriff nicht, und sie setzte eine

Miene auf, als würde sie in Gedanken eine schwierige Aufgabe lösen. Diese Begriffsstutzigkeit in Geldfragen beunruhigte und bestürzte Laptew jedes Mal. Er hegte außerdem den Verdacht, daß sie persönliche Schulden hatte, über die zu sprechen sie sich genierte, und deswegen litt.

Man hörte Schritte und schweres Atmen, der Arzt kam die Treppe herauf, wie gewöhnlich zerzaust und ungekämmt.

»Ru-ru-ru«, summte er. »Ru-ru.«

Um ihm nicht zu begegnen, ging Laptew ins Speisezimmer und dann nach unten in seine Räume. Er war sich darüber im klaren, daß es ihm unmöglich war, sich mit dem Arzt enger anzufreunden und ungezwungen in dessen Haus zu verkehren; diesem »Hornochsen«, wie ihn Panaurow genannt hatte, zu begegnen, war ihm unangenehm. Deshalb sah er Julija Sergejewna so selten. Er überlegte, daß der Vater jetzt nicht zu Hause war; er würde Julija Sergejewna wahrscheinlich allein antreffen, wenn er ihr jetzt den Schirm zurückbrächte, und sein Herz hüpfte vor Freude. Nur schnell, schnell!

Er nahm den Schirm und eilte in heftiger Aufregung auf den Flügeln der Liebe zu ihr. Draußen war es heiß. In dem riesengroßen Hof des Arztes, der mit Unkraut und Brennnesseln zugewachsen war, spielten etwa zwei Dutzend Jungen Ball. Es waren die Kinder der Handwerker, die in den drei alten unansehnlichen Anbauten wohnten, die der Arzt jedes Jahr renovieren lassen wollte, es aber immer wieder aufschob. Ihre Stimmen klangen hell und frisch. In einiger Entfernung stand Julija Sergejewna an der Vortreppe, die Hände auf dem Rücken, und schaute dem Spiel zu.

»Guten Tag«, rief Laptew ihr zu.

Sie sah sich um. Gewöhnlich sah sie gleichgültig und kühl oder wie gestern müde aus, jetzt aber war ihr Ausdruck lebhaft und ausgelassen wie bei den spielenden Jungen.

»Sehen Sie nur, in Moskau wird nie so fröhlich gespielt«, sagte sie, als sie ihm entgegenging. »Im übrigen gibt es dort auch nicht solche großen Höfe, nirgends kann man herumtoben. Papa ist gerade zu Ihnen gegangen«, fügte sie hinzu und sah sich nach den Kindern um.

»Ich weiß, aber ich will nicht zu ihm, sondern zu Ihnen«, sagte Laptew, der sich an ihrer Jugendlichkeit erfreute, die er vorher nie bemerkt hatte und die er erst heute an ihr entdecken schien; ihm war, als sehe er ihren schlanken weißen Hals mit der goldenen Kette erst jetzt zum ersten Mal. »Ich wollte zu Ihnen …« wiederholte er. »Meine Schwester schickt Ihnen den Schirm hier, Sie haben ihn gestern vergessen.«

Sie streckte den Arm aus, um den Schirm entgegenzunehmen, er aber drückte ihn an seine Brust und sagte leidenschaftlich und unbeirrt, erneut dem süßen Entzücken hingegeben, das er gestern nacht empfunden hatte, als er unter dem Schirm saß:

»Ich bitte Sie, schenken Sie ihn mir. Ich werde ihn als Erinnerung an Sie aufbewahren … an unsere Bekanntschaft. Er ist so wunderbar.«

»Nehmen Sie ihn«, sagte sie und errötete. »Aber wunderbar ist nichts an ihm.«

Er betrachtete sie hingerissen und stumm, er wußte nicht, was er sagen sollte.

»Warum lasse ich Sie hier in der Hitze stehen?« sagte sie nach kurzem Schweigen und lachte. »Gehen wir hinein.«

»Störe ich Sie auch nicht?«

Sie traten in die Diele. Julija Sergejewna lief schnell nach oben, und ihr weißes Kleid mit den blauen Blümchen raschelte.

»Mich kann man gar nicht stören«, antwortete sie, auf der Treppe stehen bleibend. »Ich tue doch nie etwas. Für mich ist jeder Tag ein Feiertag, vom Morgen bis zum Abend.«

»Für mich ist das, was Sie da sagen, unbegreiflich«, sagte er und trat zu ihr. »Ich bin in einer Umgebung aufgewachsen, wo man jeden Tag arbeitet, alle ohne Ausnahme, Männer und Frauen.«

»Und wenn es nichts zu tun gibt?« fragte sie.

»Man muß in seinem Leben solche Bedingungen schaffen, daß die Arbeit zur Notwendigkeit wird. Ohne Arbeit kann es kein gutes und frohes Leben geben.«

Wieder preßte er den Schirm an seine Brust und sagte leise und ganz unerwartet für sich selbst, wobei er seine Stimme nicht wiedererkannte:

»Wenn Sie einverstanden wären, meine Frau zu werden, ich würde alles hingeben. Alles würde ich hingeben … Es gibt keinen Preis, kein Opfer, das ich nicht auf mich nehmen würde.«

Sie zuckte zusammen und sah ihn erstaunt und erschrocken an.

»Nein, nein!« sagte sie erbleichend. »Das ist unmöglich, ich versichere es Ihnen. Verzeihen Sie.«

Dann ging sie schnell, wieder mit ihrem Kleid raschelnd, nach oben und verschwand hinter der Tür.

Laptew begriff, was das bedeutete, und seine Stimmung schlug schlagartig um, als sei plötzlich alles Licht in seiner Seele erloschen. Er empfand die Scham, die Demütigung eines Menschen, der zurückgewiesen wird, der nicht gefällt, der widerwärtig, vielleicht sogar ekelhaft ist und vor dem man davonläuft. Er verließ das Haus.

»Ich würde alles hingeben«, höhnte er, als er in der Hitze nach Hause ging und sich an die Einzelheiten seiner Erklärung erinnerte. »Ich würde alles hingeben, ganz wie ein Kaufmann. Wer braucht denn schon dein *Alles*!«

Alles, was er eben gesagt hatte, erschien ihm nun widerwärtig und dumm. Warum hatte er gelogen, er sei in einer Umgebung aufgewachsen, wo alle ohne Ausnahme arbeiten? Warum hatte er in einem belehrenden Ton von einem guten und frohen Leben gesprochen? Das war nicht klug, nicht interessant, es war Heuchelei, heuchlerisch auf Moskauer Art. Allmählich aber überkam ihn eine Gleichgültigkeit, in die Verbrecher nach einem harten Urteil verfallen; er dachte daran, daß Gott sei Dank jetzt alles vorbei war, daß es diese schreckliche Ungewißheit nicht mehr gab, er brauchte jetzt nicht mehr tagelang zu warten, sich quälen, und immer an das gleiche denken; jetzt war alles klar, er mußte alle Hoffnungen auf ein persönliches Glück begraben, mußte ohne Wünsche und ohne Hoffnungen leben, durfte nicht mehr träumen, nichts erwarten, und um dieser Ödnis Herr zu werden, mit der er sich lange genug herumgeplagt hatte, würde er sich mit fremden Angelegenheiten, mit fremdem Glück beschäftigen, dann würde unmerklich das Alter kommen, das Leben seinem Ende entgegengehen – mehr brauchte er nicht. Ihm war schon alles gleich, er wünschte nichts mehr und konnte kühl überlegen, in seinem Gesicht aber, besonders unter den Augen, fühlte er eine Schwere, die Stirn war angespannt wie ein Gummiband, gleich würden die Tränen kommen. Er spürte Mattigkeit im ganzen Körper, legte sich ins Bett und war fünf Minuten später fest eingeschlafen.

III

Der Heiratsantrag, den Laptew ihr so unerwartet gemacht hatte, ließ Julija Sergejewna in Verzweiflung geraten.

Sie kannte Laptew wenig, hatte ihn zufällig kennengelernt; er war ein reicher Mann, Repräsentant der bekannten Moskauer Firma »Fjodor Laptew und Söhne«, immer sehr ernst, offensichtlich klug und um die Gesundheit seiner Schwester besorgt; ihr schien, er habe ihr keinerlei Beachtung geschenkt, ihr selbst war er völlig gleichgültig – und dann plötzlich diese Erklärung auf der Treppe, dieses klägliche, verzückte Gesicht …

Der Antrag verwirrte sie durch seine Plötzlichkeit und weil das Wort »Frau« gefallen war und weil sie ihn abgelehnt hatte. Sie wußte schon nicht mehr, was sie zu Laptew gesagt hatte, aber sie spürte noch immer die Nachwirkung jenes heftigen und unbehaglichen Gefühls, mit dem sie ihn zurückgewiesen hatte. Er gefiel ihr nicht; sein

Äußeres erinnerte an einen Gutsverwalter, er selbst war nicht interessant, sie konnte nicht anders als ablehnend antworten, aber trotzdem war es ihr peinlich, als habe sie schlecht gehandelt.

»Mein Gott, ohne das Zimmer zu betreten, gleich auf der Treppe«, sagte sie verzweifelt, sich dem Heiligenbild zuwendend, das über dem Kopfende ihres Bettes hing, »und er hat nicht einmal um mich geworben, irgendwie sonderbar, merkwürdig …«

In der Einsamkeit wuchs ihre Unruhe von Stunde zu Stunde, und sie schaffte es nicht, mit diesem bedrückenden Gefühl allein fertig zu werden. Jemand mußte sie anhören und ihr sagen, daß sie richtig gehandelt hatte. Doch sie hatte niemanden, mit dem sie hätte reden können. Ihre Mutter war schon lange nicht mehr am Leben, und den Vater hielt sie für einen Sonderling, mit ihm konnte sie nicht ernsthaft sprechen. Er irritierte sie durch seine Launen, seine übertriebene Empfindlichkeit und seine unbestimmten Gesten; sie brauchte nur ein Gespräch mit ihm zu beginnen, und sofort fing er an, von sich selbst zu reden. Im Gebet war sie nicht ganz aufrichtig, weil sie nicht genau wußte, um was sie Gott eigentlich bitten sollte.

Der Samowar wurde gebracht. Julija Sergejewna ging ins Speisezimmer, sehr blaß, müde und mit einem hilflosen Gesichtsausdruck, sie goß den Tee auf – das gehörte zu ihren Pflichten – und schenkte ihrem Vater ein Glas ein. Sergej Borissytsch, in seinem langen Gehrock, der bis unter die Knie reichte, rotgesichtig, ungekämmt, die Hände in den Taschen, lief im Speisezimmer hin und her, nicht von einer Ecke in die andere, sondern kreuz und quer wie ein Tier im Käfig. Ab und zu blieb er am Tisch stehen, trank mit Appetit einen Schluck Tee, lief wieder hin und her und dachte über irgend etwas nach.

»Mir hat heute Laptew einen Heiratsantrag gemacht«, sagte Julija Sergejewna und errötete.

Der Arzt schaute sie an und schien nicht zu verstehen.

»Laptew?« fragte er. »Der Bruder der Panaurowa?«

Er liebte seine Tochter; es war zu erwarten, daß sie früher oder später heiraten und ihn allein lassen würde, er versuchte aber, nicht daran zu denken. Ihn schreckte die Einsamkeit, und er glaubte, wenn er allein in diesem großen Haus zurückbliebe, werde ihn der Schlag treffen; er sprach aber nicht gern darüber.

»Nun, ich freue mich sehr«, sagte er und zuckte die Schultern. »Von ganzem Herzen gratuliere ich dir. Jetzt bietet sich dir eine wunderbare Gelegenheit, dich zu deinem großen Vergnügen von mir zu trennen. Und ich verstehe dich gut. Bei seinem alten Vater zu leben, einem kranken und schwachsinnigen Menschen, muß in deinem Alter sehr schwer sein. Ich verstehe dich sehr gut. Und sollte ich bald verrecken und mich der Teufel holen, wären alle sehr froh. Von Herzen gratuliere ich dir.«

»Ich habe ihm eine Absage erteilt.«

Dem Arzt wurde leichter ums Herz, aber er konnte schon nicht mehr innehalten und fuhr fort:

»Ich wundere mich, schon lange wundere ich mich, warum man mich noch nicht ins Irrenhaus gesperrt hat. Warum trage ich diesen Gehrock und keine Zwangsjacke? Ich glaube noch an die Gerechtigkeit, an das Gute, ich bin ein Narr, ein Idealist, ist das in unserer Zeit etwa kein Irrsinn? Und wie reagiert man auf meine Gerechtigkeit, auf meine ehrliche Haltung? Man wirft schon fast mit Steinen nach mir und reitet auf mir herum. Selbst meine nächsten Angehörigen versuchen nur, auf meine Kosten zu leben, der Teufel soll mich alten Schwätzer holen …«

»Mit Ihnen kann man nicht vernünftig reden«, sagte Julija.

Sie stand mit einer ruckartigen Bewegung vom Tisch auf und ging in ihr Zimmer, sie war sehr wütend und dachte daran, wie oft der Vater sie ungerecht behandelt hatte. Doch ein bißchen später tat er ihr schon wieder leid, und als er in den Klub ging, begleitete sie ihn nach unten und schloß eigenhändig hinter ihm die Tür. Draußen herrschte schlechtes und unruhiges Wetter, die Tür zitterte vom Druck des Windes, und in der Diele zog es von allen Seiten, so daß die Kerze zu verlöschen drohte. Oben ging Julija durch ihre Zimmer und bekreuzigte alle Fenster und Türen; der Wind heulte, und ihr schien, als liefe jemand auf dem Dach. Nie zuvor war sie so niedergeschlagen, nie hatte sie sich so einsam gefühlt.

Sie fragte sich, ob sie richtig gehandelt hatte, einen Menschen zurückzuweisen, nur weil ihr sein Äußeres nicht gefiel. Zwar liebte sie diesen Mann nicht, und ihn zu heiraten würde heißen, für immer von ihren Träumen, von ihren Vorstellungen von Glück und Eheleben Abschied nehmen zu müssen; aber würde sie jemals dem Mann begegnen, von dem sie träumte, und ihn liebgewinnen? Sie war schon einundzwanzig. In der Stadt gab es keine Freier. Sie stellte sich alle Männer vor, die sie kannte – es waren Beamte, Pädagogen, Offiziere, einige von ihnen waren schon verheiratet, und ihr Familienleben bestürzte sie durch seine Leere und Langeweile, die anderen waren uninteressant, farblos, dumm und unmoralisch. Laptew dagegen war immerhin aus Moskau, hatte die Universität absolviert und sprach Französisch; er lebte in der Hauptstadt, wo es viele kluge, edle, bemerkenswerte Menschen gab, wo etwas los war, wo es herrliche Theater gab, Musikabende, ausgezeichnete Schneiderinnen, Konditoreien … In der Heiligen Schrift stand geschrieben, die Frau solle ihren Mann lieben, auch in Romanen wurde der Liebe große Bedeutung beigemessen, aber war das nicht Übertreibung? War denn ein Familienleben ohne Liebe nicht möglich? Es hieß doch, die Liebe vergehe schnell und es bleibe nur die Gewohnheit, und der Sinn des Familienlebens liege nicht in der Liebe und nicht im Glück, sondern in den Pflichten, zum Beispiel in der Erziehung der Kinder, in der Sorge um den Haushalt und so weiter. Und vielleicht meinte die Heilige Schrift mit der Liebe zum Nächsten ja die Liebe

zum Ehemann, die Achtung und Nachsicht ihm gegenüber.

In der Nacht las Julija Sergejewna aufmerksam die Abend-
gebete, kniete dann nieder und sagte mit Inbrunst, die
Hände an die Brust gepreßt und den Blick auf die Flamme
der Ikonenlampe gerichtet:

»Erleuchte mich, Fürbitterin! Erleuchte mich, Herr!«

In ihrem Leben hatte sie ältere Mädchen getroffen, arm
und unbedeutend, die bitter bereuten und bedauerten, daß
sie einst ihre Freier abgewiesen hatten. Würde ihr das gleiche passieren? Sollte sie nicht ins Kloster gehen oder zu
den barmherzigen Schwestern?

Sie zog sich aus und ging ins Bett, wobei sie sich selbst
und alles um sich herum bekreuzigte. Plötzlich klingelte es
im Korridor schrill und klagend.

»Oh, mein Gott!« rief sie und spürte, wie ihr ganzer
Körper von diesem Klingeln in krankhafte Erregung geriet. Sie lag da und dachte daran, wie arm an Ereignissen
dieses Provinzleben war, wie eintönig und gleichzeitig
beunruhigend. Immer wieder wurde man erschreckt,
mußte etwas fürchten, sich ärgern oder sich schuldig
fühlen, und zu guter Letzt war man so mit den Nerven
herunter, daß man manchmal kaum unter der Decke
hervorzulugen wagte.

Eine halbe Stunde später klingelte es wieder genauso
schrill. Wahrscheinlich schlief das Dienstmädchen und hörte es nicht. Julija Sergejewna zündete die Kerze an und
kleidete sich, verärgert über die Dienstboten, zitternd an;
als sie fertig angezogen auf den Korridor trat, schloß unten
das Stubenmädchen bereits die Tür ab.

»Ich dachte, es ist der Herr, aber man hat von einem
Kranken geschickt«, sagte sie.

Julija Sergejewna ging in ihr Zimmer zurück. Sie holte
ein Kartenspiel aus der Kommode und beschloß für sich:
Wenn sie die Karten gut mischte, dann abhob und die rote
Farbe unten lag, hieße das Ja, sie müßte also Laptews An-

trag annehmen, lag aber die schwarze Farbe unten, dann hieß das Nein. Die Karte war die Pik-Zehn.

Das beruhigte sie, sie schlief ein, aber am nächsten Morgen war es wieder weder Ja noch Nein, und sie dachte daran, daß sie jetzt ihr Leben ändern könnte, wenn sie wollte. Die Gedanken quälten sie, sie war erschöpft und fühlte sich krank, trotzdem kleidete sie sich kurz nach elf Uhr an und ging Nina Fjodorowna besuchen. Sie wollte Laptew wiedersehen: Vielleicht würde er ihr jetzt besser gefallen; vielleicht hatte sie sich bis jetzt geirrt …

Es fiel ihr schwer, gegen den Wind zu gehen, sie kam kaum voran, hielt ihren Hut mit beiden Händen fest und sah nichts vor lauter Staub.

IV

Als Laptew zu seiner Schwester kam und unvermutet Julija Sergejewna sah, empfand er wieder die Demütigung eines Menschen, der einem anderen widerwärtig ist. Wenn es ihr so leicht fiel, folgerte er, nach dem gestrigen Abend seine Schwester zu besuchen und ihm dort zu begegnen, hieß das, daß sie ihn entweder nicht bemerkte oder ihn für eine völlige Null hielt. Doch als er sie begrüßte, sah sie ihn, blaß und mit Schatten unter den Augen, traurig und schuldbewußt an, und er begriff, daß auch sie litt.

Sie fühlte sich unwohl. Sie blieb nicht lange, etwa zehn Minuten, und verabschiedete sich dann. Beim Hinausgehen sagte sie zu Laptew:

»Begleiten Sie mich nach Hause, Alexej Fjodorowitsch.«

Auf der Straße liefen sie schweigend und hielten ihre Hüte fest; er ging hinter ihr, bemüht, sie vor dem Wind zu schützen. In der Gasse war es windstiller, und sie gingen nebeneinander.

»Wenn ich gestern unfreundlich war, dann verzeihen Sie das bitte«, begann sie, und ihre Stimme bebte, als würde sie gleich anfangen zu weinen. »Es ist eine Qual! Ich habe die ganze Nacht nicht geschlafen.«

»Und ich habe heute nacht ausgezeichnet geschlafen«, sagte Laptew, ohne sie anzusehen, »aber das heißt nicht, daß es mir gutgeht. Mein Leben ist zerstört, ich bin tief unglücklich, und nach Ihrer gestrigen Zurückweisung laufe ich herum wie vergiftet. Das Schwerste ist gestern gesagt worden, heute fühle ich mich Ihnen gegenüber nicht mehr so befangen und kann offen sprechen. Ich liebe Sie mehr als meine Schwester, mehr als meine verstorbene Mutter … Ohne Schwester und Mutter konnte ich leben und habe ich gelebt, aber ohne Sie zu leben – das ist für mich undenkbar, ich kann es nicht …«

Auch jetzt erriet er, wie immer, ihre Absichten. Er begriff, daß sie das gestrige Gespräch fortsetzen wollte und ihn nur deshalb gebeten hatte, sie zu begleiten und ihn jetzt zu sich nach Hause mitnahm. Doch was konnte sie ihrer Ablehnung noch hinzufügen? Was hatte sie sich Neues ausgedacht? An allem, an ihren Blicken, ihrem Lächeln und sogar an der Art, wie sie neben ihm ging, ihren Kopf und die Schultern hielt, sah er, daß sie ihn nach wie vor nicht liebte, daß er für sie ein Fremder war. Was wollte sie ihm denn noch sagen?

Doktor Sergej Borissytsch war zu Hause.

»Herzlich willkommen, ich bin sehr erfreut, Sie zu sehen, Fjodor Alexejitsch«, sagte er, Vor- und Vatersnamen verwechselnd. »Sehr erfreut, sehr erfreut.«

Früher war er nicht so leutselig gewesen, und Laptew schloß daraus, daß der Arzt schon von seinem Heiratsantrag wußte, und das gefiel ihm nicht. Er saß jetzt im Salon, und dieser Raum machte durch seine armselige kleinbürgerliche Einrichtung und seine schlechten Bilder einen merkwürdigen Eindruck, und obwohl auch Sessel und eine riesige Lampe mit Schirm darin standen, glich er eher einem Lagerraum oder einem geräumigen Schuppen, und es war offensichtlich, daß sich in diesem Zimmer nur ein Mensch wie der Arzt zu Hause fühlen konnte; ein anderer Raum, fast doppelt so groß, nannte sich Saal, dort standen nur Stühle, wie in einer Tanzschule. Während er im Salon saß und mit dem Arzt über seine Schwester sprach, begann ihn ein Verdacht zu quälen. War Julija Sergejewna deshalb bei seiner Schwester Nina gewesen, um ihn dann hierherzubringen und ihm zu erklären, daß sie seinen Antrag annehme? Oh, wie schrecklich wäre das, doch viel schrecklicher war, daß sein Herz einen solchen Argwohn hegen konnte. Er stellte sich vor, wie Vater und Tochter gestern abend und in der Nacht lange beraten, vielleicht sogar gestritten hatten und dann zu der Einsicht gekommen waren, Julija habe leichtsinnig gehandelt, als sie den reichen Mann zurückgewiesen hatte. In seinen Ohren klangen sogar die Worte, die Eltern in solchen Fällen gewöhnlich sagen:

»Sicher, du liebst ihn nicht, aber überlege mal, wieviel Gutes du tun kannst!«

Der Arzt schickte sich an, zu Krankenbesuchen aufzubrechen. Laptew wollte ebenfalls gehen, Julija aber sagte:

»Bleiben Sie doch, ich bitte Sie.«

Sie quälte sich, war verzagt und redete sich jetzt ein, daß sie einen anständigen, guten und liebenden Menschen nicht deswegen zurückweisen könne, weil er ihr nicht gefiel, besonders wenn sich ihr mit dieser Heirat die Möglichkeit böte, ihr Leben, ihr trauriges, monotones und müßiges Leben zu ändern, bei dem die Jugend verging und die Zukunft nichts Besseres versprach – ihn unter diesen Umständen zurückzuweisen, wäre unbesonnen, eine Laune, eine Schrulle, für die sie sogar Gott strafen könnte.

Der Vater ging hinaus. Als seine Schritte verklungen waren, blieb Julija plötzlich vor Laptew stehen und sagte entschlossen, mit furchtbar blassem Gesicht:

»Ich habe gestern lange nachgedacht, Alexej Fjodorowitsch … Ich nehme Ihren Antrag an.«

Er beugte sich zu ihr hinunter und küßte ihre Hand, sie küßte ihn mit kühlen Lippen ungeschickt auf die Stirn. Er spürte, daß in dieser Liebeserklärung das Wichtigste fehlte: ihre Liebe, und daß vieles daran überflüssig war; er wollte am liebsten schreien, weglaufen, sofort nach Moskau zurückkehren, doch sie stand ganz nah bei ihm, erschien ihm so reizend, und plötzlich übermannte ihn die Leidenschaft, er wußte, daß es jetzt schon zu spät war zu überlegen, umarmte sie leidenschaftlich, drückte sie an die Brust, und irgendwelche Worte stammelnd sagte er »Du« zu ihr, küßte sie auf den Hals, dann auf die Wange, auf die Stirn ...

Sie ging von ihm weg zum Fenster, seinen Liebkosungen ausweichend, und beide bedauerten bereits, daß sie sich erklärt hatten und fragten sich verwirrt: Warum ist das geschehen?

»Wenn Sie wüßten, wie unglücklich ich bin!« sagte sie und ballte die Hände.

»Was ist mit Ihnen?« fragte er, trat zu ihr und ballte wie sie die Hände. »Meine Teure, um Gottes willen, sagen Sie – was ist? Aber nur die Wahrheit, ich beschwöre Sie, die reine Wahrheit!«

»Lassen Sie nur«, sagte sie und lächelte gezwungen. »Ich verspreche Ihnen, ich werde Ihnen eine treue und ergebene Frau sein ... Kommen Sie heute abend.«

Als er später bei seiner Schwester saß und ihr den historischen Roman vorlas, erinnerte er sich an all das, und es kränkte ihn, daß sein schönes, reines und großes Gefühl so halbherzig erwidert wurde; sie liebte ihn nicht, seinen Antrag aber hatte sie angenommen, wahrscheinlich nur deswegen, weil er reich war, sie hatte an ihm also das vorgezogen, was er selbst an sich am wenigsten schätzte. Es war anzunehmen, daß Julija, die rein und gottgläubig war, nie an Geld gedacht hatte, doch sie liebte ihn nicht, nein, sie liebte ihn nicht, und offenbar war bei ihr Berechnung im Spiel, obwohl vielleicht nur unbestimmt und nicht ganz bewußt, aber dennoch Berechnung. Das Haus des Arztes mit seiner spießbürgerlichen Einrichtung war ihm widerwärtig, der Arzt selbst erschien ihm als kläglicher fetter Geizhals, als eine Art Gaspard aus der Operette »Die Glocken von Corneville«*, und schon der Name Julija hatte einen vulgären Klang. Er stellte sich vor, wie er und seine Julija vor den Altar treten würden, obwohl sie sich im Grunde völlig fremd waren, ohne einen Anflug von Gefühl von ihrer Seite, als hätte eine Brautwerberin sie verkuppelt; und für ihn blieb jetzt nur ein Trost, der genauso banal war wie diese Ehe selbst, der Trost, daß er nicht der erste und nicht der letzte war, Tausende von Menschen heirateten so, und Julija würde ihn vielleicht mit der Zeit, wenn sie ihn besser kennengelernt hatte, doch liebgewinnen.

»Romeo und Julia!« sagte er, schlug das Buch zu und lachte. »Ich, Nina, bin Romeo. Du kannst mir gratulieren, ich habe heute Julija Belawina einen Antrag gemacht.«

Nina Fjodorowna dachte, es wäre ein Scherz, dann aber glaubte sie es und begann zu weinen. Diese Neuigkeit gefiel ihr nicht.

»Also, ich gratuliere dir«, sagte sie. »Aber warum so plötzlich?«

»Nein, das ist nicht plötzlich. Das geht seit März, nur hast du nichts bemerkt … Ich habe mich im März verliebt, als ich sie hier kennenlernte, hier in deinem Zimmer.«

»Und ich dachte, du würdest eine unserer Moskauerinnen heiraten«, sagte Nina Fjodorowna nach kurzem Schweigen. »Die Mädchen aus unseren Kreisen wären einfacher. Das Wichtigste ist aber, Aljoscha, daß du glücklich bist, das ist das Allerwichtigste. Mein Grigori Nikolajitsch hat mich nicht geliebt, das läßt sich nicht verbergen, du siehst, wie wir leben. Natürlich kann dich jede Frau für deine Güte und deinen Verstand lieben, aber Julitschka war in einem Internat und ist von Adel, für sie sind Verstand und Güte zu wenig. Sie ist jung, und du, Aljoscha, bist nicht mehr jung und nicht hübsch.«

* Komische Oper von Robert Planquette (1848–1903).

Um die letzten Worte abzuschwächen, streichelte sie ihm die Wange und sagte:

»Du bist nicht hübsch, aber lieb.«

Sie hatte sich erregt, sogar ihre Wangen hatten sich leicht gerötet, und sie sprach mit Lebhaftigkeit davon, ob es sich gehörte, daß sie ihren Bruder mit einer Ikone segne; sie sei doch die ältere Schwester und ersetze ihm die Mutter; und sie war unaufhörlich bemüht, ihren traurigen Bruder davon zu überzeugen, daß die Hochzeit gefeiert werden müsse, wie es sich zieme, festlich und fröhlich, damit die Leute nichts zu reden hätten.

Von nun an besuchte Laptew als Bräutigam die Belawins drei- bis viermal täglich und hatte keine Zeit mehr, Sascha abzulösen und historische Romane vorzulesen. Julija empfing ihn in ihren beiden Zimmern, die ihm sehr gefielen und die vom Salon und dem väterlichen Arbeitszimmer weit entfernt lagen. Hier waren die Wände dunkel, in einer Ecke stand ein Schrein mit Heiligenbildern; es duftete nach gutem Parfüm und nach dem Öl aus dem Ikonenlämpchen. Sie bewohnte die entlegensten Räume, das Bett und der Toilettentisch waren von Wandschirmen abgetrennt und die Türen des Bücherschranks innen mit einem grünen Vorhang ausgekleidet. Sie ging so leise über die Teppiche, daß ihre Schritte überhaupt nicht zu hören waren – daraus schloß er, daß sie einen verschlossenen Charakter habe und ein stilles, ruhiges und zurückgezogenes Leben liebte. Im Haus galt sie noch als Unmündige, sie hatte kein eigenes Geld, und es kam vor, daß sie auf Spaziergängen in Verlegenheit geriet, weil sie keine Kopeke bei sich hatte. Für Kleidung und Bücher gab ihr der Vater wenig, nicht mehr als hundert Rubel im Jahr. Der Arzt hatte selbst kaum Geld, trotz der gutgehenden Praxis. Jeden Abend spielte er im Klub Karten und verlor immer. Außerdem kaufte er Häuser bei der Kreditgenossenschaft unter Übernahme der Schulden und vermietete sie; die Mieter zahlten nicht regelmäßig, er aber behauptete, diese Operationen mit den

Häusern seien sehr einträglich. Sein Haus, in dem er mit seiner Tochter lebte, hatte er verpfändet und für das Geld ein Stück unbebautes Land gekauft, auf dem er schon begonnen hatte, ein großes zweistöckiges Haus zu bauen, um es wieder zu verpfänden.

Laptew lebte jetzt wie in Trance, so als sei er nicht er, sondern sein Doppelgänger, und er tat so manches, wozu er sich früher nicht hatte entschließen können. Wohl dreimal ging er mit dem Arzt in den Klub, aß mit ihm zu Abend und bot ihm von sich aus Geld für seinen Bau an; er besuchte sogar Panaurow in dessen anderer Wohnung. Panaurow hatte ihn eines Tages zu sich zum Essen eingeladen, und Laptew sagte ohne zu überlegen zu. Ihn empfing eine Dame von etwa fünfunddreißig Jahren, hochgewachsen und hager, mit graumeliertem Haar und schwarzen Augenbrauen, offensichtlich keine Russin. Ihr Gesicht zeigte weiße Puderflecke, sie lächelte süßlich und drückte seine Hand so ungestüm, daß die Armbänder an ihren weißen Gelenken klirrten. Laptew schien, als lächle sie deshalb so, um vor anderen und vor sich selbst zu verbergen, daß sie unglücklich war. Er sah auch zwei kleine Mädchen von fünf und drei Jahren, die Sascha ähnlich sahen. Zum Essen gab es Milchsuppe, kaltes Kalbfleisch mit Karotten und Schokolade – alles war süßlich und schmeckte nicht, dafür aber glänzten auf dem Tisch goldene Gäbelchen, Flakons mit Sojasoße und Cayennepfeffer, ein ungewöhnlich verschnörkelter Gewürzständer und eine goldene Pfefferdose.

Erst als er die Milchsuppe gegessen hatte, begriff Laptew, wie unpassend es eigentlich war, zum Essen hierher zu kommen. Die Dame war verlegen, lächelte die ganze Zeit und entblößte die Zähne; Panaurow versuchte wissenschaftlich zu erklären, was Verliebtheit sei und woher sie komme.

»Wir haben es hier mit einer elektrischen Erscheinung zu tun«, sagte er auf Französisch, sich der Dame zuwendend. »In der Haut jedes Menschen befinden sich mikroskopisch kleine Drüsen, die elektrische Ströme enthalten. Wenn Sie mit einem Wesen zusammentreffen, dessen Ströme den Ihren parallel sind, dann ist die Liebe da.«

Als Laptew nach Hause kam, und seine Schwester fragte, wo er gewesen sei, war es ihm peinlich, und er gab keine Antwort.

Die ganze Zeit bis zur Hochzeit fühlte er sich in einer seltsam fragwürdigen Lage. Seine Liebe wurde mit jedem Tag stärker, und Julija erschien ihm poetisch und erhaben, doch die Gegenliebe fehlte, und genaugenommen war es so, daß er kaufte und sie sich verkaufte. Manchmal, wenn er nachdachte, verfiel er einfach in Verzweiflung und fragte sich, ob er nicht weglaufen sollte. Er schlief nächtelang nicht und dachte immer daran, wie er nach seiner Hochzeit in Moskau der Dame gegenübertreten würde, die er in den Briefen an seine Freunde »die Person« nannte, und wie sein Vater und sein Bruder, beides schwierige Menschen, seine Heirat mit Julija aufnehmen würden. Er befürchtete, der Vater könnte Julija bei der ersten Begegnung Grobheiten sagen. Mit seinem Bruder Fjodor ging in der letzten Zeit etwas Seltsames vor. Er schrieb in seinen langen Briefen über die große Bedeutung der Gesundheit, über den Einfluß von Krankheiten auf den Seelenzustand und über die Religion, erwähnte Moskau und die Geschäfte aber mit keinem Wort. Diese Briefe ärgerten Laptew, und ihm schien, der Charakter seines Bruders ändere sich zum Schlechten.

Die Hochzeit war im September. Die Trauung fand nach dem Gottesdienst in der Peter- und Paulskirche statt, und noch am selben Tag reisten die Jungvermählten nach Moskau ab. Als Laptew und seine Frau, die im schwarzen Kleid mit Schleppe schon nicht mehr wie ein Mädchen aussah, sondern wie eine wirkliche Dame, sich von Nina Fjodorowna verabschiedeten, verzog sich das Gesicht der Kranken, aber aus den trockenen Augen kam nicht eine Träne. Sie sagte:

»Wenn ich sterbe, Gott möge es verhüten, nehmt meine Mädchen zu euch.«

»Ja, ich verspreche es Ihnen!« antwortete Julija Sergejewna, und auch ihre Lippen und Lider begannen nervös zu zucken.

»Ich komme im Oktober wieder«, sagte Laptew gerührt. »Werde gesund, meine Liebe.«

Sie hatten ein Abteil für sich. Beiden war traurig und unbehaglich zumute. Sie saß in einer Ecke, hatte den Hut nicht abgenommen und gab sich den Anschein, als schlummere sie; er lag ihr gegenüber auf der Polsterbank, und ihn beunruhigten allerlei Gedanken: an den Vater, an die »Person« und ob Julija seine Moskauer Wohnung gefallen würde. Und immer wieder sah er seine Frau an, die ihn nicht liebte, und dachte verzagt: Warum ist es so gekommen?

<h1 style="text-align:center">V</h1>

Die Laptews unterhielten in Moskau einen Großhandel mit Kurzwaren: Fransen, Bänder, Zierrat, Strickbaumwolle, Knöpfe und dergleichen. Die Bruttoeinnahmen betrugen zwei Millionen Rubel im Jahr; wie hoch der Reingewinn war, wußte niemand außer dem Alten. Die Söhne und die Verkäufer schätzten diesen Gewinn auf etwa dreihunderttausend und sagten, er könnte noch um etwa hunderttausend höher sein, würde der Alte das Geld nicht »hinauswerfen«, also Waren uneingeschränkt auf Kredit liefern; in den letzten zehn Jahren hatten sich uneingelöste Wechsel für eine Million Rubel angesammelt, und der erste Verkäufer zwinkerte listig mit den Augen, wenn die Rede darauf kam, und sprach Worte, deren Bedeutung nicht für jeden klar war:

»Das ist die psychologische Folge der Zeit.«

Die wichtigsten Handelsgeschäfte wurden in den städtischen Markthallen abgewickelt, in einem Gebäude, das Speicher genannt wurde. Der Eingang zu diesem Speicher war im Hof, wo es immer düster war, nach Bastmatten roch und wo die Pferde mit ihren Hufen über den Asphalt stampften. Eine eisenbeschlagene Tür, die sehr primitiv aussah, führte vom Hof in einen Raum, dessen Wände von der Feuchtigkeit braun geworden und mit Kohle beschmiert waren und der von einem schmalen vergitterten Fenster erhellt wurde; danach folgte links ein weiterer Raum, der etwas größer und sauberer war und in dem ein gußeiserner Ofen und zwei Tische standen, der jedoch auch nur durch ein vergittertes Fenster Licht bekam; das war das Kontor, und von hier aus führte eine enge Steintreppe in den ersten Stock, wo sich der Hauptraum befand. Das war ein ziemlich großes Zimmer, doch wegen des ständigen Dämmerlichts, der niedrigen Decke und der Enge durch die Kisten, Ballen und die hin und her laufenden Menschen machte es auf einen Neuling einen ebenso unansehnlichen Eindruck wie die beiden unteren Räume. Oben und auch im Kontor lag die Ware in Ballen, Packen und Pappschachteln in den Regalen; in der Art ihrer Lagerung war weder eine bestimmte Ordnung noch Schönheit zu erkennen, und wären nicht hier und da durch die Löcher in den Papierhüllen mal rote Fäden, mal eine Quaste, mal das Ende einer Franse zu sehen gewesen, man hätte nicht erraten können, womit hier gehandelt wurde. Beim Anblick dieser zerdrückten Papierhüllen und Kartons war kaum zu glauben, daß mit diesen Nichtigkeiten Millionen verdient wurden und daß hier im Speicher tagtäglich fünfzig Menschen beschäftigt waren, die Käufer nicht mitgerechnet.

Als Laptew am Tag nach seiner Ankunft in Moskau um die Mittagszeit den Speicher betrat, hämmerten die Arbeiter, die gerade Ware verpackten, so laut auf die Kisten ein, daß in dem ersten Raum und im Kontor niemand hörte, als er hereinkam; ein ihm bekannter Postbote lief mit einem Packen Briefe in der Hand die Treppe herunter, verzog sein Gesicht wegen des Hämmerns und bemerkte ihn ebenfalls nicht. Der erste, der ihn oben begrüßte, war sein

Bruder Fjodor Fjodorowitsch, der ihm so ähnlich sah, daß man sie für Zwillinge hielt. Diese Ähnlichkeit erinnerte Laptew ständig an sein eigenes Aussehen, und jetzt, da er vor sich den kleinen rotbackigen Mann mit dem schütteren Haar und den mageren nicht von Rasse zeugenden Hüften sah, der so uninteressant und unintelligent wirkte, fragte er sich: Bin ich etwa auch so?

»Wie ich mich freue, dich zu sehen!« sagte Fjodor, küßte den Bruder und drückte ihm fest die Hand. »Ich habe dich jeden Tag ungeduldig erwartet, mein Lieber. Als du schriebst, daß du heiratest, begann mich die Neugier zu quälen, und ich sehnte mich nach dir, Bruder. Urteile selbst, wir haben uns ein halbes Jahr nicht gesehen. Nun, wie ist es? Geht es Nina schlecht? Sehr schlecht?«

»Ja, sehr schlecht.«

»Es ist Gottes Wille«, seufzte Fjodor. »Und deine Frau? Sicher eine Schönheit? Ich liebe sie jetzt schon, sie ist doch mein Schwesterchen. Wir werden sie gemeinsam verwöhnen.«

Der langvertraute breite, gebeugte Rücken seines Vaters Fjodor Stepanytsch wurde sichtbar. Der Alte saß neben dem Ladentisch auf einem Hocker und sprach mit einem Käufer.

»Papascha, Gott hat uns Freude geschickt!« rief Fjodor. »Der Bruder ist gekommen!«

Fjodor Stepanytsch war hochgewachsen und außerordentlich kräftig gebaut, so daß er trotz seiner achtzig Jahre und der Falten immer noch das Aussehen eines gesunden, starken Mannes hatte. Er sprach mit einem tiefen dröhnenden Baß, der aus seiner breiten Brust wie aus einem Faß zu kommen schien. Er rasierte sich, trug einen gestutzten Schnurrbart nach Soldatenart und rauchte Zigarren. Weil ihm immer heiß war, trug er im Speicher und zu Hause zu jeder Jahreszeit ein weites Segeltuchjackett. Vor kurzem hatte man ihm den grauen Star entfernt, er sah schlecht und befaßte sich nicht mehr mit den Geschäften, sondern unterhielt sich nur noch und trank Tee mit Konfitüre.

Laptew beugte sich hinunter und küßte ihm die Hand und dann die Lippen.

»Lange haben wir uns nicht gesehen, gnädiger Herr«, sagte der Alte. »Sehr lange nicht. Was ist, willst du, daß ich dir zu deiner Heirat gratuliere? Nun gut, ich gratuliere dir.«

Und er hielt ihm die Lippen zum Kuß hin. Laptew beugte sich hinunter und küßte ihn.

»Nun, hast du dein Fräulein mitgebracht?« fragte der Alte und sagte, ohne die Antwort abzuwarten, zu dem Käufer gewandt: »Hiermit gebe ich Ihnen bekannt, Papascha, daß ich mit der und der Jungfrau die Ehe schließen werde. Ja. Aber daß man den Papa um den Segen und um Rat bittet, das ist nicht mehr vorgesehen. Jetzt macht es jeder nach seinem Kopf. Als ich heiratete, war ich schon über vierzig, und ich habe meinen Vater auf Knien um Rat gebeten. Jetzt gibt es so was nicht mehr.«

Der Alte freute sich über seinen Sohn, hielt es aber für unschicklich, ihn liebevoll zu behandeln und seine Freude zu zeigen. Seine Stimme, seine Art zu reden und das »Fräulein« versetzten Laptew in die schlechte Stimmung, die ihn jedesmal überkam, wenn er im Speicher war. Hier erinnerte ihn jede Kleinigkeit an die Vergangenheit, als man ihn prügelte und auf Fastenkost setzte; er wußte, daß die Lehrjungen auch jetzt noch geprügelt wurden, man schlug ihnen die Nase blutig, und daß diese Lehrjungen, wenn sie erwachsen waren, selbst wieder prügeln würden. Er brauchte nur fünf Minuten im Speicher zu sein, und schon schien es ihm, man werde ihn gleich beschimpfen oder ihm eins auf die Nase geben.

Fjodor klopfte dem Käufer auf die Schulter und sagte zu seinem Bruder:

»Hier, Aljoscha, stelle ich dir unseren Ernährer aus Tambow vor, Grigori Timofejitsch. Er kann als Beispiel für die heutige Jugend dienen: Er ist bald sechzig und hat noch Säuglinge zu Hause.«

Die Verkäufer lachten, und der Käufer, ein hagerer Alter mit blassem Gesicht, lachte auch.

»Die Natur wirkt auf höchst ungewöhnliche Weise«, bemerkte der erste Verkäufer, der hier hinter dem Ladentisch stand. »Wo es hineingekommen ist, da wird es auch herauskommen.«

Der erste Verkäufer, ein hochgewachsener Mann von etwa fünfzig Jahren, mit dunklem Bart, einer Brille und einem Stift hinterm Ohr, äußerte seine Gedanken gewöhnlich unklar, mit weit hergeholten Anspielungen, und man sah an seinem listigen Lächeln, daß er seinen Worten einen eigentümlichen, subtilen Sinn verlieh. Er liebte es, seine Rede mit literatursprachlichen Ausdrücken zu verbrämen, die er auf seine Weise verstand, auch gebrauchte er viele normale Wörter häufig nicht in der Bedeutung, die sie hatten. Zum Beispiel das Wort »ausgenommen«. Wenn er einen Gedanken kategorisch zum Ausdruck brachte und nicht wollte, daß man ihm widersprach, dann streckte er den rechten Arm vor und sagte:

»Ausgenommen!«

Das Erstaunlichste war, daß die übrigen Verkäufer und auch die Käufer ihn ausgezeichnet verstanden. Er hieß Iwan Wassiljitsch Potschatkin und war aus Kaschira gebürtig. Als er jetzt Laptew gratulierte, drückte er sich so aus:

»Von Ihrer Seite ist es ein Verdienst der Tapferkeit, denn das Frauenherz ist ein Schamyl*.«

Eine andere wichtige Person im Speicher war der Verkäufer Makejitschew, ein korpulenter und biederer blonder Mann mit Glatze und Backenbart. Er trat auf Laptew zu und gratulierte ihm ehrerbietig und halblaut:

»Habe die Ehre, mein Herr … Der Herr hat die Gebete Ihres Vaters erhört. Gott sei's gedankt.«

* Kaukasischer Freiheitskämpfer im 19. Jahrhundert.

Dann kamen die anderen Verkäufer und gratulierten ihm zur Eheschließung. Alle waren nach der Mode gekleidet und hatten das Aussehen von sehr ordentlichen, wohlerzogenen Menschen. Sie sprachen, wie es in Moskau üblich war, ein betontes o und das g wie das lateinische g; und da sie sehr schnell sprachen und ihre Rede alle zwei Worte mit einer Höflichkeitsformel unterbrachen, klang zum Beispiel der Satz »ich wünsche Ihnen, gnädiger Herr, alles Gute, gnädiger Herr«, als würde jemand mit der Peitsche durch die Luft schlagen – »chwüschgnähe«.

Laptew langweilte das alles sehr bald, und er wollte nach Hause, aber es war ihm peinlich zu gehen. Aus Anstand mußte er wenigstens zwei Stunden im Speicher verbringen. Er ging vom Ladentisch weg und begann Makejitschew auszufragen, ob der Sommer gut gelaufen sei und ob es etwas Neues gebe, und dieser antwortete ehrerbietig, ohne ihm in die Augen zu sehen. Ein Junge, kurzgeschoren und in einem grauen Kittel, reichte Laptew ein Glas Tee ohne Untersatz; kurz darauf stolperte ein anderer Junge im Vorbeigehen über eine Kiste und wäre fast gefallen, und der biedere Makejitschew bekam plötzlich ein furchtbar böses Gesicht, es war die Grimasse eines Ungeheuers, und er schrie ihn an:

»Sieh auf deine Füße!«

Die Verkäufer waren froh, daß der junge Chef geheiratet hatte und endlich zurückgekommen war; sie betrachteten ihn neugierig und freundlich, und jeder, der an ihm vorbeiging, hielt es für seine Pflicht, ihm respektvoll etwas Nettes zu sagen. Laptew aber war überzeugt, daß all dies nicht aufrichtig sei und man ihm schmeichle, weil man ihn fürchtete. Er konnte einfach nicht vergessen, wie vor fünfzehn Jahren ein Verkäufer, der psychisch krank war, nur in Unterwäsche und barfuß auf die Straße gelaufen war und, die Faust drohend zum Fenster seines Chefs erhoben, geschrien hatte, man habe ihn gequält; und als der arme Teufel später wieder gesund war, lachte man lange über ihn und erinnerte ihn immer wieder daran, daß er seine Chefs »Plantateure« statt »Exploiteure« genannt hatte. Im allgemeinen ging es den Verkäufern bei den Laptews sehr schlecht, und in den Markthallen sprach man schon lange darüber. Am schlimmsten war, daß der alte Fjodor Stepanytsch ihnen gegenüber eine Art asiatische Politik betrieb. So war keinem bekannt, wieviel Gehalt seine Lieblinge Potschatkin und Makejitschew erhielten; sie bekamen mit Prämien jeder dreitausend Rubel im Jahr, nicht mehr, aber er tat so, als zahle er jedem von ihnen siebentausend; die Prämien wurden jedes Jahr allen Verkäufern gezahlt, aber heimlich, damit derjenige, der wenig bekam, aus Ehrgeiz sagen sollte, er habe viel erhalten; keiner der Lehrjungen wußte, wann man ihn zum Verkäufer machen würde, und keiner der Angestellten wußte, ob der Chef mit ihm zufrieden war oder nicht. Nichts war den Verkäufern direkt verboten, und daher wußten sie nicht, was ihnen erlaubt war und was nicht. Man verbot ihnen nicht zu heiraten, doch sie heirateten nicht, aus Furcht, ihre Heirat könnte dem Chef mißfallen und sie würden ihren Arbeitsplatz verlieren. Ihnen war gestattet, Bekannte zu haben und Besuche zu machen, das Tor wurde aber bereits um neun Uhr abends geschlossen, und jeden Morgen betrachtete der Chef alle Angestellten mißtrauisch und überprüfte, ob auch keiner von ihnen nach Wodka roch: »Na, hauch mich mal an!«

An jedem Feiertag waren die Angestellten verpflichtet, zur Frühmesse zu gehen und sich in der Kirche so hinzustellen, daß der Chef alle sehen konnte. Die Fasten wurden streng eingehalten. An Festtagen, zum Beispiel am Namenstag des Chefs oder eines seiner Familienmitglieder, mußten die Verkäufer sammeln und eine Torte oder ein Album überreichen. Sie wohnten im unteren Stockwerk des Hauses in der Pjatnizkaja und im Seitenflügel und waren zu dritt oder zu viert in einem Zimmer untergebracht, mittags aßen sie aus einer gemeinsamen Schüssel, obwohl vor jedem ein Teller stand. Kam einer der Chefs während des Essens herein, standen sie alle auf.

Laptew war sich bewußt, daß nur die ihn ernsthaft für ihren Wohltäter halten konnten, die durch die Erziehung des Alten verdorben waren, die anderen sahen in ihm einen Feind und »Plantator«. Jetzt, nach seiner halbjährigen Abwesenheit sah er keinen Wandel zum Besseren; und es gab noch etwas Neues, das nichts Gutes verhieß. Sein Bruder Fjodor, der früher still, nachdenklich und außerordentlich feinfühlig war, lief jetzt im Speicher mit der Miene eines vielbeschäftigten Mannes umher, einen Bleistift hinter dem Ohr, klopfte den Käufern auf die Schulter und schrie die Verkäufer an: »Freunde!« Offenbar spielte er irgendeine Rolle, und in dieser neuen Rolle erkannte ihn Alexej nicht wieder.

Die Stimme des Alten dröhnte ununterbrochen. Aus Langeweile belehrte er die Käufer, wie man zu leben und seine Geschäfte zu führen habe, und dabei stellte er sich selbst immer als Vorbild hin. Diese Prahlerei, diesen autoritären, beklemmenden Ton hatte Laptew schon vor zehn, fünfzehn und zwanzig Jahren gehört. Der Alte vergötterte sich selbst, aus seinen Worten ging immer hervor, daß er seine verstorbene Frau und seine Familie glücklich gemacht, die Kinder belohnt und den Verkäufern und Angestellten Wohltaten erwiesen habe, und die ganze Straße und alle Bekannten müßten nun ständig für ihn beten; was immer er auch tat, es war alles sehr gut, und wenn bei anderen die Geschäfte schlecht liefen, dann nur deshalb, weil sie seinen Rat nicht einholen wollten; ohne seinen Rat konnte kein Geschäft gelingen. In der Kirche stellte er sich immer ganz vorne hin, und er tadelte sogar die Priester, wenn sie seiner Meinung nach nicht richtig zelebrierten, und glaubte, das sei Gott wohlgefällig, weil Gott ihn liebe.

Gegen zwei Uhr waren im Speicher schon alle bei der Arbeit, mit Ausnahme des Alten, dessen Stimme weiterhin dröhnte. Um nicht müßig herumzustehen, nahm Laptew von einer Meisterin Zierborten entgegen und ließ sie gehen, dann hörte er einen Käufer an, einen Kaufmann aus Wologda, und wies einen Verkäufer an, sich um ihn zu kümmern.

»T, W, A!« hörte man von allen Seiten (die Preise und Nummern der Waren wurden im Speicher mit Buchstaben bezeichnet). »R, I, T!«

Beim Weggehen verabschiedete sich Laptew nur von Fjodor.

»Ich komme morgen mit meiner Frau in die Pjatnizkaja«, sagte er, »aber ich warne euch, wenn Vater ihr auch nur ein grobes Wort sagt, bleibe ich keine Minute.«

»Du bist immer noch derselbe«, seufzte Fjodor. »Hast geheiratet und dich nicht geändert. Man muß mit dem Alten nachsichtig sein, Bruder. Also morgen gegen elf Uhr. Wir werden mit Ungeduld warten. Komm gleich nach der Frühmesse.«

»Ich gehe nicht in die Messe.«

»Na, egal. Hauptsache, du kommst nicht später als elf, damit wir noch gemeinsam beten und dann frühstücken können. Grüße das Schwesterchen und küsse ihr die Hand. Ich habe das Gefühl, daß ich sie liebgewinnen werde«, fügte Fjodor völlig aufrichtig hinzu. »Ich beneide dich, Bruder!« rief er, als Alexej schon die Treppe hinunterstieg.

Warum gebärdet er sich nur immer so verlegen, als fühlte er sich nackt? dachte Laptew, als er über die Nikolskaja ging und versuchte, die Veränderungen zu verstehen, die in Fjodor vorgegangen waren. Auch seine Sprache ist irgendwie anders: Bruder, lieber Bruder, Gott hat uns Gnade erwiesen, beten wir zu Gott – genau wie Juduschka bei Saltykow-Schtschedrin*.

---

* Juduschka (Porfiri Golowjow) ist die Hauptfigur des zweiten Teils des Romans *Die Herren Golowjow* von Michail Saltykow-Schtschedrin (1826 bis 1889). Vgl. Anm. zu S. 305.

Am nächsten Tag, einem Sonntag, fuhr Laptew mit seiner Frau um elf Uhr in einer leichten einspännigen Kutsche über die Pjatnizkaja. Er fürchtete, Fjodor Stepanytsch könnte ausfällig werden, und hatte schon im voraus ein unangenehmes Gefühl. Nach den zwei Nächten, die sie im Haus ihres Mannes verbracht hatte, hielt Julija Sergejewna ihre Heirat bereits für einen Fehler und ein Unglück, und wenn sie mit ihrem Mann nicht in Moskau, sondern irgendwo in einer anderen Stadt hätte leben müssen, dann würde sie, so schien ihr, dieses Grauen nicht ertragen. Moskau aber lenkte sie ab, die Straßen, die Häuser und Kirchen gefielen ihr sehr, und könnte sie in einer so schönen Kutsche mit teuren Pferden den ganzen Tag, von früh bis spät durch Moskau fahren und während der schnellen Fahrt die kühle Herbstluft atmen, dann würde sie sich wahrscheinlich nicht so unglücklich fühlen.

Vor einem weißen, vor kurzem frisch verputzten zweistöckigen Haus zügelte der Kutscher das Pferd und lenkte es nach rechts. Sie wurden schon erwartet. Am Tor standen der Hausknecht in neuem Kaftan, mit hohen Stiefeln und Galoschen, und zwei Wachtmänner; die ganze Fläche von der Mitte der Straße bis zum Tor und dann im Hof bis zur Freitreppe war frisch mit Sand bestreut. Der Hausknecht zog seinen Hut, die Wachtmänner salutierten. An der Freitreppe begrüßte sie Fjodor mit sehr ernstem Gesicht.

»Ich freue mich sehr, Sie kennenzulernen, Schwesterchen«, sagte er und küßte Julija die Hand. »Herzlich willkommen.«

Er führte sie am Arm die Treppe hinauf, dann den Korridor entlang, vorbei an einer größeren Gruppe von Männern und Frauen. Im Vorzimmer herrschte ebenfalls Gedränge, und es roch nach Weihrauch.

»Ich stelle Sie gleich unserem Vater vor«, flüsterte Fjodor in der feierlichen Grabesstille. »Ein ehrwürdiger Alter, pater familias.«

In dem großen Saal, neben dem Tisch, der für die Andacht vorbereitet war, standen, sichtlich erwartungsvoll, Fjodor Stepanytsch, der Priester mit seiner Kamilavka[*] und ein Diakon. Der Alte reichte Julija die Hand und sagte kein Wort. Alle schwiegen. Julija wurde verlegen.

Der Priester und der Diakon legten den Ornat an. Man brachte das Weihrauchgefäß, aus dem Funken sprühten und das einen Duft von Weihrauch und Kohle verbreitete. Die Kerzen wurden angezündet. Die Verkäufer kamen auf Zehenspitzen in den Saal und stellten sich an der Wand in zwei Reihen auf. Es war still, nicht einmal ein Hüsteln war zu hören.

»Segne uns, Herr«, begann der Diakon.

Die Andacht wurde feierlich zelebriert, ohne etwas auszulassen, und es wurden zwei Akathistos-Hymnen[**] gelesen: an den Mildesten Herrn Jesus Christus und an die Heilige Gottesmutter. Die Sänger sangen nur nach Noten und sehr lange. Laptew hatte bemerkt, wie seine Frau kurz zuvor verlegen geworden war; während die Akathistos-Hymnen vorgetragen wurden und die Sänger in verschiedenen Tonarten »Herr, erbarme dich« sangen, erwartete er jeden Augenblick angespannt, daß der Vater sich umsah und eine Bemerkung machte, zum Beispiel: Sie verstehen es nicht, sich zu bekreuzigen; und er ärgerte sich: Wozu diese Menge, wozu diese ganze Zeremonie mit Popen und Sängern. Das war allzusehr nach Kaufmannsart. Als sie aber gemeinsam mit dem Alten das Haupt vor dem Evangelium senkte und einige Male niederkniete, wußte er, daß ihr dies alles gefiel, und er beruhigte sich.

Am Ende der Andacht, während des Bittgebets für das Wohl der Zarenfamilie, ließ der Priester den Alten und

---

[*] Kopfbedeckung der Mönche, Bischöfe und Weltgeistlichen in der orth. Kirche.

[**] Zur Bedeutung der Akathistos-Hymnen vgl. Anm. zu S. 99 und die Erzählung »In der Osternacht« in Band I dieser Ausgabe.

Alexej das Kreuz küssen, als aber Julija Sergejewna hinzukam, bedeckte er das Kreuz mit der Hand und gab zu verstehen, daß er sprechen wolle. Man winkte den Sängern, sie sollten schweigen.

»Der Prophet Samuel«, begann der Priester, »kam auf Gottes Geheiß nach Bethlehem, und dort fragten ihn die Stadtältesten zitternd: ›Bedeutet dein Kommen Heil?‹ Er sprach: ›Ja, es bedeutet Heil! Ich bin gekommen, dem Herrn zu opfern, heiligt euch und kommt mit mir zum Opfer.‹ So fragen wir auch dich, Magd Gottes Julija, bringst du Frieden in dieses Haus?«

Julija errötete vor Erregung. Als der Priester geendet hatte, gab er ihr das Kreuz zum Kuß und sagte, nun in einem ganz anderen Ton:

»Jetzt muß man Fjodor Fjodorytsch verheiraten. Es ist Zeit.«

Wieder sang der Chor, die Menschen kamen in Bewegung, und es wurde laut. Der Alte war gerührt, küßte Julija dreimal mit Tränen in den Augen, bekreuzigte sie und sagte:

»Das ist euer Haus. Ich bin ein alter Mann und brauche nichts mehr.«

Die Verkäufer gratulierten und sagten etwas, doch die Sänger sangen so laut, daß man nichts verstehen konnte. Dann frühstückten sie und tranken Champagner. Sie saß neben dem Alten, und er sagte ihr, es sei nicht gut, getrennt zu leben, man müsse in einem Haus wohnen, denn Teilungen und mangelnde Eintracht führten zum Ruin.

»Ich habe es erworben, und die Kinder geben es nur aus«, sagte er. »Lebt jetzt mit mir in einem Haus und verdient das Geld. Für mich alten Mann ist es Zeit auszuruhen.«

Vor Julijas Augen tauchte dauernd Fjodor auf, der ihrem Mann ähnlich sah, aber beweglicher und schüchterner war als er; er eilte vorbei und küßte ihr immer wieder die Hand.

»Wir sind einfache Leute, Schwesterchen!« sagte er, und

dabei erschienen rote Flecken auf seinem Gesicht. »Wir leben einfach, auf russische Art und christlich, Schwesterchen.«

Als sie nach Hause fuhren, sagte Laptew, sehr zufrieden, daß alles so gut gelaufen und wider Erwarten nichts Besonderes passiert war, zu seiner Frau:

»Du wunderst dich, daß dieser große, breitschultrige Vater so kleine schwachbrüstige Kinder hat wie mich und Fjodor. Aber das ist erklärlich! Vater hat meine Mutter geheiratet, als er fünfundvierzig Jahre alt war, sie aber war erst siebzehn. Sie wurde blaß und zitterte in seiner Gegenwart. Nina wurde als erste geboren, da war unsere Mutter noch verhältnismäßig gesund, und deshalb war Nina kräftiger und gesünder als wir; ich und Fjodor aber wurden gezeugt und geboren, als Mutter durch ihre ständige Angst schon völlig erschöpft war. Ich erinnere mich, mein Vater begann mich zu erziehen oder einfacher gesagt, zu prügeln, als ich noch keine fünf Jahre alt war. Er züchtigte mich mit der Rute, zog mich an den Ohren, schlug mich auf den Kopf, und ich dachte jeden Morgen, wenn ich aufwachte, als erstes: Wird man mich auch heute prügeln? Zu spielen und herumzutoben war mir und Fjodor verboten; wir mußten zur Frühmesse gehen und zum Mittagsgottesdienst, den Popen und den Mönchen die Hände küssen und zu Hause Akathistos-Hymnen lesen. Du bist religiös und liebst das alles, ich aber fürchte die Religion, und wenn ich an einer Kirche vorbeigehe, dann kommt mir meine Kindheit in den Sinn und mir graut. Als ich acht Jahre alt war, nahm man mich schon mit in den Speicher; ich arbeitete wie ein einfacher Lehrjunge, und das war schrecklich, weil man mich dort fast jeden Tag schlug. Später, als man mich ins Gymnasium schickte, lernte ich vormittags, und vom Mittag bis zum Abend mußte ich immer in diesem Speicher sitzen, und das, bis ich zweiundzwanzig war, bis ich an der Universität Jarzew kennenlernte, der mich überredete, das väterliche Haus zu verlassen. Dieser Jarzew hat mir viel

Gutes getan. Weißt du was«, sagte Laptew und lachte vor Vergnügen, »laß uns jetzt Jarzew einen Besuch abstatten. Er ist ein so edelmütiger Mensch! Wie wird er gerührt sein.«

VII

An einem Sonnabend im November dirigierte Anton Rubinstein in der Philharmonie. Es war sehr voll und heiß. Laptew stand hinter den Säulen, seine Frau und Kostja aber saßen weit vorne, in der dritten oder vierten Reihe. Zu Beginn der Pause ging völlig unerwartet die »Person«, Polina Nikolajewna Rassudina, an ihm vorbei. Nach seiner Heirat hatte er häufig beunruhigt an ein mögliches Zusammentreffen mit ihr gedacht. Als sie ihn jetzt offen und direkt ansah, erinnerte er sich daran, daß er es bisher noch nicht fertiggebracht hatte, sich mit ihr auszusprechen oder ihr wenigstens zwei, drei freundschaftliche Zeilen zu schreiben; es sah so aus, als wollte er sich vor ihr verstecken. Er schämte sich und wurde rot. Sie drückte ihm fest und abrupt die Hand und fragte:

»Haben Sie Jarzew nicht gesehen?«

Und sie ging, ohne eine Antwort abzuwarten, schnell mit großen Schritten weiter, als hätte sie jemand von hinten angestoßen.

Sie war sehr mager und häßlich und hatte eine lange Nase, ihr Gesicht wirkte immer erschöpft und gequält, und es schien, als koste es sie große Anstrengung, die Augen offenzuhalten und nicht umzufallen. Sie hatte wunderschöne dunkle Augen und einen klugen, gütigen und offenen Gesichtsausdruck, ihre Bewegungen aber waren eckig und hastig. Mit ihr zu reden war nicht leicht, weil sie nicht zuhören und ruhig sprechen konnte. Sie zu lieben aber war schwer. Es kam vor, daß sie, wenn sie mit Laptew zusammen war, lange kicherte, dabei das Gesicht mit der Hand bedeckte und behauptete, die Liebe sei für sie nicht das Wichtigste im Leben; sie war zimperlich wie ein siebzehnjähriges Mädchen, und bevor er sie küssen durfte, mußten alle Kerzen gelöscht werden. Sie war bereits dreißig, mit einem Pädagogen verheiratet, lebte aber schon lange nicht mehr mit ihrem Mann. Ihren Lebensunterhalt verdiente sie mit Musikstunden und durch Mitwirkung in Quartetten.

Während der Neunten Symphonie ging sie wieder wie zufällig vorbei, aber die Gruppe von Männern, die wie eine dichte Wand hinter den Säulen standen, ließ sie nicht durch, und sie blieb stehen. Laptew sah an ihr dieselbe Samtjacke, in der sie im letzten und vorletzten Jahr die Konzerte besucht hatte. Ihre Handschuhe waren neu, der Fächer auch, wenn auch billig. Sie liebte es, sich herauszuputzen, verstand es aber nicht und scheute sich, Geld dafür auszugeben; sie kleidete sich schlecht und nachlässig, so daß man sie auf der Straße leicht für einen jungen Novizen halten konnte, wenn sie wie gewöhnlich mit großen, eiligen Schritten zu ihren Stunden ging.

Das Publikum applaudierte und rief »da capo«.

»Sie werden heute den Abend mit mir verbringen«, sagte Polina Nikolajewna, die auf Laptew zukam und ihn streng ansah. »Wir fahren von hier aus zusammen zu mir und trinken Tee. Ich verlange das. Sie sind mir in vielem verpflichtet und haben nicht das moralische Recht, mir diese Kleinigkeit zu verweigern.

»Gut, fahren wir«, willigte Laptew ein.

Nach der Symphonie begann nicht enden wollender Beifall. Die Konzertbesucher standen von ihren Plätzen auf und gingen außerordentlich langsam hinaus. Laptew konnte nicht fortgehen, ohne seiner Frau Bescheid zu sagen. Er mußte an der Tür stehen bleiben und warten.

»Ich lechze nach Tee«, klagte die Rassudina, »meine Seele brennt.«

»Wir können auch hier trinken«, sagte Laptew. »Gehen wir ans Buffet.«

»Nein, ich habe kein Geld, um es dem Buffetier hinzuwerfen. Ich bin keine Kaufmannsfrau.«

Er bot ihr seinen Arm, sie lehnte mit dem langen ermüdenden Spruch ab, den er schon oft von ihr gehört hatte: sie fühle sich nicht dem schwachen schönen Geschlecht zugehörig und bedürfe der Dienste der Herren Männer nicht.

Während sie sich mit Laptew unterhielt, schaute sie sich im Publikum um und begrüßte immer wieder Bekannte; es waren ihre Kolleginnen aus den Kursen und aus dem Konservatorium und ihre Schüler und Schülerinnen. Sie drückte ihnen fest und ungestüm die Hand, als wollte sie sie abreißen. Dann aber begann sie wie im Fieber mit den Schultern zu zucken und zu zittern, schließlich sagte sie leise, während sie Laptew entsetzt ansah:

»Wen haben Sie geheiratet? Wo waren Ihre Augen, Sie verrückter Mensch? Was haben Sie an diesem dummen, nichtssagenden Mädchen gefunden? Ich habe Sie doch für Ihren Verstand, für Ihr Herz geliebt, diese Porzellanpuppe aber braucht nur Ihr Geld.«

»Lassen wir das, Polina«, sagte er mit flehender Stimme. »Alles, was Sie mir wegen meiner Heirat sagen können, habe ich mir schon viele Male gesagt ... Fügen Sie mir keinen unnötigen Schmerz zu.«

Julija Sergejewna erschien, im schwarzen Kleid mit einer großen Brillantbrosche, die ihr der Schwiegervater nach dem Gottesdienst geschickt hatte; hinter ihr schritt ihr Gefolge: Kotschewoi, zwei bekannte Ärzte, ein Offizier und ein korpulenter junger Mann in Studentenuniform namens Kisch.

»Fahr mit Kostja«, sagte Laptew zu seiner Frau. »Ich komme später.«

Julija nickte mit dem Kopf und ging weiter. Polina Nikolajewna folgte ihr mit den Augen, sie zitterte am ganzen Körper und zuckte nervös; ihr Blick war voller Abscheu, Haß und Schmerz.

Laptew hatte Angst, zu ihr zu fahren, weil er eine unangenehme Aussprache, scharfe Worte und Tränen voraussah, und er schlug ihr vor, in einem Restaurant Tee zu trinken. Sie aber sagte:

»Nein, wir fahren zu mir. Wagen Sie nicht, mir von Restaurants zu sprechen.«

Sie liebte Restaurants nicht, weil ihr die Luft dort vom Tabak und dem Atem der Männer vergiftet erschien. Allen fremden Männern gegenüber hatte sie ein seltsames Vorurteil, sie hielt sie für Wüstlinge, fähig, sich jeden Augenblick auf sie zu stürzen. Außerdem reizte sie die Musik in Gasthäusern bis zu Kopfschmerzen.

Sie verließen die Adelsversammlung, nahmen eine Kutsche und fuhren zur Ostoshenka, in die Sawelowski-Gasse, wo die Rassudina wohnte. Laptew dachte während der Fahrt über sie nach. Es stimmte, er war ihr in vielem verpflichtet. Kennengelernt hatte er sie bei seinem Freund Jarzew, den sie Musiktheorie lehrte. Sie faßte eine starke und völlig selbstlose Liebe zu ihm, und als sie eine intime Beziehung eingingen, gab sie weiterhin ihre Stunden und arbeitete wie zuvor bis zur Erschöpfung. Durch sie lernte er, die Musik zu verstehen und zu lieben, die ihm vorher fast gleichgültig war.

»Ein halbes Königreich für ein Glas Tee!« sagte sie mit dumpfer Stimme und hielt sich dabei den Muff vor den Mund, um sich nicht zu erkälten. »Ich habe fünf Stunden gegeben, der Teufel soll sie holen. Die Schüler sind solche Schwachköpfe, solche Tölpel, mich bringt der Ärger fast um. Und ich weiß nicht, wann diese Schinderei ein Ende hat. Ich habe mich genug abgequält. Sowie ich dreihundert Rubel zusammen habe, schmeiße ich alles hin und fahre auf die Krim. Lege mich an den Strand und schlucke Sauerstoff. Wie ich das Meer liebe, ach, wie ich es liebe!«

»Sie werden nirgendwohin fahren«, sagte Laptew. »Erstens werden Sie nichts sparen, und zweitens sind Sie geizig. Verzeihen Sie, ich wiederhole es noch einmal: Ist es denn weniger demütigend, diese dreihundert Rubel Groschen für Groschen von müßigen Menschen zusammenzutragen, die aus lauter Langeweile bei Ihnen Musikstunden nehmen, als dieses Geld bei Freunden zu leihen?«

»Ich habe keine Freunde!« sagte sie gereizt. »Und ich bitte Sie, reden Sie keinen Unsinn. Die Arbeiterklasse, zu der ich gehöre, hat ein Privileg: das Bewußtsein ihrer Unbestechlichkeit, das Recht, den Kaufleuten nicht gefällig zu sein und sie zu verachten. Nein, mein Herr, mich kaufen Sie nicht! Ich bin nicht Julitschka!«

Laptew machte nicht den Versuch, den Kutscher zu bezahlen, weil er wußte, das würde einen langen Wortschwall auslösen, wie er ihn früher schon oft gehört hatte. Sie zahlte selbst.

Sie hatte ein kleines möbliertes Zimmer in der Wohnung einer alleinstehenden Dame gemietet, die sie auch beköstigte. Ihr großer Becker-Flügel stand einstweilen bei Jarzew in der Bolschaja Nikitskaja, und sie ging jeden Tag zum Spielen dorthin. In dem Zimmer standen Sessel mit Überzügen, ein Bett mit einer weißen Leinendecke und Blumen von der Wirtin, an den Wänden hingen Öldrucke; nichts deutete darauf hin, daß hier eine Frau lebte, die eine Bildung genossen hatte. Es gab keinen Toilettentisch, keine Bücher und nicht einmal einen Schreibtisch. Es war offensichtlich, daß sie sich ins Bett legte, sobald sie nach Hause kam, und morgens das Haus verließ, sobald sie aufgestanden war.

Die Köchin brachte den Samowar. Polina Nikolajewna goß den Tee auf und begann, immer noch zitternd – im Zimmer war es kalt –, auf die Sänger zu schimpfen, die in der Neunten Symphonie gesungen hatten. Die Augen fielen ihr vor Erschöpfung zu. Sie trank ein Glas, dann ein zweites und ein drittes.

»Sie sind also verheiratet«, sagte sie. »Aber seien Sie unbesorgt, ich bin nicht mißgestimmt, ich schaffe es schon, Sie aus meinem Herzen zu reißen. Ärgerlich und bitter ist nur, daß Sie genauso ein Dreckskerl sind wie alle und daß Sie bei einer Frau nicht den Verstand, nicht den Intellekt suchen, sondern ihren Körper, ihre Schönheit und Jugend … Jugend!« wiederholte sie näselnd, als äffte sie jemanden nach, und lachte. »Jugend! Sie wollen Unschuld, Reinheit! Reinheit«, lachte sie spöttisch und lehnte sich im Sessel zurück. »Reinheit!«*

Als sie aufhörte zu lachen, waren ihre Augen verweint.

»Sind Sie wenigstens glücklich?«

»Nein.«

»Liebt sie Sie?«

»Nein.«

Laptew, der erregt war und sich unglücklich fühlte, stand auf und begann im Zimmer umherzugehen.

»Nein«, wiederholte er. »Wenn Sie es wissen wollen, Polina, ich bin sehr unglücklich. Was soll ich tun? Ich habe eine Dummheit begangen, das ist jetzt nicht mehr zu ändern. Man muß das philosophisch betrachten. Sie hat ohne Liebe geheiratet, das war dumm, und vielleicht auch aus Berechnung, aber ohne wirklich zu überlegen, und jetzt erkennt sie offensichtlich ihren Fehler und leidet. Ich sehe das. Nachts schlafen wir, aber am Tage hat sie Angst, auch nur fünf Minuten mit mir alleine zu sein, und sucht Zerstreuung, die Gesellschaft anderer Menschen. Sie schämt sich mit mir und fürchtet sich.«

»Aber Geld nimmt sie dennoch von Ihnen?«

»Das ist dumm, Polina!« rief Laptew aus. »Sie nimmt von mir Geld, weil es ihr entschieden einerlei ist, ob sie es hat oder nicht. Sie ist ein ehrlicher, reiner Mensch. Sie hat mich nur geheiratet, weil sie von ihrem Vater wegwollte, das ist alles.«

»Und sind Sie sicher, daß sie Sie geheiratet hätte, wenn Sie nicht reich wären?« fragte die Rassudina.

»Ich bin mir in nichts sicher«, sagte Laptew unglücklich. »In nichts. Ich verstehe gar nichts. Um Gottes willen, Polina, wir wollen nicht darüber sprechen.«

* Reinheit im Original dt.

»Lieben Sie sie?«

»Wahnsinnig.«

Darauf trat Schweigen ein. Sie trank das vierte Glas Tee, und er lief durch das Zimmer und dachte daran, daß seine Frau jetzt wahrscheinlich im Ärzteklub zu Abend aß.

»Kann man denn lieben, ohne zu wissen wofür?« fragte die Rassudina und zuckte mit den Schultern. »Nein, aus Ihnen spricht animalische Leidenschaft! Sie sind berauscht! Sie sind vergiftet von diesem schönen Körper, von dieser *Reinheit*! Gehen Sie weg von mir, Sie sind beschmutzt, gehen Sie zu ihr!«

Sie machte eine abwehrende Handbewegung, nahm Laptews Hut und schleuderte ihn zu ihm hinüber. Schweigend zog er seinen Pelz an und ging hinaus, sie aber lief ihm in die Diele nach und klammerte sich krampfhaft an seinen Arm, an seine Schulter und begann zu schluchzen.

»Hören Sie auf, Polina! Es ist genug!« sagte er, er konnte ihre Finger einfach nicht lösen. »Beruhigen Sie sich, ich bitte Sie!«

Sie schloß die Augen und wurde blaß, ihre lange Nase bekam eine unangenehme wächserne Färbung wie bei einer Toten, und Laptew konnte noch immer ihre Finger nicht lösen. Sie war ohnmächtig. Er hob sie vorsichtig hoch, legte sie aufs Bett und saß etwa zehn Minuten neben ihr, bis sie zu sich kam. Ihre Hände waren kalt, der Puls schwach und unregelmäßig.

»Gehen Sie nach Hause«, sagte sie, als sie die Augen wieder öffnete. »Gehen Sie, sonst heule ich wieder. Man muß sich zusammennehmen!«

Er verließ sie, begab sich aber nicht in den Ärzteklub, wo ihn die Gesellschaft erwartete, sondern nach Hause. Den ganzen Weg über fragte er sich vorwurfsvoll: Warum hatte er nicht mit der Frau eine Familie gegründet, die ihn so liebte und immerhin schon seine Frau und Freundin gewesen war? Sie war der einzige Mensch, der ihm zugetan war. Und wäre es darüber hinaus nicht eine dankbare und ehrenvolle Aufgabe, diesem klugen, stolzen und von der Arbeit erschöpften Wesen Glück, ein Heim und Ruhe zu schenken? Stand es ihm denn an, so fragte er sich immer wieder, diesen Anspruch auf Schönheit, Jugend, auf ein Glück zu haben, das nicht sein konnte und das, wie zur Strafe und zum Hohn, ihn nun schon drei Monate lang in einem düsteren, niedergeschlagenen Zustand hielt? Die Flitterwochen waren längst vorbei, und er, so lächerlich es war, das zu sagen, wußte noch immer nicht, was für ein Mensch seine Frau war. Ihren Freundinnen aus dem Internat und ihrem Vater schrieb sie fünf Seiten lange Briefe und wußte immer, worüber sie schreiben sollte, mit ihm aber redete sie nur über das Wetter oder darüber, daß es Zeit sei, zu Mittag oder zu Abend zu essen. Wenn sie vor dem Schlafengehen lange zu Gott betete und dann ihre Kreuze und Heiligenbildchen küßte, sah er sie an und dachte haßerfüllt: Da betet sie, aber worum bittet sie? Worum? In Gedanken beleidigte er sie und sich selbst damit, daß er sich sagte, wenn er mit ihr schlief und sie in seinen Armen hielt, nehme er sich nur das, wofür er zahlte, aber der Gedanke war entsetzlich; wäre sie wenigstens eine große und mutige Sünderin, doch hier waren Jugend, Frömmigkeit, Sanftmut, unschuldige Augen … Als sie seine Braut war, hatte ihn ihre Religiosität gerührt, jetzt aber erschien ihm diese konventionelle Bestimmtheit der Ansichten und Überzeugungen als Bollwerk, hinter dem die eigentliche Wahrheit nicht sichtbar war. In seinem Familienleben war bereits alles eine Qual. Wenn seine Frau neben ihm im Theater saß, seufzte oder von Herzen lachte, war er darüber erbittert, daß sie sich allein amüsierte und ihre Begeisterung nicht mit ihm teilen wollte. Bemerkenswert war auch, daß sie mit allen seinen Freunden Freundschaft geschlossen hatte und alle schon wußten, was für ein Mensch sie war, er aber wußte nichts, blies nur Trübsal und war insgeheim eifersüchtig.

Zu Hause angekommen, zog er seinen Schlafrock und Pantoffeln an und setzte sich in sein Arbeitszimmer, um einen Roman zu lesen. Seine Frau war nicht zu Hause. Es verging jedoch keine halbe Stunde, als es in der Diele läutete und man dumpf Pjotrs Schritte hörte, der herbeigelaufen kam, um zu öffnen. Es war Julija. Sie betrat das Arbeitszimmer im Pelz, und ihre Wangen waren rot vom Frost.

»Auf der Presnja ist ein großes Feuer«, sagte sie, nach Luft ringend. »Ein riesiger Feuerschein. Ich fahre mit Konstantin Iwanowitsch hin.«

»Geh mit Gott!«

Ihr gesundes Aussehen, ihre Frische und die kindliche Furcht in ihren Augen beruhigten Laptew. Er las noch eine halbe Stunde und ging dann schlafen.

Am nächsten Morgen schickte ihm Polina Nikolajewna in den Speicher zwei Bücher, die sie einmal von ihm mitgenommen hatte, seine Briefe und Photographien; ein Zettel lag bei, auf dem nur ein Wort stand:

»Basta!«

VIII

Schon Ende Oktober zeigte sich bei Nina Fjodorowna ein deutlicher Rückfall. Sie verlor schnell an Gewicht, und ihr Gesicht veränderte sich. Trotz der heftigen Schmerzen bildete sie sich ein, sie sei bereits auf dem Weg zur Genesung, und jeden Morgen zog sie sich an, als sei sie gesund, und lag dann den ganzen Tag angekleidet auf dem Bett. Als es dem Ende zuging, wurde sie sehr redselig. Sie lag auf dem Rücken und erzählte leise irgend etwas, unter Mühen und schwer atmend. Sie starb ganz plötzlich unter folgenden Umständen:

Es war ein mondheller Abend, draußen fuhren Schlitten über den frischen Schnee, und Lärm drang von der Straße ins Zimmer. Nina Fjodorowna lag im Bett auf dem Rükken, und Sascha, die nun keiner mehr ablöste, saß neben ihr und döste.

»An seinen Vatersnamen erinnere ich mich nicht mehr«, erzählte Nina Fjodorowna leise, »sein Vorname war Iwan und sein Familienname Kotschewoi, ein armer Beamter. Ein großer Säufer war er, Gott hab ihn selig. Er kam immer zu uns, und wir gaben ihm jeden Monat ein Pfund Zucker und ein Achtel Tee. Und ab und zu natürlich auch Geld. Ja ... Dann passierte folgendes: Er betrank sich sinnlos, unser Kotschewoi, und starb, der Wodka hat ihn umgebracht. Er hinterließ einen Sohn, einen Jungen von etwa sieben Jahren. Ein Waisenkind. Wir nahmen ihn zu uns und versteckten ihn bei den Verkäufern, und so lebte er ein ganzes Jahr und Papachen wußte von nichts. Als Papa ihn dann sah, winkte er nur ab und sagte nichts. Als Kostja, das Waisenkind, neun Jahre alt war – ich war damals schon Braut –, zog ich mit ihm durch alle Gymnasien. Hierhin, dorthin, nirgends will man ihn nehmen. Und er weint ... ›Warum weinst du, du Dummkopf‹, sage ich. Ich brachte ihn zum Rasguljai-Platz in das zweite Gymnasium, und dort, möge Gott ihnen Gesundheit geben, nahmen sie ihn ... Und der Junge ging jeden Tag zu Fuß von der Pjatnizkaja zum Rasguljai und von dort zurück zur Pjatnizkaja ... Aljoscha hat für ihn bezahlt, Gott sei's gedankt, der Junge lernte gut, kam zurecht, und es wurde was aus ihm ... Ist jetzt Advokat in Moskau. Aljoschas Freund, auch so gebildet. Wir haben den Menschen nicht mißachtet, haben ihn in unser Haus aufgenommen, und jetzt betet er sicherlich für uns ... Ja ...«

Nina Fjodorowna sprach immer leiser, machte lange Pausen und dann plötzlich, nach einem kurzen Schweigen, richtete sie sich auf und setzte sich.

»Mir ist nicht so ... als ob mir schlecht wäre«, sagte sie. »Gott erbarme Dich. Oh, ich kriege keine Luft!«

Sascha wußte, daß ihre Mutter bald sterben mußte; als sie jetzt sah, wie ihr Gesicht plötzlich einfiel, ahnte sie, daß dies das Ende war, und erschrak.

»Mamotschka, nein, du darfst nicht!« schluchzte sie. »Nein, du darfst nicht!«

»Lauf in die Küche, sie sollen nach dem Vater schicken. Mir geht es sogar sehr schlecht.«

Sascha lief rufend durch alle Zimmer, doch sie fand im ganzen Haus keinen Dienstboten, nur im Speisezimmer schlief Lida auf der Truhe, angezogen und ohne Kissen. Sascha rannte, so wie sie war, ohne Galoschen auf den Hof, dann auf die Straße. Vor dem Tor saß die Kinderfrau auf einer Bank und schaute auf die vorbeifahrenden Schlitten. Vom Fluß her, auf dem eine Eisbahn war, drangen Klänge von Militärmusik herauf.

»Njanja, Mama stirbt!« sagte Sascha schluchzend. »Man muß Papa holen.«

Die Kinderfrau ging nach oben ins Schlafzimmer, warf einen Blick auf die Kranke und steckte ihr eine brennende Wachskerze in die Hände. Sascha lief aufgelöst umher und bat flehentlich, sie wußte selbst nicht wen, den Vater zu holen, dann zog sie Mantel und Schultertuch an und rannte nach draußen. Von den Dienstboten wußte sie, daß ihr Vater noch eine andere Frau und zwei Mädchen hatte, mit denen er auf der Basarnaja lebte. Weinend lief sie vom Tor aus nach links, fürchtete sich vor den fremden Menschen, versank bald im Schnee und begann zu frieren.

Eine freie Kutsche kam ihr entgegen, aber sie nahm sie nicht: Vielleicht würde der Kutscher sie aus der Stadt bringen, sie berauben und auf den Friedhof werfen (die Dienstboten hatten beim Tee erzählt, es habe so einen Fall gegeben). Sie lief und lief, schluchzend und vor Erschöpfung keuchend. Als sie auf die Basarnaja kam, fragte sie, wo hier Herr Panaurow wohne. Eine unbekannte Frau erklärte es ihr lange, und als sie sah, daß Sascha nichts verstanden hatte, nahm sie sie an der Hand und führte sie zu einem einstöckigen Haus mit Freitreppe. Die Tür war nicht verschlossen. Sascha lief durch die Diele, dann durch einen Korridor und befand sich schließlich in einem hellen warmen Zimmer, wo der Vater mit einer Dame und zwei kleinen Mädchen beim Samowar saß. Sie konnte kein Wort herausbringen und schluchzte nur. Panaurow begriff.

»Mama geht es wohl nicht gut?« fragte er. »Sag, Mädchen, geht es Mama schlecht?«

Er war beunruhigt und schickte nach einer Kutsche.

Als sie nach Hause kamen, saß Nina Fjodorowna da, von Kissen umgeben, mit der Kerze in der Hand. Ihr Gesicht war dunkel geworden, und ihre Augen waren bereits geschlossen. An der Tür des Schlafzimmers standen dicht gedrängt die Kinderfrau, die Köchin, das Zimmermädchen, der Bauer Prokofi und einige unbekannte einfache Leute. Die Kinderfrau gab flüsternd Anweisungen, aber niemand verstand sie. Ganz hinten im Zimmer stand Lida blaß und verschlafen am Fenster und schaute scheu zu ihrer Mutter hinüber.

Panaurow nahm Nina Fjodorowna die Kerze aus der Hand und schleuderte sie mit angewiderter Miene auf die Kommode.

»Das ist schrecklich!« sagte er, und seine Schultern bebten. »Nina, du mußt dich hinlegen«, sagte er sanft. »Leg dich hin, meine Liebe.«

Sie sah ihn an und erkannte ihn nicht. Man legte sie auf den Rücken.

Als der Geistliche und Sergej Borissytsch, der Arzt, eintrafen, bekreuzigte sich die Dienerschaft bereits andächtig und betete für die Tote.

»Was für eine schlimme Sache!« sagte der Arzt nachdenklich, als er in den Salon ging. »Sie ist doch noch jung, sie war noch keine vierzig.«

Man hörte die Mädchen laut schluchzen. Panaurow, blaß und mit feuchten Augen, trat an den Arzt heran und sagte mit schwacher, matter Stimme:

»Mein Teurer, seien Sie so gut und schicken Sie ein Telegramm nach Moskau. Ich habe jetzt nicht die Kraft dazu.«

Der Arzt ließ sich Tinte geben und setzte folgendes Telegramm an seine Tochter auf:

»Panaurowa acht Uhr abends gestorben. Sag deinem Mann, auf Dworjanskaja wird Haus mit Schuldübernahme verkauft, neun zuzuzahlen. Versteigerung Zwölften. Rate, nicht versäumen.«

IX

Laptew wohnte in einer der Gassen, die von der Malaja Dmitrowka abgingen, unweit vom Stary Pimen. Außer dem großen Haus an der Straße hatte er im Hof noch einen zweistöckigen Seitenflügel für seinen Freund Kotschewoi gemietet, den Gehilfen eines Rechtsanwalts, den alle Laptews einfach Kostja nannten, weil er vor ihren Augen aufgewachsen war. Diesem Flügel gegenüber stand ein weiterer, auch zweistöckig, in dem eine französische Familie lebte, die aus Mann, Frau und fünf Töchtern bestand.

Es herrschten etwa 20 Grad Frost. Die Fenster waren zugefroren. Als Kostja am Morgen erwachte, nahm er mit besorgtem Gesicht fünfzehn Tropfen einer Medizin, holte dann aus dem Bücherschrank zwei Gewichte und machte Gymnastik. Er war hochgewachsen, sehr mager und hatte einen langen rötlichen Schnurrbart; das Auffälligste an seinem Äußeren aber waren seine ungewöhnlich langen Beine.

Pjotr, ein Mann mittleren Alters, bekleidet mit Jackett und Kattunhosen, die in hohen Stiefeln steckten, brachte den Samowar und goß den Tee auf.

»Sehr schönes Wetter heute, Konstantin Iwanytsch«, sagte er.

»Ja, schön, nur schade, Bruder, daß es uns beiden nicht besonders gutgeht.«

Pjotr seufzte aus Höflichkeit.

»Was ist mit den Mädchen?« fragte Kotschewoi.

»Der ehrwürdige Vater sind nicht gekommen. Alexej Fjodorowitsch unterrichtet sie selbst.«

Kostja fand am Fenster ein nicht vereistes Fleckchen und schaute durchs Fernglas, das er auf die Fenster richtete, hinter denen die französische Familie wohnte.

»Ich sehe nichts«, sagte er.

Zur gleichen Zeit unterwies unten Alexej Fjodorowitsch Sascha und Lida in der Heiligen Schrift. Die Mädchen lebten nun schon anderthalb Jahre in Moskau im Erdgeschoß des Flügels, zusammen mit ihrer Gouvernante; dreimal in der Woche kamen ein Lehrer der städtischen Lehranstalt und ein Geistlicher zu ihnen. Sascha nahm das Neue Testament durch, und Lida hatte kürzlich mit dem Alten begonnen. Beim letzten Mal war Lida aufgetragen worden, bis Abraham zu wiederholen.

»Also, Adam und Eva hatten zwei Söhne«, sagte Laptew. »Schön. Aber wie hießen sie? Denk nach!«

Lida schwieg, nach wie vor wie erstarrt, schaute auf den Tisch und bewegte nur die Lippen; die ältere, Sascha, sah ihr besorgt ins Gesicht.

»Du weißt das sehr gut, du darfst dich nur nicht aufregen«, sagte Laptew. »Na, wie heißen Adams Söhne?«

»Abel und Kabel«, flüsterte Lida.

»Kain und Abel«, korrigierte Laptew.

Über Lidas Wange lief eine dicke Träne und tropfte auf das Buch. Sascha senkte ebenfalls den Blick und errötete, sie war nahe daran zu weinen. Laptew konnte vor Mitleid nicht weitersprechen, Tränen schnürten ihm die Kehle zu; er stand auf und steckte sich eine Zigarette an. In diesem Augenblick kam Kotschewoi von oben mit einer Zeitung in der Hand. Die Mädchen erhoben sich und machten einen Knicks, ohne ihn anzusehen.

»Um Gottes willen, Kostja, kümmern Sie sich um sie«, wandte sich Laptew an ihn. »Ich habe Angst, ich fange gleich selbst an zu weinen, und ich muß vor dem Essen noch in den Speicher fahren.«

»Nun gut.«

Alexej Fjodorowitsch ging. Kostja setzte sich mit ernstem

Gesicht und gerunzelten Brauen an den Tisch und zog die Heilige Schrift zu sich herüber.

»Nun?« fragte er, »was ist denn dran?«

»Sie weiß was über die Sintflut«, sagte Sascha.

»Über die Sintflut? Also gut, quatschen wir über die Sintflut. Los geht's über die Sintflut.« Kostja überflog die kurze Beschreibung der Sintflut in dem Buch und sagte: »Ich muß euch dazu sagen, daß es eine solche Sintflut, wie sie hier beschrieben wird, in Wirklichkeit gar nicht gegeben hat. Und einen Noah gab es auch nicht. Einige tausend Jahre vor Christi Geburt gab es auf der Erde eine ungewöhnliche Überschwemmung, und das wird nicht nur in der jüdischen Bibel erwähnt, sondern auch in den Büchern anderer alter Völker wie der Griechen, der Chaldäer und Inder. Aber wie groß die Überschwemmung auch war, sie konnte nicht die ganze Erde überfluten. Nein, sie hat die Ebenen bedeckt, aber die Berge blieben bestimmt verschont. Ihr könnt dieses Büchlein ruhig lesen, aber glaubt nicht alles.«

Lida liefen wieder die Tränen, sie wandte sich ab und schluchzte plötzlich so laut, daß Kostja zusammenfuhr und in großer Bestürzung von seinem Platz aufstand.

»Ich will nach Hause«, sagte sie. »Zu Papa und zur Njanja.«

Sascha fing auch an zu weinen. Kostja ging nach oben in seine Wohnung und telephonierte mit Julija Sergejewna.

»Meine Liebe, die Mädchen weinen wieder. Ich kann nichts machen.«

Julija Sergejewna kam aus dem großen Haus herübergelaufen – sie war im Kleid, hatte nur ein gehäkeltes Tuch übergeworfen und war ganz durchgefroren – und begann die Mädchen zu trösten.

»Glaubt mir, glaubt mir doch«, sagte sie mit flehender Stimme und drückte mal die eine, mal die andere an sich, »euer Vater kommt heute, er hat ein Telegramm geschickt. Ihr seid traurig wegen eurer Mutter, auch ich bin traurig, es zerreißt mir das Herz, aber wir können es nicht ändern. Gegen Gott kann man sich nicht auflehnen.«

Als die Mädchen zu weinen aufhörten, zog sie sie warm an und machte mit ihnen eine Spazierfahrt. Zuerst fuhren sie über die Malaja Dmitrowka, dann am Strastnoi-Kloster vorbei auf die Twerskaja; an der Iwerskaja-Kapelle* hielten sie, stellten jede eine Kerze auf und beteten kniend. Auf dem Rückweg fuhren sie zu Filippow und kauften Fastenriegel mit Mohn.

Die Laptews aßen zwischen zwei und drei Uhr zu Mittag. Das Essen servierte Pjotr. Dieser Pjotr lief tagsüber mal zum Postamt, mal zum Speicher, mal ins Kreisgericht für Kostja, und er bediente; abends stopfte er Zigaretten, nachts lief er, die Tür zu öffnen, und vor fünf Uhr morgens heizte er bereits die Öfen, und keiner wußte, wann er schlief. Er liebte es, Seltersflaschen zu öffnen, und tat das leicht und geräuschlos, ohne einen Tropfen zu vergießen.

»Geb's Gott!« sagte Kostja, als er vor der Suppe ein Gläschen Wodka trank.

In der ersten Zeit mochte Julija Sergejewna Kostja nicht; sein Baß, seine Sprache – Worte wie »rausgeschmissen«, »eins auf die Fresse geben«, »ekelhaft«, »den Samowar anschmeißen« –, seine Gewohnheit, mit jedem Glas Wodka anzustoßen und dabei große Reden zu schwingen, erschienen ihr trivial. Als sie ihn aber besser kennenlernte, begann sie sich in seiner Gegenwart leicht zu fühlen. Er war offen mit ihr, liebte es, abends halblaut mit ihr zu plaudern, und gab ihr sogar seine selbstverfaßten Romane zu lesen, die bis dahin selbst für Freunde wie Laptew und Jarzew ein Geheimnis waren. Sie las diese Romane und lobte sie, um ihn nicht zu betrüben, und er freute sich, denn er hoffte, früher oder später ein berühmter Schriftsteller zu werden. In seinen Romanen beschrieb er nur Dörfer und Gutshöfe, obwohl er selten auf dem Land war, nur dann,

---

* Kapelle der Iberischen Gottesmutter.

wenn er sich bei Bekannten im Landhaus aufhielt; auf einem Gutshof war er einmal in seinem Leben gewesen, als er in einer Gerichtssache nach Wolokolamsk mußte. Das Thema Liebe vermied er, als geniere er sich, die Natur beschrieb er häufig und benutzte dabei mit Vorliebe Wendungen wie »bizarre Konturen der Berge«, »wunderliche Wolkenformen« oder »ein Akkord geheimnisvoller Harmonien« … Seine Romane wurden nirgends gedruckt, und er erklärte das mit den Zensurbestimmungen.

Die Tätigkeit als Rechtsanwalt gefiel ihm, dennoch hielt er nicht diese für seine Hauptbeschäftigung, sondern das Schreiben der Romane. Er glaubte, er habe eine feine künstlerische Ader, und es zog ihn immer zur Kunst. Er konnte nicht singen und spielte kein Instrument, das musikalische Gehör fehlte ihm völlig, doch besuchte er alle symphonischen und philharmonischen Konzerte, organisierte Wohltätigkeitskonzerte, war mit Sängern befreundet …

Während des Mittagessens unterhielt man sich.

»Eine seltsame Sache«, sagte Laptew, »wieder hat mich mein Fjodor in Verlegenheit gebracht! Man müsse herausfinden, meinte er, wann unsere Firma hundertjähriges Jubiläum hat, um sich dann um die Erhebung in den Adelsstand zu bemühen, und das meint er ganz ernst. Was ist nur mit ihm los? Offen gesagt, ich fange an, mich zu beunruhigen.«

Man sprach über Fjodor und darüber, daß es jetzt Mode sei, in eine Rolle zu schlüpfen. Fjodor zum Beispiel bemühte sich, als einfacher Kaufmann zu erscheinen, obwohl er schon kein Kaufmann mehr war, und wenn der Lehrer der Schule, in der der alte Laptew Kurator war, wegen seines Gehalts zu ihm kam, änderten sich sogar seine Stimme und sein Gang, und er benahm sich dem Lehrer gegenüber wie sein Vorgesetzter.

Nach dem Essen hatte man nichts zu tun und ging ins Arbeitszimmer. Man sprach über die Dekadenz, über die »Jungfrau von Orleans«, und Kostja rezitierte einen ganzen

Monolog; er glaubte, er würde die Jermolowa sehr treffend imitieren. Dann setzte man sich zum Whint. Die Mädchen gingen nicht in den Seitenflügel hinüber, sie saßen blaß und traurig zusammen in einem Sessel und lauschten auf die Geräusche von draußen: War das vielleicht der Vater? Abends bei Dunkelheit und Kerzenlicht überfiel sie immer eine tiefe Traurigkeit. Die Gespräche beim Whint, Pjotrs Schritte und das Knistern im Kamin regten sie auf, und sie wollten nicht ins Feuer gucken; abends mochten sie schon nicht mehr weinen, aber ihnen war beklommen und schwer ums Herz. Und sie konnten nicht verstehen, wie man über etwas reden und lachen konnte, wenn ihre Mama gestorben war.

»Was haben Sie heute durchs Fernglas gesehen?« wandte sich Julija Sergejewna an Kostja.

»Heute nichts, aber gestern hat der alte Franzose ein Bad genommen.«

Um sieben Uhr fuhren Julija Sergejewna und Kostja in das Kleine Theater. Laptew blieb mit den Mädchen zurück.

»Euer Vater müßte schon hier sein«, sagte er und sah auf die Uhr. »Wahrscheinlich hatte der Zug Verspätung.«

Die Mädchen saßen im Sessel, schweigend aneinandergeschmiegt wie junge frierende Tiere, er aber lief die ganze Zeit durch die Zimmer und schaute ungeduldig auf die Uhr. Im Haus war es still. Doch dann, es war schon kurz vor neun, läutete es. Pjotr ging, um zu öffnen.

Als sie die vertraute Stimme hörten, schrien die Mädchen auf und stürzten schluchzend in die Diele. Panaurow trug einen prächtigen Pelz, sein Bart und sein Schnurrbart waren weiß vom Reif.

»Gleich, gleich«, brummte er, aber Sascha und Lida küßten weinend und lachend seine kalten Hände, die Mütze, den Pelz. Der schöne, müde, von der Liebe verwöhnte Mann liebkoste die Mädchen ohne Eile, ging dann ins Arbeitszimmer und sagte, sich die Hände reibend:

»Ich komme nicht für lange zu euch, meine Freunde. Morgen fahre ich nach Petersburg. Man hat mir versprochen, mich in eine andere Stadt zu versetzen.«

Abgestiegen war er im »Dresden«.

X

Bei den Laptews verkehrte häufig Iwan Gawrilytsch Jarzew. Er war ein gesunder, kräftiger Mann mit schwarzem Haar und einem klugen, angenehmen Gesicht; er galt als schön, doch in der letzten Zeit fing er an zuzunehmen, und das schadete seinen Gesichtszügen und seiner Figur; sein Aussehen entstellte auch, daß er das Haar ganz kurz schneiden ließ, fast bis zur Kahlköpfigkeit. In der Universität hatten ihn die Studenten seinerzeit wegen seines hohen Wuchses und seiner Kraft Rausschmeißer genannt.

Er hatte zusammen mit den Brüdern Laptew an der philologischen Fakultät studiert, dann hatte er zur naturwissenschaftlichen Fakultät gewechselt und war jetzt Magister für Chemie. Mit einem Lehrstuhl rechnete er nicht, und er hatte auch nirgends als Laborant gearbeitet, sondern lehrte Physik und Naturkunde in einer Realschule und an zwei Mädchengymnasien. Von seinen Schülern und besonders den Schülerinnen war er begeistert und meinte, es wachse jetzt eine großartige Generation heran. Außer mit Chemie beschäftigte er sich zu Hause noch mit Soziologie und russischer Geschichte und veröffentlichte seine kurzen Notizen, die er mit »Ja.« zeichnete, hin und wieder in Zeitungen und Zeitschriften. Wenn er über ein Thema aus der Botanik oder der Zoologie sprach, erinnerte er an einen Historiker, erörterte er aber eine historische Frage, wirkte er eher als Naturwissenschaftler.

Zu Laptews Freundeskreis gehörte auch Kisch, genannt der ewige Student. Er hatte drei Jahre an der medizinischen Fakultät studiert, dann war er zur mathematischen übergegangen, wo er jedes Studienjahr zweimal durchlief.

Sein Vater, ein Apotheker in der Provinz, schickte ihm jeden Monat vierzig Rubel, und die Mutter ohne Wissen des Vaters noch einmal zehn, und dieses Geld reichte ihm zum Leben und sogar für solchen Luxus wie einen Mantel aus polnischem Biberpelz, Handschuhe, Parfüm und Photographien (er ließ sich häufig photographieren und schenkte die Porträts dann seinen Bekannten). Reinlich, leicht kahlköpfig, mit einem kleinen goldblonden Backenbart unter den Ohren und bescheiden, sah er immer aus wie ein Mensch, der gerne anderen einen Dienst erweist. Er setzte sich ständig für fremde Angelegenheiten ein: Mal war er mit einer Unterschriftenliste unterwegs, mal fror er vom frühen Morgen an vor einer Theaterkasse, um für eine Bekannte eine Theaterkarte zu besorgen, mal ging er, um einen Kranz oder einen Blumenstrauß für jemanden zu bestellen. Von ihm hieß es nur: Kisch wird gehen, Kisch wird es machen, Kisch wird es besorgen. Die Aufträge erledigte er im großen und ganzen allerdings schlecht. Es hagelte Vorwürfe, und häufig vergaß man, ihm die Besorgungen zu bezahlen; er aber schwieg immer, und in schwierigen Fällen seufzte er nur. Er zeigte niemals besondere Freude, ärgerte sich nicht, erzählte immer ausschweifend und langweilig, und seine Witze lösten jedesmal nur deshalb Lachen aus, weil sie nicht witzig waren. So sagte er einmal in der Absicht zu scherzen zu Pjotr: »Pjoter, du bist kein Toter«, was allgemeines Gelächter hervorrief, und auch er selbst lachte lange, zufrieden, daß sein Scherz so gelungen war. Wenn man einen Professor zu Grabe trug, ging er mit den Fackelträgern vorneweg.

Jarzew und Kisch kamen gewöhnlich abends zum Tee. Wenn die Gastgeber nicht ins Theater oder ins Konzert fuhren, zog sich der abendliche Tee bis zum Abendessen hin. An einem Februarabend ergab sich im Speisezimmer folgende Unterhaltung:

»Ein literarisches Werk ist nur dann bedeutend und nützlich, wenn es von seiner Idee her ein ernstes gesellschaftliches Anliegen vertritt«, sagte Kostja und sah Jarzew böse an. »Wenn das Werk gegen die Leibeigenschaft protestiert oder der Autor gegen die bessere Gesellschaft mit ihren Plattheiten zu Felde zieht, dann ist ein solches Werk bedeutend und nützlich. Die Romane und Erzählungen, in denen nur gejammert und gestöhnt wird, wo sie ihn liebt und er sie nicht mehr, die taugen nichts, der Teufel soll sie holen.«

»Ich bin Ihrer Meinung, Konstantin Iwanytsch«, sagte Julija Sergejewna. »Der eine beschreibt ein Rendezvous, der zweite einen Verrat und ein dritter die Wiederbegegnung nach einer Trennung. Gibt es denn keine anderen Sujets? Es gibt doch so viele Menschen, die krank und unglücklich sind oder Not leiden, denen ist es sicher zuwider, all das zu lesen.«

Laptew war es peinlich, daß seine junge Frau, die noch keine zweiundzwanzig Jahre alt war, so ernsthaft und kühl über die Liebe urteilte. Er ahnte, warum das so war.

»Wenn die Poesie die Fragen nicht löst, die Ihnen wichtig erscheinen«, sagte Jarzew, »dann greifen Sie doch nach Werken zur Technik, zum Polizei- und Finanzrecht, lesen Sie wissenschaftliche Feuilletons. Warum sollte in ›Romeo und Julia‹ statt von der Liebe zum Beispiel von der Freiheit der Lehre oder von der Desinfektion von Gefängnissen die Rede sein, wenn Sie das in speziellen Artikeln oder Anleitungen finden können?«

»Onkel, das sind Extreme«, unterbrach ihn Kostja. »Wir sprechen nicht über Giganten wie Shakespeare oder Goethe, wir reden über Hunderte von talentierten und mittelmäßigen Schriftstellern, die sehr viel mehr Nutzen bringen könnten, wenn sie die Liebe beiseite ließen und sich damit befaßten, Kenntnisse und humane Ideen unter die Massen zu bringen.«

Kisch fing an, schnarrend und leicht näselnd den Inhalt einer Erzählung wiederzugeben, die er kürzlich gelesen hatte. Er erzählte umständlich und bedächtig; es vergingen drei Minuten, dann fünf und zehn, und er redete immer noch, und niemand konnte verstehen, wovon er eigentlich sprach; seine Miene wurde immer teilnahmsloser und seine Augen trübe.

»Kisch, erzählen Sie schneller«, sagte Julija Sergejewna ungeduldig, »so ist es eine einzige Quälerei!«

»Hören Sie auf, Kisch!« rief Kostja ihm zu. Alle lachten, auch Kisch.

Fjodor kam. Mit roten Flecken im Gesicht grüßte er flüchtig und zog den Bruder ins Arbeitszimmer. In letzter Zeit vermied er das Zusammensein mit vielen Menschen und zog die Gesellschaft eines einzigen vor.

»Soll die Jugend dort kichern, wir aber wollen hier ernsthaft reden«, sagte er und ließ sich in einiger Entfernung von der Lampe in einen tiefen Sessel fallen. »Lange, Brüderchen, haben wir uns nicht gesehen. Wie lange warst du nicht mehr im Speicher? Wohl eine Woche.«

»Ja. Ich habe dort bei euch nichts verloren. Und von dem Alten habe ich, offen gesagt, genug.«

»Natürlich kommen sie im Speicher auch ohne uns aus, aber man muß doch eine Beschäftigung haben. Im Schweiße deines Angesichts sollst du dein Brot essen, wie es heißt. Gott liebt die Arbeit.«

Pjotr brachte auf einem Tablett ein Glas Tee. Fjodor trank ihn ohne Zucker und bat um mehr. Er trank viel Tee und konnte an einem Abend zehn Gläser davon zu sich nehmen.

»Weißt du was, Bruder?« sagte er, während er aufstand und auf den Bruder zutrat. »Schlicht und einfach, kandidiere öffentlich und wir machen dich langsam und bedacht zum Mitglied der Stadtverwaltung und dann zum Berater des Bürgermeisters. Mehr noch, du bist ein kluger Mann, gebildet, man wird auf dich aufmerksam werden und dich nach Petersburg holen, Mitarbeiter des Semstwo und der Stadtverwaltung sind dort jetzt in Mode. Paß auf, Bruder, noch bevor du fünfzig bist, wirst du schon Geheimrat sein mit einem Band über der Schulter.«

Laptew gab keine Antwort; er wußte, all das – Geheimrat sein und das Band über der Schulter – wollte Fjodor selbst, und er wußte nicht, was er antworten sollte.

Die Brüder saßen da und schwiegen. Fjodor klappte seine Uhr auf und schaute lange mit angespannter Aufmerksamkeit hinein, als wollte er die Bewegung des Zeigers verfolgen, und der Ausdruck seines Gesichts erschien Laptew sonderbar.

Man bat zum Abendessen. Laptew ging ins Speisezimmer, Fjodor aber blieb im Arbeitszimmer. Der Streit war zu Ende, und Jarzew sagte im Ton eines Professors, der eine Vorlesung hält:

»Infolge der Unterschiedlichkeit von Klima, Energie, Geschmack und Alter ist eine Gleichheit unter den Menschen physisch nicht möglich. Ein kultivierter Mensch kann jedoch dieser Ungleichheit entgegenwirken, wie er es schon mit den Sümpfen und den Bären getan hat. Da hat doch ein Wissenschaftler erreicht, daß bei ihm eine Katze, eine Maus, ein Falke und ein Spatz aus einem Napf fraßen, und Erziehung, so kann man hoffen, wird das gleiche mit den Menschen machen. Das Leben geht immer weiter und weiter, die Kultur zeitigt große Erfolge vor unseren Augen, und sicher wird die Zeit kommen, in der zum Beispiel die heutige Situation der Fabrikarbeiter eine solche Absurdität darstellen wird wie für uns jetzt das Leibeigenenrecht, wo man Mädchen gegen Hunde getauscht hat.«

»Das wird so bald nicht sein, nicht sehr bald«, sagte Kostja und lachte spöttisch, »so bald wird das nicht sein, daß Rothschild seine goldgefüllten Keller absurd vorkommen, aber bis dahin muß der Arbeiter den Rücken krumm machen und wird vor Hunger aufgedunsen sein. Nein, nein, Onkel, nicht warten muß man, sondern kämpfen. Wenn Katze und Maus aus einem Napf fressen, meinen Sie, daß sie dann ein Bewußtsein entwickelt haben? Nein, so ist es nicht. Man hat sie mit Gewalt dazu gezwungen.«

»Fjodor und ich sind reich, unser Vater ist ein Kapitalist, ein

Millionär, gegen uns muß man kämpfen!« sagte Laptew und rieb sich die Stirn mit der Hand. »Mit mir kämpfen, das will nicht in meinen Kopf! Ich bin reich, was aber hat mir bis jetzt mein Geld gebracht, was hat mir diese Macht genützt? Worin bin ich glücklicher als ihr? Meine Kindheit war qualvoll, und das Geld hat mich nicht vor Prügeln bewahrt. Als Nina krank war und starb, hat ihr mein Geld nicht geholfen. Wenn man mich nicht liebt, kann ich die Liebe nicht erzwingen, auch wenn ich hundert Millionen geben würde.«

»Dafür können Sie viel Gutes tun«, sagte Kisch.

»Was denn für Gutes? Gestern haben Sie sich bei mir für einen Mathematiker eingesetzt, der eine Stelle sucht. Glauben Sie mir, ich kann für ihn genausowenig tun wie Sie. Ich kann ihm Geld geben, doch das ist nicht das, was er braucht. Einmal bat ich einen bekannten Musiker um eine Stelle für einen armen Geiger, und er antwortete mir: ›Sie haben sich an mich gewandt, weil Sie kein Musiker sind.‹ So antworte ich auch Ihnen: Sie wenden sich so voller Zuversicht an mich um Hilfe, weil Sie selbst noch nie in der Lage eines reichen Mannes waren.«

»Was soll hier der Vergleich mit dem bekannten Musiker, das verstehe ich nicht!« sagte Julija Sergejewna und errötete. »Was hat der bekannte Musiker damit zu tun?«

Ihr Gesicht zitterte vor Haß, und sie senkte den Blick, um dieses Gefühl zu verbergen. Und den Ausdruck ihres Gesichts verstand nicht nur ihr Mann, sondern auch alle anderen, die am Tisch saßen.

»Was hat der bekannte Musiker damit zu tun«, wiederholte sie leise. »Nichts ist leichter als einem armen Menschen zu helfen.«

Schweigen trat ein. Pjotr servierte Haselhühner, aber keiner wollte sie essen, alle nahmen nur Salat. Laptew wußte schon nicht mehr, was er gesagt hatte, aber für ihn war klar, daß nicht seine Worte den Haß hervorgerufen hatten, sondern allein der Umstand, daß er sich in das Gespräch eingemischt hatte.

Nach dem Abendessen ging er in sein Arbeitszimmer. Angespannt, mit Herzklopfen und auf neue Demütigungen gefaßt, lauschte er, was im Saal vor sich ging. Dort begann der Streit von neuem; dann setzte sich Jarzew an den Flügel und sang eine sentimentale Romanze. Er war ein Tausendsassa: Er sang und spielte und konnte sogar Kunststücke zeigen.

»Wie Sie wollen, meine Herrschaften, aber ich möchte nicht zu Hause sitzen«, sagte Julija. »Wir sollten irgendwohin fahren!«

Es wurde beschlossen, in die Umgebung zu fahren, und man schickte Kisch in den Kaufmannsklub, eine Troika zu holen. Laptew wurde nicht aufgefordert mitzukommen, weil er auch sonst nicht in die Umgebung fuhr und jetzt sein Bruder bei ihm war, für ihn aber stand fest, daß seine Gesellschaft die anderen langweilte und er in diesem Kreis fröhlicher junger Menschen völlig überflüssig war. Sein Ärger und seine Verbitterung waren so stark, daß er fast geweint hätte; er freute sich sogar, daß man ihn so unfreundlich behandelte, daß man ihn verachtete, daß er ein dummer, langweiliger Ehemann war, ein Geldsack, und es schien ihm, daß er sich noch mehr freuen würde, würde seine Frau ihn in dieser Nacht mit seinem besten Freund betrügen und es ihm mit einem haßerfüllten Blick gestehen … Er war eifersüchtig auf die Studenten, die sie kannte, auf die Schauspieler, die Sänger, auf Jarzew und sogar auf die Passanten und wünschte jetzt leidenschaftlich, sie wäre ihm tatsächlich untreu und er würde sie mit jemandem ertappen, sich dann vergiften und damit ein für alle Mal aus diesem Alptraum befreien. Fjodor trank Tee und schluckte laut. Also wollte auch er aufbrechen.

»Unser Alter hat wahrscheinlich den schwarzen Star«, sagte er, als er den Pelz anzog. »Er sieht jetzt sehr schlecht.«

Laptew zog ebenfalls seinen Pelz über und ging hinaus. Er begleitete seinen Bruder bis zum Strastnoi-Kloster, dann nahm er eine Kutsche und fuhr zum Jar.

Und das nennt sich Familienglück, dachte er und lachte über sich selbst. Das soll Liebe sein!

Seine Zähne klapperten, und er wußte nicht, war das die Eifersucht oder etwas anderes. Im Jar ging er zwischen den Tischen auf und ab und hörte im Saal einem Couplet-Sänger zu; für den Fall, daß er seine Leute antreffen würde, hatte er sich nicht einen erklärenden Satz zurechtgelegt, und er war im voraus sicher, daß er bei einem Zusammentreffen mit seiner Frau nur kläglich und hilflos lächeln würde, und alle würden wissen, welches Gefühl ihn hierher getrieben hatte. Vom elektrischen Licht, der lauten Musik, dem Geruch von Puder und davon, daß die entgegenkommenden Damen ihn musterten, wurde ihm ganz schwindelig. Er blieb immer wieder an den Türen stehen, versuchte zu erspähen und zu erlauschen, was in den einzelnen Räumen vor sich ging, und ihm war, als spielte er zusammen mit dem Couplet-Sänger und diesen Damen eine gemeine und verachtenswerte Rolle. Dann fuhr er ins Strelna, aber auch dort traf er keinen von seinen Leuten, und erst als er auf dem Rückweg wieder am Jar vorbeifuhr, überholte ihn geräuschvoll eine Troika; der betrunkene Kutscher schrie, und man hörte Jarzew laut lachen: Hahaha!

Laptew kehrte nach drei Uhr morgens nach Hause zurück. Julija Sergejewna war bereits im Bett. Als er merkte, daß sie noch nicht schlief, ging er zu ihr und sagte schroff:

»Ich verstehe Ihre Abneigung und Ihren Haß, aber Sie sollten mich vor den Freunden schonen und Ihre Gefühle verbergen.«

Sie setzte sich im Bett auf und ließ die Beine herunterhängen. Beim Licht des Ikonenlämpchens erschienen ihm ihre Augen groß und schwarz.

»Ich bitte um Verzeihung«, sagte sie.

Vor Aufregung und weil er am ganzen Körper zitterte, konnte er kein Wort mehr herausbringen, er stand vor ihr und schwieg. Sie zitterte ebenfalls und saß da mit der Miene einer Verbrecherin und wartete auf die Auseinandersetzung.

»Wie sehr ich leide!« sagte er schließlich und griff sich an den Kopf. »Es ist die Hölle für mich, ich habe den Verstand verloren.«

»Ist es für mich denn leicht?« fragte sie mit zitternder Stimme. »Gott allein weiß, wie mir zumute ist.«

»Du bist seit einem halben Jahr meine Frau, doch in deinem Herzen ist nicht ein Funken Liebe, keine Hoffnung, kein Licht! Warum hast du mich geheiratet?« fuhr Laptew verzweifelt fort. »Warum? Welcher Dämon hat dich in meine Arme getrieben? Worauf hast du gehofft? Was wolltest du?«

Sie sah ihn entsetzt an, als fürchtete sie, er würde sie umbringen.

»Habe ich dir gefallen? Hast du mich geliebt?« sprach er keuchend weiter. »Nein! Also, was war es, was? Sag mir, was?« schrie er. »Ach, das verfluchte Geld! Dieses verfluchte Geld!«

»Ich schwöre bei Gott: nein!« schrie sie auf und bekreuzigte sich; sie duckte sich unter der Beleidigung, und er hörte sie zum ersten Mal weinen. »Ich schwöre bei Gott, nein!« sagte sie noch einmal. »Ich habe nicht an das Geld gedacht, ich brauchte es nicht, mir schien einfach, ich würde schlecht handeln, wenn ich dir einen Korb gäbe. Ich hatte Angst, dir und mir das Leben zu verderben. Und jetzt büße ich für meinen Fehler, leide unerträglich!«

Sie schluchzte bitterlich, und er sah, wie sie sich quälte, und da er nicht wußte, was er sagen sollte, ließ er sich vor ihr auf den Teppich nieder.

»Genug, laß es gut sein«, murmelte er. »Ich habe dich gekränkt, weil ich dich wahnsinnig liebe.« Plötzlich küßte er ihr Bein und umarmte es leidenschaftlich. »Wenigstens einen Funken Liebe!« murmelte er. »Nun lüg doch! Lüg mir was vor! Sag nicht, daß es ein Fehler war!«

Sie aber weinte weiter, und er fühlte, daß sie seine Zärtlichkeiten nur als unvermeidliche Folge ihres Fehlers ertrug. Sie zog das Bein, das er geküßt hatte, wie ein Vogel unter sich. Sie tat ihm leid.

Sie legte sich hin und zog die Decke bis über den Kopf, er zog sich aus und legte sich ebenfalls schlafen. Am nächsten Morgen fühlten sich beide verlegen und wußten nicht, worüber sie reden sollten, und ihm schien sogar, daß sie mit dem Bein, das er geküßt hatte, unsicher auftrat.

Vor dem Mittagessen kam Panaurow, um sich zu verabschieden. Julija zog es unwiderstehlich nach Hause, in die Heimat; es wäre schön wegzufahren, dachte sie, und sich von dem Familienleben zu erholen, von dieser Verwirrung und dem ständigen Bewußtsein, daß sie schlecht gehandelt hatte. Während des Mittagessens wurde beschlossen, daß sie mit Panaurow fahren und zwei bis drei Wochen bei ihrem Vater bleiben sollte, bis sie Sehnsucht bekäme.

XI

Sie und Panaurow hatten ein Abteil für sich; er trug eine sonderbar geformte Schirmmütze aus Schafspelz.

»Nein, Petersburg hat mich nicht befriedigt«, sagte er nachdenklich und seufzte. »Man verspricht viel, aber nichts Bestimmtes. Ja, meine Liebe, ich war Friedensrichter, ständiges Mitglied und Vorsitzender des Friedensrichterplenums und schließlich Berater der Gouvernementverwaltung; ich glaube, ich habe dem Vaterland gedient und habe das Recht auf Beachtung, aber wie Sie sehen, will es mir einfach nicht gelingen, daß man mich in eine andere Stadt versetzt …«

Panaurow schloß die Augen und wiegte den Kopf.

»Man erkennt mich nicht an«, fuhr er fort und schien fast einzuschlafen. »Natürlich, ich bin kein genialer Administrator, dafür aber bin ich ein anständiger, ehrlicher Mensch, und in der heutigen Zeit ist auch das eine Seltenheit. Ich gestehe, die Frauen habe ich manchmal ein bißchen betrogen, aber in bezug auf die russische Regierung war ich immer ein Gentleman. Doch genug davon«, sagte er und öffnete die Augen, »reden wir von Ihnen. Wie sind Sie so plötzlich auf die Idee gekommen, zu Ihrem Papa zu fahren?«

»Nun, ich hatte mit meinem Mann einige Schwierigkeiten«, sagte Julija und schaute auf seine Schirmmütze.

»Ja, er ist irgendwie merkwürdig. Alle Laptews sind sonderbar. Ihr Mann ist noch in Ordnung, aber sein Bruder Fjodor ist ein großer Narr.«

Panaurow seufzte und fragte ernsthaft:

»Und haben Sie schon einen Liebhaber?«

Julija sah ihn erstaunt an und lachte:

»Gott weiß, was Sie da reden.«

An einer größeren Station, es war gegen elf Uhr, stiegen die beiden aus und aßen zu Abend. Als der Zug weiterfuhr, zog Panaurow seinen Mantel aus, nahm die Schirmmütze ab und setzte sich neben Julija.

»Sie sind sehr lieb, das muß ich Ihnen sagen«, begann er. »Verzeihen Sie den Wirtshausvergleich, aber Sie erinnern mich an eine frisch gesalzene Gurke, sie riecht sozusagen noch nach dem Gewächshaus, enthält aber schon etwas Salz und das Aroma von Dill. Aus Ihnen wird allmählich eine prachtvolle Frau, eine wunderbare, elegante Dame. Hätte unsere Reise vor fünf Jahren stattgefunden«, seufzte er, »wäre es für mich eine angenehme Pflicht gewesen, zu dem Kreis Ihrer Verehrer zu gehören, aber jetzt, oh weh, bin ich ein Invalide.«

Er lächelte traurig und selbstgefällig in einem und faßte sie um die Taille.

»Sie sind verrückt geworden«, sagte Julija, errötete und war so erschrocken, daß ihre Arme und Beine ganz starr wurden. »Lassen Sie das, Grigori Nikolajewitsch!«

»Wovor haben Sie Angst, meine Liebe?« fragte er sanft. »Was ist daran so schrecklich? Sie sind es einfach nicht gewöhnt.«

Wenn eine Frau sich wehrte, hieß das für ihn nur, daß er Eindruck gemacht hatte und ihr gefiel. Er hielt Julijas Taille umfaßt und küßte sie herzhaft auf die Wange, dann auf die Lippen, völlig davon überzeugt, ihr großes Vergnügen zu bereiten. Julija hatte sich von dem Schreck und ihrer Verlegenheit erholt und begann zu lachen. Er küßte sie ein weiteres Mal und sagte, während er seine komische Schirmmütze aufsetzte:

»Das ist alles, was Ihnen ein Invalide bieten kann. Ein türkischer Pascha, ein gütiger alter Mann, erhielt als Geschenk oder vielleicht auch als Erbe einen ganzen Harem. Als seine jungen hübschen Frauen sich vor ihm in Reih und Glied aufstellten, ging er um sie herum, gab jeder einen Kuß und sagte: ›Das ist alles, was ich jetzt imstande bin, euch zu geben!‹ Dasselbe sage auch ich.«

All das erschien ihr töricht und ungewöhnlich und erheiterte sie. Sie wollte ausgelassen sein. Vor sich hinsingend stieg sie auf die Sitzbank, holte aus der Ablage eine Schachtel Konfekt und rief, ihm eine Praline zuwerfend:

»Fangen Sie auf!«

Er fing sie auf; sie warf ihm unter lautem Lachen eine zweite Praline zu, dann eine dritte, er fing alle auf und steckte sie in den Mund, wobei er sie flehend ansah, und ihr schien, daß in seinen Zügen und in dem Ausdruck seines Gesichts viel Weibliches und Kindliches lag. Und als sie sich ganz außer Atem auf die Sitzbank niederließ und ihm weiter lachend zusah, berührte er ihre Wange mit zwei Fingern und sagte scheinbar verärgert:

»Böses Mädchen!«

»Nehmen Sie«, sagte Julija und reichte ihm die Schachtel. »Ich mag Süßes nicht!«

Er aß das Konfekt bis zum letzten Stück und verschloß die leere Schachtel in seinem Koffer; er liebte Schachteln mit Bildern.

»Nun aber genug mit den Scherzen«, sagte er. »Der Invalide muß jetzt in die Heia.«

Er holte seinen Buchara-Schlafrock und ein Kissen aus dem Kleidersack, legte sich hin und deckte sich mit dem Schlafrock zu.

»Gute Nacht, meine Liebe«, sagte er leise und seufzte, als schmerze ihn der ganze Körper.

Bald hörte Julija ihn schnarchen. Sie spürte keinerlei Befangenheit, legte sich auch hin und schlief bald ein.

Als sie am nächsten Morgen in ihrer Heimatstadt vom Bahnhof nach Hause fuhr, erschienen ihr die Straßen öde und menschenleer, der Schnee grau und die Häuser klein, als habe sie jemand plattgedrückt. Eine Prozession kam ihr entgegen: Man trug einen Toten im offenen Sarg, mit der Kirchenfahne.

Einem Toten zu begegnen, heißt es, bringt Glück, dachte sie.

An den Fenstern des Hauses, in dem Nina Fjodorowna gewohnt hatte, klebten weiße Zettel.

Mit stockendem Herzen fuhr sie in den Hof ihres Elternhauses und läutete an der Tür. Ihr öffnete ein unbekanntes, fülliges und verschlafenes Dienstmädchen in einer warmen Wattejacke. Als Julija die Treppe hinaufstieg, fiel ihr ein, wie Laptew ihr hier seine Liebeserklärung gemacht hatte, jetzt aber war die Treppe schmutzig und voller Fußspuren. Oben, in dem kalten Korridor, warteten die in Pelze gehüllten Kranken. Ihr Herz klopfte heftig, und sie konnte vor Aufregung kaum gehen.

Der Arzt, noch dicker geworden, rot wie ein Ziegelstein und mit wirrem Haar, trank Tee. Als er seine Tochter erblickte, freute er sich sehr, er hatte sogar Tränen in den Augen; sie dachte, daß sie im Leben dieses alten Mannes die einzige Freude war, und gerührt umarmte sie ihn fest und sagte, sie werde lange bei ihm bleiben, bis Ostern. Nachdem sie sich in ihrem Zimmer umgezogen hatte, ging Julija in das Speisezimmer, um mit ihm Tee zu trinken. Er lief von einer Ecke in die andere, die Hände in den Taschen und summte: »Ru-ru-ru«, das hieß, er war mit irgend etwas unzufrieden.

»Du hast in Moskau ein fröhliches Leben«, sagte er. »Ich freue mich sehr für dich … Ich alter Mann brauche ja nichts. Ich werde bald krepieren und euch alle von mir erlösen. Ich muß mich wundern, daß ich so ein dickes Fell habe und noch lebe! Erstaunlich!«

Er sagte, er sei ein alter zäher Esel, auf dem alle herumreiten würden. Man habe ihm die Behandlung von Nina Fjodorowna aufgehalst, die Sorge für ihre Kinder und ihre Beerdigung; und dieser Müßiggänger Panaurow habe von all dem nichts wissen wollen und sich sogar hundert Rubel von ihm geliehen und bis jetzt nicht zurückgegeben.

»Nimm mich mit nach Moskau und steck mich dort ins Irrenhaus!« sagte der Doktor. »Ich bin verrückt, ich bin ein naives Kind, weil ich immer noch an Wahrheit und an Gerechtigkeit glaube!«

Dann warf er ihrem Mann mangelnde Weitsicht vor: er kaufe nicht die Häuser, die so günstig angeboten würden. Jetzt schien es Julija bereits, daß sie im Leben dieses alten Mannes nicht die einzige Freude war. Als er seine Patienten empfing und danach zu Hausbesuchen fuhr, lief sie durch alle Zimmer und wußte nicht, was sie tun und woran sie denken sollte. Sie hatte sich ihrer Heimatstadt und ihrem Elternhaus bereits entfremdet; es zog sie jetzt weder nach draußen noch zu Bekannten; die Erinnerung an ihre früheren Freundinnen und ihre Mädchenzeit stimmte sie weder traurig, noch war es ihr um das Vergangene leid.

Am Abend kleidete sie sich festlich und begab sich zum Abendgottesdienst. Doch in der Kirche waren nur einfache Menschen, und ihr prächtiger Pelz und ihr Hut machten keinerlei Eindruck. Ihr schien, als habe sich die Kirche und auch sie selbst verändert. Früher liebte sie es, wenn im Gottesdienst ein Kanon vorgetragen wurde und die Sänger Verse eines Kirchenliedes sangen, zum Beispiel »Ich öffne meine Lippen«, sie mochte es, sich langsam in der Menge zu dem Geistlichen hinzubewegen, der in der Mitte der

Kirche stand, und dann auf ihrer Stirn das Weihöl zu spüren; jetzt aber wartete sie nur darauf, daß der Gottesdienst zu Ende ging. Und als sie die Kirche verließ, fürchtete sie, daß Bettler sie um Almosen bitten könnten; es wäre lästig, stehen bleiben und in den Taschen suchen zu müssen, zumal sie schon keine Kupfermünzen mehr in der Tasche hatte, sondern nur Rubelstücke.

Sie legte sich früh zu Bett, schlief aber spät ein. Sie träumte von irgendwelchen Porträts und der Beerdigungsprozession, die ihr am Morgen begegnet war: Man trug den offenen Sarg mit dem Toten in den Hof und blieb vor der Tür stehen, dann schaukelte man den Sarg lange und kräftig auf Handtüchern hin und her und schleuderte ihn schließlich mit großer Wucht gegen die Tür. Julija wachte auf und fuhr entsetzt hoch. Tatsächlich wurde unten an die Tür geklopft, und der Draht von der Klingel raschelte an der Wand, aber es war keine Klingel zu hören.

Der Arzt begann zu husten. Dann hörte sie, wie das Dienstmädchen nach unten ging und zurückkam.

»Gnädige Frau«, rief sie und klopfte an die Tür. »Gnädige Frau!«

»Was gibt es?« fragte Julija.

»Ein Telegramm für Sie!«

Julija ging mit einer Kerze zu ihr hinaus. Hinter dem Mädchen stand der Arzt in Unterwäsche und Mantel, ebenfalls mit einer Kerze in der Hand.

»Unsere Klingel ist kaputt«, sagte er, schlaftrunken gähnend. »Sie müßte schon längst repariert werden.«

Julija öffnete das Telegramm und las: »Trinken auf Ihre Gesundheit. Jarzew, Kotschewoi.«

»Ach, was für Kindsköpfe«, sagte sie und lachte; ihr wurde leicht und froh ums Herz.

In ihr Zimmer zurückgekehrt, wusch sie sich leise, kleidete sich an und packte dann lange ihre Sachen, bis der nächste Tag anbrach, und reiste mittags nach Moskau zurück.

XII

In der Osterwoche besuchten die Laptews eine Gemäldeausstellung in der Schule für Malerei. Sie begaben sich nach
Moskauer Sitte mit allen Hausgenossen dorthin, sie nahmen die beiden Mädchen, die Gouvernante und Kostja
mit.

Laptew kannte die Namen aller bekannten Künstler und
ließ keine Ausstellung aus. Gelegentlich malte er im Sommer im Landhaus selbst Landschaften in Öl, er glaubte, er
habe viel Geschmack, und war überzeugt, wenn er es
studiert hätte, wäre aus ihm vielleicht ein guter Maler geworden. Im Ausland ging er bisweilen in Antiquitäten-
handlungen, betrachtete die Exponate mit der Miene eines
Kenners und äußerte seine Meinung dazu; er kaufte dann
irgendeinen Gegenstand, und der Antiquitätenhändler
nahm ihm dafür ab, soviel er wollte; das Gekaufte lag dann
in einer Kiste verschlossen im Wagenschuppen, bis es irgendwohin verschwand. Oder er ging in eine Kunsthand-
lung, betrachtete lange und aufmerksam Bilder und Bron-
zen, machte verschiedene Bemerkungen dazu und
entschied sich dann unvermittelt für einen primitiven
Rahmen oder eine Schachtel mit schlechtem Briefpapier.
Zu Hause hatte er nur großformatige, minderwertige
Gemälde; die guten aber waren schlecht gehängt. Es war
ihm mehr als einmal passiert, daß er viel Geld für Dinge
bezahlt hatte, die sich später als grobe Fälschungen erwiesen. Und bemerkenswert war, daß er, im alltäglichen Leben
eigentlich schüchtern, auf Gemäldeausstellungen ausgesprochen forsch und selbstsicher auftrat. Weshalb?

Julija Sergejewna betrachtete die Gemälde, genau wie ihr
Mann, durch die hohle Hand oder das Opernglas und
wunderte sich, daß die Menschen auf den Bildern so lebendig und die Bäume so echt aussahen; aber sie verstand
nichts davon, ihr schien, es gäbe in der Ausstellung viele
sich gleichende Gemälde und der Zweck der Kunst beste-

he allein darin, daß Menschen und Dinge auf den Bildern lebensecht wirkten, wenn man sie durch die hohle Hand betrachtete.

»Dies ist der Wald von Schischkin«, erklärte ihr Mann. »Immer malt er ein und dasselbe ... Und sieh mal hier: Solch einen violetten Schnee gibt es niemals ... Und bei diesem Jungen ist der linke Arm kürzer als der rechte.«

Als alle müde waren und Laptew Kostja suchen ging, um nach Hause zu fahren, blieb Julija vor einer kleinen Landschaft stehen und betrachtete sie gleichgültig. Im Vordergrund war ein Flüßchen zu sehen, über das eine kleine Holzbrücke führte, am anderen Ufer ein Pfad, der im dunklen Gras verschwand, dann ein Feld, weiter rechts ein Stückchen Wald und daneben ein Lagerfeuer: Wahrscheinlich bewachte man bei Nacht die Pferde. Und in der Ferne verglühte die Abendröte.

Julija stellte sich vor, wie sie selbst über die kleine Brücke ging, dann den Pfad entlang, immer weiter und weiter, ringsum war es still, verschlafene Wachtelkönige riefen, in der Ferne flackerte das Feuer. Und plötzlich war ihr, als habe sie diese Wölkchen, die über den roten Teil des Himmels zogen, den Wald und das Feld schon vor langer Zeit und viele Male gesehen, sie fühlte sich einsam und verspürte den Wunsch, auf dem Pfad immer weiter und weiter zu gehen, und dort, wo das Abendrot war, ruhte der Widerschein von etwas Überirdischem, Ewigem.

»Wie gut das gemalt ist!« rief sie aus, erstaunt, daß ihr das Bild plötzlich verständlich war. »Sieh mal, Aljoscha! Merkst du, wie still es hier ist?«

Sie versuchte zu erklären, warum ihr diese Landschaft so gefiel, doch weder ihr Mann noch Kostja verstanden sie. Sie schaute mit einem traurigen Lächeln unablässig auf diese Landschaft, und es beunruhigte sie, daß die anderen an ihr nichts Besonderes fanden; dann ging sie von neuem durch die Säle, betrachtete die Bilder und wollte sie verstehen, und nun schien es ihr nicht mehr, als gäbe es in der Ausstellung viele sich gleichende Bilder. Als sie, nach Hause zurückgekehrt, dem großen Gemälde, das im Salon über dem Flügel hing, zum ersten Mal in der ganzen Zeit ihre Aufmerksamkeit schenkte, fühlte sie sich davon abgestoßen und sagte:

»Wie kann man nur solche Bilder haben!«

Danach riefen goldene Gesimse, venezianische Spiegel mit Blumen und Gemälde wie das über dem Flügel sowie die Äußerungen ihres Mannes und Kostjas über Kunst bei ihr nur noch ein Gefühl von Langeweile und Ärger und manchmal sogar Haß hervor.

Das Leben nahm tagaus, tagein seinen normalen Gang und versprach nichts Besonderes. Die Theatersaison war zu Ende, und die warmen Tage brachen an. Das Wetter war die ganze Zeit über herrlich. Eines Morgens begaben sich die Laptews ins Kreisgericht, um Kostja zu hören, der auf Anordnung des Gerichts jemanden verteidigen sollte. Sie hatten sich zu lange zu Hause aufgehalten und kamen erst ins Gericht, als die Befragung der Zeugen schon begonnen hatte. Ein Soldat der Reserve war des Einbruchdiebstahls beschuldigt. Viele Wäscherinnen waren als Zeugen geladen; sie sagten aus, der Angeklagte habe ihre Arbeitgeberin, die Inhaberin der Wäscherei, häufig besucht; am Vorabend des Tages der Kreuzerhöhung sei er spät abends gekommen und habe um Geld gebeten, um seinen Rausch zu vertreiben, doch keiner habe ihm etwas gegeben; da sei er weggegangen, aber nach etwa einer Stunde zurückgekehrt und habe Bier und Pfefferminzplätzchen für die Mädchen mitgebracht. Sie tranken und sangen bis zum Morgengrauen, und als sie am Morgen zu sich kamen, war das Schloß am Eingang zum Dachboden aufgebrochen, und es fehlte Wäsche: drei Herrenhemden, ein Rock und zwei Laken. Kostja fragte jede Zeugin spöttisch, ob sie nicht am Vorabend des Kreuzerhöhungstages von dem Bier getrunken habe, das der Angeklagte mitgebracht hatte. Offenbar wollte er darauf hinaus, daß die Wäscherinnen sich selbst bestohlen hätten. Er hielt sein Plädoyer ohne die geringste Erregung und blickte die Geschworenen zornig an.

Er erklärte, was Einbruchdiebstahl sei und was einfacher Diebstahl. Er redete sehr langatmig und überzeugend und zeigte eine ungewöhnliche Fähigkeit, lange und in ernstem Ton über das zu sprechen, was allen schon lange bekannt war. Und es war schwer zu verstehen, worauf er eigentlich hinauswollte. Aus seiner langen Rede konnten die Geschworenen nur den Schluß ziehen: Einen Einbruch gab es, aber ein Diebstahl fand nicht statt, weil die Wäscherinnen selbst die Wäsche vertrunken hatten, und wenn es einen Diebstahl gegeben hatte, dann ohne Einbruch. Offensichtlich aber sagte er genau das, was nötig war, denn seine Rede rührte die Geschworenen und das Publikum und gefiel sehr. Als der Freispruch verkündet wurde, nickte Julija Kostja zu und drückte ihm hinterher fest die Hand.

Im Mai zogen die Laptews in ihr Landhaus nach Sokolniki. Zu dieser Zeit war Julija schon schwanger.

XIII

Mehr als ein Jahr war vergangen. In Sokolniki saßen, unweit vom Bahndamm der Strecke nach Jaroslawl, Julija und Jarzew im Gras; etwas abseits lag Kotschewoi, die Hände unter dem Kopf, und blickte in den Himmel. Alle drei hatten einen Spaziergang gemacht und warteten, daß der Vorortzug um sechs Uhr vorbeifahren würde, um dann nach Hause zu gehen und Tee zu trinken.

»Mütter sehen in ihren Kindern etwas Besonderes, so hat es die Natur eingerichtet«, sagte Julija. »Stundenlang steht die Mutter am Bettchen und guckt, was hat das Kind für Öhrchen, für Äuglein und was für ein Näschen, und ist entzückt. Wenn ein Fremder das Kind küßt, glaubt die Ärmste, es bereite ihm großes Vergnügen. Und eine Mutter spricht von nichts anderem als von ihrem Kind. Ich

410

kenne diese Schwäche der Mütter und achte auf mich, aber wirklich, meine Olja ist ungewöhnlich. Wie sie guckt, wenn sie trinkt. Wie sie lacht! Sie ist erst acht Monate alt, aber bei Gott, solche klugen Augen habe ich nicht einmal bei Dreijährigen gesehen.«

»Sagen Sie übrigens«, fragte Jarzew, »wen lieben Sie mehr, Ihren Mann oder Ihr Kind?«

Julija zuckte die Schultern.

»Ich weiß nicht«, erwiderte sie. »Ich habe meinen Mann nie sehr geliebt, und Olja ist eigentlich meine erste Liebe. Sie wissen doch, ich habe Alexej nicht aus Liebe geheiratet. Früher war ich dumm und litt, weil ich ständig dachte, ich hätte sein und mein Leben zerstört, jetzt aber sehe ich, Liebe braucht es nicht, das ist alles Unsinn.«

»Wenn es aber nicht Liebe ist, welches Gefühl verbindet Sie dann mit Ihrem Mann? Weshalb leben Sie mit ihm?«

»Ich weiß es nicht … Wohl so aus Gewohnheit. Ich achte ihn, mir ist langweilig, wenn er lange weg ist, aber das ist nicht Liebe. Er ist ein kluger, ehrlicher Mensch, und für mein Glück ist das genug. Er ist sehr gütig und einfach …«

»Aljoscha ist klug, Aljoscha ist gütig«, sagte Kostja und hob träge den Kopf, »aber, meine Liebe, um herauszufinden, daß er klug, gütig und interessant ist, müßte man mit ihm drei Pud Salz essen … Und was haben Sie von seiner Klugheit und Güte? Geld läßt er Ihnen zukommen, soviel Sie wollen, das kann er; wo es aber Charakter braucht, einem flegelhaften und unverschämten Kerl Einhalt zu gebieten, da gerät er in Verlegenheit und verliert den Mut. Menschen wie Ihr liebenswürdiger Alexej sind wunderbare Menschen, für den Kampf allerdings sind sie völlig untauglich. Und überhaupt taugen sie zu nichts.«

Endlich näherte sich der Zug. Aus dem Schornstein quoll rosiger Dampf, der über dem Wäldchen aufstieg, und zwei Fenster im letzten Wagen glitzerten plötzlich von der Sonne so grell, daß es schmerzte, wenn man hinschaute.

»Jetzt zum Tee!« sagte Julija Sergejewna und erhob sich.

Sie war in der letzten Zeit voller geworden, und ihr Gang war jetzt damenhaft und etwas lässig.

»Trotz allem aber ist es ohne Liebe nicht schön«, sagte Jarzew, der hinter ihr ging. »Wir sprechen und lesen immerfort über die Liebe, selbst aber lieben wir wenig, und das ist wahrlich nicht gut.«

»Das ist alles Unsinn, Iwan Gawrilytsch«, sagte Julija. »Darin liegt nicht das Glück.«

Den Tee tranken sie in einem kleinen Garten, in dem Reseda, Levkojen und Tabak blühten und die frühen Gladiolen schon aufgebrochen waren. Jarzew und Kotschewoi sahen an Julija Sergejewnas Gesicht, daß sie eine glückliche Zeit innerer Ruhe und Ausgeglichenheit erlebte und daß es sie nach nichts verlangte außer dem, was sie schon hatte, und ihnen selbst wurde leicht und froh ums Herz. Gleichgültig, was einer sagen mochte, alles erschien richtig und klug. Die Kiefern waren schön, es duftete wunderbar nach Harz, so wie nie zuvor, die Sahne schmeckte vorzüglich, und Sascha war ein kluges und gutes Mädchen …

Nach dem Tee sang Jarzew Romanzen und begleitete sich am Klavier, und Julija und Kotschewoi saßen schweigend da und lauschten, nur stand Julija hin und wieder auf und ging leise hinaus, um nach dem Kind und nach Lida zu sehen, die nun schon zwei Tage mit hohem Fieber im Bett lag und nichts essen wollte.

»Mein Freund, mein süßer Freund«, sang Jarzew. »Nein, meine Herrschaften, und wenn Sie mir an die Gurgel gehen«, sagte er und schüttelte den Kopf, »ich verstehe nicht, warum Sie gegen die Liebe sind! Wäre ich nicht fünfzehn Stunden am Tag beschäftigt, ich würde mich bestimmt verlieben.«

Zum Abendessen wurde auf der Terrasse gedeckt; es war warm und still, Julija aber hüllte sich in ein Tuch und klagte über die Feuchtigkeit. Als es dunkel wurde, fühlte sie sich aus irgendeinem Grund auf einmal unwohl, sie zuckte immer wieder zusammen und bat die Gäste, noch zu bleiben; sie bewirtete sie mit Wein und ließ nach dem Abendessen Cognac servieren, damit sie nicht gingen. Sie wollte nicht mit den Kindern und der Dienerschaft alleine sein.

»Wir Sommerfrischler wollen hier eine Theatervorstellung für die Kinder veranstalten«, sagte sie. »Wir haben schon alles: ein Theater und die Schauspieler, es fehlt nur das Stück. Man hat uns zwei Dutzend Stücke geschickt, aber keines davon ist geeignet. Sie lieben doch das Theater und kennen sich gut in der Geschichte aus«, wandte sie sich an Jarzew, »schreiben Sie doch für uns ein historisches Stück.«

»Nun, das kann ich machen.«

Die Gäste tranken den ganzen Cognac aus und schickten sich an zu gehen. Es war schon bald elf, und für das Landleben war das spät.

»Wie finster es ist, man kann die Hand nicht vor den Augen sehen!« sagte Julija, als sie die Gäste zum Tor brachte. »Ich weiß gar nicht, meine Herren, wie Sie den Weg finden werden. Wie kalt es doch ist!«

Sie hüllte sich fester in ihr Tuch und ging zur Vortreppe zurück.

»Und mein Alexej spielt wahrscheinlich irgendwo Karten!« rief sie. »Gute Nacht!«

Nach den hellen Zimmern war draußen nichts zu sehen. Jarzew und Kostja tasteten sich wie Blinde vorwärts, erreichten den Bahndamm und überquerten ihn.

»Zum Teufel, man sieht nichts«, sagte Kostja mit seiner Baßstimme, blieb stehen und sah zum Himmel. »Aber die Sterne, die Sterne sehen aus wie neue Silbermünzen! Gawrilytsch!«

»Ja?« antwortete Jarzew von irgendwo.

»Ich sage, man kann nichts sehen. Wo sind Sie?«

Jarzew kam pfeifend auf ihn zu und nahm ihn am Arm.

»He, ihr Sommerfrischler!« schrie Kostja plötzlich aus vollem Halse. »Man hat einen Sozialisten gefangen!«

Wenn er angeheitert war, wurde er immer ganz unruhig, schrie, legte sich mit Polizisten und Kutschern an, sang und lachte unbeherrscht.

»Natur, der Teufel soll dich holen!« schrie er.

»Na, schon gut!« versuchte ihn Jarzew zu beruhigen. »Lassen Sie das, ich bitte Sie.«

Bald hatten sich die Freunde an die Dunkelheit gewöhnt und konnten die Silhouetten der hohen Kiefern und der Telegrafenmasten erkennen. Von den Moskauer Bahnhöfen drangen hin und wieder Pfiffe herüber, und die Telephondrähte summten klagend. Vom Wäldchen kam kein Laut, und in diesem Schweigen war etwas Stolzes, Starkes, Geheimnisvolles zu spüren, und jetzt in der Nacht schien es, als würden die Wipfel der Kiefern fast den Himmel berühren. Die Freunde suchten ihre Schneise und gingen in ihr weiter. Hier war es ganz finster, und nur an dem langen, mit Sternen übersäten Himmelsstreifen und daran, daß die Erde unter ihren Füßen festgetreten war, konnten sie erkennen, daß sie in der Allee waren. Ihre angeheiterte Stimmung war verschwunden. Sie gingen schweigend nebeneinander, und beiden schien es, als kämen ihnen irgendwelche Menschen entgegen. Jarzew kam in den Sinn, daß in dem Wäldchen jetzt vielleicht die Seelen der Moskauer Zaren, Bojaren und Patriarchen herumirrten, und wollte es Kostja erzählen, ließ es aber.

Als sie zum Stadttor kamen, dämmerte es schon leicht. Immer noch schweigend gingen Jarzew und Kotschewoi auf der gepflasterten Straße an schäbigen Landhäusern, Kneipen und Holzlagern vorbei; unter der Brücke einer Verbindungsbahn schlug ihnen feuchte Luft entgegen, die angenehm nach Linden duftete, und dann öffnete sich vor ihnen eine lange breite Straße, auf der keine Menschenseele und kein Licht zu sehen waren … Als sie zum Krasny prud kamen, wurde es bereits hell.

»Moskau, das ist eine Stadt, der noch viel Leiden bevorsteht«, sagte Jarzew mit dem Blick zum Alexejew-Kloster.

»Wie kommen Sie auf so etwas?«

»Nur so. Ich liebe Moskau.«

Jarzew und Kostja waren beide in Moskau geboren und waren von dieser Stadt hingerissen, anderen Städten gegenüber waren sie aus irgendeinem Grund feindselig eingestellt; sie waren davon überzeugt, daß Moskau eine wunderbare Stadt war und Rußland ein wunderbares Land. Auf der Krim, im Kaukasus und im Ausland fühlten sie sich gelangweilt, fanden es unbehaglich und unbequem; und das graue Moskauer Wetter betrachteten sie als das angenehmste und gesündeste. Die Tage, an denen der kalte Regen ans Fenster schlug, an denen es früh dunkel wurde, die Mauern der Häuser und Kirchen eine traurige graubraune Farbe annahmen und man nicht wußte, was man anziehen sollte, wenn man nach draußen ging – solche Tage hatten auf sie eine angenehm anregende Wirkung.

Am Bahnhof nahmen sie schließlich eine Droschke.

»Wirklich, es wäre schön, ein historisches Stück zu schreiben«, sagte Jarzew, »aber wissen Sie, aus der Zeit von Jaroslaw oder des Monomach*, ohne die Ljapunows und die Godunows** ... Ich hasse alle russischen historischen Stücke mit Ausnahme des Monologs des Pimen. Wenn man es mit irgendeiner historischen Quelle zu tun hat und wenn man gar ein Lehrbuch zur russischen Geschichte liest, dann scheint es, als sei in Rußland alles ungewöhnlich sinnvoll, klug und interessant, sehe ich mir im Theater aber ein historisches Stück an, dann erscheint mir das russische Leben stümperhaft, ungesund und nicht originell.«

An der Dmitrowka trennten sich die Freunde, und Jarzew fuhr weiter in die Nikitskaja. Er döste vor sich hin,

---

* Gemeint ist die frühe russ. Geschichte: Jaroslaw der Weise (978–1054) war ab 1019, Wladimir Monomach (1035–1125) ab 1113 Großfürst von Kiew.

** Einflußreiche Adelsfamilien in der Zeit der Wirren Ende des 16. Jahrhunderts. Boris Godunow (um 1552–1605) wurde 1598 zum Zaren gekrönt.

schaukelte hin und her und dachte die ganze Zeit an das Stück. Plötzlich stellte er sich einen furchtbaren Lärm vor, Waffengeklirr und Schreie in einer unverständlichen Sprache, die Kalmückisch sein konnte; dann ein Dorf, das in Flammen stand, und die angrenzenden Wälder, mit Reif bedeckt und von dem Brand in zartrosa Licht getaucht, weithin sichtbar und so hell, daß man einzelne Tannen unterscheiden konnte; irgendwelche Wilden, zu Pferd und zu Fuß, jagten durch das Dorf, auch sie und ihre Pferde waren so flammend rot wie der Feuerschein am Himmel.

Das sind die Polowzer*, dachte Jarzew.

Einer von ihnen – ein Alter, schrecklich anzusehen, mit blutüberströmtem Gesicht und voller Brandwunden – band ein junges Mädchen mit weißem russischen Gesicht an seinem Sattel fest. Der Alte schrie wütend, und das Mädchen blickte traurig und klug … Jarzew schüttelte den Kopf und wachte auf.

»Mein Freund, mein süßer Freund«, summte er.

Als er den Kutscher bezahlte und die Treppe zu seiner Wohnung hinaufstieg, war er noch immer nicht ganz zu sich gekommen und sah, wie die Flammen auf die Bäume übergriffen und der Wald zu knistern und zu rauchen begann; ein riesiger wilder Eber, vom Schrecken toll geworden, jagte durch das Dorf … Und das an den Sattel gebundene Mädchen schaute immer noch.

Als er sein Zimmer betrat, war es schon hell. Auf dem Flügel brannten neben den aufgeschlagenen Noten zwei Kerzen. Auf dem Diwan lag die Rassudina in einem schwarzen gegürteten Kleid mit einer Zeitung in der Hand und schlief fest. Wahrscheinlich hatte sie lange gespielt und auf Jarzews Rückkehr gewartet und war dann eingeschlafen.

Sieh mal an, wie müde sie war, dachte er.

---

* Ein turksprachiges Nomadenvolk, das im 11. Jahrhundert aus dem westlichen Zentralasien nach Südrußland vordrang.

Er nahm ihr vorsichtig die Zeitung aus den Händen, deckte sie mit dem Plaid zu, löschte die Kerzen und ging in sein Schlafzimmer. Als er sich hinlegte, dachte er an das historische Stück, und noch immer wollte ihm die Melodie »Mein Freund, mein süßer Freund« nicht aus dem Kopf gehen ...

Zwei Tage später kam Laptew für einen Augenblick zu ihm, um ihm mitzuteilen, daß Lida an Diphtherie erkrankt war und Julija Sergejewna und das Kind sich bei ihr angesteckt hatten, und noch fünf Tage später kam die Nachricht, Lida und Julija seien auf dem Weg zur Genesung, das Kind aber sei gestorben, und die Laptews seien aus ihrem Landhaus in Sokolniki in die Stadt geflohen.

XIV

Laptew war es jetzt unangenehm, lange zu Hause zu bleiben. Seine Frau ging häufig in den Seitenflügel, sie sagte, sie müsse dort mit den Mädchen arbeiten, doch er wußte, daß sie nicht hinging, um zu unterrichten, sondern um sich bei Kostja auszuweinen. Der neunte Tag ging vorüber, dann der zwanzigste, dann der vierzigste, und immer mußte er auf den Alexejew-Friedhof fahren, die Seelenmesse hören und sich dann einen ganzen Tag lang quälen, immer nur an dieses unglückliche Kind denken und seiner Frau zum Trost verschiedene Plattheiten sagen. Er war jetzt selten im Speicher und befaßte sich nur mit Wohltätigkeit, dachte sich verschiedene Beschäftigungen und Aufgaben aus und war froh, wenn er wegen irgendeiner Kleinigkeit den ganzen Tag unterwegs sein mußte. In der letzten Zeit hegte er die Absicht, ins Ausland zu fahren, um sich dort über die Einrichtung von Nachtasylen zu informieren, und dieser Gedanke lenkte ihn ab.

Es war an einem Herbsttag. Julija war soeben in den Seitenflügel gegangen, um zu weinen, und Laptew lag in seinem Arbeitszimmer auf dem Diwan und überlegte, wohin er gehen könnte. In diesem Augenblick meldete Pjotr, die Rassudina sei gekommen. Laptew war sehr erfreut, sprang auf und ging dem unerwarteten Gast entgegen, seiner früheren Freundin, die er schon fast vergessen hatte. Seit jenem Abend, als er sie zum letzten Mal sah, hatte sie sich überhaupt nicht verändert, sie war ganz die alte.

»Polina«, sagte er, ihr beide Arme entgegenstreckend. »Wie lange ist es her! Wenn Sie wüßten, wie ich mich freue, Sie zu sehen! Seien Sie willkommen!«

Bei der Begrüßung zerrte ihn die Rassudina heftig am Arm, ging in sein Arbeitszimmer, ohne Hut und Mantel abzulegen, und setzte sich.

»Ich komme nur auf einen Sprung«, sagte sie. »Über Nichtigkeiten zu plaudern fehlt mir die Zeit. Ich bitte Sie, sich zu setzen und mich anzuhören. Ob Sie sich freuen oder nicht, mich zu sehen, ist mir entschieden gleichgültig, denn für die wohlwollende Aufmerksamkeit der Herren Männer mir gegenüber gebe ich keinen Pfifferling. Wenn ich zu Ihnen gekommen bin, dann deshalb, weil ich heute schon an fünf Stellen war und überall eine Absage bekommen habe, und dabei ist die Sache dringend. Hören Sie«, fuhr sie fort und sah ihm dabei in die Augen, »fünf mir bekannte Studenten, beschränkte und stumpfsinnige Menschen, aber zweifellos arm, haben ihre Studiengebühren nicht bezahlt und sollen jetzt ausgeschlossen werden. Ihr Reichtum erlegt Ihnen die Pflicht auf, sofort zur Universität zu fahren und für sie zu bezahlen.«

»Mit Vergnügen, Polina.«

»Hier sind ihre Namen«, sagte die Rassudina und reichte Laptew einen Zettel. »Fahren Sie gleich, das Familienglück können sie später genießen.«

In diesem Augenblick war hinter der Tür, die in den Salon führte, ein Rascheln zu hören: Wahrscheinlich kratzte sich der Hund. Die Rassudina wurde rot und sprang auf.

»Ihre Dulcinea belauscht uns!« sagte sie. »Das ist abscheulich!«

Laptew fühlte sich für Julija gekränkt.

»Sie ist nicht hier, sie ist im Seitenflügel«, sagte er. »Sprechen Sie nicht so von ihr. Unser Kind ist gestorben und sie leidet schrecklich.«

»Sie können sie beruhigen«, sagte die Rassudina spöttisch lächelnd und setzte sich wieder. »Sie wird noch ein ganzes Dutzend bekommen. Um Kinder zu gebären, braucht es da etwa Verstand?«

Laptew fiel ein, daß er diese oder ähnliche Worte früher oft gehört hatte, und ihn wehte die Poesie des Vergangenen an, die Freiheit des einsamen Junggesellenlebens, als er glaubte, er sei jung und könne alles tun, was er wolle, die Zeit, als es die Liebe zu seiner Frau noch nicht gab und nicht die Erinnerung an das Kind.

»Fahren wir zusammen«, sagte er und reckte sich.

An der Universität angekommen, wartete die Rassudina am Tor, und Laptew ging in die Kanzlei; kurze Zeit später kam er zurück und übergab der Rassudina fünf Quittungen.

»Wohin gehen Sie jetzt?« fragte er.

»Zu Jarzew.«

»Ich komme mit Ihnen.«

»Aber Sie werden ihn bei der Arbeit stören.«

»Nein, ich versichere es Ihnen!« sagte er und blickte sie bittend an.

Sie trug einen schwarzen Hut mit Kreppbesatz, als sei sie in Trauer, und einen kurzen abgetragenen Mantel, von dem die Taschen abstanden. Ihre Nase wirkte länger als früher, und ihr Gesicht war trotz der Kälte kreidebleich. Laptew empfand es als angenehm, hinter ihr zu gehen, ihr zu gehorchen und ihrem Brummeln zuzuhören. Er ging und dachte: Was muß diese Frau für eine innere Kraft haben, daß sie, die so häßlich, linkisch und unruhig ist und es nicht versteht, sich anständig zu kleiden, die immer nachlässig frisiert ist und immer irgendwie plump erscheint, trotz allem so anziehend wirkt.

Zu Jarzew gelangten sie durch den Hintereingang und die Küche, wo sie auf die Köchin trafen, eine saubere alte Frau mit grauen Locken; sie war sehr verwirrt und lächelte süßlich, wobei ihr kleines Gesicht einem Kuchen immer ähnlicher wurde, und sagte:

»Bitte, meine Herrschaften.«

Jarzew war nicht zu Hause. Die Rassudina setzte sich an den Flügel und begann mit ihren langweiligen und schwierigen Etüden, nachdem sie Laptew befohlen hatte, sie nicht zu stören. Er lenkte sie auch nicht mit Gesprächen ab, sondern saß etwas abseits von ihr und blätterte im »Westnik Jewropy«*. Nachdem sie zwei Stunden gespielt hatte – das war ihr Tagespensum –, aß sie eine Kleinigkeit in der Küche und ging, um Stunden zu geben. Laptew las die Fortsetzung eines Romans, saß dann lange, ohne zu lesen und ohne Langeweile zu empfinden, froh, daß es für das Mittagessen zu Hause bereits zu spät war.

»Hahaha!« hörte er Jarzew lachen, und dann kam er selbst herein, gesund, munter und rotwangig, in einem neuen Frack mit hellen Knöpfen, »hahaha!«

Die Freunde aßen zusammen zu Mittag. Danach legte sich Laptew auf den Diwan, Jarzew setzte sich zu ihm und zündete sich eine Zigarre an. Es begann zu dämmern.

»Ich werde wohl alt«, sagte Laptew. »Seit meine Schwester Nina gestorben ist, denke ich häufig an den Tod, ich weiß nicht, warum.«

Sie sprachen über den Tod, über die Unsterblichkeit der Seele und darüber, wie schön es wäre, tatsächlich wieder aufzuerstehen, dann irgendwohin auf den Mars zu fliegen, immer müßig und glücklich zu sein und vor allem aber auf irgendeine besondere, nicht irdische Art zu denken.

»Ich möchte nicht sterben«, sagte Jarzew leise. »Keine Philosophie kann mich mit dem Tod versöhnen, ich betrachte ihn einfach nur als das Ende. Ich möchte leben.«

* Vgl. Anm. zu S. 313.

»Sie lieben das Leben, Gawrilytsch?«

»Ja, ich liebe es.«

»Und ich bin mir in dieser Beziehung überhaupt nicht im klaren. Meine Stimmung ist mal düster, mal gleichgültig. Ich bin schüchtern, nicht selbstsicher, ich habe ein kleinmütiges Gewissen, ich kann mich dem Leben nicht anpassen, es nicht in den Griff bekommen. So mancher redet Dummheiten oder betrügt und ist dabei lebensfroh, ich aber tue bei Gelegenheit bewußt Gutes und empfinde dabei nur Unruhe oder völlige Gleichgültigkeit. All das, Gawrilytsch, erkläre ich damit, daß ich ein Sklave bin, der Enkel eines Leibeigenen. Bevor wir kleinen Leute den richtigen Weg finden, bleiben viele von uns auf der Strecke!«

»Das ist alles schön und gut, mein Lieber«, sagte Jarzew und seufzte. »Das zeigt nur ein weiteres Mal, wie reich und vielfältig das russische Leben ist. Ach, wie reich! Wissen Sie, mit jedem Tag bin ich überzeugter davon, daß wir am Vorabend eines großen Triumphes leben, und ich möchte das noch erleben, selbst daran teilhaben. Ob Sie es glauben wollen oder nicht, aber meiner Meinung nach wächst jetzt eine großartige Generation heran. Wenn ich Kinder unterrichte, besonders Mädchen, dann empfinde ich Vergnügen. Wunderbare Kinder!«

Jarzew ging zum Flügel und schlug einen Akkord an.

»Ich bin Chemiker, denke chemisch und sterbe als Chemiker«, fuhr er fort. »Aber ich bin gierig, ich fürchte zu sterben, ohne gesättigt zu sein; die Chemie allein reicht mir nicht, ich greife nach der russischen Geschichte, nach der Kunstgeschichte, der Pädagogik, der Musik ... Irgendwann im Sommer sagte mir Ihre Frau, ich solle ein historisches Stück schreiben, und jetzt möchte ich schreiben und schreiben; ich könnte, glaube ich, drei Tage und Nächte hindurch sitzen ohne aufzustehen und immer nur schreiben. Die Figuren quälen mich, im Kopf wird es eng, und ich fühle, wie in meinem Hirn der Puls schlägt. Ich will überhaupt nicht, daß aus mir etwas Besonderes wird, daß ich etwas Großes schaffe, ich will nur leben, träumen, hoffen, nichts versäumen … Das Leben, mein Lieber, ist kurz, und man sollte es möglichst gut leben.«

Nach diesem freundschaftlichen Gespräch, das erst um Mitternacht endete, ging Laptew fast jeden Tag zu Jarzew. Es zog ihn dorthin. Er kam gewöhnlich am frühen Abend, legte sich hin und wartete geduldig auf Jarzews Kommen, ohne dabei auch nur den Anflug von Langeweile zu verspüren. Vom Dienst zurückgekehrt, setzte sich Jarzew nach dem Essen hin, um zu arbeiten, doch Laptew stellte ihm irgendeine Frage, das Gespräch begann, Jarzew vergaß die Arbeit, und um Mitternacht trennten sich die Freunde, beide miteinander sehr zufrieden.

Das ging aber nicht lange so. Eines Tages, als er zu Jarzew kam, traf er bei ihm nur die Rassudina, die am Flügel saß und ihre Etüden spielte. Sie betrachtete ihn kühl, fast feindselig, und fragte, ohne ihm die Hand zu reichen:

»Sagen Sie bitte, wann wird das ein Ende haben?«

»Was denn?« fragte Laptew zurück, der nicht verstand.

»Sie kommen jeden Tag hierher und stören Jarzew bei der Arbeit. Jarzew ist kein Kaufmann, er ist ein Gelehrter, jede Minute seines Lebens ist kostbar. Man muß das verstehen und wenigstens ein bißchen Taktgefühl haben!«

»Wenn Sie finden, daß ich störe«, sagte Laptew schüchtern und kleinlaut, »werde ich meine Besuche einstellen.«

»Sehr gut. Gehen Sie jetzt, er könnte gleich kommen und Sie hier antreffen.«

Der Ton, in dem das gesagt wurde, und der gleichgültige Blick der Rassudina verwirrten ihn völlig. Sie fühlte schon nichts mehr für ihn und hatte nur noch den Wunsch, er möge so schnell wie möglich gehen – wie wenig glich das der früheren Liebe! Er ging, ohne ihr die Hand zu geben, und glaubte, sie würde ihn zurückrufen, doch dann hörte er wieder die Tonleitern und begriff, als er langsam die Treppe hinunterging, daß er für sie bereits ein Fremder war.

Drei Tage später kam Jarzew, um mit ihm gemeinsam den Abend zu verbringen.

»Ich habe Neuigkeiten«, sagte er und lachte. »Polina Nikolajewna ist ganz zu mir gezogen.« Er war ein bißchen verlegen und fuhr halblaut fort: »Na und? Natürlich sind wir nicht ineinander verliebt, aber ich denke, das … das ist ganz egal. Ich bin froh, daß ich ihr Obdach und Ruhe bieten kann und die Möglichkeit, nicht arbeiten zu müssen, wenn sie einmal krank wird, und sie meint, daß durch unser Zusammenleben mehr Ordnung in mein Leben komme und daß ich unter ihrem Einfluß zu einem großen Gelehrten werde. Das ist ihre Vorstellung. Soll sie ruhig so denken! Die Südländer haben ein Sprichwort: Ein Dummkopf wird schon durch einen kleinen Gedanken reich. Hahaha!«

Laptew schwieg. Jarzew lief im Arbeitszimmer auf und ab, betrachtete die Gemälde, die er schon viele Male gesehen hatte und sagte seufzend:

»Ja, mein Freund. Ich bin drei Jahre älter als du, und es ist für mich schon zu spät, an die echte Liebe zu denken, und eigentlich ist eine Frau wie Polina Nikolajewna für mich ein Glücksfall, und natürlich werde ich mit ihr glücklich leben bis ins Alter, aber zum Teufel noch mal, es tut mir immer um etwas leid, immer möchte ich noch etwas und immer scheint es mir, ich liege in einem Tal in Dagestan und träume von einem Ball. Mit einem Wort: Der Mensch ist niemals mit dem zufrieden, was er hat.«

Er ging in den Salon und sang Romanzen, als sei nichts gewesen, und Laptew saß mit geschlossenen Augen in seinem Arbeitszimmer und versuchte zu verstehen, warum die Rassudina zu Jarzew gezogen war. Und dann grämte er sich darüber, daß es keine starken und dauerhaften Gefühle gab, und er ärgerte sich, daß Polina Nikolajewna mit Jarzew zusammenlebte, und ärgerte sich über sich, daß die Gefühle für seine Frau längst nicht mehr dieselben waren wie früher.

XV

Laptew saß schaukelnd im Sessel und las; Julija war im Arbeitszimmer und las ebenfalls. Anscheinend gab es nichts, worüber sie hätten reden können, und beide schwiegen seit dem Morgen. Ab und zu schaute er sie über den Rand des Buches an und dachte: Ob man nun aus leidenschaftlicher Liebe oder ganz ohne Liebe heiratet, ist das denn nicht gleich? Und jene Zeit, als er eifersüchtig war, sich aufgeregt hatte und litt, erschien ihm jetzt in weiter Ferne. Er war inzwischen im Ausland gewesen, erholte sich jetzt von der Reise und plante, zu Beginn des Frühjahrs wieder nach England zu fahren, wo es ihm sehr gefallen hatte.

Julija Sergejewna hatte sich an ihren Kummer gewöhnt und ging nicht mehr in den Seitenflügel, um zu weinen. In diesem Winter besuchte sie keine Geschäfte mehr, ging nicht ins Theater und in Konzerte, sondern blieb zu Hause. Sie mochte große Räume nicht und hielt sich immer im Arbeitszimmer ihres Mannes oder in ihrem Zimmer auf, wo die Heiligenschreine standen, die zu ihrer Aussteuer gehörten, und jene Landschaft hing, die ihr in der Ausstellung so gefallen hatte. Geld gab sie für sich selbst kaum aus und verbrauchte so wenig wie damals im Haus ihres Vaters.

Der Winter verlief nicht fröhlich. Überall in Moskau wurde Karten gespielt, suchte man aber nach irgendeiner anderen Unterhaltung, malte zum Beispiel, las oder zeichnete, dann war das noch langweiliger. Und weil es in Moskau wenig talentierte Menschen gab und auf allen Abenden dieselben Sänger und Rezitatoren auftraten, wurde man des Kunstgenusses allmählich überdrüssig, und für viele wurde er zu einer langweiligen und eintönigen Pflicht.

Außerdem verging bei den Laptews nicht ein Tag ohne Verdruß. Der alte Fjodor Stepanytsch sah sehr schlecht und ging nicht mehr in den Speicher, und die Augenärzte sagten, er würde bald erblinden; Fjodor hatte aus irgendeinem

Grund auch aufgehört, in den Speicher zu gehen, er saß die ganze Zeit zu Hause und schrieb etwas. Panaurow wurde in eine andere Stadt versetzt und zum Wirklichen Staatsrat befördert, er lebte jetzt im »Dresden« und kam fast jeden Tag zu den Laptews und bat um Geld. Kisch hatte endlich die Universität verlassen und saß, in der Erwartung, daß die Laptews für ihn eine Stelle finden würden, ganze Tage bei ihnen und erzählte lange belanglose Geschichten. All dies reizte und ermüdete und machte das tägliche Leben unangenehm.

Ins Arbeitszimmer trat Pjotr und meldete, eine unbekannte Dame sei gekommen. Auf der Visitenkarte, die er überreichte, stand: Josefina Jossifowna Milan.

Julija Sergejewna erhob sich träge und ging leicht hinkend hinaus, ein Fuß war ihr eingeschlafen. In der Tür erschien eine Dame, mager, sehr blaß, mit dunklen Augenbrauen, ganz in Schwarz gekleidet. Sie preßte ihre Hände auf die Brust und bat flehend:

»Monsieur Laptew, retten Sie meine Kinder!«

Das Klirren der Armbänder und das Gesicht mit den Puderflecken war Laptew bekannt; vor ihm stand jene Dame, bei der er vor seiner Heirat so unpassenderweise hatte speisen müssen. Es war Panaurows zweite Frau.

»Retten Sie meine Kinder!« wiederholte sie, ihr Gesicht zuckte, und sie wirkte plötzlich alt und bemitleidenswert, ihre Augen waren rot. »Nur Sie allein können uns retten, ich bin für mein letztes Geld zu Ihnen nach Moskau gekommen! Meine Kinder sterben vor Hunger!«

Sie machte eine Bewegung, als wollte sie auf die Knie fallen. Laptew erschrak und faßte sie an den Armen, oberhalb der Ellbogen.

»Setzen Sie sich, setzen Sie sich doch …« murmelte er und half ihr, Platz zu nehmen. »Ich bitte Sie, setzen Sie sich.«

»Wir haben schon kein Geld mehr, um Brot zu kaufen«, sagte sie. »Grigori Nikolajitsch fährt weg, um eine neue

Stelle anzutreten, aber er will mich und die Kinder nicht mitnehmen, und das Geld, das Sie großzügiger Mensch uns geschickt haben, gibt er nur für sich aus. Was sollen wir tun? Was nur? Die armen unglücklichen Kinder!«

»Beruhigen Sie sich, ich bitte Sie. Ich werde das Kontor anweisen, daß das Geld auf Ihren Namen geschickt wird.«

Sie begann zu schluchzen, beruhigte sich dann, und er bemerkte, daß die Tränen auf ihren gepuderten Wangen Spuren hinterlassen hatten und daß ihr ein Schnurrbart wuchs.

»Sie sind unendlich gütig, Monsieur Laptew. Aber seien Sie unser Engel, unsere gute Fee und reden Sie Grigori Nikolajitsch zu, daß er mich nicht verläßt, sondern mit sich nimmt. Ich liebe ihn doch, liebe ihn wahnsinnig, er ist mein ganzes Glück.«

Laptew gab ihr hundert Rubel und versprach, mit Panaurow zu reden, und als er sie in die Diele begleitete, fürchtete er immer noch, sie könnte wieder anfangen zu weinen oder auf die Knie fallen.

Nach ihr kam Kisch. Dann Kostja mit einem Photoapparat. In der letzten Zeit hatte er eine Vorliebe fürs Photographieren und lichtete jeden Tag mehrmals alle Hausbewohner ab; diese neue Beschäftigung brachte ihm viel Ärger, und er magerte sogar ab.

Vor dem abendlichen Tee kam Fjodor. Er setzte sich in eine Ecke des Arbeitszimmers, schlug ein Buch auf und blickte lange auf eine Seite, offenbar ohne zu lesen. Dann trank er lange Tee, sein Gesicht war ganz rot. Seine Gegenwart bedrückte Laptew, sogar sein Schweigen war ihm unangenehm.

»Du kannst Rußland zu einem neuen Publizisten gratulieren«, sagte Fjodor. »Im übrigen, Scherz beiseite, habe ich mir erlaubt, ein Artikelchen zu schreiben, sozusagen ein Schreibversuch, ich habe ihn mitgebracht, um ihn dir zu zeigen. Lies ihn, mein Lieber, und sag mir deine Meinung. Aber ganz ehrlich.«

Er zog ein Heft aus der Tasche und reichte es dem Bruder. Der Artikel hatte den Titel: »Die russische Seele«; er war langweilig geschrieben, in dem farblosen Stil, in dem gewöhnlich untalentierte, insgeheim ehrgeizige Menschen schreiben, und der Hauptgedanke war folgender: Ein intelligenter Mensch habe das Recht, nicht an das Übernatürliche zu glauben, er sei aber verpflichtet, diesen seinen Unglauben zu verbergen, um die Menschen nicht in Versuchung zu führen und ihren Glauben nicht zu erschüttern; ohne Glauben gebe es keinen Idealismus, der Idealismus aber sei dazu bestimmt, Europa zu retten und der Menschheit den richtigen Weg zu weisen.

»Aber du schreibst hier nicht, wovor Europa gerettet werden soll«, sagte Laptew.

»Das versteht sich von selbst.«

»Nichts versteht sich von selbst«, sagte Laptew und lief aufgeregt hin und her. »Ich verstehe nicht, wozu du das geschrieben hast. Im übrigen ist das deine Sache.«

»Ich möchte es als Broschüre herausgeben.«

»Das ist deine Sache.«

Sie schwiegen einen Augenblick. Fjodor seufzte und sagte:

»Es ist zutiefst, unendlich bedauerlich, daß wir beide so verschieden denken. Ach, Aljoscha, Aljoscha, mein lieber Bruder! Wir sind beide Russen, rechtgläubige und großzügige Menschen; stehen uns denn all diese deutschen und jüdischen Ideen zu Gesicht? Wir sind doch beide keine Schurken, sondern Vertreter eines angesehenen Kaufmannsgeschlechts.«

»Was für ein angesehenes Kaufmannsgeschlecht?« erwiderte Laptew, seine Erregung unterdrückend. »Ein angesehenes Geschlecht! Unseren Großvater haben die Gutsbesitzer geprügelt, und jeder kleine Beamte gab ihm was aufs Maul. Unseren Vater hat der Großvater geschlagen, und mich und dich prügelte der Vater. Was hat uns dieses angesehene Geschlecht gegeben? Welche Nerven und welches

Blut haben wir geerbt? Schon fast drei Jahre sprichst du wie ein Küster, redest allen möglichen Unsinn, und jetzt hast du das hier geschrieben – das sind doch die Hirngespinste eines Sklaven! Und ich, und ich? Sieh mich an … Keine Geschmeidigkeit, keine Forschheit, kein starker Wille; ich habe Angst vor jedem Schritt, als wolle man mich verprügeln, ich verzage vor Versagern, vor Idioten, vor Halunken, die geistig und moralisch unvergleichlich tiefer stehen als ich; ich habe Angst vor Hausknechten, Portiers, Schutzleuten und Gendarmen, ich fürchte mich vor allen, weil ich von einer geschundenen Mutter geboren und seit meiner Kindheit eingeschüchtert und verschreckt wurde! … Wir beide würden gut daran tun, keine Kinder zu haben. Oh, gebe Gott, daß dieses angesehene Kaufmannsgeschlecht mit uns ausstirbt!«

Julija Sergejewna kam ins Arbeitszimmer und setzte sich an den Tisch.

»Ihr habt euch gestritten?« fragte sie. »Ich störe doch nicht?«

»Nein, Schwesterchen«, erwiderte Fjodor, »unser Gespräch ist grundsätzlich. Du sagst: so und so ein Geschlecht«, wandte er sich an den Bruder, »jedoch hat dieses Geschlecht ein Millionenunternehmen geschaffen. Das heißt doch etwas!«

»Was ist das schon wert – ein Millionenunternehmen! Ein Mensch ohne besonderen Verstand und ohne besondere Fähigkeiten wird zufällig Kaufmann, und dann wird er reich, er handelt Tag für Tag ohne jedes System, ohne Ziel, er giert nicht einmal nach Geld, er handelt mechanisch, und das Geld fließt ihm von allein zu, er läuft nicht hinterher. Sein Leben lang sitzt er im Geschäft und liebt es nur, weil er die Verkäufer kommandieren und die Käufer verhöhnen kann. Er ist Kirchenältester, weil er dort die Chorsänger herumkommandieren und gängeln kann; er ist Kurator der Schule, weil ihm der Gedanke gefällt, daß der Lehrer sein Untergebener ist und er sich vor ihm als Chef aufspielen kann. Der Kaufmann liebt nicht das Handeln, sondern das Kommandieren, und euer Speicher ist kein Handelsunternehmen, sondern eine Folterkammer! Ja, für einen Handel wie den euren braucht man Verkäufer ohne eigene Persönlichkeit, ohne Rechte, und ihr selbst zieht euch solche heran, zwingt sie von Kindheit an, sich für ein Stück Brot tief vor euch zu verbeugen, und von Kindheit an bringt ihr ihnen bei zu denken, daß ihr ihre Wohltäter seid. Einen Menschen von der Universität wirst du sicher nicht in den Speicher nehmen!«

»Leute von der Universität sind für unser Geschäft nicht geeignet.«

»Das stimmt nicht!« schrie Laptew. »Das ist eine Lüge!«

»Entschuldige, mir scheint, du spuckst in den Brunnen, aus dem du trinkst«, sagte Fjodor und stand auf. »Unser Geschäft ist dir verhaßt, aber du lebst von seinen Einkünften.«

»Aha, da haben wir's!« sagte Laptew, fing an zu lachen und blickte seinen Bruder böse an. »Wenn ich nicht zu eurem angesehenen Geschlecht gehören würde und wenn ich nur für einen Groschen Willen und Mut besäße, hätte ich längst auf diese Einkünfte gepfiffen und würde mir selbst mein Brot verdienen. Aber ihr habt mich von Kindheit an in eurem Speicher der Persönlichkeit beraubt! Ich gehöre euch!«

Fjodor schaute auf die Uhr und begann sich eilig zu verabschieden. Er küßte Julija die Hand und ging hinaus, aber statt in die Diele zu gehen, ging er in den Salon und dann ins Schlafzimmer.

»Ich habe die Anordnung der Zimmer vergessen«, sagte er in großer Verwirrung. »Ein seltsames Haus. Nicht wahr, ein seltsames Haus?«

Als er seinen Pelz überzog, schien er wie betäubt, und sein Gesicht drückte Schmerz aus. Laptew fühlte keinen Zorn mehr; er war erschrocken, und gleichzeitig tat Fjodor ihm leid, und die warme, schöne Liebe zu seinem Bruder, die in den drei Jahren erloschen zu sein schien, erwachte wieder in seiner Brust, und er empfand den starken Wunsch, dieser Liebe Ausdruck zu verleihen.

»Fedja, komm doch morgen zu uns zum Mittagessen«, sagte er und streichelte seine Schulter. »Kommst du?«

»Ja, ja. Aber gebt mir Wasser.«

Laptew lief selbst ins Eßzimmer, nahm am Buffet, was ihm zuerst in die Hände fiel – es war ein hoher Bierkrug –, goß Wasser hinein und brachte es dem Bruder. Fjodor trank gierig, plötzlich aber biß er in den Krug, man hörte ein Knirschen, dann Schluchzen. Das Wasser ergoß sich auf seinen Pelz und über den Gehrock. Und Laptew, der nie zuvor einen weinenden Mann gesehen hatte, stand verwirrt und erschrocken da und wußte nicht, was er tun sollte. Er schaute ratlos zu, wie Julija und das Stubenmädchen Fjodor den Pelz auszogen und ihn ins Zimmer zurückbrachten; er selbst folgte ihnen in dem Gefühl, schuldig zu sein.

Julija legte Fjodor hin und kniete vor ihm nieder.

»Es ist nichts«, tröstete sie ihn. »Das sind Ihre Nerven …«

»Meine Teure, mir ist so schwer ums Herz!« sagte er. »Ich bin unglücklich, so unglücklich … aber ich habe es die ganze Zeit verheimlicht, ja verheimlicht!«

Er schlang den Arm um ihren Hals und flüsterte ihr ins Ohr:

»Ich sehe jede Nacht meine Schwester Nina. Sie kommt und setzt sich in den Sessel neben meinem Bett …«

Als er eine Stunde später in der Diele erneut seinen Pelz anzog, lächelte er schon wieder und schämte sich vor dem Stubenmädchen. Laptew begleitete ihn zur Pjatnizkaja.

»Komm morgen zu uns zum Mittagessen«, sagte er unterwegs, ihn am Arm haltend, »und zu Ostern fahren wir zusammen ins Ausland. Du brauchst unbedingt Abwechslung, sonst verkümmerst du ganz.«

»Ja, ja, ich fahre, ich fahre … Und das Schwesterchen nehmen wir mit.«

Nach Hause zurückgekehrt, fand er seine Frau in starker nervöser Erregung. Der Vorfall mit Fjodor hatte sie erschüttert, und sie konnte sich einfach nicht beruhigen. Sie weinte nicht, war aber sehr blaß, warf sich im Bett hin und her und klammerte sich mit kalten Händen an die Bettdecke, das Kissen und die Hände ihres Mannes. Ihre Augen waren groß und verschreckt.

»Geh nicht fort von mir, geh nicht fort«, sagte sie zu ihrem Mann. »Sag, Aljoscha, warum habe ich aufgehört, zu Gott zu beten? Wo ist mein Glaube? Ach, warum habt ihr vor mir von der Religion gesprochen? Ihr habt mich verwirrt, du und deine Freunde. Ich bete nicht mehr.«

Er legte ihr Kompressen auf die Stirn, wärmte ihre Hände, gab ihr Tee zu trinken, und sie schmiegte sich ängstlich an ihn …

Gegen Morgen war sie erschöpft und schlief ein, und Laptew saß neben ihr und hielt ihre Hand. So konnte er nicht schlafen. Den ganzen nächsten Tag fühlte er sich zerschlagen und leer, vermochte an nichts zu denken und schlenderte ziellos durch die Zimmer.

XVI

Die Ärzte sagten, Fjodor sei gemütskrank. Laptew wußte nicht, was in der Pjatnizkaja vor sich ging, und der dunkle Speicher, in dem sich weder der Alte noch Fjodor jetzt zeigten, machte auf ihn den Eindruck einer Gruft. Wenn seine Frau ihm sagte, daß er unbedingt jeden Tag im Speicher und in der Pjatnizkaja sein müsse, schwieg er oder begann gereizt von seiner Kindheit zu erzählen, davon, daß er seinem Vater die Vergangenheit nicht verzeihen könne, daß die Pjatnizkaja und der Speicher ihm verhaßt seien und anderes mehr.

An einem Sonntagmorgen fuhr Julija selbst in die Pjatnizkaja. Sie traf den alten Fjodor Stepanytsch in demselben Saal, wo einst anläßlich ihrer Ankunft die Andacht abgehalten wurde. Er saß in seinem Segeltuchjackett reglos im Sessel, ohne Krawatte und in Hausschuhen, und blinzelte mit seinen blinden Augen.

»Ich bin es, Ihre Schwiegertochter«, sagte sie und ging zu ihm hin. »Ich bin gekommen, Sie zu besuchen.«

Er begann vor Erregung schwer zu atmen. Angerührt von seinem Unglück und seiner Einsamkeit küßte sie ihm die Hand, und er betastete ihr Gesicht und ihren Kopf, und als er sich überzeugt zu haben schien, daß sie es war, bekreuzigte er sie.

»Danke, danke«, sagte er. »Ich habe mein Augenlicht verloren und sehe nichts … Das Fenster sehe ich ein bißchen, das Feuer auch, aber Menschen und Gegenstände erkenne ich nicht mehr. Ja, ich werde blind, Fjodor ist krank, und ohne das Auge des Hausherrn läuft es jetzt schlecht. Wenn jetzt eine Unregelmäßigkeit auftritt, kann niemand zur Verantwortung gezogen werden; die Leute werden verzogen. Und woran ist Fjodor erkrankt? Hat er vielleicht eine Erkältung? Ich war niemals krank und habe mich nie behandeln lassen. Ärzte kannte ich nicht.«

Und der Alte begann wie gewöhnlich zu prahlen. Unterdessen deckten die Dienstboten im Saal eilig den Tisch und stellten Vorspeisen und Weinflaschen hin. Etwa zehn Flaschen standen auf dem Tisch, und eine hatte die Form des Eiffelturms. Man brachte eine Schüssel mit heißen Piroggen, die nach gekochtem Reis und Fisch dufteten.

»Ich bitte meinen teuren Gast zu Tisch«, sagte der Alte.

Sie nahm ihn beim Arm, führte ihn zum Tisch und goß ihm Wodka ein.

»Ich komme auch morgen zu Ihnen«, sagte sie, »und bringe Ihre Enkelinnen Sascha und Lida mit. Sie werden Sie bedauern und lieb zu Ihnen sein.«

»Nicht nötig, bringen Sie sie nicht mit. Sie sind illegitim.«

»Wieso denn illegitim? Ihr Vater und ihre Mutter waren doch verheiratet.«

»Ohne meine Einwilligung. Ich habe ihnen nicht meinen Segen gegeben und will nichts von ihnen wissen. Gott mit ihnen.«

»Sonderbar reden Sie, Fjodor Stepanytsch«, sagte Julija und seufzte.

»Im Evangelium heißt es: Kinder sollen ihre Eltern ehren und fürchten.«

»Nichts dergleichen. Im Evangelium heißt es, wir sollen sogar unseren Feinden vergeben.«

»In unserem Geschäft darf man nicht vergeben. Wenn man allen verzeihen würde, wäre man in drei Jahren bankrott.«

»Aber zu verzeihen, einem Menschen, auch wenn er schuldig ist, ein gutes, freundliches Wort zu sagen, das steht doch über dem Geschäft, über dem Reichtum!«

Julija wollte den Alten milder stimmen, ein Gefühl des Mitleids und der Reue in ihm wecken, doch alles, was sie sagte, hörte er sich nur nachsichtig an, so wie Erwachsene Kindern zuhören.

»Fjodor Stepanytsch«, sagte Julija entschlossen, »Sie sind schon alt, und bald wird Gott Sie zu sich rufen; er wird Sie nicht fragen, wie Sie Ihren Handel betrieben haben und ob Ihre Geschäfte gut liefen, sondern ob Sie gütig zu den Menschen waren und nicht zu hart zu denen, die schwächer sind als Sie, zum Beispiel zu der Dienerschaft und den Verkäufern.«

»Für meine Angestellten war ich immer der Wohltäter, und sie müssen ewig für mich beten«, sagte der Alte mit Überzeugung; doch von Julijas aufrichtigem Ton gerührt und in dem Wunsch, ihr eine Freude zu machen, sagte er: »Gut, bringen Sie die Enkelinnen morgen mit. Ich werde Geschenke für sie kaufen lassen.«

Der Alte war nachlässig gekleidet, auf seiner Brust und seinen Knien lag Zigarrenasche; offensichtlich säuberte keiner seine Stiefel und seine Kleidung. Der Reis in den Piroggen war nicht gar, das Tischtuch roch nach Seife, die

Dienerschaft trampelte beim Gehen laut mit den Füßen. Der Alte und das ganze Haus in der Pjatnizkaja machten einen verwahrlosten Eindruck, und Julija, die das spürte, schämte sich für sich und ihren Mann.

»Ich komme bestimmt morgen wieder«, sagte sie.

Sie ging durch die Zimmer und befahl, das Schlafzimmer des Alten in Ordnung zu bringen und das Ikonenlämpchen anzuzünden. Fjodor saß in seinem Zimmer und blickte in ein aufgeschlagenes Buch, ohne zu lesen; Julija sprach mit ihm und gab Anweisung, auch bei ihm aufzuräumen, dann ging sie nach unten zu den Verkäufern. In der Mitte des Raumes, in dem die Verkäufer zu Mittag aßen, stand eine ungestrichene hölzerne Säule, die die Decke stützte, damit sie nicht einstürzte; die Decken waren hier niedrig, die Wände mit einer billigen Tapete beklebt, es war dunstig und roch nach Küche. Wegen des Feiertags waren alle Verkäufer zu Hause und saßen auf ihren Betten in Erwartung des Mittagessens. Als Julija hereinkam, sprangen sie auf, antworteten schüchtern auf ihre Fragen und sahen sie mißtrauisch an, wie Sträflinge.

»Mein Gott, was habt ihr für einen häßlichen Raum!« sagte sie und schlug die Hände zusammen. »Ist es euch hier nicht zu eng?«

»Eng, aber gemütlich«, sagte Makejitschew. »Wir sind mit Ihnen sehr zufrieden und schicken unsere Gebete empor zum barmherzigen Gott.«

»Die Entsprechung des Lebens nach der Ambition der Persönlichkeit«, sagte Potschatkin.

Makejitschew, der merkte, daß Julija nicht verstanden hatte, beeilte sich zu erklären:

»Wir kleinen Leute müssen unserm Stand entsprechend leben.«

Sie sah sich das Zimmer der Lehrjungen und die Küche an, machte Bekanntschaft mit der Haushälterin und war sehr unzufrieden.

Nach Hause zurückgekehrt, sagte sie zu ihrem Mann:

»Wir müssen so schnell wie möglich in die Pjatnizkaja ziehen und dort wohnen. Und du wirst jeden Tag zum Speicher fahren.«

Dann saßen beide nebeneinander im Arbeitszimmer und schwiegen. Ihm war schwer ums Herz, und er wollte weder in die Pjatnizkaja noch in den Speicher, doch er ahnte, woran seine Frau dachte, und hatte nicht die Kraft, ihr zu widersprechen. Er streichelte ihre Wange und sagte:

»Ich habe das Gefühl, als sei unser Leben bereits vorbei, und es begänne für uns jetzt ein graues Halbleben. Als ich erfuhr, daß mein Bruder Fjodor unheilbar krank ist, habe ich geweint; wir haben unsere Kindheit und Jugend gemeinsam verbracht, damals liebte ich ihn von ganzem Herzen, und jetzt diese Katastrophe, mir scheint, wenn ich ihn verliere, breche ich endgültig mit meiner Vergangenheit. Und jetzt, als du sagtest, wir müßten in die Pjatnizkaja übersiedeln, in dieses Gefängnis, war mir, als hätte ich auch meine Zukunft verloren.«

Er stand auf und ging zum Fenster.

»Wie dem auch sei, man muß von dem Gedanken an Glück Abschied nehmen«, sagte er, den Blick auf die Straße gerichtet. »Es gibt kein Glück. Ich habe niemals Glück gehabt, und wahrscheinlich gibt es das überhaupt nicht. Im übrigen war ich einmal im Leben glücklich, als ich nachts unter deinem Schirm saß. Erinnerst du dich, du hast einmal deinen Schirm bei meiner Schwester Nina vergessen?« fragte er, sich seiner Frau zuwendend. »Damals war ich in dich verliebt und – ich weiß noch – saß die ganze Nacht unter diesem Schirm und war in einem Zustand von Glückseligkeit.«

Im Arbeitszimmer stand neben den Bücherschränken eine mit Bronze beschlagene Mahagonikommode, in der Laptew verschiedene unnötige Dinge aufbewahrte, darunter auch den Schirm. Er holte ihn heraus und reichte ihn seiner Frau.

»Hier ist er.«

Julija schaute einen Augenblick auf den Schirm, erkannte ihn und lächelte traurig.

»Ich erinnere mich«, sagte sie. »Als du mir deine Liebeserklärung machtest, hieltest du ihn in den Händen«, und als sie merkte, daß er gehen wollte, fügte sie hinzu: »Wenn es dir möglich ist, komm bitte früher zurück. Ohne dich ist mir langweilig.«

Dann ging sie in ihr Zimmer und betrachtete lange den Schirm.

XVII

Im Speicher gab es trotz des komplizierten Geschäftsablaufs und des riesigen Umsatzes keinen Buchhalter, und aus den Büchern, die ein Angestellter führte, war nichts zu ersehen. Jeden Tag kamen Kommissionäre in den Speicher, Deutsche und Engländer, mit denen die Verkäufer über Politik und Religion sprachen; auch ein heruntergekommener Adliger kam, ein kranker und bedauernswerter Mann, der im Kontor die ausländische Korrespondenz übersetzte; die Verkäufer nannten ihn Kinkerlitz und gaben ihm Tee mit Salz zu trinken. Und überhaupt erschien Laptew dieser ganze Handel als eine recht sonderbare Angelegenheit.

Jeden Tag war er im Speicher und versuchte, eine neue Ordnung einzuführen; er verbot, die Lehrjungen zu prügeln und sich über die Käufer lustig zu machen, er geriet außer sich, wenn die Verkäufer fröhlich lachend Ladenhüter und Ausschußware als neu und letzten Schrei der Mode irgendwo in die Provinz lieferten. Jetzt war er im Speicher die Hauptperson, aber nach wie vor wußte er nicht, wie groß sein Vermögen war, ob die Geschäfte gut liefen, wieviel Gehalt die ältesten Verkäufer bekamen und so weiter. Potschatkin und Makejitschew betrachteten ihn als zu jung und unerfahren, hielten vieles vor ihm geheim und flüsterten jeden Abend geheimnisvoll mit dem blinden Alten.

Einmal, Anfang Juni, gingen Laptew und Potschatkin in den Bubnowschen Gasthof, um zu frühstücken und dabei über das Geschäft zu reden. Potschatkin war schon lange im Dienst bei den Laptews, er war zu ihnen gekommen, als er acht Jahre alt war. Er gehörte sozusagen zur Familie, man vertraute ihm völlig, und wenn er beim Verlassen des Speichers die ganzen Einnahmen aus der Kasse nahm und in seine Taschen stopfte, erregte das keinerlei Verdacht. Er war die wichtigste Person im Speicher und im Haus, und auch in der Kirche, wo er an Stelle des Alten die Pflichten des Kirchenältesten wahrnahm. Wegen seines brutalen Umgangs mit den Untergebenen nannten ihn die Verkäufer und Lehrjungen Maljuta Skuratow*.

Als sie in den Gasthof kamen, winkte er dem Kellner und sagte:

»Bring uns, Bruder, ein halbes Wunderding und vierundzwanzig Unannehmlichkeiten.«

Wenig später brachte der Kellner auf einem Tablett eine halbe Flasche Wodka und mehrere Teller mit verschiedenen Vorspeisen.

»Also, mein Lieber«, sagte Potschatkin zu ihm, »bring uns eine Portion Hauptmeister der Verleumdung und der üblen Nachrede mit Kartoffelpüree.«

Der Kellner verstand nicht und wurde verlegen, er wollte etwas erwidern, aber Potschatkin blickte ihn streng an und sagte:

»Ausgenommen!«

Der Kellner dachte angestrengt nach, ging dann, um sich mit seinen Kollegen zu beraten, schließlich erriet er es doch und brachte eine Portion Zunge. Nachdem sie jeder zwei Gläschen getrunken und etwas dazu gegessen hatten, fragte Laptew:

»Sagen Sie, Iwan Wassiljitsch, stimmt es, daß unsere Geschäfte in den letzten Jahren immer schlechter gehen?«

---

* Vertrauter Iwans des Schrecklichen.

»Durchaus nicht!«

»Sagen Sie mir offen und ehrlich, welche Einnahmen hatten und haben wir, und wie groß ist unser Vermögen. Man kann doch nicht im Dunkeln tappen. Wir hatten vor kurzem eine Inventur im Speicher, aber, entschuldigen Sie, dieser Inventur traue ich nicht; Sie halten es für nötig, dies und das vor mir zu verheimlichen, und sagen nur meinem Vater die Wahrheit. Sie sind seit Ihrer frühen Jugend an diese Politik gewöhnt und können nicht ohne sie auskommen. Aber wozu das? Also ich bitte Sie, seien Sie aufrichtig. In welcher Lage ist unser Geschäft?«

»Alles hängt von der Kreditbewegung ab«, erwiderte Potschatkin nach einigem Nachdenken.

»Was verstehen Sie unter Kreditbewegung?«

Potschatkin begann zu erklären, doch Laptew verstand nichts und schickte nach Makejitschew. Dieser erschien unverzüglich, betete, aß etwas und sprach mit seinem vollen, tiefen Bariton zuerst einmal davon, daß die Verkäufer verpflichtet seien, Tag und Nacht für ihre Wohltäter zu Gott zu beten.

»Wunderbar, nur erlauben Sie mir, mich nicht für Ihren Wohltäter zu halten«, sagte Laptew.

»Jeder Mensch muß sich darauf besinnen, was er ist, und seinen Stand kennen. Sie sind von Gottes Gnaden unser Vater und Wohltäter, und wir sind Ihre Knechte.«

»All das habe ich endgültig satt!« sagte Laptew ärgerlich. »Seien Sie jetzt bitte mein Wohltäter und erklären Sie mir, in welcher Lage sich unsere Geschäfte befinden. Und haben Sie die Güte, mich nicht für einen dummen Jungen zu halten, sonst schließe ich morgen den Speicher. Mein Vater ist blind geworden, mein Bruder im Irrenhaus, meine Nichten sind noch zu jung; ich hasse dieses Geschäft, ich würde gerne aussteigen, aber, wie Sie wissen, ist keiner da, der mich ersetzen könnte. Lassen Sie diese Politik, um Gottes willen!«

Sie gingen in den Speicher, um eine Revision zu machen. Dann rechneten sie abends zu Hause, wobei der Alte half. Als er den Sohn in seine kaufmännischen Geheimnisse einführte, sprach er in einem Ton, als würde er sich nicht mit Handel befassen, sondern mit Zauberei. Es zeigte sich, daß die Einkünfte jährlich um etwa zehn Prozent zunahmen und daß das Vermögen der Laptews, wenn man nur das Geld und die Wertpapiere rechnete, sechs Millionen Rubel betrug.

Als Laptew nach Mitternacht nach der Revision an die frische Luft kam, fühlte er sich noch ganz im Bann der Zahlen. Die Nacht war still, mondhell und schwül; die weißen Mauern der Häuser von Samoskworetschje, der Anblick der wuchtigen verschlossenen Tore, die Stille und die schwarzen Schatten machten den Eindruck einer Festung, es fehlte nur der Wachtposten mit Gewehr. Laptew ging in den kleinen Garten und setzte sich auf eine Bank am Zaun, der den Garten von dem des Nachbarhofs trennte. Der Faulbeerbaum stand in Blüte. Laptew erinnerte sich, daß dieser Faulbeerbaum in seiner Kindheit genauso knorrig und genauso groß gewesen war und sich seitdem überhaupt nicht verändert hatte. Jede Ecke im Garten und im Hof rief ihm die ferne Vergangenheit ins Gedächtnis. In der Kindheit war genau wie jetzt der vom Mondlicht beschienene Hof durch die wenigen Bäume sichtbar, und auch die Schatten waren noch genauso geheimnisvoll und scharf, ein schwarzer Hund hatte auch damals mitten im Hof gelegen, und die Fenster bei den Verkäufern standen auch damals weit offen. All dies waren keine heiteren Erinnerungen.

Hinter dem Zaun hörte man im Nachbarhof leichte Schritte.

»Meine Teure, meine Liebste …« flüsterte eine Männerstimme direkt am Zaun, so daß Laptew sogar sein Atmen hörte.

Dann küßten sie sich. Laptew war überzeugt, daß die Millionen und das Geschäft, nach dem ihm nicht der Sinn stand, sein Leben zerstören und aus ihm endgültig einen

Sklaven machen würden; er stellte sich vor, wie er sich allmählich mit seiner Lage abfände und nach und nach in die Rolle des Leiters der Handelsfirma schlüpfte, er würde abstumpfen, altern und schließlich sterben, so wie Spießbürger sterben: elend, verdrießlich und in seiner Umgebung Trübsinn verbreitend. Aber was hinderte ihn denn, die Millionen und das Geschäft hinzuwerfen und diesen Garten und den Hof zu verlassen, die ihm schon seit seiner Kindheit verhaßt waren?

Das Flüstern und die Küsse hinter dem Zaun erregten ihn. Er ging in die Mitte des Hofes, knöpfte sein Hemd über der Brust auf, blickte auf den Mond und ihm schien, er brauche jetzt nur anzuordnen, die Pforte zu öffnen, dann würde er hinausgehen und niemals wieder hierher zurückkehren; sein Herz krampfte sich im Vorgefühl der Freiheit freudig zusammen, er lachte fröhlich und stellte sich vor, was für ein wunderbares, poetisches und vielleicht sogar heiliges Leben das sein könnte …

Doch er blieb weiterhin stehen, ging nicht fort und fragte sich: Was hält mich hier zurück? Und er ärgerte sich über sich selbst und den schwarzen Hund, der auf den Steinen lag und nicht ins Feld oder in den Wald lief, wo er unabhängig und froh sein könnte. Ihn und diesen Hund hinderte offenbar dasselbe daran, den Hof zu verlassen: die zur Gewohnheit gewordene Unfreiheit und das gewohnte Sklavendasein …

Am Mittag des nächsten Tages fuhr er zu seiner Frau, und um sich nicht zu langweilen, lud er Jarzew ein mitzukommen. Julija Sergejewna lebte im Landhaus in Butowo, und er war schon fünf Tage nicht bei ihr gewesen. An der Bahnstation angekommen, setzten sich die Freunde in eine Kutsche, und Jarzew sang die ganze Fahrt über und war begeistert von dem herrlichen Wetter. Das Landhaus lag in einem großen Park, nicht weit von der Bahnstation. Da, wo die Hauptallee begann, etwa zwanzig Schritt vom Tor entfernt, saß Julija Sergejewna unter einer alten weit ausladenden Pappel und wartete auf die Gäste. Sie trug ein leichtes elegantes, spitzenbesetztes Kleid von heller Cremefarbe, und in den Händen hielt sie eben jenen alten bekannten Schirm. Jarzew begrüßte sie und ging zum Haus, von wo man die Stimmen von Sascha und Lida hörte, Laptew aber setzte sich zu seiner Frau, um von seinen Geschäften zu sprechen.

»Warum warst du so lange nicht hier?« fragte sie, seine Hand festhaltend. »Ich sitze jeden Tag hier und schaue, ob du nicht kommst. Ohne dich ist mir langweilig!«

Sie stand auf, strich mit der Hand über sein Haar und betrachtete neugierig sein Gesicht, seine Schultern, seinen Hut.

»Du weißt, ich liebe dich«, sagte sie und errötete. »Du bist mir teuer. Jetzt bist du gekommen, ich sehe dich, und ich bin glücklich, ich weiß nicht wie. Komm, laß uns reden. Erzähl mir etwas.«

Sie erklärte ihm ihre Liebe, er aber hatte das Gefühl, als sei er schon zehn Jahre mit ihr verheiratet, und er wollte frühstücken. Sie umschlang seinen Hals, wobei die Seide ihres Kleides seine Wange kitzelte; er schob behutsam ihre Hand weg, stand auf und ging zum Landhaus, ohne ein Wort zu sagen. Die Mädchen liefen ihm entgegen.

Wie groß sie geworden sind! dachte er. Und wieviel Veränderungen hat es in den drei Jahren gegeben ... Doch vielleicht muß ich noch dreizehn oder dreißig Jahre leben ... Etwas wird uns die Zukunft noch bringen! Kommt Zeit – kommt Rat.

Er umarmte Sascha und Lida, die an seinem Hals hingen, und sagte:

»Großvater läßt euch grüßen ... Onkel Fedja wird bald sterben, Onkel Kostja hat einen Brief aus Amerika geschickt und gebeten, euch zu grüßen. Er langweilt sich auf der Ausstellung und kommt bald zurück. Und Onkel Aljoscha hat Hunger.«

Danach saß er auf der Terrasse und sah, wie seine Frau

langsam durch die Allee zum Landhaus ging. Sie war in Gedanken, ihr Gesicht hatte einen traurigen und zugleich bezaubernden Ausdruck, in ihren Augen glänzten Tränen. Das war nicht mehr das schlanke, zerbrechliche und blasse Mädchen von einst, sondern eine reife, schöne und starke Frau. Und Laptew bemerkte, wie hingerissen Jarzew ihr entgegensah, wie dieser neue und schöne Ausdruck sich in seinem traurigen und entzückten Gesicht widerspiegelte. Es schien ihm, als sähe er Julija zum ersten Mal. Und während sie auf der Terrasse frühstückten, lächelte Jarzew heiter und schüchtern und schaute immerzu auf Julija, auf ihren schönen Hals. Laptew beobachtete ihn unwillkürlich und dachte, daß er vielleicht noch dreizehn oder dreißig Jahre leben müsse ... Und was stünde ihm in dieser Zeit noch alles bevor? Was erwartet uns in der Zukunft?

Und er dachte:

Kommt Zeit – kommt Rat.

(Marianne Wiebe)

Die hungrige Wolfsmutter erhob sich, um auf die Jagd zu gehen. Ihre drei Jungen schliefen noch fest; dicht aneinandergekuschelt wärmten sie sich gegenseitig. Die Wölfin leckte sie und machte sich dann auf den Weg.

Es war zwar schon März – Frühlingsanfang; aber in den Nächten knarrten von der Kälte noch immer die Bäume wie im Dezember, und kaum streckte man die Zunge heraus, spürte man auch schon ein heftiges Prickeln. Die Wölfin war von schwacher Gesundheit und recht mißtrauisch; schon das kleinste Geräusch ließ sie zusammenzucken, und immerfort dachte sie, zu Hause könnte jemand den Wolfsjungen während ihrer Abwesenheit etwas antun. Der Geruch von Menschen- und Pferdespuren, die Baumstümpfe, Holzstapel und der dunkle, mistbestreute Weg erschreckten sie; ihr war, als stünden in der Dunkelheit hinter den Bäumen Menschen und als heulten irgendwo jenseits des Waldes Hunde.

Sie war nicht mehr die Jüngste, und ihre Witterung hatte nachgelassen; es konnte also geschehen, daß sie eine Fuchsspur für eine Hundespur hielt und manchmal sogar, von ihrer Witterung getäuscht, vom Weg abkam, was ihr in der Jugend nie passiert war. Aufgrund ihrer schwachen Gesundheit jagte sie – im Gegensatz zu früher – keine Kälber und großen Hammel mehr, machte einen weiten Bogen um Pferde und Fohlen und ernährte sich nur von Kadavern; frisches Fleisch bekam sie sehr selten zu fressen, höchstens im Frühjahr, wenn sie mal auf eine Hasenmutter traf, der sie die Jungen wegschnappte, oder wenn sie bei den Bauern in einen Stall schlich, in dem Lämmer waren.

Ungefähr vier Werst von ihrem Lager entfernt stand an der Postroute eine Jagdhütte. Da wohnte der Wildhüter

Ignat, ein alter Mann von etwa siebzig Jahren, der ständig hustete und Selbstgespräche führte; nachts schlief er gewöhnlich, und tagsüber strich er mit seiner Flinte im Wald herum und scheuchte mit Pfiffen die Hasen auf. Wahrscheinlich hatte er früher als Maschinist gearbeitet, denn jedesmal, bevor er stehenblieb, rief er: »Lokomotive, stop!« und bevor er weiterging: »Volldampf!« In seiner Nähe war immer eine riesige schwarze Hündin von undefinierbarer Rasse mit Namen Arapka. Wenn sie zu weit vorauslief, dann rief er ihr zu: »Rückwärtsgang!« Manchmal trällerte er auch vor sich hin, wobei er ganz schön schwankte und häufig hinfiel (die Wölfin glaubte, das käme vom Wind), und dann rief er: »Entgleisung!«

Die Wölfin erinnerte sich, daß im Sommer und im Herbst neben der Jagdhütte ein Hammel und zwei junge Schafe geweidet hatten, und als sie unlängst dort vorbeigelaufen war, meinte sie im Stall ihr Blöken gehört zu haben. Und während sie jetzt auf die Jagdhütte zutrottete, fiel ihr ein, daß schon März war und im Stall also ganz bestimmt Lämmer sein mußten. Der Hunger plagte sie, und sie malte sich aus, wie gierig sie ein Lamm verschlingen würde, und bei diesem Gedanken schlug sie die Zähne aufeinander, und ihre Augen leuchteten in der Dunkelheit wie zwei Lichter.

Ignats Hütte, sein Schuppen, der Stall und auch der Brunnen waren von hohen Schneewehen umgeben. Es war still. Arapka schlief wahrscheinlich im Schuppen.

Über eine Schneewehe gelangte die Wölfin auf den Stall und begann mit Pfoten und Schnauze das Strohdach aufzureißen. Das Stroh war faul und brüchig, so daß die Wölfin fast eingebrochen wäre; plötzlich stieg ihr die warme Stalluft und der Geruch von Mist und Schafsmilch in die Nase. Unten blökte leise ein Lämmchen, das den kühlen Luftzug spürte. Die Wölfin machte einen Satz durch das Loch und landete mit den Vorderpfoten und der Brust auf etwas Weichem und Warmem, wahrscheinlich auf dem Hammel, und in dem Augenblick begann im Stall plötzlich etwas zu winseln, zu bellen und mit einem feinen Stimmchen zu kläffen, die Schafe sprangen zur Wand zurück, und die erschrockene Wölfin schnappte sich, was ihr als erstes zwischen die Zähne kam und stürzte hinaus …

Sie rannte mit aller Kraft, während Arapka, die den Wolf bereits gewittert hatte, wütend heulte, die aufgescheuchten Hühner in der Jagdhütte gackerten und Ignat unter das Vordach hinaustrat und rief:

»Volldampf! Pfeifsignal!«

Er pfiff wie eine Lokomotive und rief dann: »Hohohoho!« Und dieser ganze Lärm kam als Echo aus dem Wald zurück.

Als es allmählich wieder still wurde, beruhigte sich die Wölfin ein wenig, und sie bemerkte, daß ihre Beute, die sie zwischen den Zähnen hielt und durch den Schnee schleifte, schwerer und offensichtlich auch fester war, als zu dieser Jahreszeit Lämmer zu sein pflegen; sie schien auch anders zu riechen und gab so seltsame Laute von sich … Die Wölfin blieb stehen und legte ihre Last in den Schnee, um sich eine Ruhepause zu gönnen und mit dem Fressen zu beginnen, plötzlich aber fuhr sie angeekelt zurück. Das war gar kein Lamm, sondern ein junger schwarzer Hund mit einem großen Kopf und langen Beinen, von großwüchsiger Rasse, und er hatte auch so einen weißen Fleck über der ganzen Stirn wie Arapka. Seinem Benehmen nach war er ein Flegel, ein einfacher Hofhund. Er leckte seinen geschundenen, verletzten Rücken, und als sei überhaupt nichts geschehen, wedelte er mit dem Schwanz und bellte die Wölfin an. Sie begann wie ein Hund zu knurren und lief von ihm weg. Er folgte ihr. Sie schaute sich um und schlug die Zähne aufeinander; er blieb verdutzt stehen, und nachdem er wohl zu dem Schluß gekommen war, daß sie mit ihm spielen wollte, reckte er die Schnauze Richtung Jagdhütte und fing laut und freudig an zu bellen, um seine Mutter Arapka zum Mitspielen aufzufordern.

Es wurde langsam hell, und als die Wölfin sich durch den dichten Espenwald den Weg nach Hause bahnte, war jeder einzelne Baum schon deutlich zu erkennen, die Birkhühner erwachten, und prächtige Birkhähne, von den unvorsichtigen Sprüngen und dem Gebell des jungen Hundes in ihrer Ruhe gestört, flatterten mehrmals auf.

Wieso läuft er nur hinter mir her? dachte die Wölfin ärgerlich. Anscheinend will er, daß ich ihn fresse.

Sie lebte mit ihren Jungen in einer nicht sehr tiefen Grube; vor etwa drei Jahren hatte ein heftiger Sturm eine hohe alte Kiefer entwurzelt, und so war diese Grube entstanden. Jetzt lagen dort überall altes Laub und Moos herum, aber auch Knochen und Stierhörner, womit die Wolfsjungen spielten. Alle drei – sie sahen sich sehr ähnlich – waren schon auf, standen nebeneinander am Grubenrand und schauten schwanzwedelnd der heimkehrenden Mutter entgegen. Als der junge Hund die drei erblickte, blieb er in einiger Entfernung vor ihnen stehen und schaute sie lange an; als er merkte, daß auch sie ihn aufmerksam beäugten, begann er sie grimmig anzubellen, als seien sie Fremde.

Inzwischen war es taghell, die Sonne war aufgegangen, ringsum glitzerte der Schnee; der Welpe aber stand immer noch in einiger Entfernung da und bellte. Die Wolfsjungen wurden von ihrer Mutter gesäugt und stießen ihr die Pfoten in den mageren Leib, während sie an einem weißen trockenen Pferdeknochen nagte; der Hunger plagte sie, und ihr brummte der Schädel von dem Hundegebell – am liebsten hätte sie sich auf den ungebetenen Gast gestürzt und ihn in Stücke zerrissen.

Schließlich wurde der Welpe müde und heiser; als er sah, daß man keine Angst vor ihm hatte, ja ihn nicht einmal beachtete, kroch er, bald sich duckend, bald aufspringend, vorsichtig auf die Wolfsjungen zu. Jetzt, bei Tageslicht, konnte man ihn gut erkennen … Seine weiße Stirn war groß und gewölbt – wie bei sehr dummen Hunden; seine kleinen blauen Augen waren trüb, und sein ganzer Gesichtsausdruck war außerordentlich dumm. Als er ganz nah an die Wolfsjungen herangekommen war, streckte er seine breiten Pfoten vor, legte die Schnauze darauf und fing an zu jaulen:

»Mnja, mnja … nga-nga-nga!«

Die Wolfsjungen verstanden nichts, wedelten aber mit den Schwänzen. Da schlug der Welpe dem einen Wolfsjungen mit der Pfote auf den großen Kopf. Und das Wolfsjunge schlug ihm seinerseits mit der Pfote auf den Kopf. Der Welpe stellte sich seitlich vor den jungen Wolf, warf ihm einen schiefen Blick zu und wedelte mit dem Schwanz, dann sauste er plötzlich davon und drehte auf dem verharschten Schnee ein paar Runden. Die Wolfsjungen jagten ihm hinterher, er fiel auf den Rücken und streckte die Beine in die Luft; alle drei warfen sich auf ihn, und vor Begeisterung winselnd fingen sie an, ihn zu beißen, aber nur so zum Spaß, ohne ihm weh zu tun. Auf einer hohen Kiefer saßen Krähen und verfolgten sehr beunruhigt von oben die Balgerei. Es ging laut und lustig zu. Die Sonne stach schon wie mitten im Frühling, und die Birkhähne, die ab und zu über die vom Sturm entwurzelte Kiefer flogen, sahen im Glanz der Sonne smaragdgrün aus.

Gewöhnlich bringen Wolfsmütter ihren Jungen das Jagen bei, indem sie sie zunächst mit ihrer Beute spielen lassen; als die Wölfin sah, wie ihre Jungen dem Welpen durch den verharschten Schnee hinterherjagten und sich mit ihm balgten, dachte sie also:

Sollen sie es ruhig dabei lernen.

Nachdem sich die Wolfsjungen ausgetobt hatten, trotteten sie zu ihrer Grube zurück und legten sich schlafen. Der Welpe heulte noch ein wenig vor Hunger, dann streckte auch er sich in der Sonne aus. Als alle wieder wach waren, spielten sie weiter.

Den ganzen Tag und den ganzen Abend mußte die Wölfin daran denken, wie in der vergangenen Nacht im Stall das Lämmchen geblökt und wie es nach Schafsmilch gerochen hatte, und vor Appetit schlug sie immerzu die Zähne aufeinander und hörte nicht auf, gierig an dem alten Knochen herumzunagen, wobei sie sich vorstellte, es sei das Lämmchen. Die Wolfsjungen wurden gesäugt, der Welpe hingegen, der auch etwas zu fressen haben wollte, lief im Kreis herum und beschnupperte den Schnee.

Ich freß ihn doch …, beschloß die Wölfin.

Sie lief zu ihm hin, doch er leckte ihr die Schnauze und fing an zu winseln, da er glaubte, sie wollte mit ihm spielen. Früher hatte sie Hundefleisch gefressen, aber der kleine Kläffer roch zu stark nach Hund, und bei ihrer schwachen Gesundheit konnte sie diesen Geruch nicht mehr ertragen; ihr wurde ganz übel davon, und sie suchte das Weite …

Zur Nacht hin wurde es kalt. Der junge Hund langweilte sich und trottete nach Hause.

Als die Wolfsjungen fest eingeschlafen waren, brach die Wölfin erneut zur Jagd auf. Genau wie in der vorigen Nacht beunruhigte sie das geringste Geräusch; Baumstümpfe, Holzstapel und dunkle, einzeln dastehende Wacholderbüsche, die von weitem wie Menschen aussahen, erschreckten sie. Sie lief am Wegrand entlang, durch den verharschten Schnee. Plötzlich tauchte weit vorne etwas Dunkles auf … Sie kniff die Augen zusammen und spitzte die Ohren: Tatsächlich, da vorne ging etwas, sogar die gleichmäßigen Schritte waren zu hören. Etwa ein Dachs? Vorsichtig, kaum atmend und sich immer am Rande haltend, überholte sie den dunklen Fleck, sah sich nach ihm um und erkannte ihn. Es war der junge Hund mit der weißen Stirn, der gemächlich zu seiner Jagdhütte zurücktrottete.

Wenn er mich bloß nicht wieder belästigt, dachte die Wölfin und lief schneller.

Aber die Jagdhütte war nicht mehr weit. Wieder kletterte die Wölfin über die Schneewehe auf den Stall. Das Loch von gestern war bereits mit Stroh vom Sommer geflickt, und über das Dach hatte man zwei neue Balken gelegt. Die Wölfin begann hastig mit Pfoten und Schnauze zu scharren, wobei sie sich ständig umschaute, ob nicht der junge Hund kam; aber kaum stiegen ihr die warme Stalluft und der Mistgeruch in die Nase, als hinter ihr auch schon ein freudiges, keckes Gebell ertönte. Der Welpe war wieder da. Er sprang zu der Wölfin aufs Dach, dann durch das Loch, und als er sich in der heimischen Wärme wieder geborgen fühlte und auch die Schafe erkannte, wurde sein Gebell noch lauter … Arapka erwachte im Schuppen, witterte den Wolf und heulte auf, die Hühner fingen an zu gackern, doch als Ignat mit seiner Flinte unterm Vordach erschien, hatte die erschrockene Wölfin bereits das Weite gesucht.

»Fjut!« pfiff Ignat. »Fjut! Mit Volldampf voraus!«

Er drückte ab – die Flinte versagte; er drückte noch einmal ab – wieder nichts; er versuchte es ein drittes Mal – und eine gewaltige Feuergarbe schoß aus dem Lauf, ein ohrenbetäubendes »Bumm! Bumm!« ertönte. Es gab einen kräftigen Rückstoß; dann machte er sich, die Flinte in der einen, ein Beil in der anderen Hand, auf die Suche nach der Ursache für den Lärm …

Kurz darauf kam er in die Hütte zurück.

»Was war los?« fragte mit heiserer Stimme der Pilger, der bei ihm übernachtete und den der Lärm aus dem Schlaf gerissen hatte.

»Nichts …« erwiderte Ignat. »Nicht der Rede wert. Unser Weißstirnchen hat sich angewöhnt, bei den Schafen im Warmen zu schlafen. Nur hat er noch nicht kapiert, daß er durch die Tür muß, er will unbedingt durchs Dach rein. Gestern nacht hat er das Dach aufgerissen und ist abgehauen, der Spitzbub, und jetzt ist er zurückgekommen und hat wieder das Dach aufgerissen.«

»So ein Dummkopf!«

»Ja, bei dem is wohl ne Schraube locker. Ich kann

Dummköpfe auf den Tod nicht ausstehen!« seufzte Ignat und kletterte auf den Ofen. »Na, Gottesmann, es is noch zu früh zum Aufstehen, laß uns noch ne Runde schlafen mit Volldampf ...«

Am Morgen aber rief er Weißstirnchen zu sich und zog ihn heftig an den Ohren, dann bestrafte er ihn mit der Rute und sagte in einem fort:

»Durch die Tür! Durch die Tür! Durch die Tür!«

(Barbara Schaefer)

I

Auf der Bahnstation Progonnaja wurde eine Abendmesse zelebriert. Vor einer großen, in leuchtenden Farben auf goldenem Grund gemalten Ikone hatten sich eine Gruppe von Bahnhofsangestellten, ihre Frauen und Kinder, aber auch Holzfäller und Sägearbeiter, die in der Nähe an der Bahnstrecke beschäftigt waren, versammelt. Alle standen schweigend da, bezaubert von dem Glanz der Lichter und dem Heulen des Schneesturms, der wie aus heiterem Himmel am Vorabend von Mariä Verkündigung aufgekommen war. Die Messe wurde von dem alten Geistlichen aus Wedenjapino gehalten; der Psalmist und Matwej Terechow sangen.

Matwejs Gesicht strahlte vor Freude, und beim Singen reckte er den Hals, als wollte er sich in die Lüfte erheben. Er sang Tenor, und den Kanon rezitierte er ebenfalls mit Tenorstimme – voller Inbrunst und Überzeugung. Als das »Stimme des Erzengels« gesungen wurde, schwenkte er den Arm wie ein Dirigent, und indem er versuchte, sich dem dumpfen Altmännerbaß des Küsters anzupassen, vollbrachte er mit seiner Tenorstimme etwas außerordentlich Schwieriges, und seinem Gesicht war anzusehen, daß er großes Vergnügen dabei empfand.

Aber dann war die Abendmesse zu Ende, und alle gingen still auseinander; es wurde wieder dunkel und leer, und eben jene Ruhe trat ein, wie sie nur auf einsam im Feld oder im Wald liegenden Bahnstationen herrscht, wenn bloß das Heulen des Windes zu hören ist und man ringsum diese ganze Leere spürt, diese ganze Langeweile und Fadheit des langsam dahinfließenden Lebens.

Matwej wohnte nicht weit von der Bahnstation entfernt, in der Schenke seines Vetters. Aber es zog ihn nicht nach Hause. Er saß beim Buffetier am Tresen und erzählte mit halblauter Stimme:

»Bei uns in der Kachelfabrik gab's einen eigenen Chor. Und Sie können es mir ruhig glauben, obwohl wir nur einfache Handwerker waren, haben wir trotzdem großartig gesungen, so wie es sich gehört. Wir wurden oft in die Stadt eingeladen, und wenn dort der stellvertretende Erzbischof Ioann in der Dreifaltigkeitskirche die Messe zu feiern beliebte, dann haben die erzbischöflichen Sänger auf der rechten Altarseite und wir auf der linken gesungen. Nur hat man sich in der Stadt immer wieder beschwert, daß wir zu lange singen würden: Die von der Fabrik, hieß es, die ziehen das Ganze derart in die Länge. Das war auch so, denn wir haben mit dem ›Andreasgottesdienst‹ und dem ›Lobgesang‹ gegen sieben begonnen und nach elf aufgehört, so daß wir dann manchmal erst nach zwölf wieder bei uns in der Fabrik waren. Schön war's!« Matwej seufzte. »Sehr schön sogar, Sergej Nikanorytsch! Aber hier, im Elternhaus, da kann man sich über gar nichts freuen. Die nächste Kirche ist fünf Werst entfernt, bei meiner schwachen Gesundheit schaff ich es gar nicht bis dorthin, und Sänger gibt es auch keine. Und in unserer Familie herrscht überhaupt keine Ruhe, den lieben langen Tag nur Lärm, Zank und Schmutz, alle essen wir aus einer Schüssel, wie die Bauern, und in der Kohlsuppe schwimmen Küchenschaben herum … Gott gibt mir keine Gesundheit, sonst hätt ich mich schon längst aus dem Staub gemacht, Sergej Nikanorytsch.«

Matwej Terechow war noch nicht alt, so um die fünfundvierzig, aber er wirkte kränklich, das Gesicht war voller Falten, der schüttere Bart schon ganz grau, und das ließ ihn um Jahre älter aussehen. Er sprach vorsichtig, mit schwacher Stimme, und wenn er hustete, faßte er sich an die Brust, und in dem Moment wurde sein Blick unruhig und besorgt wie bei überängstlichen Menschen. Er sagte nie genau, was ihm weh tat, erzählte jedoch gern lang und breit, wie er einmal in der Fabrik eine schwere Kiste geschleppt und sich dabei verhoben habe und wie dadurch ein Leistenbruch entstanden sei, der ihn gezwungen habe, den Dienst in der Kachelfabrik aufzugeben und in die Heimat zurückzukehren. Aber was ein Leistenbruch bedeutete, vermochte er nicht zu erklären.

»Offen gestanden, ich mag meinen Vetter nicht«, fuhr er fort und schenkte sich Tee ein. »Er ist älter als ich; es ist ja eine Sünde, den Stab über jemanden zu brechen, und ich fürchte den Herrgott, aber ich halt das nicht aus. Er ist ein hochmütiger, strenger Mensch, schimpft dauernd, setzt seiner Verwandtschaft und seinem Personal schwer zu und geht nicht zur Beichte. Am vorigen Sonntag bitte ich ihn freundlich: ›Lieber Vetter, laß uns nach Pachomowo zur Messe fahren!‹, worauf er erwidert: ›Ich fahr nicht dahin‹, sagt er, ›der Pope dort ist ein Kartenspieler.‹ Und hierher ist er heute auch nicht gekommen, weil, wie er sagt, der Wedenjapiner Geistliche raucht und Wodka trinkt. Er kann den Klerus nicht ausstehen! Er hält selbst den Mittagsgottesdienst ab, auch die Stundengebete und die Abendandacht, und seine liebe Schwester ersetzt ihm den Küster. Er: Lasset uns beten zum Herrn! Und sie mit dünnem Stimmchen, wie eine Truthenne: Herr erbarme dich! ... Nichts als Sünde. Jeden Tag sag ich zu ihm: ›Nehmen Sie Vernunft an, lieber Vetter! Tun Sie Buße, lieber Vetter!‹ – aber ihn läßt das kalt.«

Sergej Nikanorytsch, der Buffetier, goß fünf Gläser Tee ein und trug sie auf einem Tablett ins Damenzimmer. Kaum hatte er den Raum betreten, als ein Schrei ertönte:

»Wie servierst du denn, du Schweineschnauze? Du kannst ja nicht mal servieren!«

Das war die Stimme des Stationsvorstehers. Man hörte ein schüchternes Gemurmel, dann erneut einen wütenden und gellenden Schrei:

»Scher dich fort!«

Der Buffetier kam ganz verlegen wieder heraus.

»Es hat eine Zeit gegeben, da hab ich es Grafen und Fürsten recht gemacht«, sagte er leise, »und jetzt kann ich, wie Sie sehen, nicht mal mehr Tee servieren … Er hat mich vor dem Geistlichen und den Damen bloßgestellt!«

Der Buffetier Sergej Nikanorytsch hatte einst viel Geld gehabt und das Buffet auf einer erstklassigen Station in einer Gouvernementstadt geführt, wo sich zwei Bahnlinien kreuzten. Damals hatte er einen Frack und eine goldene Uhr getragen. Doch dann gingen seine Geschäfte schlecht, denn er hatte sein ganzes Geld für luxuriöses Tafelgeschirr ausgegeben, war von seinem Dienstpersonal bestohlen worden, und nachdem er sich immer mehr verschuldet hatte, übernahm er eine andere Bahnstation, wo es wesentlich ruhiger zuging; hier verließ ihn seine Frau und nahm das ganze Tafelsilber mit, und er übernahm eine dritte, noch schlechtere Bahnstation, wo nicht einmal mehr warme Speisen serviert wurden. Dann eine vierte. Durch den häufigen Ortswechsel und den stetigen Abstieg war er schließlich auf der Progonnaja gelandet; hier handelte er nur mit Tee und billigem Wodka, und zum Imbiß stellte er hartgekochte Eier und eine nach Teer riechende Dauerwurst hin, die er selbst spöttisch Musikantenwurst nannte. Er war schon ganz kahlköpfig, hatte hellblaue vorstehende Augen und einen dichten, buschigen Backenbart, den er häufig kämmte, wobei er in einen kleinen Spiegel schaute. Ständig quälten ihn die Erinnerungen an die Vergangenheit, er konnte sich partout nicht an die Musikantenwurst, an die Grobheit des Stationsvorstehers und die feilschenden Bauern gewöhnen, und seiner Meinung nach war das Feilschen am Buffet genauso ungehörig wie in der Apotheke. Er schämte sich für seine Armut und für die Erniedrigung, und diese Scham war nun sein Hauptlebensinhalt.

»Der Frühling kommt spät in diesem Jahr«, sagte Matwej, wobei er auf etwas lauschte. »Das ist auch besser so, denn ich mag den Frühling nicht. Im Frühling ist es immer sehr schmutzig, Sergej Nikanorytsch. In den Büchern steht: Es ist Frühling, die Vögel singen, die Sonne geht unter, und was soll daran angenehm sein? Ein Vogel ist ein Vogel und mehr nicht. Ich mag gute Gesellschaft, hör gern den Leuten zu, red gern über die Lerigion* oder sing im Chor irgendwas Schönes, aber all diese Nachtigallen und Blümchen – Gott mit ihnen!«

Dann fing er wieder von der Kachelfabrik und vom Chor an, doch der gekränkte Sergej Nikanorytsch konnte sich nicht beruhigen, zuckte ständig mit den Schultern und murmelte etwas vor sich hin. Matwej verabschiedete sich und ging nach Hause.

Es herrschte kein Frost mehr, und auf den Dächern taute es schon, und doch fiel Schnee in großen Flocken, wirbelte geschwind durch die Luft, und weiße Wolken jagten über das Bahngleis. Zu beiden Seiten der Strecke stieß der Eichenwald, den der hoch hinter den Wolken verborgene Mond kaum erhellte, ein strenges, gedehntes Rauschen aus. Wenn ein starker Sturm die Bäume biegt, wie furchterregend sind sie dann! Mit eingezogenem Kopf, die Hände in den Taschen vergraben, ging Matwej die Chaussee an der Bahnlinie entlang, und der Wind stieß ihm in den Rücken. Plötzlich tauchte eine kleine, ganz mit Schnee bedeckte Mähre auf, ein Schlitten glitt knirschend über die nackten Steine der Chaussee, und ein Bauer mit vermummtem Kopf, auch er ganz weiß, knallte mit der Peitsche. Matwej schaute sich um, doch Schlitten und Bauer waren verschwunden, als habe er sich das alles nur eingebildet, und er beschleunigte seinen Schritt, denn er war plötzlich sehr erschrocken, ohne selbst zu wissen worüber.

Da tauchten der Bahnübergang und das dunkle Häuschen auf, in dem der Bahnwärter wohnte. Die Schranke war oben, ringsum hatte es ganze Berge von Schnee zusam-

---

* Er meint Religion.

mengeweht, und wie die Hexen beim Hexensabbat wirbelten die Schneewolken umher. Hier kreuzte die Bahnlinie eine alte, einst große Landstraße, die immer noch Poststraße hieß. Rechter Hand, nicht weit vom Bahnübergang direkt an der Straße, stand Terechows Schenke, eine ehemalige Herberge. Da leuchtete nachts immer ein schwaches Licht.

Als Matwej nach Hause kam, roch es in allen Zimmern und sogar in der Diele stark nach Weihrauch. Sein Vetter Jakow Iwanytsch zelebrierte noch immer die Abendandacht. Im Gebetsraum, in dem sie abgehalten wurde, stand in der heiligen Ecke ein Schrein mit altertümlichen, noch vom Großvater stammenden, in Gold gefaßten Ikonen, und auch an den Wänden rechts und links hingen Ikonen im alten und im neuen Stil, in Schreinen und einfach so. Auf einem bis zum Boden mit einem Tuch bedeckten Tisch stand eine Ikone, die die Verkündigung Mariä darstellte, und daneben ein Kreuz aus Zypressenholz und ein Weihrauchgefäß; es brannten Wachskerzen. Neben dem Tisch stand das Analogion*. Als Matwej am Gebetszimmer vorüberging, blieb er stehen und schaute durch die Tür. Jakow Iwanytsch las gerade laut am Analogion; mit ihm betete seine Schwester Aglaja, eine hochgewachsene, hagere ältere Frau in einem dunkelblauen Kleid und mit einem weißen Kopftuch. Auch Jakow Iwanytschs Tochter Daschutka war da, ein etwa achtzehnjähriges Mädchen, nicht hübsch, voller Sommersprossen, barfuß wie gewöhnlich und in demselben Kleid, in welchem sie am Abend das Vieh getränkt hatte.

»Ehre sei dir, der du uns das Licht gewiesen hast!« rief Jakow Iwanytsch in singendem Tonfall und verneigte sich tief.

Das Kinn in die Hand gestützt, begann Aglaja schleppend, mit dünner, winselnder Stimme zu singen. Auch oben über

---

* Lesepult.

der Zimmerdecke waren irgendwelche undeutlichen Stimmen zu vernehmen, die zu drohen oder Unheilvolles zu verheißen schienen. Seit einem Brand, den es einmal vor sehr langer Zeit gegeben hatte, wohnte im oberen Stockwerk niemand mehr, die Fenster waren mit Brettern vernagelt, und auf dem Fußboden lagen zwischen den Balken leere Flaschen. Dort hämmerte und heulte jetzt der Wind, und jemand schien herumzuschleichen und gegen die Balken zu stoßen.

Die eine Hälfte des unteren Stockwerks nahm die Schenke ein, in der anderen wohnte Terechows Familie, so daß in den angrenzenden Zimmern jedes Wort zu hören war, wenn in der Schenke betrunkene Durchreisende herumgrölten. Matwej wohnte neben der Küche, in einem Zimmer mit großem Ofen, in dem früher, als hier noch eine Herberge war, jeden Tag Brot gebacken wurde. In diesem Raum – hinter dem Ofen – wohnte auch Daschutka, die kein eigenes Zimmer hatte. In der Nacht zirpte immer ein Heimchen, und Mäuse huschten hin und her.

Matwej zündete eine Kerze an und begann das Buch zu lesen, das er sich vom Bahnhofsgendarm geliehen hatte. Während er über dem Buch saß, ging das Beten zu Ende, und alle legten sich schlafen. Auch Daschutka. Sie fing sofort an zu schnarchen, wurde jedoch bald darauf wieder wach und sagte gähnend:

»Onkel Matwej, du solltest nicht unnötig die Kerze brennen lassen.«

»Das ist meine Kerze«, erwiderte Matwej. »Ich habe sie von meinem Geld gekauft.«

Daschutka wälzte sich noch eine Weile hin und her und schlief dann wieder ein. Matwej saß noch lange da – ihm war nicht nach Schlafen zumute –, und als er die letzte Seite gelesen hatte, holte er aus der Truhe einen Bleistift und schrieb in das Buch: »Sälbiges Buch habe ich, Matwej Terechow, gelesen und halte es von allen von mir gelesenen Bücher für das am allerbessten, worüber ich dem Unteroffizier der Gendarmerieverwaltung der Eisenbahnen Kusma Nikolajew Shukow als dem Besitzer sälbigen unschetzbaren Buches meine Ärkenntlichkeit entgegenbringe.« Eine solche Widmung in fremden Büchern zu hinterlassen erachtete Matwej als ein Gebot der Höflichkeit.

II

Am eigentlichen Tag Mariä Verkündigung saß Matwej, nachdem der Postzug abgefertigt war, im Bahnhofsbuffet, trank Tee mit Zitrone und erzählte.

Der Buffetier und der Gendarm Shukow hörten ihm zu.

»Ich, das muß ich euch sagen, ich war schon in der Kindheit der Lerigion sehr zugetan. Da war ich gerade mal zwölf Jährchen alt, als ich bereits in der Kirche die Apostelgeschichte vorgelesen habe, und meine Eltern waren hocherfreut, und jeden Sommer haben mein verstorbenes Mamachen und ich eine Pilgerfahrt gemacht. Oft, wenn die anderen Kinder Lieder gesungen oder Krebse gefangen haben, war ich bei meinem Mamachen. Die Erwachsenen haben mich gelobt, und auch mir hat mein ordentliches Benehmen gefallen. Und wie Mamachen haben sie mir für die Fabrik ihren Segen gegeben; da hab ich dann zwischen der Arbeit dort in unserem Chor Tenor gesungen, und es hat kein größeres Vergnügen gegeben. Selbstverständlich hab ich keinen Wodka getrunken, keinen Tabak geraucht, auf körperliche Reinheit geachtet, aber eine solche Lebenseinstellung gefällt bekanntlich dem Feind des Menschengeschlechts nicht, und der Verdammte hat mich zugrunde richten wollen und angefangen, meinen Verstand zu trüben genauso wie jetzt bei meinem Vetter. Als erstes hab ich ein Gelübde abgelegt, montags nichts zu essen, was in der Fastenzeit verboten ist, und auf Fleisch ganz zu verzichten, und überhaupt bin ich mit der Zeit auf allerhand verrückte Gedanken gekommen. In der ersten Woche der Großen

Fasten* bis zum Samstag haben die Kirchenväter den Verzehr von trockenen Speisen vorgeschrieben, doch für Arbeitende und Schwache ist es keine Sünde, auch mal ein bißchen Tee zu trinken, ich hab jedoch bis zum Sonntag kein Tröpfchen in den Mund genommen, und dann, während der ganzen Fastenzeit, hab ich mir auf keinen Fall Öl erlaubt, und mittwochs und freitags da hab ich überhaupt nichts gegessen. Genauso hab ich's auch während der Kleinen Fasten** gemacht. Oft, wenn vor Peter und Paul unsere Leute von der Fabrik eine Kohlsuppe mit Zander gelöffelt haben, hab ich abseits von ihnen an einem Zwiebäckchen gelutscht. Die Kräfte der Menschen sind natürlich verschieden, aber ich kann von mir behaupten: An den Fasttagen ist es mir nicht schwergefallen, und es ist sogar um so leichter gegangen, je größer mein Eifer war. Nur in den ersten Fasttagen will man was essen, aber dann gewöhnt man sich dran, es wird immer leichter, und sieh da, am Ende der Woche macht es einem schon nichts mehr aus, und in den Beinen hat man so ein taubes Gefühl, als wär man nicht auf der Erde, sondern auf einer Wolke. Und außerdem hab ich mir allerlei Bußpflichten auferlegt. Ich bin nachts aufgestanden und hab mich tief bis zum Boden verneigt, hab schwere Steine von einem Ort zum andern geschleppt, bin barfuß in den Schnee hinausgegangen, na, und hab auch Büßerketten getragen. Erst nach einiger Zeit war ich einmal bei einem Geistlichen zum Beichten, und da kommt mir plötzlich so der Gedanke: Dieser Geistliche, denk ich, ist doch verheiratet, nimmt während der Fastenzeit verbotene Speisen zu sich und ist ein Tabakraucher – wie kann er mir denn die Beichte abnehmen, und was für eine Macht hat er, mir die Sünden zu vergeben, wenn er ein größerer Sünder ist als ich? Ich hüte mich sogar vor Fastenöl, aber er hat vielleicht Störfleisch gegessen. Ich bin zu

* Vgl. Anm. zu S. 324.
** Vor Peter und Paul (29. Juni).

einem anderen Geistlichen gegangen, und der war ausgerechnet ein Dickwanst in einem Seidentalar, damit hat er so geraschelt wie eine feine Dame, und auch er hat nach Tabak gerochen. Dann bin ich zu Exerzitien in ein Kloster gegangen, aber auch dort hat mein Herz keine Ruhe gefunden, ich hab immer den Eindruck gehabt, daß die Mönche nicht nach den Geboten leben. Und von da an hab ich überhaupt keinen Gottesdienst mehr nach meinem Geschmack gefunden: An dem einen Ort hat man ihn zu hastig zelebriert, an dem andern, sieh da, hat man nicht das richtige Gebet für die Gottesmutter gesungen, und an einem dritten Ort hat der Küster genäselt … Oft, Gott vergib mir Sünder, hab ich in der Kirche gestanden, und mein Herz hat vor Zorn gebebt. Was ist das hier schon für ein Gebet? Und mir will scheinen, als ob das Volk in der Kirche sich nicht richtig bekreuzigt, nicht richtig zuhört; wen ich auch vor mir sehe, alles Säufer, Fastenbrecher, Tabakraucher, Lüstlinge, Kartenspieler, nur ich lebe nach den Geboten. Der hinterlistige Satan hat nicht geschlafen, je länger das Ganze gedauert hat, um so schlimmer ist es geworden; ich hab nicht mehr im Chor gesungen und bin überhaupt nicht mehr in die Kirche gegangen; ich hab mich für einen sittlich reinen Menschen gehalten, und die Kirche war wegen ihrer Unvollkommenheit für mich nicht mehr das Richtige; also genau wie ein gefallener Engel hab ich mir in meinem Hochmut unglaublich viel eingebildet. Danach hab ich mich darum bemüht, mir sozusagen meine eigene Kirche zu errichten. Hab bei einer tauben Kleinbürgerin ein winziges Zimmerchen weit außerhalb der Stadt, direkt neben dem Friedhof, gemietet und einen Gebetsraum eingerichtet, wie mein Vetter einen hat, bei mir hat's jedoch noch hohe Kerzenständer und ein echtes Weihrauchgefäß gegeben. In meinem Gebetsraum hab ich mich an die Gebote vom heiligen Berg Athos gehalten, das heißt, jeden Tag hat bei mir der Frühgottesdienst unbedingt um Mitternacht anfangen müssen, und vor den zwölf besonders hohen Feiertagen hat die Abendandacht bei mir etwa zehn Stunden gedauert, manchmal auch zwölf. Die Mönche sitzen immerhin, laut Vorschrift, während der Psalmenlesungen und bei den Parömien*, aber ich wollte noch gottgefälliger sein als die Mönche und hab oft auch alles im Stehen gemacht. Hab mit langgezogener Stimme gelesen und gesungen, unter Tränen und Seufzern, mit erhobenen Händen, bin direkt vom Gebet, ohne zu schlafen, zur Arbeit gegangen und hab auch stets mit einem Gebet auf den Lippen gearbeitet. Na, und in der Stadt hat es geheißen: Matwej ist ein Heiliger, Matwej macht Kranke und Besessene gesund. Natürlich hab ich niemanden gesund gemacht, aber es ist ja bekannt, daß sobald es zu einer Abspaltung kommt oder eine Irrlehre auftaucht, man sich vor dem weiblichen Geschlecht nicht mehr retten kann. Die kleben dann an einem wie die Fliegen am Honig. Allerhand Großmütterchen und alte Jungfern haben sich angewöhnt, zu mir zu kommen, haben sich vor mir bis zum Boden verneigt, mir die Hände geküßt und ausgerufen, ich wär ein Heiliger und so weiter, und eine hat sogar einen Heiligenschein auf meinem Kopf gesehen. Es wurde eng in dem Gebetsraum, ich hab ein größeres Zimmer genommen, und es hat ein richtiges Tohuwabohu bei uns geherrscht, der Satan hatte mich endgültig gepackt und das Licht vor meinen Augen mit seinen widerlichen Klauen verdeckt. Wir alle waren wie vom Teufel besessen. Ich hab vorgelesen, und die Großmütterchen und alten Jungfern haben gesungen, und wenn sie dann so lange nichts gegessen und getrunken hatten und vierundzwanzig Stunden oder länger auf den Beinen waren, haben sie plötzlich gezittert, wie vom Fieber geschüttelt, dann hat auf einmal die eine, dann die andere geschrien – es war fürchterlich! Ich hab auch am ganzen Leib gezittert wie ein Jud in der Bratpfanne, hab selber nicht gewußt, aus was für

* Altgriech. Sprichwörter und Denksprüche.

einem Grund, und dann fangen unsere Beine an zu hüpfen. Komisch, wirklich: Du willst nicht, aber hüpfst doch und fuchtelst mit den Armen herum; und dann dieses Gekreisch und Gewinsel, alle haben wir getanzt, und einer ist hinter dem andern hergelaufen, bis zum Umfallen. Und auf diese Weise bin ich in wilder Ekstase der Unzucht verfallen.«

Der Gendarm fing an zu lachen, als er jedoch merkte, daß sonst niemand lachte, wurde er ernst und sagte:

»Das sind diese Molokanen*. Ich hab gelesen, im Kaukasus ist es auch so.«

»Aber ich bin nicht vom Blitz erschlagen worden«, fuhr Matwej fort, wobei er sich mit Blick zur Ikone bekreuzigte und die Lippen bewegte. »Wahrscheinlich hat mein verstorbenes Mamachen im Jenseits für mich gebetet. Als ich in der Stadt schon von allen als Heiliger verehrt worden bin und sogar Damen und feine Herren heimlich zu mir gekommen sind, um Trost zu suchen, bin ich einmal zu unserem Vorgesetzten Ossip Warlamytsch gegangen, um ihn um Vergebung zu bitten – es war gerade Versöhnungstag; er hat die Tür verriegelt, und wir waren allein, unter vier Augen. Und da hat er angefangen, mir die Leviten zu lesen. Ich muß jedoch sagen, daß Ossip Warlamytsch ein Mensch ohne Bildung ist, aber mit sehr viel Verstand, von allen geachtet und gefürchtet, weil er ein strenges, gottgefälliges Leben geführt hat und ein arbeitsfreudiger Mensch war. Wohl an die zwanzig Jahre war er Bürgermeister und Ratsältester und hat viel Gutes getan; er hat die Nowo-Moskowskaja-Straße ganz mit Kies bedecken, die Kathedrale streichen und die Säulen malachitartig anmalen lassen. Er hat also die Tür verriegelt und gesagt: ›Schon seit

---

* Milchesser oder Milchtrinker; in der 2. Hälfte des 18. Jahrhunderts entstandene Sekte innerhalb der russ. Kirche, ignorierte die orthodoxen Kirchenfasttage und nahm während dieser Zeit Milch und Milchprodukte zu sich.

langem‹, sagt er, ›will ich dich mir vorknöpfen, daß dich dieser und jener … Du‹, sagt er, ›glaubst, daß du ein Heiliger bist? Nein, du bist kein Heiliger, sondern ein Gottesleugner, ein Ketzer und ein Frevler!‹ Und so weiter und so weiter … Ich kann euch gar nicht wiedergeben, wie er das gesagt hat, so gewandt und so klug, geradezu druckreif und so berührend. Er hat etwa zwei Stunden lang geredet. Mit seinen Worten hat er mich gepackt, hat mir die Augen geöffnet. Ich hab nur zugehört und – da fang ich doch tatsächlich an zu schluchzen! ›Sei ein ganz normaler Mensch, iß, trink, kleide dich und bete wie alle anderen, was jedoch über das normale Maß hinausgeht, das ist des Teufels. Deine Büßerketten‹, sagt er, ›sind des Teufels, dein Gebetsraum ist des Teufels; all das‹, sagt er, ›ist Hoffart.‹ Am nächsten Tag, am Fastenmontag, hat Gott mich krank werden lassen. Ich hab mich verhoben, man hat mich ins Krankenhaus geschafft; gequält hab ich mich über die Maßen und bitterlich geweint und gezittert. Hab geglaubt, daß ich vom Krankenhaus auf direktem Weg in der Hölle lande, und bin schier gestorben. Hab mich ein halbes Jahr auf dem Krankenbett gequält, und nach meiner Entlassung hab ich erst mal richtig gebeichtet und die Kommunion empfangen und bin wieder ein Mensch geworden. Ossip Warlamytsch hat mich nach Hause gehen lassen mit der Belehrung: ›Denk also dran, Matwej, alles, was über das normale Maß hinausgeht, ist des Teufels.‹ Jetzt esse und trinke ich wie alle und bete wie alle … Und kommt es mal vor, daß unser Pope nach Tabak oder nach Wein riecht, so wage ich nicht, ihn zu verurteilen, denn auch der Pope ist ein ganz normaler Mensch. Sobald es aber heißt, daß da in einer Stadt oder in einem Dorf ein Heiliger aufgetaucht ist, der wochenlang nichts zu sich nimmt und seine eigenen Vorschriften einführt, dann weiß ich schon, wessen Werke das sind. Eine solche Geschichte, meine Herren, hat sich also in meinem Leben abgespielt. Jetzt belehre auch ich, wie Ossip Warlamytsch, dauernd meinen Vetter und meine Cousine

463

und mache ihnen Vorhaltungen, aber das ist wie die Stimme des Rufers in der Wüste. Diese Gabe hat Gott mir nicht gegeben.«

Matwejs Geschichte hatte offensichtlich keinerlei Eindruck gemacht. Sergej Nikanorytsch sagte nichts und fing an, den Imbiß von der Theke abzuräumen, und der Gendarm begann davon zu reden, wie reich Matwejs Vetter Jakow Iwanytsch sei.

»Er hat mindestens an die Dreißigtausend«, sagte er.

Der Gendarm Shukow, ein rothaariger, gesunder und wohlgenährter Mann mit einem vollen Gesicht (beim Gehen zitterten seine Wangen), saß gewöhnlich, wenn keine Vorgesetzten dabei waren, flegelhaft und mit übergeschlagenen Beinen da; beim Sprechen wiegte er sich mitunter leicht hin und her und pfiff lässig vor sich hin, und in dem Moment nahm sein Gesicht einen selbstzufriedenen, satten Ausdruck an, als hätte er gerade erst zu Mittag gegessen. Geld hatte er stets genug und pflegte davon mit dem Gebaren eines großen Kenners zu sprechen. Er machte Kommissionsgeschäfte, und wenn jemand ein Landgut, ein Pferd oder eine gebrauchte Kutsche verkaufen mußte, dann wandte er sich an ihn.

»Ja, dreißigtausend werden's wohl sein«, stimmte Sergej Nikanorytsch ihm zu. »Ihr Großvater hatte ein enormes Vermögen«, sagte er, indem er sich Matwej zuwandte. »Ein enormes! Danach ist alles Ihrem Vater und Ihrem Onkel verblieben. Ihr Vater ist in jungen Jahren gestorben, und nach seinem Tod hat Ihr Onkel alles übernommen, und danach also Jakow Iwanytsch. Während Sie mit Ihrem Mamachen auf Pilgerfahrt unterwegs waren und in der Fabrik Tenor gesungen haben, hat man hier ohne Sie keine Maulaffen feilgehalten.«

»Ihr Anteil beträgt etwa fünfzehntausend«, sagte der Gendarm, sich hin und her wiegend. »Die Schenke gehört euch gemeinsam, also auch das Kapital. Ja. An Ihrer Stelle hätte ich schon längst vor Gericht geklagt. Ich hätte vor Gericht geklagt, versteht sich, aber bis zum Prozeß hätte ich ihm unter vier Augen die Fresse blutig …«

Jakow Iwanytsch war nicht beliebt, denn wenn einer seinen Glauben nicht so ausübt wie alle anderen, dann regt das sogar diejenigen auf, denen der Glaube gleichgültig ist. Der Gendarm konnte ihn aber auch deshalb nicht leiden, weil er ebenfalls Pferde und gebrauchte Kutschen verkaufte.

»Sie haben keine Lust, mit Ihrem Vetter zu prozessieren, weil Sie selbst genug Geld haben«, sagte der Buffetier zu Matwej und sah ihn neidisch an. »Wohl dem, der nicht mittellos ist, ich hingegen werde wahrscheinlich in dieser Lage auch sterben …«

Matwej versicherte, daß er überhaupt kein Geld besitze, doch Sergej Nikanorytsch hörte nicht mehr zu; die Erinnerungen an die Vergangenheit, an die Kränkungen, die er jeden Tag ertragen mußte, überfielen ihn; sein kahler Kopf begann zu schwitzen, er lief rot an und blinzelte mit den Augenlidern.

»Verdammtes Leben!« sagte er verdrossen und schlug mit der Wurst auf den Boden.

III

Es wurde erzählt, die Herberge sei schon unter Alexander I. von einer Witwe erbaut worden, die sich hier mit ihrem Sohn niedergelassen habe; sie hieß Awdotja Terechowa. Bei denjenigen, die früher, vor allem in Mondnächten, mit Postpferden dort vorbeigefahren waren, hatten der dunkle Hof mit dem Schutzdach und das ständig verriegelte Tor Unbehagen und eine nicht erklärbare Unruhe hervorgerufen, als hätten auf diesem Hof Zauberer oder Räuber gehaust; und jedesmal, wenn der Postkutscher bereits vorbeigefahren war, sah er sich um und trieb die Pferde an. Man machte hier nur ungern halt, da die Wirtsleute immer unfreundlich waren und die Reisenden ordentlich schröpften. Im Hof war es sogar im Sommer schmutzig; riesige fette

Schweine suhlten sich im Dreck, und Pferde, mit denen die Terechows Zwischenhandel trieben, liefen frei herum, und es kam häufig vor, daß die Pferde aus Langeweile vom Hof rannten und wie wild auf der Landstraße dahinjagten und die Pilgerinnen erschreckten. Zu jener Zeit herrschte hier starker Verkehr; lange Wagenzüge mit Handelswaren kamen durch, und es gab verschiedene Vorfälle wie zum Beispiel, als vor fast dreißig Jahren aufgebrachte Fuhrleute eine Schlägerei angezettelt und einen durchreisenden Kaufmann getötet hatten; eine halbe Werst vom Hof entfernt steht immer noch ein heute windschief gewordenes Kreuz; Posttroikas mit Glöckchengebimmel und schwere herrschaftliche Dormeusen*, aber auch Herden von Hornvieh kamen, mit Gebrüll und in Staubwolken gehüllt, an der Herberge vorbei.

Nach dem Bau der Eisenbahn befand sich in der ersten Zeit hier nur ein Haltepunkt, den man einfach Ausweichstelle nannte, doch dann wurde etwa zehn Jahre später die jetzige Bahnstation Progonnaja gebaut. Der Verkehr auf der alten Poststraße wurde fast vollständig eingestellt, und es fuhren auf ihr nur noch die hiesigen Gutsbesitzer und Bauern, und im Frühjahr und Herbst zogen Scharen von Arbeitern durch. Aus der Herberge war eine Schenke geworden; das obere Stockwerk war ausgebrannt, das Dach vom Rost gelb geworden und das Schutzdach allmählich eingestürzt, aber auf dem Hof suhlten sich noch immer riesige fette Schweine, rosig und abstoßend, im Dreck. Wie früher rannten manchmal die Pferde vom Hof und jagten wie wild, mit hochgestelltem Schweif, auf der Landstraße dahin. In der Schenke wurde mit Tee, Heu, Mehl, aber auch mit Wodka und Bier gehandelt, im Ausschank und zum Verkauf bestimmt. Beim Vertrieb von alkoholischen Getränken war man allerdings vorsichtig, da hierfür nie eine Genehmigung eingeholt worden war.

* Reisewagen mit Liegeplätzen (von frz. dormir).

Die Terechows hatten sich eigentlich stets durch Religiosität ausgezeichnet, so daß man ihnen sogar den Spitznamen »die Betbrüder« gegeben hatte. Aber vielleicht weil sie ganz für sich lebten, wie die Bären die Menschen mieden und immer ihre eigene Sicht der Dinge hatten, neigten sie zu Hirngespinsten und religiösen Abweichungen, und fast jede Generation praktizierte den Glauben irgendwie auf besondere Art. Die Großmutter Awdotja, die die Herberge gebaut hatte, war eine Altgläubige gewesen, ihr Sohn hingegen und die beiden Enkel (die Väter von Matwej und Jakow) gingen in die orthodoxe Kirche, empfingen die Geistlichkeit bei sich zu Hause und beteten zu den neuen Ikonen ebenso andächtig wie zu den alten; der Sohn aß im Alter kein Fleisch mehr und nahm die Regel des Schweigens auf sich, da er jegliches Gespräch für eine Sünde hielt, und die Enkel hatten die Eigenart, die Heilige Schrift nicht einfach auszulegen, sondern immer einen verborgenen Sinn darin zu suchen, und sie versicherten, daß in jedem heiligen Wort irgendein Geheimnis stecken müsse. Awdotjas Urenkel, Matwej, hatte von Kindheit an mit Hirngespinsten zu kämpfen und wäre beinahe daran zugrunde gegangen, der andere Urenkel, Jakow Iwanytsch, war orthodox, aber nach dem Tod seiner Frau hörte er plötzlich auf, zur Kirche zu gehen, und betete nur noch zu Hause. Seinem Beispiel folgend, war auch seine Schwester Aglaja vom rechten Weg abgekommen: Sie ging selbst nicht mehr in die Kirche und verbot es auch Daschutka. Über Aglaja wurde außerdem erzählt, sie sei in jungen Jahren angeblich zu den Geißlern* nach Wedenjapino gegangen, sei insgeheim noch immer eine Geißlerin und trage nur deshalb ein weißes Kopftuch.

Jakow Iwanytsch war zehn Jahre älter als Matwej. Er war ein sehr gutaussehender älterer Mann, hochgewachsen, mit einem breiten grauen Bart bis fast zum Gürtel und mit

* Angehörige einer russ. Sekte.

dichten Augenbrauen, die seinem Gesicht einen strengen, ja grimmigen Ausdruck verliehen. Er trug einen langen Schoßrock aus gutem Tuch oder einen schwarzen Romanow-Halbpelz und war überhaupt stets darauf bedacht, sich sauber und ordentlich zu kleiden; Galoschen trug er sogar bei trockenem Wetter. In die Kirche ging er deshalb nicht, weil seiner Meinung nach die Gottesdienstordnung in der Kirche nicht genau eingehalten wurde und weil die Geistlichen außerhalb der festgesetzten Zeiten Wein tranken und Tabak rauchten. Zusammen mit Aglaja las er bei sich zu Hause jeden Tag in der Bibel und sang Psalmen. In Wedenjapino wurde in der Frühmesse überhaupt nicht der Kanon gelesen, und die Abendandacht wurde nicht einmal an hohen Feiertagen zelebriert, er jedoch las bei sich zu Hause alles, was für den betreffenden Tag vorgeschrieben war, ohne auch nur eine Zeile auszulassen und in aller Ruhe, und in seiner freien Zeit las er laut die Heiligenlegenden. Auch im Alltag hielt er sich streng an die Vorschriften; wenn es ihm also während der Großen Fasten an irgendeinem Tag gemäß den Vorschriften erlaubt war, »um der Mühe des Wachsamen willen« Wein zu trinken, dann trank er auf jeden Fall Wein, selbst wenn ihm nicht danach war.

Bibeltexte lesen, Psalmen singen, mit Weihrauch räuchern und fasten, all dies tat er nicht, um von Gott irgendwelche Güter zu bekommen, sondern der Ordnung halber. Der Mensch kann ohne Glauben nicht leben, und dieser Glaube muß sich richtig äußern, jahraus, jahrein, tagaus, tagein in einer bestimmten Form, so daß sich der Mensch jeden Morgen und jeden Abend genau mit den Worten und Gedanken an Gott wendet, die dem betreffenden Tag und der betreffenden Stunde angemessen sind. Man muß so leben und beten, wie es Gott wohlgefällig ist, und deshalb soll man jeden Tag nur lesen und singen, was Gott beliebt, also das, was den Kirchenvorschriften entspricht; das erste Kapitel des Johannesevangeliums darf man nur am Ostersonntag lesen, und von Ostern bis Christi Himmelfahrt darf man das »Würdig ist« nicht singen und so weiter. Sich dieser Ordnung und ihrer Bedeutung bewußt zu sein empfand Jakow Iwanytsch während des Gebets als eine große Genugtuung. Zwang ihn die Notwendigkeit, diese Ordnung zu durchbrechen, da er beispielsweise in die Stadt fahren mußte, um Waren zu besorgen oder Bankgeschäfte zu erledigen, dann plagte ihn sein Gewissen, und er fühlte sich unglücklich.

Sein Vetter Matwej, der nach Aufgabe seiner Arbeit in der Fabrik unerwartet zurückgekehrt war und sich in der Schenke niedergelassen hatte, als wäre er hier zu Hause, hatte gleich vom ersten Tag an gegen diese Ordnung verstoßen. Er wollte nicht gemeinsam mit ihnen beten, aß und trank nicht zur rechten Zeit, stand spät auf und trank mittwochs und freitags Milch – angeblich wegen seiner schwachen Gesundheit; fast jeden Tag kam er während des Gebets in den Gebetsraum und rief: »Nehmen Sie Vernunft an, lieber Vetter! Tun Sie Buße, lieber Vetter!« Bei diesen Worten wurde es Jakow Iwanytsch ganz heiß, und Aglaja, die sich nicht beherrschen konnte, fing an zu keifen. Oder Matwej schlich sich nachts zum Gebetsraum, trat ein und sagte leise: »Lieber Vetter, Ihr Gebet ist nicht gottgefällig. Denn es heißt: Versöhne dich zuerst mit deinem Bruder, dann komm und bring deine Gabe. Sie verleihen Geld auf Zinsen, handeln mit Wodka. Tun Sie Buße!«

In Matwejs Worten sah Jakow nur die üblichen Ausflüchte hohlköpfiger und unbekümmerter Menschen, die nur deshalb von Nächstenliebe, Versöhnung mit dem Bruder und dergleichen faseln, um nicht beten, nicht fasten und keine heiligen Bücher lesen zu müssen, und die sich auch nur deshalb abfällig über Profit und Prozente äußern, weil sie arbeitsscheu sind. Arm zu sein, nichts zu sparen und nichts anzusammeln ist doch viel leichter, als reich zu sein.

Aber dennoch regte er sich auf und konnte nicht mehr beten wie früher. Kaum hatte er den Gebetsraum betreten und das Buch aufgeschlagen, fürchtete er bereits, daß jeden

Augenblick sein Vetter hereinkommen und ihn stören könnte; und tatsächlich erschien Matwej kurz darauf und rief mit zitternder Stimme:»Nehmen Sie Vernunft an, lieber Vetter! Tun Sie Buße, lieber Vetter!« Die Schwester keifte, und Jakow geriet außer sich und schrie:»Verschwinde aus meinem Haus!« Worauf Matwej ihm erwiderte: »Dieses Haus gehört uns gemeinsam.«

Jakow begann erneut zu lesen und zu singen, konnte sich aber nicht mehr beruhigen, und ohne es selbst zu merken, geriet er plötzlich über dem Buch ins Grübeln; obwohl er die Worte seines Vetters für belanglos hielt, kam ihm in letzter Zeit doch immer wieder aus irgendeinem Grund in den Sinn, daß es für einen Reichen schwierig war, ins Himmelreich einzugehen, daß er vor etwa drei Jahren sehr günstig ein gestohlenes Pferd gekauft hatte und daß noch zu Lebzeiten seiner Frau eines Tages ein Trunkenbold in seiner Schenke an Wodka gestorben war …

Nachts schlief er jetzt schlecht, hatte einen leichten Schlaf, und er hörte, daß auch Matwej nicht schlief und immerzu seufzte, da er seiner Kachelfabrik nachtrauerte. Und während er sich von einer Seite auf die andere wälzte, kamen Jakow auch in der Nacht das gestohlene Pferd, der Trunkenbold und die Worte des Evangeliums von dem Kamel in den Sinn.*

Es sah ganz danach aus, als befielen ihn seine Hirngespinste von neuem. Und obwohl es schon Ende März war, schneite es ausgerechnet jetzt jeden Tag, der Wald rauschte winterlich, und man konnte nicht so recht glauben, daß es irgendwann Frühling werden würde. Das Wetter führte zu Überdruß, Streitereien und Haß, und nachts, wenn der Wind über der Zimmerdecke heulte, schien es, daß dort oben in dem leeren Stockwerk jemand wohnte; Hirngespinste überfluteten allmählich den Verstand, der Kopf glühte, und es war einem nicht nach Schlafen zumute.

* Vgl. Matthäus 19,24.

IV

Am Montagmorgen in der Karwoche hörte Matwej von seinem Zimmer aus, wie Daschutka zu Aglaja sagte:

»Onkel Matwej hat neulich gesagt, Fasten, hat er gesagt, ist unnötig.«

Matwej erinnerte sich an das ganze Gespräch, das er am Vorabend mit Daschutka geführt hatte, und er fühlte sich plötzlich gekränkt.

»Mädchen, versündige dich nicht!« sagte er und stöhnte dabei wie ein Kranker. »Ohne Fasten geht es nicht, selbst unser Herr hat vierzig Tage lang gefastet. Ich habe lediglich versucht, dir zu erklären, daß einem schlechten Menschen auch das Fasten nichts nützt.«

»Und hör du nur auf die Leute aus der Fabrik, sie werden dir schon was Gutes beibringen«, sagte Aglaja spöttisch, während sie den Fußboden scheuerte (werktags scheuerte sie gewöhnlich die Fußböden und ärgerte sich dabei über alle). »Man weiß ja, was das in der Fabrik für ein Fasten ist. Hier, frag ihn, deinen Onkel, frag ihn nach seinem Herzchen, wie er mit ihr, dieser Natter, während der Fastentage Milch gesoffen hat. Die anderen belehrt er, aber an seine Natter denkt er dabei nicht. Frag ihn, wem er das Geld überlassen hat, wem?«

Sorgsam, wie eine unsaubere Wunde, verbarg Matwej vor allen, daß er in jener Phase seines Lebens – als während der Fürbitte alte Frauen und Jungfern mit ihm zusammen herumgehüpft und herumgelaufen waren – mit einer Kleinbürgerin eine Beziehung eingegangen war und von ihr ein Kind hatte. Vor seiner Abreise hatte er dieser Frau seine ganzen Ersparnisse aus der Zeit in der Fabrik überlassen, das Geld für seine Heimfahrt mußte er sich von seinem Vorgesetzten borgen, und jetzt hatte er nur noch wenige Rubel, die er für Tee und Kerzen ausgab. Sein »Herzchen« teilte ihm später mit, daß das Kind gestorben sei, und fragte in dem Brief, was sie nun mit dem Geld machen solle.

Diesen Brief hatte der Knecht von der Bahnstation mitgebracht, Aglaja hatte ihn abgefangen und gelesen und dann
jeden Tag Matwej das »Herzchen« vorgeworfen.

»Das ist doch kein Pappenstiel, neunhundert Rubel!«
fuhr Aglaja fort. »Hat dieser fremden Natter, dieser Fabrik-
stute, neunhundert Rubel gegeben – platzen sollst du!« Sie
war schon ganz außer sich und kreischte: »Schweigst? Am
liebsten würd ich dich zerreißen, dich Taugenichts! Neunhundert Rubel einfach so wie eine Kopeke! Hättest sie
Daschutka überschreiben sollen – die gehört zur Familie,
ist keine Fremde – oder nach Belew an Marjas unglückliche Waisen schicken können. Und deine Natter ist nicht
dran erstickt, dreimal verflucht soll sie sein, die Teufelin, auf
daß sie den Ostertag nicht erleben möge.«

Jakow Iwanytsch rief nach Aglaja; es war schon Zeit, um
mit den Stundengebeten zu beginnen. Sie wusch sich, band
sich ein weißes Kopftuch um und ging, bereits still und bescheiden, in den Gebetsraum zu ihrem geliebten Bruder.
Wenn sie mit Matwej sprach oder in der Schenke den
Bauern Tee servierte, dann war sie eine magere scharfsich-
tige, bösartige Alte, im Gebetsraum hingegen wirkte ihr
Gesicht rein und gerührt, sie schien irgendwie jünger,
machte immer wieder einen gekünstelt wirkenden Knicks
und formte sogar die Lippen zu einem Herzchen.

Jakow Iwanytsch begann leise und wehmütig die Stundengebete zu lesen, wie er das immer während der Großen Fasten zu tun pflegte. Nachdem er ein wenig gelesen
hatte, hielt er inne, um der Stille zu lauschen, die im ganzen Haus herrschte, dann fuhr er mit dem Lesen fort, das
ihm Genugtuung verschaffte; er faltete die Hände zum
Gebet, verdrehte die Augen, wiegte den Kopf und seufzte.
Doch plötzlich hörte man Stimmen. Der Gendarm und
Sergej Nikanorytsch waren gekommen, um Matwej einen
Besuch abzustatten. Jakow Iwanytsch genierte sich, laut zu
lesen und zu singen, wenn Fremde im Haus waren; als er
die Stimmen vernahm, begann er langsam und im Flüster-

ton zu lesen. Im Gebetsraum hörte man, wie der Buffetier sagte:

»Der Tatar in Schtschepowo verpachtet sein Geschäft für Anderthalbtausend. Man kann ihm jetzt fünfhundert geben und für den Rest Wechsel. Also, Matwej Wassiljitsch, schenken Sie mir soviel Vertrauen und leihen Sie mir diese fünfhundert Rubel. Ich gebe Ihnen zwei Prozent im Monat.«

»Was hab denn ich für Geld!« wunderte sich Matwej. »Was hab denn ich für Geld!«

»Zwei Prozent im Monat, das ist für Sie wie ein Geschenk des Himmels«, erklärte der Gendarm. »Liegt Ihr Geld aber hier bei Ihnen herum, dann fressen es bloß die Motten, ohne daß was dabei herauskommt.«

Dann gingen die Gäste, und es trat Stille ein. Aber kaum hatte Jakow Iwanytsch das laute Lesen und Singen wieder aufgenommen, als hinter der Tür eine Stimme zu hören war:

»Lieber Vetter, erlauben Sie mir, die Pferde zu nehmen, um nach Wedenjapino zu fahren!«

Es war Matwej. Und Jakow wurde erneut unruhig.

»Womit wollen Sie denn fahren?« fragte er nach kurzem Überlegen. »Mit dem Braunen hat der Knecht das Schwein weggebracht, und mit dem jungen Hengst fahre ich selbst nach Schutejkino, sobald ich fertig bin.«

»Lieber Vetter, warum können Sie über die Pferde verfügen und ich nicht?« fragte Matwej gereizt.

»Weil ich nicht spazierenfahre, sondern geschäftlich unterwegs bin.«

»Der Besitz gehört uns doch gemeinsam, also auch die Pferde, und Sie sollten das einsehen, lieber Vetter.«

Wieder trat Stille ein. Jakow betete nicht mehr und wartete, bis sich Matwej von der Tür entfernen würde.

»Lieber Vetter«, sagte Matwej, »ich bin ein kranker Mensch, ich lege keinen Wert auf den Besitz, Gott mit ihm, behalten Sie alles, aber geben Sie mir wenigstens einen kleinen Teil zu meinem Lebensunterhalt während meiner Krankheit. Geben Sie mir etwas, und ich verschwinde.«

Jakow schwieg. Er wäre Matwej liebend gern losgeworden, aber Geld konnte er ihm keines geben, da das ganze Geld im Geschäft steckte; ja und in Terechows Familie war es bis jetzt noch nicht vorgekommen, daß Brüder ihren Besitz untereinander aufgeteilt hatten; teilen bedeutete Ruin.

Jakow schwieg und wartete nur darauf, daß Matwej endlich ging; immerzu schaute er seine Schwester an, da er fürchtete, sie könnte sich einmischen, und das gleiche Gekeife wie am Morgen würde erneut beginnen. Als Matwej schließlich gegangen war, las er weiter, empfand dabei jedoch keine Befriedigung mehr; von dem vielen Verneigen bis zum Boden war sein Kopf schwer geworden, ihm war schwarz vor Augen, und es ödete ihn an, seine leise, wehmütige Stimme zu hören. Wenn ihn nachts ein solcher Gemütszustand überfiel, dann erklärte er sich das mit Schlafstörungen, tagsüber jedoch erschreckte es ihn, und ihm schien, daß Dämonen auf seinem Kopf und seinen Schultern säßen.

Als er mit Mühe und Not die Stundengebete hinter sich gebracht hatte, fuhr er, unzufrieden und übellaunig, nach Schutejkino. Im Herbst hatten Erdarbeiter neben der Bahnstation von Progonnaja einen Flurgraben ausgehoben und in seiner Schenke für achtzehn Rubel gegessen und getrunken, und jetzt mußte Jakow nach Schutejkino zu ihrem Vorgesetzten fahren, um bei ihm das Geld einzutreiben. Durch die Wärme und die Schneestürme war die Landstraße in einem schlechten Zustand, sie war dunkel geworden, voller Schlaglöcher und stellenweise bereits eingebrochen; auf beiden Seiten war der Schnee zusammengerutscht und niedriger als die Landstraße, so daß man wie auf einer schmalen Aufschüttung fahren mußte, und entgegenkommenden Fuhrwerken auszuweichen war sehr schwierig. Der Himmel war schon seit dem Morgen bewölkt, und es wehte ein feuchter Wind …

Ein langer Schlittenzug, auf dem Frauen Ziegelsteine transportierten, kam Jakow entgegen. Er mußte ihnen ausweichen; sein Pferd versank bis zum Bauch im Schnee, der Einspännerschlitten legte sich nach rechts, und Jakow selbst beugte sich, um nicht herauszufallen, nach links und blieb so die ganze Zeit sitzen, während der Schlittenzug sich langsam an ihm vorbeibewegte; durch den Wind hörte er, wie die Schlitten quietschten und die mageren Pferde keuchten und wie die Frauen von ihm sagten: »Da fährt der Betbruder«, und eine sagte hastig, nachdem sie einen mitleidigen Blick auf sein Pferd geworfen hatte:

»Der Schnee scheint bis zum Georgstag liegenzubleiben. Die haben sich ganz schön abgemüht!«

Jakow saß geduckt und unbequem da und kniff wegen des Windes die Augen zusammen, vor ihm tauchten bald die Pferde, bald die roten Ziegelsteine auf. Und vielleicht weil es so unbequem war und ihm die eine Seite weh tat, wurde er plötzlich ärgerlich, die Angelegenheit, deretwegen er jetzt unterwegs war, erschien ihm belanglos, und er überlegte, ob man nicht morgen den Knecht nach Schutejkino schicken könnte. Wieder kamen ihm aus irgendeinem Grund, wie in der vergangenen schlaflosen Nacht, die Worte von dem Kamel in den Sinn, und dann tauchten allerhand Erinnerungen auf, bald an den Bauer, der das gestohlene Pferd verkauft hatte, bald an den Trunkenbold, bald an die Weiber, die ihm ihre Samoware verpfändeten. Natürlich versucht jeder Kaufmann, den Preis in die Höhe zu treiben, aber Jakow war das Händlerdasein leid, und er verspürte den Wunsch, irgendwohin zu gehen, möglichst weit weg von diesem Lebensstil, und der Gedanke, daß er heute noch die Abendandacht lesen mußte, machte ihn mißmutig. Der Wind peitschte ihm direkt ins Gesicht und fuhr unter seinen Kragen, und es schien, daß er all diese Gedanken von dem weiten weißen Feld herübertrug und ihm zuraunte … Beim Anblick des Feldes, das ihm von Kindheit an vertraut war, erinnerte sich Jakow, daß er die gleiche Unruhe und ebensolche Gedanken in jungen Jahren gehabt hatte, als die Hirngespinste ihn verfolgten und sein Glaube ins Wanken geriet.

Ihm graute, allein auf dem Feld zu bleiben; er kehrte um und fuhr langsam hinter dem Schlittenzug her, und die Frauen lachten und sagten:

»Der Betbruder ist umgekehrt.«

Zu Hause war wegen der Fasten nichts gekocht und der Samowar nicht aufgestellt worden, und deshalb erschien der Tag sehr lang. Jakow Iwanytsch hatte bereits das Pferd versorgt, das Mehl für die Bahnstation ausgeliefert und einige Male angefangen, den Psalter zu lesen, aber bis zum Abend war es immer noch lang. Aglaja hatte schon alle Fußböden gescheuert, und vor Langeweile räumte sie nun ihre Truhe auf, deren Deckel innen ganz mit Flaschenetiketten beklebt war. Matwej, hungrig und niedergeschlagen, saß da und las oder ging zum holländischen Ofen und betrachtete lange die Kacheln, die ihn an die Fabrik erinnerten. Daschutka schlief, und nachdem sie aufgewacht war, ging sie das Vieh tränken. Als sie Wasser aus dem Brunnen holen wollte, riß ihr der Strick, und der Eimer fiel ins Wasser. Der Knecht suchte nach einer Hakenstange, um den Eimer herauszuziehen, und Daschutka tappte mit bloßen Füßen, die rot waren wie bei einer Gans, durch den schmutzigen Schnee hinter ihm her und sagte immer wieder: »Dort drunter!« Sie wollte sagen, daß der Brunnen tiefer sei, als die Stange hinunterreichen konnte, aber der Knecht verstand sie nicht, und offensichtlich ging sie ihm auch auf die Nerven, denn er drehte sich plötzlich um und warf ihr ein paar unflätige Worte an den Kopf. Jakow Iwanytsch, der in dem Augenblick auf den Hof herausgekommen war, hörte, wie Daschutka den Knecht mit einem Schwall übelster Schimpfwörter überschüttete, die sie nur in der Schenke bei den betrunkenen Bauern aufgeschnappt haben konnte.

»Was fällt dir ein, schämst du dich denn nicht?« rief er ihr zu und bekam sogar selbst einen gehörigen Schreck. »Was nimmst du für Wörter in den Mund?«

Sie sah ihren Vater nur verdutzt und stumpfsinnig an, denn sie verstand nicht, warum man solche Wörter nicht sagen durfte. Er wollte ihr die Leviten lesen, aber sie erschien ihm so dumpf und primitiv, und zum ersten Mal in all der Zeit, in der sie bei ihm war, begriff er, daß sie überhaupt keinen Glauben hatte. Und dieses ganze Leben im Wald, im Schnee, mit den betrunkenen Bauern und dem Gekeife kam ihm genauso dumpf und primitiv vor wie dieses Mädchen, und anstatt ihr die Leviten zu lesen, winkte er nur ab und ging in sein Zimmer zurück.

In dem Moment kamen wieder der Gendarm und Sergej Nikanorytsch zu Matwej. Jakow Iwanytsch mußte daran denken, daß auch diese Menschen überhaupt keinen Glauben hatten und daß sie dies nicht im geringsten beunruhigte, und das Leben kam ihm sonderbar, unsinnig und hoffnungslos vor wie das eines Hundes; ohne Mütze spazierte er im Hof auf und ab, dann trat er hinaus auf die Straße und ging weiter, mit geballten Fäusten; um diese Zeit fielen dicke Schneeflocken, Jakow Iwanytschs Bart wehte im Wind, er schüttelte immerzu den Kopf, weil ihm etwas auf Schädel und Schultern drückte, so als säßen Dämonen darauf, und ihm schien, daß nicht er hier ging, sondern irgendein Tier, ein riesengroßes, schreckliches Tier, und wenn er zu schreien anfinge, seine Stimme als Gebrüll über das ganze Feld und den Wald hallen und alle erschrekken würde …

V

Als er ins Haus zurückkam, war der Gendarm schon weg, und der Buffetier saß in Matwejs Zimmer und rechnete etwas auf dem Rechenbrett aus. Er war auch früher häufig, fast täglich, in der Schenke gewesen; einst war er zu Jakow Iwanytsch gekommen, in der letzten Zeit aber kam er zu

Matwej. Er rechnete immer auf dem Rechenbrett, und dabei nahm sein Gesicht einen angespannten Ausdruck an und schwitzte, oder er bat um Geld oder erzählte, wobei er sich den Backenbart strich, wie er einst auf einer erstklassigen Bahnstation für die Offiziere Bowle zubereitet und bei Galadiners persönlich die Fischsuppe aus Störfleisch ausgegeben habe. Auf dieser Welt interessierte ihn nichts außer Buffets, und er sprach nur von Speisen, vom Servieren und von Weinen. Einmal, als er einer jungen Frau, die gerade ihrem Kind die Brust gab, einen Tee brachte und ihr etwas Nettes sagen wollte, drückte er das so aus: »Die Brust der Mutter ist das Buffet für den Säugling.«

Während er in Matwejs Zimmer auf dem Rechenbrett rechnete, bat er wieder um Geld, sagte, daß er auf der Progonnaja nicht mehr bleiben könne, und wiederholte ein paar Mal in einem Ton, als würde er gleich in Tränen ausbrechen: »Wohin soll ich denn gehen? Sagen Sie doch bitte, wohin soll ich jetzt gehen?«

Dann kam Matwej in die Küche und fing an, die Pellkartoffeln zu schälen, die er wahrscheinlich vom Vortag aufgehoben hatte. Es war still, und Jakow Iwanytsch schien, daß der Buffetier gegangen sei. Auch war es längst Zeit, mit der Abendandacht zu beginnen; er rief nach Aglaja, und da er glaubte, es sei niemand im Haus, fing er ganz ungeniert an, laut zu singen. Während er aber sang und las, gingen ihm ganz andere Gedanken durch den Kopf: Herrgott, vergib mir! Herrgott, erlöse mich! – und unaufhörlich, ein ums andere Mal, verneigte er sich bis zum Boden, als wollte er sich überanstrengen, und schüttelte immerzu den Kopf, so daß Aglaja ihn verwundert anschaute. Er fürchtete, Matwej könnte hereinkommen, und war sicher, daß er hereinkommen würde, und er hegte Groll gegen ihn, den er weder durch das Gebet noch durch das häufige Verneigen überwinden konnte.

Matwej öffnete ganz leise die Tür und betrat den Gebetsraum.

»Eine Sünde, was für eine Sünde!« sagte er mit einem vorwurfsvollen Seufzen. »Tun Sie Buße! Nehmen Sie Vernunft an, lieber Vetter!«

Mit geballten Fäusten, ohne ihn anzuschauen, um ihn nicht zu schlagen, verließ Jakow Iwanytsch rasch den Gebetsraum. So wie vorhin auf der Landstraße kam er sich wie ein riesengroßes, schreckliches Tier vor; er ging durch die Diele in den grauen, von Qualm und Rauch erfüllten anderen Teil des Hauses, wo gewöhnlich die Bauern Tee tranken, und schritt dort lange auf und ab, wobei er so schwer auftrat, daß das Geschirr in den Regalen klirrte und die Tische wackelten. Ihm war bereits klar, daß er selbst mit seinem Glauben unzufrieden war und daß er nicht mehr so beten konnte wie früher. Er mußte Buße tun, Vernunft annehmen, zur Besinnung kommen, irgendwie anders leben und beten. Aber wie beten? Doch vielleicht verwirrte ihn nur ein böser Geist, und er brauchte nichts dergleichen zu tun …? Wie sein? Was tun? Wer konnte ihn belehren? Was für eine Hilflosigkeit! Er blieb stehen, faßte sich an den Kopf und wurde nachdenklich, doch Matwejs Nähe hinderte ihn daran, ruhig zu überlegen. Und er ging rasch in seine Räume zurück.

Matwej saß in der Küche vor einer Schale mit Kartoffeln und aß. Direkt neben dem Ofen hockten sich Aglaja und Daschutka gegenüber und wickelten Garn auf. Zwischen dem Ofen und dem Tisch, an dem Matwej saß, war ein Bügelbrett aufgestellt; darauf stand ein kaltes Bügeleisen.

»Liebe Cousine, geben Sie mir etwas Öl!« bat Matwej.

»Wer wird denn an einem solchen Tag Öl essen?« fragte Aglaja.

»Ich bin kein Mönch, liebe Cousine, sondern ein weltlicher Mensch. Und aufgrund meiner schwachen Gesundheit darf ich nicht nur Öl, sondern auch Milch zu mir nehmen.«

»Ja, bei euch in der Fabrik darf man alles.«

Aglaja holte eine Flasche Fastenöl aus dem Regal und

knallte sie bärbeißig, mit einem hämischen Grinsen und offensichtlich befriedigt, daß er so ein Sünder war, Matwej direkt vor die Nase.

»Aber ich sage dir, du darfst kein Öl essen!« brüllte Jakow.

Aglaja und Daschutka zuckten zusammen, Matwej hingegen goß sich, als habe er nichts gehört, Öl in seine Schale und aß weiter.

»Aber ich sage dir, du darfst kein Öl essen!« brüllte Jakow noch lauter und wurde puterrot; plötzlich ergriff er die Schale, hob sie hoch über den Kopf und schleuderte sie mit voller Wucht auf den Boden, daß die Scherben flogen. »Wag ja nicht, den Mund aufzumachen!« schrie er wutentbrannt, obwohl Matwej kein Wort gesagt hatte. »Wag es ja nicht!« wiederholte er und schlug mit der Faust auf den Tisch.

Matwej erbleichte und stand auf.

»Lieber Vetter!« sagte er und kaute dabei weiter. »Lieber Vetter, kommen Sie zur Besinnung!«

»Hinaus aus meinem Haus, auf der Stelle!« schrie Jakow; Matwejs faltiges Gesicht widerte ihn an, auch seine Stimme und die Krümel in seinem Schnurrbart und sein Gekaue. »Hinaus sag ich dir!«

»Lieber Vetter, beruhigen Sie sich! Die Hoffart des Satans hat Sie erfaßt!«

»Schweig!« (Jakow begann mit den Füßen zu stampfen.) »Verschwinde, du Teufel!«

»Sie sind, wenn Sie es genau wissen wollen«, fuhr Matwej, der nun auch wütend wurde, mit lauter Stimme fort, »Sie sind ein Gottesleugner, ein Ketzer. Die verfluchten Dämonen haben das wahre Licht vor Ihnen verhüllt, Ihr Gebet ist Gott nicht wohlgefällig. Tun Sie Buße, bevor es zu spät ist! Der Tod eines Sünders ist grauenvoll! Tun Sie Buße, lieber Vetter!«

Da packte Jakow ihn an den Schultern und zerrte ihn hinter dem Tisch hervor, er aber wurde noch bleicher und murmelte erschrocken und bestürzt: »Was soll denn das? Was soll denn das?« Und er sträubte sich, versuchte mit aller Kraft, sich aus Jakows Händen zu befreien, faßte unwillkürlich nach dessen Hemdkragen, den er dabei zerriß, Aglaja jedoch, der es schien, er wolle Jakow schlagen, stieß einen Schrei aus, ergriff die Flasche mit dem Fastenöl und schlug sie mit voller Wucht dem verhaßten Vetter über den Schädel. Matwej schwankte, und sein Gesicht nahm augenblicklich einen ruhigen und gleichmütigen Ausdruck an; Jakow, der vor Erregung schwer atmete, empfand Genugtuung darüber, daß die Flasche, als sie Matwejs Kopf getroffen hatte, wie ein lebendiges Wesen gekrächzt hatte; er ließ Matwej nicht fallen und wies Aglaja mehrmals (daran konnte er sich noch sehr gut erinnern) mit dem Finger auf das Bügeleisen hin, und erst als das Blut über seine Hände rann, das laute Weinen Daschutkas zu hören war, das Bügelbrett zusammenkrachte und Matwej schwer darauf niederstürzte, war Jakows Wut verraucht, und er begriff, was geschehen war.

»Soll er verrecken, der Fabrikhengst!« sagte Aglaja verächtlich, ohne das Bügeleisen abzustellen; das weiße blutbespritzte Kopftuch war ihr auf die Schultern gerutscht, und das graue Haar hatte sich aufgelöst. »Das geschieht ihm ganz recht!«

Alles war schrecklich. Daschutka saß auf dem Boden neben dem Ofen mit dem Garn in den Händen; sie schluchzte und verneigte sich immerzu und sagte dabei jedes Mal: »Ham! Ham!« Aber nichts war für Jakow so schrecklich wie die im Blut liegenden gekochten Kartoffeln, auf die zu treten ihm graute, und es gab noch etwas Schreckliches, das wie ein schwerer Traum auf ihm lastete, das ihm am allergefährlichsten schien und das er im ersten Augenblick überhaupt nicht begreifen konnte. Das war der Buffetier Sergej Nikanorytsch, der kreidebleich, mit dem Rechenbrett in der Hand auf der Schwelle stand und voller Entsetzen auf das starrte, was sich in der Küche abspielte. Erst als er sich umdrehte und in die Diele lief und von dort nach draußen, begriff Jakow, wer das war, und folgte ihm.

Während er sich im Gehen die Hände mit Schnee abwischte, überlegte er. Ihm schoß der Gedanke durch den Kopf, daß der Knecht darum gebeten hatte, zu Hause bei sich im Dorf übernachten zu dürfen und schon lange weg war; gestern hatten sie ein Schwein geschlachtet, und im Schnee und auf dem Schlitten konnte man noch riesige Blutflecken sehen, sogar die eine Seite des Brunnenkastens war mit Blut bespritzt, so daß es also keinerlei Verdacht erregt hätte, wenn Jakows ganze Familie nun voller Blut gewesen wäre. Den Mord zu vertuschen wäre qualvoll, aber der Umstand, daß der Gendarm von der Bahnstation erscheinen und ständig pfeifen und hämisch grinsen würde, daß die Bauern kommen, Jakow und Aglaja die Hände fesseln und sie feierlich zum Amtsbezirk und von dort in die Stadt abführen würden und daß unterwegs alle mit Fingern auf sie zeigen und belustigt sagen würden: Da werden die Betbrüder abgeführt! – das stellte sich Jakow als die allerschlimmste Qual vor, und er hätte am liebsten die Zeit irgendwie hinausgezögert, um diese Schmach nicht jetzt, sondern irgendwann später erleiden zu müssen.

»Ich kann Ihnen tausend Rubel leihen ...« sagte er, als er Sergej Nikanorytsch eingeholt hatte. »Wenn Sie das ausplaudern, so ist damit keinem gedient ... und einen Menschen kann man ohnehin nicht wieder lebendig machen«, und kaum in der Lage, dem Buffetier zu folgen, der sich nicht umsah und bemüht war, seinen Schritt zu beschleunigen, fuhr er fort: »Auch Anderthalbtausend kann ich Ihnen geben ...«

Er blieb stehen, weil er ganz außer Atem war, aber Sergej Nikanorytsch ging immer noch genauso schnell weiter, da er wahrscheinlich Angst hatte, ebenfalls erschlagen zu werden. Erst als er am Bahnübergang vorbei und schon die halbe Chaussee, die vom Bahnübergang zur Station führte, entlanggegangen war, blickte er sich flüchtig um und verlangsamte seinen Schritt. Auf der Bahnstation und an der Strecke brannten bereits die Lichter, rote und grüne; der Wind hatte sich gelegt, aber es fielen noch immer dichte Schneeflocken, und die Landstraße war wieder weiß geworden. Doch da blieb Sergej Nikanorytsch fast direkt bei der Bahnstation stehen, überlegte einen Augenblick und ging entschlossen zurück. Es wurde schon dunkel.

»Meinetwegen, Anderthalbtausend, Jakow Iwanytsch«, sagte er leise, am ganzen Leib zitternd. »Ich bin einverstanden.«

VI

Sein Geld hatte Jakow Iwanytsch auf der städtischen Bank und in Pfandbriefen angelegt. Zu Hause verwahrte er nicht viel, nur das, was er täglich brauchte. Beim Betreten der Küche tastete er nach der Blechdose mit den Zündhölzern, und während das Schwefelholz mit blauer Flamme brannte, konnte er Matwej erkennen, der wie zuvor auf dem Fußboden neben dem Tisch lag, aber schon mit einem weißen Laken bedeckt war, und man sah nur seine Stiefel. Ein Heimchen zirpte. Aglaja und Daschutka waren nicht in der Wohnung: Beide saßen in der Schankstube hinter dem Tresen und wickelten schweigend Garn auf. Jakow Iwanytsch ging mit einem Lämpchen in sein Zimmer und zog unter dem Bett eine kleine Truhe hervor, in der er das Geld für laufende Ausgaben verwahrte. Diesmal enthielt sie nur vierhundertzwanzig Rubel in kleinen Scheinen und fünfunddreißig in Silbermünzen; von den Scheinen ging ein unangenehmer, strenger Geruch aus. Nachdem Jakow das Geld in seine Mütze gesteckt hatte, trat er hinaus auf den Hof und dann durchs Tor. Im Gehen schaute er sich nach allen Seiten um, aber der Bufettier war verschwunden.

»Hopp!« rief Jakow.

Direkt beim Bahnübergang löste sich von der Schranke eine dunkle Gestalt und ging unentschlossen auf ihn zu.

»Was laufen Sie denn ständig hin und her?« sagte Jakow ärgerlich, als er den Bufettier erkannte. »Hier, für Sie: nicht ganz fünfhundert ... Zu Hause war nicht mehr.«

»In Ordnung ... Ich bin Ihnen sehr dankbar«, murmelte Sergej Nikanorytsch, wobei er gierig das Geld ergriff und es in seine Taschen stopfte; daß er am ganzen Leib zitterte, konnte man trotz der Dunkelheit sehen. »Und Sie, Jakow Iwanytsch, können ganz beruhigt sein ... Weshalb sollte ich etwas ausplaudern? Was mich betrifft: Ich war da und bin wieder gegangen. Wie heißt es doch: Mein Name ist Hase, ich weiß von nichts ...« – und dann fügte er noch mit einem Seufzer hinzu: »Verdammtes Leben!«

Einen Augenblick standen sie schweigend da, ohne einander anzuschauen.

»So ist das bei Ihnen, wegen einer Lappalie, Gott weiß wie ...« sagte der Bufettier zitternd. »Ich sitze da, rechne so für mich und plötzlich Lärm ... Ich schaue zur Tür herein, und Sie haben ihn wegen des Fastenöls ... Wo ist er jetzt?«

»Liegt noch dort in der Küche.«

»Sie sollten ihn wegschaffen ... Wozu warten?«

Jakow begleitete ihn schweigend bis zur Bahnstation, dann kehrte er nach Hause zurück und spannte das Pferd an, um Matwej nach Limarowo zu schaffen. Er beschloß, ihn in den Limarower Wald zu bringen und dort auf der Landstraße liegenzulassen, und nachher würde er allen erzählen, Matwej sei nach Wedenjapino gegangen und nicht wiedergekommen, und alle würden dann glauben, Vagabunden hätten ihn umgebracht. Er wußte zwar, daß man damit niemandem etwas vormachen konnte, aber sich rühren, etwas tun, etwas unternehmen war nicht so qualvoll, wie einfach dazusitzen und zu warten. Er rief Daschutka herbei und schaffte Matwej mit ihr zusammen aus dem Haus. Aglaja aber blieb da, um in der Küche aufzuräumen.

Auf dem Rückweg wurden Jakow und Daschutka durch die heruntergelassene Bahnschranke aufgehalten. Ein lan-

ger Güterzug fuhr vorbei, der von zwei keuchenden Loko-
motiven gezogen wurde, die aus den Zuglöchern purpur-
rote Feuergarben spien. Auf dem Bahnübergang in Sicht-
weite der Station stieß die Lokomotive einen schrillen Pfiff
aus.

»Sie pfeift ...« sagte Daschutka.

Endlich war der Zug vorbeigefahren, und der Bahnwärter kurbelte in aller Ruhe die Schranke hoch.

»Bist du's, Jakow Iwanytsch?« sagte er. »hab dich nicht erkannt, wirst reich werden.«

Und dann, als sie daheim waren, mußten sie schlafen gehen. Ohne das Abendgebet zu verrichten oder die Ikonenlämpchen anzuzünden, machten sich Aglaja und Daschutka
auf dem Fußboden in der Schankstube das Bett zurecht
und legten sich nebeneinander hin, während Jakow sich auf
dem Tresen ausstreckte. Bis zum Morgen taten alle drei
kein Auge zu, sprachen aber kein Wort, und es schien ihnen
die ganze Nacht, daß oben in dem leeren Stockwerk jemand herumschleiche.

Zwei Tage später kamen aus der Stadt der Polizeihauptmann und der Untersuchungsrichter und machten eine
Hausdurchsuchung, zuerst in Matwejs Zimmer, dann in
der ganzen Schenke. Sie verhörten vor allem Jakow, und
der sagte aus, Matwej sei am Montag gegen Abend nach
Wedenjapino zum Beichten gegangen; vermutlich hätten
ihn unterwegs die Sägearbeiter, die zur Zeit an der Bahnstrecke beschäftigt waren, umgebracht. Als aber der Untersuchungsrichter Jakow fragte, wieso es habe geschehen
können, daß Matwej auf der Straße gefunden wurde, seine
Mütze jedoch im Haus – sollte er etwa ohne Mütze nach
Wedenjapino gegangen sein? –, und weshalb man neben
ihm auf der Straße im Schnee nicht einen Tropfen Blut
entdeckt habe, wohingegen er einen gespaltenen Schädel
hatte und Gesicht und Brust schwarz waren vor Blut, da
geriet Jakow in Verwirrung und erwiderte verlegen:

»Was weiß ich.«

Und es trat genau das ein, wovor Jakow sich so sehr gefürchtet hatte: Der Gendarm kam, der Dorfpolizist rauchte im Gebetsraum, und Aglaja fiel keifend über ihn her, und dem Polizeihauptmann warf sie Grobheiten an den Kopf, und als dann Jakow und Aglaja abgeführt wurden, drängten sich am Tor die Bauern und sagten: »Der Betbruder wird abgeführt!« – und alle schienen froh darüber zu sein.

Beim Verhör sagte der Gendarm ohne Umschweife aus, daß Jakow und Aglaja Matwej nur deshalb erschlagen hätten, um nicht mit ihm teilen zu müssen, und daß Matwej eigenes Geld besessen habe, und wenn es bei der Hausdurchsuchung nicht aufgetaucht sei, dann hätten es sich offenbar Jakow und Aglaja unter den Nagel gerissen. Auch Daschutka wurde befragt. Sie sagte aus, daß Onkel Matwej und Tante Aglaja sich jeden Tag wegen des Geldes gestritten und sich dabei fast geprügelt hätten und daß der Onkel vermögend gewesen sei, denn er habe sogar einem gewissen Herzchen neunhundert Rubel geschenkt.

Daschutka blieb nun allein in der Schenke zurück; niemand kam mehr, um Tee oder Wodka zu trinken, und so räumte sie bald die Zimmer auf, bald trank sie Honigmet und aß Butterkringel; aber einige Tage darauf wurde der Bahnwärter verhört, und der sagte aus, daß er am späten Montagabend gesehen habe, wie Jakow und Daschutka aus Limarowo zurückgekommen seien. Daschutka wurde ebenfalls verhaftet, in die Stadt gebracht und ins Gefängnis gesteckt. Bald darauf wurde aufgrund von Aglajas Aussage bekannt, daß zur Tatzeit Sergej Nikanorytsch anwesend war; man machte auch bei ihm eine Hausdurchsuchung und stieß an einem recht ungewöhnlichen Ort auf Geld: in einem Filzstiefel unter dem Ofen; und das Geld bestand nur aus ganz kleinen Scheinen – aus dreihundert Einrubelscheinen. Er schwor bei Gott, dieses Geld durch Handel erworben zu haben und in der Schenke über ein Jahr nicht mehr gewesen zu sein, aber die Zeugen sagten aus, er sei arm und in letzter Zeit in argen Geldnöten gewesen, sei täglich in die Schenke gegangen, um sich bei Matwej etwas zu leihen, und der Gendarm sagte aus, daß er selbst am Tag des Mordes zwei Mal mit dem Bufettier in der Schenke gewesen sei, um ihm bei der Anleihe behilflich zu sein. Dabei erinnerte man sich, daß am Montagabend Sergej Nikanorytsch nicht an den Güter- und Personenzug gekommen, sondern irgendwo hingegangen war. Und so wurde auch er verhaftet und in die Stadt gebracht.

Nach elf Monaten fand die Gerichtsverhandlung statt.

Jakow Iwanytsch war stark gealtert und abgemagert; er sprach nun so leise wie ein Kranker. Er fühlte sich schwach, erbärmlich und kleiner als alle; es hatte den Anschein, als ob seine Seele durch die Gewissensqualen und die Hirngespinste, die ihn auch im Gefängnis nicht losließen, genauso gealtert und abgemagert sei wie sein Körper. Als das Gespräch darauf kam, daß er nicht zur Kirche gehe, fragte ihn der Gerichtsvorsitzende:

»Sind Sie ein Sektierer?«

»Was weiß ich«, erwiderte er.

Er hatte keinen Glauben mehr, wußte nichts und verstand nichts, sein früherer Glaube war ihm nun zuwider und erschien ihm unvernünftig und abstrus. Aglaja war überhaupt nicht zu besänftigen und wetterte weiterhin gegen den toten Matwej, gab ihm die Schuld an all dem Unglück. Sergej Nikanorytsch war anstelle der Bartkoteletten ein richtiger Bart gewachsen; während der Gerichtsverhandlung geriet er ins Schwitzen, lief rot an und schämte sich offensichtlich für seinen grauen Kittel und auch dafür, daß er zusammen mit einfachen Bauern auf einer Bank sitzen mußte. Unbeholfen versuchte er sich zu rechtfertigen, und da er beweisen wollte, daß er ein ganzes Jahr nicht in der Schenke gewesen sei, fing er mit jedem Zeugen Streit an, und das Publikum mußte über ihn lachen. Daschutka hatte im Gefängnis zugenommen; bei der Gerichtsverhandlung verstand sie die Fragen nicht, die ihr gestellt wurden, und sagte nur, daß sie, als Onkel Matwej erschlagen wurde, sehr erschrocken sei, und sonst nichts.

Alle vier wurden des Totschlags aus Habgier für schuldig befunden. Jakow Iwanytsch wurde zu zwanzig Jahren Zwangsarbeit verurteilt, Aglaja zu dreizehneinhalb, Sergej Nikanorytsch zu zehn und Daschutka zu sechs Jahren.

VII

Auf der Reede von Dui auf Sachalin ging am späten Abend ein ausländischer Dampfer vor Anker, um Kohle zu bunkern. Der Kapitän wurde gebeten, sich bis zum Morgen zu gedulden, aber er wollte nicht eine Stunde länger warten und sagte, daß, falls in der Nacht das Wetter schlechter werde, er es riskiere, ohne Kohle abzufahren. Im Tatarensund kann das Wetter innerhalb von einer halben Stunde umschlagen, und dann werden die Küsten von Sachalin gefährlich. Außerdem wurde es schon kühl, und es herrschte starker Seegang.

Aus dem Wojewodsker Gefängnis, dem schäbigsten und strengsten von allen Gefängnissen auf Sachalin, schickte man eine Häftlingskolonne zum Bergwerk. Die Männer sollten die Lastkähne mit Kohle beladen und sie dann mit Hilfe eines Dampfkutters bis an Bord des Schiffs schleppen, das mehr als eine halbe Werst von der Küste entfernt lag, und dort sollte die Beladung beginnen – eine mühsame Arbeit, wenn der Lastkahn gegen den Dampfer schlägt und die Männer sich wegen der Seekrankheit kaum auf den Beinen halten können. Die Strafgefangenen, die gerade aus den Betten geholt worden waren, gingen schlaftrunken am Ufer entlang, wobei sie in der Dunkelheit ständig stolperten und mit ihren Ketten klirrten. Linker Hand war kaum das hohe, überaus dunkle Steilufer zu sehen, und rechter Hand war undurchdringliche, stockfinstere Nacht, in der das Meer stöhnte und einen langgezogenen, monotonen Laut »a … a … a … a …« ausstieß; nur wenn der Aufseher sich eine Pfeife anzündete und dabei ganz kurz den Wachposten mit seinem Gewehr und zwei, drei in der Nähe stehende Häftlinge mit groben Gesichtern beleuchtete oder wenn er mit der Laterne dicht ans Wasser trat, waren die weißen Kämme der vordersten Wellen zu erkennen.

In dieser Kolonne befand sich Jakow Iwanytsch, dem man im Zuchthaus wegen seines langen Barts den Spitznamen Besen gegeben hatte. Mit Vor- und Vatersnamen redete ihn schon lange niemand mehr an, man nannte ihn einfach Jaschka. Er hatte hier einen schlechten Ruf, da er etwa drei Monate nach seinem Eintreffen im Zuchthaus – aus unbändigem Heimweh – der Versuchung erlegen und geflüchtet war; er war aber bald aufgegriffen und zu lebenslanger Zwangsarbeit verurteilt worden und hatte vierzig Peitschenhiebe bekommen; danach wurde er noch zweimal wegen Veruntreuung staatlicher Kleidungsstücke mit der Rute bestraft, obwohl beide Male das Kleidungsstück ihm gestohlen worden war. Das Heimweh hatte er zu dem Zeitpunkt verspürt, als er nach Odessa überstellt wurde, der Häftlingszug in der Nacht auf der Bahnstation Progonnaja hielt und Jakow, das Gesicht gegen die Fensterscheibe gepreßt, versuchte, den heimatlichen Hof zu erkennen, im Dunkeln jedoch nichts sah.

Mit niemandem konnte er über seine Heimat reden. Seine Schwester Aglaja hatte man über Sibirien in ein Zwangsarbeitslager geschickt, und keiner wußte, wo sie sich jetzt aufhielt. Daschutka war auf Sachalin, aber man hatte sie irgendeinem Strafsiedler in einer weiter entfernten Siedlung als Lebensgefährtin gegeben; man hörte gar nichts von ihr, und nur einmal erfuhr Jakow von einem Strafsiedler, der im Wojewodsker Gefängnis gelandet war, daß Daschutka schon drei Kinder hatte. Sergej Nikanorytsch arbeitete als Diener bei einem Beamten nicht weit entfernt, in Dui, aber man konnte nicht damit rechnen, sich irgendwann einmal mit ihm zu treffen, da ihm die Bekanntschaft mit gewöhnlichen Strafgefangenen peinlich war.

Die Häftlingskolonne hatte das Bergwerk erreicht und machte bei der Anlegestelle halt. Es hieß, daß keine Beladung stattfinde, da sich das Wetter zunehmend verschlechtere und der Dampfer offensichtlich zur Weiterfahrt bereit sei. Man sah drei Lichter. Eines davon bewegte sich: Es war der Kutter, der zu dem Dampfer gefahren war und nun wieder zurückzukehren schien, um zu melden, ob es Arbeit gebe oder nicht. Jakow Iwanytsch, der von der herbstlichen Kälte und der Feuchtigkeit des Meeres zitterte und sich in seinen kurzen zerrissenen Halbpelz wickelte, schaute unverwandt in die Richtung, wo seine Heimat lag. Seitdem er im Gefängnis mit Menschen zusammenlebte, die aus den verschiedensten Ecken hierher verfrachtet worden waren – mit Russen, Ukrainern, Tataren, Georgiern, Chinesen, Tschuchonzen*, Zigeunern und Juden – und seitdem er ihren Gesprächen gelauscht, zur Genüge ihre Leiden gesehen hatte, erhob er sich wieder zu Gott, und ihm schien, daß er endlich den wahren Glauben erkannt habe, eben jenen, wonach ihn so gedürstet und den sein ganzes Geschlecht, angefangen von der Großmutter Awdotja, so lange gesucht und nicht gefunden hatte. Er wußte und verstand nun schon alles, wußte, wo Gott war und wie man ihm dienen mußte, nur eines war ihm noch nicht klar: Warum die Schicksale der Menschen so verschieden waren, warum dieser einfache Glaube, den die anderen von Gott umsonst, zusammen mit dem Leben, erhielten, ihn so teuer zu stehen kam, daß von all diesen Schrecken und Leiden, die sich offenbar ohne Unterlaß bis zum Tod fortsetzten, ihm wie einem Betrunkenen Arme und Beine zitterten. Er starrte angespannt in die Finsternis, und ihm schien, daß er über Tausende Werst hinweg durch das Dunkel sein Heimatgouvernement, seinen Kreis, die Bahnstation Progonnaja sehe, daß er die Rückständigkeit, die Roheit, die Herzlosigkeit und die dumpfe, harte, animalische

* Bevölkerungsgruppe in Nordrußland, mit den Finnen verwandt.

Gleichgültigkeit der Menschen sehe, die er dort zurückgelassen hatte; Tränen verschleierten ihm den Blick, aber er schaute immerzu in die Ferne, wo die schwachen Lichter des Dampfers kaum zu erkennen waren, und ihm wurde schwer ums Herz vor Heimweh, und er wollte leben, nach Hause zurückkehren, dort von seinem neuen Glauben erzählen und wenigstens einen Menschen vor dem Verderben retten und wenigstens einen Tag ohne Leiden leben.

Der Kutter war gekommen, und der Aufseher gab laut bekannt, daß keine Beladung erfolgen werde.

»Zurück!« befahl er. »Achtung!«

Man hörte, wie auf dem Dampfer die Ankerkette eingezogen wurde. Es blies bereits ein heftiger, durchdringender Wind, und irgendwo oben am Steilufer knarrten die Bäume. Wahrscheinlich war ein Sturm im Anzug.

(Barbara Schaefer)

ARIADNA

Auf dem Deck eines Dampfers, der von Odessa nach Sewastopol fuhr, trat ein durchaus gutaussehender Herr mit rundem Bart auf mich zu, bat um Feuer und sagte:

»Schauen Sie sich diese Deutschen an, die dort neben der Kommandobrücke sitzen. Wenn sich Deutsche oder Engländer treffen, sprechen sie garantiert über die Wollpreise, die Ernte oder über ihre persönlichen Angelegenheiten; wenn aber wir Russen zusammenkommen, reden wir aus unerfindlichem Grund ausschließlich über Frauen und höhere Materie. Vor allem aber über Frauen.«

Das Gesicht dieses Herrn kannte ich bereits. Tags zuvor waren wir im selben Zug aus dem Ausland eingetroffen, und in Wolotschisk hatte ich gesehen, wie er während der Zollkontrolle mit einer Dame, seiner Begleiterin, vor einem ganzen Berg von Koffern und Körben stand, die mit Damenkleidern gefüllt waren, und wie betreten und niedergeschlagen er gewesen war, als er für irgendeinen Seidenfetzen Zoll zahlen mußte, worauf seine Begleiterin protestierte und drohte, sich zu beschweren. Auf der Fahrt nach Odessa bemerkte ich dann, wie er unablässig Pastetchen und Apfelsinen in das Damenabteil trug.

Es war ein wenig feucht, das Schiff schaukelte leicht, und die Damen hatten sich in ihre Kabinen zurückgezogen. Der Herr mit dem runden Bart setzte sich neben mich und fuhr fort:

»Ja, wenn Russen zusammenkommen, reden sie einzig über höhere Materie und über Frauen. Wir sind derart intelligent, derart wichtig, daß wir nur Wahrheiten von uns geben und lediglich Probleme höherer Ordnung lösen können. Ein russischer Schauspieler kann keine Possen reißen, selbst im Vaudeville spielt er pathetisch; und wir ebenso: Kommt die Rede auf Belanglosigkeiten, behandeln wir sie nie anders als von höherer Warte aus. Uns mangelt es einfach an Mut, Offenheit und Natürlichkeit. Von den Frauen reden wir wohl deshalb so oft, weil wir unzufrieden sind. Wir idealisieren sie allzu sehr und erheben Forderungen, die in keinem Verhältnis dazu stehen, was die Realität zu leisten vermag, und erhalten bei weitem nicht das, was wir möchten, was dann unweigerlich zu Unzufriedenheit, zerstörten Hoffnungen und Seelenschmerz führt. Und was einen schmerzt, darüber spricht man dann. Langweilt es Sie nicht, dieses Gespräch fortzusetzen?«

»Nein, keinesfalls.«

»In diesem Fall gestatten Sie, daß ich mich vorstelle«, sagte mein Gesprächspartner und erhob sich ein wenig. »Iwan Iljitsch Schamochin, Moskauer Gutsbesitzer in gewisser Weise … Sie aber kenne ich gut.«

Er nahm wieder Platz, blickte mir freundlich und offen in die Augen und fuhr fort:

»Diese ständigen Gespräche über Frauen würde ein Philosoph mittlerer Güte, wie etwa Max Nordau, wohl mit erotischem Wahn erklären oder damit, daß wir Anhänger der Leibeigenschaft seien, und ähnliches. Ich aber sehe das anders. Ich wiederhole: Wir sind unzufrieden, weil wir Idealisten sind. Wir möchten, daß jene Wesen, die uns und unsere Kinder zur Welt bringen, höher stehen als wir, höher als alles auf der Welt. Wenn wir jung sind, idealisieren und vergöttern wir jene, in die wir uns verlieben. Liebe und Glück sind Synonyme für uns. In Rußland verachtet man Ehen, die nicht aus Liebe geschlossen wurden, Sinnlichkeit erscheint uns lächerlich und flößt uns Widerwillen ein, und größten Erfolg haben jene Romane und Erzählungen, in denen die Frauen schön, poetisch und erhaben sind. Und wenn sich der Russe seit jeher für die Madonna von Raffael begeistert oder für die Frauenemanzipation Partei ergreift, dann, ich versichere Sie, zeugt das nicht im geringsten von Heuchelei. Schlimm aber ist folgendes: Kaum heiraten wir oder tun uns mit einer Frau zusammen, vergehen keine zwei oder drei Jahre, und wir sind enttäuscht und fühlen uns betrogen. Wir tun uns mit einer anderen zusammen, die gleiche Enttäuschung, der gleiche Schrecken. Und letztlich kommen wir zu dem Schluß, daß die Frauen verlogen, kleinlich, nichtig, ungerecht, unterentwickelt und grausam sind – kurz, daß sie nicht nur nicht höher, sondern unermeßlich viel tiefer stehen als wir Männer. Und uns Unzufriedenen und Betrogenen bleibt nichts weiter übrig, als zu murren und hin und wieder darüber zu reden, wie schrecklich wir hinters Licht geführt wurden.«

Während Schamochin redete, bemerkte ich, daß ihm die russische Sprache und die russische Umgebung großes Vergnügen bereiteten. Wohl deshalb, weil er sich im Ausland sehr nach der Heimat gesehnt hatte. Er pries die Russen und schrieb ihnen einen seltenen Idealismus zu, äußerte sich aber auch keineswegs abfällig über die Ausländer, und dies nahm mich für ihn ein. Auch merkte ich, daß ihn etwas bedrückte und er lieber von sich selbst als von den Frauen gesprochen hätte und ich nicht umhin kommen würde, mir eine lange Geschichte anzuhören, die wohl auf eine Beichte hinauslief.

Und tatsächlich, nachdem wir eine Flasche Wein bestellt und jeder ein Glas getrunken hatten, begann er folgendermaßen:

»Wenn ich mich recht entsinne, sagt jemand in einer Erzählung von Weltman: ›Das also ist die Geschichte!‹ Und ein anderer entgegnet: ›Nein, das ist nicht die Geschichte, sondern nur die Einleitung zu der Geschichte.‹ So ist auch das, was ich bisher erzählt habe, nur die Einleitung, denn ich würde Ihnen gern von meiner letzten Liaison erzählen. Doch verzeihen Sie, ich möchte nochmals fragen: Langweile ich Sie auch nicht?«

Ich sagte, daß er mich nicht langweile, und er fuhr fort:

»Die Handlung spielt im Moskauer Gouvernement, in einem seiner nördlichen Landkreise. Die Natur dort, muß ich Ihnen sagen, ist unvergleichlich. Unser Gutshaus steht am Steilufer eines reißenden Flüßchens, ganz in der Nähe der sogenannten Flinken Stätte, wo das Wasser Tag und Nacht rauscht. Stellen Sie sich einen großen alten Park vor, heitere Blumenbeete, Bienenkörbe, einen Gemüsegarten, unten den Fluß mit einer Korkenzieherweide, die im Morgentau grausilbern schimmert, und auf der anderen Seite eine Wiese und hinter der Wiese auf einem Hügel einen furchteinflößenden, finsteren Wald. In diesem Wald schießen unglaubliche Mengen Reizker aus dem Boden, und wo er am tiefsten ist, leben Elche. Wenn ich einmal tot bin und man den Sargdeckel über mir zunagelt, werde ich wohl noch immer von diesen frühen Morgenstunden träumen, wenn die Augen von der Sonne schmerzen, oder von den herrlichen Frühlingsabenden, wenn im Park und auch dahinter die Nachtigallen singen und die Wachtelkönige und vom Dorf Harmonikaklänge herüberwehen, jemand im Haus auf dem Flügel spielt, der Fluß rauscht – kurz, eine Musik, daß man weinen und laut singen möchte. Ackerland haben wir nicht viel, doch die Wiesen machen das wieder wett, die zusammen mit dem Wald jährlich etwa Zweitausend einbringen. Ich bin der einzige Sohn, mein Vater und ich sind anspruchslos, und dieses Geld reichte zusammen mit Vaters Pension völlig aus. Die ersten drei Jahre nach Abschluß des Studiums verbrachte ich auf dem Dorf, führte die Wirtschaft und wartete darauf, daß man mich in irgendein Amt wählt, vor allem aber war ich sehr verliebt in ein außergewöhnlich hübsches, bezauberndes Mädchen. Sie war die Schwester meines Gutsnachbarn Kotlowitsch, eines bankrott gegangenen Gutsbesitzers, auf dessen Anwesen es Ananas gab, wundervolle Pfirsiche, Blitzableiter und einen Springbrunnen inmitten des Hofs, jedoch keine einzige Kopeke. Er tat nichts, konnte nichts und war so nachgiebig, als sei er aus einer gekochten Rübe gemacht. Er heilte das Volk mit Homöopathie und beschäftigte sich mit Spiritismus. Dabei war er zartfühlend, weichherzig und keineswegs dumm, doch mir liegen solche Herren nicht, die mit Geistern sprechen und die Bauernweiber mit Magnetismus heilen. Erstens gehen bei diesen geistig unfreien Menschen immer die Begriffe durcheinander, so daß es unglaublich schwer ist, sich mit ihnen zu unterhalten, und zweitens lieben sie gewöhnlich niemanden, haben keine Frau, und ihr geheimnisvolles Getue berührt empfindsame Menschen unangenehm. Auch sein Äußeres gefiel mir nicht. Er war groß, dick und bleich, hatte einen kleinen Kopf, kleine, glänzende Augen und weiße teigige Finger. Er drückte einem nicht die Hand, sondern knetete sie. Und dauernd entschuldigte er sich. Bat er um etwas: ›Entschuldigen Sie‹, verschenkte er etwas: ebenfalls ›Entschuldigen Sie‹. Was nun seine Schwester anbelangt, so war sie aus ganz anderem Holz geschnitzt. Ich muß hinzufügen, daß ich die Kotlowitschs in meiner Kindheit und Jugend nicht kannte, da mein Vater Professor in N. war und wir lange Zeit in der Provinz lebten. Als ich sie dann kennenlernte, war dieses Mädchen schon zweiundzwanzig Jahre alt, hatte vor geraumer Zeit bereits das Institut beendet und zwei, drei Jahre in Moskau gelebt, bei einer reichen Tante, die sie in die Gesellschaft einführte. Als ich sie kennenlernte und zum ersten Mal mit ihr sprach, beeindruckte mich vor allem ihr seltener und schöner Name – Ariadna. Wie sehr er zu ihr paßte! Sie war brünett, sehr schlank und feingliedrig, geschmeidig, gut gewachsen, außerordentlich graziös und besaß aparte, in höchstem Grade edle Gesichtszüge. Auch ihre Augen glänzten, doch während die ihres Bruders kalt und süßlich glänzten wie Fruchtbonbons, leuchtete aus ihrem Blick die Schönheit und der Stolz der Jugend. Sie bezauberte mich gleich am ersten Tag unserer Bekanntschaft, und es konnte auch nicht anders sein. Die ersten Eindrücke waren derart stark, daß ich mich der Illusion bis heute nicht entziehen kann. Noch immer möchte ich glauben, daß die Natur, als sie dieses Mädchen schuf, eine tiefere, unbegreifliche Absicht im

Sinn gehabt hat. Ariadnas Stimme, ihr Gang, ihr Hut, selbst die Abdrücke ihrer Füßchen auf dem Sand des Flußufers, wo sie nach Gründlingen fischte, machten mich froh und entfachten in mir eine leidenschaftliche Lebensgier. Ihr wunderschönes Gesicht und die wundervollen Formen ihres Körpers ließen mich auf ihre seelischen Qualitäten schließen, und jedes Wort von Ariadna, jedes Lächeln entzückte und bezauberte mich und verleitete mich zu der Annahme, sie habe eine erhabene Seele. Sie war freundlich, gesprächig, fröhlich und unkompliziert, glaubte in einer poetischen Weise an Gott, erging sich poetisch über den Tod, und das Repertoire ihrer Seele verfügte über einen derartigen Reichtum an Nuancen, daß sie sogar ihren Fehlern besondere, angenehme Eigenschaften verleihen konnte. Nehmen wir an, sie brauchte ein neues Pferd, hatte aber kein Geld – halb so schlimm! Man kann ja etwas verkaufen oder verpfänden. Beteuerte aber der Verwalter, es gäbe weder etwas zu verkaufen noch zu verpfänden, konnte man immer noch die Eisendächer von den Nebengebäuden abreißen und an die Fabrik verkaufen oder in der angespanntesten Arbeitsperiode einige Zugpferde auf den Basar treiben und dort für einen Spottpreis zu Geld machen. Diese unbeherrschten Wünsche versetzten bald das ganze Gut in Verzweiflung, doch Ariadna äußerte sie mit einem solchen Liebreiz, daß ihr schließlich alles verziehen wurde und alles erlaubt war, wie einer Göttin oder Gemahlin des Cäsar. Meine Liebe war rührend und wurde bald von allen bemerkt: von meinem Vater, von den Nachbarn und auch von unseren Leuten. Und alle fühlten mit mir. Wenn ich zum Beispiel die Arbeiter mit Wodka bewirtete, verneigten sie sich und sagten:

»Gebe Gott, daß Sie sich mit Fräulein Kotlowitsch vermählen.«

Auch Ariadna wußte, daß ich sie liebte. Sie kam oft zu Pferd oder in einem offenen zweirädrigen Wagen zu uns herüber und verbrachte mitunter ganze Tage mit mir und

meinem Vater. Mit meinem alten Herrn schloß sie Freundschaft, und er brachte ihr sogar das Radfahren bei, das war
seine Lieblingsbeschäftigung. Ich weiß noch, wie sie eines
Abends zu einem Ausflug rüsteten und ich ihr aufs Fahrrad
half – sie war so schön, daß ich meinte, ich hätte mir bei
der Berührung die Finger verbrannt. Ich zitterte vor Wonne, und als beide, der Alte und sie, schön und schlank nebeneinander auf der Chaussee entlangradelten und ein ent-
gegenkommender Rappe, auf dem der Verwalter ritt, sich
seitlich aufbäumte, schien mir, er hätte sich aufgebäumt,
weil auch er von ihrer Schönheit fasziniert war. Meine Liebe und Anbetung rührte Ariadna, ergriff sie, und sie wollte ebenfalls leidenschaftlich gern verzaubert sein und mir
mit Liebe antworten. Das wäre doch so poetisch!

Aber wirklich zu lieben, wie ich es tat, das konnte sie
nicht, denn sie war kalt und schon ziemlich verdorben. In
ihr saß bereits der Teufel, der ihr Tag und Nacht einflüster-
te, wie bezaubernd und göttlich sie sei, und sie, die entschieden nicht wußte, wofür sie eigentlich geschaffen und
wozu ihr das Leben gegeben war, stellte sich ihre Zukunft
nie anders vor denn als sehr reiche und angesehene Dame;
ihr träumten Bälle, Pferderennen, Livreen, ein luxuriöses
Empfangszimmer, ihr Salon* und ein ganzer Schwarm von
Grafen, Fürsten, Gesandten, bedeutenden Künstlern und
Schauspielern; und jeder erwies ihr seine Reverenz und
ergötzte sich an ihrer Schönheit und an ihren Toiletten …
Diese Gier nach Macht und nach persönlichen Erfolgen,
diese ständige Fixierung auf ein und dasselbe lassen den
Menschen erkalten, auch Ariadna war kalt – gegen mich,
gegen die Natur, die Musik. Die Zeit indessen verrann,
Gesandte aber waren noch immer nicht in Sicht. Ariadna
wohnte nach wie vor bei ihrem Bruder, dem Spiritisten,
die Umstände gestalteten sich immer schwieriger, so daß
sie sich nicht einmal mehr Kleider oder Hüte kaufen

---

* Im Original frz.

konnte und allerlei Listen ersinnen und sich drehen und wenden mußte, um ihre Armut zu verbergen.

Wie zum Trotz hatte, als sie noch bei der Tante in Moskau lebte, ein gewisser Fürst Maktujew um ihre Hand angehalten, ein reicher, doch absolut unbedeutender Mann, dem sie eine entschiedene Absage erteilte. Jetzt jedoch quälte sie mitunter die Reue: Weshalb hatte sie ihn zurückgewiesen? Wie ein Mushik angewidert die Schaben auf dem Kwas beiseite pustet und dennoch trinkt, verzog sie beim Gedanken an den Fürsten voller Widerwillen das Gesicht und sagte zu mir:

›Was auch immer man sagen mag, ein Titel hat doch etwas Unerklärliches, Charmantes an sich …‹

Sie träumte von einem Titel und von Glanz, wollte aber auch auf mich nicht verzichten. Wie sehr man jedoch von Gesandten träumen mag – das menschliche Herz ist schließlich kein Stein, und es ist schade um die Jugend. Ariadna versuchte sich zu verlieben, tat so, als liebte sie mich, und schwor mir sogar ihre Liebe. Ich aber bin ein feinfühliger, empfindsamer Mensch. Wenn ich geliebt werde, spüre ich das selbst aus der Ferne, Beteuerungen und Schwüre sind da nicht notwendig. Hier aber wehte mich Kälte an, und wenn sie über ihre Liebe sprach, war mir, als hörte ich das Singen einer künstlichen Nachtigall. Ariadna spürte selbst, daß es ihr an Schwung fehlte, was sie ärgerlich machte, und oft sah ich sie weinen. Und dann, stellen Sie sich das bloß vor, umarmte sie mich plötzlich stürmisch und küßte mich eines Abends am Fluß, an ihren Augen aber sah ich, daß sie mich nicht liebte, sondern mich einfach aus Neugier umarmt hatte, um sich auszuprobieren, wohl um zu sehen, wohin das Ganze führen würde. Und mir wurde schrecklich zumute. Ich nahm sie bei der Hand und sagte verzweifelt:

›Diese Zärtlichkeiten ohne Liebe tun mir weh!‹

›Was für ein … Kauz Sie doch sind‹, sagte sie verärgert und entfernte sich.

Aller Wahrscheinlichkeit nach hätte ich sie wohl ein oder zwei Jahre später geheiratet, und damit wäre diese Geschichte zu Ende gewesen, dem Schicksal aber gefiel es, unsere Beziehung anders zu gestalten. An unserem Horizont tauchte nämlich eine neue Figur auf. Ariadnas Bruder bekam Besuch von seinem Kommilitonen Michail Iwanytsch Lubkow, einem netten Mann, von dem die Kutscher und Lakaien sagten: ›Ein luuustiger Herr!‹ Ungefähr mittelgroß, mager, kahlköpfig, ein Gesicht wie ein gutmütiger Bourgeois, wenig interessant, doch würdig, blaß, mit gepflegtem, borstigem Schnurrbart, den Hals voller Pickel und Gänsehaut und mit einem großen Adamsapfel. Er trug ein Pincenez an breitem schwarzem Band, redete undeutlich und sprach weder das R noch das L aus, so daß beispielsweise ein Wort wie ›tra-la-la‹ bei ihm klang wie ›twa-wa-wa‹. Immer war er fröhlich, alles fand er lustig. Er hatte irgendwie sehr unvorteilhaft geheiratet, mit zwanzig Jahren, hatte als Mitgift zwei Häuser in Moskau bekommen, beim Jungfrauenfeld*, die Renovierung und den Anbau eines Badehauses in Angriff genommen, sich dabei völlig ruiniert, so daß seine Frau und die vier Kinder jetzt in billigen Pensionen lebten und Not litten und er sie unterhalten mußte, und auch das fand er lustig. Lubkow war sechsunddreißig Jahre alt, seine Frau aber bereits zweiundvierzig – was ihn ebenfalls amüsierte. Seine Mutter, eine dünkelhafte, aufgeblasene Person mit aristokratischen Prätentionen, verachtete seine Frau und lebte mit einem ganzen Rudel von Hunden und Katzen für sich, so daß er ihr ebenfalls fünfundsiebzig Rubel pro Monat zahlen mußte. Selbst war er ein Mann von Welt, ging zum Frühstück gern in den ›Slawjanski Basar‹ und zum Mittagessen in die ›Eremitage‹. Geld brauchte er sehr viel, der Onkel aber zahlte ihm nur

---

* Russ. Djewitschje pole, zu Tschechows Zeiten eine Parkanlage. Während der Tatarenherrschaft fand der Legende nach im Mittelalter hier die Musterung der an den Khan zu liefernden Jungfrauen statt.

Zweitausend im Jahr, was nicht reichte, so daß er, wie man so schön sagt, mit hängender Zunge tagelang durch Moskau hastete und nach jemandem Ausschau hielt, der ihm etwas leihen könnte, und auch das fand er lustig. Zu Kotlowitsch war er gekommen, um sich, wie er sagte, im Schoß der Natur vom Familienleben zu erholen. Beim Mittagessen, beim Abendessen, bei Spaziergängen erzählte er uns von seiner Frau, seiner Mutter, den Gläubigern, Gerichtsvollziehern und lachte über sie. Er lachte auch über sich selbst und versicherte, dank seiner Fähigkeit, sich Geld zu leihen, hätte er viele angenehme Bekanntschaften geschlossen. Er lachte ohne Unterlaß, und wir lachten ebenfalls. Während er da war, verbrachten auch wir die Zeit anders. Ich neigte mehr zu stillen, sozusagen idyllischen Vergnügungen, dem Angeln, abendlichen Spaziergängen und zum Pilzesammeln. Lubkow dagegen bevorzugte Picknicks, Feuerwerk oder die Jagd mit Windhunden. Dreimal pro Woche plante er Picknicks, dann notierte Ariadna mit ernsthaftem, begeistertem Gesicht auf einem Zettel Austern, Champagner und Konfekt und schickte mich nach Moskau, natürlich ohne zu fragen, ob ich Geld hätte. Und bei den Picknicks dann Trinksprüche, Gelächter und wieder fröhliche Geschichten darüber, wie alt seine Frau war, welch fette Hunde seine Mutter besaß, welch nette Gläubiger er doch hätte ...

Lubkow liebte die Natur, doch er betrachtete sie wie etwas längst Bekanntes, das seinem Wesen nach unermeßlich viel tiefer stünde als er und lediglich zu seinem Vergnügen existierte. So blieb er beispielsweise mitunter vor einem großartigen Naturpanorama stehen und sagte: ›Hier könnte man gut Tee trinken!‹ Als er einmal Ariadna in der Ferne mit einem Schirm vorübergehen sah, deutete er auf sie und sagte:

›Sie ist mager, das gefällt mit. Ich mag keine fülligen Frauen.‹

Das berührte mich unangenehm. Ich bat ihn, sich in

meiner Gegenwart nicht derart über Frauen zu äußern, worauf er mich verwundert anblickte und sagte:

›Was ist Schlechtes daran, daß ich magere Frauen mag und keine fülligen?‹

Ich antwortete nichts darauf. Später dann sagte er in bester Stimmung und leicht angeheitert:

›Mir ist aufgefallen, daß Sie Ariadna Grigorjewna gefallen. Ich wundere mich nur, weshalb Sie zögern.‹

Mir waren diese Worte unangenehm, und ich teilte ihm verlegen meinen Standpunkt über die Liebe und die Frauen mit.

›Ich weiß nicht‹, seufzte er. ›Meiner Ansicht nach ist eine Frau eine Frau und ein Mann ein Mann. Mag Ariadna Grigorjewna auch, wie Sie sagen, poetisch und erhaben sein, das bedeutet aber noch lange nicht, daß sie außerhalb der Naturgesetze stehen muß. Sie sehen doch selbst, sie ist bereits in einem Alter, in dem sie einen Mann oder Liebhaber braucht. Ich achte die Frauen nicht weniger als Sie, meine aber, gewisse Beziehungen schließen die Poesie nicht aus. Poesie und Liebhaber, alles an seinem Platz. Das ist doch wie in der Landwirtschaft – da haben wir einerseits die Schönheit der Natur und andererseits den Ertrag der Wälder und Felder.‹

Wenn ich mit Ariadna Gründlinge angelte, lag Lubkow neben uns im Sand, machte sich über mich lustig oder gab mir Ratschläge, wie ich leben sollte.

›Ich wundere mich, mein Herr, wie Sie ohne Liebe leben können!‹ sagte er. ›Sie sind jung, sehen gut aus, sind ein interessanter Mensch, kurz, ein Mann von Format, leben aber wie ein Mönch. Ach, was sind das doch für alte Männer mit achtundzwanzig Jahren! Ich bin fast zehn Jahre älter als Sie, aber wer von uns ist jünger? Ariadna Grigorjewna, wer?‹

›Sie natürlich‹, antwortete ihm Ariadna.

Und als ihn unser Schweigen und jene Aufmerksamkeit, mit der wir unsere Posen betrachteten, zu langweilen begann, kehrte er ins Haus zurück, sie aber sah mich böse an und sagte:

›Sie sind wirklich kein Mann, sondern, Gott möge mir verzeihen, ein Waschlappen. Ein Mann muß leidenschaftlich sein, Verrücktheiten begehen, Fehler machen, leiden! Eine Frau verzeiht Grobheit und Unverschämtheit, eine Besonnenheit aber, wie Sie sie an den Tag legen, verzeiht sie niemals.‹

Sie war ernsthaft böse geworden und fuhr fort:

›Um Erfolg zu haben, muß man entschlossen und mutig sein. Lubkow sieht nicht so gut aus wie Sie, ist aber viel interessanter. Er wird immer Erfolg bei Frauen haben, da er anders ist als Sie, ein Mann eben …‹

In ihrer Stimme schwang sogar Verbitterung. Einmal beim Abendessen begann sie, ohne mich anzusehen, davon zu sprechen, daß sie, wäre sie ein Mann, nicht im Dorf versauern würde, sondern auf Reisen ginge und den Winter irgendwo im Ausland verbrächte, in Italien beispielsweise. Oh, Italien! Hier goß mein Vater unbeabsichtigt Öl ins Feuer. Er erzählte lange von Italien, wie schön es dort sei, welch wundervolle Natur es dort gäbe und was für Museen! Und Ariadna packte plötzlich der Wunsch, nach Italien zu reisen. Sie schlug sogar mit der Faust auf den Tisch, und ihre Augen funkelten: reisen!

Nun begannen Gespräche, wie schön es in Italien sein würde, ach Italien, ach und och, und so jeden Tag. Und wenn mich Ariadna über die Schulter anblickte, sah ich an ihrem kalten und starren Gesichtsausdruck, daß sie Italien samt seinen Salons, vornehmen Ausländern und Touristen in ihrer Phantasie bereits erobert hatte und es zu spät war, sie noch zurückhalten zu wollen. Ich riet, ein wenig abzuwarten, die Reise um ein, zwei Jahre aufzuschieben, sie aber verzog angewidert das Gesicht und sagte:

›Sie sind vernünftig wie ein altes Weib.‹

Lubkow dagegen war für die Reise. Er sagte, dies käme äußerst billig und auch er führe sehr gern nach Italien, um sich dort vom Familienleben zu erholen. Ich dagegen, ich gebe es zu, benahm mich naiv, wie ein Gymnasiast. Nicht aus Eifersucht, sondern in der Vorahnung von etwas Furchtbarem, Außerordentlichem, und ich mühte mich, soweit das möglich war, die beiden nicht allein zu lassen, sie aber lachten mich aus. Wenn ich zum Beispiel ins Zimmer trat, taten sie so, als hätten sie sich gerade geküßt und dergleichen.

Eines schönen Tages dann kam ihr aufgedunsener, bleicher spiritistischer Bruder zu mir und deutete an, er würde gern unter vier Augen mit mir sprechen. Er war ein willenloser Mensch; ungeachtet seiner Erziehung und seines Taktgefühls konnte er sich nie beherrschen, wenn ein fremder Brief vor ihm auf dem Tisch lag – er mußte ihn lesen. Auch jetzt gab er zu, daß er unabsichtlich einen Brief Lubkows an Ariadna gelesen hätte.

›Diesem Brief habe ich entnommen, daß sie bald ins Ausland reisen wird. Lieber Freund, ich bin sehr beunruhigt! Erklären Sie mir das um Gottes willen, ich begreife gar nichts!‹

Als er das sagte, atmete er schwer, atmete mir direkt ins Gesicht – er roch nach gekochtem Rindfleisch.

›Entschuldigen Sie, daß ich Sie in die Geheimnisse dieses Briefes einweihe‹, fuhr er fort, ›Sie sind doch aber Ariadnas Freund, sie hält viel von Ihnen! Vielleicht wissen Sie etwas. Sie möchte reisen, aber mit wem? Auch Herr Lubkow möchte mit ihr reisen. Entschuldigen Sie, aber das ist doch seltsam von Herrn Lubkow. Er ist verheiratet, hat Kinder, ergeht sich aber in Liebeserklärungen und schreibt Du an Ariadna. Entschuldigen Sie, aber das ist seltsam!‹

Mir wurde kalt, meine Hände und Füße erstarben, ich spürte einen Schmerz in der Brust, als habe man einen dreikantigen Stein dort hineingebohrt. Kotlowitsch ließ sich erschöpft im Sessel nieder und seine Arme hingen herab wie Peitschenschnüre.

›Aber was kann ich denn tun?‹ fragte ich.

›Ihr ins Gewissen reden, sie abbringen … Sagen Sie selbst: Was will sie mit Lubkow? Paßt er etwa zu ihr? Oh Gott, wie schrecklich das ist, wie schrecklich!‹ fuhr er fort und griff sich an den Kopf. ›Sie könnte so glänzende Partien machen, Fürst Maktujew und … und andere. Der Fürst betet sie an, erst am Mittwoch vergangener Woche hat sein verstorbener Großvater Ilarion ausdrücklich bestätigt, daß Ariadna seine Frau werden wird, so sicher, wie zwei mal zwei vier ist. Ausdrücklich! Großvater Ilarion ist zwar tot, aber ein erstaunlich kluger Mann. Wir rufen seinen Geist jeden Tag an.‹

Nach diesem Gespräch lag ich die ganze Nacht wach und wollte mich erschießen. Am Morgen schrieb ich fünf Briefe, die ich alle wieder zerriß, weinte in der Getreidedarre, ließ mir dann Geld von meinem Vater geben und reiste ohne Abschied in den Kaukasus.

Natürlich ist eine Frau eine Frau und ein Mann ein Mann, aber ist in unseren Tagen wirklich alles so simpel wie vor der Sintflut, und sollte ich, ein kultivierter, mit einer komplizierten seelischen Struktur ausgestatteter Mensch meine starke Leidenschaft für eine Frau denn wirklich nur damit erklären, daß sie andere Körperformen besitzt als ich? Das wäre doch schrecklich! Ich möchte eher glauben, daß der mit seiner Natur kämpfende menschliche Genius auch mit der körperlichen Liebe kämpft wie mit einem Feind und daß es ihm, wenn er ihn auch nicht besiegt hat, doch immerhin gelungen ist, sie mit einem Gespinst von Illusionen der Brüderlichkeit und Liebe zu überziehen. Und für mich bedeutet dies jedenfalls nicht nur eine Verrichtung meines animalischen Organismus, wie bei einem Hund oder einem Frosch, sondern wahre Liebe, und jede Umarmung ist beseelt von einem reinen, aus dem Herzen kommenden Gefühl und von Achtung vor der Frau. Der Abscheu vor dem animalischen Instinkt ist ja wirklich jahrhundertelang Hunderten von Generationen anerzogen worden, er ist durch das Blut vererbt und stellt einen Teil meines Wesens dar, und wenn ich die Liebe jetzt poetisiere, so ist das in unserer Zeit nicht ebenso selbstverständlich und notwendig wie beispielsweise die Tatsache, daß meine Ohrmuscheln unbeweglich sind und ich nicht mit Fell bedeckt bin? Mir scheint, so denkt die Mehrzahl der kultivierten Menschen, gegenwärtig wird das Fehlen eines sittlichen und poetischen Elements in der Liebe doch als Atavismus betrachtet. Es heißt, dies sei ein Symptom der Degeneration und verschiedener Störungen. Natürlich glauben wir immer, wenn wir die Liebe poetisieren, daß diejenigen, die wir lieben, Vorzüge besitzen, die sie oft gar nicht haben, und dies wiederum ist dann Quelle beständiger Irrtümer und unablässigen Leidens. Doch meiner Meinung nach ist es so besser, es ist besser zu leiden, als sich damit abzufinden, daß eine Frau eine Frau und ein Mann ein Mann ist.

In Tiflis erhielt ich von meinem Vater einen Brief. Er schrieb, Ariadna Grigorjewna sei an dem und dem Tag ins Ausland aufgebrochen und wolle den ganzen Winter dort verbringen. Einen Monat darauf kehrte ich nach Hause zurück. Es war bereits Herbst. Jede Woche sandte Ariadna meinem Vater Briefe auf parfümiertem Papier, ausgesprochen interessant und in wunderbar literarischer Sprache verfaßt. Ich bin der Ansicht, in jeder Frau steckt eine Schriftstellerin. Ariadna schilderte sehr ausführlich, wie schwer es ihr gefallen sei, sich mit ihrer Tante zu arrangieren und von ihr tausend Rubel für die Fahrt zu erbitten, und wie lange sie in Moskau nach einer entfernten Verwandten gesucht habe, einer alten Frau, um sie als Reisegefährtin zu gewinnen. Das Übermaß an Details zeugte allzu offensichtlich davon, daß dies Erfindung war, und ich begriff natürlich, daß sie keine Begleiterin bei sich hatte. Kurz darauf erhielt auch ich einen Brief von ihr, ebenfalls parfümiert und literarisch. Sie schrieb, sie sehne sich nach mir, nach meinen schönen, klugen, verliebten Augen, warf mir freundschaftlich vor, ich vergeude meine Jugend, versauere im Dorf, während ich doch wie sie im Paradies leben, unter Palmen wandeln und das Aroma der Orangenbäume atmen könne. Und sie unterschrieb mit ›die von Ihnen verlassene Ariadna‹. Dann zwei Tage später ein weiterer Brief im gleichen Stil mit der Unterschrift ›die von Ihnen Vergessene‹. Mir schwindelte. Ich liebte sie leidenschaftlich, träumte jede Nacht von ihr und mußte nun lesen ›Verlassene‹ und ›Vergessene‹. Was sollte das? Weshalb? Dazu die dörfliche Langeweile, die langen Abende, die peinigenden Gedanken wegen Lubkow … Die Ungewißheit quälte mich, vergiftete mir Tag und Nacht und wurde unerträglich. Ich hielt es nicht länger aus und reiste ab.

Ariadna hatte mich nach Abbazia bestellt. An einem klaren warmen Tag traf ich dort ein, es hatte gerade geregnet, und die Regentropfen hingen noch in den Bäumen. Ich nahm ein Zimmer in jener riesigen, einer Kaserne gleichenden Dependance, in der auch Ariadna und Lubkow wohnten. Sie waren nicht zu Hause. Ich begab mich in den Park, wanderte durch die Alleen und setzte mich dann auf eine Bank. Ein österreichischer General kam vorbei, die Hände auf dem Rücken, mit ebenso schönen Epauletten, wie sie auch unsere Generäle tragen. Ein Säugling wurde im Wagen vorbeigefahren, die Räder quietschten im nassen Sand. Ein gebrechlicher, gelbsüchtiger Alter ging vorüber, eine Schar Engländerinnen, ein Priester und dann wieder der österreichische General. Eine gerade aus Fiume eingetroffene Militärkapelle war mit ihren blitzenden Posaunen zum Pavillon unterwegs. Dann erklang Musik. Waren Sie je in Abbazia? Ein schmutziges, slawisches Kaff mit einer einzigen stinkenden Straße, die man nach dem Regen nicht ohne Galoschen entlanggehen sollte. Ich hatte so viel und jedes Mal mit großer Ergriffenheit von diesem Paradies auf Erden gelesen, als ich dann aber mit hochgekrempelten Hosen vorsichtig die schmale Straße überquerte und aus Langeweile bei einer alten Frau, die, als sie in mir den Russen erkannte, ›vühr‹ und ›zewanzig‹ sagte, harte Birnen kaufte und mich verwundert fragte, wohin ich eigentlich gehen und was ich hier tun solle, und als ich unablässig Russen begegnete, die ebenso hinters Licht geführt worden waren wie ich, überkamen mich Ärger und Scham. Es gibt dort eine stille Bucht, über die Dampfer und Boote mit bunten Segeln fahren, man kann Fiume sehen und in lila Dunst gehüllte weit entfernte Inseln. Das alles wäre idyllisch gewesen, hätten nicht Hotels und ihre Dependancen mit ihrer kleinbürgerlich beschränkten Architektur den Blick verstellt, mit denen gierige Schacherer dieses ganze grüne Ufer bebaut haben, so daß Sie in diesem Paradies fast nichts als Fenster, Terrassen und Vorplätze mit weißen Tischchen und schwarzen Lakaienfracks sehen. Es gibt auch einen Park, wie Sie ihn heute in jedem ausländischen Kurort finden. Das dunkle, starre, stumme Grün der Palmen, den hellgelben Sand der Alleen und die hellgelben Bänke, das Blitzen der schmetternden Militärposaunen und die roten Generalsepauletten – all dies hat man in zehn Minuten über. Sie aber sind aus unerfindlichem Grund gezwungen, hier zehn Tage oder gar zehn Wochen zu verbringen! Indem ich notgedrungen durch diese Kurorte zog, gewann ich immer mehr die Überzeugung, wie unbequem und dürftig die Satten und Reichen leben, wie matt und kraftlos ihre Phantasie ausgebildet ist, wie wenig kühn ihr Geschmack und ihre Wünsche sind. Und um wieviel glücklicher jene alten und jungen Touristen sind, die, da sie kein Geld besitzen, um in Hotels zu logieren, wohnen, wo es sich gerade ergibt, von Berggipfeln aus den Anblick des Meeres genießen, auf grünem Gras liegen, zu Fuß gehen, Wälder und Dörfer aus der Nähe sehen, die Sitten des Landes kennenlernen, seinen Liedern lauschen, sich in seine Frauen verlieben …

Während ich im Park saß, begann es zu dunkeln, und im Dämmer tauchte meine Ariadna auf, apart und elegant wie eine Prinzessin; ihr folgte Lubkow, in neuer, weiter Garderobe, vermutlich in Wien gekauft.

›Wieso sind Sie denn böse?‹ sagte er. ›Was habe ich Ihnen getan?‹

Als sie mich sah, schrie sie vor Freude und wäre mir, hätten wir uns nicht im Park befunden, wohl um den Hals gefallen. Sie drückte mir fest beide Hände und lachte, und auch ich lachte und hätte beinahe vor Rührung geweint. Nun begannen die Fragen: was es Neues im Dorf gäbe, wie es meinem Vater ginge, ob ich ihren Bruder gesehen hätte und ähnliches. Sie verlangte, ich solle ihr in die Augen schauen, und fragte, ob ich mich der Gründlinge erinnere und unserer kleinen Streitigkeiten und der Picknicks …

›Wie schön das doch alles war‹, seufzte sie. ›Aber auch wir langweilen uns hier nicht. Wir haben viele Bekannte, mein Lieber, mein Guter! Morgen mache ich Sie mit einer russischen Familie bekannt. Nur kaufen Sie sich bitte einen anderen Hut.‹ Sie betrachtete mich und verzog das Gesicht. ›Abbazia ist kein Dorf‹, sagte sie. ›Hier muß man comme il faut sein.‹

Dann gingen wir in ein Restaurant. Ariadna lachte die ganze Zeit, trieb Unfug und nannte mich ›Lieber‹, ›Guter‹, ›Kluger‹ und schien ihren Augen nicht trauen zu wollen, daß ich bei ihr war. So saßen wir bis gegen elf und gingen sehr zufrieden mit uns und dem Abendessen auseinander. Am folgenden Tag stellte sie mich der russischen Familie vor: ›Er ist der Sohn eines berühmten Professors, unser Gutsnachbar.‹ Mit dieser Familie sprach sie über nichts als Güter und Ernten und verwies dabei jedesmal auf mich. Sie wollte den Eindruck einer sehr reichen Gutsherrin erwecken, und das gelang ihr tatsächlich. Sie hielt sich vorzüglich, wie eine echte Aristokratin, die sie ihrer Herkunft nach ja auch war.

›Aber was halten Sie von meiner Tante!‹ sagte sie plötzlich und sah mich lächelnd an. ›Wir hatten ein wenig Streit miteinander, und sie ist nach Meran gefahren. Was halten Sie bloß davon?‹

Später, als wir im Park spazierengingen, fragte ich:

›Von welcher Tante haben Sie vorhin gesprochen? Was ist das denn für eine Tante?‹

›Das war eine Notlüge‹, lachte Ariadna. ›Sie sollen nicht wissen, daß ich ohne Begleiterin unterwegs bin.‹ Nach einem kurzen Schweigen schmiegte sie sich an mich und sagte: ›Mein Lieber, Guter, schließen Sie doch Freundschaft mit Lubkow. Er ist so unglücklich! Seine Mutter und seine Frau sind einfach unerträglich.‹

Sie sagte ›Sie‹ zu Lubkow und verabschiedete sich von ihm vor dem Zubettgehen ebenso wie von mir – ›bis morgen‹, auch wohnten sie in unterschiedlichen Stockwerken. Dies ließ mich hoffen, daß alles Unsinn war und es zwischen ihnen keinerlei Beziehung gab. Wenn ich ihn sah, fühlte ich mich erleichtert. Und als er mich eines Tages bat, ihm dreihundert Rubel zu leihen, gab ich sie ihm mit großem Vergnügen.

Jeden Tag frönten als dem Müßiggang. Entweder schlenderten wir durch den Park, oder wir aßen oder tranken. Und jeden Tag Gespräche mit der russischen Familie. Ich gewöhnte mich mit der Zeit daran, daß ich im Park unweigerlich dem alten Mann mit der Gelbsucht begegnete, dem Priester und dem österreichischen General, der immer ein kleines Kartenspiel bei sich hatte, sich bei jeder Gelegenheit setzte und nervös mit den Schultern zuckend eine Patience legte. Und auch die Musik spielte immer dasselbe. Zu Hause auf dem Dorf war es mir peinlich vor den Leuten, wenn ich an einem Wochentag mit Freunden zum Picknick oder zum Angeln fuhr, und auch hier genierte ich mich vor den Lakaien, Kutschern und Arbeitern, die uns begegneten. Mir schien immer, sie schauten mich an und dächten: ›Weshalb tust du nichts?‹ Und diese Scham spürte ich von morgens bis abends, jeden Tag. Eine merkwürdige, monotone, unangenehme Zeit war das. Die einzige Abwechslung bestand wohl darin, daß Lubkow sich Geld bei mir lieh, mal hundert, mal fünfzig Gulden, und von dem Geld gleichsam auflebte wie ein

Morphinist vom Morphium und laut über seine Frau, über sich selbst und über seine Gläubiger zu lachen begann.

Dann regnete es und wurde kalt. Wir reisten nach Italien, und ich telegrafierte meinem Vater, er möge mir um Gottes willen achthundert Rubel nach Rom überweisen. Wir machten in Venedig, Bologna und Florenz Station und logierten in jeder Stadt unweigerlich in einem teuren Hotel, in dem man uns für Licht, Bedienung, Heizung, für das Brot beim Frühstück und das Recht, außerhalb des Speisesaals zu Mittag zu essen, noch extra Geld abknöpfte. Wir aßen unglaublich viel. Morgens servierte man café complet. Um ein Uhr gab es Frühstück: Fleisch, Fisch, ein Omelett, Käse, Obst und Wein. Um sechs das Mittagessen, bestehend aus acht Gängen, mit langen Pausen dazwischen, in denen wir Wein und Bier tranken. Gegen neun dann der Tee. Vor Mitternacht erklärte Ariadna meist, daß sie etwas essen wolle, und bestellte Schinken und weichgekochte Eier. Und um ihr Gesellschaft zu leisten, aßen auch wir. Zwischen den Mahlzeiten hasteten wir durch die Museen und Ausstellungen, beständig mit dem Gedanken, ja nicht zum Frühstück oder Mittagessen zu spät zu kommen. Ich langweilte mich in den Galerien, wollte nach Hause, mich hinlegen, suchte ständig mit den Augen nach einem Stuhl und wiederholte heuchlerisch die Worte der anderen − ›Wie herrlich! Welche Leichtigkeit!‹ Wie satte Schlangen richteten wir unsere Aufmerksamkeit allein auf funkelnde Gegenstände, die Auslagen der Geschäfte hypnotisierten uns, wir begeisterten uns für falsche Broschen und kauften Unmengen unnötiger, sinnloser Dinge.

Auch in Rom das gleiche. Hier regnete es, und es wehte ein kalter Wind. Nach einem gehaltvollen Frühstück fuhren wir aus, den Petersdom anschauen. Weil wir aber so satt waren, vielleicht auch wegen des schlechten Wetters, machte er nicht den geringsten Eindruck auf uns, und wir stritten uns beinahe und bezichtigten einander der Gleichgültigkeit gegenüber der Kunst.

Das Geld von meinem Vater traf ein. Ich erinnere mich noch gut, daß es ein Morgen war, als ich zur Post ging, es abzuholen. Lubkow begleitete mich.

›Die Gegenwart kann nicht befriedigend und glücklich sein, wenn die Vergangenheit nicht abgeschlossen ist‹, sagte er. ›Ich habe einen großen Ballast der Vergangenheit am Hals. Hätte ich Geld, wäre das alles eigentlich kein Problem, so aber bin ich nackt und bloß … Glauben Sie mir, ich habe nur noch acht Franken‹, fuhr er mit gesenkter Stimme fort, ›muß aber meiner Frau hundert schicken und meiner Mutter ebensoviel. Ja, und auch hier müssen wir leben. Ariadna ist wie ein Kind, sie möchte sich nicht beschränken und wirft mit dem Geld um sich wie eine Herzogin. Weshalb hat sie gestern die Uhr gekauft? Und sagen Sie mir, weshalb müssen wir dieses Versteckspiel fortsetzen? Daß wir vor Dienstboten und Bekannten unsere Beziehung geheimhalten, kostet uns doch täglich zehn, fünfzehn Franken extra, da ich ein separates Zimmer gemietet habe. Wozu das Ganze?‹

Mir bohrte sich ein scharfer Stein in die Brust. Nun gab es keinen Zweifel mehr, jetzt war alles klar, mir wurde kalt, und ich faßte auf der Stelle den Entschluß, beide nie mehr wiederzusehen, vor ihnen zu fliehen, nach Hause zu fahren …

›Ein Verhältnis mit einer Frau zu beginnen ist leicht‹, fuhr Lubkow fort, ›man muß sie bloß entkleiden, dann aber, wie schwer ist das alles, wie lästig!‹

Als ich das Geld zählte, sagte er:

›Wenn Sie mir nicht tausend Franken leihen, bin ich verloren. Ihr Geld ist meine einzige Rettung.‹

Ich gab ihm den Betrag, und er lebte augenblicklich auf und begann sich über seinen Onkel lustig zu machen, den verschrobenen Kauz, der seine Adresse nicht vor seiner Frau hatte geheimhalten können. Zurück im Hotel, packte ich und beglich die Rechnung. Ich mußte mich nur noch von Ariadna verabschieden.

Ich klopfte bei ihr an.

›Entrez!‹

In ihrem Zimmer herrschte morgendliche Unordnung: auf dem Tisch Teegeschirr, ein angebissenes Brötchen, Eierschalen und in der Luft ein starker, betäubender Parfümduft. Das Bett war nicht gemacht, und es war offensichtlich, daß zwei Personen darin geschlafen hatten. Ariadna war erst vor kurzem aufgestanden, trug einen Flanellmorgenrock und war ungekämmt.

Ich begrüßte sie, saß dann schweigend einen Augenblick da, während sie versuchte, ihr Haar in Ordnung zu bringen, und fragte am ganzen Körper zitternd:

›Weshalb … weshalb haben Sie mich hierher ins Ausland kommen lassen?‹

Offenbar ahnte sie, woran ich dachte, denn sie nahm meine Hand und sagte:

›Ich möchte Sie in meiner Nähe haben. Sie sind so rein!‹

Ich schämte mich meiner Erregung und meines Zitterns. Wenn ich nun plötzlich in Tränen ausbräche! So verließ ich sie, ohne ein weiteres Wort gesagt zu haben, und saß eine Stunde später bereits im Zug. Den ganzen Weg über stellte ich mir Ariadna schwanger vor, und sie war mir zuwider. Alle Frauen, die ich im Zug und auf den Bahnhöfen sah, schienen mir schwanger zu sein und kamen mir ebenfalls widerlich und erbärmlich vor. Ich fühlte mich wie ein gieriger, hemmungsloser Habsüchtiger, der plötzlich entdeckt, daß all seine Goldmünzen gefälscht sind. Die reinen, graziösen Bilder, die meine Phantasie so lange beflügelt hatten, von Liebe genährt, meine Pläne, Hoffnungen, meine Erinnerungen, meine Ansichten von den Frauen und der Liebe – all das lachte jetzt über mich und streckte mir die Zunge heraus. Ariadna, fragte ich mich entsetzt, dieses junge, so überaus schöne, intelligente Mädchen, die Tochter eines Senators, unterhält eine Beziehung zu diesem gewöhnlichen, uninteressanten, charakterlosen Subjekt? Doch warum sollte sie Lubkow nicht lieben, entgegnete ich mir. Worin ist er schlechter als ich? Soll sie doch lieben, wen sie möchte, weshalb aber lügen? Andererseits, warum sollte sie offen zu mir sein? Und so weiter, alles in dieser Art, bis zum Verrücktwerden. Im Abteil war es kalt. Ich reiste zwar erster Klasse, man sitzt dort aber zu dritt auf der Polsterbank, es gibt auch keine Doppelfenster, und die Tür nach draußen führt direkt ins Coupé. Ich fühlte mich wie ein Sträfling im Fußblock, zusammengepreßt, verlassen und jämmerlich, und hatte schrecklich kalte Füße. Dennoch mußte ich immer wieder daran denken, wie verführerisch sie heute in ihrem Morgenrock und mit dem gelösten Haar gewesen war, und plötzlich bemächtigte sich meiner eine derart starke Eifersucht, daß ich von seelischem Schmerz gepeinigt aufsprang und meine Nachbarn mich verwundert und sogar ängstlich anblickten.

Zu Hause fand ich Schneewehen vor und zwanzig Grad Kälte. Ich liebe den Winter, hab ihn gern, denn bei klirrendem Frost fühle ich mich zu Hause besonders geborgen. Wie schön, sich mit Pelzjacke und Filzstiefeln an einem klaren Frosttag im Park oder auf dem Hof zu schaffen zu machen oder im warm eingeheizten Zimmer zu lesen, in Vaters Kabinett vor dem Kamin zu sitzen oder sich in der dörflichen Banja zu waschen … Wenn im Haus aber Mutter oder Schwester fehlen oder Kinder, ist es an Winterabenden irgendwie schrecklich, und sie kommen einem ungewöhnlich lang und still vor. Und je wärmer und gemütlicher, desto stärker spürt man, daß sie fehlen. In jenem Winter, als ich aus dem Ausland heimkehrte, zogen sich die Abende endlos in die Länge, mir war sehr beklommen zumute, und ich konnte vor Kummer nicht einmal lesen. Am Tag ging es ja noch, da mußte der Schnee im Park geräumt oder die Hühner und Kälber mußten gefüttert werden, an den Abenden aber war es zum Verrücktwerden.

Früher hatte ich Gäste nicht gemocht, jetzt aber freute

ich mich über sie, wußte ich doch, daß sich das Gespräch unweigerlich um Ariadna drehen würde. Häufig kam der Spiritist Kotlowitsch, um über seine Schwester zu reden, und manchmal brachte er seinen Freund mit, den Fürsten Maktujew, der nicht weniger in Ariadna verliebt war als ich. In Ariadnas Zimmer sitzen, die Tasten ihres Klaviers anschlagen, ihre Noten betrachten, war für den Fürsten bereits zum Bedürfnis geworden, ohne dies konnte er nicht mehr leben, und der Geist von Großvater Ilarion sagte weiterhin voraus, daß sie früher oder später seine Frau werden würde. Der Fürst saß meist lange bei uns, vom Frühstück bis Mitternacht, und schwieg. Schweigend trank er zwei, drei Flaschen Bier, und nur hin und wieder, um zu demonstrieren, daß er ebenfalls am Gespräch teilnahm, lachte er abgerissen, traurig und dümmlich. Vor dem Aufbruch nahm er mich jedesmal zur Seite und fragte halblaut:

›Wann haben Sie Ariadna zum letzten Mal gesehen? Ist sie gesund? Ob ihr dort wohl nicht langweilig ist?‹

Dann wurde es Frühling. Da hieß es auf Schnepfenjagd gehen, und dann mußten das Sommergetreide und der Klee ausgesät werden. Noch immer war ich traurig, aber schon auf frühlingshafte Weise. Ich wollte mich mit dem Verlust abfinden, arbeitete auf dem Feld, hörte den Lerchen zu und fragte mich, ob ich das Thema des persönlichen Glücks nicht ein für alle Mal ad acta legen und ein einfaches Bauernmädchen zur Frau nehmen sollte. Da erhielt ich plötzlich mitten in der Arbeit einen Brief mit italienischer Marke. Der Klee, die Imkerei, die Kälber und das Bauernmädchen zerstoben augenblicklich wie Rauch. Diesmal schrieb Ariadna, sie sei zutiefst unglücklich. Sie warf mir vor, ich hätte ihr die helfende Hand verweigert, sie von oben herab betrachtet und sie im Augenblick der Gefahr im Stich gelassen. All dies geschrieben in großer, nervöser Handschrift, mit Streichungen und Klecksen, und man merkte, daß sie in Eile geschrieben hatte und litt. Zum Schluß flehte sie mich an, zu kommen und sie zu retten.

Wieder geriet ich aus dem Gleichgewicht, und es riß mich fort. Ariadna befand sich jetzt in Rom. Ich traf spät am Abend bei ihr ein. Als sie mich erblickte, brach sie in Tränen aus und fiel mir um den Hals. Sie hatte sich den Winter über kein bißchen verändert und sah jung und bezaubernd aus wie eh und je. Wir aßen gemeinsam zu Abend und fuhren dann bis zum Morgengrauen durch Rom, und die ganze Zeit erzählte sie mir von ihrem Leben. Ich fragte, wo Lubkow sei.

›Erinnern Sie mich nicht an dieses Scheusal!‹ schrie sie. ›Er widert mich an!‹

›Sie haben ihn doch aber geliebt‹, sagte ich.

›Niemals! In der ersten Zeit fand ich ihn originell, und er erregte mein Mitgefühl, das war alles. Er ist unverschämt, nimmt die Frauen im Sturm, und das gefällt einem. Lassen Sie uns nicht mehr von ihm reden. Das ist eine traurige Episode meines Lebens. Er ist nach Rußland gefahren, um Geld zu besorgen, das geschieht ihm ganz recht! Ich habe ihm gesagt, er solle nicht wagen zurückzukehren.‹

Sie lebte bereits nicht mehr im Hotel, sondern in einer Privatwohnung, und bewohnte zwei Zimmer, die nach ihrem Geschmack möbliert waren – kalt und luxuriös. Nach Lubkows Abreise hatte sie sich bei ihren Bekannten etwa fünftausend Franken geliehen, und meine Ankunft war tatsächlich ihre Rettung. Ich hatte gehofft, sie ins Dorf mitnehmen zu können, doch das gelang mir nicht. Zwar sehnte sie sich nach der Heimat, die Erinnerung an die Armut jedoch, die sie dort durchlebt hatte, die Unbequemlichkeit, das verrostete Dach auf dem Haus ihres Bruders verursachten ihr Widerwillen, und sie begann sogar zu zittern. Und als ich ihr vorschlug, nach Hause zurückzukehren, preßte sie mir krampfhaft die Hände und sagte:

›Nein, nein! Dort sterbe ich vor Langeweile!‹

Dann trat meine Liebe in ihre letzte Phase, in ihr letztes Viertel.

›Seien Sie doch so nett wie früher, haben Sie mich ein

wenig lieb‹, sagte Ariadna und schmiegte sich an mich. ›Sie sind mürrisch und so vernünftig, haben Angst davor, sich dem Gefühl hinzugeben, und denken immer nur an die Folgen, das ist ja öde. Ich bitte Sie, flehe Sie an, seien Sie doch lieb zu mir! Mein Reiner, mein Einziger, mein Lieber, wie sehr ich Sie liebe!‹

So wurde ich ihr Liebhaber. Mindestens einen Monat lang war ich völlig verrückt und in einem einzigen Rausch. Einen jungen, wundervollen Körper zu umarmen, sich an ihm zu ergötzen, jedesmal nach dem Aufwachen ihre Wärme zu spüren, sich daran zu erinnern, daß sie da war, sie, meine Ariadna, oh, das wird nicht so schnell zur Gewohnheit! Mit der Zeit aber gewöhnte ich mich dennoch und begann meine neue Lage nüchtern zu betrachten. Vor allem begriff ich, daß mich Ariadna nach wie vor nicht liebte. Doch sie mühte sich ernstlich, mich zu lieben, denn sie fürchtete die Einsamkeit und vor allem – ich war jung, gesund, kräftig, und sie war sinnlich, wie überhaupt alle kühlen Naturen. Also taten wir beide so, als wären wir uns in gegenseitiger leidenschaftlicher Liebe zugetan. Später erst begriff ich das ein oder andere.

Wir lebten in Rom, Neapel, Florenz, fuhren auch nach Paris, doch dort war es uns zu kalt, und wir kehrten nach Italien zurück. Überall gaben wir uns als Mann und Frau aus, als reiche Gutsbesitzer, man machte gern unsere Bekanntschaft, und Ariadna hatte großen Erfolg. Da sie Malunterricht nahm, nannte man sie die Künstlerin, und das stand ihr sehr gut zu Gesicht, obwohl sie nicht die Spur von Talent besaß. Sie schlief jeden Tag bis zwei oder drei Uhr; Kaffee trank sie im Bett, und das Frühstück nahm sie ebenfalls im Bett ein. Zu Mittag aß sie Suppe, Languste, Fisch, Fleisch, Spargel und Wild, und wenn sie sich abends zu Bett legte, servierte ich ihr zum Beispiel noch Roastbeef, das sie mit traurigem, bekümmertem Blick zu sich nahm; wachte sie nachts auf, aß sie Äpfel und Apfelsinen.

Die auffälligste, sozusagen wesentlichste Eigenschaft dieser Frau aber war ihre unglaubliche Hinterlist. Sie spielte ständig, jeden Augenblick, ein falsches Spiel, ganz offensichtlich ohne die geringste Notwendigkeit, gleichsam instinktiv, aus den gleichen Gründen, aus denen ein Spatz tschilpt oder eine Schabe ihre Fühler bewegt. Sie war unaufrichtig zu mir, zu den Lakaien, zum Portier, zu den Händlern in den Geschäften, zu Bekannten. Ohne Verstellung und Heuchelei kam sie in keinem einzigen Gespräch, bei keiner einzigen Begegnung aus. Es brauchte nur ein Mann das Hotelzimmer zu betreten, wer auch immer es war, ein Kellner oder Baron, und schon veränderten sich ihr Blick, der Gesichtsausdruck, die Stimme und selbst die Konturen ihres Körpers. Hätten Sie sie damals auch nur ein einziges Mal gesehen, Sie wären zu dem Schluß gelangt, mondänere und reichere Menschen als uns gäbe es in ganz Italien nicht. Kein einziger Maler oder Musiker, dem sie nicht etwas von seinem unglaublichen Talent vorgeheuchelt hätte.

›Sie sind derart begabt!‹ sagte sie in süßlich singendem Tonfall. ›Man hat beinahe Angst in Ihrer Gegenwart. Ich glaube, Sie können durch jeden hindurchschauen.‹

Und all dies, um zu gefallen, Erfolg zu haben, zu bezaubern! Jeden Morgen erwachte sie mit einem einzigen Gedanken: ›Gefallen!‹ Dies war Sinn und Zweck ihres Lebens. Hätte ich ihr gesagt, in einer bestimmten Straße wohnte jemand, dem sie nicht gefiele, sie wäre ernstlich bekümmert gewesen. Sie mußte jeden Tag bezaubern, umgarnen, um den Verstand bringen. Daß ich von ihr abhängig war und mich angesichts ihrer Reize in ein absolutes Nichts verwandelte, gewährte ihr den gleichen Genuß, den die Sieger einst bei den Turnieren empfanden. Um mich noch mehr zu erniedrigen, las sie nachts, sich räkelnd wie eine Tigerin und aufgedeckt – ihr war immer heiß –, die Briefe, die Lubkow ihr schickte.

Er beschwor sie, nach Rußland zurückzukehren, andernfalls, so beteuerte er, würde er jemanden ausrauben oder umbringen, nur um Geld zu beschaffen und zu ihr zu reisen. Sie haßte ihn, seine leidenschaftlichen, sklavischen Briefe aber versetzten sie in Erregung. Von ihren Reizen war sie außerordentlich überzeugt und meinte, würde irgendwo ein großes Auditorium sehen, wie gut sie gebaut und von welcher Farbe ihre Haut sei, ganz Italien, ja die ganze Welt läge ihr zu Füßen. Dieses Gerede über ihren Körperbau und die Farbe ihrer Haut kränkten mich. Sie registrierte das und gab, wenn sie böse war und mich ärgern wollte, allerlei Gemeinheiten von sich und verspottete mich. Einmal kam es sogar so weit, daß sie auf dem Landsitz einer Dame in Wut geriet und zu mir sagte:

›Wenn Sie nicht aufhören, mich mit Ihren Belehrungen zu belästigen, ziehe ich mich auf der Stelle aus und lege mich nackt in dieses Blumenbeet!‹

Oft dachte ich, wenn ich sah, wie sie schlief oder aß oder ihrem Gesicht einen naiven Ausdruck zu verleihen suchte: Weshalb hat Gott ihr diese außergewöhnliche Schönheit, diese Grazie und diesen Verstand gegeben? Doch wohl nicht, um sich im Bett zu wälzen, zu essen und zu lügen, zu lügen ohne Ende? Und war sie überhaupt klug? Sie fürchtete sich vor drei Kerzen, vor der Zahl dreizehn, hatte schreckliche Angst vor dem bösen Blick und schlechten Träumen; von der freien Liebe und der Freiheit selbst aber redete sie wie eine alte Betschwester und behauptete, Boleslaw Markewitsch sei ein besserer Autor als Turgenjew. Doch sie war höllisch schlau und geistreich und erweckte in der Öffentlichkeit den Eindruck einer ungemein gebildeten, fortschrittlichen Dame.

Es machte ihr nicht das geringste aus, das Personal zu demütigen oder ein Insekt zu töten, sogar wenn sie gut gelaunt war. Sie liebte den Stierkampf, las gerne Mordgeschichten und ärgerte sich, wenn Angeklagte freigesprochen wurden.

Das Leben, das Ariadna und ich führten, verschlang ungeheuer viel Geld. Mein armer Vater schickte mir seine

Pension, alle seine kleinen Einkünfte, machte meinetwegen Schulden, wo immer er konnte, und als er eines Tages antwortete »non habeo«, sandte ich ihm ein verzweifeltes Telegramm, in dem ich ihn anflehte, das Gut zu verpfänden. Und kurz darauf bat ich ihn, eine zweite Hypothek aufzunehmen. Beide Wünsche erfüllte er klaglos und schickte mir das Geld bis auf die letzte Kopeke. Ariadna aber verachtete die Niederungen des Lebens, sie wollte mit all dem nichts zu tun haben, und wenn ich tausend Franken zur Befriedigung ihrer verrückten Wünsche ausgab und dabei ächzte wie ein alter Baum, sang sie übermütig ›Addio, bella Napoli‹. Allmählich erkalteten meine Gefühle für sie, und ich begann mich unserer Beziehung zu schämen. Schwangerschaften und Geburten mag ich nicht sonderlich, nun aber träumte ich manchmal von einem Kind, das unser Leben wenigstens äußerlich hätte rechtfertigen können. Um nicht noch den letzten Rest von Selbstachtung zu verlieren, besuchte ich nun Museen und Galerien und begann Bücher zu lesen, aß wenig und trank überhaupt nichts mehr. So hält man sich von morgens bis abends in Trab, und es wird einem etwas leichter ums Herz.

Und auch Ariadna hatte allmählich von mir genug. Die Leute, auf die sie Eindruck machte, waren übrigens alle nur Durchschnittsbürger, Gesandte und Salons waren nach wie vor nicht in Sicht, und das Geld reichte nicht, was sie kränkte und in einem fort schluchzen ließ. Schließlich erklärte sie mir, nun hätte auch sie nichts mehr dagegen, nach Rußland zurückzukehren. So sind wir also unterwegs. In den letzten Monaten vor unserer Abreise korrespondierte sie ständig mit ihrem Bruder, sie hegte wohl irgendwelche geheimen Hintergedanken, welche aber, das weiß Gott allein. Ich habe kein Interesse mehr, mich mit ihren Hinterhältigkeiten zu befassen. Doch wir fahren nicht ins Dorf, sondern nach Jalta und von dort in den Kaukasus. Sie kann jetzt nur noch in Kurorten leben, aber wenn Sie wüßten, wie sehr ich all diese Kurorte hasse, wie eingeengt ich mich dort fühle und wie schändlich ich sie finde. Wie gern ich jetzt ins Dorf führe! Arbeiten würde ich, im Schweiße meines Angesichts mein Brot verdienen und meine Fehler wieder gutmachen. Ich fühle jetzt einen Überschuß an Kräften in mir und könnte wohl, wenn ich all meine Kraft zusammennähme, das Gut in fünf Jahren schuldenfrei machen. Doch es gibt, wie Sie wissen, eine Komplikation. Wir sind hier nicht im Ausland, sondern in Mütterchen Rußland, da werde ich über eine gesetzliche Heirat nachdenken müssen. Die Leidenschaft ist natürlich verflogen, und auch von der früheren Liebe ist keine Spur mehr geblieben, doch wie dem auch sei, ich werde sie heiraten müssen.«

Der von seiner Erzählung aufgewühlte Schamochin und ich gingen nach unten und setzten unser Gespräch über die Frauen fort. Es war schon spät. Wie sich herausstellte, waren wir in derselben Kajüte untergebracht.

»Vorläufig ist nur die Frau auf dem Dorf dem Mann ebenbürtig«, sagte Schamochin. »Sie denkt wie er, fühlt wie er und kämpft im Namen der Kultur ebenso unermüdlich mit der Natur wie ein Mann. Die bürgerliche, intellektuelle Städterin aber ist schon längst dahinter zurückgeblieben und kehrt nun zu ihrem ursprünglichen Zustand zurück, ist zur Hälfte bereits Kreatur, und ihr verdanken wir es, daß sehr vieles, was der menschliche Genius erreicht hat, bereits verloren ist. Die Frau verschwindet unmerklich, und an ihre Stelle tritt das Urmenschweibchen. Diese Rückständigkeit der intelligenten Frau stellt für die Kultur eine ernsthafte Bedrohung dar. In ihrer regressiven Bewegung versucht sie, auch den Mann mit sich zu ziehen, und behindert dabei sein Vorwärtsschreiten. Das steht außer Zweifel.«

Ich fragte: Weshalb verallgemeinern, weshalb von einer einzigen Ariadna auf sämtliche Frauen schließen? Allein das Streben der Frauen nach Bildung und Gleichberechtigung der Geschlechter, das ich für ein Streben nach Gerechtigkeit halte, schließe von vornherein jegliche Annahme einer regressiven Bewegung aus. Schamochin aber hörte mir kaum zu und lächelte mißtrauisch. Er war bereits ein leidenschaftlicher, überzeugter Frauenfeind, und ihn zu überzeugen war unmöglich.

»Ach, wo denken Sie hin!« unterbrach er mich. »Wenn eine Frau in mir nicht den gleichberechtigten Menschen sieht, sondern ein Männchen, und ihr Leben lang nur im Sinn hat, mir zu gefallen, also mich zu beherrschen, wie kann man da von Gleichberechtigung reden? Ach, glauben Sie ihnen nicht, sie sind sehr, sehr verschlagen! Wir Männer bemühen uns um ihre Freiheit, sie aber wollen diese Freiheit überhaupt nicht und tun nur so, als ob. Sie sind furchtbar verschlagen, entsetzlich verschlagen!«

Ich hatte schon keine Lust mehr, mit ihm zu streiten, und wollte schlafen. So drehte ich mich zur Wand.

»Ja, ja«, hörte ich noch beim Einschlafen. »Ja, ja. Und schuld daran, mein Lieber, ist unsere Erziehung. In den Städten ist die ganze Erziehung und Bildung der Frauen vor allem darauf gerichtet, ein animalisches Wesen aus ihnen zu machen, das dem Männchen gefällt und das fähig ist, dieses Männchen zu besiegen. Ja, ja.« Schamochin seufzte. »Die Mädchen müßten zusammen mit den Jungen erzogen und unterrichtet werden, damit sie immer zusammen sind. Die Frauen müßten so erzogen werden, daß sie – wie die Männer auch – ihr Unrecht erkennen, andernfalls meinen sie immer im Recht zu sein. Geben Sie den Mädchen vom Säuglingsalter an zu verstehen, daß ein Mann nicht in erster Linie ein Kavalier oder Bräutigam ist, sondern ihr Nächster, der ihnen auf allen Ebenen gleichberechtigt ist. Bringen Sie ihnen logisches Denken bei, die Fähigkeit zu verallgemeinern, und suchen Sie sie nicht davon zu überzeugen, daß ihr Gehirn weniger wiege als das der Männer und sie sich deshalb nicht mit den Wissenschaften, Künsten, überhaupt mit Aufgaben der Kultur abgeben müssen. Ein kleiner Handwerksbursche, Schuster oder Maler hat auch ein kleineres Gehirn als ein erwachsener Mann, ist aber dennoch am Existenzkampf beteiligt, arbeitet, leidet. Auch diese Manier, sich mit der Physiologie herauszureden, mit Schwangerschaft und Geburt, muß über Bord geworfen werden, denn erstens bringt eine Frau nicht jeden Monat ein Kind zur Welt, zweitens bringen nicht alle Frauen Kinder zur Welt, und drittens arbeitet eine normale Bauersfrau auch bis kurz vor der Niederkunft auf dem Feld – und ihr passiert nicht das geringste. Dafür muß es im Alltag eine völlige Gleichberechtigung geben. Bietet ein Mann einer Dame einen Stuhl an oder hebt ihr heruntergefallenes Taschentuch auf, soll sie es ihm doch gleichtun. Ich hätte nichts dagegen, wenn mir ein Mädchen aus guter Familie in den Mantel helfen oder ein Glas Wasser reichen würde …«

Mehr hörte ich nicht, denn ich schlief ein. Am nächsten Morgen, als wir uns Sewastopol näherten, war es unangenehm feucht, und das Schiff schlingerte. Schamochin saß mit mir in der Kabine, dachte über etwas nach und schwieg. Männer mit hochgeschlagenem Mantelkragen und Damen mit blassen, verschlafenen Gesichtern begaben sich nach unten, als zum Tee geläutet wurde. Eine junge, sehr schöne Dame, dieselbe, die sich in Wolotschisk über die Zollbeamten geärgert hatte, blieb vor Schamochin stehen und sagte mit dem Gesichtsausdruck eines kapriziösen, verwöhnten Kindes:

»Jean, deinem Vögelchen ist schlecht geworden!«

Später in Jalta sah ich dann, wie diese schöne Dame auf einem Paßgänger vorbeigaloppierte und zwei Offiziere, die kaum mithalten konnten, ihr hinterherjagten. Und ich sah sie eines Morgens mit Jakobinermütze und Schürzchen auf der Promenade sitzen und eine farbige Skizze malen, und abseits stand eine Menschenmenge und bewunderte sie. Später wurde auch ich mit ihr bekannt gemacht. Sie drückte mir fest die Hand, betrachtete mich entzückt und dankte mir in süßlich singendem Tonfall für das Vergnügen, das ich ihr mit meinen Werken bereite.

»Glauben Sie ihr nicht«, flüsterte mir Schamochin zu. »Sie hat nichts von Ihnen gelesen.«

Eines Abends, als ich auf der Promenade spazierenging, kam mir Schamochin entgegen. Er trug zwei große Tüten mit Delikatessen und Obst.

»Fürst Maktujew ist hier!« sagte er freudig. »Er ist gestern mit dem spiritistischen Bruder angekommen. Jetzt begreife ich auch, worum es in diesem Briefwechsel ging! Mein Gott«, fuhr er fort, blickte zum Himmel empor und drückte die Tüten an die Brust, »wenn sich die Dinge mit dem Fürsten einrenken, bedeutet das für mich die Freiheit. Dann könnte ich ins Dorf zurückkehren, zu meinem Vater!«

Und er eilte weiter.

»Ich beginne an Geister zu glauben!« rief er mir noch zu. »Der Geist von Großvater Ilarion scheint die Wahrheit vorausgesagt zu haben! Wenn es doch nur so wäre!«

Am Tag nach dieser Begegnung reiste ich aus Jalta ab und weiß deshalb nicht, wie Schamochins Geschichte endete.

(Vera Bischitzky)

Grundlage der vorliegenden Neuübersetzung ist die als Akademie-Ausgabe bekannte Ausgabe *Sämtliche Werke und Briefe in dreißig Bänden,* die zwischen 1974 und 1983 im Verlag Nauka in Moskau erschien, im Quellenverzeichnis abgekürzt als PSS (*Polnoje sobranije sotschinenij i pisem w tridzati tomach.* Moskwa: Isdatelstwo »Nauka« 1974–1983). Sämtliche Namen und nicht übersetzten Begriffe wurden nach der Duden-Umschrift für das kyrillische Alphabet transkribiert mit Ausnahme des Buchstabens ж, einem stimmhaften sch, wie in frz. »jour« (etwa in »Sashen«), der hier mit »sh« transkribiert wird, um eine Verwechslung mit »sch« zu vermeiden. Die mit * markierten Anmerkungen im Text stammen von den Übersetzerinnen und Übersetzern; Begriffe, die häufiger auftauchen, sind im Glossar erläutert. Die Auswahl der insgesamt 104 Erzähltexte, die in den *Gesammelten Erzählungen in vier Bänden* präsentiert werden, erfolgte in enger Zusammenarbeit mit Jana Jelissejewa-Schreiner, Köln, und Gerhard Bauer, Berlin. Sie macht in einer repräsentativen Auswahl aus dem erzählerischen Gesamtwerk zahlreiche bekannte Erzählungen Tschechows neu zugänglich und bietet zugleich einen Überblick über die thematische Vielfalt und literarische Entwicklung des Autors zwischen 1880 und 1903. Für wertvolle Hinweise und Hilfe bei der Entstehung dieser Ausgabe dankt der Verlag den Übersetzerinnen und Übersetzern.

Die Redaktion

EIN FLATTERHAFTES WESEN (S. 5–38)
Попрыгунья (Poprygunja). Erstmals in »Sewer« Nr. 1 vom 5. Januar 1892. Gezeichnet Anton Tschechow. PSS VIII, 7–31. Aus dem Russischen von Barbara Schaefer.

NACH DEM THEATER (S. 39–42)
После театра (Posle teatra). Erstmals in »Peterburgskaja gaseta« Nr. 94 vom 7. April 1892. Titel dort: Freude. Gezeichnet Anton Tschechow. PSS VIII, 32–34. Aus dem Russischen von Kay Borowsky.

IN DER VERBANNUNG (S. 43–54)
В ссылке (W ssylke). Erstmals in »Wsemirnaja illjustrazija« Bd. XLVII, Nr. 20 vom 9. Mai 1892. Gezeichnet Ant. P. Tschechow. PSS IIX, 42–50. Aus dem Russischen von Ulrike Lange.

NACHBARN (S. 55–79)
Соседи (Sosedi). Erstmals in »Knishki nedeli« Nr. 7, Juli 1892. Gezeichnet Anton Tschechow. PSS VIII, 54–71. Aus dem Russischen von Vera Bischitzky.

KRANKENSAAL Nr. 6 (S. 80–152)
Палата Nr. 6 (Palata Nr. 6). Erstmals in »Russkaja mysl« Nr. 11, November 1892. Gezeichnet Anton Tschechow. PSS VIII, 72–126. Aus dem Russischen von Barbara Conrad.

ANGST (S. 153–168)
Страх (Strach). Erstmals in »Novoje wremja« Nr. 6045 vom 25. Dezember 1892. Gezeichnet Anton Tschechow. PSS VIII, 127–138. Aus dem Russischen von Kay Borowsky.

WOLODJA DER GROSSE UND WOLODJA DER KLEINE (S. 169–184)
Володя большой и Володя маленький (Wolodja bolschoi i

Wolodja malenki). Erstmals in »Russkije wedomosti« Nr. 357 vom 28. Dezember 1893. Gezeichnet Anton Tschechow. PSS VIII, 214–225. Aus dem Russischen von Barbara Schaefer.

DER SCHWARZE MÖNCH (S. 185–227)

Черный монах (Tschorny monach). Erstmals in »Artist« Nr. 1, Januar 1894. Gezeichnet Anton Tschechow. PSS VIII, 226–257. Aus dem Russischen von Barbara Schaefer.

REGIMENT DER FRAUEN (S. 228–279)

Бабье царство (Babje zarstwo). Erstmals in »Russkaja mysl« Nr. 1, Januar 1894. Untertitel: Erzählung. Gezeichnet Anton Tschechow. PSS VIII, 258–296. Aus dem Russischen von Vera Bischitzky.

ROTHSCHILDS GEIGE (S. 280–292)

Скрипка Ротшильда (Skripka Rotschilda). Erstmals in »Russkije wedomosti« Nr. 37 vom 6. Februar 1894. Gezeichnet Anton Tschechow. PSS VIII, 297–305. Aus dem Russischen von Kay Borowsky.

DER STUDENT (S. 293–298)

Студент (Student). Erstmals in »Russkije wedomosti« Nr. 104 vom 15. April 1894. Titel dort: Am Abend. Gezeichnet Anton Tschechow. PSS VIII, 306–309. Aus dem Russischen von Marianne Wiebe.

DER LITERATURLEHRER (S. 299–329)

Учитель словесности (Utschitel slowesnosti). Erstes Kapitel erstmals in »Nowoje wremja« Nr. 4940 vom 28. November 1889 unter dem Titel: Obywateli (Kleingeister). Zweites Kapitel erstmals in »Russkije wedomosti« Nr. 188 vom 10. Juli 1894 unter dem Titel: Utschitel slowesnosti. Gezeichnet in beiden Fällen Anton Tschechow. Erste vollständige Veröffentlichung in »Powesti i rasskasy« (Romane und Erzählungen), Moskau 1894. PSS VIII, 310–332. Aus dem Russischen von Vera Bischitzky.

DREI JAHRE (S. 330–442)

Три года (Tri goda). Erstmals in »Russkaja mysl« Nr. 1 und 2, Januar 1895. Untertitel: Erzählung. Gezeichnet Anton Tschechow. PSS IX, 7–91. Aus dem Russischen von Marianne Wiebe.

WEISSSTIRNCHEN (S. 443–450)

Белолобый (Beloloby). Erstmals in Detskoje tschtenije« Nr. 11, November 1895 (Zensurvermerk 18. Oktober 1895). Gezeichnet Anton Tschechow. PSS IX, 100–106. Aus dem Russischen von Barbara Schaefer.

DER MORD (S. 451–491)

Убийство (Ubistwo). Erstmals in »Russkaja mysl« Nr. 11, November 1895. Gezeichnet Anton Tschechow. PSS IX, 133–160. Aus dem Russischen von Barbara Schaefer.

ARIADNA (S. 492–524)

Ариадна (Ariadna). Erstmals in »Russkaja mysl« Nr. 12, Dezember 1895. Untertitel: Erzählung. Gezeichnet Anton Tschechow. PSS IX, 107–132. Aus dem Russischen von Vera Bischitzky.

DIE ÜBERSETZER

Vera Bischitzky, Jahrgang 1950, studierte Slawistik und Anglistik an der Humboldt-Universität Berlin. Langjährige Tätigkeit als Verlagslektorin. Heute freiberufliche Übersetzerin vor allem aus dem Russischen u. a. von Swetlana Alexijewitsch, Simon Dubnow, Dina Rubina, Andrej Tarkowski und Jewsej Zeitlin. Diverse Zeitungspublikationen, vor allem zu kulturhistorischen Themen. Lebt in Berlin.

Kay Borowsky, Jahrgang 1943, ist Buchhändler, Krimiautor und Lyriker. Übersetzer aus dem Russischen und Französischen u. a. von Anna Achmatowa, Charles Baudelaire, Iwan Bunin, Daniil Charms, Charles Juliet, Michail Lermontow, Gérard de Nerval, Alexander Puschkin, Iwan Turgenjew und Paul Verlaine. Lebt in Tübingen.

Barbara Conrad, Jahrgang 1937, studierte Slawistik, Anglistik und Germanistik. Promotion. Danach wissenschaftliche Assistentin am Slawistischen Seminar der Universität Heidelberg, Lehraufträge an der Gesamthochschule Kassel. Publikationen zur altrussischen Literatur und Herausgeberin russischer Klassiker in der Winkler Weltliteratur. Freiberufliche Übersetzerin u.a. von Viktor Astafjew, Michail Bakunin, A. G. Dostojewskaja, S. M. Dubnow, Anatoli Gawrilow, Igor Klech, Boris Pilnjak, A. Scharypow und Lew Trotzki. Lebt in Berlin.

Ulrike Lange, Jahrgang 1966, studierte Slawistik und Germanistik in Würzburg, Köln und Wolgograd/UdSSR. Promotion über Boris Chasanow und Jurij Galperin. Wissenschaftliche Mitarbeiterin am Institut für Slawistik der Universität Mainz. Workshops zum akademischen Schreiben. Lebt in Köln.

Barbara Schaefer, Jahrgang 1955, studierte Slawistik, Romanistik, Osteuropäische Geschichte und Kommunikationswissenschaft. Tätigkeit am Johann-Gottfried-Herder-Institut in Marburg. Heute freie Journalistin und Übersetzerin aus dem Polnischen und Russischen u.a.

von Felix Kandel, Włodzimierz Odojewski und Andrzej Szczypior-
ski. Lebt in Bern.

Marianne Wiebe, Jahrgang 1935, studierte Slawistik und Osteuropäische Geschichte in München und Heidelberg. Außerdem Ausbil-
dung zur Diplomübersetzerin für Russisch. Danach als Übersetzerin
und Dolmetscherin an der Deutschen Botschaft in Moskau, später
bei der DFG tätig. Bis 2000 wissenschaftliche Mitarbeiterin am Sla-
wischen Institut der Universität zu Köln. Heute freiberufliche Übersetzerin aus dem Russischen u.a. von Jewgenija Ginzburg, Wenjamin
Kawerin, Lew Kopelew, Wladimir Kornilow, Vladimir Nabokov,
Raissa Orlowa und Alexander Puschkin. Lebt in Köln.

Friede mit einer irren Welt?
(Erzählungen 1892 – 1895)

1892 erwarb Tschechow ein Landgut in Melichowo und zog mit seiner Familie dort hin; das bedeutete einen wesentlichen Einschnitt in seinem Leben, in der Folge auch in seinem literarischen Schaffen. Nach zwölf Jahren in diversen Mietwohnungen in Moskau war er nun auch räumlich sein eigener Herr – aber natürlich kamen ihm prompt Zweifel an der so gewonnenen Autarkie. Das Anwesen hatte den Zuschnitt, die Ausstattung und die Bequemlichkeiten eines ›typischen‹ russischen Landsitzes, wie sie der Autor schon in zahlreichen auf dem Lande spielenden Geschichten, bisher nur aus der Kenntnis des Besuchers, als selbstverständliche Lebensgrundlagen dargestellt hatte. Allein sein Arbeitszimmer zeichnete sich durch drei große Fenster aus; bald baute er noch einen Seitenflügel, in dem er ungestört schreiben konnte. Allerdings: Auch die Gästezimmer blieben selten leer. Melichowo lag so dicht bei Moskau und nur neun Werst von der Bahnstation entfernt, daß im Laufe der Jahre mehr liebe Gäste kamen und länger blieben, als ihm im Interesse seiner literarischen Produktion lieb war. Tschechow wurde Gutsbesitzer, nannte immerhin 50 Hektar bebaubares Land mit zwei Teichen und einigem Ödland sowie 150 Hektar Wald sein eigen, und wurde Nachbar anderer begüterter Herrschaften. Seine Landwirtschaft entwickelte sich freilich zu keiner nennenswerten Erwerbsquelle. Den Garten liebte er sehr, steckte eine Menge Arbeit hinein und gewann aus ihm viel Erholung und Befriedigung. Besonders ernst nahm er seine sozialen Pflichten als Landedelmann. Er wurde Kurator dreier

Schulen in der Umgebung, organisierte gleich 1892 (ehren-amtlich) für 25 Dörfer und vier Fabriken die Sanitärmaß-nahmen zur Eindämmung der grassierenden Cholera und beteiligte sich an mehreren Kampagnen gegen die Hun-gersnot, wobei er vor allem auf die private Wohltätigkeit seiner Gesellschaftsschicht setzte. Der neue Lebensstil brachte für ihn vor allem neue Aufgaben mit sich.

Natürlich suchte er, seitdem er aufs Land übergesiedelt war, auch die Verhältnisse dort literarisch darzustellen. Da-zu mußte er sie zunächst einmal verstehen, und das dauerte mehrere Jahre. Die Mentalität wie die Lebensweise russi-scher Bauern waren den Intellektuellen, darunter nicht wenigen Schriftstellern, schon oft ein Rätsel geblieben; manchen galten sie als schlechterdings undurchdringlich. So folgen Tschechows große erzählerische Analysen des Landlebens, *Die Bauern, In der Schlucht, Mein Leben* mit der langen Episode eines selbsternannten Reformers auf dem Lande, erst nach 1895 (vgl. Band IV dieser Ausgabe). Zu-nächst steht wiederum die Oberschicht im Mittelpunkt seiner Darstellungen. Die unvermeidliche stärkere Berüh-rung mit der Alltagspraxis zeigt sich deutlich in zwei kriti-schen Erzählungen vom Leben der Reichen in der Provinz wie in Moskau: *Regiment der Frauen* und *Drei Jahre*. Eine fast märchenhaft-arglos wirkende, dabei aber fundamentale Auseinandersetzung mit der kapitalistischen Gesinnung bietet *Rothschilds Geige*.

Die Jahre in Melichowo gelten allgemein als die glück-lichste Phase in Tschechows Leben. So suchten auch Leser und Kritiker seit jeher in den Werken dieser Zeit eine Wendung zum Positiven und fanden sie wenigstens in An-sätzen. Einige seiner Figuren, wenn auch meist nur Neben-figuren, erlangen eine gewisse Resolutheit und rudimen-täre Festigkeit in ihrer Haltung zum Leben. (Tschechow selbst verwies, wenn er mit der unglücklichen Frage nach ›dem Positiven‹ in seinen so destruktiv angelegten Ge-schichten konfrontiert war, am liebsten auf die Erzählung

Der Student als seine »glücklichste« oder heiterste.) So hoch aber dieses kostbare und fragile Gut veranschlagt werden muß, ein Hauptziel von Tschechows Schreiben kann man kaum darin ausmachen. Die Tendenz zur Infragestellung und Verunsicherung, die sich wie ein Cantus firmus durch die früheren Werke zog, dominiert auch in der Produktion dieser Phase. Sie findet neue Felder mit neuen Opfern und sucht sich andere, z. T. noch eindringlichere Austragungsformen. Tschechow wird radikaler, je länger er schreibt, radikal jedoch in seiner stillen, sublimen, seiner spezifisch Tschechowschen Art.

Irritationen

Eine der hier versammelten Erzählungen stammt zur Hälfte noch aus der Zeit vor Tschechows Sachalin-Reise, von 1889. Unter dem Titel *Kleingeister* hatte er eine heitere, nur in signifikanten Details leicht karikierende Szenenfolge aus dem Provinzleben veröffentlicht. Wie er dem Freund und Verleger Suworin dazu schrieb, hatte er eigentlich »die provinziellen Meerschweinchen« noch eigenhändig schlachten wollen, sie dann aber auf Bitten der Seinen (vor allem seiner Schwester) verschont. In der Tat wirkt der erste Teil für sich genommen so, als triebe er auf irgendeine entlarvende Pointe zu, die dann ausbleibt. Jetzt, täglich konfrontiert mit jenem Provinzleben, ließ Tschechow es sich nicht nehmen, die Geschichte zu Ende zu schreiben. Er veröffentlichte zunächst den zweiten Teil (in einer anderen Zeitschrift als den ersten), dann im neuesten Sammelband seiner Erzählungen die ganze Einheit unter der neuen Überschrift *Der Literaturlehrer*. Der zweite Teil häuft nochmals bis zur Mitte enthusiastische und ruhig-freundliche Schilderungen des banalen Lebenszusammenhangs, jetzt verschärft durch die Versicherung des Protagonisten, daß er unendlich glücklich sei und all seinen Erfolg persönlich verdient habe. Tatsächlich kann er von Glück reden: Selber aus sehr kleinen Verhältnissen stammend, hat er eine heiß geliebte Frau aus dem begüterten Landadel geheiratet und seinen Lebensstandard mit Hilfe ihrer Mitgift erheblich verbessert. Sein Verdienst an dieser Fügung seines Glücks steht auf schwächeren Füßen – er muß sich selbst sagen, daß er kein begnadeter, sondern bestenfalls ein durchschnittlicher, ein routinierter Vertreter seines Faches ist. Das Protzen mit seinem Glück ruft förmlich danach, daß sein Verderben darauf folgt. Anders aber als beim antiken Polykrates greifen keine Götter ein, um die Vermessenheit zu strafen. Die Verstörung kommt aus ihm selbst, freilich nicht ohne realen äußeren Grund. Er kann kaum widersprechen, wenn ihm bedeutet wird, er verdanke sein Glück doch nur dem Zufall. Wieso aber ist sein Glück, dieses mit der Folgerichtigkeit eines Traumwandlers erlangte Glück derart vergiftet, wenn seine Eheliebste ihm klar macht, daß jeder Schritt dahin natürlich auch Erwartungen bei ihr geweckt und daß sie fest mit seinem Antrag gerechnet hat? Er wirkt wie ein Zauderer nach der Tat. An der Verwirklichung, und zwar inzwischen jeder, stört ihn, daß sie die Fülle der denkbaren Möglichkeiten, die bis dahin offen standen, auf Null reduziert. Aber auch für das Denken in freischwebenden Möglichkeiten, in der Wunschform, ist er denkbar unbegabt. Er wünscht sich ein anderes Leben, sei es körperliche Plackerei oder eine enorme intellektuelle Karriere. Das einzige aber, was faßbar vor seinen Augen auftaucht, sind seine einstigen kümmerlichen Studentenbuden. Nur weg von da, wo er ist, darin besteht schließlich sein ganzer geistiger Aufbruch, wenn man denn einen solchen gelten lassen will. Ist die Anfechtung vielleicht ebenso willkürlich und aufgebauscht wie zuvor sein makelloses Glück? So wenig er mit seinen kurzschrittigen Denkbewegungen einen stichhaltigen Grund seiner Irritation ausfindig machen kann, so wenig kann er zur früheren Befriedigung mit der, wie er es jetzt sieht, »banalen« Existenz zurückkehren. Seitdem der Mißmut, der Argwohn, der Zwang zum Nachdenken oder zum Blick von außen ihn einmal ergriffen hat, ist es vorbei mit seiner Ruhe und folglich mit seinem Glück – »wahrscheinlich für immer«.

Irritationen ähnlicher Art melden sich in den Erzählungen aus der Zeit des Aufbruchs nach Melichowo und den ersten Jahren dort auf Schritt und Tritt. Ganz gefestigt erscheinenden Figuren wie diesem Pädagogen vergällen sie das weitere Leben. Labilere Charaktere treiben sie in Verfolgungswahn, in lautes Geschrei oder einen dumpfen Rückzug aus der Welt des Miteinanders (siehe *Krankensaal Nr. 6, Der schwarze Mönch* u. a.). Sogar die selteneren resoluten Gestalten bleiben nicht davon verschont. Es sieht so aus, als träte an die Stelle der Provokation und des Protests, der in den Jahren vor und nach der Sachalin-Reise, laut oder wenigstens in Gesten, immerhin noch geäußert wurde, nunmehr die Irritation mit den darauf antwortenden rückbezüglichen, selbstbeschädigenden Reaktionen. Vieles finden die miteinander und mit einer stagnierenden Gesellschaft konfrontierten Figuren »einfach zum Davonlaufen«. Sie spielen in Gedanken mit der Möglichkeit zu fliehen, malen sich den Charme des Aufbruchs oder das stille Glück eines Refugiums aus. Sie machen sich aber nicht wirklich auf den Weg.

Die Damen der Gesellschaft haben sichtlich vielerlei Gründe, mit ihrer Situation unzufrieden zu sein. Sie ergehen sich in traumhaften Alternativen, für die die Prosa ihres Lebens keinen Raum läßt, oder verfallen in Hektik, in Hysterie. Für die meisten ihres Standes kam ein Beruf nicht in Frage. Die Ehefrau des großen Wolodja und Geliebte seines kleinen Namensvetters sieht vor sich nur die Wahl zwischen dem rauschenden, aber hohlen Leben der Zerstreuungen und der »Abtötung« des Leibes, im Kloster. Die schale Alternative stößt sie ebenso ab wie die düstere. De facto führt sie den Lebensstil fort, der ihrem Stand vorgezeichnet ist, und entwertet ihn lediglich, indem sie sich vorhält, daß »all das« nicht das Wahre und daß sie es sich selbst schuldig sei, aus ihrem Leben irgend etwas Überzeugendes, Begeisterndes, Zielgerichtetes zu machen. Für das »flatterhafte Wesen« steht die hektische Suche derart im Vordergrund, daß die weibliche Hauptgestalt ebenso wie die desillusionierende Erzählung danach benannt wird. All die künstlerischen Aspirationen werden durchgespielt, mit denen eine traditionelle Gesellschaft ihre Untätigkeit und Orientierungslosigkeit wenigstens kulturell zu überdecken suchte, und der außerehelichen Liebesgeschichte wird immerhin eine gewisse Länge und Dramatik zugebilligt, doch der spöttische Ton der Darstellung zehrt nicht weniger als die lakonisch-summarische Behandlung in der Erzählung mit den beiden Wolodjas am Ernst der mit solcher Aufregung durchgespielten Abenteuer. Dem Getändel der »flatterhaften« Frau steht immerhin die ganz auf Männer beschränkte ernste Welt der Wissenschaft und der Verantwortung (und überdies des Geldverdienens) gegenüber. So wurde und wird die Erzählung oft als eine polemische Darstellung gelesen, die am Schluß in eine reuevolle, nur leider zu späte Bekehrung zu diesem mustergültigen Ehemann und zum einzig richtigen Verhalten einmünden soll. Die neuere Forschung aber hat auf der Seite des so überaus entsagungsvollen Dymow nicht wenige Verhärtungen und Entstellungen ausgemacht, die jene zu Tschechow gar nicht passende Schwarz-Weiß-Zeichnung relativieren. (Schon der Name Dymow verweist auf Rauch oder Dunst.) Die reumütige Sünderin aber gestaltet ihre Bekehrung mit den gleichen bedeutungsgetränkt dekorativen Mitteln wie zuvor ihre Wohnungseinrichtung und die selbstgemalten Bilder. Unter einer Heiligsprechung des bisher Verkannten tut sie's nicht.

Die Titelheldin der letzten Erzählung dieses Bandes, Ariadna, hängt ihr ganzes Herz an ihre schwindelhafte mondäne Existenz, lebt also emotional ebenso wie finanziell über ihre Verhältnisse. Gleichwohl erscheint auch sie unfroh und ständig von etwas gehetzt. Wie sehr ihr Leben ihr zusetzt, in dem sie immer nur ausgehalten wird, sei es auf noch so hohem sozialen Niveau, verrät sich in den hochgradig pikierten Ausdrücken, mit denen sie sich bei dem einen ihrer Liebhaber über den anderen beschwert. Hier wirkt der männliche Partner, der das hektische Treiben strikt aus seiner Perspektive berichtet, so gespalten, als habe er sich an der »Hinterlist« seiner Dame regelrecht angesteckt. Einerseits stellt er sich in seinem souverän-mokanten und selbstironischen Erzählduktus hoch über die dargestellten Verstrickungen, vor allem über die ganz darin versunkene Titelheldin. Andererseits kommt er bis zum Zeitpunkt seines Berichts nicht von ihr los und gestaltet das Geständnis seiner Faszination zugleich als kopfschüttelnde Bestätigung der ewigen Anziehungskraft des Ewig-Weiblichen. Wie zur Bekräftigung, daß der Schwindel auch ihn erfaßt hat, quillt sein Bericht über von der Aufzählung unglaublicher Summen, die er für sie verschleudert habe – nach den Gesetzen der Wahrscheinlichkeit und des damaligen Kreditmarktes hätte er längst bankrott sein müssen –, und werden zugleich die kleinsten Posten mit klammen Fingern nachgezählt.

Als Meister der schiefen Situationen hat sich Tschechow schon von seinen frühen Humoresken an und in seinen zunehmend ernsten Geschichten beglaubigt. Man kann an *Alt geworden*, *Ein Alptraum*, *Eine Lappalie* in Band I oder an *Wolodja*, *Der Vater*, *Die Fürstin* in Band II dieser Ausgabe denken. Jetzt treten sie gehäuft auf und werden noch verstärkt durch ebenso schiefe Reaktionen oder Reflexionen. In *Ein flatterhaftes Wesen* schämt sich Dymow, der Betrogene und Verlachte, und nicht seine Frau für das, was sie ihm angetan hat und in seinem Beisein fortführt. In *Krankensaal Nr. 6* schämt sich der äußerlich so grobschlächtige, mental aber ganz zarte Dr. Rabin für die Umtriebe, den Unterschleif, die Verwahrlosung, die das gegen ihn arbeitende Personal in »seinem« Krankenhaus anrichtet. Da er eine ganze Hydra von Unwissenheit und Schlendrian in dieser abgelegenen Provinzstadt ausgebreitet findet, hütet er sich, sie anzugreifen. Er begnügt sich damit, rot zu werden, und gibt dann doch nach. Zugleich weiß er gut, daß anderswo die Hygiene wie die Bildung weit fortgeschritten sind, und schämt sich also auch seiner lauen Reaktion. Am beschämendsten geht es zu bei der Anbahnung persönlicher Beziehungen zwischen Mann und Frau. »Angst« konstatiert der Ich-Erzähler der so benannten Erzählung, wenn die Frau seines besten Freundes sich ihm an den Hals wirft und der Freund in abgrundtiefe Melancholie versinkt. Im *Schwarzen Mönch* werden die nur überspielten, nicht überwundenen und nicht einmal reflektierten Bedenken gegen die Ehe dramatisch ausgespielt, als die Ehe schon gescheitert ist. Der Schwiegervater vertritt allen Ernstes die Meinung, daß man »gewisse heikle Fragen« ohne falsche Scheu einfach aussprechen solle. Er hat mit den offenherzigsten Worten dem ehemaligen Pflegesohn seine Tochter direkt angedient. Immerhin hat er die Tochter geschont und ihr nichts davon gesagt. Gerade vor den Ohren dieser Tochter aber deckt der inzwischen mit ihr verheiratete Magister die unschöne Rolle auf, die der Alte in ihrem »Roman« gespielt hat. Um die Pein dieser Peinlichkeit zu komplettieren, läßt der Autor den Schwiegervater alles mithören – seine Reaktion paßt schon nicht mehr in die Skala menschlicher Laute. Die Konstellation der *Drei Jahre* aber zeigt, daß man die füreinander Bestimmten genauso gut sich selbst überlassen kann und ebenso tief beklemmende Verhältnisse erhält. Hier wird die Fremdheit zwischen ihnen noch verstärkt durch Selbstmißtrauen. Sie führt dazu, daß die Abfolge von Werbung (im Irrealis, mit entstellter Stimme), Abweisung, Zurücknahme der Abweisung, Argwohn über die Motive und Dementi des Vermuteten den jeweiligen Sprecher gerade so peinigt wie die Adressatin (und umgekehrt). Beide sitzen schließlich als Verheiratete »traurig und unbehaglich« im geschlossenen Coupé und denken: »Warum ist es so gekommen?«

Immerhin akkumulieren die quälenden Verwicklungen in den *Drei Jahren* zu keiner Katastrophe und auch nicht zum bleibenden Zustand der Unerträglichkeit, der in anderen, kürzeren Erzählungen vorherrscht. Die Zeit, deren Ablauf und deren Wirkungen auffällig häufig akzentuiert werden – hinter den thematisierten »drei Jahren« werden »dreizehn oder dreißig Jahre« sichtbar –, schleift nicht nur Spitzen oder Schroffheiten ab, sondern produziert unmerklich Gewöhnungen und sogar Versöhnungen, die dann doch überraschen. Die anfangs so abweisende, ja haßerfüllte Julija kann nach wenigen Jahren ihren Eheherrn ausgesprochen gut leiden. Natürlich darf die ironische Wendung nicht fehlen, daß er, der sich früher in seiner unerwiderten Liebe zu ihr verzehrt hat, sichtlich erkaltet ist und ihre Liebeserklärung nahezu überhört. Beide Verhaltensweisen aber sollen die hier aufgestellte These belegen, daß es auf eine anfängliche »Liebe« nicht sehr oder gar nicht ankommt. Diese These aber vertritt nun kein Provokateur, wie er zu den früheren Humoresken passen würde, sondern die ganz an ihre Erlebnisse hingegebenen Protagonisten selbst befreien sich damit aus einer Zwangsvorstellung und erzwungenen Einstellung. Eine Gelassenheit, wie sie in früheren Tschechow-Erzählungen höchstens einigen naturhaft lebenden und wirtschaftenden Menschen zugebilligt wurde, gewinnt hier die Oberhand über hochgradig nervöse, selbstkritische Großstädter. Der Schluß der vorangegangenen langen Erzählung *Das Duell* (siehe Band II dieser Ausgabe) hatte die irritierende und irrlichternde Frage nach »der Wahrheit« bereits entthront, doch in einer anheimstellenden Form noch am Horizont stehen lassen: »Niemand kennt die eigentliche Wahrheit«. Die Schlußwendung der *Drei Jahre* klingt noch offener und läßt mehr Aktivität, mehr Neugier gelten. Die Gelassenheit jedoch, die bei Tschechow neu ist und aufhorchen macht, bietet eine Besserung allenfalls für das subjektive Empfinden der Figuren. Für die komplexen Verhältnisse läßt sich keine Lösung aus ihr gewinnen. Der Betrieb der ererbten Großhandelsfirma bleibt auch in der Hand des aufgeklärten Erben so furchtbar, wie er ihm von jeher erschienen ist: häßlich, finster, luftlos, durch und durch auf Unterdrückung gegründet. Er würde diesen Klotz am Bein am liebsten vergessen und sich ganz auf ein geistiges, kultiviertes Leben konzentrieren. Gerade dazu aber ist er zu halbherzig und innerlich unfrei. Die Vermutung liegt nahe, daß eben das versuchte Überspielen seiner realen Verantwortlichkeit seine sonstigen Aspirationen so kraftlos oder nichtig macht. In seiner Umgebung können sich immerhin einige andere zu einer bemerkenswert freien, der gelehrte Pädagoge Jarzew sogar zu einer ausgesprochen zukunftsfreudigen Einstellung entwickeln. Die ungewöhnlichste Figur dieses Ensembles aber, Laptews einstige Geliebte Rassudina, stößt an eine bezeichnende Grenze der Selbstbefreiung. Sie ist in einem für das damalige Rußland seltenen Maße emanzipiert, ist die resoluteste aller Frauenfiguren aus Tschechows Feder. (Meist taucht sie nur unter ihrem Nachnamen auf, der ›die Entschiedene‹ oder ›die [Schieds-]Richterin‹ bedeutet.) Vor allem besteht sie auf Selbständigkeit als ihrem höchsten Lebensgut. Selbst daß sie als »unschön« abgestempelt wird, ficht sie kaum an, während der »unschöne« Laptew, der eigentlich als Mann viel eher darüber hinwegsehen könnte, von dieser als äußerlich geltenden, doch tief in jedes Innere eindringenden Bewertung seiner Person regelrecht verstört ist. Sie zahlt für die Unabhängigkeit ihrer Person mit allem, was sie ist und hat. Gegen Ende der hier verfolgten drei Jahre aber wird auch sie müde und läßt sich wenigstens in ihrer Lebensführung auf einen weitreichenden Kompromiß ein.

Ähnliche Teillösungen, vorübergehende Arrangements oder Lösungsperspektiven ziehen sich durch die Erzählungen der ersten Jahre in Melichowo. Die Figuren sehen sich nicht mehr so sehr in die Enge getrieben, daß sie sich selbst aufgeben oder Hand an sich legen müßten. Ob sie sich wirklich helfen können, ist damit freilich noch nicht gesagt; manche von ihnen geraten durch die Anstrengungen ihres Kopfes nur in neue Engpässe oder auf Abwege. Immerhin wird der puren Stagnation der Verhältnisse zumindest eine innere Beweglichkeit, eine Unrast der Personen entgegengestellt. Mehr noch als eine einzelne »Lösung« zählt – auf der Skala der irgendwie lohnenden Verhaltensweisen – die Findigkeit überhaupt, die intellektuelle Arbeit an den bestehenden (sowie an selbst verursachten und künstlich erdachten) Problemen.

Mit *Rothschilds Geige* hat der Erzählkünstler Tschechow ein besonders gelungenes Beispiel dafür geschaffen, daß es ihm darauf ankommt, in der einzelnen Suche nach einer Lösung, hier einer späten Lockerung einer lebenslänglichen Denkblockade, das Lösungsverhalten überhaupt, die prinzipielle Regsamkeit des Denkens zu demonstrieren. Der Sargtischler und hartnäckige Rechner Jakow hat sich sichtlich verrannt in seine Marotte der schieren Negativität. Selbst entgangene oder noch nicht realisierte Gewinne verbucht er als »Verluste«, bis der Text von seinem Gezeter über die gräßlichen Verluste widerhallt (im Russischen auch klanglich spitz und schrill: »Ach, kakie ubytki!«). Als Geschäftsmann lebt er seit Jahrzehnten vom Sterben anderer, und doch ist es der Tod, der ihm in seiner Fixierung aufs Negative den ersten Stoß versetzt. Als seine Frau im Sterben liegt, findet er es widersinnig, gewissermaßen unproduktiv, daß er sie in seinem langen Eheleben nie gestreichelt oder bedauert und keinen Deut mehr beachtet hat als eines der Haustiere. Jetzt will er sie dem Tod streitig machen, den er auf ihren Zügen schon erkennt und den sie offensichtlich als ihren Erlöser aus diesem Ehejoch begrüßt. In einem subtil gestalteten Redegefecht mit dem Heilgehilfen, dem drakonischen Experten für die Gesundheit wie für das Sterben, wirft er sich, der mit seiner Frau kaum je gesprochen hat und auch jetzt kaum ein Wort an sie verschwendet, zu ihrem Fürsprecher auf, zum Verteidiger des Lebensrechts einer jeden Kreatur. Allerdings läßt er sich davon gleich wieder ablenken, indem er sich mit dem angeblichen Fachmann auf einen Streit über eine Art Medizin vom Hörensagen einläßt. Gerade dem Todesurteil über seine Alte hat er nichts entgegenzusetzen. Als er mit dieser neuen Leerstelle in seinem Leben sowie mit einer aus ihren letzten Worten herausgehörten Lücke in seinen Erinnerungen konfrontiert ist, begibt er sich auf die Suche, physisch wie geistig. Sein ebenso phantasiebeflügelter wie jammervoller Ausgriff auf alle möglichen Berufe, die er lukrativ hätte ausüben können, mündet in eine Absage auf seine Haltung des fruchtlosen Lamentierens und Schimpfens. Wie hier aus der lebensfeindlichen Verhärtung der Anstoß zur Teilnahme am Leben hervorgeht, das ist nicht nur ein Lesegenuß, sondern zugleich eine eindringliche Demonstration der Kraft der Dialektik oder des Umdenkens als Methode. Der Nörgler, der Meister negativer Bilanzen wird nicht eigentlich bekehrt, sondern treibt seine Marotte bis an den Punkt, wo die Abrechnung auf ihn selbst zurückfällt und er die eigene Einstellung als Quelle der gravierendsten »Verluste« begreifen muß. Da ihm selbst inzwischen der Tod bevorsteht, kann das keine großen Auswirkungen mehr haben. So malt er sich, als Rechenexempel, den ungeheuren Nutzen aus, den sein langjähriger Brotherr, der Tod, den Menschen bringt. Mindestens ein Stachel aber bleibt zurück. Dieser treibt ihn dazu, aus seiner Einsicht, wie nutzlos die Menschen mit der kostbaren Gabe der Produktivität umgehen, noch auf dieser Seite des Grabes eine praktische Folgerung zu ziehen, und sei es nur eine zeichenhafte. Die Schuld seiner Frau gegenüber kann er auf keine Weise abtragen und sucht allein den Gedanken daran zu meiden. Sichtlich als Ersatz dafür kommt ihm der auffälligste seiner Gefährten in seinem Nebenberuf als Musiker in den Sinn. Er mag die Juden insgesamt nicht und den Flötisten Rothschild besonders, weil der die lustigsten Weisen wie Trauergesänge spielt. Da er ihn aber gerade wieder hart angefahren hat, denkt er an ihn bei seiner selbstkritischen Einsicht: »Zu welchem Zweck machten die Menschen sich gegenseitig das Leben so schwer?« Damit seine Geige nicht als »Waise« zurückbleibt und nutzlos vergeudet wird wie so vieles, vermacht er sie Rothschild. In dessen Händen lebt sie in der Tat weiter, nicht nur im Geiste Jakows, sondern auch mit seiner Melodie.

Diese so ausnahmsweise höchst befriedigende Lösung war Tschechows wohlerwogener Beitrag zum Thema Antisemitismus, der im Rußland der 80er und 90er Jahre (wie im übrigen Europa) grassierte. Tschechow antwortete mit *Rothschilds Geige* u. a. auf eine Erzählung von Korolenko, die drei Jahre zuvor in der gleichen Zeitschrift erschienen war. Er behandelt das Verhältnis zwischen rechtgläubigen und jüdischen Russen nicht so wohlmeinend und konventionell moralisch wie Korolenko in seinem *Gerichtstag*, sondern indirekt, mit Gespür für seine Komplexität, auf der Suche nach einer Wendung, mit der die darin angelegten Automatismen sich unterbrechen ließen. So verschränkt er hier die jüdische mit der christlichen Welt, gibt dem Christen Jakow einen jüdischen Vornamen, eine Vergangenheit, die an den 137. Psalm erinnert (»An den Wassern Babels …«), und stattet ihn mit einer Einstellung zum Geld aus, die traditionell vor allem den Juden zugeschrieben wurde. (Im Namen des Leiters des jüdischen Orchesters, Schachkes, klingt dieses Klischee deutlich an.) Die Versöhnung durch die stärkste Geste, die der Sterbende noch zur Verfügung hat, gilt denn auch weniger dem gehetzten und zitternden Juden als einem Geschäftsmann in Sachen Musik. Die ererbte Geige erlaubt es Rothschild, als Selbständiger aufzutreten und seine Kunst auf eigene Rechnung anzubieten. Daß die Melodie, die er ebenfalls von Jakow geerbt hat, so gut gefällt, daß er sie vor jedem Publikum bis zu zehn Mal nacheinander spielen muß, läßt sich immerhin auch als Andeutung einer ästhetischen Kritik lesen, zumal es sich um eine zu Tränen rührende Tonfolge handelt. Der geschäftliche Erfolg aber, in dem viele Interpreten die positive Wendung dieser Geschichte besiegelt finden, macht zugleich die finsterste von Jakows Phantasien über die kontraproduktive Einrichtung des Lebens wahr: daß der Tod, hier sein eigener Tod, den größten Gewinn bringt. Diese respektlose Gegenrechnung zum Thema »Glück« soll die Überzeugungskraft der überaus beliebten Geschichte nicht schmälern. Ja, dem finsteren Nörgler ist tatsächlich ein Licht aufgegangen, und zwar ebenso logisch wie überraschend, in einem heiklen, sehr erhellungsbedürftigen Bereich der russischen wie der allgemeineuropäischen Gesellschaft. Sowie aber etwas einen Schritt weitergekommen ist, wird das Ergebnis, darauf besteht Tschechow noch unerbittlicher als die meisten Prosakünstler vor ihm wie nach ihm, erneut dem gesamten Feld der Umstände ausgesetzt, das vorher bestanden hat und unverändert weiter besteht.

Leben! Leiden!

Leben, auf großem Fuß und ausschweifend leben, das sei das Wahre, schwärmt der selbst vom Leben verwöhnte, doch matt gewordene, fast schon abgelebte Rechtsberater der Firma im Gespräch mit der Inhaberin in *Regiment der Frauen*. Nicht »vegetieren« und nur so »dahinleben« wie die anderen, sondern üppig und schwungvoll leben, abwechslungsreich, »ein wenig lasterhaft« – er macht ein kulturgeschichtliches Aperçu daraus, eine ästhetische Maxime für »eine Frau des Fin de siècle«. Die Angesprochene ist für die Idee einer Abwechslung durchaus empfänglich, nur versteht sie gerade unter »Leben« etwas völlig anderes. (Bei Tschechow stoßen laufend moralisch denkende Figuren mit solchen zusammen, die gänzlich anders denken: ästhetisch, sarkastisch, strikt unmoralisch oder einfach moralisch unempfindlich, und bleiben beide Seiten so getrennt, als

544

sprächen sie unterschiedliche Sprachen.) Sie sehnt sich nach einem vernünftigeren, einem produktiven Leben für sich selbst wie für ihre Fabrik – jedenfalls soll es anders verlaufen als das parasitäre und entschlußlose Leben«, zu dem sie sich durch ihre Herkunft wie ihre Umgebung verurteilt findet. »Strahlen« werde sie vor Glück, malt sie sich aus: indem sie schlicht heiraten will und zwar – das ist der Stachel ihrer Phantasie, die Provokation für ihre gesamte Umgebung, die Befreiung, die dann aber schon in ihrer Vorstellung zerrinnt – einen »einfachen Arbeiter«, etwa einen ihrer Werkmeister.

Meist braucht der Imperativ zu leben, sich auszuleben nicht erst als Postulat aufgestellt zu werden. Was er verheißt versteht sich auch ohne Diskussion. Bei den schon erwähnten vergnügungssüchtigen Damen der guten Gesellschaft verwirklicht er sich in der Jagd nach Abwechslungen von unterschiedlicher kultureller Dignität und durchweg im Ausgeben von mehr Geld, als ihnen zusteht. Bei den männlichen Protagonisten dieser Phase äußert er sich eher in der Wunschform und läßt sich gerade nicht verwirklichen. Leben hieße, anderswo mit anderen Menschen und anderen Mitteln etwas ganz Neues anfangen. Eigentlich müßte man ein völlig anderer Mensch werden, mindestens aber eine Existenz führen, die mit der bisher erprobten so wenig wie möglich zu tun hat. Selbst der Insasse des Irrenhauses (jenes berüchtigten »Krankensaals Nr. 6«), der das Leben draußen in seinem Verfolgungswahn nicht mehr ertragen hat und deshalb in diese abscheuliche Anstalt eingeliefert wurde, sehnt sich in jenes Leben zurück und bekennt, daß er »das Leben« überhaupt leidenschaftlich liebt. Mit der weiten, unbestimmten Formel »Leben«, in die deshalb jeder, der sie hört oder liest, seine Lieblingsvorstellungen eintragen kann, wird eine Befreiung aus der desolaten Enge des tatsächlichen bisher erreichten Lebenszuschnitts in Aussicht genommen. Nur leider bleibt sie eine Art Irrlicht: genauso fragwürdig, genauso flüchtig oder trügerisch

– vielleicht gibt es sie gar nicht oder ist sie für derartige Personen unerreichbar.

Auffällig ist, daß der Literaturlehrer (in der Erzählung dieses Titels) am Schluß seiner Wunschvorstellung nach einem anderen, einem tätigeren und vor allem besser vorzeigbaren Leben auch die physischen Unkosten einer solchen Alternative ins Auge faßt. Nicht nur etwas leisten möchte er, körperlich oder auch geistig, und damit Furore machen, sondern auch: »sich verausgaben, leiden …«. Der Satz ist so gebaut, daß das Leiden selbst als Teil des ersehnten richtigeren Lebens erscheint, vermutlich aus dem Bewußtsein heraus, daß es unabdingbar dazugehört. Gromow in seinem Krankensaal sieht es ähnlich, und die drastische Aussperrung aus jenem »Leben« unterstreicht höchst markant die Zusammengehörigkeit von Leben und Leiden.

In der kurzen und stillen, aber bedeutungsgeladenen Szene *In der Verbannung* wird das letzte Auskosten von Leiden fast wie ein Grundrecht einer jeden Existenz verfochten. Das Streitgespräch darüber dreht sich um die richtige Bewertung des Lebens, das der zu Fall gekommene Adlige als Verbannter im fernen, kargen, äußerst dünn besiedelten Osten des Reiches sich leistet. Das Auf und Ab seiner Bemühungen, auch in Sibirien nach seinen Begriffen menschenwürdig zu leben, d.h. standesgemäß und mit Fortführung seiner Familienbeziehungen, bildet den Geschehenskern und dient als Exempel für die im Vordergrund stehende kontroverse Bewertung. Raffiniert an der schlichten, holzschnittartig gezeichneten Geschichte ist die Verknüpfung der beiden Ebenen, auf denen darum gestritten wird. Der alte Fährmann nimmt sich heraus, mit knappen skeptischen Bemerkungen am Glück des Herrn zu kratzen und ihn im Unglück an seinen unangebrachten Übermut zu erinnern. Der junge Tatar, dem er die Vorgeschichte erzählt, mischt sich in die Frage der Bewertung ein und schlägt sich leidenschaftlich, bedrückt durch den Gedanken an seine eigene Familie, auf die Seite des adligen Herrn.

Nur dieser Herr ist Akteur eines bemerkenswerten, dramatischen Geschehens mit allen entsprechenden Gefühlen. Die gewöhnlichen Sträflinge können es nur bestaunen und sich mit ihrem Unterhaltungsbedürfnis daran aufrichten. Ihre Meinung und Einsicht aber zählt. Die beiden, die hier im Vordergrund stehen, sind so ungleich wie nur denkbar: der eine so abgebrüht, daß er daraus seine Lebensphilosophie macht, der andere jung, unerfahren in der Welt der Katorga, mit Erwartungen an »das Leben«, obzwar ohne größere Illusionen. Die lebensfeindliche Lehre, die der Alte aus seinem Leben gezogen hat und allen anderen aufnötigen will, wirkt überspitzt, und doch bringt sie nur auf den Punkt, woran sich de facto die überwiegende Zahl der Zeitgenossen hielt. Auch sonst ist dieser »Gescheite« ein Mann der Ordnung, des Mittelmaßes. Was immer geschieht, er läßt es sich gefallen und duckt sich. Der junge Tatar ist zwar ebenfalls zur Hinnahme jedes Geschicks, auch einer ungerechten Verurteilung, erzogen, doch gegen die zusätzliche Abtötung auch der Wünsche und Ansprüche bäumt er sich auf. Er verfügt weder über die Redegabe noch über die langjährige Vertrautheit und Detailversessenheit seines Kontrahenten. Gerade weil er sich nur stockend, in wenigen Grundbegriffen äußern kann, wird sein Einspruch ein Fanal: elementar, aufs Ganze zielend. Selbst die faktisch unüberschreitbare Differenz zwischen dem begüterten Herrn und einem der Allerärmsten wird in dieser entscheidenden Frage bedeutungslos. Sein Veto gegen den Stoizismus des anderen wird zum Plädoyer für das gottgegebene Leben, zu dem Trauer und Kummer nicht weniger gehören als die Freude.

Viel differenzierter und wendungsreicher, doch ebenfalls mit Emphase wird der stoische Lebenstrost ad absurdum geführt, den der behandelnde Arzt des Krankensaals Nr. 6 sich zurechtgelegt hat. Was der alte Fährmann zu seiner Lebenspraxis gemacht hat, ist für Rabin lediglich Gegenstand von Reflexionen. Schon die Bedürfnislosigkeit, die zu seinen Postulaten gehört hat, läßt ihn im Stich, wenn er sein abendliches Bier vermißt, und erst recht erweist sich die gepriesene Unempfindlichkeit als pure und nicht einmal schöne Legende. Die nur in allgemeinen Sätzen so wohlklingende Philosophie des Arztes scheitert eklatant an der brutalen Wirklichkeit dieses zurückgebliebenen Winkels des Zarenreichs. Nach der Meinung von Rabins bevorzugtem Gesprächspartner scheitert sie bereits an der Beschaffenheit des menschlichen Herzens, das von seinen Empfindungen leben und sie nicht abtöten möchte. Das macht hellhörig, besonders wenn man sich vor Augen hält, daß Tschechow für die Lehre der Stoa eine Vorliebe hatte. Die *Selbstbetrachtungen* des Kaisers Marc Aurel hat er sich noch in der Blütezeit seiner Humoreskenproduktion angeschafft, Ende der 80er Jahre viel darin angestrichen und sich oft darauf berufen. Peter Urban hat eine Auswahl herausgegeben (*Wie soll man leben?*), in der er Tschechow als Leser und tendenziell auch als Propheten des antiken Weisen vorstellt. Dementsprechend sieht er im *Krankensaal* die Position Rabins nicht eindeutig diskreditiert, sondern in einem durchaus offenen Streit mit der entgegenstehenden Meinung Gromows. So markant und philosophisch bedeutsam jedoch der Streit in Worten um die rechte Einstellung zum Leben ist, allmählich laufen die Repliken leer und verblassen gegenüber der Handlungssituation und ihrer beklemmend dichten Atmosphäre. In ihr wird die Wirklichkeit des Leidens, die Unhintergehbarkeit dessen, was die gepeinigten Nerven dem noch so abgekehrten Geist signalisieren, mit einer solchen Mächtigkeit unterstrichen, daß die innere Autarkie, an der Rabin festzuhalten sucht, zumindest auf sehr schwachen Füßen steht. Nicht nur die Prügel, die Nikita im Bewußtsein der richtigen Amtsausübung verabfolgt – Prügel galten noch in der spätzaristischen Gesellschaft in der Erziehung, in der Behandlung des Gesindes, der Aufrechterhaltung von ›Ordnung‹ in jedem Sinne als unentbehrlich –, sondern auch die

Verwahrlosung, der Gestank und schließlich die Einsperrung an einem derart unerträglichen Ort machen unverkennbar deutlich, daß das Leiden wirklich ist, ja daß es den beherrschenden Zug der hier erreichten und belassenen Zivilisation darstellt. Aber auch wenn dieser Dr. Rabin, wie anzunehmen ist, Unrecht bekommen soll und obgleich er an den Zuständen, die ihn am Ende zugrunde richten, mit schuld ist, legt der Erzähler doch Wert darauf, daß er als erlebender Mensch ernst genommen wird. Er ist zum Untergang verdammt, seitdem er, bösartig überlistet, als Patient in die bisher von ihm betreute Station geraten ist, doch die jahrelange eintönige Qual, wie sie zuvor an seinen jetzigen Leidensgefährten dargestellt wurde, bleibt ihm erspart. Seine Phantasie stellt ihm noch in der Stunde seines Todes, in einer Abfolge winziger verzerrter Impressionen, ein hinreißend schönes Bild vor Augen, und das wird ausdrücklich auf die Lektüre zurückgeführt, die er sein Lebtag geliebt hat. An der Bilanz seines Lebens ändert sich dadurch nichts, aber die Komplexität des leidvollen Lebens kommt in diesem einen Glanzpunkt stärker zum Vorschein als in den langen vorangegangenen Diskussionen.

Es sind keine Masochisten, die in Tschechows Texten auf dem kombinierten Imperativ von Leben *und* Leiden bestehen. In einer anderen bedrückenden Erzählung, *Der Mord*, widmet der Erzähler eine lange, sehr intensiv gestaltete Coda dem Dasein im tiefsten Elend, das auf die rechtskräftige Verurteilung und Verschickung zu folgen pflegt. Der Verurteilte hat in seinem Lebensrest nichts mehr zu erwarten. Es gibt nichts, womit er sich über seine nunmehrige Existenz in einem Strafbataillon auf Sachalin hinwegtrösten könnte. Aber er ist geistig reger als in der lähmenden Fixierung, unter der er seine früheren Jahre verbracht hat. Er kann umdenken, sich von der Zwangsvorstellung befreien, daß er eine eigene Form der Religion vertreten müsse. Und er bewahrt sich eine Sehnsucht, so unerfüllbar sie auch ist.

Aus Leiden besteht auch die »Kette«, die der *Student* durch die Welt und die Geschichte gespannt findet: zunächst dem Leiden anderer und weit entrückter, biblischer oder ›klassischer‹ Gestalten, dann dem der leidgewohnten und mitleidigen Protagonisten der Gegenwart, die sich unschwer in ihnen wiedererkennen. Diese Kette macht ihn sonderbar froh, obgleich sie sich von der Kontinuität von Armut, Finsternis und Unterdrückung, vor der ihn am Anfang so geschaudert hatte, kaum unterscheidet. Hinzugekommen sind lediglich zwei Momente: seine Entdeckung, daß Petrus ein schwacher und leidender Mensch ist, frierend und vom Verlangen zu schlafen so übermannt, daß er kaum weiß was er tut (und faktisch erst nach seinem Verrat »aufwacht«, wie es wörtlich heißt), und die Tränen der älteren Witwe, die sich das Geschehen so sehr zu Herzen nimmt. Die Korrespondenz zwischen diesen beiden Vorgängen verbürgt ihm ein Prinzip der Antwort in der Welt der Menschen, und dieses Prinzip allein hält er für ausreichend, um dem Leben insgesamt »einen tiefen Sinn« zuzuschreiben. Er nennt es sogar »herrlich« und »voller Wunder«. Dieser Lobpreis bleibt hier, wie sonst nur ganz selten in Tschechows Werk, ohne Dementi und fast ohne Ironie stehen.

Intensität statt Schönheit oder Freiheit

An die Stelle der Jagd nach einer irrlichternden und ohnehin nie erreichbaren »Freiheit« – unerreichbar jedenfalls für Helden, wie sie in Tschechows Erzählungen auftreten – ist in den Produktionen der ersten Jahre in Melichowo eine dauernde Irritation oder die bloße Sehnsucht getreten. Nach wie vor sind die Figuren nicht besonders gern in ihrer Umgebung, in ihren Wohnungen und Lebenseinrichtungen, manche auch in ihren Körpern zu Hause. Sie können sich aber, selbst in Gedanken, weniger leicht darüber erheben, als es den unzufriedenen Intellektuellen oder selbst bloßen Trunkenbolden in seiner früheren Schaffenszeit gegeben war. Auch mit dem ihnen zusetzenden oder sie nur beeindruckenden Anflug von etwas Fremdem oder ungemein Einnehmendem suchen sie anders umzugehen als die hingebungsvoll staunenden Protagonisten der letzten Moskauer Jahre oder auch das gedachte Publikum des fulminanten Schauspiels am Himmel, mit dem Tschechow auf der Heimfahrt von Sachalin die Totenfeier für den still verstorbenen Gussew ausgestaltet hat (siehe Band II).

So interesselos, wie die ästhetische Theorie es gern hätte, ist das Wohlgefallen nie, das die Tschechowschen Menschen an der Schönheit empfinden, sei es an der der Natur, der von anderen Menschen oder auch an der Schönheit der Kunst. Wenn es sie aber gehörig ergreift, so wie den jungen Ich-Erzähler angesichts zweier umwerfend schöner junger Frauen (vgl. *Die Schönen* in Band II), dann kann es ihnen geschehen, daß sie die faszinierende Erscheinung selbstvergessen anstarren und aus dem Staunen, der Huldigung in Gedanken und Worten nicht mehr herauskommen. So zugespitzt, so absolut ist in Tschechows jetziger Schaffensphase weder die Erscheinung noch die Einstellung zu ihr. (Wenn aber etwas einen Betrachter derartig hinreißt wie die rein ideale Welt, die der »schwarze Mönch« dem schwärmerischen Magister eröffnet, dann beginnt er zu Recht seinen Sinnen zu mißtrauen und am eigenen Verstand zu zweifeln.) Die schöne Julija etwa in der Erzählung *Drei Jahre* wirkt auf Laptew, der seinerseits betont »unschön« ist, zunächst ebenso überwältigend wie die beiden Dorfschönen auf den jungen Reisenden. Ebenso wie jener Junge nimmt Laptew neben dem bloßen Aussehen auch ihre Regsamkeit und die jeweilige Bewegung wahr, außerdem aber auch die in sich beschlossene Existenz dieser jungen Frau als Tochter ihres Vaters; ihre Frömmigkeit erhöht sogar noch ihren Charme, während er sich selbst als ungläubig definiert. Er ist von ihrem Eindruck, d. h. ihrer Schönheit ebenso wie ihrem »Wesen« so überwältigt, daß er nicht anders kann als sie zu lieben. Das ganze Ungeschick freilich, mit dem er dabei vorgeht, verrät, daß er im Moment, in dem er sie für sich gewinnt, dem besitzergreifenden Akt tief mißtraut. Das Bewußtsein, daß die Schönheit und Eigenart anderer Menschen und insbesondere »seiner« schönen Julija nicht für ihn da ist, daß er keinen Zugang zu ihr findet, hat sich in ihm verfestigt und trägt sichtlich zu dem quälenden Mißverhältnis bei, aus dem seine Ehe anfangs überhaupt nur zu bestehen scheint. Daß sich mit der Zeit ein erträgliches, sogar von Sympathie getragenes Verhältnis zwischen den Ehepartnern herausbildet, bedeutet dann aber, daß die Interaktionen des ganz banalen alltäglichen Lebens wichtiger werden als die aparte, nur mit scheuem Respekt zu betrachtende »Schönheit«. Die Schöne selbst ist herangewachsen zu einer kompetenten und respektierten, in manchen Entscheidungen höchst energischen Dame der Moskauer Gesellschaft, deren nach wie vor bemerkenswerter Liebreiz allenfalls eine zusätzliche Attraktion darstellt.

Für große oder gar überwältigende Erlebnisse von Schönheit hat die Produktion dieser vier Jahre keinen Raum und anscheinend keinen Bedarf. In kleinen Unterbrechungen oder Einschüben werden einzelne Sinneseindrücke scharf akzentuiert, und sie wecken eine besondere Aufmerksamkeit, die aus der gewöhnlichen Wachsamkeit oder Schläfrigkeit der Lebensverrichtungen spürbar herausragt. Was so hervorgehoben wird, muß nicht einmal schön ein. Es fällt nur auf, kommt plötzlich zu Bewußtsein, verlangt Beachtung und schafft zugleich den Sinn dafür. Der Grübler und Nörgler Jakow (in *Rothschilds Geige*), der seit Jahrzehnten seine Frau nicht mehr beachtet hat, nimmt sie einmal wieder wahr, als sie im Sprechzimmer des Heilgehilfen auf dem Hocker sitzt: im Profil einem Vogel ähnlich, der trinken will. Mehr nicht, aber dieses Bild von ihr mit allem, was es ihm vielleicht sagt, setzt sich in ihm fest. Noch in seinen letzten Gedanken an sie erscheint sie ihm in diesem Bild. In der Weihnachtsgratulationscour im

Regiment der Frauen bringt ein gemeinhin als ausgemacht unschön geltender Eindruck die Herrin dazu, daß sie in ihrer Routine stockt und aufmerkt: das schielende Mädchen, bei dessen Anblick, wie es heißt, ihr Herz sich schmerzhaft zusammenzieht. Auch die Natur ist weniger großartig oder hinreißend als an manchen Stellen im früheren Werk. Sie meldet sich in sonderbaren Impressionen, läßt die Menschen für einen Moment aufhorchen oder aufblicken. Was sich da äußert, ist bestenfalls geheimnisvoll, so etwa der dumpfe, klagende Laut von einem nicht näher bestimmten Lebewesen, der dem Studenten der Gotteswissenschaft (gleich im zweiten Satz von *Der Student*) so vorkommt, als bliese jemand in eine leere Flasche. Besonders auffällig ist, daß in der Erzählung *Der Mord* der Streitgegenstand, eine Flasche mit Fastenöl, die gerade zur Tatwaffe umfunktioniert wird, in dem Moment, da sie den Kopf des Opfers trifft, ächzt wie ein lebendiges Wesen. Ebenso auffällig ist es, daß der Helfer beim Mord in diesem Moment ein Ohr dafür hat und sich über diesen Laut befriedigt zeigt. Beim ersten Leseeindruck könnte man denken, daß damit nur der vom religiösen Fanatismus gespeiste Haß auf den jetzt unschädlich gemachten Vetter unterstrichen werden soll. Sieht man aber genauer hin, so kommt man unschwer darauf, daß Tschechow hier noch viel mehr signalisiert. Die Aufmerksamkeit des Menschen ist, gerade wenn er mit etwas schwer Faßlichem konfrontiert wird, keineswegs fokussiert auf das eine Handlungsziel. Sie sträubt sich gegen das, was aus der Handlung resultiert. Sie verweilt beim Nebensächlichsten oder läuft momentan zu ihm über, flieht, spaltet sich oder läßt sich auf vielerlei Art ablenken. Die Intensität des sinnlichen Erlebens bildet selbst eine Art von Protest gegen das krude Geschehen hier wie anderswo gegen die Verfolgung von Interessen und Routine.

Im Werk des sehr bewußten Künstlers Tschechow spielen, außer der Literatur, auch die anderen Künste eine große Rolle. Oft erscheinen sie nur beiläufig, in Bemerkungen und Vergleichen über die gerade verhandelte Sache hinaus, in unpassenden Assoziationen. Lediglich Maupassants Erzählkunst wird an einer Stelle im *Regiment der Frauen* eingehend gewürdigt. Tschechow hat Maupassant geliebt, hat viel von ihm gelernt, sich auch kritisch mit ihm auseinandergesetzt und sich bemüht, es mindestens ebenso gut zu machen wie der ferne Meister. (Die Philologen haben, über mehrere Jahrzehnte hinweg, sich zu der Anerkennung durchgerungen, daß er ihn in vielem übertroffen hat.) Hier ist es der nicht sonderlich sympathische und allzu verwöhnte Rechtsbeistand, dem Tschechow das Lob des Könners Maupassant auf die Zunge legt. Lyssewitsch wird einzig in diesen Passagen ein ernstzunehmender Connaisseur. Er schwingt sich auf zu einem eindringlichen Lobpreis, der sichtlich von mächtigen Lektüreerlebnissen gespeist ist. Dennoch wird seine Lobeshymne gleich wieder relativiert. Der Advokat spricht so hochgestochen, daß er den Stil schon bei der Nacherzählung eines einzigen Romans nicht durchhalten kann. Seine Zuhörerin hört aus allem, was er vorbringt, nur die Zustimmung zu dem heraus, was sie sich selbst in einer praktischen Frage von Zukunftsrelevanz vorgenommen hat oder vielmehr erst rhetorisch erprobt. Der Anwalt mit seiner konfusen Zettelwirtschaft, der nicht einmal die von anderen entliehenen Zitate, mit denen er seinen Redefluß schmücken will, nach Wunsch wiederfindet, kann sich in keiner Weise mit dem so schwärmerisch verehrten Autor messen. Am kongenialsten wird er ihm, wenn er beim Hinausgehen seinem vertrottelten Gefährten seinen bevorzugten Redegegenstand, eine Empfindung von »wollüstigem Geschmack«, expliziert und dazu auf jenes merkwürdige Bild von einem langgezogenen dünnen Draht verfällt. Soll er bei seinem Abgang schlichtweg in den Faden des Erzählens eingehen, für dessen Kunstfertigkeit und Wirkungsmacht er so begeistert gesprochen hat?

Die Kunst braucht nach dem Urteil des erfahrenen und

sich gegen jede Routine sträubenden Künstlers Tschechow unbedingt Freiheit und eine gewisse Großzügigkeit. Nicht ihr Dilettantismus wird Olga Iwanowna, dem »flatterhaften Wesen«, zum Verhängnis, sondern ihr Bestreben, aus den eigenen diversen Kunstfertigkeiten wie aus den Künsten der lokalen Berühmtheiten, mit denen sie sich umgibt, unbedingt kulturelles Kapital zu schlagen. Der Schimmer all dieser Talente soll das ansonsten unverändert belassene, ja nicht einmal wahrgenommene Provinzleben in ein blendendes Licht tauchen. Mit dieser Instrumentalisierung aber ist die Kunst ebenso mißbraucht wie überfordert, und die serielle Wiederholung mit festen Formeln bringt sie um alles, was eigentlich Kunst ausmacht. »Wozu?« fragt der Erzähler am Ende der ersten Vorstellung dieses kunsterfüllten Lebensstils. Den fraglichen Künstlern jedoch fehlt ebenso wie ihrer Gastgeberin schon die Frage nach diesem Wozu.

An anderen Stellen tauchen Kunstwerke und Verweise auf die Kunst auf, die offener sind, also auch den fragwürdigen Bezug zum realen Leben nicht verdrängen, sondern selbst thematisieren. Das Landschaftsbild, das der jungen Ehefrau und werdenden Bürgerin Moskaus in *Drei Jahre* so gefällt, zeichnet sich dadurch aus, daß es den Blick, die Gedanken und schließlich die Person in ihrem Selbstgefühl ins Freie führt. Es wird von der ungeübten Kunstbetrachterin Julija Sergejewna einfach angeeignet, zuerst innerlich; bald darauf hängt es bei dem jungen Paar an der Wand und muß sich durchsetzen gegen die offenbar erdrückenden früher angeschafften Bilder sowie gegen die Vorliebe des Ehemannes für die Künste des Zierrats oder der kostbaren Nebensächlichkeit. Das aber beeinträchtigt nicht im mindesten, sondern unterstreicht nur die eröffnende, freisetzende Wirkung des »kleinen« Bildes. Die kurze Beschreibung des Dargestellten und der Wirkung auf die zweite Hauptperson der Erzählung bringt ein Moment des Innehaltens und Aufblickens in das sonst überwiegend triste Geschehen. Die Neuartigkeit und Überraschung, der naiv-explorierende Ton der Beschreibung, die spontane, nicht ganz kunstgerechte Umsetzung in das eigene Leben, das plötzliche Verstehen, ohne etwas daran erklären zu können, die beiläufige Unterstreichung der Eigenart oder Einzigartigkeit, all das wirkt zusammen, um dem Bild ebenso wie seiner Präsentierung etwas Herzerweiterndes zu verleihen. Die Hinführung zu etwas Überirdischem und »Ewigem« aber (die gar nicht dazu paßt) ist zu arglos und gutgläubig angefügt, als daß sie diesen Eindruck ernsthaft ironisieren könnte. Selbst der Auftrag, der guten Gesellschaft, die sich die Zeit in ihren Landhäusern vor Moskau mit einer Liebhaberaufführung vertreiben möchte, ein historisches Drama zu liefern, löst, in der richtigen Stimmung und Bewegung, einen solchen Sturm von inneren Bildern aus, daß der Schwung, das Feuer, das Leben darin die Oberhand gewinnen über die tiefe Verjährtheit des Sujets (und die slawophile Tendenz). Ob der Ansturm von Vorstellungen je ein brauchbares Theaterstück ergibt, bleibt offen. Es ist keineswegs ausgemacht, ob es stärker von der freien Vorstellungskraft getragen wird, die hier gleichsam in ihren ersten Regungen belauscht wird, oder von den ebenso heranströmenden Klischees. So gibt auch der Erzähler keine Prognose ab, ob ein solches Stück je aufgeführt werden könnte – wenn ja, wäre es in einem anderen Landhaus, vor einem gründlich veränderten Publikum. Doch gerade diese Entlastung vom Zwang der Brauchbarkeit und schon der Verwirklichung gibt dem nächtlichen Tanz von »historischen«, d. h. in die Geschichte projizierten Situationen einen zusätzlichen Charme.

Eine ganz rohe, wilde Geschichte wird für den verunsicherten Nachbarn in der gleichnamigen Erzählung zum sinnlichen Kristallisationspunkt, an dem seine Gedanken zwar keine Klarheit oder Schlüssigkeit, aber Tiefgang und Weite gewinnen. Er läßt sich von der vorgestellten Gestalt des Opfers, vom Gedanken an die Gewalttätigkeit des Täters einstimmen, wenigstens die Komplexität der Verhältnisse um ihn sowie der Willensregungen in ihm gelten zu lassen – für einen »weichen« Menschen wie ihn schon ein beträchtlicher Schritt. Einen entfernten Schimmer von Kunst erhascht sogar Dr. Rabin, der ohnmächtige Herr über eine unheimliche Krankenstation, eigentlich ein verhinderter Verbesserer der sozialen wie der medizinischen Verhältnisse auf dem Lande und in keiner Hinsicht sonderlich musisch. Er definiert das lebendige Gespräch als »Gesang« (zu den »Noten«, die in den Büchern bestünden). Die Metapher, die er nach seiner Art schon vorab entschuldigt, beschert ihm wie dem Lesepublikum einen Abglanz von dem, was er in der gesellschaftlichen Wirklichkeit vermißt. Indem er sie bildet und, gegen innere Skrupel offenbar, ausspricht, hat er teil an dem geistigen Aufschwung, den eine Metapher von einiger sinnlicher Kraft entfaltet. Wie das sprachliche Bild nicht ängstlich oder strikt konventionell an der Realität kleben muß, so erhebt sich hier auch der Sprecher über die gegebenen Verhältnisse, indem er auf eine schöne Formel bringt, wie es in einer gebildeten Gesellschaft zugehen sollte und in seinem Provinznest nicht zugeht. In dem gleichen gelungenen Bild aber läßt der Prosakünstler Tschechow in konzentrierter Form anklingen, woran der gutwillige und allzu sensible Dr. Rabin scheitern wird: Er hat einen derart hohen, idealistischen Begriff von der richtigen Kommunikation, daß er in seiner gesamten Umgebung allenfalls *einen* Menschen seines Umgangs wert findet. In bedrohlichen Situationen schweigt er lieber, als daß er sich wehrt. Parallel zur Einsperrung in die berüchtigte Station findet er sich schließlich in seinem Kopf regelrecht eingesperrt und stirbt konsequenterweise an einem Gehirnschlag. Was die Kunst bietet, führt über vielerlei Engpässe und Beklemmungen des (in mehr als einem Sinne) gemeinen Lebens hinaus. Jede ernsthafte Kunst im Sinne Tschechows aber führt unweigerlich auf das Leben als den umfassendsten Zusammenhang von Beschränkung und Offenheit, Bodenhaftung und Erhebung zurück.

Ob wir uns auf das Innenleben der Figuren Tschechows mit ihren Nerven, mit ihrer unablässigen Irritation einlassen oder ihnen in den (oft fraglichen) Lösungen ihrer Probleme folgen, ob wir der sonderbaren Emphase für das Leben, in dem das Leiden schon inbegriffen ist, nachgehen, ob wir uns auf die Intensität konzentrieren, die einzelne Sinneseindrücke oder ein fertiggestelltes Kunstwerk, ein bloßer Einfall oder ein Impuls zu künstlerischer Verdichtung gewinnen, immer geht es um eine scharfe, momentan dringliche Herausforderung und nie führt sie zu einem ihrer Logik entsprechenden oder gar befriedigenden Ergebnis. Meist läßt sich das, was da reizt oder treibt, gar nicht mit Sicherheit bestimmen. Im zwingenden Moment scheint es eindeutig. Die handelnden oder nur in ihrem Inneren bewegten Figuren jedenfalls reagieren so, als wäre es ihnen ganz klar. Jeder ihrer Versuche aber, es zu bewahren oder es nur für den Moment richtig zu fassen, wirft sie nur wieder auf Worte zurück, die sie womöglich schon kannten, aus denen »es« sogleich wieder entwichen ist. »Das Unfaßbare ist offen«, schreibt Peter Cardorff in seinem aphoristisch-methodischen »Inventar einer Lebensperspektive«: *Čechov als Entwurf*. »Das Leben ist Schein ohne Quelle, Bühne ohne Zuschauer, Spiel ohne Pfiff.« In einer unablässigen Pendelbewegung zwischen Annäherung an etwas Gesuchtes und Verfehlung verharren die Spielfiguren dieses ebenso teilnahmsvollen wie ironischen Autors. Als Tschechow-Leser sind wir ständig in Gefahr, es ihnen nachzumachen. Wenigstens aber können wir ein Bewußtsein davon erlangen, daß wir in keiner prinzipiell anderen Situation existieren als all die Grübler und Spekulanten, Rechner, Redner, Gutgläubigen, Skeptiker und Verzweifelten aus seiner Feder. Und die spezifische Hektik des Denkens oder die Angst vorm Denken, die Tschechow jenen zuerteilt hat, müssen wir mindestens so, wie sie uns vorgeführt wird, nicht mehr mitmachen. Die Einsichten, die Tschechow in seinen Erzählungen vermittelt, wurden oft und werden noch als wahre Erleuchtungen empfunden. Noch stärker trifft das auf die Momente zu, in denen jemand auf einmal dessen inne wird, was der Fall ist: in Menschen, zwischen Menschen, im Blick auf die Natur, in die Zukunft, vom Gegebenen weg auf eine Vorstellung oder ein Bild. Gleichwohl läßt sich kaum bündig angeben, worin die Erleuchtung besteht. Noch schwieriger wäre auszumachen, wie sie sich zu den Begriffen und Parolen verhält, mit denen sie dingfest gemacht werden soll: ironisch, überbietend, eingekreist – oder im freien Flug darüber hinweg?

Womöglich ist es eben diese Spannung, das Unaufgelöste, das sich jedem versuchten Zugriff von neuem entzieht, was die Erzählungen Tschechows so faszinierend macht.

Gerhard Bauer

ZEITTAFEL

1860   Anton Pawlowitsch Tschechow wird am 17. [nach dem westlichen Kalender: am 29.] Januar in Taganrog am Schwarzen Meer als drittes von sieben Kindern des damals 34-jährigen Kolonialwarenhändlers Pawel Jegorowitsch Tschechow und seiner zehn Jahre jüngeren Frau Jewgenija Jakowlewna, geb. Morosowa, geboren.

1867-79   Schulbildung im Klassischen Gymnasium (zwei Vorbereitungsklassen, acht Klassen, davon zwei wiederholt, mit Latein, Griechisch, Französisch und Deutsch).

1867-75   mit seinen Brüdern Aushilfe und Bote im väterlichen Geschäft, Sänger im Kirchenchor seines Vaters.

1879   Abitur in Taganrog, Übersiedlung zur Familie nach Moskau, Medizinstudium bis 1884.

1880   Tschechow veröffentlicht erste humoristische Skizzen. Seit 1881/82 ist er der Ernährer der Eltern und der noch zu Hause verbliebenen Geschwister durch Publikationen in Zeitschriften, zunächst humoristische Kurztexte, und durch Verfertigung viel gespielter kurzer Komödien.

1883   *Der Tod eines Beamten. Der kleine Bösewicht. Der Dicke und der Dünne. Auf See.*

1884   Im Juni und Juli praktiziert Tschechow wenige Wochen lang als Arzt. Erster Blutsturz. *Ein Chamäleon. Austern.*

1885   Bekanntschaft, später Freundschaft mit dem Verleger Suworin, Petersburg (1834-1912). *Kroppzeug. Der Jäger. Der Übeltäter. Unteroffizier Prischibejew. Alt geworden. Der Zyniker.*

1886   Väterlich aufrüttelnder Brief des Schriftstellers Grigorowitsch. *Gram. Die Hexe. Agafja. Ein Alptraum. Männerbekanntschaft. Lebensüberdruß. Der Roman mit dem Kontrabaß. Kostgänger. Vor Gericht. Träume.*

1887   Tschechows zweites längeres Drama, *Iwanow,* wird in Moskau uraufgeführt. *Feinde. Wolodja. Das Glück. Der Vater. Kaschtanka.*

1888   Puschkin-Preis der Akademie der Wissenschaften. Bekannt-
        schaft mit Tschaikowsky in Petersburg. *Steppe. Die Schönen.*
        Der Namenstag. Der Anfall.
1889   Tod des Bruders Nikolai (Tuberkulose). 1. Kuraufenthalt in
        Sumy. *Die Fürstin. Eine langweilige Geschichte.*
1890   5. Sammelband mit Erzählungen unter dem Titel: *Mürrische*
        Menschen. Von April bis Dezember: Reise durch Sibirien
        nach Sachalin, Untersuchung der Lage der Verbannten,
        Rückkehr auf dem Seeweg. *Diebe* [ursprünglicher Titel:
        »Teufel«]. *Gussew.*
1891   Reise mit Suworin nach Österreich, Italien, Frankreich.
        Weiber. Das Duell.
1892-99 Tschechow erwirbt ein Gut in Melichowo und lebt dort
        mit seinen Eltern und der Schwester Maria [»Mascha«]. Er
        wird Stifter von insgesamt drei Schulen, Helfer im Kampf
        gegen die Cholera und, vor allem durch Sammeln von
        Spenden, gegen den Hunger.
1892   *Ein flatterhaftes Wesen. Nachbarn. Krankensaal Nr. 6.*
1893-94 Bericht *Die Insel Sachalin.*
1893   *Wolodja der Große und Wolodja der Kleine.*
1894   Reise nach Dalmatien, Italien, Nizza, Paris. *Der schwarze*
        Mönch. Regiment der Frauen. Rothschilds Geige. Der Student.
1895   Tschechow besucht Tolstoi in Jasnaja Poljana. *Drei Jahre.*
        Der Mord. Ariadna.
1896   *Die Möwe* wird in Petersburg uraufgeführt und fällt durch.
        Das Haus mit dem Mezzanin. Mein Leben.
1897   Schwerer Blutsturz. Diagnose: Lungentuberkulose. Im
        Winter zur Erholung in Nizza. *Die Bauern. Im heimischen*
        Winkel. Auf dem Wagen.
1898   Bruch mit Suworin aus politischen Gründen. Tod des
        Vaters. Triumphale Aufführung der *Möwe* durch das Mos-
        kauer Künstlertheater (Stanislawsky und Nemirowitsch-
        Dantschenko). Tschechow erwirbt ein Haus bei Jalta und lebt
        mit seiner Familie von 1899 bis 1904 zumeist dort. Die
        sogenannte ›Trilogie‹ erscheint: *Der Mensch im Futteral,*
        Stachelbeeren, Von der Liebe. Außerdem *Jonytsch* und *Ein Fall aus*
        der Praxis.
1899-02 Mitarbeit an der ersten Gesamtausgabe (11 Bände) im Ver-
        lag Marks, Petersburg.

1899   *Onkel Wanja* wird erstmals in Moskau aufgeführt. *Herzchen.*
        Auf Dienstreise. Die Dame mit dem Hündchen.

1900-04 Erste deutsche Ausgabe (*Gesammelte Werke*) in 5 Bänden,
        bei Diederichs, Leipzig.

1900   Zusammen mit Tolstoi als Ehrenmitglied in die Akademie
        der Wissenschaften gewählt. *In der Schlucht.*

1901   *Drei Schwestern* wird in Moskau uraufgeführt. Tschechow
        heiratet Olga Knipper, eine bzw. die führende Schauspiele-
        rin des Moskauer Künstlertheaters. Begegnungen mit
        Gorki und Tolstoi, weiterhin mit Bunin, Kuprin und Rach-
        maninow.

1902   Tschechow erklärt aus politischen Gründen seinen Austritt
        aus der Akademie der Wissenschaften. *Der Bischof.*

1903   *Die Braut.*

1904   *Der Kirschgarten* wird, wiederum vom Moskauer Künst-
        lertheater, uraufgeführt. Nach dem III. Akt feierliche Eh-
        rung für 25-jährige literarische Arbeit. Verschlimmerung
        der Pleuritis (Lungenschwindsucht), an der Tschechow seit
        20 Jahren leidet. Er reist zur Behandlung nach Badenwei-
        ler und stirbt dort am 2. [15.] Juli.

GLOSSAR

Adelsmarschall: An der Spitze der regionalen adligen Ständevertretungen stand jeweils ein Adelsmarschall, vgl. Semstwo.

Akathistos-Hymnen: (griech. akathistos hymnos – nicht sitzend zu singen) alte hochpoetische Gebetstradition der orthodoxen Kirche. Die Urform ist ein Marienhymnus von 24 Strophen. Die Hymnen werden als Ausdruck gesteigerter geistlicher Aufmerksamkeit, Wachheit und Verehrung stehend gesungen.

Altgläubige: jene Anhänger der Orthodoxie, die die Kirchenreformen des 17. Jahrhunderts vor allem aus rituellen Gründen ablehnten, weshalb es zum Schisma (raskol) kam. Die Altgläubigen (russ. auch raskolniki), wurden aufs Grausamste als Häretiker verfolgt und bis weit ins 20. Jahrhundert hinein geächtet, führten aber in entlegenen Gegenden des Russischen Reichs, später auch in den Hauptstädten, ihre Lehre fort. Vollständige Aufhebung des Kirchenbanns erst 1971.

Archimandrit: in der orthodoxen Kirche Abt eines oder mehrerer Klöster, die sich durch ihre geistliche und kulturelle Bedeutung auszeichnen.

Assignate: Papierrubel, im Vergleich zum Silberrubel von geringerem Wert.

Banja: das russische Dampfbad.

Batjuschka: als Anrede für Priester soviel wie »ehrwürdiger Vater«.

Desjatine: Flächenmaß (1,09 Hektar).

Diakon: Hilfspriester, in der Ostkirche innerhalb der kirchlichen Hierarchie ein eigener geweihter Stand nach dem Priester mit Aufgaben vorwiegend bei der Liturgie.

Griwna: eigtl. Griwennik, ehemals Zehnkopekenstück.

Ikonostas: Ikonenwand in der orthodoxen Kirche zur Trennung von Altarraum und Gemeinde, an der die Ikonen in mehreren Reihen nach einem festen Schema, einem theologischen Programm, angebracht sind. Die in der Mitte des Ikonostas befindliche Zarenpforte führt zum Altar und darf allein vom Klerus durchschritten werden.

Institut: Oberschule für Mädchen, mit Spezialprogramm für »weibliche« Bildung und Vorbereitung auf die (wenigen) für Frauen zugelassenen Berufe.

Knöchelspiel: (russ. babki) ein im Volk beliebtes Spiel mit tierischen Fußknöcheln, eine Art Kegelspiel, bei dem die Knöchel in Figuren nebeneinander gestellt und dann mit einem mit Blei gefüllten Schläger umgeworfen werden.

Kulak: (wörtl. Faust) wird im Sinne von Aufkäufer, Wucherer, Blutsauger benutzt.

Kwas: Erfrischungsgetränk aus gesäuertem Schwarzbrotteig oder Schwarzbrot und Malz, leicht alkoholhaltig.

Mushik: hier gebraucht im Sinne eines einfachen, ungebildeten Mannes aus dem Volk.

Ostoshenka: damals mondäne Straße in Moskau.

Pud: altes russ. Gewichtsmaß (16,38 kg).

Ränge: 1722 schuf Peter I. 14 Rangklassen im Militär- und Zivildienst, die bis 1917 fast unverändert galten. Durch besondere Leistung konnten selbst Nichtadlige in den Adelsrang erhoben werden.

Sashen: altes Längenmaß (2,134 m).

Semstwo: 1864 im Zuge der Reformpolitik Alexanders II. eingeführte ständische Selbstverwaltung aus Vertretern des Adels, der Städter und der Bauern auf Kreis- und Gouvernementsebene, die unabhängig von der staatlichen Administration öffentliche Aufgaben übernahm. Die Semstwo-Versammlungen tagten unter der Leitung des jeweiligen regionalen Adelsmarschalls.

Starez: geistlich-charismatische Autoritätsperson im russ. Kloster.

Starost: (wörtl. der Älteste) in Dorf- oder Kirchengemeinden der gewählte Ortsvorsteher; auch Starosta.

Werst: (eigtl. Werstä) altes Längenmaß (1,067 km).

Whint: Kartenspiel zu viert, eine Mischform aus Whist und Préférance.

Wirklicher Staatsrat: entspricht in der 1722 von Peter dem Großen eingeführten Rangtabelle dem 4. Rang (von 14 darin aufgeführten), der entsprechende militärische Rang ist der Generalmajor.

Zarenpforte: siehe Ikonostas.

INHALT